薛岳传

黄勇 著

团结出版社
UNITY PRESS

© 团结出版社，2014 年

图书在版编目（CIP）数据

薛岳传 / 黄勇著． -- 北京：团结出版社，2016.1（2024.11 重印）
ISBN 978-7-5126-3334-6

Ⅰ．①薛… Ⅱ．①黄… Ⅲ．①薛岳（1897～1998）-传记 Ⅳ．①K825.2

中国版本图书馆 CIP 数据核字 (2014) 第 290610 号

责任编辑：赵晓丽
封面设计：阳洪燕

出　　版：团结出版社
　　　　　（北京市东城区东皇城根南街 84 号　邮编：100006）
电　　话：（010）65228880　65244790
　　　　　（010）65238766　85113874　65133603（发行部）
　　　　　（010）65133603（邮购）
网　　址：http://www.tjpress.com
E-mail：zb65244790@vip.163.com
经　　销：全国新华书店
印　　装：天津盛辉印刷有限公司

开　　本：170mm×240mm　16 开
印　　张：28　　　　　　　　　字　　数：372 千字
版　　次：2016 年 1 月　第 1 版　印　　次：2024 年 11 月　第 4 次印刷

书　　号：978-7-5126-3334-6
定　　价：58.00 元
　　　　　（版权所属，盗版必究）

序

黄勇学弟的大作《薛岳传》即将出版问世，这真是令人雀跃的大事，其意义不在于为中国现代史增添一本新书而已，更重要的是此著作为中国现代史开启全新的研究路径与撰写模式，其深刻的意义值得广大的读者细细品尝玩味。

敝人与黄勇学弟虽然相识多年，但迄今仍未谋面，平素靠着电话与E-mail联系，倒也建立了深厚的情谊。当我得知黄勇学弟要研究薛岳将军时，乃尽力搜罗台湾所藏薛岳将军的资料，邮寄黄勇学弟参考，并提供拙见供其参酌。因此，大作能成书行世，敝人这个"催生婆"内心的喜悦应可想见。

细读此书，敝人以为有三个特点值得为广大的历史同好指出：

一、彻底掌握第一手资料来立论，所言翔实有据：除了敝人提供薛岳将军所有的亲笔著作外，黄勇学弟还广泛耙梳中国大陆与日本相关资料，详细比对推敲，再下笔写出，内容自然坚实可信。

二、寓论于文，全书细腻深刻：黄勇学弟虽然掌握庞大的资料，但是他耗费心力将资料吸收消化，再以深刻的论述分析呈现，尤其是对薛岳将军的思想剖析，更是深切独到、发人深省，宜玩味再三。

三、文笔生动流畅，用词精确：此书虽然篇幅巨帙，但是读来活泼生动，毫无枯燥乏味之象，遣词用字准确周到，在文学意境上也有创获之功。

以上所言仅是敝人读后的体会而已，一本巨著的丰富内涵，还需靠读者自己去深入挖掘，无须于此喋喋不休。敝人谨在此广邀历史同好，透过黄勇学弟的精心著作，去认识那个消逝的时代与人物，重新学习先贤的典范与智慧，为未来新中国的光辉前景，储备前进的知识与动力，是为序。

叶泉宏序于台湾新庄潜龙斋
2013年3月10日

目录

第一章　家世与青少年时期　/　1
　　第一节　家世渊源　/　1
　　第二节　时艰与家庭　/　2
　　第三节　青少年时期　/　4

第二章　早期军事活动　/　7
　　第一节　参加革命　/　7
　　第二节　护卫孙中山　/　10
　　第三节　广州争夺战　/　12

第三章　东征与北伐　/　15
　　第一节　两次东征　/　15
　　第二节　江西苦战　/　17
　　第三节　挺进江浙　/　20
　　第四节　进军大上海　/　22

第四章 革命理想的破灭 / 27

第一节 怅然离职 / 27

第二节 国共破裂之初 / 30

第三节 兵败东江 / 35

第四节 二次北伐 / 37

第五节 中原大战 / 39

第五章 "追剿"红军 / 45

第一节 第五次"围剿" / 45

第二节 "追剿"初期 / 56

第三节 赤水—金沙江战役 / 65

第四节 "护送"中央红军北上 / 80

第五节 决战川康 / 88

第六节 内战的停止 / 95

第六章 转战南北 / 97

第一节 浴血淞沪 / 97

第二节 稳定江南 / 105

第三节 饮恨兰封 / 111

第四节 威震万家岭 / 117

第七章 走向辉煌 / 131

第一节 痛失南昌 / 131

第二节　长沙首捷　/　145

第三节　冬季大反攻　/　167

第四节　回乡奔丧　/　176

第五节　最精彩之战　/　178

第六节　反败为胜　/　184

第七节　熔敌天炉　/　206

第八章　抗战后期的沉浮　/　**229**

第一节　支援赣东　/　229

第二节　解围常德　/　241

第三节　马失前蹄　/　251

第四节　苦撑求胜　/　275

第九章　主政湖南　/　**289**

第一节　治湘方针　/　289

第二节　生民之政　/　290

第三节　养民之政　/　293

第四节　教民之政　/　298

第五节　卫民之政　/　301

第六节　管民之政　/　303

第七节　用民之政　/　308

第十章　南浔受降　/　**311**

第十一章　徐州"绥靖" / 315

第一节　出镇徐州 / 315

第二节　内战爆发 / 317

第三节　淮北第一期作战 / 320

第四节　陇海战役 / 323

第五节　毒箭穿心 / 325

第六节　突破与相持 / 337

第七节　龙凤大战 / 344

第八节　会战苏北 / 350

第九节　鲁南折戟 / 361

第十节　蒙冤解职 / 377

第十二章　在大陆的最后日子 / 381

第一节　选举闹剧 / 381

第二节　粤人治粤 / 386

第三节　军事生涯的终点 / 394

第十三章　终老台湾 / 407

附录：薛岳年表 / 411

注释 / 415

主要参考资料 / 431

后记 / 437

第一章
家世与青少年时期

第一节　家世渊源

薛岳，原名薛仰岳，字伯陵，1896年12月27日（农历冬月13日）生于广东省乐昌县九峰乡的一个农民家庭。就是这样一个普通的农民家庭，其祖上也曾风光无限。

根据现今保存的《薛氏族谱》记载，乐昌薛姓的家族史可追溯到晚唐。粤北、湘南薛氏的开基始祖薛彦博，字美士，号硕庵，唐昭宗乾宁元年（公开894年）生于安徽歙县，五代后唐明宗天成二年（公元927年）中进士，初授江陵知县，后升任郴州知州。薛彦博在做官期间，政绩突出，深孚民望，进封资政大夫。尽管仕途顺畅，薛彦博本人却性情恬淡，对官场争斗极为厌倦，遂于郴州知州任满后以老母年高，不能跋涉为由致仕，卜居于郴州属下之宜章县南关，以寄情于湘南山水美景，并奉养老母。薛彦博自寄居宜章后，作五言诗十句，以训导晚辈。诗中写道："向可克明德。忠孝辉其前。邦家尚勤读，列朝宗圣贤。三凤祯祥瑞，英豪仰秀良。宏功昭海宇，书泽近远长。官清诸子谋，诗礼永传芳。"[①]为了更好地启迪后人，他又改名薛向彦，并将该诗作为辈序，寄望子孙能以此为训，读书传家，德怀天下。薛向彦卒于宋太宗淳化三年（公元992年），享年98岁，可谓高寿了。其后，薛氏子孙繁盛，支派庞杂，不断有中举出仕者，虽官位不高，但亦书香传承，成为地方佳话。

到元末明初时，薛向彦第10世孙薛前儒迁居乐昌九峰，成为粤北薛氏支脉的直系祖先。粤北薛氏传到清末，至第28代即为仰字辈。仰字辈的薛家子弟中，人才辈出，投笔从戎，效命国家者，不下数十人，俨然成为新一代的"薛家将"。薛仰岳，也就是长大后的薛岳，便是这些人中的佼佼者。

第二节 时艰与家庭

乐昌地处广东最北端，为南岭群山所环抱，当中原入粤之要冲，居北江上源浈武二水之交汇处，有水陆交通之便，素为粤北重镇。乐昌县北五十里有一山，高500多米，因有九座山峰高耸入云，故得名"九峰"。九峰山海拔不高，但山势险峻。清人程黻曾作诗描绘其险奇："九列危峰直接天，万岩深处有人烟。苍茫黛色凝眸望，湍激泉声彻夜溅。岭外路行依石径，天南客远傍云边。此行只为催科急，反爱名山不计还。"

薛仰岳的故里就在这座奇山之下的一座小村子里，这个村子现在的名字叫大路下村，村左为彩旗山，右为将军山。这里土地肥沃，民风淳朴。薛氏族人勤劳简朴，世代耕读，经数百年经营，到薛仰岳祖父薛英雄在世之时，虽非豪门大户，却也算小康人家。

然而，时值清末，随着外夷入侵，一个个丧权辱国的不平等条约签订，一副沉重的枷锁套在了深受腐败无能的清朝统治者压迫之苦的中华民族头上。清政府迫于对列强大量赔款造成的财政压力和统治阶层的穷奢极欲，加重了对全国人民的剥削。苛捐杂税，就是大户人家也不胜其荷，而薛家本不富有，更难以承担。加之，薛家人口众多，要维持生计，开支巨大，自然是生活日蹙。薛仰岳的父亲薛宗元少时聪俊，就是因为家贫，无力完成学业，只好辍学，耕作养家。

薛仰岳的父亲名豪汉，字宗元，为人豁达，性格刚正方直，却又胸襟宽广，平易近人，从不与人争执，偶见有人无理取闹，也只是一笑了之。尽管家境不甚宽裕，薛宗元却乐善好施，远近闻名。县官每有调解乡民纠纷和筹措赈款之事，必请去咨商。

薛宗元夫人名李秀贞，和善贤惠，誉播乡里。她信因果报应，平素极力劝诱丈夫和子女向善。乡中树上有一个蜂巢。有邻居就来约薛宗元上树取蜂。薛夫人认为此举不善，不会有好报，遂劝阻其夫不要同去。后来，那个邻居在采蜂时果然从树上摔下来，成了残废。薛宗元得知此事后，对夫人越发敬重，更加深了向善之心。

薛夫人生有六子两女,薛仰岳居长,次子仰芹(字孟坚),三子仰霆(字仲述)、四子仰骠(字叔达)、五子仰谦(字季良),小子冠华,长女盛娣,小女冠姬。兄弟六人均以字行。

薛岳与弟弟孟坚(左二)、仲述(右二)、叔达(左一)、季良(右一)的合影

薛宗元夫妇非常重视对儿女的教育。薛宗元有失学之切身经历,所以知道读书对成才的重要性。他曾对其族弟薛豪忠说:薛家"世代忠良,并无凌人之心,常有容人之量","先人之积善行仁原有可稽,何故鲜有读书成名者?余儿虽愚,经书不可不读!"[②]因此,他从小就教育儿女要好学上进,不惜节衣缩食,供他们读书。除此之外,他还以薛氏家训严格要求他们,培养他们。这个家训大致可分为下面16条:睦宗支、敦孝友、正名分、端品行、肃闺门、勤职业、崇节俭、豫蒙养、尊四礼、戒争讼、恤孤寡、完赋税、戒赌博、禁隶役、禁鸦片、固团体。[③]这16条主要是要求薛家子弟遵纪守法、走正道、讲道德,对薛仰岳等人的人生道路影响甚大。

同时,薛夫人对子女教诲也严谨有度,为了培养儿女勤劳敬业的习惯,在家中刻意制备些小型农具和家务器皿,以便让他们参加一些生产劳动。通过这些生产劳动,薛仰岳等八人自幼知道了生活的艰辛,养成了孝敬老人、勤劳正直的品性。为此,她还为薛仰岳取了个乳名叫"孝双",希望他孝敬祖父母。

此外,面对清王朝的腐朽统治造成的民生凋敝,薛宗元深恶痛绝,常教导儿子,要立志习武,长大后为中华复兴而奋斗,救国拯民,并说:"惟武是尚,经生坐谭,无当大局,亟须习戎,以应时变。"④

在薛宗元夫妇的精心培育下,薛仰岳六兄弟中,除薛冠华早逝外,其余五人成人后都有成就。薛仰岳、薛仲述、薛叔达、薛季良4人投笔从戎,为国征战,最后都成长为国民党高级将领。薛孟坚后来任乐昌县议长、广东省议员。而薛仰岳的两个妹妹也受到了良好的教育。薛冠姬还从国内一所名牌大学毕业,为时人所羡慕。

第三节 青少年时期

薛仰岳出生之时,家道已经中落。受家庭经济状况所迫,作为家中老大的薛仰岳在很小时就承担起繁重的生产劳动,下田耕作、上山砍柴、家中扫洒炊饪,无一不做。但就是这样,也常常挨饿。一次,薛仰岳到雷打石山上割喂牛的草。他割好草正要挑走,由于饥饿,没法上肩。这时,恰好来了当地一位老太太。老太太问明情况后,十分同情,便从家中拿出几个粟米糍粑,给他填饱了肚子。薛仰岳对此感激涕零,后来人生得志,仍念念不忘漂母之恩,曾寄钱给那位老太太,并托其弟代为致意。1940年他回乡为父吊孝时,还问起那位老太太,得知寄的钱还未送去,专门派人把老人请来见面,赠以钱粮,并为其将来的后事备好上等棺木和绸料寿衣。

尽管生活困难,但薛仰岳童年的精神生活并不枯燥。他有一位堂叔叫薛汉文,见识颇广,经常给薛仰岳讲一些历史故事,什么薛仁贵平东征西啊,罗通扫北啊,太平军大战清兵啊……这些故事在小小的薛仰岳心中播下了民族意识和反清革命的种子。特别是岳飞抗金的故事,更给薛仰岳留下了深刻的印象。清统治者是宋代入侵中原的女真人的后裔,薛仰岳景仰岳武穆那种"驾长车,踏破贺兰山缺,朝天阙"的豪气,向往着有朝一日能为"驱逐鞑虏,恢复中华"建功立业。

6岁时,薛仰岳进入私塾学习,因其天资聪颖,每日受课,第二天即能背诵，经常得到先生称赞。8岁时，薛仰岳赴九峰乡初等小学就读，12岁考入乐昌高等小学。进入高等小学后，他聪明好学，又在私塾和初等小学学习期间养成了良好的学习习惯，因而在同班同学中成绩名列前茅。不仅如此，他还肯动脑筋，遇事能思虑周详，往往能做出人所不能预想之事来。有一次，严冬天寒，薛仰岳和几个同学凑份子买狗肉回宿舍煲。薛仰岳正好有事外出。回来时，狗肉已煮熟，几个同学已围坐锅边大嚼起来。他们知道薛仰岳回来了，故意围紧，不让他插入。薛仰岳知道他们有意为之，眼珠一转，转身出门，找了两条足有两三尺长的细棍，用纸擦干净，又回到屋中。众顽童见他又回来了，不知其意，仍施故伎，围裹在一起。薛仰岳乃将那两条细棍从众人头顶空处伸入锅中，夹起一块狗肉，汁水四处飞溅。众顽童怕肉汁弄脏衣服，纷纷跳开躲避。薛仰岳乘机坐到锅边，美美地享起口福来。

乐昌高等小学是当地高等学府，人才汇集，信息灵通，思想活跃。在那里，薛仰岳初步了解了孙中山的革命思想，认识到只有进行国民革命，才能推翻清政府的腐朽统治，中华民族才有复兴的希望。于是，他改名薛岳，决心像岳飞那样，救国家于危亡，拯黎民于水火。薛岳在14岁那年，他在广州担任清军下级军官的一位表叔扶堪坤（姑丈的兄弟）回家省亲。扶见少年薛岳聪明伶俐，胸有大志，便勉励他去广州报考军校。薛岳早有离家探求救国真理之心，便向父母请求前往省城广州求学。其母亲爱子情深，怕儿子去人生地不熟的广州城受苦，坚决不同意。薛岳以父亲平时爱国救民的教导为辞，再三恳求。薛母为考验儿子心志，限令他必须先碾磨完家中的谷物后再议。时值隆冬，寒风刺骨，但薛岳为了实现其求学愿望，也顾不了这许多了。他夜以继日地工作，在极短的时间内把家中秋收的稻谷全部碾成白米；而后又上山砍柴，为家中备足烧饭取暖的木柴。薛母见儿子志向如此坚决，非常感动，便同意了儿子的请求。1911年农历除夕前夕，薛岳辞别父母，跟随扶堪坤前往广州，开始了其军事生涯。

第二章
早期军事活动

第一节　参加革命

　　1911年1月，薛岳来到广州，准备报考黄埔陆军小学。但因考期未到，投靠了其表叔、时任新军第4标队官的扶焕坤，被他安置在所率队里当兵。这年，全国反清斗争风起云涌。4月，革命党人在广州发动黄花岗起义。尽管这次起义很快被镇压下去，革命的烈火却迅速燃烧起来。5月，四川、湖南、湖北、广东等省爆发了保卫川汉、粤汉铁路路权的"保路运动"，接着在四川发展成了反对清政府反动统治的武装起义。10月，在保路运动的影响下，革命党人又发动了震惊中外的"武昌起义"。随后，南方各省相继宣布独立。次年元旦，孙中山在南京宣誓就任中华民国临时大总统。2月12日，在全国人民的压力下，清朝皇帝爱新觉罗·溥仪终于宣布退位。统治中国278年之久的清王朝正式走进坟墓。

　　面对蓬勃发展的革命形势，已经初步接受了革命思想的薛岳激动万分，跃跃欲试，想投身革命。但由于年纪尚小，未能成行。1912年春，第4标标统黄其桢出面申请，送薛岳参加黄埔陆军小学入学考试。当时，应试考生达数千之多，仅录120人。考试结果出来，薛岳的成绩在所有考生中排第32位，顺利进入黄埔陆军小学学习。黄其桢得知此事，大喜，引为第4标之光荣，当场允诺每月资助薛岳学费10块银圆。

　　在黄埔陆军小学受训期间，薛岳即表现出了过人的胆略。有一次夜间演习，情况是敌人来袭，测验学生如何应变。同学们大多向山区逃避，唯独薛岳临危不惧，带领几名同学设伏要隘地点，迎击来袭之"敌"。结果，当"敌人"行至半路,即被薛岳等打了个措手不及,狼狈败逃。演习终了,教官讲评,对薛岳的战法大加褒奖,认为薛岳掌握了"攻击是防御的最佳手段"这句话之真谛。不久,陆小同学张发奎、谭在汉、黄之怀、叶显等九人,以薛岳胆识过人,推其为小领袖,并在黄埔后山一大石旁,指石为盟,结拜为"石"家十兄弟,以示志坚如石。

当时,广州是中国革命的中心之一,薛岳进一步受到革命思潮的熏陶。通过同学邓士章的介绍,他先后结识了著名革命党人朱执信、邓铿等。他们见薛岳气宇非凡,爱如手足。在他们的熏陶下,薛岳更加深了对中国革命的认识。于是,薛岳与张发奎等盟兄弟商议,共约参加革命。有一夜,薛岳等十人径入校长室,向校长黄士龙请命,要求黄校长率领全体同学参加革命。黄校长支持革命,面对这帮血气方刚的少年,笑着说:"汝辈年纪尚幼,应先多读书,充实知识为是……"①薛岳等只好悻悻而归。1914年3月,薛岳等人未等陆军小学毕业即赴香港,追随朱执信、邓铿,开始了革命活动。

薛岳参加革命最初在朱执信手下工作。朱执信当时主要负责指挥南方革命党人的军事行动。他看到薛岳胆识过人,便将其留在广州自己家中,视同亲信。当时,革命党在南方有三处秘密机构:一处设在广州河南海幢寺福军的司令部内,由朱执信主持;另一处设于香港,由邓铿负责;第三处设于澳门,由李海云掌控。薛岳与李章达、邓彦华等人就担负起三处革命机关的联络工作。当革命党人在朱家召开秘密会议时,薛岳等人就负责看门望风。

此时,袁世凯已篡夺辛亥革命的果实,并于上一年秋天出兵占领了革命党人控制的地区,革命转入了低潮。随着收入来源的减少,革命党的经费渐趋紧张。朱家的伙食仅是些粗茶淡饭,即大米饭也分软硬两锅以求节约。不过,朱夫人也偶尔亲自主厨,添菜买肉,给大家打牙祭。同时,朱夫人看到这些年轻人平时衣服单薄,仅穿些短褡,遂亲自缝制一件白麻布长衫挂在外厅,作为公用服装,谁外出办事谁穿,长衫口袋里再放些零用钱,供外出人员不时之需。薛岳等人最初参加革命时之艰辛可见一斑。

由于经费紧张,薛岳等人外出办事也常遇

朱执信

到缺钱的窘境。有一次,薛岳与张发奎到澳门联络革命同志,身上所带费用不多,数月之后就用得只剩下两块银圆了,眼看连饭钱都没法付了。二人一商量,乃决定相偕进入番摊馆(赌场)分别买角下注,如此每次输赢不大,以保证本钱不会有多大损失。该等赌场为招揽生意,为每位客人提供一盅茶和一包香烟。薛岳和张发奎先收下香烟,赌完后在外把香烟八折转卖,得款支付饭钱。通过这个办法,二人挨过了几天时间。不过,他们知道,这只是应急之法,并不能长久。于是,二人决定去香港。他们收受了几百元钱的孙中山公债券。由于孙中山公债券是地下发行,在香港属于非法证券,故而薛岳揣着债券,一到

张发奎

香港就被警察逮捕了。薛岳见势不妙,坚称自己是革命党驻港机关雇佣的厨子。张发奎也编了套谎话唬住了几个警察。最后,由革命党驻港机关的邓彦华出钱买通这几个警察,让他们释放了薛岳。

薛岳以其机敏果敢,办事认真,深得同志的信任。1914年秋,经邓铿介绍,薛岳正式加入中华革命党。

孙中山为了尽早重整旗鼓,推翻袁世凯的卖国政府,命令革命党人加强军事准备。8月初,朱执信遵照孙中山的指示,派薛岳等联络广东南路各革命武装,积极准备,尽早举事。8月7日,薛岳等赴广州湾,在法国租界开设了广怡华商店,并以此为掩护展开工作。但他们的行动很快就被袁世凯的爪牙、广东都督龙济光侦知。龙济光派人买通法租界当局,诬称薛岳等人为"安南革命党",捣毁了广怡华商店。薛岳等也被法租界当局逮捕,并转押到河内受审。孙中山知道后亲自出面营救,才使他们于1916年获得自由。正当薛岳等人准备经西贡转赴香港之际,岂料龙济光重贿安南法国官员,又使他们重新入狱。又过了一年,经革命党人多方交涉,薛岳等才又出狱,结束了三年的铁窗生活②。

出狱后,薛岳即赴保定,考入了保定陆军学校第六期。1919年7月,即将从保定军校毕业的薛岳就接到了革命党上级组织要求他赶赴闽南参加孙中山组织的援闽粤军的指示。这下,他又能为革命效力了,心潮澎湃,不等拿到毕业

证，就和广东同学一起赶赴闽南。

7月，薛岳到达漳州，被安排到部队中，担任中尉排长。从此薛岳的军事生涯翻开了新的一页。

第二节　护卫孙中山

1920年7月，援闽粤军趁桂军全力攻打李烈钧、广州空虚之机，出兵进攻广州。刚升任援闽粤军参谋长邓铿的上尉参谋的薛岳协助邓铿指挥作战，常出入火线，协调军事行动。薛岳由于机智勇敢，办事干练，颇受上司和战友的好评。这年10月29日，援闽粤军光复广州。11月1日，孙中山任命陈炯明为广东省省长兼粤军总司令，邓铿为参谋长兼第1师师长，薛岳调任第1师副官。不久，邓铿对第1师进行了整顿和改编，成立了独立机枪连，任命薛岳为少校连长，后又将该连扩编为营，薛岳升任营长。1921年5月5日，孙中山在广州就任非常大总统兼陆海空军大元帅，6月成立总统府警卫团。薛岳的机枪营改番号为警卫团第一营，他仍担任营长。

孙中山在广东就职后不到三个月，粤军打垮桂系军阀陆荣廷，控制了广西全境。10月8日，孙中山正式提出北伐计划。为准备北伐，孙中山于11月在薛岳警卫营的护卫下，出巡广西。12月4日，抵达桂林，并在那里设立了大本营，筹备挥师入湘。可就在这时，粤军总司令陈炯明暗中勾结北洋军阀，图谋叛乱。次年3月21日，他指使其族弟陈达生暗杀了其参谋长邓铿。孙中山无奈，只得变更计划，于4月22日返回广州。5月4日，孙中山下达北伐令。6日，薛岳又随孙中山到达北伐军新的大本营——韶关。此时，粤军主要兵力皆调往北伐前线，广州空虚。陈炯明趁此机会将其嫡系部队悉数调入广州城，企图发动叛乱。留守广州的财政部长廖仲恺感到情况不对，连忙电请孙中山回广州应变。孙中山遂于6月1日令胡汉民留守韶关大本营，自己率薛岳等人返抵广州。

邓铿

第二章／早期军事活动

孙中山回广州后，以民族大义晓谕陈炯明，希望他能回心转意。但所有的话都是对牛弹琴，陈炯明非但没有弃恶从善，反而加快了叛变的步伐。6月13日，陈炯明下令总攻总统府。15日晚，有人一再向正在粤秀山住处办公的孙中山报告，陈炯明有叛乱企图。孙中山却不相信陈会干出如此事情来。次日凌晨1时，粤秀楼上听到了陈部集合的口令，孙中山才着急起来，匆忙偕少数随从逃往永丰舰。凌晨3时，陈炯明调集部队4000余人猛攻总统府和粤秀楼。当时，驻守总统府的是孙中山的警卫团（团长陈可钰）所辖叶挺的2营和薛岳的1营一部，以及姚观顺的卫士队，共约800余人。陈可钰闻变不惊，严令卫士队死守粤秀楼，同时命令2营守卫前院，1营把住后门，与敌死拼。战斗从凌晨3点一直持续到次日上午10点，警卫团连续打退了敌人五次进攻，并使之遭受沉重打击（据说，叛军伤亡达三四百人）。叛军见强攻不行，便改为围困，切断了总统府和粤秀楼的水电供应。上午10点，卫士队由于伤亡太大，且水电供应中断，被迫放弃粤秀楼，簇拥着孙夫人退入总统府。叛军遂纵火烧了粤秀楼和天桥，大量孙中山的手稿和珍贵的历史资料被付之一炬。下午3时，叛军将领叶举见强攻不能奏效，即派人与陈可钰谈判，要求停战。陈可钰见掩护孙中山逃离总统府的目的已达到，且部队已弹尽粮绝，乃与叛军达成了停火协议。谁知，下午4时，警卫团刚放下武器，叛军就背信弃义，拥入总统府，大肆抢掠。于是，警卫团以叶挺的2营开道、薛岳的1营殿后，保护着孙夫人乘乱冲出重围。但很快，警卫团就被冲垮，孙夫人在薛岳带领的部分战士护卫下躲进岭南大学校长钟荣光的寓所石屋暂避。

警卫团被冲散后，薛岳带着部分士兵来到永丰舰。听薛岳讲述保卫总统府和突围经过后，孙中山极为感动，赞叹道："真吾徒也。"③于是，孙中山把薛岳留在身边继续担负护卫自己的任务。不久，薛岳奉孙中山之命，同林直勉等人秘密潜往广西梧州联络粤军第4师出兵平叛。在该师营长莫雄的协助下，他们与师长关国雄取得了联系，召集梧州陆海军少校以上军官开会，商讨出兵平叛事宜。就在这时，他们得到许崇智的粤军第2军回师讨陈受阻的情报，遂暂停了这次军事行动。两天后，薛岳等在莫雄的帮助下，化装为水手、伙夫，秘密搭乘"大明号"轮船，机警地躲过陈炯明手下宪警和海关的盘查，平安到达香港，而后转赴上海，向孙中山报告广西请兵的情况。这年8月，薛岳与李章达、叶剑英等人奉孙中山指示，到暂驻江西龙南、定南、虔南一带的粤军第2军服务。至此，薛岳结束了警卫孙中山的生涯，投入了新的战斗。

第三节 广州争夺战

9月下旬,许崇智率粤军第2军兵分两路进军福建,一路势如破竹,于10月12日攻克福州。18日,孙中山正式任命许崇智为东路讨贼军总司令。薛岳也被提升为总司令部中校参谋。于是,许崇智积极整顿,准备反攻广州。

东路军在福建的进展和休整使陈炯明如芒刺在背。为了防备许崇智卷土重来,陈炯明派手下大将洪兆麟陈兵闽粤边界。1922年12月19日,东路军攻下泉州。次年1月初,又挥师分三路入粤。薛岳被派往右翼军前锋8旅担任参谋。该旅经漳州、龙岩、上杭,自大埔入粤,攻打梅县、博罗、增城、燕塘,直取广州。一路叛军望风披靡。与此同时,由滇桂军组成的西路讨贼军亦由梧州东下,节节进逼广州。陈炯明见大势已去,被迫通电下野,于1月16日夜率其残部退据老巢惠州。陈部将洪兆麟见势不妙,立即在汕头宣告中立。许崇智乃率部再次进入广州城。2月22日,孙中山亦返抵广州。但是,陈炯明退到惠州后,仍不死心,集结部队企图重夺广州城。

1923年4月中旬,8旅旅长张民达暂时离开部队回广州养病,临行前将自己所兼的16团上校团长一职交由薛岳担任。是时,东路讨贼军再次出动,正与叛军于潮梅一带再次激战。4月下旬,投归革命不久的军阀沈鸿英叛变,进攻广州失败。陈炯明旧部洪兆麟等亦继起策应,突袭大埔、饶平的东路讨贼军。东路讨贼军遭受重大损失,被迫向丰顺转移。5月9日,东路讨贼军在行进中遇敌林虎部袭击,行军必经之要隘言岭关被敌抢占,陷入"欲进不能,欲退无路"的险境。在此紧要关头,张民达旅长抱病赶回部队,率8旅开抵关前准备反攻。两军摆开阵势。叛军利用险要地形,居高临下,集中密集的火力,向讨贼军射击。15团先头部队损失很大。张民达急调薛岳带领16团官兵赶来增援。16团到达后,得到了机关枪营的加强。有了火力支持,薛岳信心十足,亲自上前沿侦察,发现叛军正面防御较强,不宜强攻,遂重新部署手下三个营,组织三个加强连分三路由敌军防御薄弱的崎岖山路,从不同方向向敌侧后迂回。同时,张民达命令炮兵连向山上敌军据点连续开炮,为进攻部队提供强大的火力支援。在猛烈的炮火掩护下,薛岳指挥部队发动梯次冲锋,经过一昼夜激战,终于与友邻部队一道,打垮了敌人,夺回言岭关,敌第2军军长刘志陆差一点当了俘虏。这次大捷打开了主力前进的通道,使部队转危为安。但是,这个局部胜利不能改变整个战局的不利。到5月下旬,叛军先后占领梅县、潮安、汕头等地。

西路讨贼军围攻惠州也告失利。6月初，陈炯明攻陷博罗，窜犯石龙，广州震动。东路讨贼军被迫由潮汕回援广州。在回援过程中，薛岳率所部与8旅其他部队一起奉命在惠州附近的新村一带突袭叛军熊略部，俘敌3000余人，缴枪千余支，取得了重大胜利。

7月，孙中山亲临石龙，部署第二次围攻惠州。薛岳的16团被编入右翼，计划占平山墟后向海陆丰推进，进攻潮汕。战到8月底，由于叛军顽强抵抗，讨贼军攻势受挫。陈炯明见战局有利，加上直系军阀又接济来一批军火，便组织全线反扑，进围博罗，其部将林虎更是窜抵增城近郊。为解救危局，薛岳奉命于9月初率16团偕同8旅其他部队克复平山，迫使叛军撤围博罗。而后，8旅又乘胜向响水方面追击，策应友军于10月初攻克河源。与此同时，其他各路讨贼军也顶住了叛军的反扑。陈炯明无力重占广州，只好率部退回惠州、潮梅一带。11月初，薛岳因母亲李氏夫人于上一年病逝后后事未妥，离开8旅，回广州处理母亲后事。之后，薛岳又回到军中，投至粤军1师效力。

1923年10月，国民党中央执行委员会决定建立军官学校（即后来的黄埔军校）和整顿军队。在组建黄埔军校的过程中，筹建机构在经费、物资和人员方面遇到了很大困难。粤军1师在人力、财力、物力各方面给予大力支持，如调用干部，借步枪200余支，现款3万多元以应急需，薛岳均亲主其事，在这所享誉世界的军校历史上留下了自己的足迹。1924年5月5日，在各方的努力下，黄埔军校正式开学。8月，薛岳又升任粤军第1师副官长，不久后兼代参谋长。

第三章

东征与北伐

第一节　两次东征

　　1925年1月，陈炯明东山再起，指挥叛军入侵虎门，广州危急。为反击陈炯明的进攻，广东革命政府组织所属军队，于2月1日开始分三路东征作战。

　　根据粤军总司令部的部署，粤军1师派陈铭枢1旅主力加入右路军；同时调陈济棠2旅、黄镇球的补充团和1旅蔡廷锴营开赴广西，支援广西的讨贼军李宗仁部与老桂系余孽沈鸿英及云南军阀唐继尧作战。在作战过程中，薛岳负责留守后方师部，做好后勤保障工作，并协助师长李济深协调和指挥前方部队作战。由于薛岳的工作卓有成效，粤军1师虽两线作战，但后勤保障和部队行动均有条不紊，协同友军，连克强敌。到4月下旬，第一次东征和广西方面的战事取得全面胜利，陈炯明残部退守于惠阳及闽粤边界，广西大部分地区也为革命军控制。

　　6月12日，革命军平定了云南军阀杨希闵和广西军阀刘震寰发动的叛乱。之后，建立国民政府和整编军队两个重大问题提到日程上来了。7月1日，国民政府正式在广州成立。8月28日，国民政府所属各军正式编组为国民革命军，下辖五个军。第4军由粤军第1师改编而成。薛岳也由粤军第1师副官长兼代参谋长转任第4军副官长兼代参谋长。

　　就在国民革命军在广州整编之际，陈炯明在北洋军阀吴佩孚、孙传芳的支持下卷土重来，由闽粤边境再度南犯，重占潮梅地区。刚投归革命阵营的惠州守军杨坤如部再度附逆。广州再次受到叛军威胁。为了彻底消灭陈炯明叛军，巩固广东革命根据地，9月底，国民政府决定组织第二次东征。恰在这时，粤军第2师师长张民达不幸溺水殒命。国民政府担心粤军第2师军心不稳，又考虑到薛岳与这位老上级情谊尚深，遂命他于此次作战中担任张的旧部第2纵队第1、2支队的副指挥，协助两支队正指挥张和、余鹰扬指挥作战。10月1日，东征军总指挥部发布命令，出师东征。

10月6日，各路东征军开始行动，到14日就击溃了叛军精锐杨坤如部，光复惠州。随后，东征军稍事休整，于16日分三路向潮梅地区前进。其中，第2纵队一路势如破竹，于26日顺利占领紫金。此时，蒋介石指挥的第1军正于华阳附近受到叛军主力的围攻。薛岳遂与张和、余鹰扬奉命率第1、2支队向东驰援，于29日与11师及冯轶裴所率第3支队会师于双头、葵岭一带。之后，各部又协同第1师在双头、葵岭、罗甘坝一带，大破叛军李易标、黄任寰、刘志陆诸部万余人，缴获枪支5000余支、大炮6门，完全扭转了不利局面。此后，第2纵队又向前攻击，于11月7日攻占饶平。而后，薛岳又与张和、冯轶裴等挥军穷追猛打，一直追到闽粤交界的百侯、枫朗，才停下来。此时，东征军其他各部也进展顺利，击溃了叛军全部主力，陈炯明迫不得已，逃往香港。8日，东征军乘胜追击。到11月底，叛军残部所剩无几，仅有少数部队逃入江西和福建境内。第二次东征获得全面胜利。随后，革命军又进行了南征，消灭南路和海南岛地区的军阀邓本殷部，完全解除了广东军阀对广州的威胁，巩固了广东革命根据地。在这期间，薛岳因作战勇敢，机智灵活，屡立战功，受到了国民政府通令嘉奖。同年12月，国民政府组建独立第2师，薛岳调任该师第1团团长。

1926年2月，薛岳因功被提升为第1军第14师副师长兼第40团团长，驻防闽、粤、赣边界，抵御陈炯明残部的侵扰。次年年初，陈炯明残部复起，聚众七八千人窜扰粤东边境。国民政府调14师等部前往清剿。薛岳亦奉命率40团前往兴宁一带堵击。3月11日，敌由江西进犯兴宁。薛岳率所部由大埔星夜赶到合水，与叛军剧战半日，将敌击溃。13日，薛岳乘胜向平远方向追击，当晚即夜袭东石敌阵地，敌狼狈溃逃。18日，敌退到大宗袜，还未得喘息，又遭40团攻击，伤亡数百人，被迫向福建和江西方向逃去。该役，40团共俘敌400余人，缴获步枪500余支、驳壳枪20余支、战马数十匹，军用品无数。由于战果显著，该团受到蒋介石的通电嘉奖。不久，薛岳就调任第1军第1师第3团团长，移驻石牌，准备参加北伐。

第二节 江西苦战

1926年7月，国民革命军正式出师北伐。1军1、2师作为总预备队，随西路军行动。8月初，薛岳率所部随师主力奉命北上，27日进至岳阳。此时，北伐军已攻占汀泗桥，当面之敌吴佩孚所部受到沉重打击。而控制江浙一带的孙传芳则磨刀霍霍，妄图配合吴军攻击西路北伐军侧后。9月初，北伐军司令部得到情报：孙传芳已调其精锐谢鸿勋师和杨镇东旅援赣，并向武宁、修水一带进军，准备进扰浏阳、平江、通城等地，以阻止北伐军进攻武汉。为策应西路军攻击武汉，消灭孙传芳主力，蒋介石急令2军、3军、6军向江西进攻，并调1军1师至浏阳，为总预备队。

1师接到命令后即由岳阳兼程南开，于12日到达铜鼓附近。是时，师长王柏龄不在军中，暂由副师长王俊指挥部队作战。王副师长研究了战局，决定于当晚对铜鼓发动攻击，具体部署是：2团任正面主攻，1团为左翼，薛岳所率3团担任右翼，三个团有机配合，攻击前进。但是攻势的进展并没有王俊想象的那样顺利。12日晚，攻击开始后，2团和1团在丰田和县城一带遭遇敌重兵阻击，进展困难。13日上午8时，薛岳奉令率3团抄敌之后，在荷塘遇敌。激战4小时后，薛岳见不能取胜，遂改变战术，率3团在向导队的带领下，绕过荷塘直取县城敌战地指挥官、第7混成旅旅长杨镇东的旅部所在地——九大堂。到达九大堂后，薛岳指挥部队迅速包围了敌旅部。杨镇东万万没想到北伐军来得这么快，还在床上抽大烟，听到被围的消息后，仓皇出逃，刚出前门便被打成重伤，在随从的护卫下，才勉强逃出重围，向大塅方向逃窜去。攻占九大堂后，薛岳没让部队进行片刻休整，即以一部追击逃敌，另一部抄袭曾公庙以支援排埠、丰田方向战斗。此时，敌由于旅长重伤，群龙无首，很快就丢下3门火炮、七八百支枪和大量军用物资，向后溃退，逃至群溪西村附近时，又遭6军截击，大部被歼。

夺取铜鼓后，6军和1师趁孙传芳军主力与2军和3军在樟树相持、南昌空虚之机，急速向南昌推进，十多天内连克奉新、宜丰、高安。19日，6军19师袭占南昌城。次日，为保障南昌城北翼安全，1师奉命进攻牛行车站。当晚，薛岳率3团两个营作为师先头部队向牛行车站发起攻击。守敌顽强抵抗，3团寡不敌众，部队伤亡惨重。按原计划，1师副师长王俊应率1团、2团前往增援3团。但3团打了一夜也没有看到援军到达。战斗持续到21日上午，3团损失太重，被迫后撤。

退下来后,薛岳才得到消息,因王俊无能,1师主力在增援途中糊里糊涂地走错了路,转去攻打乐化车站。而由九江南下之援敌已赶到乐化。王俊面对援敌犹豫迟疑,致使1师主力在乐化以西遭援敌袭击,损失严重,被迫退至奉新。22日,6军17师(附57团)奉命再向牛行车站发起攻击,仍遭敌军反击,战斗激烈,呈胶着状态。17师作战参谋吴宗泰奉令到1师师部求援。但此时1军副军长兼1师师长王柏龄和党代表缪斌早已溜进南昌城去玩了。吴宗泰只找到师参谋长叶剑英。叶剑英因情况紧急,便以师部的名义命令3团从正面向敌攻击。薛岳得令后,即率部自老虎洞从东面出敌不意攻入牛行,与守敌展开激战。与此同时,17师方面亦有进展。可好景不长。午后,敌郑俊彦部约2万人到达牛行,从右翼发动攻势,对北伐军实行反包围,形势急转直下。激战到下午3时许,17师因形势不利被迫向西南方向转移。薛岳也只好率部向奉新撤退。

牛行失守,位于南昌城的19师便成了孤军,受到由牛行南下之敌郑俊彦部和由樟树北上之敌邓如琢部的南北夹击。23日,为了稳定战局,6军军长程潜急令1师副师长王俊派部队赴乐化堵截敌军。但1师所属1团、2团在乐化附近遭到敌卢香亭部重兵围攻,损失甚重,仅1团伤亡即达300余人。1团团长孙元良见势不妙,擅自率部后撤,致使左翼洞开,全师动摇,被迫向万寿宫转移。于是,敌军得以沿南浔铁路蜂涌南下。当晚,南昌失守。6军损失惨重。到25日,6军及1师在3军一部的掩护下于万寿宫附近集结整顿,战局方告稳定。

此次战斗,6军和1师轻敌冒进、指挥不力,终致大败,损失了大部分兵力。而1军副军长兼1师师长王柏龄擅离职守,致全师失去有效指挥,罪无可恕。他自知留在军中难逃一死,便于24日夜离队逃逸,不知去向。在此后的作战中,其职由副师长王俊代理。王俊军事能力不强,薛岳主动帮助他整顿部队,很快使1师军容复振。

10月3日,蒋介石进驻奉新,巡视1师,见到王俊后,大发雷霆,痛斥王柏龄、王俊非"带兵之才",当提起孙元良无命令撤退的情况时,更是怒不可遏,下令枪毙孙元良,同时称赞薛岳所部3团作战顽强,并以该团为模范。①不久,有人

孙元良

向孙元良通风报信。孙知大难临头，便孤身离队，在国民革命军总政治部秘书长李一氓等人的帮助下，经武汉前往日本求学，终逃一劫。4日晚，蒋介石移节高安。适逢薛岳从前线返回高安，当即向蒋介石报告前方战况。蒋介石非常满意。

是日，蒋介石下达作战命令，要求各军对南浔线之敌展开全面攻势。次日，6军及1师由安义附近出发，向永修进发。起初，该部进展非常顺利，在德安附近的7军配合下，先头部队于7日渡过修水，占领了永修城及其西北高地。然而，因船只缺乏，后续部队渡河迟缓，6军及1师遭敌卢香亭部半渡而击，首尾不能相顾，只得沿修水两岸向西转移。8日，1师在柘林附近遭到追敌袭击，受到严重挫折。9日，6军和1师终于摆脱敌追击，在箬溪以南集结待机。

就在6军和1师再度失利时，2军和2师取得重大进展。8日夜，两部进围南昌。此时，1师迭遭重创，仅3团因薛岳治军有方，战斗力相对完整。薛岳旋奉命派有力部队驰赴南昌，协助2师进攻德胜门。为此，薛岳选拔3团黄埔军校学生组织了4支敢死队，调归2师指挥。2师师长刘峙将这4支敢死队作为攻城先锋。4个队长要自立军令状当众宣读，队员也相互激励，奋勇杀敌。由于各敢死队纪律严明，成员都视死如归，作战非常勇敢，两度攻入城内，但由于后续部队未能跟上，遭优势之敌围攻，最后大部牺牲。13日，蒋介石鉴于3军在牛行作战失利，命令2军及2师撤围南昌。

北伐军两攻南昌全面失利后，敌军气焰异常嚣张。他们集中兵力进攻箬溪一带，企图解除7军和6军对南浔线的威胁。12日，7军在双溪、覆盆山、梅山、昆仑山一带与皖军陈调元部作战受挫。当夜，1师奉命驰援7军。王俊与薛岳等商议后决定，主力奔袭白水街，另以3团急赴王家铺，直接支援7军作战。13日拂晓前，薛岳率3团乘夜绕至王家铺北侧，出其不意猛击敌第4混成旅，而7军亦趁机出击，经一天激战，将敌完全击溃，攻克王家铺，歼敌数千人。敌军遂向瑞昌溃退。1师主力乘机在白水街截击逃敌，缴获甚多。这一仗，北伐军一扫10天来的颓势，使战局稳定下来。战后，1师奉命开回奉新休整。

10月下旬，北伐军又组织了对南昌的第三次进攻。在这次作战中，薛岳所在的1师与1军2师担任总预备队，由2师师长刘峙指挥。11月3日，北伐军中央军6军在乐化附近遭敌卢香亭部猛烈反扑，伤亡颇重。4日上午，1师、2师及炮兵团奉命自6军两翼增援攻击。敌凭借预设工事，拼死抵抗，战斗异常激烈。已升任1师副师长的薛岳亲率3团增援竹马塘附近之49团。他不顾个人安危，始终于第一线督战，指挥所部反复冲杀，伤亡惨重。3团团长魏劲华也英勇牺牲。战斗一直持续到4日晚，中央军当面之敌不支后撤。薛岳与王俊即指挥1师协同2师及6军乘势向涂家埠、乐化攻击。此时，北伐军左翼7军等部已攻占马回岭，并向建昌、涂家埠方向进攻，突击敌卢香亭部侧背。5日，敌卢香亭部的防御在北伐军的南北夹击之下终于崩溃。上午10时左右，1师、2师攻克涂家埠。下午2时，6军进克乐化车站。而后中央军乘胜追击，于7日攻克吴城。敌残部大部被歼。就在中央军节节胜利之时，北伐军其他各部也击溃了当面之敌。南昌成了一座孤城。11月8日，蒋介石下令总攻南昌，城内残敌见大势已去，只得开城门投降。江西之役以北伐军的全面胜利告终。

攻克南昌后，薛岳由于指挥有方，屡立战功，深受蒋介石赏识，不久即擢任第1师代师长。

第三节　挺进江浙

孙传芳在江西大败后不到两个月，其福建的地盘也全部丧失。同时，在他的大后方浙江也后院起火。省长夏超因宣布起义被孙传芳捕杀。他的继任者、兼任浙军1师师长的陈仪也与浙军3师师长周凤岐秘密商定等北伐军攻入浙江，他们即宣布起义响应。

12月8日，北伐军之东路军第2纵队指挥官王俊指挥薛岳的1师与陈继承的22师，即抵达浙赣边界，向衢州推进。11日，驻守衢州的周凤岐当即通电起义，就任国民革命军26军军长。于是，薛岳等兵不血刃地进入衢州。14日夜，1师先头部队到达严州。20日，浙军1师也宣布起义，改编为国民革命军19军，进驻钱塘江南岸，协同26军与孙军隔江对峙。

为了彻底消灭孙传芳之残部，迅速控制江南，1927年1月6日，蒋介石在南昌召开军事会议，决定分东、中、西三路继续向浙江、安徽、河南进军，追歼逃敌。会后，东路军前敌总指挥白崇禧即遵令率1师、2师、21师、22师和先遣队向龙游、衢州集中。此时，在福建指挥作战的东路军总指挥何应钦却来电称："在闽之部队，须俟肃清在闽之残敌，约于2月初旬始能入浙参加作战。"[②]但就在这个时候，26军和19军先后被孙军击败。孙军孟昭月、周荫人等部已进至武义、永康、金华、兰溪等地。其间，薛岳的1师与22师奉命协同26军向汤溪、金华反击，但26军第1旅旅长吴崇仁心怀鬼胎，犹豫徘徊，致使反击失利。26军不得已退回衢州以东的樟树潭。北伐军在浙江的最后两个据点衢州和温州受到严重威胁。

20日，白崇禧在衢州召开紧急会议，研讨战局。会上，薛岳等认为：衢州附近无险可守，如不主动进攻，北伐大军云集，补给困难，必将陷于被动。他们建议："为使尔后作战容易，把握时机，不必待我在闽之部队到达，迅速断然进攻，歼敌于衢州以西地区，再进攻杭州。"③白崇禧大喜，这个建议与他不谋而合，当即改变部署，分左、中、右三路向兰溪、严州（建德）进攻，其中薛岳的1师与2师、21师被划为中央军，协同右翼26军，沿衢江进攻兰溪、严州（建德）。

27日，北伐军开始行动，当天即占领龙游，继而于29日拂晓在左自寿昌、右至汤溪的战线上发起总攻。薛岳指挥1师沿衢江右岸战斗并向洋埠发起进攻。守敌孙军2师，凭借既设阵地顽抗。薛岳指挥部队通过多次佯攻，了解到敌军弱点后，集中兵力对敌薄弱之侧翼阵地进行反复冲击，终于使敌战线动摇。可是，一个意想不到的情况出现了。战斗进行到最激烈的时候，奉命前来支援中央军作战的22师66团有部分官兵哗变，致使敌军乘隙插入中央军阵线，正好打到了1师的左翼。幸好2团团长胡宗南沉着镇定，激战6小时，终将反扑之敌击退。薛岳随即挥军突击，于当天黄昏击溃守敌，攻占洋埠。与此同时，位于1师右翼的26军也打败了敌周荫人部，攻占汤溪。薛岳遂乘胜率部直插兰溪。

但就在这时，薛岳接到白崇禧的命令说：2师和21师攻占游埠以后，在兰溪西南一带遭孙军主力孟昭月部的顽强阻击，损失很大。而左翼军的进攻也没有进展。2师和21师已奉令撤回龙游附近。这样一来，1师态势过于突出，易招攻击，因此1师亦应撤回洋埠。

对此，薛岳不以为然。他认为，敌孟昭月部已是强弩之末了，只要再加一把劲，就可以取得胜利了。于是，他把白崇禧的命令扔在一边，仍然率部猛进。

果不出薛岳所料，当晚孟昭月突然由兰溪北逃，其部队也纷纷向严州、桐庐、浦江和诸暨退却。北伐军乘机追击，相继攻占兰溪、金华。

然而，就在白崇禧准备乘胜进攻严州的时候，左翼军进攻寿昌受挫的消息传来。孙军一部已进逼开化，威胁中央军的左侧背。薛岳遂奉命率所部与2

师、21师向寿昌方向增援。在北伐军的前后夹击下，寿昌守敌支持不住，纷纷向淳安溃退。北伐军乘机进克寿昌。随后，薛岳率所部在友军的协同下，向北攻击，于3日配合右翼军打下严州。与此同时，各军也相继占领浦江、淳安、桐庐、诸暨等地。孙军退据杭州附近。

面对兵败如山倒的局面，孙传芳集团仍不甘心，还希图作垂死一搏。11日，孟昭月督率部队分两路向东路军反攻，一路攻桐庐，一路犯诸暨。对于这一着，白崇禧早有准备。之前，他对部队进行了必要的调整，令22师除留必要的干部外，其余官兵都补入1师、2师、21师，充实了一线部队，并已下决心在富春江和桐溪汇合的三角地带歼灭敌人。

当孙军反扑开始后，李明扬指挥的东路军先遣队奉命坚决拒止先头之敌，掩护主攻部队主力1师、21师展开，但毕竟战力薄弱，虽竭力阻击，损失惨重。战斗进行到最激烈时，李部两个连突然倒戈。李明扬亦左臂中弹负伤。李部阵地顿时大乱。敌军乘机突破了该部阵地，并以一部通过李部阵地向正在展开过程中的薛岳的1师侧翼发起攻击。1师伤亡甚众。薛岳立即调整部署，沉着应战，终于在友军配合下，打退了敌人的一次次冲锋，从而稳定了战局。

为了完全打退孙军的反扑，白崇禧又将预备队2师主力调到1师左翼，协同1师及21师、李明扬部，发起反击，重点打击敌右翼之李俊义、刘士林两师。由于敌军连遭挫折，兵无斗志，而北伐军士气高昂，作战英勇。战场局势逐渐逆转。15日，薛岳率1师与友军共同发起反击，连占新登、富阳。孟昭月误认为内部倒戈，仓皇向后溃逃。薛岳率部乘胜向杭州前进。然而，1师的迅猛行动却让作为薛岳的顶头上司的白崇禧大为恼火。本来，他打算让1师沿钱塘江右岸进攻，牵制住敌军主力。自己则亲率21师乘虚由左岸向前推进，在浪石铺渡江，抢先进入杭州。薛岳一个劲往前冲，不是要夺了自己的头功吗？于是，他指示薛岳停止前进。可薛岳对他的命令置之不理，仍然指挥部队猛冲猛打，于18日率先攻进杭州。等白崇禧于次日率21师到达杭州城下时，1师官兵已在城里整队迎接了。

第四节 进军大上海

1师进占杭州后，迅速向上海方向追击，19日午后抵嘉兴。孙军退据宁沪地区。上海已在望。薛岳兴致颇高，催促部队加快前进速度。可部队向前推进时，他才发现，上海附近水网纵横，而大部分桥梁都被敌军破坏，部队前进困难。在这种情况下，薛岳不得不率部退回嘉兴休整，并组织当地民众抢修被破坏的桥梁。

3月初，山东军阀张昌宗派部将毕庶澄率兵开到上海，随即伙同孙军周荫人残部，向嘉兴等地发起反击。东路军1师、2师、21师自出征以来没打过防御战，而26军与由上海归附部队新组建的新8军战力又十分薄弱，因此，在作战中吃了大亏。经三天激战，各部损失很大，新8军军长何嘉禄阵亡，26军1师师长邢震南重伤。幸而此时敌军兵无斗志，先于北伐军动摇。16日，东路军各部乘机出击，由嘉兴重新向上海挺进。此时，孙传芳已将他的驻浙部队大部移驻江北，仅留下少数部队在金山、松江一带协助直鲁联军。上海一带防务已非常空虚。因而，东路军的前进十分顺利。18日，薛岳指挥1师协同26军主力击破敌周荫人残部。20日，薛岳率部自闵行渡江。其先头部队刚渡过部分官兵，遭到敌袭击。孙军企图乘1师半渡中击溃之。如待敌后续部队到达后，再展开进攻，将为敌所乘。情况万分紧急。薛岳立即赶到前卫营，调集机关枪和迫击炮部队先渡河，集中火力射击，支援前卫营猛攻敌阵地。这一招迷惑住了对手。敌人疑为北伐军大部队到达，士气全无，纷纷溃逃。薛岳乘胜向莘庄追击。刚走了5里，即与敌毕庶澄部遭遇。敌军极力抵抗，并集中铁甲车和炮兵火力猛轰铁路正面。薛岳指挥所部官兵奋勇冲杀。敌军早已为北伐军之威名所震慑，稍事抵抗后即向后溃败。1师官兵继续追击，俘虏了大量敌军（其中白俄甚多），于当晚进入龙华。21日，白崇禧已率26军等部占领了松江。薛岳命人把白俄俘虏送到松江车站，向前敌总指挥献捷。这批俘虏在苏联顾问切列潘诺夫强烈要求下，被下令处死。

正当薛岳准备趁胜进军，解放大上海之际，突然接到白崇禧的命令，要求1师停止前进，期待敌军投降。对此命令，薛岳大为困惑，敌军已经穷途末路了，在这时停止前进，这不是养虎为患吗？

其实，他并不清楚。他的顶头上司的心思早已不在作战上了。就在当天中午12时，上海工人在中共领导下举行了第三次武装起义，希图控制这座中国最大的城市。蒋介石对共产党的这一企图，早有芥蒂，曾密令白崇禧："我军如攻上海，至龙华、南翔、吴淞之线为止；军队不越此线为要。闻某党有上海革命政府之组织，凡此类机关，应即勒令取消可也。"[④]而白崇禧此时也已对共产党和苏联抱有敌意,因此忠实地执行了这个指示,欲借北洋军阀的刀除掉中共组织起来的工人武装。

尽管没有得到北伐军的支持,起义工人还是在起义之初取得了巨大的进展,22日晨占领了上海租界外的广大地区。北洋军残部在毕庶澄的率领下,退守北火车站。起义工人因没有重武器,多次攻击未果。于是,上海总工会委员长、共产党人汪寿华于上午9时,派总工会交际处处长赵子敬率代表团前往东路军前敌指挥部,要求东路军出兵配合起义。白崇禧却以国民党驻上海特派员钮永建正与毕庶澄谈判,所部没有接到钮永建的指示,不能贸然进军上海市区为由,拒绝出兵援助起义工人。赵子敬等声泪俱下,再三请求,可白崇禧就是按兵不动。工会代表遂转赴1师师部,向薛岳涕泣力请。薛岳非常感动,说:"我们是革命军,现在革命任务这样急,这是非去不可的。现在我去好了,将来有处分,我愿来承受。"⑤遂不顾白崇禧的反对,于午后率部进驻闸北,策应工人的巷战。下午6时,1师赶到麦根路,遇到一部溃逃的敌军,当即将其缴械。当晚7时,他们进抵北火车站,此时敌军已智穷力竭。薛岳仅组织了一次冲锋,敌军就缴枪投降了。毕庶澄孤身逃往租界。工人与1师官兵占领整个上海市区,武装起义取得全面胜利。

进入上海后,薛岳在共产党及广大工人群众的协助下,接管了各大重要机构,并指派炮兵营营长许康担任吴淞要塞司令、参谋长张性白接管龙华兵工厂,迅速控制了局势。

薛岳积极支持上海工人起义的行为受到了中共和上海工人的广泛欢迎。中共方面与上海总工会不断派团以各种名义慰问1师,组织工人与官兵联欢,进行各种形式的宣传。一时间,1师很多官兵思想受到其影响,产生了对中共和总工会的好感。薛岳也想方设法加强工人武装,公开派兵保护中共在上海的各级工会组织及市政府,并于3月26日发布布告,声称:"沪上为工商集中之区,工厂林立,尤赖工会提纲挈领,诚挚指导,以期群策群力,共济时艰……倘有不法之徒,任意骚扰,本师长唯有执法以绳……"⑥

薛岳在北伐、抗战时期屡立战功所获各类勋章

东路军在江浙胜利进军的同时,其他方向北伐军也取得了重大进展。3月24日,2、6军攻克南京。6月1日,唐生智率4、8军与冯玉祥的国民军在郑州会师,北伐战争取得了伟大的胜利。但就在这个广大人民欢庆胜利的时候,一个令人痛心的事件改变了中国革命的进程,同时也改变了薛岳的一生。

第四章
革命理想的破灭

第一节　怅然离职

随着北伐战争的顺利进展，以蒋介石为首的国民党右派急于争夺领导权，与中共及武汉国民政府的关系日趋恶化。3月24日，在武汉国民政府授意下，程潜为总指挥的江右军（由2军、6军组成）抢在东路军何应钦部之前占领南京。随后，武汉国民政府接受苏联顾问鲍罗廷的建议，积极设法削弱与限制蒋介石的权力，同时秘密指示程潜牢牢控制南京，防止蒋介石在该地建都，如蒋违抗，则将其扣押送武汉。而蒋介石、白崇禧等国民党右派也积极采取措施，对付武汉国民政府和中共。在这样的情况下，薛岳不可避免地卷入了这场政治风波。

北伐战争的顺利进行使薛岳看到了复兴中华的希望。眼看自己的革命理想很快就要成为现实了，薛岳热血澎湃，与中共及上海的工人打成一片，但却引起了国民党右派的不满。

早在1师进入龙华时，白崇禧就责成东路军前敌总指挥部参谋长张定璠用电话向薛岳转达蒋介石关于部队不得进入租界和不得委任行政机关人员的指示，并指责薛岳违背命令擅自任命龙华兵工厂厂长。薛岳一听，火冒三丈，坚决不认错。二人大吵起来。白崇禧忙接过话筒打圆场，安慰了薛岳两句，并派手下中校参谋章培前往慰问。1师进入上海后，白崇禧又写信给薛岳要他释放1师收押的右派分子。而薛岳向白崇禧提出的率兵出击徐州的要求也石沉大海。

从白崇禧的这一连串动作中，薛岳闻出了异样的政治气味，便向中共上海区委组织部部长赵世炎透露了对右派的不满，并表示如果白崇禧不要他去打徐州，可以在上海整理4个月。中共遂决定让一部分工人去1师当兵，以加强薛岳部队中的革命力量。为此，赵世炎于3月23日找到薛岳，向他转达了中共的意图。薛岳表示将竭力帮忙，并希望工会好好武装。他还提醒赵世炎，他的参谋长张性白很右倾，要防备。

会谈结束后，赵世炎即向身在上海的中共中央领导人陈独秀做了汇报。中共上海特委遂商定，将工人武装手里的武器送一部分给1师，同时准备动员1000名工人参加薛岳的部队。作为回报，薛岳也积极支持中共反对邹竞等国民党右派的斗争。

白崇禧见薛岳"左倾"态度明显，便于25日下令将1师调驻龙华，所遗闸北防务，由2师接替，企图以此来割裂薛岳与中共的联系。对此，薛岳表示反对。中共也发动群众，质询白崇禧，极力挽留1师。

正当中共为将薛岳留在闸北而努力时，国民党右派加紧了与中共翻脸的准备。25日，白崇禧向记者表示，工人如有扰乱的情形，各国都可出租界缴械。26日，2师进驻闸北。同日，蒋介石来到上海，随即与白崇禧等密谋"清党"。

对于国民党右派的活动，缺乏军事实力的中共已有察觉。他们把与蒋介石抗衡的砝码压在了进驻上海一带的北伐军主力1师、2师、21师身上，特别是最为"左倾"的1师，尽一切力量帮助挽留该部。26日，中共在上海召开群众大会反对白崇禧前一天的公开表态，并派人质问白崇禧，坚决反对调离薛岳。同时，他们又组织闸北群众到薛岳的师部大造挽留1师的声势。在此期间，中共对2师和21师的工作也取得成效：21师官兵受师长严重影响明显左倾；2师的右派师长刘峙则被其中下级军官孤立起来。

面对所属部队日益"左倾"的现实，蒋介石的忠实信徒1军军长何应钦感到无力控制部队，提出辞职报告。蒋介石十分紧张，加紧了"清党"的准备。

28日，7军军长李宗仁到达上海后，即向蒋介石建议："我看只有以快刀斩乱麻的方式清党，把越轨的'左倾'幼稚分子镇压下去。"但是，蒋表示，军队已经靠不住了。为此，李宗仁献上一条毒计："先把我第7军调一部到南京附近，监视沪宁路上不稳的部队，使其不敢异动；然后大刀阔斧地把第1军第2师中不稳的军官全部调职。等第2师整理完毕，便把第2师调至沪杭线上，监视其他各师，如法炮制。必要时将薛岳、严重两师长撤换，以固军心。等军事部署就绪，共产党只是釜底游魂而已。"[①]

蒋介石很快采纳了李宗仁的建议，调7军主力进驻南京，并急电远在广州的北伐军留守主任李济深和15军军长黄绍竑速来上海筹划"清党"。

为拉拢1师、2师官兵，蒋介石亲自于4月2日召集这两个师的干部训话。1师的很多青年军官深受左派影响，思想亲共，当场便有人站起来指责蒋介石太过右倾，弄得蒋介石非常尴尬。会后，蒋介石一怒之下，下令解散1师、2师的政治部。几天后，薛岳到南京1军军部汇报工作，何应钦向他谈及"清党"之事，试探他的看法。薛岳表示坚决反对。事后，何应钦立即将与薛岳的交谈情况报告了蒋介石。于是，蒋介石对薛岳更加不信任。

这时，武汉国民政府总政治部秘书长李一氓（共产党员）率总政治部先遣队赴上海开展工作。李一氓到达上海后立即拜访了薛岳，并向他转交了同乡好友邓演达给他的亲笔信。薛岳对此感谢不已。在他们的交谈中，薛岳对蒋介石的不信任"深感不满"，对李说"情况不好"，要"谨慎"。没过两天，他得知1师即将调离上海，便赶到上海的中共中央委员会，建议"把蒋介石作为反革命抓起来"。但这一建议没有得到共产党的同意，他们要求薛岳"装病以拖延撤离时间"。②薛岳失望而归。

4月5日，1师被调离上海到京沪线护路。薛岳感到大局已难以挽回，一方面授意部下在调离前的兵工联欢会上再次暗示工人要小心，一方面提出辞职。蒋介石、白崇禧惜其才，未予应允，只说给他放一个月假。但他4月11日自宁到沪，执意要回广东，蒋介石只得同意。于是，他向1师官兵印发了告全师同志书，说：自己身体多病不能再工作下去，离开部队以便安心疗养，"我没有带走公家一分钱，所存公积金均由军需人员结算清楚，作为加发你们的薪饷等"。③1师官兵对师长突然离职，无不震惊。

离开了上海，薛岳能向哪里去呢？可供他选择的地点其实并不多。去武汉投奔由中共和国民党左派组成的政府吗？那里有他的把兄弟张发奎以及一大帮中共和左派好友。但是，通过这段时间与中共的接触，他认为当时中共领导人还不成熟，并不是以蒋介石为首的国民党右派的对手。而武汉政府的军事又被假左派唐生智把持。他看不到这个政权在与右派斗争中的前途。如果武汉政府倒台，是不是还得逃亡呢？所以，武汉并不能作为栖身之所。无奈之下，他把目光投向了广东。那里毕竟是自己的家乡。虽然此时主政广东的李济深也属于右派，与他的政治观点格格不入，但毕竟粤军1师上下级的情义在那里摆着呢。当年，薛岳离开张民达的8旅，不也是时任粤军1师师长的李济深收留他吗！于是，他决定南下广州，投靠李济深。

次日，蒋介石即在上海发动"四一二"政变，举起了屠刀搜捕共产党人。此时，薛岳已在南去的路上了。随后，广东、广西、湖南等地的国民党右派也积极响应，捕杀共产党人。7月15日，以国民党左派领袖自居的汪精卫在武汉"清党"。从此，国共两党决裂，从亲密的战友变成了不共戴天的仇敌。

第二节 国共破裂之初

薛岳来到广州后，深受李济深器重，很快就被任命为新2师师长，负责组建这支新部队。李济深将之前由总司令部划拨总部收编的梁耀宗团、第4军第1补充团王固部和第4军教导团邓龙光部，都隶属该师；此外，还增加工兵营、炮兵营、特务营各一营，均采用四连制，作为师直属队。名义上，李济深是打着北伐的旗号组建的该师，正好合薛岳所愿，所以薛岳对这次部队的补充和训练特别用心，专门派员分赴江西、南路、西江、琼崖、钦廉各地招募新兵3000人前来编练，并聘请武术技师70名，在各营教练拳棒刀矛等武术技能，于每一营中挑选士兵一连，共2000人为冲锋队，学习武术，另由兵器制造厂铸制长矛2000杆，冲锋队每人长矛一杆、驳壳枪一支，预备战时为冲锋陷阵之用。同时，他又遣人到北江地区勘测营房。该师所招募新兵陆续到齐后，薛岳即调集各部移驻北江，从事编配训练，准备三个月后由江西出发北伐。④

8月初，新2师奉命移驻韶关。值得一提的是，在此期间，薛岳一度驻兵九峰桥，却因忙于公事，竟没有回近在咫尺的九峰家中看望过一次。

就在薛岳潜心组建新2师期间，中国南方的形势发生了很大变化。8月1日，中国共产党组织贺龙、叶挺等部在南昌起义，打响了武装反抗国民政府的第一枪。李济深生怕起义军南下广东，电请第二方面军总指挥张发奎率所部返粤。此时，张发奎因贺龙和叶挺将其所属之11军和20军大部拉走，实力大损，正欲回粤另寻出路，对于李济深的邀请，当然求之不得，立即只身出发，转经上海、香港，回到广州。薛岳当时在广州办事，张发奎先找到了这位把兄弟，向他探听广东的情况。这些年来，薛岳对张的经历也有相当了解。张发奎是国民党内出了名的左派，也是汪精卫派的得力干将。在北伐时期，他曾代理过4军军长。当时，这个军里的共产党员是最多的。"四一二"政变后，武汉政府策划东征讨蒋,他也积极响应。"七一五"政变以后,张发奎响应汪精卫的"清党"号召,开始清洗4军内共产党人,但由于同情共产党,他没有像蒋介石那样大肆捕杀,而是将他们礼送出境,同时对4军参谋长叶剑英等共产党人留下来也是睁一只眼、闭一只眼。南昌起义军撤离南昌后,张发奎没有执行上面要他尾追起义军的命令,反而采纳了叶剑英的建议,以"协助追剿"为名带部队回粤,企图乘李济深全力对付叶、贺之机,伺机夺取广州。对张发奎的"左倾"态度,薛岳是认同的。在交谈中,薛岳告诉张发奎,作为国民党员,他不反对分共,但反对枪杀他们。张发奎看到这位把兄弟的立场与自己完全相同,大喜,便要求他支持汪精卫。薛岳满口应承,并答应帮张发奎去游说李济深也支持汪精卫。

9月中旬,南昌起义军进入广东占领了大浦和三河坝,下旬又攻占潮州、汕头地区,而后以一部留守潮汕,主力6000余人西取惠州。起义军在广东连战连捷,使国民党右派大为惊恐,坐镇广州的李济深连忙调兵阻截。薛岳被任命为第2纵队指挥官,率新2师和13师的37团、38团两团开赴粤东迎击。

对于打共产党,薛岳当时是一百个不愿意,一方面作为孙中山先生的追随者,他认为共产党与工农结合紧密,是革命的中坚力量之一,不愿看到国共内斗葬送掉革命成果;另一方面,他本人与李一氓等共产党人交情颇深,不忍心对朋友举起屠刀,但军令如山,尽管十分不情愿,也不得不执行。

不过,必要的提醒还是要做的。薛岳判明南昌起义部队的动向后,给大埔县署发了份电报,通报李济深的部队正向河源集中,准备截击起义军,要求该县配合。这份电报很快就如薛岳所愿,被起义军截获。薛岳原本希望起义军知道广东方面敌军动向后,会转向他处。但是,起义军并没有停止前进,继续向广州进攻。

9月27日,新2师进到汤坑,正碰上潮汕警备司令王俊带领的从潮汕地区败退下来的部队。看到这些垂头丧气的残兵败将,薛岳部官兵都嘲笑其无能。在他们看来,起义军兵力单薄,且经长途跋涉,沿途又受到国民政府军队的层层阻击,战斗力已所剩无几;而他们新2师师长是声威赫赫的"老虎仔",兵强马壮,又以逸待劳,取得战斗的胜利当不在话下。可他们哪里知道,让他们最放心的师长这次却只是应付差事。自然,等真正遇上起义军时,新2师的表现也好不了哪儿去。28日,起义军向揭阳、汤坑间的白石发起进攻。王俊所部抵挡不住,节节败退。29日拂晓,新2师两个团加入战斗,由于薛岳无心作战,在战斗中采取消极防御，没能顶住起义军的攻势。

仗还没打到中午，薛岳就以部队损失惨重为由，一个劲向其顶头上司、东路代总指挥陈济棠求援。下午1时，陈济棠率11师到达，立即投入战斗，打退起义军的进攻，替薛岳守住了阵地。可就在战局稍有好转之际，薛岳即借口"整补"，仅留一部在前线作战以应付陈济棠，而将主力撤出战斗，到后方坐山观虎斗去了。30日，陈济棠所属的11师和13师全部加入战斗。起义军损失太大，无力再战，向福建退去。同日下午，黄绍竑率领的桂系15军两个师攻占潮州。

10月1日，起义军撤出汕头。薛岳打仗不积极，抢地盘的动作倒挺快。次日，他得知汕头实际上已成为一座空城，便亲率一个连赶到那里，并让随后到达的新2师主力在汕头以北的鼋埠堵住了由潮州前来接收汕头的桂军去路，要他们在鼋埠以北停下，只许黄绍竑带几个随从进入汕头。薛岳的行动激怒了桂军。两军剑拔弩张，差一点打起来。黄绍竑考虑再三，认为广东已无法久留，遂在未征得李济深同意的情况下，把所部撤回了韶关和梧州。在此期间，陈济棠也接到薛岳的通知，不准陈部进入汕头，就连进城买菜也要登记。陈济棠一看，气得破口大骂：欺人太甚！不过，陈济棠此时的主要任务还是追击南昌起义部队，他没有过分计较，带着部队绕过汕头，继续向揭阳方面前进。

薛岳赶走了黄绍竑后，怕李深济怪罪，怎么办呢？他灵机一动：只要李深济以为自己打了胜仗，一定不会降罪的。随即，他向第八路军总部发了份电报，大肆虚报战果，说："叶、贺'两逆'于九月念六日（即9月26日）在汤坑与我军血战两昼夜……经于十月一日午前八时，将逆敌全数击溃，是役毙敌团长三员，营连排长士兵二千余名，我军得械数千，官兵伤亡千余，岳于本日率第2师进驻汕头。"⑤果然，这个电报发出去后，李深济没有再追查这事了。接下来，薛岳开始盘算如何扩充自己的实力。他盯上了随他进入汕头的王俊。此人手下还有些部队，而且无甚能耐，之前又因作战不力遭到黄绍竑的弹劾，正是一只待宰的羔羊。他先将王俊委派的税收人员全部撤换，另派自己的亲信，甚至连司令部也霸占了去。王俊打了败仗，底气不足，自然得不到李济深的支持，只能忍气吞声。可薛岳哪

陈济棠

里能放过他？接下来便以"补充部队"为名逼迫王俊将所部编入新2师。王俊斗不过薛岳，只好交出部队，只身离开了汕头。控制汕头后，薛岳没有积极执行捕杀共产党人的政策，使贺龙、谭平山、李一氓等一大批参加南昌起义的中共骨干经由汕头逃走。不久，薛岳又奉命将汕头移交给陈济棠，率所部乘船开赴广州去了。

就在李济深指挥部队在粤东与南昌起义军打得不可开交的时候，第二方面军（主要是4军）主力以帮助其"剿灭"叶、贺的名义开回广州。10月29日，汪精卫也到达了广州。最初，李济深为巩固自己在广东的统治，需要更多的同盟者，因而与汪精卫、张发奎等保持了良好的关系。然而好景不长，随着蒋、汪矛盾的激化，汪精卫、张发奎等企图将广东变为反对蒋介石的根据地，使李济深感到芒刺在背。于是，李、汪矛盾加剧。为了完全控制广州，张发奎等拉拢在穗的高级将领，准备倒李。为此，张发奎找到薛岳，吹嘘他们有三个师的实力，完全有能力对付李济深和黄绍竑。几个月来，薛岳对李济深当时的政策作为以及黄绍竑所属桂系部队长期占据广州大为不满，早想另投他门，这次张发奎带了那么大支军队为自己撑腰，怎么不干呢？于是，薛岳同意参加他们的"倒李"行动。同时加入张发奎集团的还有5军军长李福林、独立团团长黄镇球等。

11月17日，张发奎趁李济深赴上海开会之机，率第二方面军会合李福林5军及薛岳新2师以"护党"为名发动兵变，包围了驻广州的桂系将领宿舍，勒令桂军放下武器。李济深的司令部和宿舍也同时被查抄。可是，张发奎、薛岳他们的如意算盘没有成功，就在他们行动之前，在广州的桂军首脑黄绍竑得到情报，已偕所属桂军将领秘密转移到了香港，后又转梧州。在逃亡途中，黄绍竑电令在粤桂军撤返广西。张发奎得知后，命令黄琪翔率4军主力沿西江追击，防止其卷土重来，并将一部调往东江，监视陈济棠。而薛岳的新2师也被改编为教导第1师，奉命协同5军45团开赴四邑进攻徐景唐的13师。由于形势变化突然，徐景唐对薛岳的进攻准备不足，被打得节节败退。到12月4日，教1师占领猪头山。次日又会合5军45团击溃13师殿后部队陈章甫部，攻克江门，俘其700余人。

薛岳部队进驻江门后，军纪严明，当地群众对其印象颇好。各界左派团体均视之为"革命军队"，先后恢复了活动。中共新会县委也抓住这一有利机会，积极营救关押在狱中的共产党人和"左倾"群众，并重新建立工会、农会组织和开展工农运动，恢复出版《江门民国日报》，展开宣传，组织力量打击国民党右派势力。江门、会城一带的共产党人又逐渐活跃起来。

4军主力出动追击粤、桂军后，张、黄集团在广州只剩下教导团和朱晖日的警察维持治安，力量极为空虚。张发奎等也认识到了这一点。他们实行了一些"左倾"政策，积极拉拢共产党，幻想借助工农群众的力量稳固其在广州的统治。可是，张发奎、黄琪翔、薛岳等人并没有意识到他们的政策主张和当时共产党的主张存在着根本分歧，不可能得到共产党的认同。他们对当时形势的认识太过简单了。经过"四一二"和"七一五"两次政变，国共两党已经完全决裂。它们之间的斗争已到了你死我活的地步，任何调和路线都是不现实的。因此，共产党人没有像薛岳等人想象得那么幼稚，而是通过4军参谋长、共产党员叶剑英加强对4军教导团的控制，并组织工农武装，加紧夺取广州政权的准备。

12月11日凌晨4时，在中共广东省委的领导下，4军教导团及广州市的工人赤卫队突然举行暴动。经数小时激战，除个别据点外，起义部队几乎完全占领广州市区，成立了以苏兆征为主席的广州苏维埃政府（苏兆征未到任，由张太雷代理其职）。张发奎、黄琪翔被迫逃往广州河南李福林处躲避，以总指挥和军长名义，急召西江、东江等前线各部返穗镇压。此时，教1师除莫雄的4团留驻广州西村陈家祠外，主力已调往江门。当天上午，薛岳接到镇压起义的命令后，急调4团向观音山反扑，并令副师长邓龙光率驻江门的1团、2团两团火速回援广州。中午，4团越过观音山，攻到吉祥路。后起义部队反击，打退了4团的先头部队，重占观音山。于是，双方对观音山进行反复争夺。12日凌晨，教1师主力到达河南。3时半，薛岳所部从士敏土厂进攻东堤一带，并沿永汉路搜索而上，攻击财政厅。上午8时，4团重占观音山，并向设在市公安局内的广州起义总指挥部进攻。战斗一直持续到深夜，在起义部队的顽强抗击下，4团的五次进攻均告失败。晚上10时，5军一部和右派控制的广州工人敢死队赶来增援，才攻占了起义总指挥部。稍后，起义部队主力奉命撤出市区，至黄花岗集中后，向花县方向转移。13日，张发奎命令部队向广州城发动总攻，没能撤退的工人赤卫队员和起义士兵坚守街垒，与敌展开肉搏，坚持到下午5时流完最后一滴血。在此过程中，教1师的士兵闯入了苏联驻广州领事馆，搜出苏联与中共策划广州起义的重要文件。看到这些文件，张发奎与薛岳气得捶胸顿足。当日，江门革命武装为策应广州起义，准备于晚上9时发动起义，攻占薛岳的司令部黄家祠。

但薛岳事先得到情报，联合江门商团，于傍晚宣布全市戒严，迫使中共新会县委取消了暴动计划。

张发奎、薛岳等重占广州后，开始了大肆捕杀共产党人和参加起义的群众。仅在江会一地，教1师就捕杀共产党人及群众达200余人。这时的薛岳，就像张发奎后来回忆的那样，"以前薛岳总是保护共产党员，如今却发生180度的转变"。一时间，广州、江门等地充满了白色恐怖。就这样，薛岳从一名同情共产党的左派将领被推到了共产党的对立面。

就今天的观点来看，我们很难指责共产党发动广州起义的行动，毕竟在当时国共矛盾尖锐的情况下，他们不可能不对国民党的屠杀做出必要的反击。而薛岳和张发奎等人却没有认清形势，仍然幻想在不脱离国民党的前提下与共产党实现某种形式的合作。事实证明，这种第三条路线是根本行不通的。

第三节　兵败东江

广州起义结束后，国民党内对张发奎一片谴责之声，说他养虎成患，给广州造成了极大的灾难。在强大的舆论压力下，张发奎、黄琪翔被迫宣告下野，离开了部队。4军遂于12月中旬召开军官会议，决定对4军进行改组，推举12师师长缪培南为军长，薛岳为副军长。改编后，4军辖12师（师长吴奇伟）、25师（师长李汉魂）、26师（师长许志锐）、教1师（师长邓龙光）、教2师（师长黄镇球），共约4万余人。

正当4军进行人事变动之际，黄绍竑、陈济棠、徐景唐等部集结重兵从东江、西江、四邑等地向广州压了过来。缪培南来找薛岳等人商量。在交谈中，薛岳发现，张发奎从江西拉回来的4军实力并不雄厚，三个师的枪支加在一起，还不如他原来的新2师多。他非常后悔，心想："倘我早知如此，也不跟着他们癫干。"⑦可事已至此，后悔也没用。于是，他和缪培南等人共同制订了下一步作战计划：暂时放弃广州，集中4军主力先击破东江的陈济棠、陈铭枢、钱大钧等部，而让李福林的5军在三水、肇庆、河口一带迟滞沿西江东下的黄绍竑桂军。12月26日，4军放弃广州，向东江开进。可战局的发展大大出乎缪培南与薛岳的预料。他们离开广州的第四天，黄绍竑率部即毫无阻碍地占领了三水、肇庆、河口。李福林背信弃义，非但没有组织部队进行抵抗，还将缪培南的计划全部透露给了黄绍竑。黄绍竑立即调整部署,命令所部全速向东江推进。形势变得对4军极为不利。

1928年1月4日,4军的先头26师在龙川附近与陈铭枢、陈济棠、钱大钧三部遭遇,先胜后败,不得已于5日凌晨1时撤到蓝关,与教2师会合。后两师又在敌军压迫下,向紫金退却。1月7日,25师到达石灰坝,12师及教1师到达双头墟。而其对手蔡廷锴10师、陈济棠11师、黄质胜24师及钱大钧部由龙川老隆追来,由广州方向开来之黄绍竑部已抵惠州。4军处于粤桂两军的夹击之中。缪培南与薛岳研究了形势后,决定暂置南线桂军于不顾,先集中兵力击破当面之粤军。8日下午2时,4军军部率教1师进占五华,12师与25师向鹤市前进,与陈铭枢、陈济棠、钱大钧等部相持。9日,12师奉命改变攻击方向,向铁场、岐顶、坳子攻击,10时30分,抢占了玳瑁山,随即在玳瑁山和蓝关一带遭粤军反击。双方激战至下午4时30分,12师右翼动摇。所幸,25师73团奉命赶到蓝关,协同12师34团之一营攻占丫顶,稳定了右翼。10日拂晓,12师、25师同时向当面之粤军发动反击。稍后,教1师和26师也投入战斗。这时,陈济棠探知4军军部所在地青溪空虚,便以两个团的兵力,猛扑过去。眼见敌军逼近,缪培南与薛岳临危不乱,一边命各师调兵增援,一边组织身边仅有的军部特务营和卫士队奋勇抵抗,在随后赶到的26师77团和78团支援下,将敌击退。至当晚,粤军被全线击退,10师师长蔡廷锴几乎被俘,主力被迫向老隆退去。4军乘胜追击,先后攻克蓝关、丫下墟及狗木径,打得粤军各部溃不成军,俘虏达数千人。

就在4军在龙川、五华附近重创粤军各部时,桂军黄绍竑部和粤军徐景唐部从南面压来,12日已到达大田、锡坪一线。缪培南与薛岳遂命令各师停止追击,悉数向潭下前进,准备迎击南线之敌,并令12师速由老隆回撤,直插锡坪、大田之侧后,以期与主力前后夹击桂军。

13日上午9时,26师进至百安附近。这时4军得报,桂军陈章甫部约一个团已于12日凌晨进占要点潭下墟,并在那里加强工事,准备迎击4军。潭下墟是全局之锁钥,是双方必争之地。4军只得于14日拂晓向该地发起攻击。桂军利用易守难攻的有利地形,步步为营,节节抵抗,并不时组织反击。经一天激战,4军损失惨重,26师师长许志锐、教2师师长黄镇球先后负伤(许志锐伤重不治,于翌日身亡)。当晚,缪培南与薛岳鉴于4军弹药将尽,相持下去于己不利,命令部队全线出击,以期有所突破。晚9时,各师遵命夜袭桂军阵地,可是桂军预有准备,攻击再度失利。这时,部队已伤亡近半,无力再攻了,只好退回原阵地。

15日晨，正当4军走投无路之时，他们接到了蒋介石请4军参加二次北伐的电报。缪培南和薛岳好似抓到了救命稻草，立刻命令部队与桂粤联军脱离接触，向北开拔。4军撤退的消息很快传到了粤桂联军那里，但这时他们的伤亡也很大，无力追击，只得各回驻地。只有粤军云瀛桥部跟踪追到黎嘴，在那里被12师杀了个回马枪，损兵折将，退回五华。4军遂顺利北上。2月18日，4军到达浦口，后转赴蚌埠、宿州符离集一带休整，准备北伐。

对于蒋介石收留4军的举动，缪培南和薛岳感激之至。4月5日，4军开到徐州后，蒋介石亲自前往运河站检阅士兵。二人上车拜见时，缪培南泪流满面，薛岳则为1927年春在上海反蒋之事长跪谢罪。⑧

第四节　二次北伐

1928年4月7日，为彻底消灭北洋军阀，国民革命军第二次出师北伐。此次，北伐军四个集团军，共约100万人，分别从山西、河南、江苏向河北、山东推进。缪培南、薛岳率领的4军归第1集团军第1军团指挥，由苏北向鲁南进攻。当时，4军教2师撤编，所辖5个师变成了4个：12师（师长吴奇伟）、25师（师长谢婴白）、26师（师长黄镇球）、教导师（师长邓龙光）。全军共约3万人，奉命由邳县、运河镇间地区向枣庄攻击前进。

10日晨，4军开始进攻。最初一周，进展顺利，先后攻占岔河、枣庄等地，进逼滕县。可到了17日中午，12师36团和教导师2团在大彦、后阎村等地突遇大股敌军反扑。缪培南与薛岳得报后，感到情况不对，急令部队停止前进，就地固守，并由薛岳亲率25师（欠73团）及炮兵1营增援教导师，同时将炮兵2营、4营调归12师指挥。下午2时，教导师向后阎村、孔庄间之敌发起反击，敌退到邱家楼一带阵地与之相持。教导师多次冲锋，均被击退，一筹莫展。3时30分左右，薛岳率援军赶到，一面命令谢婴白率25师主力及炮1营向滕县攻击，一面调该师75团向邱家楼之敌右翼包抄。同时，12师亦奉缪培南电令，派一个营驰援教导师。至4时许，4军已完成了对敌右翼的反包围，继而予以猛击。敌支持不住，向休城方向退却。5时左右，敌之左翼向12师发动进攻。12师顽强奋战，战斗激烈。薛岳得报后，即令26师76团及军炮兵支援12师作战。到次日凌晨，经过反复肉搏，12师终于打退了敌之反击，并控制了郭庄及铁道地区。薛岳又指挥4军前线部队乘势追击，于18日天亮时分攻占滕县。

在4军攻占枣庄、滕县的同时，第1集团军3、4军团在第2集团军石友三、孙良诚两部支援下，击破了敌孙传芳部的反击，迫其向济宁、泰安、济南方向退却。4月18日下午，缪培南、薛岳奉命率所部向临沂、南阳镇出动，经3天激战，先后在官村、顿村、李村、新嘉峄、鲁桥等地截歼溃敌数千人，俘敌数百。

此后，4军继续向北攻击前进，于28日到达界首附近的王氏店。缪培南经与薛岳商量后，决定进攻界首，其具体部署是：薛岳指挥12师、26师及炮兵两个营为主攻，攻击莲花池、凤凰庄、白马寺；25师附山炮1营担任助攻，攻击大辛庄、马家岭、妈儿沟；缪培南亲率教导师为预备队；计划于29日拂晓，向界首发起进攻。28日下午，薛岳亲自前往莲花池、凤凰庄、白马寺一带观察了地形，发现敌阵地前临平原，背负高山，易守难攻，当即决心避开敌正面阵地，"以夜间攻击采取迂回包围战术以夺界首"。⑨根据薛岳的部署，26师于29日凌晨2时率先发动进攻，76团在炮兵配合下佯攻莲花池、凤凰庄、羊山正面，吸引敌人注意力，78团则于拂晓绕至凤凰庄、莲花池之敌背后突然发起进攻。守敌猝不及防，被包围缴械。辛庄之敌听到凤凰庄与莲花池失守的消息，无心恋战，向界首车站逃窜。为不使该敌逃脱，薛岳命令12师师长吴奇伟率34团、35团，经道朗、白马寺，抄袭坡里庄、长城之敌；自己则率36团随26师向界首追击。到上午8时30分，26师进占界首。9时，25师得到界首方向攻击得手的消息后，也向当面之敌发起进攻，两小时后攻达界首。缪培南适时命令教导师加入12师方面进攻。两部与友邻40军密切协同，于下午2时攻克刀山。随后，各师又乘胜向北进占长城及大万德车站。

30日晨，4军又奉命开拔，向济南挺进，到傍晚击破当面之敌，攻占张夏及大、小箇山庄。当晚，长期占据山东的军阀张宗昌自知无力防守济南，将济南商埠防务交予日本侵略军后，与孙传芳逃离济南城。缪培南、薛岳获悉此消息后，命令部队加快行军迅速，向济南挺进。当面之敌也因主将逃跑，无心恋战，一触即溃。5月1日上午11时，4军各部即轻易地排除沿途敌之阻挡，到达济南城郊。此时，济南城已为友军占领。缪培南与薛岳遂命各师于张庄、后龙窝、井家沟等地宿营待命。

就在国民革命军顺利进入济南之际，一件令中国人刻骨铭心的事件发生了。5月3日,进入济南的日军11旅团突然向驻济南之国民革命军发动进攻,在八天之内,屠戮中国军民达6000余人,制造了举世震惊的"济南惨案"。国民政府派去交涉的战地政务委员会外交处主任兼山东交涉员蔡公时也惨遭杀害。这一事件激起了全国人民的极大愤慨,各地举行了声势浩大的抗议活动。但是,我们的蒋总司令却置民意于不顾,忍气吞声,命令部队撤出济南,绕道北进。

5日,4军奉命撤出济南近郊,退到大万德、界首一带集中,编入北伐军总预备队。9日,遵照蒋介石的命令,取道汶上、东平、东阿,渡黄河北进,31日抵达德州。这时,北伐军前锋已攻抵北京、天津附近。坐镇北京的北洋军阀首领、安国军大元帅张作霖下令放弃京、津,退往关外。6月3日,张作霖本人也乘火车离开北京赶回沈阳。次日凌晨5时23分,张作霖的专列在行到沈阳近郊皇姑屯时,被日本关东军事先设置好的炸弹炸毁。张身负重伤,数小时后即不治身亡。8日,北伐军第3集团军进入北京。12月29日,主政东北的张作霖之子张学良宣布归附国民政府,二次北伐彻底胜利。

攻占北京后,蒋介石以"节约军费,以利国家建设"为由,下令裁减部队。4军也在裁减之列。7月,薛岳与缪培南率先响应蒋介石发出的裁军通电,鼓动4军上校以上军官联名上书,要求裁撤4军。9月,4军缩编为4师,缪培南为师长。薛岳因"四一二"政变前与蒋介石的过节,被解除职务。解职时,蒋介石假惺惺地宣布资助薛岳5万元,送他出国。[10]初听此言,薛岳还感到欣慰,表示自己"旨在期尽绵薄救国救民与效忠领袖,死生固置之度外,个人之得失亦从未计较,暂卸仔肩,自当奋发进修,期诸他日报效"。可是,薛岳临走时,途经南京晋见蒋介石。蒋介石却什么都没给,只是不冷不热地对他说了句:"并非我对你不好,何敬之不谅解你。"[11]这下,薛岳什么都明白了。他看透了蒋介石的虚伪,也没有心思出国了,改赴九龙闲居散心。

第五节 中原大战

北洋军阀的倒台使一度因二次北伐而缓和的国民党内部矛盾又重新尖锐起来。1929年年初,汪精卫、陈公博等人积极拉拢各个派系,准备反蒋。对蒋介石颇有微词的薛岳也加入了反蒋的行列。

这时，薛岳在保定军校的同期同学俞作柏因倒桂有功，被蒋介石任命为广西省主席。汪精卫和陈公博认为此人可以利用，遂于5月派薛岳、李朗如等趁俞从上海率部赴广西就职途中经过广州时游说他反蒋。薛岳、李朗如与俞作柏见面后，极力劝说他赶走陈济棠，统一两广，作为反蒋基地。俞作柏感到事情唐突，不肯答应。及至俞作柏回到梧州，薛岳等又劝他宣布独立，但俞作柏却借口要在广西整顿军队，说要等到实力充足后，再行反蒋。薛岳等还不甘心，7月又以递送委任状为名赴南宁，劝俞作柏早日出兵。但当他一到南宁，就觉察到俞作柏与共产党有联系。于是，他在得到俞作柏同意反蒋的保证后，没敢在南宁久留，即刻返回香港。刚一抵港，他就找到了陈公博，向他大发牢骚，说俞作柏通共，靠不住。10月，俞在南宁通电讨蒋，因部下吕焕炎倒戈叛变，倒蒋失败。次年2月，其弟俞作豫和李明瑞又在龙州宣布起义，成立中国工农红军第8军，但他们很快在桂军的进攻下失败。俞作豫也被俘牺牲。这是后话了。

就在薛岳离开4师的这段时间里，该部发生了重要变化。1929年4月，张发奎被蒋介石任命为第一追击司令兼4师师长，重掌4师。11月，在唐生智的调停下，汪精卫和桂系握手言和。作为汪精卫派干将的张发奎随即率4师与桂系联合，共同抗击陈济棠的粤军，举旗反蒋。不久，桂系李宗仁、黄绍竑、白崇禧等在广西重整旗鼓，在南宁成立"护党救国军"，由李宗仁任总司令，黄绍竑任副总司令，白崇禧任前敌总指挥，下辖第3、第8两路军。张发奎任第3路军司令。薛岳当时还在香港，挂名第3路军副司令，联络各反蒋武装团体，支持张桂联军作战。

12月，张桂联军分道东下反攻广东失败，退回广西。次年1月5日，李宗仁在广西平乐整编部队，恢复了4军番号，仍由张发奎担任军长，下辖4师（师长李汉魂）、12师（师长邓龙光）。是月中旬，4军配合桂系15军镇压了吕焕炎的叛乱。随后又出击粤西钦州、廉江、高州、化县。2月6日，当4军部队经过廉江时，薛岳与吴奇伟等归队。由于4军中官兵对薛岳敬仰有加，他的归队使军威大振。可好景不长，2月中旬，张桂联军在北流遭粤军重创。战后，4军被迫缩编为三个团。薛岳担任35团团长。

就在张桂联军在两广被拥护蒋介石的粤军击败之际，北方的军阀冯玉祥、阎锡山与蒋介石的矛盾也在加剧。2月28日，阎、冯达成反蒋协议，后来桂系也加入了进来，厉兵秣马准备倒蒋。同时，蒋介石也积极调动军队，意欲先发制人，打垮反蒋联盟。5月11日，蒋军向归德等地发起进攻，中原大战正式打响。李宗仁、白崇禧和张发奎得到这个消息后,马上在南宁举行会议,决定放弃广西,挥师湖南,北上武汉,与冯、阎军会师中原。张桂联军入湘后,所到之处如入无人境。27日,湘军唐生明(唐生智之弟)率部向桂军投诚,被李宗仁编为8军。而后,湘军刘建绪部节节败退,张桂联军不战而入衡阳。6月初,李宗仁与白崇禧率7军向长沙方向前进。为配合桂军行动,4军奉命抄袭醴陵,在醴陵城南渌水三角地带同湘军何键三倍于己之众遭遇。4军以34团、36团从正面进攻,牵制住了湘军主力。薛岳则率35团迂回湘军右侧背,直插醴陵城南铁

李宗仁(右)与白崇禧

道桥,切断湘军的唯一退路。何键这下慌了手脚,立即命令部队后撤。4军趁机前后夹击,打得湘军溃不成军,何键留下断后的一个旅甚至遭到全歼。与此同时,李宗仁、白崇禧率领的7军也占领了湘潭,并击败从湖北赶来增援的蒋军。随后,张桂联军乘胜追击,先后攻占了长沙、岳阳、平江,前锋直抵汀泗桥。武汉指日可下。但就在这时,张桂联军的一个致命错误,葬送了大好局面。

6月初,张桂联军攻占长沙等地后,白崇禧考虑到张桂联军战线太长,若粤军从韶关北上攻占衡阳,张桂联军极易被拦腰截断,遂电令作为后续部队的黄绍竑部迅速赶到衡阳布防。但黄绍竑不愿离开广西,行动迟缓,一直未能到达。而粤军蒋光鼐、蔡廷锴、李扬敬三个师在蒋介石急如星火的催促下,于10日一举袭占衡阳。同时,蒋介石又命滇军卢汉部4个师由百色沿右江直捣南宁,粤军余汉谋部攻占宾阳。

坏消息一个接一个地传到鄂南前线,李宗仁等大吃一惊,立即组织高级将领开会研讨战局。会上,薛岳力主移兵东南,直取南京,吸引蒋主力,以围魏救赵,摆脱困境。但白崇禧、李宗仁未采纳这项建议,而是命令部队回师湘

南，希图夺回衡阳。

18日，张桂联军自长沙全线南撤。4军迅速沿衡阳城郊绕出衡阳以南的东洋渡口，转回到衡阳西南湘桂公路上的八塘地区，与撤退的桂军会合。张桂联军在衡阳以西集结完毕后，薛岳等4军将领以敌强我弱主张不宜硬拼，而李、白坚持反攻衡阳，遂先由桂军部队进攻，重点指向衡阳西南潭子山。由于重武器缺乏，桂军在粤军坚固的工事面前，一筹莫展，损失严重。7军师长梁重熙阵亡。白崇禧见形势紧急，亲自到前沿指挥，并命4军迅速加入战斗。然而这时，湘军几个师及蒋军毛炳文、陈继承等师相继赶到。张桂联军已无力抵挡优势之敌的进攻了。4军被拉上前线不到半天就顶不住了。白崇禧只得命令全线后撤。

6月底，张桂联军因湖南大旱，补给中断，被迫向宝庆、祁阳、零陵一带撤退。蒋介石可不会给他们喘息之机。蒋军各部随即尾追而来。张桂联军补给已尽，兵无斗志，在洪桥一带再度大败。以骁勇著称的4军独立营营长李汉焖阵亡。由于4军内湘籍官兵居多，他们在外转战多年，思乡心切，适逢在本乡本土打了败仗，趁机逃回家乡。加之，薛岳对于李宗仁、白崇禧一意孤行的蛮横作风极为不满，在溃退过程中到处散布他和张发奎不愿意干了，致使军心更加涣散。到7月4日，4军退到桂林集合时，剩下的官兵已不足两个团了。

看到这种情形，张发奎心灰意懒，每日游山玩水，不理军务。薛岳也怨李、白不听他的建议而终致惨败，满腹牢骚，竟对4军军官们说："我和张发奎军长都不想再干下去了。诸位请自便，或投靠地方，或把枪械卖了回家，或上山落草都可以，大家各奔前程吧。"军官们苦苦相留，薛岳和张发奎才作罢。⑫7月14日，为了留住4军将领，李宗仁决定从桂军中拨出几个整团来补充4军。于是，4军又恢复了两师建制：10师（师长薛岳）和12师（师长吴奇伟），于7月下旬开赴柳城及柳州一带整训。

在张桂联军于桂林、柳州一带休整之际，滇军奉蒋介石之命加紧围攻南宁。到9月底，经过几个月围攻，南宁城内守军43师粮食已尽，只能用黑豆充饥。

为了巩固广西根据地，10月，白崇禧指挥张桂联军从柳州进解南宁之围。此时，粤军余汉谋部控制着宾阳城，并在那里构筑了坚固工事，以隔断张桂联军增援南宁的路线。白崇禧根据余汉谋部战斗力较强，且工事坚固的情况，先以一部配合广西民团佯攻宾阳、黎塘，进行牵制；自己率主力由上林南下，夜间绕出滇军占领的高峰坳东面，经小路向南宁前进。

11日，张桂联军到达腾翔。为配合援军行动，守南宁的43师一部于当日向高峰坳进攻，虽付出很大代价，仍未取得进展。12日，薛岳向白崇禧建议，43师停止攻击高峰坳，改取监视，但没有得到答复。13日上午9时，4军34团及7军11师在二塘附近与滇军遭遇。激战数小时后，张桂联军渐渐不支。就在这千钧一发的时刻，薛岳率30团和28团赶到并投入战斗。下午3时以后，滇军向右翼包抄，薛岳当即派30团（附28团1营）向敌左后攻击，并命28团主力支援34团防守正面。滇军在4军的前后夹击下，被迫退回原阵地。正当张桂援军与滇军在南宁外围酣战之时，43师也冲出南宁城，前来接应。到傍晚，南宁之围得以解除。

后来，张桂联军清点战果，发现滇军的损失并不大。为什么滇军会主动撤走呢？原来，张桂援军骤至大大出乎滇军的预料。他们原以为余汉谋会在宾阳顶一阵，但张桂联军却顺利地越过了余汉谋的防区。于是，他们派人到宾阳，要求余汉谋增兵五塘，以为支援。但余汉谋因受到宾阳、黎塘方向桂军的牵制，无法增援。这样，滇军开始怀疑余汉谋，甚至远在广州的陈济棠，与桂系暗中勾结，对围攻南宁失去了信心，遂沿右江向云南退去。滇军一撤，余汉谋独力难支，随后也撤出了广西。

滇军撤退时，张桂联军从南宁沿右江的沿江大道追击。滇军走的是山路，行动缓慢。23日，4军追到平马附近时，滇军还没有开到。当时，滇军的战斗力强，号称有16个团，比追到平马的张桂联军还占优势。4军不敢怠慢，立即在城郊赶修工事，做好迎战准备。

当夜，薛岳得知滇军向仓墟移动，遂命28团团长林祥率1个营向仓墟方向追击，遇上滇军大队人马，发生战斗。后因子弹打完撤回。24日晨6时，张桂联军进入平马。薛岳则奉命率所部于平马西北端一带高地布防。25日上午9时，滇军以一个团以上的兵力猛攻马鞍山左侧10师28团阵地。薛岳以敌众我寡，亲自到28团前沿指挥作战。但由于28团弹药不济，阵地被滇军突破，薛岳的脚部也负了伤。幸而，白崇禧派7军军长杨腾辉率两团前来增援，才恢复了阵地。下午1时，滇军以两团兵力再次向10师阵地发动进攻。薛岳见本师兵力单薄，有被包围的危险，便请求张发奎调57团来援。57团到达后协助10师暂时稳住了阵地。晚12时许，10师奉命撤到三和街一带，继续与滇军对峙。

此时，张桂联军已全线顶住了滇军的攻势。27日，白崇禧发现滇军有撤退迹象，当即命12师副师长杨俊昌率36团奔袭百色，以切断滇军退路。28日凌晨，36团占领百色。是日上午，薛岳亦奉命率所部向当面之滇军追击，直追到田州。在追击途中，10师俘虏了滇军野战医院尚未运走的重伤兵300余人。薛岳安排他们到4军野战医院收容治疗。经此大败，滇军元气大伤（从由入桂时的15个团下降到仅6个团），不敢再窥测广西了。

不久，薛岳的腿伤加重，又染上的疟疾，只得报请李宗仁调动其工作，"俾资调养"。[13]12月，李宗仁同意了薛岳的请求，调他任中央军校柳州分校校长，并将10师并入12师。

1931年2月，蒋介石扣押政见与之相左的国民党元老胡汉民，引起国民党内部许多人不满。以往一直支持蒋介石的广东省主席陈济棠也倒向反蒋势力。5月，以汪精卫为首的反蒋势力齐集广州，组织"非常会议"，公开讨蒋。7月，广州非常会议组织张桂联军和陈济棠的粤军攻入湖南。此时，蒋介石正投入主要兵力在江西实施对中共中央苏区的第三次"围剿"，无法及时撤回，只得采取政治攻势，对反蒋势力进行分化拉拢。薛岳作为4军的重要将领当然成为其拉拢的对象。蒋介石派他的粤干事张觉时来找薛岳，鼓动他支持蒋介石。尽管薛岳此前一再反蒋，这次他对反蒋势力的行动却不大赞同。他认为，这次反蒋行动让国民党再度陷于分裂，使江西的"剿共"战事不得不暂停，白白便宜了共产党。因此，他对王柏龄等表示拥蒋，宣称："如总座有危难，誓以血诚图报。至对付粤局，应如何步骤，唯命是听。"[14]

9月18日，日军发动了震惊中外的"九一八"事变。国难当头促使汪精卫和蒋介石再度合作。1932年元旦，4军经李宗仁、白崇禧同意后，即以支援东北的名义从广西开拔，经湖南去投奔蒋介石。4军离开桂林时，桂系暗中勾结原来由桂系部队编入4军的官兵，指使其脱离4军，而4军则多方控制，不让他们脱离。因此，4军与桂系的关系陷入僵局。薛岳从这一事件中认清了桂系的真实面目。此时的国民党尽管仍然高唱"革命"，高层却尔虞我诈，争权夺利，已不是他理想中的革命政党了。自从北伐胜利以来，他期望着能净化国民党的所谓"清党"，除了带给人民深重的灾难以外，什么作用都没有。他已厌恶这样的争斗，再不愿在其中继续扮演新军阀的角色了，遂于同年1月，不辞而别，离开柳州军校，再次去九龙闲居。

第五章 "追剿"红军

第一节 第五次"围剿"

重新出山

大革命失败以后，中国共产党一直致力于武装反抗国民政府的土地革命。1927年到1933年，共产党在国民党内部长期分裂，军阀混战频发之机，迅速壮大。到1931年，在全国范围内，共产党相继建立了赣南闽西、鄂豫皖、湘鄂西、闽浙赣等多个革命根据地（即苏区），其领导的红军也发展到30余万，严重威胁到国民政府的统治。1930年年底，蒋介石在打败了冯玉祥、阎锡山、桂系等党内的反对势力后开始调集兵力，大举"围剿"共产党领导的革命根据地。从1930年12月到1933年3月，蒋介石连续发动了四次大规模"围剿"，但都损兵折将，无功而返。可是蒋介石还不死心，于1933年4月11日在南昌召开七省治安会议，准备对闽浙赣、湘赣及位于赣南闽西的中央苏区发动新的大规模"围剿"。在经过多年的军事生涯后，蒋介石总结出一条，军队打仗无良将不行，因此，他在这次准备"围剿"红军的过程中积极搜罗人才。

一次，国民政府财政部长宋子文赴美接洽美国棉花贷款事宜，临行前来向蒋介石请示。蒋介石谈及第五次"围剿"。宋子文趁机推荐说："最好能征召薛伯陵来'剿匪'。"蒋介石也是个惜才之人，之前与薛岳虽有过节，对他的能力，还是相当看重的。值此用人之际，他也不能再去纠缠个人恩怨了。宋子文的建议正合他的心意。他便欣然同意。宋子文说："听说他在九龙补习德文，近将出国。"蒋介石说："那就请你代我通知他，速来南昌。"宋子文遂遵命发了份快电给薛岳："介公要事待商，请速来赣。"①

此时，薛岳虽然已厌倦了军阀混战和官场争斗，但也不是两耳不闻窗外事，而是格外关心时局。当时，日本已完全侵占东北三省、染指华北，中华民族处在前所未有的危机之中；而中共的蓬勃发展也让他异常揪心，毕竟广州起义结下的宿怨刻骨铭心。"安内攘外"的国策，国民党非竭尽全力不能实现。作为国民党员，他不能置身事外。

而就在宋子文的电报抵达薛公馆之际，薛岳同时接到了广西的李宗仁和广州的陈济棠的出山邀请。他开始有些犹豫不决，三方与他都合作过，也都有旧怨，他此时出山，投哪家都心有不甘。正好，老朋友莫雄也在九龙。他便向莫雄征询。莫雄素知他非庸常之辈，就提议道："这三个方面都不是革命途径，但为将来三民主义复兴起见，你应该到最有发展前途的地方去。广西贫瘠，广东地小，而南京长江一带是鲲鹏展翅之所在，大有可为。"②

薛岳一想，也对，虽然蒋介石一贯排斥异己和两面派作风让他耿耿于怀，但此时的蒋介石已掌握国民党中央大权，完成了对全党形式上的统一。尽管此人的人品不怎么样，也不是一个理想的领导人，却毕竟是国民党的领导核心，其地位还无人能替代，包括李宗仁、陈济棠也要对其俯首称臣。而且，论小肚鸡肠，一些将领比蒋介石有过之而无不及，难成气候，要解决当下中国的问题，其他人不可能比蒋介石更有办法。因此，他决定抛弃个人好恶，立即带着自己的秘书李大光，离开香港，乘船转经上海，再乘飞机直赴南昌。

薛岳一到南昌，即受到蒋介石的接见，当场被任命为第3路军副总指挥。但是，薛岳对这一任命并不乐意。之前，他得到的消息是蒋介石将任命他为5军军长。可现在蒋介石却给了他个有名无实的副职。这时，莫雄恰巧也来到南昌，见他忿忿不平，就给他打气。薛岳这才释怀。

不久，薛岳领命前往临川协助刚在第四次"围剿"中被中央红军打得灰头土脸的第3路军总指挥陈诚收拾残局。陈诚闻知薛岳到来，亲自主持欢迎仪式。在仪式上，陈诚对薛岳用兵之才大加赞扬，说："伯陵兄来，辞修如鱼得水，我们第五次'围剿'，已经稳操胜算矣！"③旋即请薛岳兼任其看家部队18军军长。薛岳深知18军与陈诚关系，坚辞不受。陈诚明白无法强求，就请他务必兼任5军军长。薛岳看到陈诚如此盛情，且这一职务也是他之所愿，便答应下来，即刻前往崇仁就职。

7月初，军事委员会庐山军官训练团开训，陈诚奉调前往主持团务。薛岳暂代其职。在此期间，他加强对第3路军各部的整编和训练工作，以提高其战斗力。8月，薛岳被任命为北路军中路军副总指挥兼第5纵队司令。10月，又转任北路军第3路军副总指挥兼第7纵队司令。从此，薛岳平步青云，在国民党中的地位日渐显赫。

战前运筹

从1933年6月开始，蒋介石在江西召开了多次第五次"围剿"作战准备会。这些会议中，薛岳等力陈筑碉、修路和稳扎猛打的战术对作战的重要性，并要求各部加强这方面的训练。这些建议实际上已在蒋介石对苏区的第四次"围剿"中得到了应用，并显现了一定的成效，因此很快被蒋介石所采纳。这就是后来被称为"堡垒主义"的战术。

除此而外，蒋介石针对中共苏区组织严密的特点，还提出了"三分军事，七分政治"的口号，着力加强政治和经济斗争，其内容主要包括：加强反共宣传；全面动员，总体作战；改良吏治，惩处贪腐；整顿保甲；安抚苏区流亡人员；肃清"共谍"；加强社教，改善卫生；全面发展交通；封锁苏区经济，等等。④

就在蒋介石调集百万大军，厉兵秣马，准备向南方苏区发动第五次"围剿"之时，苏区领导层却发生了重大变化。毛泽东担任中华苏维埃共和国主席，丧失了军事指挥权。而共产国际派来的军事顾问德国人李德（原名奥托·布劳恩）与周恩来、朱德等共同担负起了中央红军的指挥责任。新成立的红军军事领导班子（即革命军事委员会，简称中革军委）对敌军的新战略缺乏应变策略。由于国民党军采取了稳扎猛打和堡垒推进的新战术，红军过去那个行之有效的诱敌深入战术，大受限制，集中优势兵力打击孤军冒进之敌的机会大大减少，正如李德看到的那样："在我们区域内进行歼灭战的有利条件，只要不能诱敌深入，也就是说敌人不放弃堡垒战，那就没有希望得到……我们埋伏在这里，而敌人就可以丝毫不受干扰地继续推行计划中的堡垒政策。这岂不意味着，我们自己放弃了苏区的重要地区，而不去利用时机歼灭敌人的有生力量。"⑤面对这样的局面，中革军委大大压缩了游击战的使用范围。他们认为，"在苏区业已巩固、敌人进行堡垒战的新条件下"，运用过去的游击战术必然会导致"战略重点，甚至大片土地无法挽救的损失"。⑥所以，在第五次反"围剿"的准备阶段和作战初期,红军都强调集中优势兵力在根据地边缘攻击敌之弱点,以调动敌援军,并求得其在运动中歼灭之,有人甚至提出了"不让敌人蹂躏一寸苏区"[7]的口号。

可是,这些改变在国民政府巨大的军事和经济优势面前,显得苍白无力,没有给随后的战局带来任何积极的变化。

初战告捷

9月25日,国民党军北路军第3路军第8纵队三个师在周浑元指挥下,由南城向黎川进攻,第五次"围剿"的大幕正式拉开。

国民党军周浑元部发动进攻后,镇守黎川的红军闽赣军区司令员萧劲光因兵力单薄,不战而弃该城,向南撤退。9月28日,国民党军占领黎川,顺利缝合了其堡垒线的缺口。

鉴于黎川的重要性,中革军委命令东方军(由红3军团、红19师等组成)立即夺回黎川。10月6日,东方军于飞鸢、洵口一带击溃国民党军6师,而后又于次日击溃增援的国民党军两个团,俘虏1000多人。8日,红军又乘胜进攻硝石,守军24师代师长黄子咸接连告急。陈诚与薛岳严令该师死守待援。薛岳甚至打电话给黄子咸说:"坚守三天,我来救你。"[8]放下电话后,他立即亲率9师、11师、14师和94师驰援,向红军两翼包抄。战到12日,红军仍然无法攻入硝石,而薛岳指挥的四个师已完成对其包围。13日下午,红军因损失太重,只得放弃攻占硝石的计划,向新桥、东山、金坑一带转移,至此,红军完全丧失了战场的主动权。

随后,薛岳抓住战机,亲率9师、12师、14师、94师于18日由硝石推进到潭头市,次日先头部队进占资溪桥。同日,驻守黎川的8纵队司令周浑元也奉陈诚电令,除留一个旅留守黎川并派一部向湖坊、洵口游击外,率3个师的主力到达资溪桥,归薛岳指挥。薛岳占领资溪桥后,并没有继续向前进攻,而是在那里筑堡固守,引诱红军来攻,以期聚歼红军主力于资溪桥、硝石地区。

红军统帅部果然中计。18日,中革军委令红1军团向"黎川东南移动",作为第二梯队,随东方军"向北移动",企图在资溪桥地区集中红1、3、5三个主力军团同国民党军决战。[9]22日,红军开始向资溪桥发起进攻。由于薛岳所部行动谨慎,很少出击,仅凭借坚固阵地,在空军的协同下,以猛烈的火力给参加进攻之红军部队以极大的杀伤。结果打了两天,红军既未能牵动国民党军,也没能占领资溪桥、潭头市。24日,红军倾全力再次攻击资溪桥,战况甚为激烈。红军战士们冒着国民党军的枪林弹雨,前仆后继,顽强地向对方的阵地冲锋。在他们的攻击面前,很多国民党官兵手足无措,个别阵地出现了动摇。为鼓舞士气,薛岳亲临前线指挥,终于在26日击退了红军的进攻。是役后,红军东方军元气大伤,大部分师团减员三分之一,红5军团13师更是减员过半。

经过硝石和资溪桥的失利,红军仍没有找到对付堡垒的办法。29日,中革军委发布《各部队的部署和任务的决定》,命令:新组建的红7军团深入抚州、金溪地区活动;红5军团和刚组建的另一个军团红9军团3师在黎川、资溪桥和康都地区牵制国民党军;红3军团位于资溪桥以北地区,突击资溪桥与南城之间脱离阵地移动之国民党军;红1军团经康都西渡抚河,会同红9军团主力,进攻抚河以西的国民党军主力。这项计划中的全部任务如果能够顺利完成,战局将会得到彻底扭转,但薛岳的机敏、灵活的指挥再一次使红军的进攻行动变成了灾难。

31日,红7军团袭击金溪。此时,第3路军正忙于构筑由资溪桥经硝石、洪门至南城和由元口桥经里塔圩至见贤桥的封锁线,无法支援。薛岳便严令驻该地的4师坚守不出。红军攻了几次都没有得手。

11月2日,以周恩来、朱德为首脑的红军第一方面军总前委命令红3军团北上金溪地区,以期歼灭国民党军4师,震动南城、抚州,"变更战局,求得全部决战"。⑩据此彭德怀决定:以红7军团攻取浒湾,牵动金溪及南丰、南城之国民党军各向西北增援,以便东方军主力会同中央军乘机夹抚河而进,寻歼运动之国民党军。

7日,红3军团开始北移。11日上午11时,红7军团开始猛攻浒湾附近阵地。国民党军36师两个营和85师一个营凭借预先构成之工事顽强据守,战斗十分激烈。

战斗打响后不久,薛岳即侦知红军企图,急令4师由浒湾、金溪、琅琚向八角亭一带出击,乘红7军团孤军突出、红3军团主力未到之机,求歼红7军团。当晚,因国民党军援军的逼近,红7军团被迫以一部攻击浒湾,主力在八角亭、大仙岭、高山岭一线构筑阵地,抗击国民党军之进攻。薛岳遂命出击部队主力围攻红7军团,而以有力一部在八角岭以东紧急构筑工事,以阻止红3军团的增援。

12日晨，红3军团赶到战场，向国民党军阻援阵地发动进攻。但打了一天一夜非但没能攻破对方阵地，反而遭受重大伤亡，被迫于13日上午撤出战斗。在撤退过程中，遭国民党军追击，又付出了不少牺牲，红4师政委彭雪枫也负了伤。红3军团的失利使坚守八角亭的红7军团陷入孤立无援的境地。当天下午，红7军团阵地大部被攻破，政委萧劲光见部队实在支持不住了，只好下令撤退。

在这次战斗中，红3军团和红7军团直接伤亡就达1200余人，损失是惨重的，更为严重的是，他们失利的消息并未传出来。15日，红1、9军团在没有得到红3、7军团战况通报的情况下，仍按原计划出击。是日，红1军团司令员林彪和政委聂荣臻率红1军团和红9军团14师由神岗出发，从见贤桥、麻坑间突破封锁线北进。

蒋介石和北路军总指挥顾祝同得到这个消息后，判断其有"策应浒湾附近之战斗"的企图，遂急命3路军调5纵队暂集结东坪及其以东地区；薛岳直接指挥的7纵队，从南城、南丰地区出发，向里塔圩等地集中；79师主力开回南城，石沟圩、石家桥等地防务由3师接替；企图聚歼红军于封锁线外。⑪

当晚，林彪获悉南丰、南城国民党军倾巢出动，立即判断国民党军有围歼红1、9军团的企图，感到情况紧急，来不及向上级请示就命令所部于次日折回，以急行军速度，抢占云盖山。16日，红军先于国民党军1小时到达云盖山。

17日晨，国民党军5、7纵队各4个师在薛岳指挥下完成了对红军的包围态势。上午9时，国民党军3师率先向云盖山阵地发起进攻。双方在山前展开了激烈的拼杀，伤亡均重。到下午4时，红军的个别阵地已被国民党军突破。入夜，国民党军疲劳已极，暂时停止了进攻，休整部队准备夜袭。红军乘机在夜幕的掩护下撤离了云盖山。

18日，薛岳留3师在该地构筑工事，97师和43师守棠荫、见贤桥等封锁线，同时命令4军军长吴奇伟率9师、90师、59师追击红军主力。此时，红军主力已进至神岗、党口地区，并以一部占领大雄关及其以西高地。为掩护吴奇伟部行动，薛岳命令3师派有力一部夜袭神岗。19日凌晨，3师以补充团一个连突袭占领神岗。拂晓，7纵队先头部队9师抢占了大雄关以东之木鱼嵊、西山岭两处要点，直接威胁红军侧翼。

当晚，林彪紧急研究了战局，决定：以红9军团14师从神岗正面出击，吸引国民党军后续部队；集中红1军团主力夺取木鱼嵊、西山岭。

19日上午11时，红1军团倾全力向两个高地发动进攻，与9师展开反复争夺。激战到傍晚，双方伤亡均重。红1师和红2师师长先后负伤，2师政委胡阿林也身受重伤（后因医治无效牺牲）。

当天中午12时左右，陈诚接到9师师长李延年报告，得悉9师在大雄关方面战况激烈，遂将这一情况通报给了薛岳。在薛岳的建议下，陈诚电令：3师向木鱼嵊、大雄关方面增援；11师、16师至原田、前田策应；8师派队向沙岗上推进，以期夹击红军；4军以90师经下堡向乌坊东北高地夹击前进。大批国民党军的增援打破了僵持的局面。下午，90师与3师相继攻占马脑山、晒网山。黄昏，9师补充团全部到达大雄关，向该师左翼增援，对红军形成夹击之势。在此情况下，林彪不得已命令部队撤出了战斗。

浒湾—云盖山—大雄关战役是第五次"围剿"开始以来最激烈的一仗。此战的失利使中央红军的两大主力——红1军团和红3军团——元气大伤，红军的反"围剿"部署被彻底打乱。

虽然国民党军初战告捷，但红军两个军团两次轻易穿越国民党军精心构筑的封锁线，却给薛岳敲了警钟。薛岳认为，红军之所以"敢从容潜入，固为守备部队警备不力所致"，但主要因素还是"目前所构成碉堡区系一线集团工事，或中间遗远大间隔"，火力无法阻遏红军的行动，红军只要以一部监视国民党军两侧集团碉堡，主力则可以经封锁线间隙自由进出。如不尽快解决这个问题，封锁线形同虚设，必被红军利用，后患无穷。因此，他于11月17日向蒋介石建议："采欧战末期群式配备之要旨，将碉楼个数增加，每个守备兵力减为班（至大为排），星罗棋布，配备于封锁线上，形成面式地带，得以大纲掌握全地带及交通"，若红军来进攻，"守军以弹性战斗要领，决战于地带以外"，若红军潜入地带以内，守军则各以碉楼构成之火网予以重大杀伤，"如此可获得同等前守备之兵力，完成严密之封锁"。这个意见正合蒋介石心意，当即被采纳。两天后，国民党军统帅部下令增加封锁线碉堡数量，每个碉堡群间隔不得超过两里以上，原来以一个排防守的普通碉楼群改为3个班防守的连锁碉楼群。[12]这样一来，国民党中央军在中央苏区边沿的封锁线大为加强，直到第五次"围剿"结束，再没给红军突破的机会。

"福建事变"中的摇摆

正当蒋介石发动的第五次"围剿"顺利进展之时，国民党内的倒蒋势力也在积极活动。

1933年下半年，中国国民党临时行动委员会党魁、4军老上级黄琪翔托莫雄前来游说薛岳加入李济深、陈铭枢、蔡廷锴等人的倒蒋行动。虽然薛岳不满国民党的现状，对蒋介石也有意见，但此前他与蔡廷锴等人也打过不少交道，在"清党"战争中也交手多次，对他们突然反蒋感到怀疑，便推托道："好啊，只要他们闹起来，我就响应。要我先独立，那我不干。"⑬

11月20日，李济深、陈铭枢、蔡廷锴等领导19路军在福州举起反蒋大旗，成立了"中华共和国人民革命政府"（史称"福建人民政府"）。这就是中国现代史上著名的"福建事变"。不久，福建人民政府与红军订立友好协定，由福建供给红军需要的各种物资。这一突如其来的事件给蒋介石对中央苏区的东面封锁线捅了一个窟窿，打乱了蒋的"围剿"部署。

蒋介石获悉后，紧急从"围剿"中央苏区的北路军中抽调11个师组成"讨逆军"，在顾祝同率领下前往镇压19路军；并令陈诚指挥所属5纵队和8纵队进占德胜关，掩护"讨逆军"入闽。11月下旬，薛岳受命代理第1路军总指挥之职，仍兼第3路军副总指挥及第7纵队司令，不久又兼第2总预备队总指挥，与第1路军副总指挥刘兴（12月接替薛岳代第1路军总指挥），共同指挥第1、3路军留赣部队，防御红军之反攻，掩护"讨逆军"后方安全。

12月，红军趁国民党军主力一部调离之机，向当面之国民党军发起了猛烈的反击。11日，薛岳侦知红军有进袭五都之企图，即令驻该地之4军军长吴奇伟构筑工事，准备迎击。果然，当天稍晚，红1军团向该地进袭。吴奇伟闻讯，一面命令前线部队竭力阻击，一面向薛岳告急。薛岳急调位于宜黄、棠荫的43师和97师往援。由于国民党军工事坚固，红军攻击一天，到12日仍无进展，没等援军到达即撤出战斗。当月中下旬，遵照中革军委指示，红1军团长林彪率部向永丰进发，以摸清留守江西之国民党军实力，为而后红军全线反击做准备。25日，红军开始进攻永丰以南丁毛山之93师阵地。薛岳和刘兴得知红军开始进攻后，认为永丰一带工事坚固，且自己手里没有强大的机动兵力，无力增援，遂命令93师依托既设阵地固守。攻击开始后，红军进展颇大。战至1月4日，红军占领了上杭两翼高山及上州

吴奇伟

附近国民党军堡垒，切断永丰到大桥、古县间的联系，完成了对93师的包围。但是，红军由于缺乏重武器，在攻击国民党军坚固的核心工事时，不但无法歼灭堡垒内之国民党军，反被其强大火力以较大杀伤，仅红1师3团就有13名连级干部阵亡。林彪不得已率部队于4日黄昏撤出战斗，进到大旅一带与国民党军对峙。后因国民党军行动谨慎，林彪多次寻战未果，只得于8日东进至大湖坪地区，这样西进永丰的计划便成为泡影。

尽管薛岳仍然与红军作战，为蒋介石兵发福建看护后院，福建人民政府的成立还是激起了他压抑了很久的反蒋情结。他虽然暂时加入了蒋

蔡廷锴

介石的阵营，但对蒋控制的国民党的现状仍然不满，特别是对对日作战一再失败、国土不断沦丧痛心不已。李济深、蔡廷锴、陈铭枢等人的行动让他看到了通过内外部的压力改造国民党的希望。为此，他决定不惜与已成为自己死敌的共产党接触。于是，他一面与红军作战，一面授意吴奇伟派代表前往福州，与蔡廷锴等人及中共代表谈判反蒋事宜。在谈判中，吴奇伟方面的代表希望与中共达成互不侵犯协定，并把密电码交给中共代表潘汉年以示诚意。

但是，此时的中共对福建事变明显缺乏准备。中共领导层在共产国际的影响下，对与国民政府上层人士的合作持怀疑态度，即便与19路军和福建人民政府的合作也是若即若离。而他们在与薛岳和吴奇伟方面的谈判中，仍然沿用与19路军谈判初期的策略，要求薛岳及吴奇伟公开反蒋，并派代表进入苏区直接与中共谈判，同时要求他们贯彻执行中共的三个先决条件：（一）停止军事进攻与经济封锁。（二）释放在福建牢狱中的政治犯，以及保证反帝运动及反帝组织之自由。（三）发表反日及反蒋之政治宣言。但同时，中共在对薛岳和吴奇伟的态度上，所怀的戒心比对19路军更为严重。博古不仅指示潘汉年不同吴奇伟的代表签署任何书面协议，还命令红军独1团、独4团给予7纵队以有力的打击，促使吴奇伟"公开表明自己的态度"。⑭

对于中共在谈判中以打促谈和拒不签订书面协议的策略，薛岳不甚理解，开始怀疑起中共的诚意来。当年，张发奎把李济深赶出广州后，也巴望着跟中共合作。而中共却在广州建立了自己的武装，并趁4军在广州外围与粤桂联军

激战的机会,在广州发动起义,使张陷入内外交困的境地。难道还会故技重演吗？薛岳也为自己盘算着。

紧接着,从福州传来的消息,福建人民政府内部一些人脱离国民党另组新党——生产人民党,更有甚者,居然有人否定"三民"主义,公开撕下孙中山先生的画像并当众辱骂孙中山先生。这让以国民党员自居、对孙中山先生尊崇备至的薛岳愤慨之至,从而使他对福建人民政府极度失望。他也就打消了与福建人民政府合作的念头。吴奇伟所派代表与中共的谈判随之搁浅。

由于中共与福建人民政府分歧明显,难以形成合力,19路军在蒋介石的"讨逆军"优势兵力的进攻下,节节败退。福建人民政府很快垮台。在此过程中,红军并没有全力援助19路军。这使得薛岳加深了对共产党的成见,从而与牵手中共的最后一次机会擦肩而过。

"围剿"的最后阶段

1934年1月,蒋介石以武力镇压了福建人民政府后,又将"讨逆军"东调,重新部署对中央苏区的第五次"围剿"。21日,蒋介石将4军、99师、92师、93师等部编为第6路军,任命薛岳为总指挥,负责永丰方面的进攻。

1月下旬,6路军在永丰附近集中完毕。2月2日,薛岳命各部对永丰、古县、榕树下一带的公路进行修缮,并加紧补充弹粮,以利日后作战。8日,各部完成修路工程后,向藤田"进剿"。在进攻中,薛岳采取步步为营、稳扎稳打的策略,攻占一处即在那里构筑碉堡封锁线,侦察前面红军情况,准备就绪再进行下一步进攻。到4月初,第6路军先后击破红军警卫师等部的阻击,相继攻占滕田、沙溪、善和、万家坊等地。当日晨,93师先头部队即击退红军警卫师一部,攻占藤田东北之大小派岭。4月5日,薛岳又令99师进据招携。占领招携后,薛岳一面督率部队修碉筑路,一面重建保甲,组织春耕,逐步稳定了民心。

此后,由于红军在甘坊、白舍、泰宁等地作战中失利,被迫退据广昌、韶源、龙岗等地。6路军当面之警卫师等部也退守大小金竹、上固、潭头一线。4月下旬,6路军趁红军主力在广昌一带与3路军作战、龙岗一带空虚之机,集中兵力向龙岗推进。21日,90师向上固一带进攻。据守该地之红23师等部兵力单薄,只能节节抵抗,步步后退。战斗持续仅两天,国民党军就控制了上固、寿华山、石头坑等地。29日,薛岳得报:退据龙岗之红23师等部正破坏工事,转移群众,有撤退模样。当即命99师于次日向龙岗方向追击。红军凭借既设阵地与国民党军剧战一昼夜后，向古龙岗方向转移。99师遂进占龙岗。龙岗是赣南重要市镇，交通便利，物产丰富，远近闻名。该地陷落后不久，薛岳就亲临该地视察。可驻足小镇，见到的情景让他惊得目瞪口呆：历经战乱的集市一片瓦砾，田地多已荒芜，离镇十里附近的村落庐舍已荡然无存；难民无家可归，只得露宿街头——惨不忍睹。震惊之余，薛岳命各师派兵在龙岗、王家城、樊埠一带建造房屋二三百间，安置难民，并帮助他们恢复耕种。

薛岳攻占龙岗后，为巩固龙岗附近阵地，于6月3日率59师和90师进击表湖、下章、笔架山一线。红23师等部由于连日作战，疲劳异常，未能顶住国民党军的攻击。笔架山、下章、表湖、中塘陂、杨家坊等地相继失守。7日，蒋介石鉴于各路"进剿"军进展顺利，下令调整各部任务。在这项命令中，特意以周浑元的8纵队加强6路军。在8纵队未到达泰和前，6路军要协同1支队4旅和2纵队肃清吉水、富田间红军游击队，等8纵队巩固泰和阵地后，夺取古龙岗。薛岳因前期作战异常顺利，产生了轻敌思想，不顾8纵队未到、所部兵力单薄的实际情况，贸然于8日命令99师向银龙下进攻，试图完成龙岗至银龙下封锁线后直趋兴国。可这次，他的如意算盘打错了。8日上午，红3军团（附少共国际师），趁99师刚进占银龙下附近的杨公山，喘息未定之机，突然向该师反击，重创该师592团和594团2营。当日下午，薛岳见99师损失严重，无力完成既定任务，遂命令该部撤回银龙下及其附近地区，构筑工事，与红军对峙。战斗结束后，彭德怀即向上级报捷称，在银龙下歼灭国民党军约一个团。（薛岳称，此次战斗99师伤亡约200余人。⑮）而后，红军乘胜追击，又于24日在富田地区击溃国民党军2纵队、4旅等部6个团，粉碎了薛岳夺取兴国的企图。

薛岳在银龙下受挫后，暂时停止了前进，一面在占领区修路筑堡，一面等待8纵队整训完毕。6月底，正值早稻成熟，为破坏苏区经济，薛岳派兵组织民众深入苏区腹地抢割稻谷，给苏区的农业生产造成了极大的损害。7月下旬，8纵队在泰和一带刚完成战备，薛岳就迫不及待地命令其向兴国方向出动。8纵队遂遵命于26日开始进攻，在空军和猛烈炮火的掩护下，一路击破红6、红34师等部的顽强阻击，先后攻占了沙村、高兴圩、松山圩等地，并于10月14日夺取苏区重镇兴国。

为策应8纵队之行动，薛岳亲自指挥7纵队所部于8月12日向雄口推进。当时，红3军团主力已他调，与之对抗者仅为红23师，力量薄弱，稍事抵抗后即向雄岭下退去。雄口遂于14日失陷。由于雄岭下一带地形复杂，红军又在该地筑有坚固工事易守难攻。为慎重起见,薛岳命令部队在雄口一带构筑工事,并侦察雄岭下一带情况,为进一步发展进攻做准备。9月11日拂晓,在经过一番周密的计划后,薛岳率部进犯大雄岭下的高地。据守该地的红23师5000人与国民党军激战数小时后,主动转移至良村及雄岭下两侧山地继续战斗。薛岳指挥部队向前追击时发现,雄岭下两侧高地山高林密,浓雾弥漫,红军阵地又在密林之中,炮火难以摧毁。加之,国民党军已超越公路末端30余里,弹粮补充困难,秋暑又盛,部队患病人数激增,战斗力下降严重,因而进展迟缓。到18日,仍未取得实质性突破。薛岳遂调整部署,采取"先剪两翼,再取中央"的战术,先集中兵力夺取红军左右两翼阵地,并命令各部抽调部分兵力加强运输。这些措施很快见到了成效。战至24日,红军实在撑不住了,被迫放弃阵地后撤。薛岳乘胜追击,先后攻占范石头、上下流、石井坑等地。10月7日上午8时许,薛岳指挥所部四个师分别向天子嵊、风平坳、分水坳、莲花山一带高地猛攻。中革军委令新组建之红8军团所辖红21师和红23师在军团长周昆指挥下,依据有利地形进行了坚韧的抵抗,战斗甚为激烈。但薛岳倚仗其兵力优势,采取"两翼掩护,中央突破"的战术,于上午9时一举攻克天子嵊,而后又向两翼扩大战果。至中午12时,风平坳、分水坳、莲花山一带阵地全被国民党军占领。9日,7纵队主力开始攻击古龙岗。此时红8军团主力已奉命向瑞金、雩都地区转移,所以薛岳于10日毫不费力地占领了这一战略要地。

就在薛岳指挥6路军在苏区腹地节节推进之时,陈诚统帅的3路军也进展顺利,于10月6日已进占石城,直逼红都瑞金。中央红军陷于绝境。鉴于红军已无力在中央苏区内取得第五次反"围剿"的胜利,中革军委决定,除留红24师及地方部队约1.6万人留守中央苏区外,红军主力向湖南方向作战略转移。10月10日晚,中共中央和中革军委率第1、第2野战纵队分别由瑞金的田心、梅坑出发,向集结地域开进,开始了二万五千里长征。

第二节 "追剿"初期

湘南追击

由于红军保密工作出色,国民党军统帅部最初对其战略转移行动一无所知。10月18日，东路军10师抢先进入瑞金地区后，从掳获的文献资料中才判明：红军不是战术机动，而是向西作战略转移。当日9时，蒋介石以十万火急电令参加"围剿"的西路军和南路军调整部署，堵截西进之红军主力，19日又命令北路军抽出薛岳所率6路军为战略追击队，准备尾追。薛岳接到命令后，心中很不痛快，对他的广东老乡中央军校教育处长陈芝馨发起了牢骚：由于任务繁重，自己嫡系部队太少，难以胜任，要在适当时机提出辞职。陈芝馨劝告他说，此次蒋介石要迫使红军入粤，而薛岳是广东人，率部追入广东人地相宜。随后，陈诚也亲自出面为薛岳打气，入粤倘有棘手问题，有他在背后，就好转圜并可全力支持。薛岳这才欣然受命。[16]不久，薛岳接到蒋介石的密令，对中央红军只是"追而不剿"、"以机动穷追为主，匪止即止"[17]，企图从赣南出击，迫使红军入粤与陈济棠拼个两败俱伤。因此到当月底，红军突破第二道封锁线时，周浑元才指挥8纵队由遂川、藻林间向西南方向追击。而薛岳直接指挥的7纵队行动更慢，他们在加强了1支队及税警团迫炮营后不慌不忙地向吉安集中，进行整补。

11月7日，6路军休整完毕后，开始向零陵方向急进。就在他们开进的途中，由于坐镇广东的南路军总司令陈济棠事先与红军达成了让路协议，红军进入粤军防区时，粤军草草抵抗了一下，就虚晃一枪撤走了，而湘军在湘粤赣边地区的防御又异常空虚，红军没费多大力气就突破了三道封锁线，进入湘南。

为了统一指挥湘桂一带各军的"追剿"行动，蒋介石于12日下令成立"追剿"军，以原西路军总司令何键为总指挥。但谁担任何键的前敌总指挥呢？蒋介石初意是陈诚，但陈诚认为薛岳指挥能力强过自己，充任此职更为合适。蒋介石采纳了陈诚的建议，于11月13日任命薛岳为"追剿"军前敌总指挥，所部归何键指挥。同日，何键决定将"追剿"军分为五路：以原西路军第1纵队为第1路军，总指挥为刘建绪；薛岳所率之6路军（欠8纵队）编为第2路军，薛岳兼任总指挥；原6路军指挥之8纵队编为第3路军，周浑元为总指挥；27军编为第4路军，李云杰任总指挥；16军为第5路军，李韫珩任总指挥。蒋介石获知何键的这个决定后，担心薛岳与周浑元这两支中央军精锐被何键分割吃掉，密令薛岳以前敌总指挥身份协调3路军之行动。薛岳接到何键和蒋介石的指示后，电告周浑元谨遵何键电令，率3路军由郴县向道县前进，截击由嘉禾以南西进的红军。自己则率2路军加紧向湘南开进。

15日，红军已通过第三道封锁线，全部进入湘南。薛岳眼见入粤计划不能实现，遂打电报给陈诚，表示不想干了。陈诚立即复电慰勉，方才打消了他的辞职念头。

18日，薛岳率部抵衡阳。到达后，他立即会见了在那里督战的顶头上司何键，并召集各路"追剿"军总指挥及参谋长开会。会上，薛岳向大家介绍了所掌握的关于红军的一些最新情况，并综合红军的行动做出了判断："敌军企图从湖南西北入湘西与贺龙合股，公算不大；徘徊于粤边之连县、桂边贺富地区迟迟不动，南入粤桂，生存不易，因之公算也小。全面观察，企图西行，强渡湘江入桂转黔，步萧克故技的可能性大。为此，'追剿'军按照行营指示，利用湘江地障，加以追堵是刻不容缓的措施。"⑱各将领听完这个分析后，不由得暗自佩服：这个"广东猴子"对红军的作战企图洞若观火，确实高人一筹。随后，大家共同研究了战局，决定：1路军先行入桂，沿湘江布防，北自觉山、朱蓝铺，南到永安关与桂系15军取得联系；3路军经桂阳、新田直趋宁远，跟踪红军追击，并先占领道县固守，阻止红军南移压迫其向西行，予以追击；4路军先于宜章、嘉禾地区清剿，跟踪进占宁远，阻击红军向零陵北进，如发现红军有久据湘南企图，即发动地方团队进行围攻；5路军经宜章、临武与南路军李汉魂纵队联系，并指挥地方民团对蓝山、江华进行截击，并确保3路军左翼安全，打破红军南下企图，如发现红军有久据湖南企图，即组织团队进行"围剿"；2路军沿湘桂公路经祁阳、零陵向黄沙河前进，策应追堵各路军之作战，主要防范红军北上。散会后，薛岳除指示3路军遵照会议决定执行外，自己率2路军以急行军速度继续向黄沙河方向开进。

正当蒋介石加紧调整部署，企图围歼中央红军主力于湘南之际，红军没有坐以待毙，而是采取了积极行动，以摆脱国民党军之追击。14日，中革军委决定中央红军"迅速脱离尾追之敌，前出到临武、嘉禾、蓝山地域"。⑲各部遵照命令于15日开始行动。16日，红1军团占领临武。同日午后，右纵队猛攻嘉禾（后因4路军23师赶到而撤围），次日又以红6师监视该处之国民党军，以保障左纵队攻占蓝山，主力向宁远方向发展进攻。18日，红9军团攻占蓝山。是日，为了引诱敌第4路军脱离坚固堡垒，创造更为有利的歼敌条件，中革军委于18日下达向道县、永明、江华转移的命令。19日，23师果然由嘉禾出动西追，与红军掩护部队接触。20日，左纵队进抵宁远附近毛家桥、十五里湾一带，有进占宁远县城之企图。与此同时，23师在永业圩、洪观圩等地与红3军团等部激战。中革军委见其孤军突出，当即命令红军主力"准备在嘉禾、宁远、蓝山间与敌决战"[20]；当夜又向红1、3、5、8军团下达了"准备与敌23师等部进行决战"的命令，企图于21日歼灭继续西追之敌4路军。21日晨，敌23师分数路西进，与红3、5军团展开激战。

这时，3路军奉何键命令，正由桂阳全速向道县前进。正在行军途中的薛岳考虑到2路军与1路军尚未到达战役指定位置，有必要在该两部完成战役展开之前，迟滞红军于湘南一带，且4路军兵力单薄，难与兵力占优的主力红军持久作战，遂指示3路军转向宁远前进，攻击红军侧后，支援4路军作战。21日晚，3路军先头接近宁远。中革军委判断该部将于次日全部到达宁远城，左翼受到威胁，遂决定放弃歼击4路军的计划，集中4个军团主力求歼敌3路军左翼，同时令红1军团所属之红2师佯攻道县，诱敌轻装急追，以创造有利的战机。

22日，3路军到达宁远时，与红1师遭遇。红1师稍事抵抗后，按计划退守天堂圩、横岭等地。但3路军行动相当谨慎，即便得知道县失守的消息，也没有匆匆忙忙地向天堂圩进攻。

23日，国民党军3路军完成作战准备后，向横岭、天堂圩进攻。中革军委原来预计，天堂圩战斗打响后，3路军会以其左翼5师向梅山岗方向迂回，正好进入红军预设的伏击圈，但出人意料的是，敌人并没有分兵，而是将3个师齐头并进，猛攻天堂圩一带红1师阵地，另以13师作为预备队，留在宁远城中待机。这样一来，天堂圩一带敌军过于密集，红军无法割歼其任何一部。祸不单行，由于通信不畅，红5、8军团未能在22日晚遵命行动，致红5军团于23日晨在下灌一带意外遭到4路军两个师袭击，后虽红8军团加入战斗亦未能使红5军团摆脱4路军纠缠。这一来，在梅山岗、天堂圩一带的红1、3军团主力依当前兵力和态势，根本无法完成歼灭或击溃3路军一部的任务。中革军委无奈之下，只得下令立即中止作战，部队向西转移。25日晨，红军全部在道县、水口间渡过潇水，向湘江方向进发。

天堂圩一战，3路军给了红军以较大的打击，达到了迟滞红军主力的目的，使1、2路军顺利完成了战役展开，23日薛岳率2路军主力到达零陵，25日1路军先头62师到达黄沙河，将红军由黄沙河到零陵之间比较有利的地域西渡湘江的路线堵死。红军只能翻山越岭进入广西，在湘江上游寻找渡河点，极不情愿地与战斗力颇强的桂军交手。对这一结果，周浑元非常高兴，战斗刚结束就向薛岳、何键报捷。薛岳立即向蒋介石报告周部协助李云杰部在天堂圩"歼敌逾千"，吹嘘中央军入湘所向无敌。[21]

湘江之战

红军西渡潇水后，蒋介石认为红军已是"流徙千里，四面受制，下山猛虎，不难就擒"[22]，遂电令"追剿"军与粤、桂军配合，凭借湘江险阻，消灭红军主力于湘江以东。薛岳接到蒋的命令后，即命2路军各师急速向黄沙河、渌埠、东安等地开进，同时电告周浑元，要求3路军夺取道县，以策应湘江正面之作战。24日，周浑元率3路军及4路军15师向道县推进。红5军团、红1师等部沿途节节阻击。周部进展迟缓，26日下午3时30分才占领道县县城。

此时，红军以主力一部在潇水西岸道县及永明一带游击，摆出一副进入广西的架势。蒋介石怕红军进入广西富川、贺县地区，难于捕捉，电告薛岳和何键注意预防。薛岳接电后，却不以为然。他认为，红军在道县、永明附近之行动是佯动，旨在引诱"追剿"军南进，放松对湘江堵截，故而建议何键及蒋介石仍照原计划行动，并电告周浑元排除红军侧翼及后卫牵制，"力求压迫其主力决战于湘江，进入我天炉阵（即利用湘江地障，进行前堵后追左右截击之意）而击破之"[23]。

果不出薛岳所料，就在周浑元进占道县的当天，中革军委就发布了突破湘江的命令，要求：红1军团主力及红3、红8军团组成进攻部队，迅速占领营山山脉各关口隘路，并于全州、永安之间渡过湘江，消灭国民党军1、2路军及与红军接触的桂军部队；其他各部组成掩护部队，于潇水、营山诸隘口，阻止国民党军3、4、5路军前进。

本来，红军向湘江前进，必然会经过湘桂边界，如果不是因在湘南寻歼周浑元、李云杰部耽误5天时间的话，红军完全可以在20日左右渡过潇水。桂军主力7军进入贵州追击红6军团，刚于16日返回桂林，完全没有时间调整部署，因而此时兴安、灌阳以北极为空虚。桂系首领李宗仁、白崇禧生怕这时红军进入广西腹地。那样的话，蒋介石就可以"剿共"为名挥师入桂，搞垮桂系。李宗仁、白崇禧权衡再三后，制定了"不拦头，不斩腰，只击尾"的"送客"方针[24]，并迭电蒋介石，虚报红军进攻龙虎关、富川、贺县等地之情况，骗得蒋介石同意将龙虎关以北的桂军部队撤至恭城附近，从而完全放开了红军西进的通路，这本是红军千载难逢的战机。

可是，由于红军高层的决策失误耽误了时间，红军渡过潇水时，桂军已调整完毕。26日，李宗仁和白崇禧看到红军进入广西已无可能，便一改初衷，令其主力7军和15军在兴安、灌阳一带全线展开,并从桂林急调桂北区民团4个联队开赴前线,企图向北侧击渡湘江之红军,进而将中央军堵在自己的防区之外。

非常不幸,红军于24日破译了何键23日的命令。何键因受桂系的蒙蔽,在命令中提及桂军主力已南移恭城方向。据此,中革军委错误地判断在灌阳、兴安一线及以北没有桂军主力,故而命令红军主力抓住这一有利时机,迅速向湘江各渡口挺进。27日,红军先头部队红1军团2师、红3军团4师各一部顺利渡过湘江,并控制了界首到觉山铺之间约30公里渡河点。这里有4处浅滩可以徒涉。然而,由于红5团贻误战机,全州为1路军先头部队抢占,从而失去了在主力渡河点以北的防御支点,被迫于全州以南建立阻击阵地。当晚,刘建绪率1路军主力赶到全州,次日天还未亮就向红军警戒阵地发起进攻,战斗相当激烈。而红8、9军团攻击三峰山,遭到广西民团顽强阻击,意外受阻,被迫绕道向北经小市向蒋家岭前进,耽误了不少时间。与此同时,周浑元的3路军奉何键、薛岳电令,以13师由道县向文市方向追击,连续与红军殿后之红5军团发生激战。

中央军向广西边境逼近,大大刺激了白崇禧。28日,为避免周浑元部深入,他命令原在灌阳附近的桂系部队转移攻势,向红军新圩附近之掩护阵地攻击。于是,双方在湘江两岸展开了殊死的搏杀。到12月1日,红军主力在付出惨重代价后,大多渡过了湘江。可是,红5军团红34师和红3军团6师18团却被隔在了湘江以东,处于孤立无援的境地。2日,周浑元部13师集中优势兵力向新圩、文市之间的红34师阵地发动了猛烈进攻。红军官兵在师长陈树湘带领下,顽强抵抗,终因寡不敌众,全军覆没。陈树湘在突围中受重伤,被民团俘虏后,割断了自己的肠子牺牲。

湘江战役是红军乃至整个中国人民解放军征战历程中遭受最惨痛的失利之一。红军主力虽然打破了蒋介石围歼中央红军于湘江以东的计划,但部队减员过半(从长征开始时的8.6万人下降到了不足4万人),红21、22、34等师基本溃散,少共国际师、职工国际师、兴国模范师等失去了

追击红军长征时期的薛岳

战斗力。[25]战后不久，红8军团也因损失太大，被撤销了番号。在此战中，薛岳直接指挥的2路军尽管没有直接参战，但作为战役的策划者和组织者，他在战役中所发挥的作用却是他人无法替代的。此外，他还指导3路军重创红5军团等部，并迫使桂军放弃观战策略，使战役的进程发生了重大改观。可以说，薛岳在战役过程中所表现出的过人的判断力和协调技巧，值得我们研究。

12月上旬，国民党一中全会召开前，桂系大肆宣传在湘江"广西十万民团获有七千俘虏"，并宣称桂军击败红军3、8、9共三个军团，湘军打败了红1军团，中央军只击败后卫红5军团，借以掩饰其作战不力的事实，并压低别人。薛岳对此大为不满，当面向蒋介石揭露桂军避开正面，以致围歼功亏一篑，并说："湘桂军不是中央军监视压迫他们，一仗也不会打。"[26]这样一来，薛岳与桂系本就不融洽的关系变得更紧张了。

假途伐虢进贵阳

12月1日，何键决定将所部"追剿"军划分为两个兵团：将1、4、5三路"追剿"军划为第1兵团，刘建绪任总指挥；以2、3两路"追剿"军为第2兵团，薛岳任总指挥。经薛岳保荐，4军军长吴奇伟擢任2路军总指挥。这样，薛岳直接指挥的部队增加了一倍，达到9个师。此时，薛岳判断红军将循秋季红6军团西征的老路，到湘西与红2、6军团会合，乃率部向武冈移动。6日，2兵团先头部队到达武冈。同时，刘建绪也指挥1兵团向湘西开拔。国民党军主力云集湘西无疑给中央红军原定的与红2、6军团会合的计划设置了一个无法逾越的障碍。11日，红军占领通道城。12日，中革军委即在距该县城45公里的恭城书院举行紧急会议，决定红军改向国民党军防御薄弱的贵州进军，徐图发展。于是，红军改向西进入贵州。

红军进入贵州的消息传到蒋介石那里，他非常高兴，对身边的陈布雷说："川、黔、滇三省各自为政，共军入黔我们就可以跟进去，比我们专为图黔用兵还好。川、滇为自救也不能不欢迎我们去，更无从借口阻止我们去，此乃政治上最好的机会。今后只要我们军事、政治、人事、经济调配适宜，必可造成统一局面。"[27]此前，他已密电薛岳：如红军进入黔省，则率部不顾一切直入贵州。这时，他又指示薛岳即遵照该令执行。薛岳接到蒋介石的密令后，心领神会，马上回电："据报'匪'之右侧卫灰日窜至通道，主力经新厂、马路口，似向黎平、锦屏方向逃窜。恐将西窜镇远，进犯贵阳。本兵团似宜经晃县、玉屏，直出镇远追截之。纵不能歼'匪'于镇远附近，亦可与黔军夹击于镇远与贵阳之间。"蒋介石看了薛岳的电报，哈哈大笑：这哪里是要去镇远与黔军夹击红军呀？分明是要求借"剿共"之名，带兵进占贵阳，去夺贵州省主席王家烈的权。14日，蒋介石复电薛岳："着迅以一部进驻铜仁，巩固黔军右侧之防线；主力推进于晃县、玉屏、天柱等处，构筑工事，堵'匪'北窜。"[28]薛岳即遵命挥军向黔阳、晃县、玉屏、镇远一线前进。

薛岳率部开赴镇远给中央红军施加了巨大的压力。在此期间，红军加强了在贵州的军事行动，取得很大进展。15日，红军突破黔军防线，攻占黎平和老锦屏，并在那里休息了六七天。其间，中共中央政治局召开会议，于18日做出"新根据地应该是川黔边区地区，在最初应以遵义为中心"[29]的决定。20日，红军开始向黔北进发。由于黔军战斗力很弱，一触即溃。到26日止，红军先后攻克了台江、镇远、施洞口。王家烈看到自己所指挥的部队如此不堪一击，以为红军要攻打贵阳，慌了手脚，置遵义、桐梓于不顾，命令正在与红军作战的黔军6个团撤至施秉、黄平地区布防，防止红军西进。同时，他又怕中央军趁他新败进入贵阳。思来想去，他只好转向桂系求救。早已对贵州垂涎欲滴的李宗仁和白崇禧看准机会，即派7军军长廖磊率3个师向独山开进。蒋介石闻知此事，深恐桂系捷足先登，急令薛岳火速抢占贵阳。此时，薛岳兵团先头部队90师已到达镇远附近，与红军的后卫部队接触，如果贸然转兵贵阳，被红军察觉，不但有受到红军尾蹑之虞，还可能惊动王家烈，以致腹背受敌。因此，薛岳先得想办法不动声色地与红军脱离接触。27日，吴奇伟指挥2路军主力进抵镇远东郊，随即猛攻县城。战至下午7时，红军完成迟滞国民党军前进的任务后，向施秉方向转移。28日，薛岳判断红军有北渡乌江，进占遵义的企图，遂命所部经施秉、施洞口、黄平向贵定前进，佯装向北追击红军，实则进窥贵阳。1935年1月1日，2路军进占施秉，3路军占领施洞口。中革军委以为薛岳企图围歼红军主力于乌江南岸，而自己又无力抵御其进攻，遂紧急命令各军团于当天开始强渡乌江。当夜及次日上午，红1军团先后在龙场渡口和江界河渡口强渡成功，击溃了乌江对岸守军，占领滩头阵地，并掩护主力过江。6日，红军主力全部渡过乌江，并乘胜向遵义城发动进攻。次日晨，红军攻克遵义。而后，又向北追击，于10日攻陷桐梓。

红军强渡乌江成功使薛岳如释重负，现在红军被隔在乌江以北，自己来自侧翼的威胁已解除，可以向王家烈开刀了。1月4日，薛岳轻车简从，来到贵阳附近的马场坪，以商讨"剿共"大计为名，试探王家烈虚实。王家烈看到薛岳只带吴奇伟、周浑元和一个警卫到来，丈二和尚——摸不着头脑。薛岳看他惊慌失措的样子，知其无甚远略，寒暄了几句后，便单刀直入，说："1. '匪'军阴狠狡诈，不可以普通土匪视之，免受欺骗。2. 黔北空虚，地形险要，共'匪'盘踞，后患无穷。3. 共'匪'以迂为直，得陇望蜀，控制遵、桐后，贵阳难保。4. 黔军素质低劣，装备甚差，宜受中央补给装备，统一指挥作战，提高士气战力。中央军入黔剿'匪'救民，非为争地盘官位而来。望兄善自处之。要知道黔军即是中央军，黔省干部即是中央干部。"这话简直说到王家烈的心里去了，他正为自己的部队在与红军作战中损失太大无法补充而苦恼呢。中央军要给他补充装备，又不争地盘，这真是天上掉下的馅饼哟！于是，他爽快地答应了薛岳的要求，同意中央军进驻贵阳，并命令所辖黔军2师即开遵义刀靶水地区，竭力确保乌江渡、大渡口之渡河点，伺机向遵义进攻。[30]8日，薛岳以加强贵阳防御为由，令99师进入贵阳接管城防，并任命99师师长郭思演为贵阳警备司令。同日，蒋介石下令，王家烈的25军归薛岳指挥。这样，贵州的军政大权开始逐步向薛岳手中转移。13日，廖磊所率桂军之三个师到达独山，闻知中央军已捷足先登，也只能望洋兴叹了。

　　进占贵阳后，薛岳奉蒋介石之命大力整顿贵阳军政，整修机场、道路，并秘密搜集王家烈劣迹。与此同时，红军在遵义地区进行了10多天休整。各军团均派出工作队深入城乡，宣传中国共产党的革命主张，发动群众，打土豪、建立革命政权。广大群众亦积极帮助红军筹款筹粮，救治伤病员。许多贫下中农子弟踊跃参加红军，在短短10多天时间里，遵义、桐梓地区就有4000余人加入红军，全军人数恢复到了4.5万人[31]。更为重要的是，中共中央于1月15日至17日在遵义城内的黔军2师师长柏章辉官邸召开了政治局扩大会议，这就是著名的"遵义会议"。会上，否定了博古和李德的军事路线，取消了他们的最高军事指挥权，决定毛泽东重新进入红军最高领导层，仍由中革军委主要负责人周恩来和朱德指挥军事。会议还确定了中央红军今后的战略目标是北渡长江，同红四方面军会合。此外，根据会议精神，由张闻天代替博古负总责，毛泽东、周恩来负责军事。从此，红军恢复了五次反"围剿"以前那种灵活多变的运动战术，使得薛岳对其行动的把握更加困难。

第三节 赤水—金沙江战役

夺回遵义

中央军进入贵阳后没几天,王家烈就睡不安稳了。薛岳本着蒋介石"一面'剿'平'匪'患,一面结束军阀割据"㉜的精神,大肆分化瓦解黔军:对黔军将领,积极拉拢王家烈的基本部队第1、2师师长何知重和柏辉章,对他们礼遇有加,以促其倾向中央;对黔军基层官兵,以优厚的待遇,将下级军官和士兵吸引到中央军里来。同时,他还以防共为名下令贵阳全城戒严,就连王家烈本人进城出城均要受盘查,弄得他非常难堪。贵阳是没法待了,王家烈便想起了他的老巢遵义,那可是他将来东山再起的基地。于是,他自告奋勇向薛岳请战:"黔北是我桑梓之地,愿亲率所部,打过江去,成败在所不计。"薛岳起初以部队太少为由推脱。㉝王家烈反复请求,薛岳只得勉强答应。

1月10日,王家烈率部分两路向黔北推进:一路以黔军3师经瓮安向湄潭前进,一路以黔军1师和2师经修文、六广北渡乌江,向遵义、桐梓地区进攻。同时,令仁怀、赤水之黔军教导师严密警戒,相机应援遵桐作战。而薛岳也摆出策应的姿态,令吴奇伟、周浑元两纵队分别由黔西和息烽向遵义推进,防止红军向黔西退却。

在黔军开始行动之时,红军就以遵义为基地向南北扩展,击败了25军副军长侯之担所部黔军及川军廖海涛旅等,相继占领了娄山关、桐梓、松坎、仁怀等地。13日,红5军团进攻息烽。城中保安队抵挡不住,县城岌岌可危。薛岳担心红军威逼贵阳,即命周浑元派一部兵力进至扎佐,以为声援。红军看到敌援兵将近,便退向乌江北岸,协同红9军团与周浑元纵队相持。这样一来,红军的注意力被吸引到了贵阳方向,而对乌江上游鸭池一带的防守则比较疏忽,正让黔军主力钻了空子。

黔军2师师长柏辉章由于受到薛岳礼遇,受宠若惊,想在薛岳面前露两手,故而行动最为积极。其战报也是直呈薛岳和王家烈,不太理睬名义上指挥他的黔军1师师长何知重。10日,黔军2师即在六广渡过鸭池河,而后向遵义挺进,于15日在沙土击退红3军团的警戒部队,向刀靶水进攻。驻防刀靶水一带的红3军团5师,大部分注意力放在了乌江方向,根本就没有料到黔军会从西面打过来。因此,红5师在这一带虽有两个团(另一个团在乌江方面向贵阳方向警戒），但防备疏忽。当夜，柏辉章亲率所部5团突袭刀靶水、老君观，轻易打到了红5师师部。红5师被打蒙了，一时不知道敌人有多少部队，仓促后撤。

16日，还在遵义参加中共中央政治局扩大会议的彭德怀得知红5师失利的消息后，火速赶回前线，整顿部队，重新组织防御。可是，黔军初战告捷，气势已经上来了。柏辉章挥军猛进。彭德怀只得指挥红3军团进行运动防御，但未能遏制黔军势头。到19日，黔军主力到达遵义附近，并向绥阳、遵义发动攻击。红军根据遵义会议通过的作战计划，在稍事抵抗后即放弃了遵义城，向长江南岸移动。这样，黔军就顺利夺回遵义，而后又向北追击，先后攻占了桐梓、娄山关等地。

红军放弃遵义后不久，蒋介石就判断中央红军有北渡长江入川的企图，乃令川、滇、湘、黔各路军阀调集部队进行加强川黔滇边地区和长江、乌江地区的防御，以堵截红军北上，并命令：中央军上官云相部由豫鄂入川向松坎集结；薛岳以3路军渡乌江进到黔西、大定侧击，控制主力吴奇伟部在贵阳待命。这样一来，国民党军在川南、黔北地区再一次对红军形成了包围态势。1月24日，红军先头部队到达土城附近。此时，担任土城防守的25军副军长兼黔军教导师师长侯之担贪生怕死，不敢应战，只身逃往重庆。其堂弟副师长侯汉佑率部在土城抵抗了不足一天也弃城而逃。

薛岳得到土城失守的消息后勃然大怒，电告蒋介石，要求严惩作战不力的将领。于是，蒋介石命令参谋团逮捕侯之担，并交军法议处。但是此后红军的作战行动并未因此变得顺利。

从1月下旬到2月初，中央红军在土城、叙永等地与川军作战中连续失利，加上薛岳命周浑元、王家烈两部从后面逼近，北渡长江的计划已无法实现，不得不西渡赤水河，转移到川、滇、黔三省交界的扎西地区。由于四川省主席刘湘采取"拒客"策略，川军没有进行有力追击。中央红军乃得以在扎西地区进行了约一周的休整，整编了部队，并招收新兵3000余人，大大提高了部队的战斗力。其间，中共中央在扎西、鸡鸣三省等地举行了多次会议，决定暂时放弃北渡长江的计划，在川滇黔边区寻求发展，争取在该地区创建新根据地。

"追击以来的奇耻大辱"

2月初，蒋介石为尽快"剿灭"红军，调整了战略部署：以何键为第1路军总司令，刘建绪为前敌总指挥，负责对付在湘西的红2、6军团；以龙云为第2路军总司令,薛岳为前敌总指挥(21日又兼任贵州绥靖主任),负责对付中央红军;以朱绍良为第3路军总司令,杨虎城为副总司令兼前敌总指挥,负责对付在川陕地区活动的红4方面军和红25军。2路军作战序列也重新划分,以吴奇伟的2路军编为第1纵队,周浑元的3路军编为第2纵队,滇军孙渡部编为第3纵队,王家烈的黔军编为第4纵队。2路军各部虽名义上的统帅是龙云,但实际上基本都是由薛岳行使指挥权。当蒋介石得知红军在扎西集结后,企图将红军压迫于长江以南、横江以东、乌江以北和以西地区聚歼,急调孙渡纵队由镇雄、毕节向扎西以南之大湾子推进;川军潘文

龙云

华部以一部固守长宁、叙永、兴文等地及长江、横江沿岸,防红军北渡长江,主力由高县、珙县、长宁及其以南地区向扎西前进;周浑元纵队主力自黔西、大定向古蔺、叙永追击。2月10日,孙渡纵队向扎西压了过来。红军求歼其一部未果,乃向东转移。在转移过程中,中革军委得知黔北空虚,遂命令红军二渡赤水,再度向桐梓、遵义方向出击。

红军于2月18日至19日渡过赤水后,一路势如破竹,先后攻克了桐梓、娄山关,直逼遵义。此时,坐镇遵义的王家烈身边只有4个团,无力抵挡,但由于蒋介石严令其坚守待援,只好硬着头皮,命令部队在遵义一带构筑工事,准备迎战。同时,他还十万火急地电令黔军1师师长何知重率师星夜驰援,并向在贵阳指挥作战的薛岳告急求救。此时,薛岳刚被行政院任命为贵州绥靖主任,正在盘算着怎样不动声色地将王家烈赶出贵州。王家烈的求救电报传到贵阳后,薛岳认为可以趁红军与王家烈打得两败俱伤之际,一举夺取王家烈在黔北的地盘。因此,他始终坐山观虎斗,到23日见王家烈实在支持不住了,才命令吴奇伟率59师、93师两个师由贵阳前去增援,企图坐收渔利。但24日,他接到蒋介石电令:"刻接川中电称,'匪'向东回窜,土城被占,其故在中央军未能照预定计划西进等语。现在两广正借口中央军逗留不进,以罪中央,如果'匪'正东窜,而我军不克积极追堵,则彼等更可借以加罪中央,而且使川军亦对中央生不良影响,则事更为难。希将在黔西各师除留防贵阳附近两师外,其余全部向匪猛追,不得再事延误。"㉞于是,薛岳一改初衷,暗示吴奇伟加紧行

动,一定要帮助王家烈保住遵义。

但是,当吴奇伟于28日晨率部急急慌慌地到达遵义附近时,遵义已失。王家烈带着自己的残部8、9军两个团灰头土脸地前来,力请吴奇伟帮助他重占遵义。吴奇伟当即以黔军8、9军两个团掩护其右翼,自己率59师、93师反攻遵义。红3军团主力据有利地形进行了英勇阻击。战斗一直持续到傍晚时分,红军遭受重大损失,老鸦山、红花岗相继失守。国民党军一度攻到遵义城南门,形势岌岌可危。就在这时,国民党军右翼黔军两个团突遭红1军团袭击,一触即溃。红1军团乘胜直插忠庄铺,击溃了国民党军的预备队93师主力。吴奇伟和王家烈无奈,只得率93师残部退过乌江。59师(附93师558团)也被迫向白腊坎方向突围而出。红军乘胜追击,斩获颇多。

重占遵义是中央红军在长征中取得的最重要的一次胜利,共击溃敌军两个师又8个团,毙伤2400余人,俘虏3000余人,缴获了大批军用物资。[35]更重要的是,这次战役是长征开始以来红军对中央军的第一次重大胜利,使中央军两个师遭受严重损失(93师除558团外大部失去了战斗力,59师除354团外损失了约三分之一的战斗兵员),沉重打击了国民党军的士气。但红军也付出了很大的代价,全军伤亡3000余人,红3军团参谋长邓萍、红10团参谋长钟伟剑等相继阵亡。薛岳得到败讯后,立即报告了蒋介石。蒋介石复电称这是"国军追击以来的奇耻大辱",[36]要薛岳查明罪责以申军纪。3月下旬蒋介石到贵阳后不久,依据薛岳的报告,决定对参加此次战役的中央军将领进行处分:93师师长唐云山撤职调陆军大学13期学习(遗缺由陆军大学10期肄业的甘丽初充任),59师师长韩汉英撤职留任,吴奇伟记大过一次。

韩汉英

遵义战役的胜利使红军再次得到了短暂的休整机会。从3月2日到10日,红军各军团都补充了一些俘虏兵和缴获的装备,战斗力得到了进一步恢复。中共中央确定的近期战略目标也因战局的好转而更正为"打大胜仗来赤化全贵州"。[37]4日,中革军委特设以朱德为总司令、毛泽东为政委的前敌司令部,指挥中央红军的作战行动。

黔北之捷

红军再次在遵义休整也给了蒋介石和薛岳喘息的时间。他们利用这段时间，加紧整顿部队，调整部署，准备新的进攻。3月初，薛岳判断红军将再次出击仁怀，当即电令周浑元率5、96、13三个师，向仁怀前进，构筑坚固工事，堵击红军，并电告93师、59师向乌江南岸集中。自己则亲率92师和90师赶赴乌江沿岸，准备渡乌江反攻遵义。鉴于黔北形势严重，蒋介石除令何键派前敌总指挥刘建绪到黔东铜仁布置防堵外，其本人也于3月3日飞抵重庆，亲自指挥西南地区对红军的军事"围剿"。他刚下飞机就下令：奉调援黔的川军模范师师长郭勋祺率所部3个旅，并指挥在桐梓之黔军向遵义东北进攻；周浑元纵队限6日集中枫香坝、鸭溪口一带，即向遵义西北前进；吴奇伟纵队在茶山渡至乌江取攻势防御。同时，蒋介石给薛岳发了两道手令，一份是强调今后在前线"剿匪"的部队长，无论"追剿"截堵或防守，如不与城池共存亡，未奉命而私自逃亡者，一律治以失土"纵匪"之罪。另一份是，由于遵义战役失败教训，今后对飘忽无定的共军在战略上虽要猛追猛截，在行动上要稳扎稳打；各部队每进一地，在宿营前一定要修碉，碉未修成不许入营。薛岳接电后即下发各部遵照执行。

面对国民党军步步进逼，红军决定主动出击，寻歼周浑元纵队，以打破蒋介石的新围攻，保卫遵义根据地。5日，中央红军前敌司令部发布了"首先消灭萧、谢（即谢溥福率领的5师和萧致平指挥的96师）之任务"[38]。6日，红军主力向长干山、白腊坎以西开进，准备突击周浑元纵队。

但此时薛岳已察觉红军有歼击周纵队之企图，并判断红军"如不对周纵队有决战条件时，必毅然逃脱遵义地区，即循两路口、双石墙、毛坝场之线，仍向古蔺以南地区窜逃，否则必经打鼓新场、黔西、安顺之线窜逃"。基于这个判断，他命令：周纵队继续在长干山、潭厂一带加固工事，暂取守势，并以轻装小部队与红军保持接触；吴纵队59师集中于镇西卫、滥泥沟一线，92师移到修文、六广河一线，90师移至息烽、黄沙河一线，93师集结于刀靶水、大渡口为进出乌江西岸做准备；王家烈纵队仍集结于打鼓新场，筑碉警戒；各纵队都应密切协同予以夹击。[39]

由于周浑元严格执行薛岳命令，红军无机可乘，遂转向西安寨、打鼓新场、泮水地区，准备歼灭王家烈部，以调动周纵队驰援，求歼其一部。但因王家烈戒备较严，红军还是找不到战机。

9日，薛岳探知红军主力已进至长干山、枫香坝一带，在遵义只留下少数掩护部队，遂一面令周纵队继续在仁怀、潭厂一带固守战地，一面以吴奇伟纵队和郭勋祺所部向遵义合击。红军掩护部队抵抗了一下就于10日撤出了遵义。

在国民党军的围攻下，中央红军的活动范围越来越小，为摆脱这一不利局面，中革军委于10日采纳了红1军团长林彪的建议，决心消灭西安寨、打鼓新场、三重堰之黔军。但是，红军的行动没能瞒过薛岳，他迅速侦知对方的企图，于当天命令空军轰炸白腊坎、枫香坝、长干山一带的红军集结地，并令王家烈加强警戒。当晚，黔军1师师长何知重派兵夜袭西安寨附近红军。同时，滇军孙渡纵队也奉薛岳之命由黔西开来，歼击黔军之计划已无实现可能。中革军委遂决定采纳毛泽东的建议，取消了进攻打鼓新场的计划。

12日，中共中央决定成立由周恩来、毛泽东、王稼祥组成的三人军事小组，负责指挥中央红军的作战行动。稍后，彭德怀即向中革军委建议"摆脱滇军，专对蒋军作战"⑩。

同日，吴奇伟率90师和92师开入遵义，随后即向长干山、枫香坝方向前进。13日，中共中央决定："我野战军仍以黔北为主要活动地区，并应控制赤水河上游，以作转移枢纽，以消灭薛岳兵团及王家烈部队为主要作战目标。对川、滇敌人须在有利而又急需的条件下，才与之作战，求得消灭其一部。"⑪依据这一方针，红军稍后在长干山一带设伏，希图打击吴纵队。但由于吴奇伟行动谨慎，红军的作战计划再度告吹，被迫改变攻击目标。当晚，红3军团于平桥、泮水地区向黔军3旅5团攻击，遭顽强抵抗，经数次冲锋，才迫使5团残部向打鼓新场溃退。

15日拂晓，中央红军遵照中革军委命令，以一部监视枫香坝东南地区之吴奇伟纵队，主力向周浑元纵队据守之鲁班场、三元洞地区发起攻击。由于周纵队三个师猬集一团，红军攻击持续到黄昏，不但未能予其有效杀伤，反而付出了伤亡700余人的代价。

当日晨，吴奇伟接到薛岳要他增援鲁班场的命令，即刻命90师向枫香坝攻击前进，与红9军团展开激战。到下午4时，红军在伤亡了300余人后，不支后撤。90师乃进占枫香坝。与此同时，黔军1师师长何知重率4个营在永安寨附近的大河坝追及红3军团10、13两团，与之激战两小时；川军郭勋祺部也由两路口向潭厂、鲁班场开来。中革军委鉴于以上情况，命令部队于16日拂晓放弃对鲁班场的进攻,转兵西进,以调动敌人,寻求新的机动。

是日,红军在茅台及其附近地区西渡赤水河(即三渡赤水),向古蔺、叙永方向前进。19日,红军攻占镇龙山,并击退川军一个团的阻拦,进到大村、铁厂、两河口地区,摆脱了国民党军。

黔南合击

红军在黔北地区作战再度失利,使蒋介石大感兴奋。他在私下与待从室主任晏道刚讨论战局时认为:红军战力仍未稍减,不可轻视;黔西北地瘠民贫,大军行动不仅米粮困难,就是柴草也不易得,红军徘徊于此绝地,乃系大方针未定的表现。这一段长江两岸多是横断山脉,山势陡峻,大部队无法机动,今后红军只有化整为零,在乌江以北打游击。为了加速红军的崩溃,他决定重新祭出他"剿共"的看家法宝——"堡垒政策"。于是,他指示薛岳令各纵队尾追侧击,采取在江西修碉围攻的办法,步步为营向赤水包围;令何键调李韫珩的53师由黔东开遵义,在该城周围修碉;调上官云相的湘鄂川边"剿总"第1路军在桐梓、遵义间修碉筑路;电告刘湘加强泸州、宜宾间长江防线外,并挺进到长江以南的叙永、赤水、土城、古蔺地区修碉封锁;电令龙云以孙渡纵队进至大定、毕节以东防堵,修碉封锁,并切实加强横江防务。㊷3月下旬各方来电,筑碉工作大致完成,乌江南岸各渡口及黔北已初步形成碉堡封锁线。

蒋介石这一招果然灵验。众多碉堡使得红军在川黔边地区的活动大为受限。20日,中革军委当机立断,决定趁国民党军封锁线尚未完全形成之际,回师东进,准备转到吴、周两纵队之后,进据遵(义)仁(怀)中间地带,寻求新的机动,以摆脱敌人的围攻。当日,红1军团奉命以1个团伪装主力,由铁厂、两河口大张旗鼓地向古蔺前进,吸引川军、滇军向西,以掩护红军主力东进。这次佯动极为成功,完全干扰了敌人的判断。到23日,2路军3纵队司令孙渡在给所属各旅及云南民团总指挥禄介卿的电报中还称:"'匪'系以主力东窜,抑或以一部西窜而主力仍东窜,尚待证实。"㊸而在此前一天,中央红军主力已由太平渡、二郎滩等地东渡赤水河(即四渡赤水),经临江场、楠木坝、花苗田等地挥师南下。

24日,蒋介石飞抵贵阳,接过了薛岳手中的指挥棒,亲自打电话调动部队。这样,薛岳就变成了一个高级传令官,每一道命令非经请示不敢做主。26日,孙渡纵队在弄清红军的行动方向后,向黔北追来。同时,根据蒋介石的命令，在土城、桐梓等地的川、黔两军及中央军上官云相部拦截红军；周浑元、吴奇伟两纵队集结于茅台、仁怀、潭厂、鸭溪、枫香坝等地。这样，黔北地区又麇集了大量国民党军，红军不仅失去了重占遵义之可能，就是"向西南寻求机动也很困难"，只有乘乌江以南空虚，"转向到东南乌江流域比较有利"㊹。

根据这一情况，中革军委于27日采纳了彭德怀的建议，以红9军团暂留马鬃岭，伪装主力，向长干山、枫香坝佯攻，吸引国民党军北上，主力趁机继续向南急进。28日，鉴于滇军对红军的行动构成巨大威胁，毛泽东提出"调出滇军就是胜利"的战略设想㊺，意欲趁乌江以南空虚，以红军主力直插贵阳，调动滇军到贵阳及其以东地区，以求大量歼灭国民党军有生力量，扭转敌强我弱的态势，从而打破敌人的围追堵截，"解决开展局面的问题"㊻，开辟云贵川新苏区。根据这一构想，红军主力于当日由鸭溪、白腊坎之间突破封锁线，冒着狂风暴雨，向乌江前进。周浑元纵队一部因未能遵照蒋介石的命令，在井坝一带集结，致使红军安然进入乌江北岸的沙土、安底地区，准备强渡乌江。周浑元在得知前线作战失利之后，立即打电话给薛岳，说红军有偷渡乌江的模样。薛岳听到这一情况，大吃一惊。在征得蒋介石同意后，火速调53师由遵义昼夜兼程赶回乌江以南养龙站接替93师一部的防务，并急调驻黔西的59师归总部直辖。

30日，红军在江口、大塘、梯子岩等地强渡乌江。守军59师一个营寡不敌众，被迫后退。31日晨，红1军团猛攻息烽。防守该地的99师一个营以寡敌众，死战不退，到下午3时，93师主力从遵义赶到，红军才退去。同日，红9军团完成佯动任务后，亦向乌江北岸开进。但晚了一步，当他们到达乌江北岸时，周浑元已奉薛岳之命，派兵将各渡口全部封锁。这样，红9军团就被隔在了乌江以北，只能脱离主力单独行动了。4月1日，53师先头部队159旅到达养龙站。薛岳得知该部按时到达非常高兴。他判断红军必然进攻黑神庙，便打通了该旅旅长李清瓛的电话，要他迅速派兵占领黑神庙、盘脚营等处阵地，并嘱咐修好工事，沉着应战。果然，次日红军以一部继续佯攻息烽，牵制93师；主力向贵阳逼近，与159旅在黑神庙激战了一天。李清瓛指挥部队在飞机的支援下，顽强防守，战到黄昏，方击退了红军的进攻。翌日晨，李清瓛率两个团向息烽西北追击，只在底寨附近与红军后卫部队进行了短暂的接触后，即与53师主力在息烽南15里的阳朗坝会合。

但是，93师和53师在黑神庙、息烽、底寨等地的作战并没有挡住红军南进的步伐。4月2日，红军绕过159旅在黑神庙、养龙站一带的阵地后，以一部佯攻瓮安、黄平，主力经开阳、修文、龙里间向贵阳南进。当晚，前锋已进抵贵阳附近。蒋介石接到这个消息大为惊恐，此时贵阳守军仅99师4个团和2个宪兵团，兵力十分单薄，他拿什么来防守？于是，他匆匆召集陈诚、顾祝同、何成浚、晏道刚、薛岳等了解情况。薛岳等认为，红军距贵阳仅百余里，判断中央红军急求东进与红2、6军团会师，估计在优势兵力跟踪尾追下，顿兵攻坚难免受挫，可能不致进攻贵阳；即使有靠近贵阳的行动，也只是虚张声势，掩护主力东移。在贵阳的守城部队只要坚持一天，追击部队即可赶到。对于他们的意见，蒋介石认为句句在理，乃做出紧急部署：27军军长李云杰指挥23师和63师火速由镇远星夜兼程经施秉、黄平西进，限4月6日到达余庆，于清水河东岸阻击红军；3纵队司令孙渡率2、5、7三个旅即由毕节、大定取道黔西，昼夜兼程，经鸭池河直开清镇，限先头于4月4日到达，巩固贵阳外围防务；吴奇伟、周浑元、王家烈三个纵队及53师，向南猛追，不许停留；空军于乌江南岸切实协同各部作战；另电令徐源泉、刘建绪、廖磊分别在铜山、酉阳、秀山、独山都匀布置防堵。

贵阳本身的防务也不能不重视。会后，薛岳除电令各纵队严格执行蒋介石的指示外，又发布命令：贵阳警备司令王天锡指挥宪兵团及警察加紧戒备，清查户口，检查城厢工事；99师负责贵阳外围防务，在市郊黔连山、图云关、大关等地加强据点工事，在贵阳、龙里封锁线的守碉部队加紧备战，并派出一部进出贵定、平越搜索；调驻黔西的93师558团兼程限于4月7日前赶到贵阳；59师派有力部队确保清镇飞机场。为了安定人心，薛岳在贵阳绥靖公署内召集党政军重要人员讲话，说追堵大军云集，确信在领袖指挥下必可成功。同时，他又再度转令各县长指挥地方团队协助正规军作战，必须与城共存亡，闻风即弃城者杀无赦。4日，飞机侦察得悉红军主力先头已过平越西鸡场，清水江发现有浮桥，后续仍在东进。同日中午，孙渡纵队的先头2旅到达清镇，92师也进到扎佐。5日，92师在拿扎、狮子山一线与红3军团侧卫部队发生激战。6日，孙渡纵队全部到达贵阳，红军攻进贵阳的可能性完全不存在了。薛岳和蒋介石这才把悬着的心放到肚子里。当天，蒋介石在贵阳召见了刚赶到贵阳的周浑元和13师师长万耀煌，对其大加训斥，要求他们对"剿匪方法"应多加研究。

7日，红军屡屡引诱吴奇伟纵队的92师和90师进入羊场地区，希图借助那里的有利地形吃掉这两个精锐师。但这一企图被薛岳和吴奇伟识破，两师均奉命持重不进。红军伏击未成，只得向东，出击贵定，继续摆出东进与红2、6军团会合的架势，以吸引滇军由贵阳向东追击。蒋介石果然中计，令孙渡纵队以2旅于当夜东援贵定。次日又令孙渡率所辖之5旅和7旅向龙里前进。8日中午，滇军2旅进入贵定。谁知，红军却没等到达贵定即虚晃一枪，突然向西回转，在谷脚、龙里间求歼孙渡率领的滇军后续部队。当日下午4时左右，孙渡乘坐汽车在谷脚附近行进时，遭红军伏击，其卫士被击毙四名。孙渡本人侥幸逃脱。与此同时，滇军在黄泥哨、观音山附近与红军发生激战。孙渡马上判断出当面为红军主力部队，当即一面命令所部竭力抵抗，一面向薛岳求救。薛岳得报后，立即派吴奇伟纵队前往夹击红军，双方鏖战竟日。9日，薛岳又派飞机十余架前来支援，红军势不能支，遂依原定进占定番的计划，向南转移。当晚，红军突破99师和滇军5旅防守的龙里封锁线，取道青岩，向南挺进。10日，薛岳命孙渡、吴奇伟两纵队开始尾追。为打击追来之国民党军，红军干部团奉命于三家寨拦击滇军5旅和93师558团，但未能减缓国民党军的追击速度。11日，薛岳电告孙渡：红军攻入定番后，大部分已奔向西南，3纵队应恢复定番，跟踪追击。孙渡即遵命紧追，于11日攻入定番。由于孙渡纵队追击太紧，红军受到了很大的威胁。12日，中革军委拟在广顺以西，直到安顺、镇宁、紫云一带，给尾追的孙渡纵队以较大的打击，遂决定将主力潜伏于紫云山林中。13日，红军后卫在广顺与孙渡纵队前锋发生接触。但因地形不利，伏击未成。当晚，红3军团长彭德怀向中革军委建议："野战军应迅速渡过北盘江，袭取平彝、盘县，求得在滇黔边与孙（作）战其（之有）利行动。"㊼14日，中革军委决定采纳彭德怀的建议，命令红军开始向西南方向前进。至此，贵州战事暂趋稳定。

毕竟蒋介石此次入黔除了"剿共"，控制贵州也是非常重要的目标。而此时，随着军事行动的起伏，贵州的政局并不稳定。王家烈的影响尚未完全清除，两广实力派仍对这里怀有觊觎之心。早在2月19日，行政院任命薛岳为贵州绥靖主任时，两广军阀就大肆鼓噪，说中央有吞并之心，一时间谣言四起，人心惶惶。因此，即使在战局非常紧张之时，蒋介石仍然未放弃加强统治贵州的努力。薛岳将几个月来搜集到的王家烈劣迹悉数抖了出来，使王家烈处境极为尴尬。4月6日，在蒋介石侍从室主任晏道刚等人的胁迫下，王家烈辞去了贵州省主席之职。王家烈下台使贵州民众欢呼雀跃。多年来，他们被贵州地方军阀压得喘不过气来。中央正式接管贵州，使他们又看到了贵州振兴的希望。4月初，贵州民众组织各县代表请愿团汇集贵阳，请求中央惩办贪官污吏，取消苛捐杂税。4月17日，这个请愿团联合贵阳市民约30000余人上街请愿，贵阳商铺停业，学校放假，各街遍贴标语。上午10时，民众代表袁干臣、王小谷、陈稚新等10余人持呈求见蒋介石。蒋介石叫薛岳出面代为接见。薛岳在听取代表提出的意见后，觉得有理，遂答复道："委员长对于民众之请求，无不采纳，改造黔省政治，是有时间性与步骤的。本年湘滇黔公路可望筑成，明年可望着手开发黔省矿产，希望各民众努力协助进行。"一席话字字真切，让各代表非常满意。各代表回去向请愿民众传达后，贵阳民众均群情激愤。12时许，民众纷纷上街游行，高呼"请求蒋委员长解除黔民痛苦"、"请求蒋委员长建设贵州廉洁政府"、"打倒贵州传统军阀"、"感谢蒋委员长泽被全黔，豁免全部田赋"等口号。[48]当天，蒋介石任命与粤桂当局有旧的吴忠信为贵州省主席，主持黔省政务，以安抚两广实力派。就这样，贵州政局逐步稳定了下来。5月初，在各方面的压力下，王家烈被迫辞去了25军军长一职。至此，贵州的军政大权完全落入了国民政府中央的手中。

进军云南

由于蒋介石专注于加强对贵州的统治，国民党军对红军的追击相对减轻了。红军趁此机会，积极在黔西南展开军事行动，力图打开局面。4月18日，红军主力渡过北盘江，占领册亨、贞丰。而滞留在乌江北岸的红9军团也进入了盘县西北地区。两者相互呼应，大有会合之势。这时，龙云看到红军有入滇之可能，甚为恐慌，急电孙渡，说红军"万一窜入滇境，务要设法，不分昼夜，阻其深入，是为至要"[49]。蒋介石见以收拾王家烈的老办法对付龙云的机会来了，急令薛岳从贵阳进至岭关场，指挥1、2、3纵队和53师追击红军。薛岳立即下令，除以53师任镇宁、黄果树一带守备外，其余各纵队全力向黔西南追击，力求包围红军于盘江流域而歼灭之。就在国民党军各纵队遵照薛岳的指示向前推进之时，红军也正按照自己既定计划经紫云向黔西南运动，袭取平彝、盘县并以此为基地打击追敌。但国民党军各部按照薛岳的命令积极行动，使红军的计划变成了泡影。

19日中午，由贞丰西进之红3军团一部猛攻兴仁，守军121师稍事抵抗后，弃城向黄家冲退却。薛岳得知兴仁失守的消息，立刻判断红军主力将经兴仁西南地区向兴义前进，即令：周浑元纵队速向青山附近堵截；孙渡纵队向太平街推进，占领该地后，向兴仁、巴林、屯脚、交那地区尾追；92师于20日向兴仁攻击，迟滞红军之行动；90师同日由安谷移至高武，与92师取得联系，相机向兴仁以南截击。4月20日，跟随薛岳总部行动之99师295旅攻占太平街。同时，90、92两师向兴仁城北之观音洞攻击，遇到防守该地的红3军团的坚决阻击，几次冲锋都未能奏效，迄至黄昏进入对峙状态。这时，周浑元纵队之5、96两师先头部队已抵青山，13师先头部队到达普安；滇军预备旅也奉龙云电令到达兴义布防，独2团由宣威出发到滇黔边境堵击。形势变得对红军更加不利。当晚，薛岳命令各部向兴义、普安方向前进。21日，红军主力向兴义发动进攻，与滇军预备旅在兴义东北之马别桥发生激烈战斗，到当天日落前双方在顶郊、兴义一线形成对峙。而同时，红3军团完成了迟滞吴奇伟纵队前进的任务后，主动撤离兴仁，向兴义方向转移。这样，吴奇伟得以进占兴仁。相比之下，孙渡纵队的进展就慢多了，到是日晚才赶到屯脚，不但与红军拉开了距离，而且落在了中央军后面。蒋介石得到此消息后，非常兴奋，立即密令薛岳率吴、周两纵队甩开孙渡，尾随红军入滇，以期像进占贵阳那样，夺取云南。

22日，红军一部经巴巴堡、龙场东瓜林西进。薛岳判断其为红军右侧卫，将进到车榔水，以掩护主力进占盘县或罗平，便命令：孙渡纵队和吴奇伟纵队向红板桥、罗平追击；周浑元纵队抢先占领车榔水，并向狗头营、保全堡追击。各纵队接到命令后，马上行动。当天上午10时，周纵队96师先头即在旧营附近，与红3军团后尾遭遇。激战两小时后，红军自动退去。96师乘胜于次日连占双桥河、寡妇桥、威舍、猪场等地，给红军的后卫部队造成了较大的损失。23日，红军分三路入滇。红1军团由猪场到小羊肠、阴背箐一带，红3军团由阿依到团山、祖德、松子山一带，军委纵队由双桥河、寡妇河进入黄泥河、铁锁箐一带。随后，中共中央在铁锁箐召开了政治局会议，决定攻占平彝、沾益、曲靖、马龙地区，控制昆明东北要道，便于与追来之国民党军作战。但这一计划早已被薛岳识破。当天他基于红军将在平彝、盘县一带与本部作战并企图回黔的判断，命令各纵队向平彝、宣威、盘县等地急进，不给红军调整机会。

24日，红军在行进途中先后遭到云南民团偷袭，受到一定损失。与此同时，干部团和红3军团也分别在迤安村附近和滇黔边界龙家沟一带英勇抗击了滇军2旅及53师之进攻，但均未能阻其前进。当晚，53师先头团抢占平彝。翌日拂晓，薛岳总部又率349团进驻盘县。

红军失去了进占盘县、平彝的先机，被迫改变攻击目标。25日上午，中共中央向各部发布十万火急的《关于消灭沾益、曲靖、白水之敌的指示》，指出："我们现在争取了有利地位，使我们现在争取了一个新的有利地区，即云南东北地区，并在这一地区内消灭敌人取得新的发展局面的可能。这一地区是战略机动的枢纽，背靠西北天险，便利我们向东及向南作战。在不利与必要时，亦便于向北向西转移。但严重的任务是消灭敌人，开展局面……我1、3、5军团必须趁蒋军主力正朝云南东北而滇敌大部距我较远的有利时机，首先在白水、曲靖、沾益地域消灭滇敌之先头部（其较强约4个团），以暂时顿挫滇敌的猛进，然后迅速进入另一机动地域，消灭周、吴前进的一部，只有如此作战的胜利，才能解决开展局面的问题"，并强调这是"胜利转变战局的紧急关头"。当日拂晓，红5军团在沙寨附近与滇军2旅4团遭遇，与之激战数小时，下午又转移到白石岩与滇军后续部队相持，歼其200余人。上午11时，红1、3军团各一部趁滇军独2团在糯岗车新口布防未定，加以围攻。战至下午4时，独2团溃逃曲靖城。红军乘胜追击，毙伤其百余人。随后，红1、3军团在曲靖附近积极部署，计划于27日在曲靖附近的老马场附近回击滇军2旅。然而就在这时，龙云担心中央军乘虚进占昆明，急调滇军2旅火速回驻昆明。26日凌晨，滇军2旅遵命折回宜良，乘火车紧急回防昆明，红军打击该旅的计划告吹。

就在红军以积极的行动寻歼滇军之时，红1军团长林彪正坐在地图前研究战局。他发现薛岳正指挥各纵队向红军侧后迂回，形势万分危急，乃电告中共中央："目前战略上已起重大变化。川滇黔湘各敌及中央军正分路向昆明东北前进，阻我折回黔西，企图歼灭我军于昆明东北之窄狭地域内。在目前形势下我军已失去回黔之可能，且无法在滇东开展局面"，并指出"因诸敌已占领我回黔之路，相隔甚近，且纵深配备，甚易互相策应。敌兵力绝对优于我军，我军即令能消灭他一两个师仍无法改变形势"，"仍无法在这里建立根据地"，建议立即变更原定战略，"迅速脱离此不利形势，先于敌占领东川，应经东川渡过金沙江入川，向川西北前进，准备与四方面军会合"⑩。这个建议虽没有得到立即答复，但对中共中央以后的决策产生了非常重要的影响。

26日，红3军团占领白水镇。单独作战的红9军团亦奉中革军委电令，进抵宣威板桥镇。薛岳根据这一情况判断红军将经曲靖、寻甸、元谋西进，企图北渡金沙江，便令：53师于27日拂晓向白水攻击前进；13师推进新马场，策应53师之攻击；周浑元纵队推到鳌家屯、迤后所一线，吴奇伟纵队进至平彝城及其以西地区。27日，红3军团教导营猛攻沾益未克。同时，红1军团两个团及红5军团37团包围曲靖，并在曲靖关下村截获龙云派往平彝的汽车一辆。车上10余份军用地图及相当数量的军用物资全成了红军的战利品。押送员滇军参谋张汝滨也被俘虏。这件事后来在民间流传为"薛岳给红军'送'地图"的故事。实际上，张汝滨是奉龙云之命专程来给红军送地图的，以便红军尽早离滇。下午2时，53师进抵白水附近。红3军团11团抵抗1小时后撤离。同日，红2师及红9军团亦先后攻破马龙、宣威，俘云南地方团队数百人。这样，尾追之国民党军主力就被红军甩在了身后。

28日，中共中央政治局在鲁口哨召开会议，决定迅速渡过金沙江北上，与红四方面军会师。次日，中央红军各部遵照中革军委指示，向金沙江方向前进，连陷寻甸、禄劝、武定、会泽、元谋等地，打开了前往金沙江的通路。同时，为了掩护主力行动，红2师向昆明佯攻，先后攻克杨林兵站、嵩明，直逼昆明北郊。

红军进逼昆明的行动，使龙云非常高兴。早在红军入滇之初，他就估计到，红军进云南，不可能立足，最多只是"借路路过而已"[51]。要凭那么点力量打进昆明，更是天方夜谭。不久前，红9军团团长罗炳辉给他的一封密信，更让他吃了颗定心丸。信中说："这次红军长征目的是北上抗日，并不想攻城夺寨，占据城池，骚扰地方人民。现在路过云南，也无意来到昆明。"[52]既然红军已不是威胁，他所要提防的敌人就变成尾随而来的中央军了。这时，中央军已逼近昆明，他正为没有足够的兵力应付而犯愁。红2师的佯动正好给了他一个很好的借口。于是，他以增援昆明为名，将金沙江沿岸滇军部队抽调一空。这样，红军到金沙江的道路上已没有大的障碍了。

5月2日，红军占领皎平渡。次日，前卫排24名战士渡过金沙江，控制了对岸渡口。4日，军委纵队开始过江，先头部队干部团击溃北岸之川军江防部队，占领通安，并于次日打退了来援的两个营，保障了渡口安全。5日，红5军团在石板河对追来之周浑元纵队先头部队13师进行了坚决的阻击，双方一直相持到8日夜。同时，红2师一部于白酒坡也与滇军的两个旅又一个支队接触。由于龙云事先已嘱咐孙渡"不准与红军交锋，尾追送客就行了，不必截堵"[53]，滇军进攻一遇阻击，也就不再前进了。就这样，国民党军对皎平等渡口的威胁完全被排除了。9日，中央红军两万余人全部渡过了金沙江。

在这期间，薛岳对龙云的小算盘当然一无所知。他仍照着蒋介石的指示，一面命令所部向北追击，一面打着昆明的主意。5月初，吴奇伟、周浑元两纵队主力到达嵩明、富民附近。

3日，薛岳接到龙云电报。电报中称："共军在嵩明以北地区，行动不明，到沾益、曲靖、威信各线之中央军，除追击者外，均停止待命。"薛岳读后，当即从字里行间里读懂了电报中的深意——这位云南省主席怕当王家烈第二。不过，他还不死心，仍率自己的总部直属队继续向昆明进发。

5日，薛岳总部进抵昆明近郊。正当他策划着怎样对付龙云时，报务员递过来一份电报，是龙云发来的，要中央军各军师除采买人员凭证入城外，部队不许入城。薛岳对此异常不满，但看到昆明防备甚严，也无可奈何，遂严令所部官兵不得擅自入城。自己则独自前往城内龙云官邸晋见。

但出乎意料的是，他进入昆明后，受到了龙云的热情款待。在欢迎宴上，龙云向薛岳说明不让部队入城的原因有三条：（1）怕误了追击日程；（2）防止红军冒充"中央军"（着中央军服装符号）混入而使"嵩明之事"重演；（3）由于在曲靖、马龙附近被红军截去地图，昆明的虚实有所泄漏，不能不有所戒备。㊾薛岳对这话背后的潜台词当然心知肚明，但既然无法搞垮这只狡猾的"老狐狸"，也不便把关系弄僵，就虚与应付了一下。第二天一早，龙云陪同薛岳乘军用飞机到金沙江沿岸各渡口视察红军渡江情况。回来后，两人均大骂防守江对岸的川军布置太疏忽，使红军过早在通安暗渡成功。其实，薛岳和中央军将领都怀疑龙云有意放红军过江。13师师长万耀煌在其日记中就指明了这一点："最可疑为龙云，'匪'入云南，即应通知刘文辉注意金沙江江防，刘文辉如有战术头脑，只要控制渡江船只，以少数部队守备，'匪'即陷于绝地，中央大军'围剿'，即不与战，'匪'必饿死于团街山区也。"㊿只不过，薛岳一时拿龙云没有什么办法，装聋作哑罢了。于是，龙云借机要求薛岳向蒋介石建议，由孙渡纵队沿江筑碉防止红军回转，以免追入西康后云南空虚。薛岳很爽快地答应了。接着，两人又一起谈了很多话题，越谈越投机，最后慨允义结金兰。序齿龙云年长6岁，遂称兄长，相约同甘苦、共患难。从此，龙云对薛岳信任有加。在抗战中，龙云将滇军主力调归薛岳指挥。这些部队作战勇敢，薛岳调动起来也得心应手，为抗战的胜利做出了巨大的贡献。这是后话了。

5月7日，薛岳离开昆明赶赴前线指挥作战。此时，红军已大部渡过了金沙江。在经过一段紧张的战斗后，为使部队获得短暂的休整，中革军委于9日命令：红9军团在蒙姑、巧家一带破坏沿江船只，阻击薛岳所部的追击；红3军团及干部团攻取会理。会理守军为24军军长刘文辉的侄子刘元塘指挥的川康边防军第1旅。该旅于金沙江防线失守后,退据会理县城,企图凭借坚固的城防工事与红军对抗。面对川军的顽强抵抗,红3军团一筹莫展,战斗一直持续到16日,部队伤亡很大。红军进攻会理又给了蒋介石一个假途伐虢的机会。10日,蒋介石命令薛岳率吴奇伟、周浑元两纵队和53师增援会理。但由于金沙江上船只多已被红军破坏,薛岳部渡河困难。到16日,53师才渡河成功。而此时,红军已撤围会理,向北转移了。从此,红军完全摆脱了薛岳部的追击。在后来的作战中,薛岳就成了中央红军的送行大队长。

赤水—金沙江战役是红军长征中最重要的战役之一。在这次战役中,红军在以毛泽东、周恩来为首的中革军委的指挥下,运用灵活的战术与国民党军周旋,虽然减员一半多,但摆脱了对手数十万大军的围追堵截,保存了力量。战役期间,薛岳作为国民党军的主要指挥官,尽管在指挥上犯了一些错误,使自己的部队蒙受了重大损失,却也破坏了红军建立云贵川新苏区和由川南渡长江的战略计划,迫使其走了一条谁也不愿走的"弓背路",并为以后国民政府统一川康埋下了伏笔。

第四节 "护送"中央红军北上

西康追击

中央红军渡过金沙江后,蒋介石仍然没有放弃消灭中央红军的打算。5月11日,正当薛岳还在为渡过金沙江一筹莫展之时,他就下达了围歼中央红军的新部署:1.刘文辉的24军以有力一部固守会理、西昌待援。主力应在大渡河上游富林以西,沿大渡河赶筑碉堡封锁线,严防红军北进。2.第2路军薛岳部,应以1、2两纵队及53师,迅速渡过金沙江,向会理、西昌之红军夹击,并以一部挺进西昌筑碉,右与昭觉方面之川军郭勋祺部,左与盐边、盐源之滇军孙渡部相对筑碉封锁线,严防红军南转。3.滇军孙渡纵队即取捷径驰赴盐边、盐源,沿雅砻江西岸筑碉防守,并在永仁、元谋各县,沿金沙江右岸筑碉,防红军西进,左与刘文辉部切取联络。㊻15日又任命20军军长杨森为大渡河守备指挥,以巩固雷波、马边、峨边、屏山四县防务,保障川南。为了加强川军和中央军的协调,蒋介石于12日专程从贵阳飞抵昆明坐镇指挥。

22日，薛岳率2路军前敌总指挥部渡过金沙江，随即向会理城进发。26日到达会理后，薛岳在那里做了短暂的停留，并亲自慰问了守城负伤官兵，还由刘元塘陪同巡视城防和搜集红军攻城挖地道的资料，为下一步追击做准备。而此时，红军已突破川军防线，进入彝区。那是一个令历代兵家望而生畏的地区。彝胞长期受到地方军阀的压迫，经济文化极为落后。由于历史上的隔阂，他们对汉人不信任，不准汉族军队进入他们的地区。蒋介石得知这个消息后，大喜过望，连忙电告薛岳：为增强"追剿"部队战力，将53师与川康边防军在大渡河以南的四个旅编为第5纵队，李韫珩任司令，归薛岳指挥。同时，要薛岳指挥部队继续向北追击，像80年前清政府四川总督骆秉章围歼太平天国翼王石达开那样，"聚歼"中央红军于大渡河边。随后，薛岳即调整部署，令：53师于29日集中礼州，吴奇伟纵队于30日集中西昌待命，周浑元纵队限28日到达大兴场、川兴堡一带。但就在薛岳向大渡河开进的途中，蒋介石的"围歼"计划又一次落空了。由于红军正确执行中国共产党的民族政策，解除了彝族同胞的顾虑，顺利通过了彝区。而后，红军以惊人的气概，连续作战。25日强渡大渡河，夺占安顺场。29日又突破川军各部的重重阻拦，飞夺泸定桥及泸定。到6月2日，中央红军全部渡过了大渡河，蒋介石要把红军变成"第二个石达开"的打算化为泡影。

31日，薛岳到达西昌后不久，蒋介石又发来电报，告知：红四方面军已进到川西北与川军41军、28军等部发生激战；而中央红军主力也已向汉源方向进发，有夺取荥经、雅安的模样。并命令薛岳以吴奇伟、周浑元两纵队向汉源推进，李韫珩纵队向泸定、康定一线推进。薛岳拿到这份电报犯难了：要北上必经彝区，而他在沿途行军中已发现彝民对刘文辉的24军极其仇恨，若处理不好与彝胞的关系，他手下部队的补给就会出现问题，有全军覆没之虞。另外，由于红军军纪甚严，彝民对其非常欢迎，这也引起了薛岳的戒心。因此第二天，薛岳在命令部队遵照蒋介石的指令开拔的同时，严饬各部遵守军纪，否则以军法论处，并要求官兵多向彝民说明2路军是中央军，不是刘文辉的军队。在经过彝区时，薛岳又要求各部组织政工人员对老百姓作诋毁共产党的宣传，并送枪弹给彝族头人羊仁安、张金波等人，以示拉拢。不仅如此，薛岳还亲自深入彝民中间，询问其疾苦，并规定：凡与他见面之彝民，每人赠送大洋一元作为酒钱。到达西昌后，他还报请中央任命彝民首领为彝民"剿匪"指挥官，以协助中央军运输，并护送伤病掉队官兵归队。这些措施让彝民看到了薛部中央军与刘文辉部队的差别，大大消除了他们的敌对情绪，有彝民首领甚至表示："河里的石头有时会翻，彝民永远不会反对薛将军。"㊿彝民友好的态度大大方便了部队行军。但在行进途中，由于天热疾病流行，部队减员仍非常多。为了缓解官兵天热行军之苦，薛岳下令各部解下冬装，轻装前进，但仍无济于事。到6月中旬，部队渡过大渡河时，每团已不足千人了。

薛岳的佩枪

6月12日，薛岳还在大渡河以南艰苦行军的途中，中央红军与红四方面军在川西北达维会师的消息传来。他万分失望，一个劲抱怨防守天全、芦山、宝兴一线的川军不堪一击，几个军竟挡不住一支区区两万余人的疲惫之师，防线被轻易突破。14日，薛岳率部刚进驻汉源，就接到蒋介石来电，要他率2路军主力向雅安进发。拿着蒋介石的这份电报，薛岳会心地笑了。凭着这几个月的"追剿"经历和对委员长的了解，他对这份电报里蕴含的深意洞若观火——蒋介石分明是要他故技重施，以大兵压境之势，逼迫西康的实际统治者刘文辉服从中央。于是，薛岳即率所部分兵两路：自己亲率总部和吴奇伟纵队翻越大相岭向雅安前进，其余部队则东渡大渡河向泸定进发。由于大相岭海拔达3000多米，时值6月山上仍然寒冷，山顶还有积雪。而薛部官兵全着夏装，衣服单薄，难以御寒，冻死冻伤者不计其数。薛岳也只好披上马背用的垫毡才爬过大相岭。20日，薛岳率部进抵雅安。

雅安是刘文辉的统治中心。他原是四川省主席，因在与刘湘的战争中失败，于1933年9月退据西康。刘文辉新到这里，根基未固，加之西康地瘠民贫、各方面关系复杂，在实行统治的过程中难免要触动一部分人的利益，所以想方设法要打击他的大有人在。薛岳一进入雅安。不少人觉得机会来了。一时间，控告刘文辉的诉状就像雪片一样飞来。事实上，早在薛岳经过会理之时，就有不少百姓坐在路边喊冤：刘元塘在与红军作战时，以扫清射界为名烧光了会理城郊所有民房，弄得他们无家可归。对于这些情况，薛岳都暗中拟成状纸，留存在案，加上在雅安收到的状纸，已堆积如山。可这次，薛岳却没有像收拾王家烈那样，利用这些状纸对刘文辉下手。经过反复斟酌，他得出了这样的结论：刘文辉是四川省主席刘湘的叔叔，二人虽曾兵戎相见，但毕竟血浓于水，一旦搞垮了刘文辉，必然引起刘湘的恐慌，对中央统一四川极为不利。于是，他把这些状纸原封不动交给刘文辉，说："这些信件，我都没有看。你拿回去，有则改之，无则加勉。但不可心存报复，老百姓如水，水能载舟亦能覆舟，要教训部属爱护老百姓，老百姓才能爱护国家。"一席话，说得刘文辉无地自容，当场表示："总指挥大德，如同再造。文辉决心严肃法纪，为民兴利。"㊳随后，薛岳又根据蒋介石的指示，命令部队在雅安附近休整，并补充兵员；同时，将李韫珩纵队部署于泸定、康定，13师部署于天全、荥经、汉源等地，并加紧修建雅安机场，名曰"防共"，实则震慑刘文辉。

进入四川

7月3日，薛岳奉蒋介石之命，除留周浑元、李韫珩两纵队在天全、泸定一线构筑工事外，亲率2路军总部及吴奇伟纵队离开雅安，向绵阳开进。5日，其先头到达新津，因连日大雨，岷江水涨，不能北渡。薛岳就率所部在新津、邛崃一带暂歇数日。

在过去数月里，薛岳所经过的大多是边远的山区和少数民族地区。薛岳看到这些老百姓生活极为困苦，痛感强国拯民责任之巨，心情难免沉重。此时进入了天府之国，看到民富物丰，民生安逸，薛岳自然轻松了许多，着意考察四川的风土民情。在薛岳的行军日记里，他对四川的欣赏跃然纸上："四川夙称天府，内战廿余年，抽税至民国58年，然民力犹未殚匮，则因幅员广大，土地肥沃，人民勤奋，生产丰盛，止就成渝公路之各县观察，自重庆经巴县、永川、荣昌、隆昌、内江、资中、资阳、简阳、华阳，而至成都，荒山绝少，原田膴膴，万绿相鲜，环植于山者，梯次而达于峰，几无隙地，其生产力可想也。他若盐井蓄源之富，火井燃力之大，药材产量之丰，均为别省所无，益以江流交错，公路四通，真有取之不尽用之不竭之概，诚可为民族复兴之根据地也。"[59]

8日，2路军奉命继续前进，到11日，其主力到达成都近郊。这时，蒋介石已到成都，要求薛岳率部分军官前往行营聆训。薛岳乃率吴奇伟纵队及99师295旅连以上官兵前往晋见。蒋介石对他们奖勉有加，说："此次你们由江西出发'追剿赤匪'，经过湖南、贵州、云南诸省，现在又来到四川成都。盘旋曲折，纵横驰驱，总计走了一万余里的路程，而且沿途所过，多半都是最险要、最艰难，他人所不敢到的地方。例如，诸葛亮五月渡泸南征孟获的丞相岭、孟获寨这种地方，以及乌江、金沙江、大渡河这些自古有名的地方，你们这一次都走遍了。像这样不怕劳苦，不避艰险，驰驱于边荒的地域，作万余里长征，自中国有史以来，你们要算是第一次。尤其是我们军队此次长途'追剿'，能够严守军纪，爱护民众，到处受民众热烈的欢迎，能得到民众种种的帮助；因此我们军队自东至西，由南而北，无论什么地方，都可以长驱直入，毫无阻碍，这总算是本党自总理训练革命军以来，我们为总理和已死的先烈争光不少！这实在是最光荣的一件事！所以你们不好将此次'追剿'的成绩随便看过。要知道现在你们自己看起来虽不算什么稀奇，或许不觉得有什么了不得的价值，其实这一次长驱万里的'追剿'，对于主义，对于党国，实在是尽了很大的贡献；将来后世不仅是革命军历史上最光荣的一件事，而且是我们中华民国历史上最有价值的一件事！这是薛总指挥和几位军长、副军长、师长、旅长，带你们刻苦奋斗所得的成绩和光荣的历史，大家应当要认识明白，时刻记住，并且从此以后要格外的奋发努力，总要时刻想来保持这种难得的成绩，发扬这种光荣的历史……"在演讲的最后，蒋介石还要求各级军官继续努力，"为党为国做成一番轰轰烈烈的革命事业"。[60]蒋介石训话完毕，蒋夫人宋美龄当场向在场官兵颁发了慰问金。

当晚，四川省主席刘湘在官邸专门设宴欢迎薛岳，并邀所属军政大员作陪。薛岳依时赴宴。到达刘公馆时，因他身着戎装，又独自一人，门房以为是某高级将领的随从卫士，就引进一般侍从人员休息室，也没有通报主人。薛岳二话没说，就坐在那里等候。等到陪客们均已到齐，刘湘还不见主客光临，不知就里，一再催问门房，才得知薛岳已在随从人员休息室等候多时了。刘湘甚觉失礼，亲自到休息室迎接薛岳，并深表歉意。一场笑话，融洽了宾主关系，为日后薛岳所部与川军配合行动打下了良好的互信基础。

几天后，薛岳在成都又意外地见到了几年不见的张发奎。两兄弟分别多年，自然分外亲热，无所不谈。张发奎告诉薛岳，自从4军离桂后，他辞去了4军军长一职，在蒋介石的资助下，出国考察，3月12日刚回到上海，上月才乘坐蒋介石的专机到达成都，在这里等候薛岳。接着，张发奎又介绍了到成都后与蒋介石会面的情况。当听到张发奎说他当面指出蒋介石与汪精卫之间不能坦诚合作，薛岳直摇头。对于蒋介石的心胸，薛岳当然十分清楚。他担心张发奎的坦率触犯了蒋介石而招致不利，便劝张发奎对蒋应该更有礼貌，不应该重提过去蒋汪之间的矛盾。随后，薛岳介绍了"剿共"战事的情况，认为共产党已无路可遁，走向衰弱了。言谈之间，不觉天色已晚。薛岳有军务在身，而张发奎也受命马上要赴北方视察，二人只得依依惜别。

蒋介石在成都，有了2路军这支精锐部队作后盾，底气足了，开始分化川军，嘉奖了向中央靠拢的20军军长杨森，同时以"剿共"不力为由，命令刘文辉将所部两个旅长刘元琮和余松琳（刘元琮是刘文辉的侄子，余松琳是刘文辉的大邑同乡）押解参谋团法办，以进一步打击刘文辉在西康的势力。

甘陕堵击

7月12日，蒋介石在行辕召开2路军师以上将领会议。会上，他首先介绍了最近获得的情报：红军先头已抵毛儿盖，当前红军主力可能向西北转进，但松潘西北是草地不能行动，其突围路线可能是两条：一条从毛儿盖、松潘经腊子口出甘南，一条从理番出平武、青川、碧口沿阴平故道再出文县、武都。基于此判断，他决定：薛岳即率2路军前敌总指挥部向文县进发；周浑元纵队推进到武都，对在甘陕边活动的红25军布置堵截；以吴奇伟纵队北进至平武、青川接替原在甘南的3路军2纵队的防务；同时调胡宗南指挥之3路军2纵队归薛岳指挥，集中松潘、漳腊、黄胜关，并进出上下包座担任封锁，堵截红军主力北上；以上归薛岳统率的嫡系部队约在14万人左右，均须于8月间到达。

次日，薛岳率军开始向甘陕前进。由于川陕甘边界山高路险，行军和补给品运输十分困难，部队时常挨饿。为解决军粮运输问题，薛岳报请蒋介石批准后，由重庆行营参谋团组织了铁肩队几个支队2万多人专门负责运输。虽解决了部队的粮荒，但由于挑夫昼夜运输，艰辛备至，途中累死者不计其数。8月7日，薛岳率2路军前敌总指挥部到达江油，和兰州绥靖主任兼3路军总司令朱绍良、西安绥靖主任兼3路军副总司令杨虎城取得联系，得知红25军已经经凤县进入甘肃境内，有继续向成县西南进军模样。这时，2路军各部尚在川西北一带，由于连续行军官兵都已疲惫不堪。薛岳为使各部尽快到达甘南布防，一面命令部队在川西北继续筑碉并休整，一面指示周浑元命各师派出小股精锐部队向碧口、文县、武都一带搜索与警戒，为后续部队开路。

到了当月中旬，薛岳发现红25军迟迟不南下，即判断其行动是策应四川红军主力的佯动，红军主力必然北上无疑，便将自己的意见电告蒋介石及胡宗南、吴奇伟、刘湘。13日凌晨，为指挥胡宗南纵队堵击出草地之红军主力，薛岳又亲率总指挥部特务营一部及59师349团经重华堰向文县开进。因沿途路险，24日方到达文县。在行军途中，薛岳考察了沿途的地形民情，为后续部队的开进选定了前进路线。

到文县后不久，薛岳接到通知：蒋介石要在叠溪召开封锁红区经验交流会，令刘湘、薛岳指派所属各纵队参谋长或高级幕僚出席。薛岳即令其参谋长余华沐率各纵队参谋长赶赴叠溪参加会议。

会后，余华沐向薛岳汇报说，这次会议是基于蒋介石"统一川军，困死共军"的目的而召开的，主要内容是：各路军交换封锁情况、交流作战经验；要求各部优待红军投降官兵；同时规定藏民区坚壁清野，前线军民有偷运粮食到红区者处死，藏民有参加红军及提供乌拉者以"通敌罪"论处。薛岳即要求周浑元和胡宗南两纵队将该会议精神传达下去，并坚决执行。

不几天，蒋介石的秘书长杨永泰又来电说，据报红军日食野菜，久缺食盐，饥寒交迫，行将瓦解；要求前线将领最后坚持，"完成八年茹苦含辛，安邦定国之丰功"。薛岳读后大喜，即将此电内容转告各纵队，仍要他们加强封锁，以竟全功。⑥8月初，胡宗南报告，胡部在松潘一带击败红军右路军主力，迫其退回草地。

7月28日，正当薛岳命令后续部队向甘南进发时，报务员送来蒋介石刚发来的手令，内容是："第2路军中止北进任务，薛总指挥即率该路第1纵队，集中利川、万县待命。"并要薛岳先到重庆。薛岳明白蒋介石意思：在川西北的红军主力已不足为虑，又要让他去湘西对付正让何键头痛的红2、6军团了。于是，他命令：吴奇伟所部交代防务后，于30日向江油关集结南旋；周浑元纵队与胡宗南纵队原有任务不变。自己则亲率特务营一部及59师349团即刻从文县开拔，由圈头向江油关前进。

但实际情况完全出乎蒋介石的预料。8月下旬，红军主力分两路向甘南进军。8月28日，胡宗南来电称，该部骑兵团在草地边缘搜索时发现红军一部已渡过草地。正在行军途中的薛岳立即警觉起来，但还认为红军只是先头部队，与主力尚有一定距离，遂回电胡宗南，要胡宗南速令49师由包座向巴西方面出击，趁红军后续未到前进行猛袭。同时又急电命新14师师长鲁大昌加强腊子口、花园一线的防守。可是，这次他判断错了，胡宗南部队遭遇的的确是前出草地的红军右路军主力。29日黄昏，红军在前敌总指挥徐向前指挥下向包座进攻。49师师长伍诚仁在敌情不明的情况下，贸然前往增援，被红军半路伏击，全师溃败。9月2日，红军攻占包座。蒋介石听到49师被打败的消息，勃然大怒，分电薛岳和胡宗南将伍诚仁撤职，遗缺由副师长李及兰暂代，该师撤下整理。尽管作战失利，蒋仍然认为红军尚不足为虑，指示薛岳，其行程和所部任务不变。9月2日，薛岳离开部队，轻车简从，向重庆进发。9日，抵达重庆，随即向行营汇报了所部进军情况。

在包座战斗后的几天里，红军由于内部分歧，主力没有再向北行动。在甘南和川西北布防的国民党军前线将领逐渐又产生了麻痹思想。13日，红军内部发生了分裂。中共中央率红1、红3军（中央红军在与红四方面军会师后，将所辖红1、红3、红5和红9军团改编为红1、红3、红5和红32军）脱离红四方面军，单独向甘南开进。由于防守甘南的新14师与3军疏于防范，红1、红3军很顺利地突破了国民党军防线，于17日攻占腊子口，18日占领哈达铺，而后在那里休整了5天，并将部队改编为陕甘支队。就在北出甘南的红军于哈达铺休整期间，国民党军已侦知红军的情况了。24日，薛岳接到朱绍良电报称：据3军军长王均报告，入甘红军确实是林彪、彭德怀的第1、3军团，人数虽有万余，但官兵疲惫不堪；据俘虏供称，红四方面军不愿北上已退回毛儿盖。经过对3路军兵力部署的分析，薛岳认为在陕甘防堵红军的兵力已达十多个军，兵力雄厚，无须再派部队增援，而红四方面军（附红5军和红32军）兵力尚须重视，因此决定派在川西北布防的周浑元纵队立即向文县、武都急进，封闭胡宗南北调后留下的封锁线缺口。同时命令22日到达南充的2路军总指挥部和吴奇伟纵队就地休整，随时准备投入川西或甘南方向战斗。周浑元接到命令后，立即行动。10月2日，该部96师到达武都，堵住了红四方面军北进之路。可西北各军的阻击之软弱让薛岳大失所望。9月23日，红军从哈达铺出发，一路斩将夺关，向陕北挺进，如入无人之境，于10月19日到达吴起镇。不久，又与原在陕北一带活动的红15军团会师，胜利完成了二万五千里长征这一中国革命史上的伟大创举。薛岳率军对中央红军的追击最终成了竹篮打水一场空。

第五节　决战川康

回师川西

10月初，红四方面军南下，一路势如破竹，攻占绥靖、丹巴、懋功等地，歼川军3000余人，打得川康军阀闻风丧胆。

10月底，红军侧翼进到丹巴以南的太站。薛岳得知此事后，急电令留守康定的李韫珩纵队严密防堵。李韫珩得令后，立即加强了康定、丹巴、泸定一带要地的防御，多次击退红5、红32军对康定的袭扰。

11月中旬，红军再陷天全、宝兴、芦山、名山等地，包围了汉源、雅安，进逼邛崃、蒲江，威胁成都。蒋介石万万没想到红四方面军会南攻成都，眼看着红军就要兵临成都了，顿时慌了神，十万火急地电令薛岳率2路军赶赴成都集中。

11月12日，薛岳率部开赴成都，21日率2路军前敌总指挥部抵达成都后，参加了重庆行营主任顾祝同召开的军事会议。重庆行营参谋长贺国光、四川省主席刘湘及部分川军将领也到会。

在会上，薛岳、贺国光等见川军将领全跟泄了气的皮球一样，知道这是川军前阶段作战遭受严重失利的结果，遂出面为川军将领打气。贺国光首先介绍了红军的内部情况："毛泽东主张北上，张国焘主张南下"，这显然是分裂征兆；并估计红军南下初期约有4万余人，经过两个月来和川军苦战的伤亡，充其量尚存者也不足4万人，在衣粮弹俱缺的情况下，能作战者最多3万人而已。

等贺国光说完后,薛岳接过话头,说:"自古以来成功事业者,都要得到天时地利人和,如今红军天时很坏,严寒将至,岷山已降雪,天寒无衣岂能久踞?论地利,红军所据尽是汉彝杂处的山区,地瘠民贫,作战无粮何以为计?论人和,红军领导层内部可能已出现分裂,兵力布置上又十分分散,且久战疲惫,同心协力的条件已不存在,又加上弹药不足,虽因川军屡败而得到一点儿弹药,也不能久战。红军防线北自大邑、邛崃,南到荥经、汉源,区区数万之众扼守300里以上的防线,已到强弩之末,中央军增援上去当然会马到成功。"⑥薛岳的分析可谓切中要害,大大增强了与会川军将领的信心。

就在会议召开期间,前线传来捷报,川军在名山百丈关一带歼灭红军近万人,打得红军元气大伤。于是,顾祝同、刘湘决定12月初发起反攻,并将收复荥经、汉源、天全的任务交给了薛岳。这个计划上报蒋介石后,很快得到了批准。27日,蒋介石下达手令:"着2路军由洪雅,取捷径带向荥经、汉源一带截剿,堵'匪'南窜。"⑥

薛岳接到命令后,即令吴奇伟和周浑元两纵队向丹棱、洪雅集中。到12月1日,奉重庆行营电令,61师也划归2路军建制。3日上午11时,薛岳率2路军前敌总指挥部入驻洪雅,向驻守那里的20军军长杨森了解情况,并请他在2路军开始进攻后率部严守洪雅,为其看好后路。4日,吴、周两纵队及61师在规定地域集结完毕。5日,薛岳命令各部向荥经前进。到8日止,各部排除沿途红军小股部队袭扰之后,进抵孔坪、沙坪、大河边、晏场、止戈街等地。

击破红四方面军

12月8日晚,薛岳命令:以吴奇伟纵队为左翼、周浑元纵队为右翼,向录皇山、马安山、羊子岭、九龙山一线发起进攻,限9日攻占该线,为10日进击观音铺、福星场做好准备;位于泸定、康定附近李韫珩纵队谨遵蒋介石命令向东出击。次日,薛岳所部开始进攻。与其对阵的红4军进行了顽强抵抗,寸土必争。国民党军前进每一步都要付出沉重的代价。战斗从早晨一直持续到太阳落山,吴、周两纵队仅攻占红军第一线阵地,即被迫停止进攻。

是日晚,薛岳并没有责怪部下,而是认真分析了吴、周及各师的汇报,终于找到了首日进攻失利的症结所在:1. 红军依山险筑有大量碉堡工事,非有强大的火力不足以摧毁,而各师在第一天的进攻中,火力分散,无法压制红军的碉堡火力;2. 在进攻中各师均采用步兵集团冲锋的落后战术,让大部分兵力集中于正面，队形密集，很容易遭到步兵火器的严重杀伤，等到红军反击时，各部又没有足够的兵力固守阵地了，只得后撤；3. 各部在进攻时未重视侧翼警戒，在战斗中常遭到红军从侧翼的渗透和反击，使部队陷于混乱；很多部队在占领一处阵地后，没有立即加固工事，使得部队在随后红军的反击中遭受重大伤亡；4. 各部的攻击精神大为不足，畏缩不前者屡见不鲜，给了红军充分的准备时间。于是，他一面电请空军指挥官张有谷次日派飞机支援的本部，一面指示各部："1. 阵地战宜集中机枪、迫击炮火力，击破一点；2. 山地战宜活用小部队，节省兵力；3. 马安山、羊子岭须构筑据点，前进时留一部守备；4. 占领观音铺、吉子岗、福星场后，须迅速构成碉楼据点；5. 须严督各部振奋攻击精神，切忌行动迟滞，俾'匪'有充分的准备时间"。⑥

10日晨，各师开始攻击。吴奇伟纵队进展顺利，两天之内即攻占录皇山、马安山、樊山岗、鱼古堰等地，迫使当面红军逐步向观音铺撤退。而与此同时，周浑元纵队却因红军顽强抵抗进展迟缓，几乎毫无进展。11日晚，薛岳据此判断当面红军主力集中于周浑元纵队正面，遂变更部署，命令吴奇伟纵队主力即偏向吉子岗南进，与周纵队协力围攻荥经。

12日，蒋介石认为红军有进一步南下企图，而荥经是其向南进军的必经之路，遂发电催促薛岳率所部及41军先头6个团"摧破当面之'匪'，迅速占领荥经，截击该'匪'南窜"。⑥

薛岳接电后，立刻电令吴奇伟纵队迅速向马皇岗、吉子岗、茅草岗进攻。但由于红军奋勇阻击，并不时组织反击。国民党军进攻一再受挫。双方伤亡均重。战斗持续到14日下午4时，红军的阵地全被炮火摧毁，无力坚守，方才放弃吉子岗及花锹槓、峡口、飞龙关一带。薛岳当即令所部跟踪追击，于当晚8时攻占福星场。红4军因损失太重，放弃荥经向天全、芦山方向退却。15日凌晨1时，90师进占荥经县城。同日，红四方面军总部鉴于围攻汉源的红32军受到中央军的威胁，命令该军撤到太阳山到垭子口一带，汉源之围遂解。

在2路军主力进攻荥经期间，其他各路国民党军也取得相当大的进展：川军相继攻占横山岗、邛崃以西的蜂柏岩、木梯老以及名山以西之莲花山地区；归2路军指挥之李韫珩纵队亦奉命派一个旅进占康定东北之昂州，纵队主力则进到大炮山与红33军对峙。到12月下旬，红军被迫退守天全、芦山、始阳等地。国民党军的第一期反攻计划基本完成。

第一阶段战斗结束后，薛岳并没有因为红军的暂时失败而冒进，祭出了他在第五次"围剿"时的老办法——稳扎猛打。12月中下旬，薛岳在荥经一面重建地方政权，救济难民，整修县城，一面命令部队在县城周围数十里范围内修筑工事，加强守备，防止红军反扑。

是月底，薛岳探知红32军自撤围汉源后，主力退守小河场、王家山、缆板凳一带，并以此为据点，屡次进攻24军独立旅一部驻守之新庙阵地，打得守军只有招架之功，无还手之力，遂指挥所部于1936年1月1日开始向红32军发动了有限攻势，先后攻占了公山上、王家山、垭子口等地，给红军造成了重大损失，从而减轻了24军方面的压力。此后，两军在天全、荥经一带形成对峙局面。时值腊月，天寒地冻，红军久未补充，战士们衣食无着，艰苦异常。

2月初，在湘西活动的红2、6军团突破乌江，进入黔西，有循中央红军旧路北上川西的模样。薛岳据此判断：红四方面军欲固守原地，整补待援。红2、6军团入川后必集中主力，向中央军及川军侧背进攻。虽在名山、邛崃、雅安、洪雅之间，有川军兵力百余团，但各分区自守，同床异梦。他们的着眼点是保存实力，对"围剿"红军只是敷衍了事。薛岳认为，与其坐等红军两大主力会合，腹背受敌，不如趁红2、6军团未进入川南以前，先消灭红四方面军，"以收各个击破之效"。⑰

2月7日上午10时，薛岳召集各纵队司令官、各师长、参谋长等，举行幕僚会议。会上，大家共同研讨，制订了天（全）芦（山）作战计划。根据这一计划，周浑元纵队应先在吴奇伟纵队和航空队的配合下先围歼仙峰山、老熊岩、伏龙桥、丁村坝、骆韩山一带的红军，而后两个纵队分别向飞龙关、始阳追击，扫荡天全、芦山地区红军。

会议结束后，各部均按既定计划分头准备。10日，薛岳亲率总部一部分要员，进抵前沿阵地的铜厂沟王庄附近，以便指挥翌日之进攻。他认为：这样做，一可适时明了前沿情况，临机应变，捕捉战机；二可督导各级指挥官身先士卒，鼓励全军士气。

10日，吴奇伟纵队按计划率先开始进攻，到次日凌晨即攻占四田坝、刘家山、老君山。天亮后，90师又向黄泥岗、花秋坪一线攻击。因红军凭借险要的地形，顽强阻击，国民党军进展迟缓。薛岳得知这一情况后，立即要求空军支援，并指示90师各团在正面进攻的同时抽调有利部队向红军侧翼迂回。经过这番调整，90师的进攻才渐有起色，相继夺取了尖峰顶、黄泥岗、花秋坪等地。下午1时许，薛岳见形势有利，又将59师攻入战斗，到3时30分，先后占领大生溪、炒米寨、关口上。

周浑元纵队发起进攻的时间比吴纵队稍晚，于11日上午9时向寨子山、野猪池、八岭寨、伏龙桥等地发起进攻。其当面红4军35团进行了英勇阻击。国民党军凭借兵力和火力上的优势，反复冲击，方才突破了红军的防御，攻占伏龙桥、大生溪、丁村坝、新场等地。据战后统计，红35团伤亡高达三分之二，团长、政委均战死。

为策应吴、周两纵队之行动，薛岳命暂归总部直接指挥的92师也于11日向前推进。当天即占领白岩、老熊祠，其549团随师部于傍晚6时进抵陈家坝。

11日晚，鉴于各纵队在第一天的进攻中均达预期目的，薛岳命令各部就地构筑工事，进行休整。13日中午12时，薛岳亲率吴奇伟、周浑元及部分幕僚，赶赴新场前沿视察地形后，当即决定向飞仙关、始阳、天全攻击。当天傍晚，薛岳发出了作战训令："1. 本路军以继续攻击据守雅河北岸之'匪'为目的，预定14日部队推进至雅河南岸，15日拂晓渡过雅河，向飞仙关、始阳、天全之'匪'攻击前进。保持重点于中央，将'匪'压迫于芦山、灵关地区而歼灭之；2. 第2纵队（配属第61师）于14日推进至雅河南岸，做渡河之侦察与准备，15日拂晓向飞仙关、何家坝、始阳一带之'匪'攻击前进，进出于芦山、大坪山之线；3. 第1纵队于14日，推进雅河南岸，做渡河之侦察与准备，15日拂晓向始阳、猫儿岗、梅子岭、天全一带之'匪'攻击前进，进出于大坪、灵关之线。"⑧

命令下达后，各部均遵照执行。此时，其当面红军主力已撤走，国民党军在前进途中仍遭到红军掩护部队88师等部的节节抵抗，颇有损失，61师366团团长郑武以下多人被击毙。到18日，国民党军相继攻占了始阳、天全、芦山、灵关等地，完全打通了天全至雅安之间的联系，困守雅安3个多月的刘文辉即宣告解围。

此时，川军在北线的反攻中也获胜利，先后攻占天台山、大川、甘子山等地。2月下旬，四川"剿匪"军总司令刘湘又命21军2师和45军10旅组成"追剿"队，向宝兴、懋功方向追击。到3月26日占领懋功，迫使红四方面军退入藏区，重陷困境。

攻占天全、芦山后，薛岳率部分幕僚进驻始阳，并前往天全、飞仙关一带视察。见到的情景让他悲痛不已：到处是残垣断壁，瓦砾成堆；田地荒芜，杂草丛生；道旁坟冢连片；难民皆衣衫褴褛，面容枯槁；凭吊亲人的哭声、饿殍乞讨之声、寻找失散亲人的叫嚷声不绝于耳。回到总部后，薛岳即命各师之政训处长，筹办救济事宜。

"进剿"甘孜

就在川军所部中央军在川西一带与红四方面军鏖战、中央军主力尚未到达战场之时，薛岳命令驻甘孜的李韫珩纵队以积极的行动策应川军作战。同时，他还派代表赴巴塘，与国民政府任命的西康宣抚使、红教领袖诺那呼图克图联络，以帮助他加强力量，抵制红军和刘文辉的影响。

2月下旬，薛岳指挥的中央军和川军攻占天全、芦山、宝兴等地后，红军主力全部西撤到甘孜、阿坝地区，发起康道炉战役。康北一带的形势再度紧张起来。为此，薛岳命令李韫珩纵队击溃当面红军，打破红军攻占康定的企图，使红军主力无法在康北立足。

22日，红5军及红30军一部企图在毛牛、东固一带以诱敌深入战法，歼击该方面国民党军，因李韫珩所部遵薛岳之命持重待机，而未成功。红军总司令部遂改变主攻方向，令红30军速出道孚，然后转取泰宁，截毛牛后路。3月1日，红30军攻克道孚。

红军在康北的军事行动让薛岳感受到了压力。为了加强甘孜的防务，薛岳急调61师和96师移防至泸定到瓦斯沟一线，并令李韫珩将驻防该线的315团、317团、318团调到康定附近，防止红军进攻康定。

就在这个节骨眼上，刘文辉与国民政府任命的西康宣抚使、红教领袖诺那呼图克图矛盾加深。国民政府驻西藏办事处得知，刘文辉派亲信到拉萨，请求西藏地方政府从昌都出兵攻打诺那呼图克图。行政院当即致函薛岳和李韫珩，要求查明此事。薛岳为了搞垮刘文辉，拉拢诺那呼图克图，并防止两人的矛盾被红军利用，遂以电话通知92师师长梁华盛派人到康定与李韫珩联络。梁华盛即于2月下旬派上校参谋李以劻率领一个支队前往。李以劻见到李韫珩后，向他讲明了薛岳的意图。由于当时红2、6军团已长征进抵滇西，有进入西康的可能，李韫珩便向李以劻解释了自己稳定西康的一些措施：诺那呼图克图忠于中央，反对的只是刘文辉对西康的统治，已派人送械弹补充，并劝诺那呼图克图切勿提"康人治康"口号，以免民族仇恨扩大。接下来，在薛岳的授意下，李韫珩又积极支持诺那呼图克图扩大民兵武装，与刘文辉及红军抗衡。

红军总司令部鉴于康定地区国民党军兵力增强，不易攻取，乃调整作战计划,将原定强攻康定改为佯攻康定,牵制李韫珩纵队主力,而以主力出击道孚、甘孜、炉霍一带,先后夺取了泰宁、炉霍、寿灵寺等地,俘获并处决了诺那呼图克图,沉重打击了国民政府中央在西康的势力。到4月初,红四方面军主力奉命转入休整。康北一带的形势渐渐稳定下来。

4月中旬,在云南境内的红2、6军团已到达禄劝、武定一带,由于受到国民党军优势兵力的压迫,其渡金沙江北上与红4方面军会合已成定局。于是,红4方面军派出红32军及红4军一部向康南前进,于20日夺取雅江,准备迎接红2、6军团。28日,为了侧击进占雅江之红军,薛岳命令李韫珩调159旅旅长李清瓛率317团开至康定,准备向雅江出击。5月1日,317团奉命向雅江前进,沿途击退红4军12师阻击,于6日夜攻占雅江,与红军隔河对峙。

红2、6军团于4月28日渡过金沙江,5月5日又分左右两路沿金沙江东岸向北前进,与红4方面军相呼应,大有席卷西康之势。此前,为了加强对康南地区的控制,早在2月中旬薛岳就奉重庆行营的指示,命令李韫珩派16军参谋长沈凤威率该部工兵营前往安巴布防。沈凤威到达安巴后,奉命统一指挥安巴及其附近的驻军和地方武装,积极加强安巴地区防务,准备迎击红军的进攻。6月3日,红2军团到达巴安附近,并向理唐工碉楼进攻。战斗打响。沈凤威指挥守军顽强据守巴安周围各碉堡,并不时出击。红2军团攻击8天,毫无进展,只得改以一部包围和监视巴安县城,主力从城边的东隆山绕城而过,到巴安城北约10公里的党村一带休整筹粮。14日,红2军团撤离巴安,向白玉前进。巴安之围遂解。

就在红2军团围攻巴安之时,红6军团于6月3日在理化以南的甲洼与南下迎接他们的红32军会师,而后两部一道北上,于17日在新龙与红4军会合。22日,红6军团到达甘孜县的蒲玉隆,受到了张国焘、朱德等红军领导人的迎接。30日,红2军团亦进到甘孜县附近的绒坝岔,与红30军会师。至此,红2、6军团完成了第一阶段远征。

然而,形势对会师后的红军来说仍然险恶。川西决战以后,薛岳一面加强天全、芦山、泸定、康定一带的封锁线,一面命令李韫珩纵队紧守重要城镇,堵死红军的补给来源。而川军也加强了对康北的封锁。到6月底时,红军的粮食已难以为继,无力在西康立足了。而国民党军又重兵集结于川西和云南,红军南进又无可能,只有沿红1、3军团旧路,北进陕甘一途了。因此,张国焘在无奈之下,只好承认南下的错误,于6月底率部北进。10月下旬,在突破了甘陕国民党军的层层阻截之后，红4方面军和由红2、6军团及红32军改编而成的红2方面军与红1方面军在甘肃会宁会师。红军长达两年的长征终于画上了句号。

随着红军退避西康边远山区准备北上，"剿共"不再是薛岳的第一任务了。他开始督饬部队协助地方建设。其中，最大的工程计划是修筑由雅安到泸定的川康公路。公路全长300余里，是联结四川与西康的重要交通干线。早在西康酣战之际，薛岳就派人勘察线路，并与刘文辉一同报请中央批准工程立项，申请筑路器材。蒋介石即拨款500万元支应。可就在这个时候，薛岳接到了蒋介石的急电说，6月初，李宗仁、白崇禧、陈济棠等粤桂首领以抗日为名发动了两广事变，要薛岳率2路军驰赴黔桂边境边区之都匀、独山一带待命。于是，薛岳率部向黔桂开拔，结束了三万里"追剿"红军的历程。

第六节 内战的停止

2路军自离开西康以后，经月余行军到达黔桂边境之都匀、独山一带，布防待命。8月2日，薛岳正式被任命为滇黔绥靖公署副主任。时任贵州省主席的顾祝同因公去了陕西，未回任前由薛岳暂代其职。

这时，在蒋介石的分化和拉拢下，粤军首领陈济棠已众叛亲离，被迫下台。亲蒋的余汉谋接掌了广东大权。加之，蒋介石调动了三四十万大军兵临广西。形势变得对桂系甚为不利。

但是，桂系一方面摆出一副血战到底的架势，使蒋在军事上不敢轻举妄动；一方面联合共产党及国内反蒋势力，大造抗日舆论，在政治上取得了相当的主动权。

凭薛岳多年对李宗仁、白崇禧的了解，他非常清楚，桂系绝不会真心为了抗日与中央叫板，此二人私心很重，只不过借抗日之名防止蒋介石吞并、行割据之实而已。薛岳仔细分析了局势后认为：在当时的形势下，桂系不可能以卵击石，与蒋介石血拼到底；而中央军要对广西动武，在政治上要冒极大的风险，并且桂系内部非常团结，战端一开，大局前途难测。于是，他在征得蒋介石同意后，给李宗仁、白崇禧修书一封，说："别来无恙？近闻兄等与陈伯南兄为胡展堂先生抱不平，并以抗日为借口，自组独立军委会及抗日联军，越境入湘。既违蒋委员长安内攘外之决策；尤为国法所不许。中枢震怒，宇内哗然，国人皆曰'不可'。兹者，粤局既定，余汉谋已受命主粤；兄等尚欲作孤注之一掷乎？蒋委员长爱人以德，特任吾兄与汉谋兄并列粤、桂绥靖主任之要职，可谓推心置腹矣！岳以为国家前途，生民祸福，系于兄等之一念，且其间不容发。务望三思，无任翘企！"⑩

李宗仁、白崇禧读过此信后，立刻明白了信中的深意，着即回函："兹承肝胆相照，动之情，教之义。弟何人哉？岂敢河汉斯言，践踏吾土吾民也！谨顿。"⑪9月7日，李宗仁、白崇禧、黄旭初接受国民政府任命，分别担任广西绥靖主任、军事委员会常务委员和广西省主席。14日，李宗仁、白崇禧发出和平通电，阐释救国初衷及和平的真意，并说"所幸中央当局……对宗仁等救亡等项意见，全部俯予接纳，今后一切救国工作，自当在中央整个策略领导之下，相与一致之努力。"⑪16日，李宗仁、白崇禧宣誓就任新职，次日，李宗仁、黄旭初乘机飞广州谒见蒋介石，表示服从中央的诚意。至此，两广事变顺利解决。

桂系与蒋介石言归于好之后，薛岳又将主要精力放在了治理和建设贵州上。在1936年8月到1937年8月的短短一年时间里，薛岳在贵州发展教育，查禁鸦片，修建公路，兴建水利设施，使这个穷乡僻壤发生了很大的变化，为世人称道。1937年5月，为表彰薛岳治黔政绩，国民政府行政院国务会议正式任命薛岳代理贵州省主席。

1936年12月12日，东北军领袖张学良和西北军将领杨虎城发动西安事变，扣押了蒋介石，希图逼他抗日。当时，张学良、杨虎城的部下当中，要求杀死蒋介石的呼声甚高。国民政府内部也有人主张出兵营救蒋介石。于是，双方在潼关一线剑拔弩张，战事大有一触即发之势。但此时日本侵略军已大兵临境，中日战争的全面爆发只是时间问题了。中国内部再大动刀兵，亡国不远矣！有鉴于此，薛岳主张力争和平解决事变，并于事变发生的次日即给张学良去电，要他保证蒋介石安全，争取和平解决西安事变。张学良立即复电称："伯陵将军鉴：亥元电敬悉，承示各节，良对蒋委员长等安全，必负完全责任，绝不负吾兄之期望。张学良。"⑫不久，在蒋夫人宋美龄、宋子文等与中共的共同努力下，西安事变得以和平解决。

两广事变和西安事变的和平解决，基本结束了长达十年的内战，为抗日民族统一战线的形成打下了基础。从此，全国人民团结起来，全力准备抗击日本帝国主义侵略的民族解放战争。

第六章
转战南北

第一节 浴血淞沪

请缨杀敌

1937年7月7日,日本侵略军以寻找失踪士兵为借口,悍然向北平附近的卢沟桥及宛平城驻军发动进攻。8日,中共中央向全国发出了《中国共产党为日军进攻卢沟桥通电》,指出:"平津危急!华北危急!中华民族危急!只有全民族实行抗战,才是我们的出路。"17日,蒋介石在庐山发表讲话,向全国人民发出号召:"如果战端一开,那就地无分南北,人无分老幼,无论何人皆有守土抗战之责任,皆应抱定牺牲一切之决心。"①在国共两党的号召下,全国人民团结起来,汇成了滚滚洪流,涌进了抗击日本帝国主义的伟大历程。在这股汹涌的洪流推动下,薛岳加入到了为民族的独立和解放奋战的行列当中,其本人也开始登上人生的巅峰。

8月13日,日军大举进攻上海,淞沪会战爆发。1937年8月20日,国民政府为了加强抗战力量,在滇黔组建第3预备军,以龙云为司令,薛岳为副司令。这期间,薛岳两次电呈蒋介石,请缨出征,但均被蒋介石以需要他进一步安定西南为由

抗战时期的薛岳

拒绝。9月中旬，薛岳第三次向国民政府军事委员会去电，表达自己杀敌卫国之决心，务请中央核准。此时，淞沪战局已十分紧张，蒋介石考虑再三，复电薛岳，同意他赶赴上海参战。薛岳接到这份电报后，异常兴奋，迅速将贵州的有关事务移交给有关人员，准备出发。当时，薛岳的家眷均不在贵州，因其急赴上海，所以电召其子女前来诀别。后等不及妻儿到达贵阳，自己赶到马场坪与他们相见，仅聚谈半小时即挥别妻儿。临别时，他向妻女留言："吾已誓死报国，尔等好自为之，身为军人当以捍卫国家为天职，设有不测，亦为求仁得仁，毋以吾为念。"②一席话让草木含悲，苍天动容。一阵秋风吹过，路旁的树林中，发出阵阵杀杀声，仿佛正向世人宣告：中国有千百万像薛岳这样精忠报国的爱国志士，永远不会亡！

9月17日深夜，薛岳由贵州马场坪出发，直奔南京。22日，薛岳到达南京后晋见蒋介石，立即被任命为第19集团军总司令，统率66、75、4、25、73、69六个军，编入左翼军序列。24日，他即驰赴上海指挥作战，驻节安亭。

上海血战

薛岳到达上海之时，所部66军正在罗店附近与日军11师团等部激战。日军在以猛烈炮火猛轰守军阵地，并以一个半师团以上的兵力，在坦克作掩护下，连续发起冲锋。66军广大官兵在军长叶肇带领下，拼死抵抗，阵地几得几失，在予敌重大杀伤的同时，也付出了相当大的牺牲，159师7个连、160师两个连全部壮烈殉国。

25日，薛岳亲赴徐公桥镇指挥作战。当时，左翼军当面为日军11、3两个精锐师团，正分别从宝山城沿公路向罗店、刘行进攻，企图夺取宝罗、宝刘两公路。而19集团军领受的任务是确保沪太公路，阻敌西犯。为了实现这一目的，薛岳做出如下防御部署：8师一部固守江家宅、须宅、窦家弄（含）一带阵地，以主力构筑唐桥站到陈行沿蕴藻浜南岸预备阵地；16师固守孟湾、顾家镇、下家桥一线阵地，并构筑唐桥站到顾家镇公路东侧小河西岸之预备阵地，主力位于顾家镇附近；57师固守下家桥（不含）至沪太公路弯曲部到酸浦河西岸阵地；15师固守酸浦河、刘行、太平桥一线阵地，主力位于刘行附近；77师固守太平桥（不含）沿河经万桥、李宅、樊家桥、西钱宅、长浜站之线阵地，置主力于长浜站附近；160师及教导旅控于广福镇中心阁附近；159师集结于方泰镇附近整理；4军固守严宅、谢村、陶家宅、殷家宅（不含）一线阵地；32师构筑黄渡镇到方泰镇一带阵地；6师及独27旅集结于南翔附近整补；以上各部中8、16、57三个师归69军军长阮肇昌指挥；15、160、77、159四个师及教导旅归叶肇指挥。

各部根据薛岳的命令刚调整停当，日军又开始发动进攻了。27日，日军3、11、101三个师团分三路进犯4军、66军和69军阵地。双方反复争夺。到10月1日日落，万桥、严桥、陆桥、刘行、太平桥等处阵地相继失守，守卫刘行的15师杨团几乎全部阵亡，其他部队也伤亡过半。在这样激烈异常的战斗中，薛岳"指挥泰然"，"亘日夜守电话机，口授命令，倦即命从官设帆布床假寐，遇苦战或阵地擘划，寻复由安亭遍巡各部，虽硝烟起前，弹雨纷集，从者或色骇，不顾也"。③

10月1日晚，为了避免日军连续突破，第三战区司令长官部命令左翼军各兵团，向蕴藻浜右岸陈行、施相公庙、浏河之线转移，进入第二线阵地，伺机打击敌人。薛岳接到此命令后，立刻改变部署，以期在陈行、广福间与右翼军夹击敌于唐桥站、顾家镇、刘行一线以西、蕴藻浜以北、杨泾以东之地域：阮肇昌指挥8师防守唐桥站（不含）以西、蕴藻浜南岸至陈行一线，16师扼守唐桥站西南、西唐桥附近，57师守备谈家头、唐家桥、孟家宅一带；25军军长万耀煌率领13师经广福至孙家宅夹杨泾而阵，15师位于张浦桥、沈家桥附近；66军集结大桥头附近；4军于徐家宅、顾家宅集结；77师转移到支塘镇整补。翌日，各部在敌人猛烈攻击中交替掩护，逐次向后转移，到3日拂晓之前，完成新阵地的占领。这次撤退由于组织严密，行动迅速，我军损失很小。

此时，日本上海派遣军司令官松井石根，鉴于中国军队逐次抵抗，罗店西南的战局呈胶着状态，从侧翼包围中国军队的企图无法实现，遂决定改分割包围为中央突破，以9、3、101三个师团集中攻击大场镇地区。于是，战役的焦点转移到了蕴藻浜一线。5日，日军3、9师团及11、13师团一部在飞机和坦克的掩护下，企图越过蕴藻浜，由大场以西南侵，切断京沪铁路，孤立由大场到江湾的中国守军。薛岳指挥4军、66军、69军奋起反击，双方激战两天，均受重大损失。7日，敌突至黑大黄宅前岸，全线堡垒悉被炸坏，陆家桥、石驳岸、姚家弄以东地区全被突破。税警5团陷入重围，几乎全军覆灭。同时，16师防守之顿悟寺一带阵地亦岌岌可危。等到78师、1师和税警2团各一部相继加入战斗后，日军的进攻势头才稍稍减退。但到8日日落时分，我近千人的援军部队，仅剩下三十余人。

是日，左翼军调整部署，将蕴藻浜南岸划分为三个作战区：小南翔、陈行到刘行一线（线上属右）地区，胡宗南任总指挥，指挥该地域部队作战；方泰镇、石岗门、张家、朱北宅至太平桥一线（线上属左）地区，罗卓英任总指挥，负责组织该地域防御；左右两线之间为中央地区，薛岳任总指挥，指挥所部在该区域作战；吴奇伟任总预备队总指挥。

9日，日军猛攻杨家宅、王家池、顿悟寺、桥亭宅等地，我军力战不支，阵地被敌突破。后32师到达，始将这些阵地克复。是日，13师等部也重创进攻广福方向的第9师团33、36联队。

薛岳与罗卓英（左）、叶肇（右）合影

此时，4军、66军、69军损失过重，无法再战，不得不撤到嘉定地区休整。随后，8军接管了蕴藻浜一带阵地，在薛岳指挥下，与敌激战。至13日，32师兵员消耗极大。薛岳急调刚从四川开来的20军接替8军阵地。不料，日军乘我军换防之机，于14日攻陷32师阵地。15日，20军军长杨森奉薛岳之命亲率2个旅驰援，并协同1军向敌反击，与敌激战7昼夜，收复了桥亭宅、顿悟寺阵地，以伤亡7000多人的代价遏制住了日军的进攻势头。

10月17日，日军3师团突破中央军19师葛家牌阵地，向南进犯。19日左翼军总司令陈诚奉最高统帅部命令，分别组建三路攻击军，企图自广福南北两侧，冲虚横击，阻敌南进。其中，19集团军步兵4个团与66军编为第二路攻击军，攻击孟家宅、马家宅正面；以4军在第二塘、马陆镇、石岗门间接防66军阵地，以巩固后方；两部统归薛岳指挥。当晚，三路攻击军依此命令在重炮掩护下，猛攻日军阵地。日军竭力死守。双方激战4日，争夺甚烈，死伤枕藉，174师510旅旅长庞汉贞等亦壮烈殉国。

23日，日军发动反击，以中央突破的战法，强渡蕴藻浜南岸。各部抵挡不住，纷纷后退。24日起，刘行方面的日军越过蕴藻浜后，向大场以西的塔河宅进犯。薛岳指挥67师等部协同18师、26师、68师等合力反击，暂时阻止了日军的攻势。此时，中国军队从大场东面，经大场、市中心向东北形成半圆形阵地，绕于江湾以北。庙行、大场位置突出，日军数次正面冲击，未能突破，遂改变战术，集中火力，猛攻大场一带，先攻陷胡家桥、塔河桥等处阵地，而后又强渡走马塘，迫使中国军队于26日放弃大场，向江桥镇、小南翔一线撤退。到27日止，我军各部阵地全被突破，仅薛岳所部防守之杨泾一线阵势尚完固。

10月下旬，薛岳亲自视察前线，觉得原为一线阵地配备不理想，容易被敌突破而遭南北合击，足以动摇我上海的中央军，而致上海失守。于是，他命令改变部署：73军军长王东原率15、16、19师据守姚家宝到竹园阵地；叶肇率159、98、9师扼守老屋至朱北宅；阮肇昌率57师从陈行至老陆宅间居中出击；75军军长周碞率6师由竹园、墙门头、小南翔、钟家桥一带迎敌；32师构筑小南翔、谢家宅等地堡垒；16军军长李韫珩自领53师由杨家宅、陆家桥、孟家桥、唐家桥、新俞宅一带堡垒迎敌，其11师构筑小南翔、艾滨头、李宅堡垒；4军军长吴奇伟率部构筑张家塘、唐家桥、新俞宅、花家桥、梅园、小宅一带堡垒；全线南北呼应，联系一气，且筑堡垒应战者皆为纵深配备。

就在薛岳指挥所属各部调整部署之时，在蕴藻浜南岸顾祝同亲自部署的反击失利，日军向大场突进。薛岳指挥所部在张家塘、金宅、竹园、濠楼、马家宅等地连续打退日军进攻，使当面的战线一直稳定到了11月上旬。11月10日，薛岳因战绩突出，被提升为左翼军总司令。

惊险的大撤退

战到11月初，由于中国军队的顽强抵抗，日军始终无法打开局面。这时"九国公约"签字国决定于11月3日在比利时首都布鲁塞尔开会。日军深知在此期间中国军队必坚决抵抗以争取国际舆论的支持。日本大本营乃采取断然措施，以6、18、114师团及国崎支队等部组成第10军，由柳川平助指挥，在杭州湾北岸登陆，迂回上海我军之右侧背。

11月5日拂晓，日军10军在全公亭、金山卫、漕泾等处登陆。这一带中国军队防守空虚。敌人顺利地占领了滩头阵地,并向我军侧后推进,连占松江、枫泾,直指嘉兴、平湖。67军军长吴克仁也为国捐躯。蒋介石见实在坚持不下去了,遂于9日晨下令全线撤退。中央军与右翼军从即日起开始撤退,而左翼军则负责掩护。

1937年进攻上海的日本海军陆战队

薛岳接到命令后,下令各部须坚守到11日下午,同时命154师担任左翼军撤退时的殿后,务必扼守吴淞江北岸之新开河阵地。11日下午,左翼军各部按计划开始后撤。日军闻讯,迅速组织若干挺进队,趁夜在我撤退大军中进行骚扰。黄昏后,东西求江一带日军在得到增援后,猛攻当面154师。该师师长巫剑雄未经批准,擅自率部撤走,致使日军便衣队逼近安亭左翼军指挥部。薛岳得知日军已占领徐公桥镇并切断了大路后,当即率指挥所一干人等在参谋处科长饶少伟引导下转移。当他们撤退到七一桥附近时,即与一小股日军遭遇。当时,薛岳正与担负断后任务的67师师长黄维通话,突然听到不远处传来猛烈的枪声。他立即挂断与黄维的电话,一面命令特务营奋勇抵抗,一面镇定地继续以电话指挥各部撤退,并派卫兵于公路大桥放置炸药,待部队通过后,将公路大桥炸毁。当薛岳率总部人员继续向昆山后撤时,途中一股日军向薛岳座车猛烈射击。薛岳这时正发高烧,但情况紧急,也顾不得个人安危了。他先令总部人员迅速疏散。不料命令刚传达下去,薛岳的座车即被击中,副官、司机、卫士全部殉职。薛岳急开车门,躲入路旁的稻田中,匍匐前进,凭其游泳技术,泅过五道河汊始脱离敌人。这时,他病体难支,已神志不清了。正好54军14师经过,这才将他救起,送到军部。54军军长霍揆彰见状,亲自脱下自己身上的大衣为薛岳披上。薛岳感激之至。二人遂成生死之交。不久,薛岳身体好转,由总部参谋处上校作战科长陈阵等4名随从护送到昆山。战后经清点,这次战斗中除随从副官陈朝章、译电科长朱洪负重伤,后由民间救治外,其余随从及特务营全营官兵皆为国捐躯。

薛岳与霍揆彰(右)等合影

11月13日,薛岳受命在吴(县)福(山)线组织防御。他将9、15、21、19四个集团军分为左右翼,准备依该线之国防工事将部队展开。可各部队到达那里才发现,由于蒋介石下达撤退令仓促,吴福线国防工事尚未完全准备就绪,工事分布图、钥匙都找不到,怎么进入阵地?加之,各部队与民众相杂后撤,队形混乱,到达指定位置谈何容易。正当各部队手忙脚乱地调整部署时,日军16师团及重藤支队沿长江茆口、徐久泾口、野苗口、浒浦口登陆，突破39军40师一部防御，于当天下午1时进至老吴市，同时大仓日军亦西逼。15日，右翼嘉善、平望相继陷落。同日，日军集中追击部队主力，向常熟及其以北地区进攻。薛岳命98、171、13师竭力抵抗，大大减缓了日军的推进速度。到18日，日军才推进到常熟城东北。同时其16师团一部攻击21集团军防守的福山方面阵地，也是一筹莫展。是日，蒋介石以电话传谕薛岳："苏州、常熟、福山之线，应固守，非有命令不得擅退。"④薛岳遂遵命做出如次部署：以53、57两师固守外跨塘，59师固守苏州城、宝带桥附近并派一部至吴江警戒，该方向各师由69军军长阮肇昌指挥；驻常熟、福山之15集团军以一部抽调锡澄线，主力在原地固守；21集团军、18师、51师坚守原阵地。可日军却没有给他喘息的机会。当夜，日军重藤支队突袭虞山，与11、98、32师展开激战。19日，日军16师团主力由浒浦镇方向增援，攻占常熟。是日夜，薛岳又奉命指挥部队向锡澄线转移。

原来蒋介石打算凭借（无）锡澄（江阴）线的既设国防工事，御敌西进，薛岳也表示："只需长兴、吴兴方面可以稳住，则与其在南京附近与敌作最后决战，不如在锡澄线。"⑤可是大军向锡澄线后撤时，受到日空军的猛轰滥炸而形成混乱，且日军跟踪追击，部队不易立足，再加上原构筑的防御工事战术要求不尽理想（如有的工事位置过于暴露），部队不愿利用。有的部队虽准备利用工事，但保管锁匙的乡镇保长已逃走，无法开启，仅少数部队设法打开工事的门进入了阵地。21日，日军追击至安镇，径扑东亭镇。18军团长吴奇伟率所属5个师奋力抗击，仅凭简易的野战工事与日军相持了3天。24日，东亭镇一带阵地全被突破。统帅部乃决定薛岳率主力向浙皖赣边界撤退，另一部沿京沪大道撤向南京，参加南京守城。26日晚，薛岳所部从锡澄线撤退完毕，淞沪会战的大幕完全落了下来。

后来薛岳在总结上海撤退的教训时沉痛地写道："昆山、常熟、吴县、无锡间，湖沼交错，行动甚艰，且暴雨连日，积潦没胫，转进各部，受天候道路之影响，倍增困难，而锡澄国防线上，野战工事甚少，未置守备部队，以任收容，且永久工事，原皆下键，钥存保、甲长之手，寇急多遁，故部队退谋守备，每不知防御工事位置，因之良好阵地，未尽其用，不能发挥最高价值，影响攻防至巨，甚为可惜！然前车之鉴，亦后事之师也。"⑥

淞沪会战是抗日战争中的第一次大会战，中国军队集中了70多个师，约

75万兵力，凭借劣势装备，与30万日军殊死搏斗，以惨重的代价，歼敌4万余人⑦，粉碎了敌人"三个月解决支那战争"⑧的美梦，吸引了日军主力，从而缓解了华北战场的压力，打消了日军沿蒙元灭宋的老路侵华的可能性，进而在战略上避免了更大的不利。在这次会战中，薛岳自始至终都活跃在前线，以大无畏之精神，督率所部与优势之敌英勇搏杀，屡创顽敌。虽然最后因我军统帅部错误地对绝对优势之敌展开牛抵角式阵地防御而失败，但薛岳所表现出的指挥和应变能力，仍然值得称道。

第二节 稳定江南

拱卫京畿

11月25日，薛岳奉令率部向张渚、南渡、天王、句容退却。为了便于行军，他将部队分为三路：第一路代总司令上官云相率17军团、26军、16军、75军，由无锡沿公路西南过曹桥、宜兴向张渚转进；第二路副总司令吴奇伟率18军团、73军、2军、39军，由无锡、青阳镇分别向横林集中后，经武进、金坛，向大王寺前进；第三路代总司令香翰屏率66军、83军，由江阴沿公路经奔牛镇、丹阳、白兔镇向句容转移；为掩护各部主力行动，第一、二路军各分一部置于曹桥、武进，6师及川军守长兴，阻击吴兴敌军。

同日，日军10军一部向长兴进攻，川军23集团军英勇阻击，伤亡甚众。战到27日晚，川军因伤亡过重，长兴一带阵地被敌突破。薛岳得到此消息后，马上命令上官云相派部队接应夹浦方面的川军144师到张渚一带组织防御，主力则改经和桥镇、高塍镇、宋渎向南渡附近集结，以期先敌占领徐舍，控制京杭国道，并以精锐一部协同6师固守宜兴附近，保证溧阳附近交通。

不久，蒋介石来电，要求薛岳："以156师坚守武进；第一路军之53、6、57各师防守原阵地待命；26军于28日赶赴南桥、上兴埠一带布防；第二路军主力位于瓦屋山、上马场、南桥镇一带；第三路军主力置于龙潭、汤水、句容一带，拱卫京畿。"⑨薛岳捏着这份电报，知道蒋介石已决心保卫南京了。从内心来说，他并不主张守南京，因为当时我军已兵败如山倒，无力再与日军决战了。可这时，他已通过各方面的消息了解到蒋介石的决心甚坚，而我军也确实需要在苏浙皖边界打一仗，减缓日军的突进势头，以期在浙皖赣地区站稳脚跟。于是，他二话没说，遵照上面的命令执行。

11月29日晚，薛岳得知23集团军方面战局恶化、广德将失，预料日军必由长兴、广德、十字铺、宣城、芜湖，断我第一、二路军联系，因此必须以相当兵力集于绩溪、宁国、宣城，以遏敌锋。基于此判断，他向各部下达了作战命令：第一路军6师、53师经徐舍镇、戴埠到广德、门口塘，即以任二地及附近防守；57师由溧阳、週城镇经寿城镇，到誓节渡，掩护主力移守宁国，并以一部扼守昌化西北牛镇、西坑、石桥、宁国墩、沙铺、宁国东乌乘桥诸要点；正在武进阻敌之156师主力亦沿京沪线至丹阳、龙潭，以保卫南京；第二路军则自天王寺经溧水、漆桥、郎溪、洪林桥，进驻宁国、宣城；26军改归第一路军指挥；炮兵开赴河沥溪待敌。

12月1日，日军18师团果然奉命由广德向西南方向进攻，企图经宣城直攻芜湖，以切断铁路和控制长江，抄袭南京后路。18师、6师各以一个旅于双塘店一带顽强御敌，战到6日中午才放弃该地。而后，日军又乘胜攻占洪林桥。我军不得已，向芜湖、南陵退却。再这样退下去，部队在苏浙皖地区就站不住脚了！薛岳当机立断，急令：第一路军以73、75军在双溪西岸沿河固守，另以精锐扼守孙家命脉河西岸，东与61师响应拒敌；57师固守水阳镇，76师固守芜湖、湾沚；11军团则以泾县、绩溪后方，其右翼16军团于栢垫桥头、乌纱港、苏村、姚村、夏桥、葛村、王村布防准备 9师派一个营进到坝沟头（河沥溪镇以北约5公里）向水东构筑工事防敌南犯。

不久，第一路军一部在麻姑山被敌击破。形势更加紧急，薛岳严令各部：上官云相部以73、75军坚守宣城，纵不能守，亦须守住湾沚、青弋江镇、泾县各要点；18军团以53师于大王村、白果树、中村一带沿公路，于险隘处筑堡垒；4军于港江镇、青田山街、周王村各派一连，对孙家以北及宣城方向警戒，主力则进到周园村、双溪铺、石岭头、子孙堂一带；60师在河沥溪镇、宁国城，沿河南岸布防。

未等中国军队调整就绪，日军18师团就乘胜自水阳、宣城分路会攻芜湖。11军团抵挡不住。日军于8日在水阳、鳜鱼、大王庙、铁道街等处渡过青弋江，向西河镇急进。同时，日军飞机猛烈轰炸芜湖城，形势万分危急。9日，薛岳急调78师增援。但该师在向芜湖开进途中遭遇敌截击，伤亡惨重。清水河、军滩口、卡子口皆告失。10日，芜湖沦陷。日军对南京的合围自此完成。

13日，日军攻占南京。此后，侵略者制造了骇人听闻的南京大屠杀。在短短的两周时间里，一个繁华的大都市变成了人间地狱。数十万同胞惨遭屠戮。笔笔血债罄竹难书！

被俘的已解除武装的中国士兵，被日军押往长江边集体屠杀

南京陷落后不久，薛岳即获悉，日军18师团以一部留守芜湖，主力东开宣城、广德。旋又得到消息，南京日军又向芜湖增兵数千人。薛岳据此判断：日军欲守广德、宣城，以为芜湖、南京之屏障；其于12月中旬倾力东犯广德、泗安、吴兴之一部，将与嘉兴之敌联合夹攻杭州；其进入南广宣公路非欲占皖南，只是企图牵制我军罢了。于是，他做出了确保皖南，并策应浙东作战之部署：59、90两师除59师以一个营扼守沙铺、石口、宁国墩各要点外，主力在乌乘桥、大王村、白果树、中村、西村、双溪铺、张黄村、子孙堂一线向北防御；98师于昱岭关构筑工事，并分兵颊口，以塞昌化，阻敌由浙江犯皖；90师以一营扼守港口湾、丁王殿各要点；15师和105师一部防守杨柳铺、柿木铺、马头镇、青弋江镇、西河镇、南陵县，置主力于泾县，防敌自芜湖、宣城进犯，且掩护19集团军；13师除派一部驻防马哨坞前进阵地，驻守银龙坞、荆竹岭、湖家、云山坞一线，防备日军由孝丰进犯；61师除以一部在冯村镇、七田构筑

工事，主力守备板桥头、镇头、上庄。果然，12月下旬，日军没有进击浙皖边区，而是沿吴兴、嘉兴南下，于23日侵占余杭，24日杭州失陷。而芜湖、宣城之日军18师团慑于我军皖南、浙西地区兵力雄厚，且工事坚强，按兵不动。

重构东战场

南京、杭州失守，东战场的高级将领黄绍竑、张发奎、朱绍良、顾祝同、陈诚、唐生智等都到武汉去了。整个东战场就只靠薛岳一人支撑。12月27日，蒋介石任命薛岳为第三战区前敌总指挥，统一指挥第三战区部队。薛岳到任后，立即着手收容散落军队予以编并，并派干部赴江西、湖南一带补充兵员，训练部队，着手建立了比较巩固的皖南和天目山根据地。

在此基础上，薛岳又根据"于战略守势中取攻势"的作战方针，提出"以正规军防御，以游击队袭之"[⑩]，在东战场开展广泛的游击战争，运用避实击虚的战法，截断敌后交通、通信，摧毁敌库站补给，牵制其转用兵力。不久，在征得蒋介石同意后，薛岳在19集团军下设一游击总指挥部，以孔荷宠担任总指挥，薛岳让他发动群众，开展游击战，采用袭击绕攻、埋伏、扰乱三大战法，"打击活的敌人，摧毁死的敌物"，以辅助正规军作战。之后，薛岳还命令孔荷宠制订了《第19集团军战区游击队组织计划》，对游击作战的方针、战术、游击队编组、后勤及发动民众等方面做了周密的规划，为苏浙皖地区游击战的开展提供了详尽的指导文件。[⑪]

在薛岳亲自督促和指导下，东战场的抗日游击战如雨后春笋一般发展起来。短短一个月内，苏南、皖南和浙西地区先后组建了20个游击司令部，并不断有游击队进入敌后各县，宣传抗日，发动群众，到处打击敌人，惩治汉奸，破坏日军在江浙地区建立稳固统治的企图。

日军侵占南京、杭州后，已为敌后军民所展开的游击战所困扰，同时又深感其在华北及华中战场的兵力不足，急于将浙皖苏地区主力抽调到徐州方面，便暂时停止了在该地区的进攻，沿钱塘江北岸经富阳、孝丰、广德、宣城直到芜湖建立防线，希图将第三战区主力堵塞于浙西和皖南山地，以稳固其后方并尽量节约兵力。

根据这一情况，薛岳判断东战场的危机已经过去，遂决定第三战区右翼以钱塘江为依托，屯重兵于浙皖山地及温台沿海，防敌登陆，并不断派兵向敌后游击，以牵制敌人。其大致部署为：10集团军任钱塘江南岸及浙东沿海防务；

19集团军在天目山区做纵深梯次配备，并以一部出击敌侧后；23集团军驻守皖南，并以一部不断袭扰攻占芜湖之敌。

到1937年年底，经过一番努力，东战场的形势逐步稳定下来，以敌后游击战打击敌人为主，正面阻敌为辅的战场形态基本成形。

粉碎日寇扫荡

1938年1月，日军大举进攻徐州，东战场日军纷纷抽调北上，京沪杭一带空虚。薛岳抓住这一有利战机，向京沪杭地区出击。

1月2日起，10、19两个集团军奉薛岳之命率先向苏南和杭州地区出击，在江南游击队的配合下，反攻杭州，先后收复溧阳、宜兴，并积极破坏京沪铁路及溧阳、郎溪、句容、溧水间诸公路，歼敌甚多。

13日，蒋介石电示薛岳："江南之敌有移动兵力于江北，由津浦线南北夹击徐、蚌趋势。唯其兵力不多，我宜乘弱向敌攻击。"薛岳乃令各部向当面之敌攻击，具体部署是："10集团军攻向富阳公路；19集团军进逼广德、宣城，23集团军向鲁港、湾沚攻击；空军游弋侦察，并轰炸杭州、宣城、芜湖、广德日军驻地。"⑫

各部得到命令后，积极行动，取得了很大战果。到2月下旬，第10集团军先后克复广德、郎溪、林埠等地，并曾攻入余杭、富阳等地，将杭州附近公路悉数破坏，还袭击了石湾、嘉兴等地的运河交通，其63师甚至深入溧水，威逼南京；19集团军克复孝丰、泗安，猛攻宣城，切断了京沪线交通；23集团军先后袭击芜湖、宣城，收复青弋江镇、石硊、西河等地，破坏了江南铁路。

2月28日，薛岳为了进一步打击敌人，命60师从宁国出发，协同59师挺进京沪线。两部出动后，与苏南地方武装密切协同，克宜兴，攻长兴，围溧水，破坏京沪间道路，一度切断了该地区的水陆交通，有力地牵制了该方向日军。

3月，薛岳接到最高统帅部来电："敌增兵淮南，再图攻势，第三战区应增大兵力，游击敌后，以策应第五战区。"⑬遂命令10集团军选派富有机动性之师，由余杭、绍兴间渡江，编成四个支队，进入苏、嘉方向游击，且破坏沪、杭间交通。刘建绪得令后，当即派62师师长陶柳指挥62师袁西初旅和63师汤宏怀旅，进出嘉善、海盐、桐乡、海宁一带游击。到3月中旬，将沪、杭间交通悉数破坏。这时，淞沪会战后，被日军隔在敌后的独45旅也与10集团军取得了联系，在嘉善、青浦、松江等地积极打击敌人。

由于各部进入敌后，大大动摇了敌人在苏浙地区的统治，人民群众纷纷揭竿而起，搜集上年年底中国军队撤退时散落民间的枪支，打击日寇和附日汉奸。一时间，在江浙地区出现了大大小小上百支抗日游击队。这些游击队，背景不同，成分复杂。其首领的出身也形形色色，有军官、堂倌、律师、乡绅等。他们的经历、本性、政治抱负不同，决定了其抗日的坚定性有异。对这批成分复杂的武装，日军企图分化拉拢，为其张目。1938年2月，汉奸周凤岐欲收买有影响的游击队首领，邀请各路头目会聚新市，解决"部队林立，攻战频仍"的矛盾。不过，首领们大多识大体，一致抵制，使敌伪的这一阴谋没有实现。

这个消息很快传到了薛岳耳朵里。他敏锐地觉察到，这些游击队是必将成为江浙抗日的一支重要力量。可是，通过这次事件，他也看到，虽然游击队首领中绝大多数是爱国的，但其中也有少数意志不坚的投机分子，因此很有必要对这批游击武装进行整编，以便形成坚强的核心，同时也有利于提高这些部队的战斗力。于是，薛岳下令敌后各部对作战区域内的群众游击队进行整编。各部随即遵照执行，并取得了很大成绩。3月，79师在德清新市设立东战场挺进军第二路指挥部，将当地游击队统一编为三个总队；59师成立第四路游击司令部，收编苏南游击武装两个大队；10集团军将平湖、嘉善一带的游击武装编为沪杭地区第1、2、4游击队。另外，薛岳还派朱希、刘参将浙西地区游击队改组为5个团。

3月中旬，在各部游击部队的打击下，"倭寇腹背受困，痛苦万状"[14]。为了稳定江浙局势，日军集中3、6两个王牌师团的主力，对苏浙皖边区进行大规模扫荡，企图击溃苏浙皖边中国军队，以巩固江浙。薛岳则调集部队运用外线包围的战术与敌周旋。

浙江日军率先行动。3月中下旬，敌波田支队由杭州出发，扫荡天目山，于21日侵占安吉，并向孝丰前进。薛岳当即命令28军组织部队围攻。经激战，28军歼敌1000余人，于26日收复安吉，取得"东战场近三月来之空前大捷"[15]。随后，浙江各部根据薛岳的命令对敌展开了大规模游击攻势，连续打击进犯之敌，一度攻克南浔、震泽、海盐等地，28日，63师一部还袭击了杭州城里的日本领事馆。面对浙江军民活跃的抗日活动，日军恼羞成怒，大肆报复，甚至不惜屠戮手无寸铁的和平居民。5月1日，日军重占海盐后，就杀害当地民众100余人，纵火烧城达12昼夜，偌大一个县城大半成为焦土。

这次反扫荡中，虽然浙江战事频繁，但日军的主攻方向却是苏南和皖南。3月中下旬，日军第3师团和第6师团一部由宣城、金坛向苏南和皖南进犯。该地区的抗日军民在薛岳的指挥下英勇抗击，怎奈实力悬殊，广德、郎溪、别桥等地先后失守，部队损失惨重。28日，日军3师团一部进抵金鸡岭附近，与60师及67师401团遭遇。60师师长陈沛一面指挥部队转移到流洞桥阻击日军，一面向薛岳求援。薛岳当即调59师和67师201旅主力驰援，与敌鏖战至30日。敌不支后撤。随后，三部协力追击，先后攻克陶坎头、羊山、晨山等地。在此过程中，苏浙皖边区游击司令谢昇标亦率所部加入战斗，不幸以身殉国。但是，日军不甘心失败，于4月中旬卷土重来，苏南的溧阳、宜兴、张渚再告失守。到下旬，60、59两师在苏南立足不住，只得再次退入皖南。同时，日军第6师团也开始进犯南陵、繁昌。战局再度吃紧。薛岳全无惧色，指挥23集团军和60、59师等部顽强阻击，经20多天激战，终于击退日军进攻，并收复张渚等地，稳定了战局。

反扫荡战斗一直持续到5月中旬，日军步步受制，处处挨打，已呈困顿之势。而此时，徐州方面战事又日趋紧张，日军不得不暂停扫荡，将3、6两个师团北调。至此，薛岳指挥的苏浙皖边区战斗取得了全面胜利。据不完全统计，1938年上半年（主要是1—5月）仅10集团军就歼灭日伪军4500余人，夺取敌长短枪170余支，重机枪5挺，毁汽车40余辆，战车1辆，破坏敌区桥梁70余座，铁路公路多处。

在这一阶段作战中，薛岳指挥江南各部以游击战和运动战相结合，运用灵活的战术，牵制和消耗了日军大量有生力量，稳定了江南战局，有力地配合了徐州会战。5月11日，徐州吃紧，蒋介石调薛岳出任第一战区第1兵团总司令，火速赴豫东指挥作战。至此，薛岳结束了在东战场的使命，开始了更为艰巨的征程。

第三节　饮恨兰封

临危受命

1938年4月初，日军在台儿庄战败之后，日本大本营急于雪战败之耻，调集10个师团又4个旅团，分5路对徐州实施合围。为了一口吃掉徐州外围的40万中国军队主力，日军以东久迩宫稔彦王中将接替了在台儿庄战败的第2军司令官西尾寿造中将的职务。许多高级将领也纷纷到第一线指挥，如：华北方面军司令官寺内寿一大将、参谋长梅津美治郎中将、第1军司令官香月清司中将、第2军司令官东久迩宫稔彦王中将、华中派遣军司令官畑俊六大将均亲临前线。

面对这一非常局势，在武汉的蒋介石决定由武汉和西安方面抽调兵力驰援豫东，增加第五战区的后方力量，并决定调薛岳北上参与指挥豫东作战。5月11日，蒋介石电令薛岳急赴汉口。薛岳接到电报后，立即由屯溪出发，当晚即到达南昌，改乘火车到汉口。12日，薛岳随蒋介石飞赴郑州。

在飞机上，蒋介石向薛岳介绍了徐州附近战况。薛岳这才知道他接的是个烫手山芋：第五战区自从3月取得台儿庄大捷后，徐州附近的战局并未因此好转。当前，日军7个师团连同配属部队约30万人已从南、北、东三面完成了对徐州一带第五战区主力60万人的夹击态势。而从华北调来的日军精锐14师团现已渡过运河，正向陇海铁路推进，意欲攻占开封，切断第五战区向西的退路，最终达成对徐州的合围。薛岳从蒋介石的谈话内容里大概猜出了自己下一步的任务：既然把自己调到第一战区来，多半是想让自己指挥部队堵住迂回陇海铁路的日军，确保第五战区侧翼安全。想到这里，薛岳心里一沉：情况如此紧急，看样子马上要奔赴前线指挥作战，自己刚到第一战区什么情况都不熟悉，而且自己的司令部人员都在屯溪，指挥上能顺当吗？

果然，蒋介石接着说：日军对徐州的合围即将形成，第五战区主力突围势在必行，这次调薛岳到豫东是要他指挥黄杰、李汉魂、俞济时各军掩护徐州侧背，策应第五战区主力突围。薛岳看了看蒋介石忧郁的神色，知道此战关系到抗战的大局，不容自己推诿和犹豫。于是，他二话没说，接受了任务。当天黄昏，薛岳与蒋介石一下飞机就乘车赶往第一战区司令长官程潜官邸。在那里，他们与程潜会商后决定，薛岳以第一战区鲁西兵团总司令的名义负责豫东方面的指挥。

会谈结束后，薛岳没有休息，连夜赶赴归德。在那里，他找到了当地行政专员，向他讲明来意："我奉蒋委员长命令，来此指挥第一战区部队作战，因我的司令部在屯溪，未带随员，请先为我接通各部队指挥官电话（包括豫东各军师长），请为我准备饮食与住所，专员公署就暂作我的战斗司令部。"⑯等到地方官员将一切安排妥当后，13日薛岳又赶回开封，部署河防。14日，他得知日军14师团已于12日渡过黄河，并攻占菏泽，正向兰封、内黄扑来，感到局面紧迫，立即命令：8军和74军向归德集中，64军军长李汉魂沿归德、柳河、民权、内黄一带巡视部队集结及布防情况。他本人也火速赶到归德，着手迎击敌14师团的准备工作。在研究了双方力量对比后，薛岳发现敌人在火力上占有明显优势，正面进攻很危险，遂电话指示各部："不要用正面攻击敌人，要从侧面攻击。"[17]同时，他还感到，豫东和鲁西地势平坦，利于敌机械化部队行动，如果将所率20几个师的兵力分散于这一广阔的战场内，易被日军各个击破，因此必须以较大的作战单位整体运动，以加强部队调动的灵活性。于是，他要求蒋介石将在兰封附近作战的71军、95师、106师等部统归71军军长宋希濂指挥。17日，他又打电话通知李汉魂，将拨27军归他指挥。李汉魂也痛感兵力分散不利于作战，对薛岳的决定表示赞同。

最初的接触

正当薛岳摩拳擦掌准备痛击来犯之敌时，日军由鲁西大举南下，金乡、曹县相继失守。到16日，敌14师团主力抵达铁炉集，向内黄、民权前进，其先头骑兵18联队已炸毁并切断了陇海线。这时，在薛岳要求下，蒋介石命令71军军长宋希濂指挥71军、27军46师及95师、106师、200师战车营在兰封、内黄、民权一线阻敌。敌骑兵18联队在考城附近遭32军一部阻击，乃以一部监视考城守军，主力向仪封前进。此时，日军第1军发现中国军队大量集结于兰封附近，遂命令14师团"确保兰封附近要地后，应即准备向归德方面转进"[18]。14师团遂于17日晚到达内黄以东，准备攻占兰封。19日晨，71军奉命从内黄、兰封、民权、东岗头夹击敌14师团。日军遂集中兵力猛烈反扑，中国军队损失惨重，当日中午内黄失守。

18日，李汉魂向薛岳报告，日军14师团已集全力于豫东，预料考城、内黄及兰封一线将有一场恶战。薛岳闻之，喜形于色。他认为，豫东乃我军重兵云集之地，日军仅一个师团的兵力孤军深入这一地区，无疑是一次违反军事常识的冒险。于是，他向蒋介石建议，抓住这一千载难逢的机会，集中豫东我军主力，歼灭14师团。蒋介石接到薛岳的报告后，非常高兴，立即批准了薛岳的建议，并下令豫东一带的所有部队统归薛岳指挥。可是，集中兵力需要时间，在此期间，必须保证战线的相对平稳。20日，蒋介石又按照薛岳的请求，命令27军军长桂永清指挥88师（欠264旅）、36师、46师、106师、61师、200师固守兰封，71军军长宋希濂指挥87师、炮兵9团1营于当晚8点向楚庄砦、马庄一带反击，以期拖住日军。

宋希濂部遵命发起攻击，与74军51师相互配合，攻克马庄砦、内黄、人和集一带。日军见该方面中国军队实力甚强，遂集中兵力改向27军进攻。27军损失甚大，到22日，马集、罗王寨、罗王车站、曲兴集均告不保。但同时，71军乘虚攻占了仪封，与27军形成了对日军的合击之势。

23日凌晨，薛岳在经过认真的侦查和分析后认为，日军已占罗王寨附近，但腹背受攻，顾此失彼。乃决心以兰封为支点，做出了围歼敌14师团的部署：71、64军和74军58师由仪封向兰封、孙庄、阳堌一线攻击；74军51师控制于申集、马庄、楚庄砦、石楼、贺村，防敌反攻；88师264旅扼守民权、野鸡岗、高集、内黄、仪封一线，掩护铁道；12军一部搜剿冯庄、吕砦、大寨集、大杨集、砖庙集一线残敌；32军搜剿杨桥集、郭庄、小朱、纸坊集地区残敌，并以一个师设伏于雷新庄、雷集，截击兰封北溃之敌；定于23日开始攻击。

就在这个时候，让薛岳意外的情况发生了。桂永清顶不住日军猛烈进攻，率部向杞县败退，并命106师亦由兰封向柿园集转移。这样，在兰封城内就只剩下了88师师长龙慕韩率领的88师（欠264旅）防守了。在败退途中，桂永清怕薛岳治他擅自后撤之罪，派人把一张纸条送给龙慕韩，要他死守。龙慕韩拿着这张纸条，哭笑不得——要孤零零一个旅抵抗数千的日军精锐部队，这不是开玩笑吗？于是，龙慕韩打起了弃城逃跑的主意。

但是，薛岳对兰封的情况并不知晓。攻击仍于23日按时开始。起初，各部顺利展开。51师攻克毛古砦、杨庄、李庄、和楼。155师、87师、264旅也分别向罗王车站、孙庄发起攻击。同时，58师、12军20师59旅和81师也先后到达指定位置。可是，兰封失守的消息传来，打乱了薛岳的整个计划。23日晚，敌步兵2联队及骑兵18联队一部向兰封发动进攻。龙慕韩未向上级请示，即擅自率部撤离兰封，致使敌人不费一枪一弹即占领兰封，战役的支点全失。

兰封失守使战局急转直下。24日，日军14师团长土肥原贤二除留一部驻守兰封及罗王车站外，将其主力三义砦、曲兴集、罗王寨三个据点，背靠黄河，以便从黄河以北经陈留、兰封境内渡口获得补给。薛岳包围14师团的企图完全落空。薛岳勃然大怒，即向军事委员会控告桂永清贪生怕死，贻误战机，请求严办。蒋介石接到薛岳的报告亦气得暴跳如雷：参加这次战斗的46师是由他苦心经营多年的德械部队与部分湘军合编而成，在他心目中是响当当的王牌师。可就是这样一个王牌师，在桂永清指挥下竟一触即溃。于是，蒋介石亲自打电话给桂永清,要他在48小时以内拿下兰封城,否则军法从事。后来,桂永清没能在规定时间内拿下兰封,自知罪责不小,就把责任一股脑全推给了龙慕韩。结果,龙慕韩被押往武汉枪毙。而桂永清却在何应钦等人的袒护下,仅予撤职了事。这是后话了。

功亏一篑

27军在兰封溃败后,蒋介石决定由西安调胡宗南的17军团赶到开封,归薛岳指挥,继续围歼14师团,并且电令薛岳务必于6月初旬以前保住郑州以东陇海线,以利徐州附近突围部队的转移。薛岳乃重新进行部署,当晚6时下达作战命令,其要点为:32军以1个旅进攻兰封西北的兰封口、三义集之敌,切断其与黄河以北之联系;74军(欠58师)与配属之20师由兰封以北进攻三义寨、杨圪垱、兰封口,断绝兰封城内、外之联络;胡宗南指挥17军团由开封以东兴隆集,以一部向曲兴集、陈留口进攻,主力迂回到罗王寨之侧后;李汉魂指挥58、155师由前后伊王向曲兴集、罗王车站进攻,割断其与兰封城内之敌的联系;桂永清指挥27军及配属的21师、106师攻击三义寨以南的朱庄、丁寨;71军攻取兰封;豫北的朱怀冰部向陈留、兰封以北的黄河北岸攻击,截击日军的增援,断其补给;25日下午6时30分开始总攻,各部须于24日夜间,消灭当面少数之敌,完成攻击准备。在命令中,薛岳还强调,这次进攻的步骤是:首先对日军进行分割、包围,然后各个歼灭。为了便于就近指挥,薛岳将他的指挥所前移到了前沿附近的阳堌集,并指派参谋长廖鸣欧亲自担任联络工作。

25日傍晚,中国军队各部准时发动全面进攻。日军依据坚固工事拼死抵抗,竟不惜违背国际公法悍然施放毒气,致使中国军队伤亡惨重。但中国官兵仍视死如归,前仆后继,奋勇拼杀,到27日止,先后攻克罗王车站、兰封车站、兰封城等重要据点。28日,155师乘胜追击,猛攻罗王寨。日军步兵15联队凭借城寨及外壕负隅顽抗,155师伤亡枕藉。为了拿下这一关键据点,当晚薛岳亲临64军指挥所指挥,并命令58师加强何寨、范店之攻击,以牵制敌军增援。次日拂晓,在中国军队猛烈的进攻下,日军终于顶不住了,放弃罗王寨向曲兴寨退去。

兰封和罗王车站的克复,使陇海线一度恢复通车,归德附近火车42列得以安全撤回郑州。但战事的进展并未给薛岳带来丝毫的快意。他从战场上撤下来的士兵口中得知,前线粮食运输不力,有些官兵一天多粒米未进。他立即打电话传令后勤补给部门迅速扭转前线供给状况。于是，粮食的运输问题很快得到了解决。前线士气随之大振。

但此时，薛岳却接到了74军军长俞济时和27军军长桂永清报来的不利消息：在最关键的三义集方面，该两军的进攻遭到日军顽强反扑，损失惨重，伤亡达7500人以上。51师团长纪鸿儒、20师团长刘沣水、138旅旅长马威龙等相继殉职，到29日仍无大的进展。

连日来，兰封附近战局进展缓慢，令蒋介石非常焦急，迭下手令训斥各军师长"指挥无方，行动复懦，以致士气不振，畏缩不前"，"各军师旅团长等此次作战奋勇争先者极居少数，大部缺乏勇气，鲜自振作，遂致战事迁延"[19]。

从全局来看，蒋介石的焦虑是不无道理的。5月下旬，为了彻底击溃在兰封附近的中国军队，日军第2军命令：16师团（附混成3旅团）攻占归德，10师团向永城方向急进。从24日开始，短短3天时间，敌16师团和混成3旅团就连占砀山、虞城，并从南北两面夹攻归德。薛岳与程潜立即命令8军死守归德。28日，配属8军作战的187师因战力不足，阵地被日军突破，致8军全线动摇。8军军长黄杰见状，乃无视上级命令，率40师撤到柳河，并命24师退至开封，仅以187师继续守卫朱集车站和归德城。而187师由广东地方团队编成，师长彭林生又"督率无方"，其训练和作战经验都差。时值农历四五月间，北方农作物正盛，官兵进入"青纱帐"之中，连东南西北都分不清。黄杰让这样的部队守归德，明摆着是打算推卸责任。187师上上下下都看穿了这套把戏，当然不愿意无谓送死。参谋长张淑民、旅长谢锡珍、叶赓常"或煽动退却、动摇主官决心，或不战自退"[20]。29日凌晨，日军16师团攻陷归德，而后又沿陇海线直逼薛岳兵团侧背。同时，黄河北岸日军混成14旅团亦有5000余人渡过黄河支援14师团，而10师团和混成13旅团正在亳县、涡阳与68军激战。当晚，薛岳不得不调58、61、155三师由李汉魂率领赴睢县、杞县、宁陵附近，并抽71军赴淮阳、太康、龙曲集附近，以阻击西进之敌。

于是，兰封附近的中国军队7个师转为守势，围歼敌14师团的计划彻底告吹。这样的结果让薛岳心里非常难受。该役，中国军队集中了13个师约15万精锐部队竟不能歼灭3万余日军，"在战史上亦为一笑柄"[21]。

30日，涡阳陷落。薛岳为避免阵线被日军连续突破，令74军后撤到开封以东留军营车站地区，与杞县、太康构成正面向东之防线。同日，蒋介石任命薛岳为第一战区前敌总指挥，主持豫东战局。此时，豫东战局已无可挽回，薛岳能做的只有避开日军的包围，守住郑州及其以西地区。31日，薛岳命正与日军10师团激战的55军放弃亳县，向西转移。6月2日，胡宗南17军团亦遵薛岳之命撤出阵地，退往郑州。日军趁中国军队后撤之机，展开了强大的追击，连陷亳县、杞县、通许、柘城、尉氏、开封、中牟，并炸毁了新郑东南约6公里的平汉线铁路桥。到6月中旬，整个中原大地皆处于侵略者铁蹄的威胁之中。

在日军追击面前，中国军队因前期作战损失太大，毫无抵抗能力，很多部队一直向西退过了平汉线，若再不实行非常措施，郑州乃至西安、武汉将难以固守。鉴于情况紧急，蒋介石在反复权衡之后，痛下决心：掘开黄河堤，以水代兵阻挡日军。9日，新8师炸开了花园口黄河堤岸。黄河水如脱缰的野马，汹涌而出，经中牟向东南方向奔泻而去。平汉线以东中牟、尉氏、扶沟一线，直到安徽、江苏，尽成汪洋，数十万生灵葬身洪流，上千万人流离失所。一时间，黄淮大地哭声震天，饿殍遍地。

不过，花园口决堤，在军事上的价值却是巨大的。进犯至河南腹地的日军被大水所困，不得不中止西进东逃。我军乘机反击克复中牟、尉氏。从此，中日军队沿黄泛区对峙达六年之久。

第四节　威震万家岭

喋血金官桥线

5月底，鉴于徐州会战未能达到歼灭中国军队主力的目的，日军大本营推翻了他们在1938年年初制定的"战局不扩大"[22]方针，决定于当年秋季攻占汉口、广州。花园口决堤之后，日军沿平汉线南下直攻武汉已无可能。日军大本营遂改变主攻方向，将主力南调华中，企图沿长江西上，攻占武汉。6月12日，日军波田支队在海军掩护下，向安庆进攻，武汉会战正式拉开帷幕。

为了保卫大武汉，国军军事委员会以李宗仁第五战区所属3、4兵团负责阻击从大别山南北麓西进之日军。另于6月14日组建以陈诚为司令长官的第九战区，担负长江南岸之防御，下辖1、2兵团。18日，薛岳调任武汉卫戍区第1兵团（后改第九战区第1兵团）总司令，指挥4、8、64、66、74等军及部分独立师，

1938年担任武汉卫戍区司令及政治部部长时的陈诚在武汉举行中外记者会

担负在鄱阳湖西岸及南浔线御敌之任务。薛岳到任后，严饬各部加强整训，侦察地形，构筑工事，准备在鄱阳湖西岸予敌以沉重打击。

攻占安庆后，日军一路西犯，先后攻陷桐城、潜山、湖口。26日，九江失守，武汉震动。27日，日军106师团由九江沿南浔线南下，猛扑狮子山、张家山阵地。薛岳指挥4军和64军155师节节抵抗，且战且退，大量杀伤来犯之敌后，于28日逐步退到马鞍山、金家山一带的主阵地固守。8月1日，薛岳奉命接替2兵团总司令张发奎全权指挥南浔线战事，遂做出如次部署：25军守备盛家嘴至星子一带鄱阳湖湖防；70军占领牛头山、金官桥一线（简称金官桥线）；8军占领十里山、钻林山一线；4军构筑车轮北端山、鸡公岭、皇天脑一线预备阵地；64军控置中岩、茶子山、胡罗婆尖一带山地；74军控置德安附近；66位于乐化附近。

对于这个部署，薛岳的参谋们提出了异议。他们认为，南浔铁路沿线山地隘路众多，利于防守，日军更可能以浅水兵舰掩护，在鄱阳湖西岸登陆，攻占星子后，沿九（江）星（子）公路西进，夺取德安，这样既避开了南浔铁路两侧的不利地形，又发挥海陆协同的战略。但是，薛岳却通过分析敌人的心理对他们的疑问做了解释：敌兵气势正骄，必求活动较大区域，实施对我军大兵团的歼灭作战。九星公路狭窄，且侧翼受湖限制，而濒湖地区，池沼交错，大军运动不便。故判断日军必沿铁路南下攻德安。因此，应在金官桥线布重兵阻敌。

果不出薛岳所料。当天，日军106师团即与我1兵团在金官桥线发生炮战。4日黎明，该师团以步兵在猛烈的地空火力和战车掩护下，开始向金家山、马鞍山、大天山发起冲锋。此前，薛岳通过研究地形已发现，1兵团防区略似一个等腰三角形，顶点是九江，底边是修水河。我军现据守的北线，即城门湖—磨盘山—金官桥—庐山北麓之线（简称金官桥线）是最短的线。这条线守不住，越向后退，正面越宽，越不易守。因此，薛岳严令防守该线的4、70、64军不惜一切代价守住现有阵地，谁丢了阵地，谁就得恢复，绝不准后退。于是，各军依据阵地顽强抵抗，战斗异常激烈。9天下来，106师团受到前所未有的重创：步兵113联队长田中圣道大佐战死，步兵145联队长市川洋造中佐重伤，参战的9个步兵大队就伤亡了5个大队长，中、小队长伤亡了一半。重大的伤亡让日军官兵大受震撼。一名106师团的战死士兵在日记中说："几次进攻后，庐山上的迫击炮弹如雨点般地从天而降，皇军大受威胁，死伤可怕。"[23]但同时，我军伤亡亦不次于日军，其中57旅旅长庄文枢负伤，114团团长刘阳生阵亡。面对巨大的伤亡数字，部分将领吃不消了，纷纷向薛岳要求将部队撤下来。有人甚至私下发起了牢骚："死守庐山"就是"庐山守死"。但是这些意见并没有动摇薛岳的决心。他仍反复强调，若有擅自后退者，军法从事。就这样，我军在金官桥一线顶了一个多月。[24]

战线的转换

106师团在金官桥线的败绩让日军主持江南战局的11军司令官冈村宁次异常恼火，大骂106师团长松浦淳六郎无能，但没有得到大本营的许可，又不能临阵换将，只好硬着头皮，给106师团补充了3000新兵。另外，还将迫击炮1大队（缺一个中队）和野战重炮10联队（缺两个中队）配属给松浦指挥，让他"大致以现有态势恢复战斗力，同时准备以后的攻击"。同时，命令101师团在星子强行登陆，于8月下旬攻占德安，以切断我1兵团之后路。

冈村非常满意他的计划，发出命令后，就守在司令部里坐等前线的胜利消息。但他远远低估了他的对手。薛岳已料到日军会迂回攻击德安，而星子和隘口镇又是通往德安的必经之路。早在7月初，他就命令25军在星子一带加强工事，准备迎敌。19日，日军101师团佐藤支队在星子附近登陆。

25军凭借工事顽强抵抗，战斗至为激烈。到20日夜，该部实在顶不住了，放在最前面的52师已伤亡大半。而此时，29军与66军已赶到隘口镇，布防完毕。薛岳认为星子战斗的目的已达到，再说星子一带阵地全被日军炮火摧毁，若增兵徒耗实力。于是，他命令25军向隘口镇撤退。21日拂晓，101师团佐藤支队及海军陆战队攻占星子城。而后，101师团即向隘口镇追击，遭到在该地严阵以待的66、29、25军的坚决抗击。敌虽数次增加兵力，亦未能攻破守军的阵地，且因迭遭反击，伤亡惨重，步兵101联队长饭塚国太郎大佐也被击毙。

就在冈村宁次在金官桥线和隘口一带一筹莫展之际，日军波田支队与9师团击破我2兵团，于8月16日陷城门山至磨盘山一线阵地，使1兵团金官桥线部队左侧背暴露。薛岳被迫将金官桥线部队之两翼回缩，形成两翼钩形阵地。这下，冈村好似抓到了救命稻草。21日，他命令9师团攻占瑞昌后，即向德安北面迂回，切断金官桥线之中国军队退路。24日，9师团协同波田支队攻占瑞昌。27日晨，9师团以丸山支队由瑞昌南下，向德安以北进发。当日，为配合丸山支队行动，106师团再次向金官桥线发动进攻，仍旧被打得灰头土脸，以致"战斗力低落"。起初，薛岳得到的情报称，由瑞昌南下之敌兵力仅一个支队，故而没有太重视，只在29日晨命令驻德安的74军派51师一个团到岷山，一面搜索瑞昌方向的情况，一面掩护我金官桥线阵地的左侧背。俞济时得令后，立即抽调51师302团向岷山开进。但是日下午，2兵团发来通报：由瑞昌南下之敌一再突破30集团军和92军防线，一路向南。这下，薛岳警觉起来，看来这股敌人企图不小，一定是冲着9集团军的退路去的，依敌人的实力看，一个团尚不足以掩护9集团军的左侧背。于是，他于29日傍晚命令驻德安的74军急调51师一个旅（连同已出发之一个团）到岷山。同时，电调29军40师接替58师在德安的防务，以便58师能机动策应51师作战。29日晚，74军得令后，急令51师151旅（欠302团）于当夜出动。次日晨，302团刚到达岷山，就与日军丸山支队遭遇，受到重大损失。下午3点，151旅主力到达，再度向岷山反击，仍未成功。31日晚，在薛岳的催促下，俞济时再派51师增援岷山。但是，由于在黑暗中行军，而道路又已被彻底破坏，51师行动迟滞。到9月1日拂晓前，该师主力赶到东岭、大崖山附近时，日军已先占了有利地形，随即由侧翼向151旅突击。而此时，51师师长王耀武迟疑犹豫，未能及时增援151旅，致该旅被敌截为数段，陷入重围。等到151旅的阵地岌岌可危之时，王耀武才以306团前卫营向岷山脚下敌之侧背攻击。该营势单力薄，在小岷山附近遭到敌有力阻击无法前进。双方激战到天黑，151旅和306团前卫营相继败退到西岭、凤凰桥等地。

　　当晚，薛岳获悉51师执行命令不力，火冒三丈，一面命令金官桥线的部队准备循序退往第二线阵地，一面亲自打通了俞济时的电话："你再往后退，使前线部队撤不下来，就军法从事。"㉕这下，俞济时怕了，即命令所部悉数开往岷山，不计损失，强行堵击丸山支队。74军到底是王牌部队，在岷山一带凭借临时挖的简陋工事，硬是与日军重装部队6个大队激战了两天，迟滞了日军突进。是日，74、4、64军占领了岷山—黄老门—庐山东麓一线（简称黄老门线）。

两面御敌

　　我军退据黄老门线还没站稳脚跟，敌106师团即尾随而至，向我猛攻不止。薛岳认为黄老门线阵地不够巩固，决定退守德安以北乌石门线。3日，1兵团依原定计划，退到马回岭地区的乌石门线。

　　在德安以北的马回岭地区是一个不大的盆地。它的西面是白云山高地，东面是庐山山麓，南面是博阳河以北的山地，只有北面沙河镇到马回岭铁路沿线地势比较平坦。1兵团一线部队退到这里后，薛岳在马回岭盆地的盆沿上，以4、74等军布成了西起白云山经乌石门、戴家山直到庐山西麓的反八字阵（简称乌石门线）。另将64军控制德安西南地区作为预备队，70军调回靖安整补。薛岳所布的这个反八字阵非常特别，其中部凹入，"如张袋捕鼠，又如飞钳剪物"㉖。日军沿铁路进入马回岭时，因防御火力点距离较远，不会受到太猛烈的火力抵抗，利于诱其深入。但日军越向前进，两侧火力点越密集，其遭受的打击也越严厉。同时，我军将重机枪设置在反八字阵地的盆沿上，其最大射程为4000米，能打到马回岭。而炮兵则部署在反八字阵的后方，可覆盖整个阵地。这样，步、炮协同组成了严密的火网。日军要突破这道防线，势比登天。3日午后，日军丸山支队进入马回岭，遭到我反八字阵地内火力点的严重杀伤，被迫停止前进。

　　3日晚，106师团到达马回岭。可这个消息并没能让冈村宁次高兴起来。根据华中派遣军汉口作战的计划，11军应当攻占南昌。可106和101这两个师团的糟糕表现，让华中派遣军司令官畑俊六对他们大失所望，在8月22日的命令中放弃了攻占南昌的计划，而要他在9月中旬以前击败当面的中国军队，攻占瑞昌、德安一线。现在已经是9月初了，德安仍然遥不可及。更为严重的是，他的主要兵力已被薛岳牵制在了德安方向，而畑俊六却希望他9月中旬向日军的主要目标武汉推进。他再不采取措施的话，又要让顶头上司失望了。于是，冈村果断做出决定，将丸山支队调回瑞昌，而以106师团向德安方向警戒，原计划投入南浔线的27师团改向瑞昌以西进攻。至此，南浔战场暂时沉寂下来。

我军利用这个时间，加紧整补。同时，薛岳命令各军减少一线的守备部队，增加二线的控制兵力。这一招使得兵团机动兵力增加，为后来应付战局突变，积蓄了重要力量。此时，蒋介石来电要调74军到长沙休整。薛岳看过后，立即明白蒋介石的意思——心疼他的这支"御林军"[27]了，遂复电："调不下来。"蒋介石再来电："74军在岷山伤亡甚大，应予调下整补。"看来，他非把74军换下来不可了。薛岳即打电话给蒋介石："赣北各军作战时间都比74军长，伤亡都比74军大，各军都未调下整补，对74军也请缓予整补。"蒋介石看薛岳态度如此坚决，只好作罢。10月初，军委会又以广东局势紧张，电调64军赴粤作战。薛岳又强留该军187师。这两支部队的留下，对日后的南浔作战起到了至关重要的作用。[28]

9月中旬，日军11军主力向瑞昌以西进攻后，受到了2兵团部队的顽强阻击，进展甚微。14日，冈村宁次将27师团投入战斗。该师团由瑞昌向武宁一路急进。24日，进到小坳一带与2兵团所部激战。当晚，薛岳接到军委会急电，将在瑞（昌）武（宁）公路作战的2兵团部队改归1兵团指挥，并让薛岳速到武宁指挥，确保武宁。薛岳接到这个命令后，觉得甚为棘手。原因有二：1. 赣北交通已被彻底破坏，当时1兵团总部在南昌，如由南昌徒步至武宁，恐怕不等抵达，武宁早丢了；2. 就是1兵团总部到了武宁，没有增加生力军，也于事无补。经过慎重的考虑后，薛岳认为：为使整个战局有利，对日军27师团的西进，与其迎头拒止，不如从背后攻击。基于上述判断，他决定抽调南浔线上前后方所有能调动的兵力，协同瑞武公路原有部队，前后夹击小坳之敌，截断敌27师团的后方联络线。于是，薛岳又一次独断专行，一面将自己的决定上报军委会，一面做出如下部署：91师、142师、60师、预6师向小坳地区进攻；141师、16师在小坳东南瑞武公路西侧向东侧击；新13师、新15师沿瑞武公路向西南作持久抵抗，以迟滞日军对武宁的进攻；新14师、新16师在潭埠至柘林对岸沿修水占领阵地，并策应修水北岸之作战；兵团总部在德安西南设立指挥所，薛岳亲率必要幕僚前往指挥作战。

但是，日军27师团没有给中国军队调动的时间。25日晨，宫崎富雄大佐指挥的中国驻屯军3联队在飞机和火炮的掩护下,向瑞武公路上的要点麒麟峰发动猛攻。18军军长黄维率60师和预6师在新13师的支援下,浴血奋战3昼夜,以伤亡数千人的代价,重创来犯之敌,击毙宫崎联队3大队大队长广部宏少佐。麒麟峰也失而复得。此役使瑞武路之敌,锐气大挫。28日,日军27师团长本间雅晴中将决定停止对白水街、麒麟峰的攻击,将主力集中攻击大屋田村西南高地。这个决定上报到冈村宁次那里,可把他的顶头上司气坏了。早在9月中旬,他就发现第九战区有将1兵团主力转用于箬溪方向之企图。据此,他决定利用1兵团主力调离、德安附近空虚之机,围歼乌石门一带之中国守军。20日,他给松浦淳六郎下了一道命令:106师团以一部在马回岭、曹家坡牵制住乌石门线阵地之中国守军,主力秘密进入德安西南地区,攻击中国军队侧背。27师团攻击麒麟峰的失利无疑是对他的如意算盘的一次沉重打击:箬溪方面无法取得进展,中国军队对106师团补给线的威胁就无法解除。一旦中国军队切断这条补给线,106师团就危险了。因此,接到本间雅晴的报告后,冈村宁次马上复电,要求27师团攻下白水街。但本间雅晴的答复,根据目前情况,拟待进入天桥河—箬溪一线后,再确保白水街。㉙冈村宁次看了复电后,知道27师团已不可能执行他的命令了,只好把成功的希望寄托在薛岳判断失误上。

巧制大"瓮"

25日,106师团主力从马回岭开始西进,妄图绕过乌石门线中国军队阵地左翼白云山地区。但事情完全出乎他们的预料。日军一出动,即被4军发现。27日,106师团在竹坊桂附近突然与4军搜索队遭遇。师团长松浦淳六郎当即下令:以小部队击溃敌军,师团主力按计划疾速突进,不得停留。但已经来不及了,欧震军长得到搜索队报告后当机立断,命令距敌最近的90师,全力攻击侧后之日军,同时将当面敌情紧急上报薛岳。中午12时,90师拦腰截住了106师团。106师团且战且进。而中国军队也不断增加兵力,32军139师、74军58师、4军102师等部先后投入战斗。日军始终无法突破周围中国军队的防御。到7日,106师团主力被成功地抑留于万家岭附近,使薛岳有了充分的时间调整部署,彻彻底底地把冈村宁次精心安排的奇袭计划变成了一招十足的臭棋。

正在指挥瑞武公路作战的薛岳接到欧震关于106师团行踪的报告后,立即意识到这是一个千载难逢的战机,遂果断决定撤开瑞武公路方面的27师团,集中南浔、瑞武、德星三线的兵力吃掉冒进之106师团。10月2日，薛岳命令：从南浔线、德星公路抽调4军、74军、187师、139师一个旅等部，从东面包围106师团；从瑞武公路抽调新13师、新15师一个旅、60师、预6师、91师、142师、19师等部，从西面包围106师团。命令既下，各部积极行动，向指定地点前进。

中国军队向万家岭大规模调动的消息，很快就被日军侦察机报告到了九江11军司令部。冈村宁次立刻猜到中国军队的动机是想一口吞掉106师团。那样的话，在此次作战中连受重创的106师团岂不凶多吉少？想到这儿，他马上发电给松浦淳六郎，向他通报了中国军队的动向，叫他火速撤出万家岭；同时又急令27师团警戒106师团右翼。但106师团正被4军和74军缠住，脱身不得。加上106师团使用的作战地图错误甚多，松浦在万家岭附近已找不着路了，要突围谈何容易。不过，27师团倒是挺卖力的，得令后紧急向106师团右翼开进，5日占领箬溪。

薛岳听到27师团向万家岭转进的消息，急令64军军长李汉魂指挥91师、预6师、60师、新13师、新15师南下武永公路，以阻止27师团与106师团会合。同时，27师团的行动也让薛岳认真思考起所面临的危险来了：武永公路的日军将东进，德星公路的日军要西进，围攻106师团的时间不能太长，否则我方在万家岭附近的部队将被有被敌合围之虞，所以必须最大限度地集中兵力于万家岭方向。但抽调哪支部队合适呢？这时，德星公路上捷报传来：9月27日，66军在隘口街、金轮峰一带重创日军步兵101联队，并于28日击伤敌101师团团长伊东政喜中将。到9月底，101师团已元气大伤，被迫停止了进攻。薛岳听到这个消息，眼睛一亮：对，就抽调66军！但66军可是蒋介石亲自指定在放弃赣北时，留在庐山打游击的部队，如请求调下庐山使用于万家岭，能获准吗？薛岳没有把握，干脆一不做二不休，又来一次先斩后奏吧，乃一面报告，一面调部队。5日，薛岳电令66军"将原守隘口街、金轮峰一带阵地交接后，于本日黄昏，经德安、永丰桥，向宝山西南地区前进，随即占领金蛾殿、公母岭之线准备攻击"。㉚

薛岳的这道命令报到了第九战区司令长官部，陈诚根本不敢相信自己的耳朵：薛岳简直疯了！把66军调走，德星公路方面的防御怎么办？留下的25军和29军能顶得住101师团吗？薛岳当然明白这一后果，不过，打仗重在歼敌，一城一地之得失则在其次。薛岳此举正要发挥内线作战，兵力便于机动的长处。在他看来，101师团已停止攻击，基本处于休整状态，对当面中国军队的情况掌握并不确实，要判明66军西调至少需2天，待其攻到德安，即便顺手，也得数日。到那时，66军已投入万家岭多日，而106师团也被消灭得所剩无几了。后来战局的发展也确实印证了薛岳的判断。由于25军和29军的坚决阻击，101师团到9日才占领隘口镇，这时106师团已被打得无还手之力了。1兵团参谋长吴逸志后来在《德安万家岭大捷回忆》一书中高度评价了这一行动："必须立于主动地位，始能出敌意表；必须出其意表，始能战胜敌人。故立于主动地位指导作战，为出敌意表之要诀；出敌意表，为制胜之要诀。如此次万家岭之役，我于10月5日抽调隘口街方面之66军，该方面之敌于10月7日始发现我兵力转用。但我66军已参加万家岭方面之战斗矣。由此足见，立于主动地位转用兵力，往往在此兵力已发生作用之后，敌方始能判明我之行动。故立于主动地位，必能先敌一着，使敌处处追随我之行动。"㉛可以说，这次66军的转用堪称整个南浔会战中最精妙的一笔。

就在薛岳下令调动66军的同一天，1兵团总司令部下达了围歼106师团的作战部署：66军从北面，4军从东面，74军从东面、新13师（附新15师一个旅）从南面，142师、91师（欠一个旅）、187师（欠一个旅）及139师一个旅从西面，向万家岭一带日军发起进攻；炮2团3营及炮1团6连在棋田以北地区占领阵地，以主力压制敌炮兵，配合攻击部队进攻；以60师、预6师在垅岭南北之线竭力迟滞敌之前进，掩护攻势部队之侧背。6日，各部均到达攻击发起位置，基本形成了对106师团的合围态势。7日，薛岳率吴逸志等总部人员亲临前线，召集各部将领部署总攻事宜。身着戎装的薛岳立于齐腰深的蒿草中，一脸杀气地宣布："此次攻击，有进无退，违者斩！"

"瓮"中击"鳖"

入夜，总攻开始，中国军队从四面八方向万家岭一带扑来。日军106师团拼死抵抗，双方伤亡均重。到8日晚，74军收复长岭，并与敌反复争夺张古山一带阵地；66军克复石堡山、老虎尖；4军猛攻鸡公岭、狮子崖、大金山等处，并在狮子崖等地与守敌形成对峙；142师攻占桶汉傅、周家之线。这样，中国军队完成了对106师团的合围。

中国军队的强大攻势让106师团难以招架。8日，敌11军配属给该师团的参谋樱井镣三中佐致电11军作战课长宫崎周一大佐求救："师团正面之敌，每到夜里仍然从各方面进行数次袭击，有逐次将师团包围之势，虽要求急攻，但因

万家岭歼灭战德安附近及瑞武永武路阻击战经过要图

(1938年9月23日至10月30日)

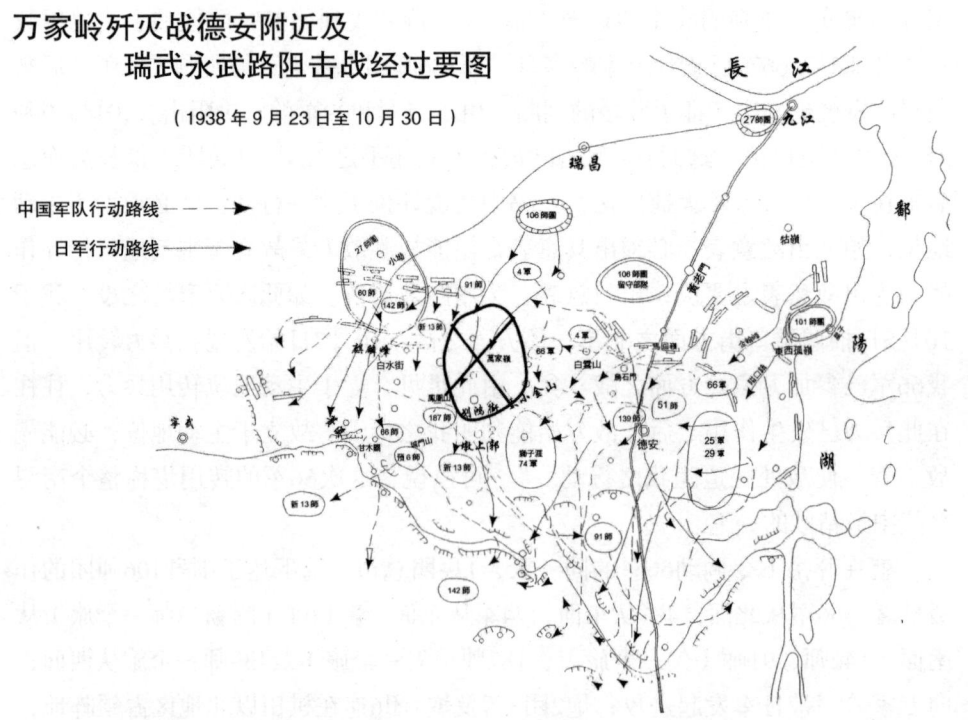

地形错综复杂,部队行动易出错误,进展不能如意。若拖延时日又恐师团态势不妙。谨此请求给师团以战斗指导。"宫崎周一接到这份电报后,不敢怠慢,立即呈报冈村宁次。冈村宁次看过之后,马上感到形势危急,当即命令:"27师团以步兵约3个大队为基干的部队,立即返回从箬溪—津市大道向甘木关附近急进,从背后攻击106师团当面之敌,并令其一并指挥经箬溪附近追赶106师团的炮兵队及补充队。"㉜命令下达到27师团后,本间雅晴急令佐枝支队从箬溪附近出发,赶往增援。但在来龙岭一带遭到李汉魂所部有力阻击,无法前进。

9日白天,万家岭一带的战况异常激烈,4、66、74军猛攻扁担山、田步苏、万家岭、张古山、墩上郭、箭炉苏之敌阵地,无大进展。但同时,敌向哔叽街以南74军阵地及杨家山187师阵地之反击亦被击退;142师亦袭击了位于石马坑刘的敌炮兵阵地,毁炮数门。尽管各部队作战都相当努力,但仍未能打破僵持局面,这让坐镇指挥的薛岳心急如焚。他知道武永公路援敌不断增加,突破李汉魂组织的防线只是时间问题;而德星公路上的日军101师团也正在西进,隘口镇将陷;如不在短时间内解决万家岭一带的战斗,后果不堪设想。想到此，他当即命令各部组织200—500人的奋勇队，于当晚向万家岭地区之敌发动最后的总攻。当晚7时，在轻、重火器的支援下，各部奋勇队利用夜暗一齐向万家岭、箭炉苏、田步苏、雷鸣鼓刘、杨家山发起冲锋，大部队则跟在奋勇队后面向前推进。战斗至次日凌晨3时，66军克复万家岭、田步苏，残敌退入雷鸣鼓刘；4军则从东面收复大金山西南及箭炉苏以东高地。拂晓，74军攻克张古山，91师攻占杨家山东北无名村高地，142师（欠一个团）攻占杨家山北端无名村及松树熊。这一夜，仅66军和4军就缴获轻重机枪50多挺、步枪1000多支，俘虏30多人、马100多匹。但遗憾的是，当夜4军奋勇队突到万家岭106师团指挥所附近不过100米处，因天色太黑，加之审俘不细，未能及时发现松浦淳六郎，结果使抗战中唯一一次俘虏日军师团长的机会轻易溜掉。据战后一名日俘供认："几次攻到师团部附近，司令部勤务人员都全部出动参加战斗，师团长手中也持了枪。你们如果再坚决前进100米，师团长就被俘或切腹了。"㉝

10日，薛岳令各部队稍事整顿，继续进攻，以肃清石马坑刘、雷鸣鼓刘、桶汉傅周围日军。当天傍晚5时，进攻开始。入夜后，66军攻入箭炉苏；142师收复哔叽街。106师团被迫收缩于雷鸣鼓刘、石马坑刘、桶汉傅、松树熊附近困守。在此期间，松浦淳六郎告急电报像雪片一样飞向11军司令部。冈村宁次急了，即将战车5大队（缺两个中队）配属给佐枝支队，11日又命畑俊六刚调归他指挥的17师团铃木支队，从九江南下，一并指挥佐枝支队，攻击万家岭地区中国军队侧后。12日，薛岳鉴于日军援兵不断聚积，"有利时期已过，各部苦战，伤亡过重，战力无几"㉞，命令各部转入防御。13日，铃木支队追上佐枝支队。14日，为迟滞援敌前进，30集团军等部奉薛岳之命，向箬溪方面攻击。27师团招架不住，冈村宁次只好命令铃木支队抽调步兵两个大队回援。但这次反击只能起到减缓敌援军前进速度的作用。15日下午武永公路之敌攻占甘木关。与此同时，在德星公路作战的101师团亦向德安推进，16日突破25军和29军在德安东北的阵地，进入德安河北侧，随即强渡德安河。但中国军队顽强抵抗，将其拒止在德安河北岸。同日，薛岳见敌援军逼近，全歼106师团残部已无可能，遂令各部退守德安以西之柘林、郭背山、永丰桥、卢家滩及德安以北的乌石门、戴家山一线。17日，甘木关附近的中国守军撤走，106师团残部与铃木支队取得联系。是役，毙敌3000余人，伤敌更多，缴获大量武器及辎重装备。㉟就连冈村宁次也不得不承认，此战106师团"受到全军覆灭的严重打击"。㊱但没能消灭松浦淳六郎和106师团残部也让薛岳颇感遗憾。战后，他在

给蒋介石的报告中这样说道:"此次敌迂回作战之企图虽遭挫折,但我集中围攻,未将该敌悉数歼灭,至为痛惜。"㊲

大捷的余波

救出106师团后,冈村宁次将佐枝支队及战车3中队配属给106师团,106师团原留守马回岭的一个步兵大队和骑兵大队配属给101师团,命该两师团向德安、永修方向追击。24日夜,101师团强渡德安河成功,向德安进攻。而27师团亦由西北向德安压迫。德安位置顿形突出。但我军仍英勇奋战。27日下午,101师团冲进德安。守军139师与敌展开了激烈巷战。28日,德安沦陷。为避免与日军背水作战,薛岳命令各部向修水南岸转移。31日,冈村宁次得知中国军队后撤,急令101师团"向虬津市、永修附近修水一线追击",106师团"策应101师团,向虬津市附近追击"。此时,由于中国军队主力已退至修水南岸,日军没有受到多大的抵抗就攻占了永修、虬津市和白楂街。虽然侥幸完成了占领永修的任务,但冈村宁次仍对万家岭之败心有余悸,"为避免在永修方面惹起新的战斗",于11月2日命令101师团和106师团沿修水河北岸布防。㊳至此,南浔作战结束。薛岳因战役中指挥得当,屡挫强敌,让蒋介石非常满意,很快就擢升为第九战区副司令长官。

但此时,薛岳完全没有庆幸之感,因为日军已于10月21日侵占广州,广东家乡正遭受敌寇铁蹄的蹂躏。薛岳对此心急如焚,要求蒋介石批准他回粤保卫家乡。蒋介石起初慨然应允,但几天后又变卦了,令白崇禧回粤。薛岳听到这事,激愤异常,一怒之下竟向蒋介石请病假。蒋介石一看捅了马蜂窝,便命令陈诚前去南昌安抚薛岳,许以第九战区代司令长官之职。谁知,薛岳一见面就让老朋友下不来台,言辞坚决,拒不从命。陈诚和在座的江西省主席熊式辉,费尽口舌,足足花了半天时间才让薛岳打消了去职的念头,同意接受任命。通过此事,薛岳的个性给陈诚留下了深刻的印象。12月6日,陈诚在给家人的信中对这位挚友性格的忧虑跃然纸上:"伯陵此次之爱乡爱国之情绪及戒慎恐惧之精神,实为可佩。唯脾气实太强,非深知者实难相处。"㊴

陈诚很快就将与薛岳交谈的情况报告蒋介石,蒋介石心里还是没底,他明白,薛岳仍然不服气,尽管口头上同意接受新职,也只是给陈诚的面子,随时可能变卦。因此,要让薛岳正式履新,必须有一个能让他无法推托的理由。正好,一个不幸事件的发生给了蒋介石机会。

冈村宁次在结束了赣北的战斗之后,即着力指挥部队向岳阳进攻。第九战区2兵团各部抵不住敌。11月11日,岳阳失守,湖南省会长沙大为震动。湖南军政当局以为日军要南下攻占长沙,惊慌失措,立刻布置长沙撤退事宜,并密令长沙警备司令部在撤退时实行"焦土政策",火烧长沙。12月12日晚,忽然有人误传日军开始向长沙进攻了。于是,长沙军警四处纵火,到第二天下午,长沙大半化为灰烬。后来,蒋介石闻之,大怒,下令调查。最后,在多方维护下,著名爱国将领、湖南省主席张治中终于逃过一劫。而长沙警备司令酆悌、警卫团长徐昆、警察局长文重孚却当了替罪羊,被枪决。有人气愤不过,送给张将军对联一幅:

治绩何云?两大方案一把火。

中心安在?三颗人头万古冤。

横批:张皇失措。

长沙大火后,蒋介石为安定人心,打电话给薛岳:"长沙大火后,社会混乱,人心惶惶,请速赶到长沙平乱,越快越好。"㊵薛岳接到蒋介石电话后,二话没说,星夜兼程,于12月17日赶到长沙。薛岳到达长沙后,蒋介石立即发布命令,以薛岳代理第九战区司令长官,着令协助张治中收拾残局,安定民心。薛岳随即发出安民告示,救济市民,兴建新房安置难民,团结地方派系,很快稳定了长沙局

薛岳与陈诚在抗战时期先后担任第九战区司令长官

势。1939年1月17日,国民政府正式任命薛岳为湖南省主席,以表彰其安定长沙之功。其间,汪精卫在河内通电叛国,并企图拉拢昔日的追随者薛岳等人一同降日。薛岳出于义愤,严词拒绝。

第七章

走向辉煌

第一节 痛失南昌

战前筹划

武汉、岳阳沦陷后，侵华日军虽然侵占了中国大片国土，但由于中国军民坚决的抵抗，侵略者付出了惨重的代价。日本大本营鉴于兵力和物资消耗太大，短期内无法补充，不得不暂时停止了战略进攻。从此，中国的抗日战争进入了相持阶段。为了适应战局新的变化，国民政府军事委员会于1938年11月25日—28日在南岳衡山召开了军事会议。薛岳等第三和第九战区的高级将领出席了这次会议。会议策定了武汉、岳阳沦陷后的战略指导方针："国军应以一部增强被敌占领地区内的力量，积极展开广大游击战，以牵制消耗敌人。主力应配置于浙赣、湘赣、湘西、粤汉、平汉、陇海、豫西、鄂西各要线，极力保持现在态势。不得已时，亦应在现地线附近，尽量牵制敌人，获得时间之余裕，俟战力培养完成，再行策动大规模攻势。但第四战区应尽先集中有力部队，转移攻势。"[①]据此，会议决定重新划分战区。根据新划定的作战区域，第九战区辖区为赣西北、鄂南及湖南，兵力为52个步兵师，为实力最雄厚之战区。

根据会议精神，南昌和长沙是第九战区的战略支点。而南昌扼浙赣线和赣江、鄱阳湖交通要冲，又掩护着长沙侧翼，威胁沿江日军的战略要地，战略地位十分重要。据此，薛岳判断日军将先攻占南昌，再由赣北和湘北两方面会攻长沙。因此，南岳军事会议结束后，他火速赶回南昌，责成1兵团参谋处副处

薛岳与陈诚在南岳军事会议期间的合影

长赵子立会同中将高参杜建时拟订南昌作战计划。赵子立与杜建时经研究后认为：修水南岸，自张公渡以西是高连山地，大兵团运动困难，日军不会从这面进攻。张公渡以东是低山地和平地，利于机械化部队行动，估计日军将会由张公渡以东地区，经安义、奉新向生米街方向迂回，将我修水南岸部队围歼于赣江以西地区，这样南昌就唾手可得了。同时，修水以北交通虽已破坏，尚未彻底，日军可在短时间内修复，故其进攻时可能在修水北岸使用大量炮兵和机械化部队，加之修水水面太窄，障碍作用不太大，因此，在修水南岸与日军决战十分不利。而奉新方面是个洼地，我修水南岸部队逐次抵抗到潦河南岸时，以有力部队由安义、奉新附近山地向敌侧击，协同潦河南岸的部队将日军包围于奉新、安义地区，再与之决战，较为有利。

基于以上判断，赵子立等拟订了南昌防御作战计划。该计划"以决战防御为目的"，以一部兵力，守备鄱阳湖西岸及修水南岸，逐次抵抗进攻之敌，为决战争取准备时间；以主力控制于奉新、安义东西山地，俟敌深入潦河北岸，转取攻势，协同增援部队及由修水南岸逐次抵抗南撤之部队，歼灭进攻之敌；在敌进攻前，须将修水以南，牛行、奉新以北的道路彻底破坏。其具体部署为：吴奇伟应以有力一部守备鄱阳湖西岸湖防，另一部任南昌警备，主力置于西山、梅岭地区；49军应任张公渡以东修水南岸及涂家埠的守备，重点保持于左翼；70军应以一部任张公渡及张公渡方面修水南岸的守备，以主力置于张公渡西南的山地；79军控制于安义以西山地。②

这个计划经参谋处长狄醒宇转到薛岳手里。薛岳读过后，表示基本同意赵子立等对日军进攻方向的判断，随后就提出了自己的看法：修水自涂家埠东至吴城间湖沼星罗棋布，不适于大兵团作战，仅张公渡至涂家埠间，河道向敌弯曲，且永修通安义公路破坏尚未彻底，敌机械化部队极易活动，判断敌主力，必将用于虬津到永修间。因此，没有必要将战场布得那样宽，将敌诱于安义以北地区即可，而后由左翼转移攻势，将敌压迫于修水南岸湖沼地带而歼灭之。同时，还应考虑武宁方向敌军的动向。根据这一分析，薛岳做出了如下防御部署：预5师守备松门、荷溪垅、西庄一线；32军守卫吴城、涂家埠之线；79军守备狗子岭、馒头山一线；49军于凤栖山、邓家山之线布防；70军守备赤陵山、沙田港、范家铺一线；78军守备游墩嘴、潭埠一线；73军守备上滩陈、棺材山、眉眼山之线；8军197师防守金水铺，3师控制于武宁；一旦日军发现在修水北岸集结，72军应开赴武宁布防，以加强侧翼的防守。

不久，薛岳奉调代理第九战区司令长官之职，收拾长沙大火后张治中留下的烂摊子，这个计划就转交给了前来接替指挥赣西北防务的19集团军总司令罗卓英。1939年1月，薛岳又组织参谋人员拟订第九战区防御作战计划。根据他的要求，该计划关于南昌方面作战的计划在前述计划的基础上着重强调了破坏道路的重要性。但薛岳正忙于处理湖南政务，疏于督导，该计划起草工作进展迟缓，到日军开始向南昌进攻时才脱稿，因此对战局没有起到任何作用。在后来的作战中，就是因为主持赣北战局的罗卓英在计划中强调的诸多方面出现严重失误，致使日军机械化部队长驱直入，攻陷南昌。多年后，赵子立在回忆这段历史时，还引为憾事。

与第九战区的拖沓形成鲜明对照，日军在武汉会战一结束，进攻南昌的准备工作就紧锣密鼓地开始了。1938年年底，日军中国派遣军就向11军下达了"来年阳春之际，攻占南昌"③的命令。接到命令后，冈村宁次即着手对在上次南浔会战中遭受重创的101、106师团进行了补充和整训。次年1月31日，冈村宁次根据此前周密侦察的结果，制订了南昌作战计划，决定以主力直接突破修水正面阵地，然后经安义、奉新，渡过赣江直取南昌，以避免在南浔线上强攻。为了洗雪前次南浔战败之耻，他仍以101、106师团这两支"不中用"的部队担任主攻，并将一个战车联队、两个独立山炮联队、三个150毫米榴弹炮联队及大量毒气弹配属给他们，使炮兵、坦克兵与步兵的比例达到了创纪录的1：1。同时，他还命令6师团主力向武宁、三都方向进攻，以掩护该两师团侧翼；16师团（附骑兵4旅团）、9师团于3月上旬向汉水、湘北方向攻击，以隐蔽日军作战企图，牵制这两个方向的中国军队；3飞行团全力支援南昌方向作战。另外，在冈村宁次的要求下，中国派遣军于2月6日命令22师团在钱塘江方向实施攻击，以牵制第三战区主力。一切安排妥当，冈村宁次得意扬扬，认为此项计划如此周密，日军将稳操胜券。他对101师团长斋藤弥平太和106师团长松浦淳六郎说："在武汉作战中两个师团的牺牲很大，所以这次作战要集中炮兵、坦克、化学武器和飞机，进行一次能够体验到战胜感觉的战争。"④

可是，冈村宁次远远低估了中国方面的情报能力。就在他下达作战计划后不久，中国最高统帅部就得到了日军即将进攻南昌的确切情报。2月5日，军委会即电告第九战区："敌将于3月间进攻南昌。"⑤7、8日，蒋介石又先后两次致电薛岳："此次敌攻南昌，其主力在武宁、修河一带，务望悉心筹划，依攻势防御，严密配备，加强工事。我军总预备队，应置于武宁附近，非待敌兵力疲惫相当程度后，切勿轻率出击为要。"⑥根据这一指示，薛岳下令调整部署：73军将湘潭、株洲一带防务交6军一个师接替后，即开武宁附近待命；30集团军总司令王陵基即率72军开赴修水、三都附近，并指挥湘鄂赣边区游击总指挥樊崧甫所部，担任武宁方面之作战；1集团军即开铜鼓附近，归27集团军总司令杨森指挥。

2月下旬，蒋介石获悉"武长路增敌3万余，德安也有大部队集结"⑦，随即决定确保以强有力的野战兵团从西向南浔线之敌主动发起进攻，以破坏日军的企图。从2月26日—3月16日，国军委会三次电令第九战区"自主的转移攻势"。但薛岳却认为，当面日军工事极为坚固，攻取不易，"敌善于固守而我则短于攻坚"，使用大兵团强攻敌阵没有什么效果，徒增伤亡，所以须"以奇兵攻击动态之敌，较易收效"⑧。加之，第九战区对当面敌情了解不力，误以为在本战区内日军有七个师团的强大兵力（后来，薛岳对各部掌握敌情不实非常不满，多次严斥各部加强这方面的工作，但由于诸多原因，到第一次长沙会战前第九战区这方面的工作才有所改观。），因而对上面的出击命令兴趣不大，三次均以本战区准备不周为由，推托过去。2月下旬，日军9、16、116师团等部在鄂南、湘北、鄂北、鄱阳湖东岸地区率先发起攻击，先后攻占安陆、崇阳、钟祥、京山、都昌等地，吸引住了当面中国军队，分散了薛岳的注意力。到 3 月 17 日，薛岳还错误地认为："本战区当面之敌调动频繁，除仍积极加强工事一面整顿外，目下似无若何企图。"⑨他万万没料到，就在这一天，日军经过一番精心准备后，开始了新的进攻。

南昌失守

3 月 17 日晨，日军以兵舰数十艘在航空兵协同下，开始炮击吴城。一时间，32 军阵地上火光冲天，爆炸之声此起彼伏。轰炸一直持续到太阳落山时，吴城全镇几成焦土。次日上午 9 时，日军村井支队在海空军的协助下，于吴城附近强行登陆。任该方面防守的 141 师 721 团（附炮兵 1 个连）凭借简易工事，沉着应战，在 141 师主力和预 5 师的支援下，屡挫敌锋，一直坚持到 23 日，经巷战肉搏后，才于夜间奉命放弃吴城，退守金塘桥以南阵地，使日军无法深入。可以说，这个方向上的作战是非常成功的，可正如薛岳事前预计的那样，日军在吴城一带的攻击只是牵制性的进攻，其真正的进攻方向还是在修水正面。

3 月 17 日，日军 101 师团以有力一部渡过永修东面的修水支流杨柳津河，攻击 32 军 139 师警戒阵地。139 师警戒部队奋勇抗击，坚守阵地两天，完成任务后，主动撤回南岸。当时，天公不作美，春天旱季竟下起了大雨，修水水位上涨，南岸中国军队的防御阵地多被淹没，水上障碍物大部分被冲走，大大降低了日军进攻的难度。20 日下午，日军 101、106 师团先头部队在 200 多门火炮支援下，向修水两岸中国军队阵地发起猛烈进攻。为了加强火力准备的效力，日军悍然使用毒气弹数千枚，形成了纵深约 2000 米、正面约 12 公里的毒气带。防守虬津到永修正面阵地的 79 军 76 师、49 军 105 师伤亡严重，大量官兵中毒。黄昏后，狗子岭、熊村、观音阁等阵地相继失守。翌日拂晓，日军已突破纵深约 2 公里的中国军队主阵地，续向大路叶及大王庙攻击。142 师以血肉之躯与之搏斗，大路叶阵地先后六次易手，形势危如累卵。

当天，主持赣北战局的罗卓英急令 79 军 98 师、118 师及 49 军预 9 师分向右翼驰援。而此时，薛岳也觉情况不妙，遂电请第三战区司令长官顾祝同速派两个师至南昌，一个师到进贤、东乡，策应作战，并严令 19 集团军所属各师限于 22 日歼灭修水南岸之敌。然而，由于大雨滂沱，118 师及 98 师增援受阻，致敌攻陷馒头山、五谷岭、凤栖山、梁山等阵地，105 师刘仁纯营全部殉国，预 9 师、105 师及 76 师被迫退守黄婆井、戴家山、高垅山及滩溪南岸阵

顾祝同

地。旋118、98师赶到战场,向黄泥岗、戴家山之敌攻击未果,只得后撤。22日,薛岳看到战况益急,严令罗卓英以下各将领务必亲率所部,"在滩溪以北地区,死战7日,任何牺牲,在所不顾,如有擅自撤退者,决按军法议处"⑩,待各地援军到达乐化、安义之线,即大举反攻。但他万万没想到,就在21日晚上,49军与79军的通信中枢被日军炸毁,两军已失去联系,无法组织有效的抵抗。他发出这道命令之时,滩溪已经弃守,敌军正向南昌方向突进。22日,日军进入安义东西地区,其106师团直逼奉新。

23日,蒋介石感到南昌失守,已只是时间问题了,特致电薛岳、罗卓英和江西省主席熊式辉:"此次战事不在南昌之得失,而在予敌以重大之打击。即使南昌失守,我军亦应不顾一切,皆照指定目标进击,并照此方针,决定以后作战方案。"⑪根据这一精神,桂林行营电令罗卓英以有力部队守备南昌,并将第三战区鄱阳湖东岸的守备部队以及驻防东乡、进贤地区的102师、16师拨归罗卓英指挥。同时,薛岳命令70军、74军及1集团军速向高安、奉新、安义方向集结,以侧击南窜之敌。但这些措施并没有给战局带来任何起色,正当罗卓英遵命调部队开赴万家埠、靖安、安义一带布防时,日军机械化部队就趁其防线尚未建成之机,一鼓作气,突破了万家埠、靖安、安义地区的守军阵地。23日,万家埠、奉新失守。日军以111旅团长山地亘少将指挥147联队向高安方面进军,阻击前来增援的74军等部;主力则由安义左旋向南昌突进。此时,在南昌附近仅有刚由第三战区调来的102师及随后赶到的32军一部驻守。其中,102师已奉命开赴乐化,企图利用预先构筑的坚固国防工事固守,迟滞日军前进。可是,日军没有在乐化进行攻坚,而是绕过中国军队的预设阵地,直扑南昌腹背部。102师只好撤离乐化,回援南昌。

24日,罗卓英见南昌空虚,而32军、预5师一直与日军相持于涂家埠到吴城一线,已成孤立之势,急将32军南调,与102师共守南昌。25日,罗卓英又不得不忍痛调在西山、梅岭休整的4军进到赣江抵抗。同日,刚到达南昌的32军军长宋肯堂获悉,102师在乌山铺、西山万寿宫遭日军攻击,被迫向丰城退却;而139师也在南昌以西与日军接火。形势已万分危急。由于我军主力尚未开到，宋肯堂只好紧急动员南昌的保安队、宪兵及警察布防。但当他看过南昌的城防设施后，简直不敢相信自己的眼睛：罗卓英高喊了几个月保卫南昌，当敌人来犯之时，南昌的防御工事却千疮百孔，在东面的天然防线——赣江大堤、抚河大垱上竟连土堡都没挖一个。

26日上午，日军骑兵百余、战车4辆，攻占牛行，兵临南昌城下。32军一部和102师顽强抵抗，并炸断了中正桥，暂时把日军挡在了赣江西岸。可日军很快转变进攻方向，以主力绕至南昌以南的生米街、曾家渡过赣江。南昌危在旦夕。

是日晚，罗卓英得知日军已渡过赣江，慌了手脚，立即打电话给薛岳，要求放弃南昌。薛岳马上找来参谋处正副长狄醒宇和赵子立研究情况。狄醒宇和赵子立都反对撤离南昌，并分析说：鄱阳湖无情况，吴奇伟军团守赣江东岸可能支持三四天，79军还有战斗力，让他以梅岭、西山为根据地，向南侧击敌人，1集团军已到中途，日军由一条道窜到生米街，孤军深入，不是好的态势，还是让1集团军2个军、30集团军1个军，连同70军共4个军，限他们4日后向安义、大城攻击，让49军在高安、上高间收容整理，为预备队。这样，有可能转败为胜。这话听起来似乎有些道理，也确实让薛岳犹豫了一阵。但薛岳反复考虑了各军状况后认为，79军和49军前期损失太大，急需整补，要他们侧击敌人，实在勉为其难；30集团军被日军6师团牵制于武宁地区，短时间内无法抽身；而1集团军与74军在向南昌增援途中已与向高安方向进攻的日军接上了火，难于脱身；能够调得动的只有70军，要靠这么一个军收复安义、大城，不太现实；况且南昌守备兵力不足，要撑4天以上，无异于天方夜谭。因此，他最后决定放弃南昌。狄醒宇请他再考虑。薛岳不便争执，说："你们回去吧，这个电报，我自己起草。"⑫第二天，薛岳就下达了撤退命令，让19集团军退守梁公渡、松湖、高邮市、祥符观、故县一线，特别指示79军应由乐化向西突围。

薛岳下达撤退命令的当天，日军101师团从南、北两个方向会攻南昌。是日晨，南昌市区守备部队在141师师长唐永良指挥下，与敌展开惨烈的巷战，仅汽车总站一地就三次易手。就在南昌市区巷战的同时，日军一部由生米街袭占莲塘，并继续向东迂回南昌守军后方。当晚，唐永良乘日军尚未完成合围之际，奉命率部队乘夜撤至广阳桥集结。南昌遂告沦陷。与此同时，日军106师团进抵梁公渡，切断浙赣线，达成了其战役目标。

就在南昌失守之时，74军与1集团军正在日夜兼程赶往南昌。27日，74

军先头部队到达大城附近的祥符观，与日军步兵147联队千余人发生激战；而1集团军前锋则进抵高安以南的灰埠。这时，南昌弃守，两部再行增援已无意义。薛岳和罗卓英又发现日军一部正向高安方向移动。为防止其席卷中国军队两翼，阻止日军对张（张公渡）南公路和南浔线内中国军队进行包围，并确保湘赣公路与南昌周围之联系，二人决定保卫高安。28日，根据罗卓英的命令，51师分两路出击祥符观。但日军一再增援反扑，并使用国际法所禁止的达姆斯弹和毒气弹，使51师官兵蒙受重大伤亡。153旅旅长张灵甫亲赴前沿指挥作战时，亦腿部中弹负伤。4月1日，51师师长王耀武见部队实在支撑不住了，而后援又迟迟不至，只得退守看白石岭、赶车垅一线。4月2日午后，74军主力赶到战场，但罗卓英却以态势不利，不宜决战，令该军以一部向西掩护1集团军主力占领铜鼓岭、村前街阵地，主力则撤到锦江南岸。

南昌、高安失守，第九战区的形势变得非常严峻，浙赣线被切断，长沙侧翼及湘赣边界受到日军严重威胁。薛岳再也坐不住了，于4月3日通电各部，说明战局已进入危险阶段，严令第一线官兵"将来无论战斗如何激烈，伤亡如何重大……亦必须确保百丈峰至新喻、上高、宜丰及清江、分宜、宜春、万载各要点"，防止日军进入湖南。在电文中，他还提醒前线将领"如各部队作战不力为敌突破，则敌南进，我对东之正面扩大，敌西进时，对北之正面扩大"，"敌主力愈易进展，攻我后方，如此必陷我湘北及赣西北部队于艰苦，须知本战区兵力占全国四分之一以上，如本战区惨败，不仅湘赣灭亡，恐而后国军亦无力抗战"[13]。在薛岳要求下，蒋介石亦特令各集团军总司令亲赴前方督战。于是，各部长官均亲临前线，积极整顿部队，调整部署，准备迎击日军新的进攻。与此同时，在前段时期磨磨蹭蹭的顾祝同也感到本战区西面受到了日军的威胁，着急起来，紧急命令32集团军总司令上官云相率所部6个师自广德驰赴临川，以加强鄱阳湖东、南两岸及赣江、抚河间之防御。经过一番调整，南昌、高安附近的战线渐渐稳定下来。

在日军101、106师团进攻南昌、高安的同时，6师团亦在伪军一部的配合下进击武宁，以掩护进犯南昌之敌的右侧背。守备该地区的中国军队是由30集团军总司令王陵基统一指挥的30集团军（辖72、78军）和湘鄂赣边区挺进军（总指挥樊崧甫，辖8、73军和第1游击司令孔荷宠所部）。

3月20日，日军先向上滩头、麦家王等阵地攻击。73军与敌激战竟日，损失甚大，被迫于当晚后退。日军遂乘势强渡修水。78军所属新16师2旅进行了坚决阻击，打退了敌军的多次进攻。21日，薛岳电令王陵基将总司令部从澧溪移到莆田桥，以就近指挥所属各部"协力歼灭当面之敌，后东进向永修德安线，猛击敌之侧背"⑭。22日，南昌正面战事紧急，薛岳心急如焚，又急电王陵基，强调"务确遵迭电所示任务，漾日（即23日）开始猛烈攻击，誓死歼灭来犯之敌"。在击破正面之敌后，王部应"以第78军，沿修江南岸，向张公渡之敌后侧攻击前进；以第73军、第8军，沿修江北岸向白槎之敌后侧攻击前进；并派有力之两支队，一袭德安，一袭瑞昌，掩护主力之左侧；以第72军，保守武宁原阵，及策应主力军之作战"⑮。王陵基接到此令后，立即严饬78军、8军、73军于次日协力反攻，另以72军为总预备队开赴武宁策应，并阻敌西窜。

但战局却没有像薛岳和王陵基预想的那样发展。23日，正当各部进入攻击位置准备出击之际，日军抢先强渡修水，突破新16师2旅罗坪阵地，向东直逼扬州。同时，73军和8军据守的修水北岸之大脑尖、棺材山、望人脑、加白老一线阵地一部被敌攻陷，形势万分紧急。薛岳一再要求王陵基派部队增援77师和3师，但王陵基以全线各部都在告急，不敢轻易派出援军。薛岳见30集团军迟迟未动，急了，严责王陵基贻误战机，并令其去前线督战。王陵基无奈，只得赶赴前沿。总司令亲临火线，使前线各部士气为之一振，纷纷向敌反击。战到当晚，15师收复望人脑、棺材山、加白老等地；77师与敌争夺大脑尖，阵地失而复得竟达四次之多。王陵基见战事有利，即令8军分组四个支队，向南浔线日军的后背瑞昌、德安间袭扰。24日，日军全力反扑，并乘风纵毒。中国军队损失严重，尤以3师为最，全师战后整编仅存两营。日军乘势攻占望人脑、棺材山、加白老及南岸的扬州、洞口、罗坪等阵地。这时，薛岳以南昌方面情况紧急，电告王陵基，除要求其调72军赴正面作战外，令8军全部兼程东进，并饬各部"依现势应迂回攻击，切忌阵地对峙"⑯。王当遵命重整阵地，以72军接守老鹿头、大并山及加白老以西、陈庄等阵地；15师向加白老、金鸡山口敌相机突击；197师在大桥河附近与敌对峙，使73军与72军分左右两翼并力向敌逆袭，而后归还8军建制；8军不必待197师归还建制，即全部挺进德安以捣敌后。

28日，日军在得到增援后，趁中国军队调整部署尚未完毕，突然猛攻老鹿头、大并山、金鸡山一线阵地。72军抵挡不住，被迫于太阳落山后后撤。日军遂乘胜于29日拂晓进占武宁。此后，日军继续追击，以一个加强联队向72军攻击，另以1000余人向78军柳山、荷山阵地进攻，但遭到中国军队的顽强反击，几经挫折，只得退回武宁。不久，湘鄂日军调整部署，9师团将湘北防务交由新到的33师团接替，准备调回日本。为掩护两部交接防务，6师团主力从武宁西移，转犯湘北，武宁方面随之平静下来。王陵基、樊崧甫得以收容部队，调整部署。

反攻南昌

南昌会战爆发后，为策应赣北作战，薛岳命令湘北、鄂南各部攻击当面之敌。于是，该地域之20、37、52、54等军积极行动，破坏湘北、鄂南之交通，打击当面之敌据点，使湘北、鄂南之敌陷于困顿，严重影响了日军9师团和33师团交接防务。有鉴于此，3月底日军攻占南昌、武宁后，冈村宁次不得不从南昌、武宁抽调部队向湘北及粤汉线正面防线扫荡，以稳定该方面局势。这样一来，赣北方面日军兵力就大大减少了。4月中旬，根据国军军委会部署，第三、第九战区趁此机会，向南昌、武宁、高安发起了大规模反攻。

这次反攻是从武宁地区开始的。4月中旬，随着日军主力一部西调，九岭、新墙河战事渐趋紧张。16日，薛岳急电王陵基，令其率部反攻武宁，以牵制西犯九岭、新墙河之敌。王陵基接到命令后，随即组织8、72、78军于18日开始反击。起初，中国军队进展顺利，先后攻克萧氏祠、毛狗山、杨岗、野猪岗等地，并打退了日军的多次反扑。19日凌晨2时，各部同时出击，夜袭武宁，但因日军火力太猛，伤亡惨重，被迫于19日夜退据萧氏祠、上坑、后坳山等阵地。20日，日军趁72军后退之机，向其尾击，先后攻陷毛狗山、茶皮坳、厚竹尖等阵地。幸而72军奋勇阻击，制止了日军的反击。于是，双方在修水两岸形成对峙。

30集团军反攻武宁受挫给薛岳敲响警钟：尽管日军在赣北的兵力减少，但其已在南昌、武宁、高安等地站稳了脚跟，我军要进攻南昌，攻坚不可避免，但依中国军队现有攻坚能力来看，南昌对他们来说可望而不可即。不过，蒋介石还是对攻克南昌寄予厚望。4月17日，他向薛岳等发布攻略南昌计划，指示第九战区"先以主力进攻南浔沿线之敌，确实断敌联络，再以一部直取南昌，并预计4月24日开始攻击"，同时将第三战区在南昌附近的32集团军暂时划归罗卓英指挥，以加强对南昌的攻击力。[17]

薛岳虽明知攻克南昌不现实，但因日军发动进攻前，没有执行军委会命令，出击德安、瑞昌，而受到上级申斥，已不敢再违抗委员长的意志了，只好硬着头皮部署南昌反攻战役。但为了不使进攻南昌的失败影响到第九战区的整个防御部署，薛岳只调74军和1集团军参加反攻作战，该两部主要用于高安、奉新、安义、大城等次要方向，担负辅助进攻。而同时，19集团军主力尚在整理之中，只能以一部参加进攻。攻击南昌的任务就落到了从第三战区调来的32集团军肩上。不过，薛岳也没有完全放弃收复南昌的努力，他反复叮嘱罗卓英，在制订攻略南昌的计划时，要强调奇袭，切忌攻坚。

19日，根据薛岳的指示，罗卓英确定攻击部署：1. 32集团军以三个师兵力附预5师一部为一组，编成以团营以基干的若干支队，乘敌不备，化装潜入，袭击南昌城厢；以主力分编为若干挺进队，向敌空隙或薄弱部挺进，伺机攻占南昌；对公路附近敌之坚固据点，宜派部队钳制之。2. 74军和49军两个军组成一个集团，由19集团军副总司令兼74军军长俞济时指挥，向高安、奉新、大城方向展开进攻：74军以两个支队各约一个团，由木梓洲、涂家洲之间和鼻狗岭、河头、金家之间渡河，分向西山万寿宫、黄沙冈一带地区和古楼冈、白仙岭一带攻击；其余全部由高安以西渡河后，以一个师钳制高安之敌，最好先占领高安，以后伺机策应主力之作战，以两个师由米峰（不含）以南，向赤土街、虬岭一带地区攻击。3. 49军以105师接替罗仙坛、咽喉山、彭家铺（不含）74军阵地，重兵器应由锦江南岸配置有力部队直接守备；预9师仍担任赣江到高安河南岸守备，但须集结有力机动部队。4. 1集团军以一个师占领马鞍岭、大禾岭一线阵地，策应集团军主力作战；以两个师由米峰（不含）以北向奉新地区攻击，如无法攻占奉新，则以一师钳制该城之敌，另一个师编为三个支队，钳制靖安、安义之敌，并挺进滩溪，遮断张公渡至万家埠之交通。5. 1集团军和19集团军于22日夜，32集团军于23日夜开始进攻。随后，各军即向攻击出发地集结。

4月20日，中国空军第1大队轰炸南昌机场和赣江中日军船只。翌日，74军和49军一部渡过锦江，向高安、大城、西山万寿宫、生米街等地攻击，揭开了南昌反攻战序幕。

反攻开始后，49军和74军主力主攻高安。尽管守敌拼死抵抗，奉新之敌一再增援，但中国军队顽强奋战，在高安城内杀了个两进两出，终于战胜了敌人，于26日收复高安城、高邮市、大城、生米街等地，接着又乘胜追击，攻占祥符观、司公山。受到沉重打击的日军一时阵线大乱，几近崩溃。101师团一部只得放弃次要据点集中兵力死守西山万寿宫和虬岭，并不断组织反击，妄图夺回大城和生米街,均告失败。正当俞济时命令部队乘胜前进之时,掩护其侧翼的1集团军却拖住了他们的后腿。

作为74军和49军的侧翼,1集团军的攻击一直不顺利,由于日军的不断增援,对西山万寿宫的攻击一再受挫,里通山王、马奇岭、鸦鸠岭、凤凰山等高地也得而复失。25日,日军又发起强大反击,接连攻占竹山岗、埂上、八里铺等地,26日又击破184师552团防御,攻占峦岗岭。

184师失利的消息很快传到了薛岳的耳朵里。他火冒三丈,即刻电令60军军长安恩溥,将552团团长余建勋、营长蔡琨解长官部议处。峦岗岭失守后,550团右翼阵地受到日军猛烈攻击。团长曾泽生连连急电求救。安恩溥知道形势严重,一面严令余建勋戴罪立功,夺回峦山岗,一面电告薛岳,请派救兵。可是,薛岳知道这时派兵,远水解不了近渴,遂直接回电曾泽生,要他死守现有阵地,不准后退一步。于是,双方在马奇岭、峦山岗等地又展开了殊死的拼杀。当天黄昏,经过艰苦的反攻,552团终于收复峦山岗。残敌不支,向奉新逃窜,在马奇岭附近又遭到550团凌发镐营伏击,损失甚重,只好于次日拂晓绕道猪婆大丘逃回奉新。夺回峦山岗的捷报传到了第九战区司令长官部,薛岳非常高兴,下令余建勋、蔡琨仍留原职,继续指挥作战。

反击中的中国军队

天亮以后，日军卷土重来，集中炮火猛轰马奇岭一带，守军阵地被毁，被迫退到鸠鸦岭。此后到5月3日，双方一直胶着于奉新附近。1集团军在奉新方面的受挫使得日军有余力抽调兵力向俞集团的侧翼展开攻击。俞集团由于侧翼受到威胁，攻击势头锐减。4月30日开始，49军和74军一再遭到日军猛烈反击，被迫于5月1日转入防御。

在反攻南昌的战斗中，上官云相指挥的32集团军方面的战事最为紧张残酷。23日，16、10、79、5师四个师奉命分别从东、南两面向南昌进逼，初期进展顺利，相继攻克市汊街、新圩村、谢埠市等地，于26日进抵南昌东南郊，并向莲塘、飞机场攻击。与此同时，战前奉命潜伏于南昌城内的预5师便衣队乘机在城内起事，于洪门桥、东坛巷与敌展开巷战。日军101师团一时无法遏制中国军队如潮的攻势，手忙脚乱，顾此失彼。这正是收复南昌的大好时机。但16师和预10师旋在天王渡、新村圩一带遇敌阻击，攻势受阻，未能如期攻进莲塘，致敌得以乘机调兵向79师反扑。79师抵挡不住，只好弃守新飞机场、桐林铺等地。这样一来，城内便衣队失去外应，不得已退出南昌城垣。

28日，日军攻势益猛。79师再度受挫。师长段朗如生怕日军继续前进，威胁到自己的人身安全，在没有征得上级同意的情况下，擅自率所部四个营退抵合山、李庄，与16师一部会合，以求自保。由于行动仓促，段朗如在转移时未能通知正在棠溪与日军相持的237团，致使该团与师主力失去联系。团长李邦华以情况不明，连续呼叫师部，请求指示，但始终不能接通，只得折回瑶湖东岸待命。同时，16师主力受沙埠潭附近约一个大队之敌的阻击，亦驻足不前，致使日军101师团从容转用兵力，完全控制了谢埠市、莲塘、沙埠潭、向塘等附近要点。

32集团军的攻势陷于停顿。上官云相深感责任重大，立即将段朗如临阵畏缩的情况上报第三战区司令长官部。顾祝同闻之大怒，马上下令撤去段朗如师长之职，听候查办。5月1日，蒋介石电谕薛岳等："……段朗如贻误战机，军前正法。何平戴罪图功。限于5月5日以前攻下南昌。上官总司令亲到前方督战。"[18]薛岳看到此电，认为对南昌的攻击已失去突然性，面对在火力上占有绝对优势的日军，限期攻取南昌实属不智，但为激励将士，乃传诫前线各将领："偷生者未必生，怕死者终必死，与其死于法，何如死于战。"[19]这句话极为沉重，各级将领均自告奋勇，愿为攻城前驱。在中国军队的猛烈进攻下，日军阵线终于开始动摇。5月1日，16师在102师304团协同下，相继攻克向塘、沙埠潭。

翌日，日军援军赶到，战局再度逆转，向塘、沙埠潭等据点得而复失。3日，上官云相急了，再次亲赴李家渡督战。各部亦竭力进攻，但由于日军顽强抵抗，进展仍不能如意。

到5月3日为止，各部到达的位置均与作战计划的要求相去甚远。这也印证了战前薛岳的判断。而这时，参战各部伤亡太大，日军援军又已经到达，已注定无法完成蒋介石攻克南昌的命令了。对这种无谓的牺牲，薛岳心痛不已，又不敢向委员长明说，只好致电陈诚向他说明战况："现时已持久，攻坚既不可能，击虚又不可得，敌势虽蹙，但欲求5月5日前攻至南昌事实上恐难达成任务。"在电文的最后，薛岳请求陈诚"与委座通话时，将上述情形婉为陈明"[20]。这可让陈诚为了难，他知道薛岳的话不无道理，可蒋介石收复南昌的决心如此坚决，刚刚才枪毙了一个师长，现在建议放弃原计划，委员长一定会大发雷霆，不但毫无效果，弄不好还会把薛岳的命给搭进去。左思右想，他决定将薛岳的建议先放一放再说。然而，这一拖延却给中国军队带来了更加严重的灾难。

5月4日以后，各进攻部队均遭日军猛烈反击。32集团军虽一度突入南昌城内，但随即遭到日军101师团的反扑，损失惨重。29军军长陈安宝殉国，26师师长刘雨卿重伤，不得不于7日停止进攻。与此同时，受命配合32集团军主动的第1和19集团军也无法突破日军在奉新、靖安等地的防御，完成切断南浔铁路的任务。在这期间，唯一可圈可点的战绩还是来自敌后游击部队。其中，预9师和新11师靖安、安义一带连续袭击日军，歼敌甚众，让薛岳颇为满意。7日，他通令嘉奖新11师，并在给蒋介石的汇报战况时特别表扬该师"绝对机敏，不常攻一点，不呆置一面，不为敌所算，而使敌军疲于奔命"[21]，8日又指示各师效仿新11师之战法，派队向敌后游击。9日开始，日军在南昌外围发起全线反击。参战各部奋起抵抗，并派队破袭敌后交通通信设施。到15日，日军的反扑被完全遏止，而奉新、安义、靖安、南昌间交通受到严重破坏。

5月5日晚，前线攻击部队未能按期攻克南昌，终于使蒋介石清醒过来。他开始思考5月1日那道命令的可行性了。陈诚这才将薛岳3日提出的意见电告他。次日，桂林行营主任白崇禧也发来电报，请求蒋介石下令停止进攻南昌。但即便如此，蒋介石还是犹豫不决，毕竟南昌的得失关系到浙赣线的畅通及第三、第九战区的侧翼安全。5月9日，担任正面攻击的各部实际上已相继转入防御，在短期内收复南昌已无可能。蒋介石这才做出决定，下达了停止进攻的命令。

南昌会战失败后，长沙的侧翼受到威胁，以湘北与赣北为主战场的第九战区处于相当不利的地位。薛岳也知道广大官兵尽了最大努力,遂在 5 月 7 日致电蒋介石将战败的责任承担了下来。电报中说:"职指挥无方,南昌未克,而丧我忠良,敬请重罚,以慰英烈。"[22]同时,他还主动出面安抚部队,亲自要求重庆统帅部批准在战斗中负伤的 74 军 153 旅旅长张灵甫申请去香港治病。薛岳的这些举动,避免了各部为相互推卸责任而造成的不和,稳定了军心。战斗结束后,第九战区从上到下进行了深刻的总结,为半年后参加第一次长沙会战打下了良好的基础。

在香港住院期间的张灵甫

第二节　长沙首捷

未战先胜

南昌失守后,日军进攻长沙只是个时间问题了。为了对付日军即将到来的攻势,薛岳召集第九战区各将领研究对付日军进攻的策略。

经过深入研究,薛岳发现,日军要进攻长沙并非易事。第九战区作战地区西接洞庭湖,日军无法以大部队从这里迂回。长沙以东有幕阜山、九岭山、罗霄山等山脉,地形复杂,如果道路被彻底破坏,则崎岖难行。若赣北日军"企图由奉新经上富、甘坊、铜鼓进犯浏阳,必须经过192公里之山岳地带",而鄂南日军若"由崇阳方面企图经麦市、龙门厂、长寿街,进犯平江、浏阳,必须经过159公里之山岳地带",只要中国军队依据险要,重兵布防,日军插翅也难通过。因此,日军主力最有可能的主攻路线是从岳阳到长沙,但这条路线经过水网地带,须突破山岳丘陵及水网地带也很困难:新墙河一线为从岳阳南下的第一道天然屏障,东边有海拔约900米的大云山瞰制,日军要突破这条防线非付出重大代价不可;汨罗江一线,东有腾云山、西有神鼎山、中有鸭婆山,三山相连,形成第二道关口;日军南下要通过的第三道关口是粤汉铁路及长(沙)岳(阳)公路两侧的王思岩、达摩山、影珠山、古华山一带,控制这两条重要交通线,为中日两军必争的第三道关口;此外,湘北地区水网密布,只要将道路破坏,日军"陷身其中,实无异自投罗网,弹粮运输皆为骡马有赖,机械化部队更无法运用"。薛岳认为,这样的地形"正有利于我处处设伏,猛烈夹击"。因此,他对打退日军的进攻信心十足。㉓

根据南昌会战中日军所显示火力和官兵素质优于我方的情况,薛岳认为,不宜在第一线与敌决战,必须加大防御纵深。因此,他在利用湘北有利地形修筑了两道防线:第一道以新墙河为屏障,西起新墙河口,经九岭、南江桥,东迄修水。在新墙河南岸一带筑成纵深6公里的防御工事,碉堡为砖石结构,战壕与交通壕相连,前沿架设有铁丝网,可徒涉的河段敷设了地雷。第二道防线西起营田,沿汨罗江向东延至平江以北10公里,阵地以星式碉堡为主,交通要道两侧筑有据点式阵地。薛岳决心:如敌进攻,则利用已设阵地,予敌消耗后,即有计划地向长沙和东面的幕阜山、九岭山转移;待敌进到长沙附近时,我集中大量预备队与敌决战,退到幕阜山、九岭山一带之部队亦同时攻击其侧后。这就是薛岳后来总结的八字战略:"后退决战,争取外翼"。

鉴于南昌会战中,日军大量使用机械化部队和重武器装备,在突破我军阵地后,即快速向目的地挺进,致使我军措手不及的沉痛教训,薛岳于4月号召湘赣战地民众"化路为田,运粮上山"。他说:"在这非常时期,我们需要的是臂膀和腿,公路对我们的需要是稍次的了",要"办到化路为田,就是古大路也要认真地加以破坏,不要留给敌人利用","还有运粮上山,此时大山即是我们的仓库,不论军民,在战区都应该将辎积搬到山上去,那么,纵使地方被敌占去,也只是光路空城"㉔。在这个备战方针的指导下,短短数月时间,湘赣数十万军民利用湘北有利的山地和水网地形修筑了大量作战工事,并在赣北修筑了很多永久性防御阵地。到8月,湘北的犁田蓄水、化路为田、运粮上山、空壁清野的工作也基本完成，日军的机械化部队在那里已寸步难行了。

为了消耗日军，尽量延迟其进攻时间，薛岳还组织前线部队实施了广泛的游击战，采取奔袭、伏击、攻点打援等办法，重点破坏交通通信设施和伏击日军运输队及离开据点的孤立之敌，先后取得了金牛镇、平水铺、忠坊等战斗的胜利，歼灭日伪军余千人，初步摸清了当面日军的情况。

果然不出所料，就在薛岳积极准备迎敌的时候，日军就对长沙垂涎欲滴了。1939年夏末，冈村宁次"为了打击敌军（中国军）继续抗战的意志，决定9月中旬以后，开始奔袭攻击，以期在最短时间内，捕捉敌军第九战区主力部队，将其歼灭于湘赣北部平江及修水周围地区"㉕。9月13日，冈村宁次将指挥所移驻咸宁，并集中了6、33、106三个师团全部及3师团之上村支队、13师团之奈良支队、101师团之佐枝支队，约10万人，在海空军配合下，准备对当面之中国军队发动奇袭攻击。

根据战前制订的计划，冈村宁次将主要兵力摊在了三个方向：在赣北方面，106师团主力和佐枝支队由靖安、奉新地区先向高安地区进攻，消灭该地附近之中国守军后，转向北进，主力进攻修水，余部进攻三都、武宁，以摧毁九岭地区之抗日根据地，策应军主力在湘北方面之进攻。鄂南方面的进攻由33师团担任，负责在麦市突破中国军队防线，然后向东南方向突进，直取长寿街，向平江地区侧后迂回，然后在献钟一带与湘北日军合拢包围圈，围歼15集团军。湘北方面作为日军的主攻方向，投入第6师团、上村支队、奈良支队，以围歼15集团军为目的，分三路推进：右路奈良支队从杨林街突破中国军队新墙河防线，急袭梓江镇，抢渡汨罗江、瓮江，迂回平江左侧；中路第6师团从新墙镇突破中国军队防线后，沿粤汉线两侧直插汨罗江南岸，在奈良支队外面构成对平江地区的第二层包围圈；左路上村支队乘船从临湘、城陵矶经由洞庭湖南下，在营田登陆，然后向东实施纵深迂回，首先占领高桥，截断平江到长沙的公路，切断第九战区主力的退路。这个计划是以较小的兵力分割第九战区的阵线，以求围歼15集团军，进攻的突然性是其成功的必备条件，因此冈村宁次在战役开始前运用了大量欺骗手段，来麻痹中国军队，隐蔽作战企图。8月下旬，在各部队向攻击出发地集结时，日军情报和宣传机构大造日军即将进攻宜昌的舆论。9月12日，日军上村支队一部在海军配合下，向岳阳西北的监利佯攻。

但冈村宁次的如意算盘完全打错了，日军这么大规模的调动，不可能不被察觉。9月上旬，第九战区就侦知日军在湘北和鄂南集结兵力。薛岳当即判断敌有进攻长沙之可能,遂命令各部"先于现在位置以攻击手段,消耗敌人战斗力","敌如挟优势兵力急速前进,赣北、鄂南方面应努力以围攻夹击,摧破敌之合围企图;湘北方面应逐次抵抗,诱敌于长沙附近地区,包围而歼灭之"㉙。由于中国军队已预先有准备,冈村宁次可以说已未战先败了。

根据战前拟订的作战方略,薛岳也将第九战区的部队分为赣北、鄂南和湘北三大部分。赣北方面由战区前敌总指挥兼19集团军总司令罗卓英统一指挥,下辖两个集团军:19集团军位于南昌西南外围,主力集结于樟树镇地区;1集团军在奉新以西,沿溪李—莲花上—罗坊—会埠之线由东向西展开,守备九岭山的交通要冲。在鄂南地区,30集团军在渣津、修水一线对武宁方向进行防御;27集团军在平江以北之九岭、南江桥一带占领阵地,对通城方面之敌进行持久防御;湘鄂赣边区游击总指挥樊崧甫所辖5个挺进纵队进出鄂南敌后,进行游击。湘北前沿之新墙河正面阵地,由15集团军占领,抵御从岳阳南犯之敌。另外,70、4、74、新6、5、99等6个军和11师为战区总预备队,集结于长沙及其以南以东之湘潭、株洲、衡阳、浏阳和赣北上高、宜丰、万载等地。另外,根据军委会命令,20集团军(辖53、54、87军等部)亦调归第九战区指挥,负责洞庭湖与湘西方面之防御。以上各部共约24万人,到9月中旬均进入阵地严阵以待,随时准备痛击来犯之敌。

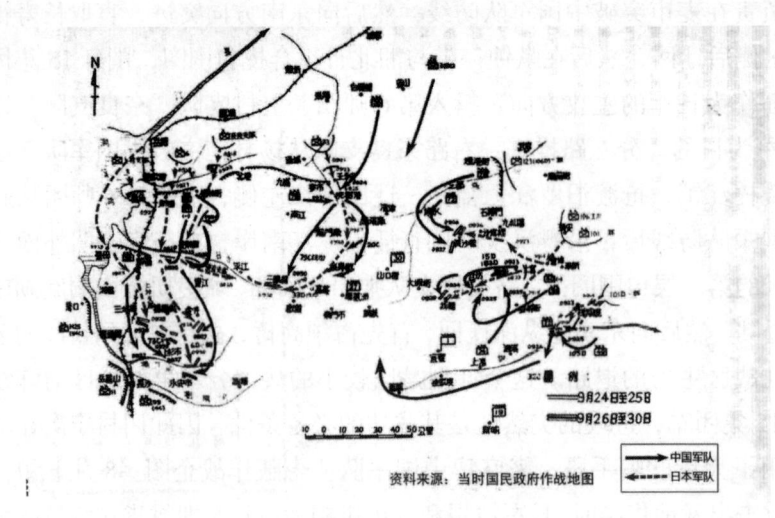

第一次长沙会战经过要图

9月13日,赣北日军106师团首先向驻奉新西面的挺进2纵队发起进攻,第一次长沙会战正式拉开序幕。

赣北作战

9月13日中午,日军千余人分由靖安、鸭婆潭、奉新出发,合击噪下,与防守那里的挺进2纵队一部发生战斗。次日凌晨,日军106师团主力从奉新赶到,以一部箝制噪下守军,主力西进,连续突破了挺进2纵队和184师的阵地,于15日晨攻占会埠,随后即兵分两路:一路向阴山村、罗坊西进,另一路则向渣村、水口甘南犯。与此同时,101师团佐枝支队猛犯32军阵地。

连日来,日军的神速进展也让薛岳心急如焚。看来罗卓英是顶不住了,如果再让赣北日军向西横行无阻,与鄂南、湘北日军连成一气,整个战局将不堪设想。是日,薛岳不得已,决定调用战役预备队,急电74军军长王耀武:"以第51师急向会埠、上富推进,堵击由奉新西进之敌,限17日到达浦裳,暂归第1集团军总司令指挥;第57师应推进至水北街附近;58师推进至上高、东港间地区待命;军部推进至上高附近。"[27]

可日军不等中国军队增援到达,再度发动猛烈进攻。16日,水口甘、上富、万步脑及司公山等地相继失守。次日,日军已进抵千岭、山桥、祥符观、村前街等地,与58军、32军及184师激战。高安保卫战迫在眉睫。1集团军所属60军和58军亦有被包围的危险。18日拂晓,罗卓英得知日军已攻占村前街、斜桥,当即令防守高安的32军全部转守锦江南岸。为保卫高安,争取主动,薛岳一面电令15师和新13师38团驰援会埠,一面致电罗卓英,要求他严令各军"务沉着应战,积极抵抗","切忌乱退乱走"[28]。

是日,日军佐枝支队又占领高安以北之祥符观,从三面完成了对高安的包围,并与在106师团形成了对60军和58军的包围。不过,由于中国军队预先有准备,60军与58军均顺利逃出敌之包围圈,转移到指定地点。旋敌从东、北两面猛攻高安城,32军与之展开激战。为策应高安方向作战,74军于当日以51师和58师向杨公圩、村前街、凤凰圩之线攻击前进,同时183师收复上富。

鉴于高安危急,薛岳电示罗卓英,32军不可轻弃高安,万不得已时,应以60军和58军"也可占领杨公墟、村前街西方山地对东作战线","74军占领石头街、泗溪、棠浦线,形成第二线阵地",坚持到15师和183师到达后即可反攻。[29]19日,32军以态势不利,弃守高安。

薛岳得知高安失守后,电谕各军"高安之敌已成弩末,无续犯力"[30],并严令32军夺回高安,同时电告74军继续攻击,策应32军作战。19日晚,74

军攻克村前街。此时,蒋介石已获悉赣北战况,对罗卓英的表现非常不满,于20日电示薛岳和罗卓英:"第19集团军应积极作战,坚持对敌后的攻击。万一敌发动猛烈攻击,须以现有兵力行持久战,掩护湘北我军之右侧,不得期待增援。"[31]罗卓英接到这份指示后知道委员长对自己的表现不满意,严饬各部奋勇作战,以扭转不利局面。

20日,坐镇咸宁的冈村宁次接到106师团团长中井良太郎中将告捷电。在电报中,中井师团长大肆吹嘘所部"已击破当面之敌,并且开始捕捉高安西方地区败退之重庆军"。冈村宁次读后高兴得要从椅子上跳了起来,看来这个"不顶用的师团"已发生了"与前判若天壤的变化"[32]。于是,他命令中井良太郎:"应在消灭高安附近之敌后,以一部面对上高方向之敌掩护左侧背,主力23日从上富镇附近出发出发前进,从甘坊——何家嘴以东地区突破九岭山脉,首先进入修水、三都附近,切断王陵基及樊崧甫集团军的背后。"[33]据此,106师团即以佐枝支队在奉新西南掩护左侧背,步兵136旅团转向武宁前进,主力则在上富附近集结,准备西进。32军和74军乘机出击,先后收复高安、斜桥、南山河等地,并于23日恢复司公山、祥符观、赵家山一线,25日又进到伍桥河、樟树岭之线。而这时,赣北战局的焦点已经西移了。

日军撤出高安后,罗卓英迅速侦知其企图,随即将敌情报告了薛岳。根据他的报告,薛岳判断赣北方向危险即将过去,遂要求罗卓英同意将74军调往战事正紧的湘北方向。罗卓英却以赣北战局尚未彻底改观为由拒绝了。显然,罗卓英打算集中绝对优势的兵力一口吃掉106师团,再创造一个"万家岭大捷"。但后来的事实证明,这一不顾全局的举动,给湘北追击作战造成了不良的影响。23日上午,罗卓英下达围歼106师团的作战命令,决心集中5个军的优势兵力,围歼该师团于东坪、罗坊、冶城及灰埠一带。

可是,罗卓英完全错了。中井良太郎不是省油的灯,不会坐等罗卓英来吃掉他。就在罗卓英发出命令的当天,106师团主力即攻占了上富,24日又占甘坊。眼看敌人就要脱离我预设战场,围歼106师团的计划就要落空了,罗卓英急令184师和57师向上富、甘坊反击。经两日猛攻,57师于27日攻克上富。30日,106师团一部由上富、甘坊西犯。翌日横桥失守。在横桥附近作战的15师因侧翼暴露,只得转移到石街附近。罗卓英已无计可施了。幸而32军139师已抵达铜鼓附近,罗卓英立即命令其协同57师反攻横桥。2日,57师克复横桥。是日,58军奉命反攻找桥,经1昼夜激战,于次日中午克复该地。3日,甘坊、冶城一带日军拼死冲出重围,继续西行至大瑕街、石街,达到赣北西行最远点。

正当106师团主力在上富、甘坊一带与1、19集团军对峙之时,敌步兵136旅团分经九仙汤、武宁向修水进攻。负责防守武宁、修水一线的30集团军总司令王陵基得到此消息后,依据薛岳指示,令所部避开日军锋芒,节节抵抗,诱敌至铜鼓一线与我决战。9月25日,该集团军担任前沿警戒的新13师38团在塘埠西北端之狗子脑、界牌湖、温草湖、花崖尖,与由九仙汤进犯之敌六七百人展开激战到28日,始放弃阵地。随后,由武宁西犯之敌千余人猛攻黄沙桥附近阵地,新15师45团凭借预设工事与敌剧战竟日,使敌未能前进一步。29日,王陵基电调新15师主力及新16师48团驰援黄沙桥。30日,薛岳将30集团军划归罗卓英指挥,以加强协同,围歼106师团。战至10月3日,黄沙桥守敌一部200余人在斜石日军协同下进攻三都。此时,由长寿街方向向鄂南退却的日军33师团已占领渣津,有进袭修水的模样。薛岳考虑到,修水一旦失守,30集团军与27集团军的联系将被切断,赣北我军将受到日军的东西夹击,形势会更为不利,就命令位于三都附近的新16师主力秘密向修水开进。这样一来,三都防务形同虚设。那一带是湘鄂赣边区挺进军的后方基地,存有大量物资。因此,薛岳紧急通知该部总司令樊崧甫组织民众抢运三都附近存放的物资和弹药。但是,日军步兵136旅团行动出奇的迅速,第二天就占领该地。这时,存放在当地没有来得及搬走的数十万发子弹全被敌焚毁。5日,湘鄂赣边区挺进军直属游击第1队及挺进13支队一部在三都以西地区竭力抵抗,终于制止住了日军西犯。

4日,在中国军队的打击下,日军106师团主力已呈困顿之势。5日,薛岳电令罗卓英、王陵基和1集团军副总司令高荫槐,督饬所部,将106师团完全歼灭。6日,中国军队拟向找桥、郭城市之敌发起大规模围攻。但此时日军已开始分三路向奉新、靖安、武宁撤退。中国军队遂将围攻改为追击,连克郭城市、九仙汤、冶城、会埠、樟树岭等地,到12日将日军逐回原防地。薛岳闻讯,电令32军向靖安追击。同时,罗卓英亦令49军以一个师协同74军进攻奉新。日军依据既设阵地,以炽盛火力向中国军队射击。经一昼夜激战,中国军队攻克奉新附近的马形山、张歧山、洪坊等据点。13日,薛岳见战场形势有利,下达了进攻奉新和靖安的部署:49军在祥符观附近占领阵地,74军51师占领伍家边到望湖岗一线阵地,分别向当面之敌攻击;32军向奉新、靖安西北地区追击。中国军队奋勇攻击,颇有进展。14日,中国军队先后攻克米峰、大禾岭、大路王、猪婆大丘、五步城等据点。15日，1集团军又攻克靖安城西螺丝岭，歼敌200余人。战场形势仿佛越来越有利于中国军队。但是出乎薛岳和罗卓英的预料。是日，风云突变。日军为制止中国军队的追击，由奉新出动六七百人，在猛烈炮火的掩护下大举反扑。中国军队抵挡不住，被迫后撤，五步城、归头赵等地复陷敌手。105师和51师伤亡惨重，只得退守上下翟至大老及沥家坑至乌石脑之线。幸好32军于16日晚推进到靖安附近。罗卓英即令其协同74军和105师反击。到20日，经过反复争夺，日军的反扑终于被打退了。这时，薛岳分析了赣北战局，认为日军已退回原阵地，凭借预先构筑的坚固工事死守，而中国军队缺乏重武器，攻坚无宜，遂命令各部停止进攻。至此，赣北战事告一段落。

薛岳与罗卓英

这次赣北战役，中国军队虽然打退了日军的进攻，但以3个集团军7个军又1个师及2个挺进纵队的优势兵力抵御日军一个半师团的进攻，不仅未能达成围歼之局，还使自己的重兵被牵制在次要方向，实在有些得不偿失。为什么会出现这样的情况呢？主要原因还是薛岳与罗卓英在作战思路上存在着巨大的分歧。薛岳作为战区最高指挥官，事事须从战区和战役全局着眼。在他看来，赣北只是一个次要战场，其任务仅是掩护湘北主战场的侧翼安全，只要挡住日军的前进，不使其与湘北、鄂南的日军连成一片，即便多丢了几个山头，也无关大局。因此，当西攻日军显现疲态，无力前进时，他总想将部分部队调到湘北主战场。可是，身为赣北战场前敌总指挥的罗卓英却不这样想。他更多地从赣北战场的局部考虑，过多地拘泥于怎样使自己所指挥的部队取得更大的战果。而且，他手里有那么雄厚的兵力，当然想全歼106师团主力了。两个意图不同的指挥官同时指挥一个战场，必然产生不协调的地方。而罗卓英毕竟是土木系干将，薛岳碍于陈诚的情面，对其过分迁就。这就使得自己的计划无法贯彻。但是，职责又不允许他完全按照罗卓英的意图行事，产生这样的结果也就不奇怪了。除此而外，罗卓英指挥有失误，也是赣北战场无法取得彻底胜利的重要原因。战役过程中，日军106师团多次分兵，如果罗卓英能抓住日军分兵之机，彻底集中绝对优势兵力，歼其薄弱一部，对日军士气绝对是一个沉重打击，进而可以制止日军在赣北山地横冲直撞。但是，罗卓英却平均使用兵力，被日军利用其机动方面的优势，各个击破。

鄂南御寇

9月上旬，守备鄂南通城以南的79军军长夏楚中不断向战区长官部报告。当面日军6师团将通城防务交给33师团接替，并向西开进。薛岳立即警觉起来。18日，他命令27集团军立即进入战备状态。19日，日军33师团以一部猛攻通城以南九岭暂归79军指挥之37军140师阵地。薛岳得知这一情况，认为该师团即将南犯，并结合湘北敌情判断：日军有包围79军的企图，鄂南日军若与湘北日军主力会合，那么部署在新墙河、汨罗江地区的15集团军就会遭到合围，后果将不堪设想。遂下达紧急部署：73军（欠15师）划归15集团军指挥，并开赴平江布防，防止湘北日军从汨罗江方向包抄27集团军和79军的后方；20军军长杨汉域率134师则向渣津附近移动，133师担任白霓桥、崇阳、通城之间袭敌和侦察。

薛岳的预料果然没错。9月21日，日军33师团在师团长甘粕重太郎中将指挥下，向79军140师斗米山、官田、土幻、大圆沙堆的阵地发动进攻，企图突破鄂南地区中国军队阵地，绕道幕阜山东麓，避开中国军队沿新墙河、汨罗江设置的两道防线，在平江地区与湘北日军合围部署在新墙河、汨罗江防线的15集团军。同时，为了迷惑当面之中国军队，甘粕重太郎以一部向幕阜山西麓的南江桥79军正面阵地佯攻，造成掩护湘北日军侧翼的假象，以吸引中国军队的注意力。

薛岳得知33师团开始大举南侵后，估计日军后防空虚，连忙调8军3师于通山以北阳新、大冶间攻袭敌后，同时令湘鄂赣边区游击总指挥樊崧甫以大湖山、九宫山方面的部队由南向北尾击和由东向西侧击敌人，对日军构成南北夹击和包围态势。

22日，日军33师团主力占领麦市西北的高冲、塘湖市、鲤港。为阻止该敌继续前进，薛岳于当天傍晚调整部署：以133师397团和134师401团速向大白塅、鲤港反击，79军抽有力一部向大白塅、鲤港、高冲侧击，力求围歼这一带日军。然而，反击部队尚未到达攻击位置，日军即于23日攻占麦市。守军140师因伤亡过重，退到麦市以南，协同随后赶来增援的20军134师继续战斗。双方在麦市及其以南高地反攻争夺。敌势顿挫。24日，日军改以一部迂回134师右侧背，攻占桃树港，之后又分两路进犯。140师与134师分别在盖文岭、包家岭一带与敌激战。

为稳定局面，薛岳急电20军，令133师确保南楼岭，134师向苦竹岭、南楼岭东北地区前进，南北夹击日军。是日下午，20军133师遵命由崇阳赶到战场，在苦竹岭、南楼岭、葛斗山一带构筑阵地，准备迎敌。日军乘其立足未稳，集中兵力向其进攻。133师兵力单薄，抵挡不住，被迫后撤。日军则乘胜分两路南下，在盖文岭、包家岭与134师激战。这样一来，140师侧翼就受到了威胁。该师师长李棠急令840团组织反攻，于25日夺回南楼岭和葛斗山。日军33师团被阻于大白塅、鸡笼山、磐石、箭头、麦市之间，一筹莫展。

薛岳见鄂南战局稳定下来，甚为心慰，电示杨森："麦市以南之敌，由该总司令及第79军军长负责彻底解决。"[35]电文中传达出的信任让杨森大为振奋，遂转令20军和79军于26日夜向麦市以南日军合击。26日白天，日军再向麦市以南中国军队阵地进攻，当夜20军和79军遵命反击，互无进展。27日，日军不断增兵，以一部正面攻击20军包家岭、福石岭阵地，主力则改经苦竹岭绕道南下。甘粕重太郎原以为这一带是中国军队防线的薄弱地段，不会遇到很大抵抗。但刚到白沙岭即遭预先在那里布防的134师402团阻击。在激战中，中国军队从缴获的日军文件里发现了33师团预定行军路线。薛岳得知日军企图后，立即命令79军以82师监视通城之敌，主力协同79军猛攻桃树港，侧击南下之敌。而此时，日军以一部牵制白沙岭守军，主力则绕过中国军队阵地，向前推进。当晚，33师团先头部队千余人窜占全丰，28日下午已抵龙门厂。当天，140师与134师联合反击桃树港附近之敌,守敌不支溃退。134师遂收复桃树港。

薛岳为了围歼33师团,使其不能策应湘北主战场作战,于28日夜电令20军和79军夹击龙门厂之敌,"务将该敌击破于嘉义以北地区,如该两军作战不力,使敌窜过以西以南,影响湘北之决战,唯夏杨两军长是问"㊳。同时,考虑到两军在前期作战中消耗太大,薛岳电令驻通山以东的8军(欠197师)兼程南下,准备协同20军和79军夹击33师团。30日,日军主力在朱溪厂和龙门厂遭到20军和79军82师攻击,损失甚重。当晚,133师一部收复龙门厂。但日军仍一意南下,冲出重围,又攻占芳湾、长寿街、嘉义等地,与自湘北方向攻占平江的奈良支队会合于三眼桥。但此时,关麟征的15集团军早已南撤,日军的围歼计划完全落空了。是夜,79军主力和20军亦尾敌追击至献钟以北地区。薛岳看准时机,电令20军堵击长寿街南进之敌,配合79军和8军合击33师团。10月1日,79军和20军遵令向朱溪厂、献钟、嘉义、馆门厂、长寿街攻击,与敌33师团及奈良支队展开激战。而位于幕阜山之140师与第3师亦在鄂南发起攻势,将敌33师团的后方联络完全隔断。

10月2日,日军根据冈村宁次的命令开始撤退,奈良支队经平江、南江桥、上塔市一线逐步撤向通城,而33师团以一部窜返通城,主力则经长寿街北返。中国军队乘机转入追击。当天,79军即连克献钟、嘉义、三眼桥,133师亦在长寿街堵住33师团的退路。日军费了九牛二虎之力才打退了133师的阻击,向龙门厂退却。甘粕重太郎以一部回窜通城,自己则根据冈村宁次9月29日电令,率主力经渣津东攻修水,"捕捉敌人",策应在赣北陷入困境的106师团撤退。98师见来自西面的威胁解除,遂乘机尾敌奈良支队猛击,在52军25师配合下相继克复平江、南江桥,迫敌奈良支队于10日退回原据点。

10月4日,敌33师团窜抵杭口。这时,薛岳已判明敌之企图,急令20军与140师于渣津及其西北地区阻敌,78军新16师由三都驰援修水,8军3师尾敌追击。日军行动非常迅速,未等中国军队准备就绪,就击破了前来堵击的中国军队,于5日攻陷修水。

就在修水激战之际,在北面的渣津方面战局出现了有利于中国军队的变化。6日,140师一部和3师在渣津西北一带予敌33师团后卫部队以沉重打击,敌被迫退据渣津。为了不给敌人以喘息之机,薛岳电示20、79和8军:"敌第33师团伤亡惨重,疲惫已极,粮弹不继,已成釜鱼,决可一击摧破,第20军、第8师、第82师,务于10月9日前将长寿街、龙门厂、渣津一带残敌完全扑灭。扑灭后，第20军、第82师向桃树港、苦竹岭、南楼岭方向扫荡，并确保渣津、苦竹岭、南楼岭各要点。"㉜7日，薛岳又严令王陵基务必于9日前克复修水。于是，各部均积极向当面之敌攻击。当天，位于朱溪厂的133师奉命协同3师向渣津攻击。次日，守敌不支向修水溃窜。薛岳遂令133师扫荡渣津西北之残敌；3师向修水追击，协同新13、新16两师收复修水。8日晚，中国军队在修水地区发动猛烈攻势。此时，日军33师团主力已东移进三都。盘据修水附近的日军后卫部队抵抗了一下就撤走了。翌日晨，3师轻取修水城。10日，薛岳得知修水光复的消息，喜悦之情溢于言表，当命30集团军以一个军追击向武宁退却之敌，并乘胜收复武宁。11日，78军分两路东追，击败敌军掩护部队的顽强抵抗，于15日夺取三都、梁塘。与此同时，渣津西北、麦市及九宫山方向，197师、133师及140师也取得重大战果，先后在木皋、横石潭、桃树港、魏家墩等地截击退逃之日军33师团，获重大战果，并于10日收复麦市。到15日，33师团主力方才冲破中国军队的阻击线，退回原阵地。

鄂南战场毗邻湘北主战场，是冈村宁次的重点突击方向之一，其重要性比赣北战场高得多。但是，由于罗卓英不顾大局，赣北战场的部队被大量牵制，第九战区没法调更多的部队加入鄂南。但是，鄂南战场的中国军队很好地贯彻了薛岳后退决战的方针，不计一城一地的得失，利用有利地形，灵活地打击敌人，终于使日军围歼15集团军及79军的计划破产，为战役的胜利做出了应有的贡献。

湘北阻敌

赣北和鄂南两方面作战虽然激烈，但此次会战的主战场仍在湘北。进攻还没开始，日军就出师不利。9月上旬，薛岳从驻湘北的15集团军代总司令关麟征那里得知日军向岳阳、临湘、忠防一带大规模增兵，立即命令湘北前沿各军派部队袭击敌后，破坏交通通信，打破敌之进攻。随后，52军和79军均先后派部队进入敌后开展游击战，一度攻克羊楼司，炸毁日军火车1列，汽车4辆，破坏铁路及电线2公里，使得日伪军疲于奔命。敌后游击部队的作战不仅打乱了日军的集结，而且大大刺激了冈村宁次，他感到中国军队已经察觉了自己的企图。为此，他下令把湘北日军主力的进攻时间从9月23日提前到9月18日，不给中国军队充分的布防时间。18日晨，日军6师团及奈良支队集中炮火向新墙河北岸15集团军前线警戒阵地进行猛烈炮击，湘北作战的大幕正式拉开。

可就在日军进攻的消息传到第九战区司令长官部的同时，薛岳正因父亲薛宗元于两天前病逝而悲痛不已。薛宗元先生临终前格外关心前线战事，怕薛岳因丧事分心，专门立下遗嘱，要求薛岳"在非常时期，国事为重，丧事从简，勿泥常礼，应早回防服务"。薛岳拿着父亲的电报，热泪盈眶：父亲在弥留之际仍不忘国家安危，其情操之高尚，可与日月同辉。于是，他谨遵父命，向蒋介石请求暂缓发丧，自己则戴孝出征。蒋介石当即复电同意其请求，并勉其"移孝作忠"，留在军中指挥。㊳薛岳获悉日军在湘北前线开始进攻

吴逸志

后，立即在长沙召开高级幕僚会议，决定：自己率军务处长贺执圭，参谋处副处长赵子立，高参曾举直，炮兵指挥官王若卿、蔡雨时等在长沙设立指挥所，指挥作战；司令长官部其他非战斗人员则由参谋长吴逸志带领，暂时转移到耒阳。

9月18日上午7时前，日军6师团在对新墙河北岸九龙冲、大桥岭、小桥岭52军2师阵地进行猛烈炮击后，以步兵在飞机掩护下向守军发起了攻击。守军奋起抵抗，苦战到当天半夜，尽管伤亡惨重，仍然坚守原阵地，死战不退。尽管新墙河防线一直没有动摇的迹象，薛岳却看到危机。15集团军仅3个军，79军位于鄂南，37军（欠140师）守备汨罗江第二线阵地，防守新墙河防线的只有52军，还要照顾洞庭湖东岸守备，防广兵单，难期持久。因此，他于18日和19日连发两电，令70军划归15集团军代总司令关麟征指挥，该军"第19师即开长乐街，第107师即开归义、新市各附近，均限21日12时到达"，"为第二线守备军，严整战备"㊴。这样，15集团军的第二线阵地得到加强，关麟征没有了后顾之忧，立即调37军60师北上增援新墙河防线。

就在中国军队向新墙河调兵的同时，日军也在不断向前线增兵，以加强攻势。20日拂晓，日军以6师团和奈良支队开始向新墙河防线发起猛烈进攻。尽管日军在大量的飞机和火炮掩护下反复攻击，甚至悍然违反国际法，向中国军队阵地施放毒气。但52军官兵上下一心，不顾巨大的伤亡，死战不退，每一处阵地都与敌反复争夺。其中，守卫金龙山、斗篷山的2师8团胡春华营和防守笔架山、草鞋岭的195师1131团史思华㊵营官兵全部为国捐躯。中国军队的抗击使进攻之敌一筹莫展。㊶到23日日落时分，双方仍在新墙河一线对峙着。

就在中、日两军主力在新墙河两岸拼杀之际，日军右翼开始进攻了。23日凌晨，日军上村支队在海军11战队配合下，在九马嘴、鹿角、营田强行登陆。守军95师及12团一部，全力反击，与上岸之敌展开白刃肉搏。战斗极其惨烈。不少阵地守兵死战至全体殉国。下午3点左右，九马嘴、鹿角失守。薛岳以情况紧急，即令70军李觉火速派19师协同95师，歼灭在荷叶湖东岸营田、堆三嘴一带上陆之敌；新23师则加强湘江西岸之防御，并封锁湘江水道。然而，由于反击兵力过于单薄，中国军队没能阻止上村支队前进。日军在炮火和飞机掩护下，猛攻95师阵地，并施放毒气，迅速占领了牛形山、六姓山等阵地，而后向营田发展进攻。经过激战，"营田镇为之炸为焦土，营田附近村落也被炸光"。到23日下午，营田实在无法守下去了，薛岳遂令守军后撤，伺机反击。当晚，70军又组织部队夜袭营田。日军经过激烈的战斗，已疲惫不堪，戒备不严，致使70军得以攻入镇内。可日军很快就清醒过来，在猛烈的火力支援下，以步兵发起反击。70军不支，退出营田。

日军在营田登陆

上村支队在营田登陆成功，使 15 集团军侧翼受到严重威胁。此时，日军 6 师团从新墙河正面攻击，奈良支队从右侧压来，营田上村支队又由左翼包抄，15 集团军有被围歼的危险。有鉴于此，薛岳于当晚令各部"于新墙、汨罗两河间地区予敌彻底打击，以耗减敌之战斗力"，"达成消耗目的后，转移预定地区，续求消耗，不争一地得失"。同时，薛岳指示 15 集团军根据以上决心，变更部署如下：（1）52 军以一部留驻阵地占领据点，集结主力，乘敌进出新墙河南岸南犯之际攻击之；（2）抽调 37 军 60 师控制于新市以南之桥墩附近；（3）73 军（欠 15 师）向新开市附近待命；（4）70 军附 95 师主力在新市、归义、河夹塘亘虞公庙占领阵地，一部在湘阴附近，任沿江沿湖之守备。[②] 24 日，15 集团军主力根据薛岳命令，除 52、70、73 军三个军留一部固守原据点、迟滞日军追击外，其余撤到汨罗江第二线阵地。

砍了脑袋也要坚守长沙

正当 15 集团军主力奉命向汨罗江南岸转移之际，薛岳在长沙召开紧急会议商讨以后的作战方略。最后，会议根据薛岳的意见，做出了诱敌至长沙郊区实行反包围与敌决战，进而将其歼灭的作战方案。会后，薛岳将这一方案向蒋介石做了报告，以待裁定。同时，为了最大限度地集中优势兵力于主要方向，薛岳再次要求罗卓英调 74 军赶赴湘北参战，仍遭拒绝。

就在薛岳摩拳擦掌、准备在长沙城下与冈村宁次一决雌雄的时候，陈诚和白崇禧奉派前来协助薛岳指挥作战。这时，薛岳已将他的指挥所迁到了渌口以南一个小车站附近的小学内。陈诚和白崇禧到达那里后，向薛岳传达了蒋介石关于放弃长沙的决心。薛岳听后，不以为然，并向二人陈述了五条理由：1. 北方为河南，南方为湖南，谁得二南，谁就得天下，今河南已失，湖南不守，则西南失去屏障，国家有灭亡之虞。2. 长沙虽"四战之地"，但湘北地形，山岳、湖沼皆错综复杂，可战可守，并可运用有利地形诱敌深入，予以歼灭。3. 长期抗战粮食至关重要，保有湘北与洞庭湖，乃能足食足兵，有利长期抗战；如撤退到衡阳、邵阳，则不仅影响民心士气，且今后兵源、粮食均有问题。4. 长期抗战必须遵照"以空间换取时间"的战略指导原则，但自淞沪会战以来，中国军队节节后退，迄今未能运用空间打击敌人，民心士气影响极大；因此，必须掌握有利之空间，时时处处与敌战斗，消耗敌人，方能重创敌军，重拾人心，达成"长期抗战"之目的。5. 第九战区目前部队士气高昂，民心振奋，各地工事建筑坚固，湘北所有道路均已破坏，使敌人之机械化部队和重武器无法发挥作用，守住长沙有完全的把握。陈诚和白崇禧听了薛岳的这番话，虽觉有一定道理，但还是认为保卫长沙风险太大。于是，白崇禧以持久抗战之急务乃保存实力为由，坚持要薛岳放弃初衷。但薛岳仍然寸步不让，反问道："长沙不守，军人天职何在？"白崇禧正要再说，薛岳的慷慨陈词又把他的嘴堵住了："如此我上无以对中央，下无以对国人，从今不敢再穿军衣了！"之后，他要陈、白二人，转告蒋介石："战胜，是国家及蒋委员长之福；战败，则我必自杀以谢天下苍生。"白崇禧见薛岳的态度如此坚决，觉得他没把自己放在眼里，非常不痛快，便强词夺理地说："武昌失守，南昌相继沦落敌人之手，长沙孤立。因此，希望薛长官还是遵照上级指示，退守衡阳，免得作无谓之牺牲。"薛岳听到这话，勃然大怒，拍案指着白崇禧的脸大骂道："你对此地的地图及战略根本没有深入研究，枉读兵书，只是一知半解，这种亡国的论调，令人无法接受。武汉、南昌、长沙虽然可说是华中之一鼎三足，武汉虽失守，南昌也相继陷落日军之手，然长沙仍不孤立。因为长沙后面有广西、云南、贵州、四川，怎样说是孤立呢？如今若不能固守长沙，则今后又如何能守重庆呢？"此时，薛岳喝了一口茶，接着又说："一般人对日长期抗战，间或有误解为'以空间换时间'之战略，而我认为时间固然重要，空间更重要。我的着眼点是'抗'与'战'两个字，必须要时时与敌人保持接触，处处消耗敌人，这样才能做到长期抗战。如果只是向后撤退，放弃空间，那根本就谈不上抗战了。"一席话把白崇禧说得张口结舌，只好抬出蒋介石，要他服从命令。这时，薛岳已经豁出去了，嚷道："将在外，君命有所不受。就是砍了我的脑袋，长沙城我也绝不放弃！"

好长时间没吭声的陈诚坐不住了——这样争论下去，只会有碍戎机，遂出面调解："汨罗不战，退长沙；长沙不战，退衡阳；衡阳不战，退桂林，如长此退却，广土亦有尽时，究在何地可以一战？我为二公计，不如且就当前敌我情势，研究我军有无一战之可能。"他问薛岳："部队状况如何？"薛岳答道："除少数部队失去联系外，余均英勇作战，士气极旺。"陈诚看他对战事极有把握，乃和白崇禧商量，将薛岳的决心及当时情况上报蒋介石，以便重新做出裁决。

当晚，蒋夫人宋美龄得知薛岳与白崇禧的争论后，亲自打电话给薛岳，以调解二人的关系。在电话中，薛岳声泪俱下地向蒋夫人报告了约一个小时。最后，他在电话中发誓："我以个人生命作保证，一定以血肉保卫长沙，以死报效委员长。"[13]蒋夫人闻之，大为感动，遂将薛岳的话转告给蒋介石。

正当中国军队高层为是否保卫长沙而争论不休之时，日军向南撤的15集团军猛追。然而，由于中国军队和当地民众早已破坏了道路，令日军机械化优势无从施展，只能在中国军队屁股后面徒步跟进。24日晚，日军上村支队一部200余人，攻占归义；配合上村支队行动的海军11战队陆战队也进占鹿角市、九马嘴，向磊石山攻击前进。薛岳闻之，急令70军反攻归义，以掩护15集团军进入预定阵地。于是，70军军长李觉亲率107师反攻，于当晚12时克复归义。25日晨，新墙河一线日军主力迫近汨罗江北岸，而上村支队也由营田向东进犯，在东塘、大路铺、三星桥等地与107师及95师激战。中国军队节节阻击，逐步后撤到汨罗江南岸。战到当晚，我军付出了惊人的代价，其中25师自开战以来伤亡已达4000余人，95师所余战斗兵仅能编一个团，且各部均已疲惫不堪，急需休整。薛岳考虑到这一情况，同时也为了准备长沙地区的决战，命令15集团军调整部署：52军（欠195师，附60师）除留置两团于浯口、新市原阵地，节节抵抗，其余于26日晚经浏阳开醴陵，在新田、泗汾、铁河口（含）一线，占领主阵地，以一部在醴陵附近占领阵地；70军（附95师）留置两团于新市、白泥湖，节节抵抗，其余于26日晚经枫林港、渡头市及石子铺、仙人市开株洲、渌口附近，主力以铁河口（不含）、石亭、渌口（含）线为主阵地，以一部在株洲及其以东附近占领前进阵地；73军于26日晚开始在新开市以南地区设伏，乘敌南犯之际，予以沉重打击后，转移到浏阳附近；195师控置于白沙桥附近待命。

而冈村宁次此时对薛岳的部署一无所知。26日，他发现中国军队已有计划地退到汨罗江南岸，以为对手仍企图利用既有阵地进行节节抵抗，乃决定："乘汨水左岸敌军退势尚未稳定之机，将战斗力集结于新市附近，将敌击败。"㊹根据这个决心，他命令：6师团击败新市以南地区重庆军；上村支队击败当面之重庆军后，迅速向李家塅方向突进；奈良支队改变追击方向，向新市追击。当天，日军各部向南攻击。我军顽强阻击，激战竟日，日军进展甚微。当晚7时30分，15集团军除留一部掩护部队驻守原阵地外，主力开始南移。27日，冈村宁次发现15集团军主力已撤，围歼该部的计划告吹，懊恼不已，只好命令部队上村支队、第6师团、奈良支队向平江及其西南地区突进，在围歼27集团军及79军的同时，打击南退之中国军队。可他万万没想到，薛岳已布好了一个大口袋等着他钻呢。

26日，在宋美龄的建议下，蒋介石仔细考虑了陈诚与白崇禧的报告，而后电告薛岳，同意他的意见，并命令："准备以6师兵力，置于长沙附近，由薛长官亲自指挥，袭击向长沙方面突进敌，予以严重打击。"[45]这时，赣北和鄂南战场的中国军队经过节节抵抗，已经成功地阻滞了日军106师团、佐枝支队及33师团与湘北日军主力会合，薛岳觉得围歼湘北日军主攻部队的时机成熟了，遂根据蒋介石的指示，制定了《在长沙以北地区诱敌歼灭战之指导方案》，确定："战区以一部埋伏于福临铺、桥头驿及其迤北地区，以有力部队控制于金井及福临铺迤东地区，俟敌进入伏击区域，突起包围而歼灭之。"在这个作战方案中，薛岳将部队分为正面部队和伏击部队两种。正面部队的任务是："亟力诱致敌人于伏击区域，之后转移于右侧后方待机。"伏击部队的任务是："俟敌进入伏击区域，突击奇袭敌人。"[46]同时，为了发挥民众力量，破坏敌人交通，确保决战的胜利，薛岳又重申了战前所制定的民众组织、交通、通信、城垣破坏及物资藏匿的方法。其内容大体分为组训民众、破坏交通通信城垣和物资疏散及储藏三个方面。在民众组训方面：1.将战地民众，以保为单位，分别组成侦探、交通、救护、输送、宣传、慰劳等队，并分别授以侦探、通信、道路破坏、修筑、看护、担架、输送宣传、慰劳等常识；2.敌进入战地时，所有青年壮丁男女均分任侦探、交通、救护、输送、宣传、慰劳等工作，老幼者一律撤到公路、铁路、驿路30里以外山中安全区内，使敌人深入后，不见一人，如盲人瞎马，无从探悉中国军队情况及交通状况。关于交通、通信及城垣破坏：1.将预定作战区之公路、铁路、驿路彻底破坏，使之通塘、通河、化田、蓄水、还山；2.部队转进时，将通信迅速撤收，或彻底破坏，使敌不能利用；3.将预定作战区之城垣彻底拆除，使敌占领后，毫无凭借。关于物资疏散及储藏：将预定作战区之物资竭力向后方疏散，民众之必需品也须藏匿至距公路、铁路、驿路、水路30里以外之安全山中，使敌深入后，一无所获。

27日，薛岳按照在长沙地区与日军决战的计划调整部署：1.52军（欠195师，另附60师），留两个团于汨水的浯口、新市一线迟滞敌人，军主力于本日（即26日）19时向汨罗江以南金井以东转移，在浏阳西北的沙市街占领面向西侧之阵地，侧击南进之敌；2.70军（附95师）留两个团于汨水的新市、白泥桥阵地迟滞敌人，军主力于本日19时于株洲以东地区转移并占领阵地；3.73军（欠15师，另附195师）在长沙东北的福临铺，长沙以北的桥头驿及以北地区设伏，阻击南进之敌；4.4军以59师设伏于长沙及其东南地区，阻击南进之敌，军主力位于浏阳河两岸的枨头、渡头市之间占领阵地；5.11师占领岳麓山及以北湘江西岸的谷山、新康、靖港、乔口阵地。

痛击顽寇

汨罗江前线各部奉令后，即向指定地域转进。日军遂乘机追击。到27日下午，上村支队进占大娘桥，6师团攻抵李家墩。冈村宁次以为围歼暂归27集团军指挥的79军的时机到了，便决定："以主力向东迂回，在平江周围地区消灭预想从通城以南地区向南退却之敌兵团。"㊼根据这个决定，上村支队、6师团、奈良支队奉命向平江及其西南地区突进。28日，日军奈良支队经瓮江向平江迂回，准备策应33师团作战。但事情大大出乎了冈村宁次的预料，奈良支队在平江地区竟未遭抵抗，两天后很轻易地就在三眼桥与33师团会合了。冈村宁次立刻明白过来，79军已跳出了日军的包围圈，消灭该军的计划泡汤了。于是，他将唯一的希望寄托在向长沙方向追击的6师团和上村支队身上了。但这两支部队在南下途中连续遭到195师和77师的伏击，损失严重，要继续南进，已心有余而力不足了。30日，6师团先头部队200余人突破中国军队捞刀河阵地，占领了长沙以北30多公里的永安市，到达了日军此次南侵的最远点。但不久，该部日军在25师的反击下，被迫转入防御。当天，薛岳命60、25、195师继续向上杉市、永安市、石门痕日军猛烈反攻，以消耗日军实力。

湘北前线各路日军进攻受阻的消息很快传到了咸宁，让在那里坐镇指挥的冈村宁次心虚起来。他发现连日来，中国军队虽不断后撤，但总体损失并不大，并且纷纷向长沙和进攻日军的侧后方集结，有在长沙地区与其决战的模样。同时，进攻日军的后勤补给线几乎全被切断，前线各部队的粮弹都已快用完。再不撤退，6师团和上村支队将有被围歼之虞。在这种情况下，冈村宁次只好于29日无可奈何地下达了全线撤退的命令：华军顽强，"现仍潜伏于汨水、修河两岸地区。本军为避免不利态势，应速向原阵地转进，以图战斗力之恢复，并应严密防备华军之追击。"㊽对这道撤退命令，冈村宁次一直引以为耻，几十年后仍然不忘在回忆录中掩饰自己的失败："军的主力既已进入长沙平地，长沙又在眼前，如乘势进攻占领长沙并不困难。但根据本次会战之目的，在大量击溃敌军后，不得不回师原地……"㊾

10月1日，日军开始从湘北前线撤退。就在这一天，薛岳被正式任命为第九战区司令长官。当天下午，身在前线的关麟征发现了日军撤退的迹象，当即改变在长沙决战的计划，下令各部跟踪尾击由上杉市撤退之敌，以汨罗江南岸为目标截击歼灭之。具体部署是：73军以一部向平江方向挺进；52军25、195

师各以一部围歼上杉市残敌，分派支队向金井、福临铺、青山市等处追击至汨罗江南岸，力争将撤退之敌截击歼灭；59师以一部向栗桥、三姐桥尾追残敌于汨罗江、营田一带歼灭之。

15集团军各部随即开始行动。2日，195师猛攻上杉市。守敌"死伤甚多，残部向福临铺溃窜"[59]，中国军队遂收复该地。3日，25师、195师、102师等部追击到福临铺、金井附近，予敌猛击。日军又向汨罗江北岸退却。4日，15集团军各部尾随日军之后先后收复安定桥、长乐街、汨罗、营田、新市等地。此时，薛岳已断定日军退却企图，迅速发布命令，要求"湘北正面各部队以现在态势立向当面之敌猛烈追击，务于崇阳、岳阳以南地区捕捉之"，"对敌之收容部队，可派一部监视、扫荡之，主力力行超越追击。"[53]同时，要求已深入敌后的各挺进纵队破坏日军交通，阻碍其撤退计划。

第九战区各部虽接到"超越追击"的命令，但害怕日军是佯退，会突然反击，所以没有突击到日军前面，阻击歼灭敌人，只是尾追。这使日军的撤退进行得十分顺利。在追击过程中，中国军队仅与日军少数掩护部队发生战斗，敌主力全部逃脱。到10日止，双方恢复了战前态势。

大捷的尾声

到10月20日，第一次长沙会战以中国军队的胜利告终。在这次会战中，第九战区各部队在薛岳的指挥下，顽强奋战，粉碎了日军围歼中国军队主力的罪恶企图，取得了抗日战争中城市保卫战的第一次胜利。但关于这次战役，中日两军公布的战报大相径庭。据中国方面统计，是役歼敌3万余人，中国军队则伤亡40293人，双方物资损失均严重。而日军公布的数字为：中国军队在战斗中遗尸44000余具，被俘4000人，而日军战死约870人，负伤约2700人。不过，据第九战区参谋处副处长赵子立和其他一些参战的中国军官在40多年后回忆，中国军队是抵抗，且有既设阵地可供利用，日军是攻者，常暴露于我阵地前，其伤亡不比中国军队少。从日军的资料和将领战后来的回忆来看，他的说法应有一定依据。由于在湘赣地区的作战中表现不佳，1940年年初，101师团和106师团被调回日本。4月，106师团这支日本军界公认的"弱旅"被解散。直到1945年战败投降，日军也再没有启用这个令他们感到耻辱的番号。这支部队的师团长中井良太郎也得到了个有名无实的奖章，被打发回家赋闲去了。即便如此，日军及其将领后来在描述此战时，大多仍然掩败为胜。不过，中国军队在是役中所表现出的顽强却是他们不得不承认的。11月14日，敌酋冈村宁次向军部提交的《关于迅速解决日华事变的作战意见》中认为："敌军抗日势力之中枢既不在于中国四亿民众，亦不在于政府要人之意志，更不在于包括若干地方杂牌军在内之200万抗日敌军，而只在于以蒋介石为中心、以黄埔军官学校系统的青年军官为主体的中央直系军队的抗日意志。只要该军存在，迅速和平解决有如缘木求鱼。"㊾他的作战主任参谋宫崎周一也承认：此次作战日军的伤亡数字是战前估计的三倍多，并且"敌退却较早，敌将领似欲避免兵力消耗。结合一两个月后敌发起的'冬季攻势'

赵子立

来分析，证明敌之抵抗意志，不容低估。"㊿日本防卫厅战后编的《长沙作战》中也说，会战中重庆方面"将战区直辖的第11师直接配备于长沙湘江西岸岳麓山，并命第4、第70、第87军等的数师担当长沙附近的防卫任务"㊿，这实际上否定了重庆方面"决心放弃长沙"的说法，含蓄地承认日军没有达到作战目的。

日军撤退了，那个战前试图强迫薛岳退出长沙的白崇禧却风风光光地回来了。薛岳一听到这个消息，非常不高兴，耷拉着脸对赵子立说："敌人进攻时，他不来，敌人退却时，他来了。我们几夜没有睡好觉了，刚睡好，他来找麻烦。"他在火车站见到白崇禧后，寒暄了几句，就想让白崇禧下不了台，说："这次作战，兵力不够用，我能力也不成，所以仗打不好，这个责任，我负不了，请主任来亲自指挥吧！"搞得白异常尴尬，一个劲儿地用手摩挲脑袋。还是身边的王泽民出面替他解了围，他接过话头，称赞了薛岳这次指挥卓越，并说："困难已经过去，还需要解决的问题，健公（白崇禧字健生）一定和中央商议解决。"薛岳不等白的列车开走，就向白告辞，同赵子立一起下车回去了。白崇禧讨个没趣，就调转车头回桂林去了。㊿

赶走了白崇禧，薛岳回到司令长官部。这时，机要室秘书易祖洛交了张假条，说自己一家老小上十口人，因躲避日军，由湘阴营田空身逃到湘阴南塘，寄居于同学家中，特请假去探望母亲。薛岳大笔一挥批示道："准假，并给四百元，作为慰安祖母之用。"㊿

薛岳接待战地记者

湘赣战事结束，薛岳的亲属以为薛岳这下该有空了，就托人告诉他，薛宗元的安葬之日在11月29日举行，请他务必参加。但此次湘赣战事使第九战区构筑的前沿工事破坏严重，亟须修整，且统帅部决定即将对日军发动大规模攻势。薛岳权衡利弊，决心遵从父亲遗命，以国事为重。11月初，为督促各部加强防务和攻势作战准备，薛岳亲赴前线巡视。为此，薛岳特向蒋介石报告称："（子）职于齐日（8日）赶赴湘阴、汨罗、新墙、通城、平江、九宫、武宁、修水、铜鼓、奉新、高安、上高、万载、醴陵、浏阳一带巡视防务，校阅各部准备系后之进攻，往返须步行1600余里，约下旬始回长。（丑）职本定艳日（29日）归葬先考，因军务羁身，尽忠未能尽孝，谨请钧座恕职不孝之罪。"其情之真，其辞之切，让蒋介石非常感动，当即复电："薛长官：虞电悉，据报告齐日赶赴湘阴等地视察防务，勤劳至堪表慰，尊翁之丧，不克归丧，墨绖从戎，礼法所许，移孝作忠，尚望努力。"后来，陈诚得知此事，也复电薛岳表示嘉慰："长沙薛长官伯陵兄：虞电敬悉。吾兄忠孝兼全，而尽忠即所以尽孝，尤以此次湘北之战，赖兄指挥得力，达空前胜利，先伯当能含笑九泉也。派北衡兄代表亲往致祭外，特复。"[57]由于薛岳是长子，巡视未归，薛氏族人坚持不肯依期安葬，薛岳不得不将父亲的安葬日期推迟到次年1月28日。

第三节 冬季大反攻

初期攻势

第一次长沙会战的胜利给予全国抗日军民以极大的鼓舞。此时，按照国民政府军委会的安排，中国军队已完成了两期整训㊳，战斗力有所恢复。蒋介石判断日军可能增兵再攻长沙。为了进一步打击和消耗日军，蒋介石决定在11月下旬到12月初发起规模空前的大反攻。在这次进攻中，第二、第三、第五、第九战区被预定为攻击主力，并将整训部队主力分别拨给这几个战区，以加强其攻击能力；同时第一、第四、第八、第十、鲁苏、冀察等战区，担负策应作战任务，以牵制当面日军。

11月19日，蒋介石向薛岳下达命令，赋予第九战区主攻粤汉线北段的任务，要求该战区挺进武昌，协同第三、第五两个战区，收复南京以西之长江两岸地区，限11月26日前开始进攻。

薛岳接到这个命令，非常为难。这时距长沙会战结束不足一个半月，第九战区各部在会战中消耗甚大，均在休整之中，新兵尚未补充，过冬的棉衣亦未全部下发到各部队，根本不可能在短短一周的时间内完成如此大规模的进攻战役的准备工作。于是，他致电军委会，陈明实际情况，请求缓期出击。同时，他向战区所属部队下达准备出击的命令。11月29日，薛岳令第1、19、30、27集团军分别向赣北、鄂南和湘北前线指定地域集结，待命出击。30日，第九战区司令长官部又下达攻击部署：前敌总司令罗卓英统一指挥19、1集团军出击南浔铁路沿线，破袭公路及铁路交通，相机攻取奉新、安义、靖安等地；30集团军攻击武宁、阳新一带，相机收复武宁，并切实截断咸宁、武昌间之交通、通信，以掩护27集团军右侧背安全；27集团军负责攻取咸宁、崇阳、蒲圻等地，切断长江水上交通，围歼驻鄂南的日军6师团；15集团军进攻岳阳、通城、城陵矶一带，配合27集团军围歼6师团；各挺进纵队及各军派出之交通破坏队负责破袭敌后交通、通信设施，以牵制日军之增援。

12月8日，薛岳接到军委会的通知，在桂林行营主任白崇禧和第六战区司令长官陈诚的大力支持和力请之下，他关于推迟进攻的请示终于得到了蒋介石的批准，将第九战区开始进攻的时间改为 12 月 12 日。

12 月 12 日凌晨 1 点，58 军新 11 师分三路强渡锦江，第九战区冬季攻势就此开始。各部均按照预定计划出击。日军尽管已于 8 日得知中国军队将开始进攻，仍然出奇地大意。10 日，敌 11 军司令官冈村宁次在给中国派遣军司令部的报告中就声称："在过去的一年中在我周围虽将及我军之四至五倍（敌军）（110 个师），而对我军来说并没有出现过必须严重对待的攻势"，"所谓抗战第三期反攻，肯定是痴人说梦"[59]。出于这种想法，他虽然通知前线各兵团注意，但是并没有提高戒备等级，甚至没有要求在九江等船回国的 101 和 106 师团进入战备状态。日军的麻痹大意，给了中国军队可乘之机。因此，第九战区各部在最初两天进展顺利：1、19 集团军突破锦江沿岸日军阵地，相继攻占了横山台、塔冈山、高邮市、小仙岭、大岭等地，进逼靖安、五步城；30 集团军攻至武宁、瑞昌城郊，并占领阳新镇；27 集团军包围了台上湖、羊楼洞等据点，并攻入崇阳；15 集团军攻克牛角尖、羊楼司车站、后山坪、晏家大山等地，包围大沙坪。薛岳见形势有利，便下令将 73 军主力和 70 军 19 师调往金塘坳及修水附近，准备向崇阳、通城方向出击；同时命挺进 1 纵队即向贺胜桥挺进，破坏粤汉线交通通讯，攻击武昌附近日军，策应正面作战。

此后 3 天，各部继续稳步向前推进，形势仍然有利，但是随着战斗逐步靠近日军的坚固据点，中国军队攻坚能力不足的弱点开始逐渐暴露出来。20 军无法击退崇阳城内的日军，被迫退到城外；79 军攻入羊楼司镇内后，遭到守敌的顽强抵抗，形成对峙；其余各部也受到日军的不断反击，前进速度渐趋迟缓。

薛岳很快发现了这个问题，遂决定改变战术，于 16 日指示各部："我军攻击目的，在歼灭敌兵力而获得良好战果，如敌死守据点，则应以一部牵制，一部趋敌之后，破坏交通通信，绝其补给，迫其孤立，诱敌离开据点而歼灭之，或牵制甲据点之敌，而诱乙据点之敌来援，中途设伏而歼灭之，总期因时、因地、因敌而运用各种方法，最忌徘徊不前，

冈村宁次

或扼守一点，或迟滞一隅，不果决、机动、敏活、协同、制敌机先，勿被制失机……"⁶⁰

一攻大沙坪

15日以后，作战进入据点争夺阶段。各据点日军也开始出击。各军遵照薛岳的指示，重点打击离开据点之敌。但是，由于各军行动稍显迟缓，相互配合不力，野外攻歼无效，还付出了很大损失。日军达到消耗中国军队目的，退回坚固据点死守。这样一来，中国军队的进攻又变成了攻坚。但是，各部均没有攻击日军据守的坚固据点的经验，不懂得运用战术，一味硬冲，而致重大伤亡。

针对这一情况，他又于18日电示各部攻击日军据点的要领："攻击据点，应集中山炮、迫击炮、平射炮、重机枪火力，制压敌人及毁敌铁丝网，开辟冲锋路；如无山炮，以敢死队匍匐前进，接近敌铁丝网，使用大量手榴弹，开辟冲锋路；或以工兵利用夜间接近铁丝网，施行爆破，开辟冲锋路，将敌火力压倒，冲锋路开设成功后，对敌据点一举攻略之，不可仅以肉弹主义，作无谓之牺牲。"⑥

此后，各军根据这一指示改变战术，先迂回穿插切断各据点间之联系，而后组织优势的兵力和火力突击中小据点。这时日军已从战役之初的混乱中缓过劲来，抵抗越来越猛烈，并在局部地区集中部分兵力进行反击。不过，中国军队已基本完成了对日军前沿各据点的分割包围，在主要方向的兵力上又处于优势，很快就打退了日军仓促组织的反击，并取得了一定进展：72军和8军击退日军40师团在武宁方向的反击，收复船埠等地；74军和32军击退日军34师团在奉新以南的反击，相继收复沙古岭、大岭、蛮岗镇等地，并一度袭入靖安城，策动伪军宋良成、刘映堂等部反正；27、15集团军进围大沙坪。

21日，薛岳综合分析了前线战局，认为前线日军经过10天战斗，伤亡颇重，疲惫已极，而九江、武汉之敌均无增援迹象，前沿各重要据点之守敌补给也已中断，兵力转用失灵，正是扩大战果的好时机。于是，他当即下令将战区预备队投入战斗，企图击破日军的一线阵地，挺进到长江岸边。根据战前制定的作战计划，位于崇阳、岳阳一带的6师团是第九战区歼击的重点，因此，薛岳在这一带投入了15和27两个集团军，这里自然也就成了攻势成败的关键。6师团是江南日军中唯一的甲种师团，淞沪会战开始以来，一直是侵华急先锋，战斗力在侵华日军中首屈一指，而经过一年多的经营，日军在湘北、鄂南一带已建成了一条比较稳固的防线。因此，要打垮这支凭坚固守的日军精锐并不那么容易。不过，再坚强的防御体系都有其弱点。薛岳经过反复考虑，发现日军的防御弱点就在通城方向。这里是6师团和40师团的结合部，虽属6师团防区，但6师团并不重视这一带的防御，守备疏松，相隔七八公里才设一个据点，而每个据点也仅一两个小队防守，相互策应困难。因此，在前一段时间的作战中，中国军队比较顺利地完成了对通城附近日军据点的分割。薛岳相信，只要再加一把劲儿，就有机会攻占通城，再通过这里迂回6师团的后方，切断其与40师团的联系，就可能合围甚至消灭这伙两年前制造了南京大屠杀的凶徒。不过，要攻通城，得先占大沙坪。这个据点位于隽水西岸，处于崇阳与通城之间的丘陵地带，瞰制崇通公路，为通城之锁钥，周围又密布小松树林，冬天河水与水田干涸，利于部队行动，根本形不成天然障碍。而薛岳又在这里投入了77和98两个师和140师837团，并以19师为预备队随时准备支援，战斗力甚至超过了日军崇通公路的守备部队步兵45联队（联队长池田纯久大佐）的全部实力，所以在薛岳看来，迅速攻占大沙坪，进而克复通城不是问题，因此他在16日的电令中告诉79军军长夏楚中："大沙坪志在必得。"②

但是，大沙坪守敌的顽强大大出乎薛岳的意料，进攻部队从15日发起进攻后，即遭到了守敌猛烈反击。98师一部虽一度冲入大沙坪街口，但受到日军猛烈火力的压制，被迫退出。而其外围据点田家岭、徐家、崇南亭等地也屡得屡失，战况极为惨烈，98师3营9连几乎全部伤亡。到21日，大沙坪仍未攻克。薛岳虽曾于18日电示15集团军总司令关麟征限定19日前攻占大沙坪，仍无济于事。不过，薛岳依旧没有丧失信心：长沙会战的胜利证明，经过两年艰苦战争的锤炼，他手下部队的战斗力已大为加强，虽然攻坚能力不强，但就大沙坪战斗本身而言，进攻部队无论在兵力上还是在火力上都占有绝对优势，应该不会阴沟里翻船。因此，他还是一个劲儿地督饬79军继续猛攻。

可是，战局的发展很快又给他浇了一盆冷水。21日下午4时，140师和77师再度在迫击炮和平射炮火力的掩护下，猛攻大沙坪南面徐家东北高地，仍遭守敌猛烈的火力严重杀伤。231团奋勇队长姚家熙、马云程等先后壮烈牺牲，攻击再度受挫。与此同时，77师主力在大沙坪外围的桂口市和石城湾一带受到守敌的顽强反击，到21日晚伤亡官兵高达1040余人。同时，由崇阳出援的日军40师团石本支队已抵菖蒲园附近，直接威胁79军背后。

薛岳这才开始怀疑自己先前是不是过于乐观了，遂于当夜电示73军军长彭位仁："如大沙坪之敌，不能速行歼灭，则以第98师负责牵制之，留第140

师第 837 团协助，或第 77 师一部协助，第 77 师则加入第 15 师方面作战，歼其外援。如大沙坪之敌可速行歼灭，则第 77、98 两师协力完成为有利，请转知第 77、第 98 师师长按实况决定行之。我攻击目的，在歼灭敌兵，取得战果。"⑬

22 日，日军石本支队和 6 师团从其他地区抽调的部队到达战场，并于下午击退石城湾附近的 77 师 229 团一部。79 军和 73 军不得不从围攻大沙坪的部队中抽调大量兵力加入打援作战，仍无法挡住敌援军的进攻。到 23 日傍晚，大沙坪外围阵地多处失守。薛岳见两个军已腹背受敌，再战不利，遂电令两军："不要打硬战，可离开大沙坪、桂口市，勿与胶着，俟敌离开据点，第 20 军应侧击之，要机动歼灭。"⑭于是，73 军和 79 军开始从大沙坪周围后撤。第九战区第一次对大沙坪的围攻宣告失败。

再攻大沙坪

尽管攻击大沙坪失利，整体的战局却没有让薛岳失望，日军前线各据点被分割包围的局面依然如故。23 日以后，各出击部队利用优越的战场态势，机动灵活地打击敌人，取得了重大战果：在赣北方面，184 师攻克重要据点祥符观等地；51 师奇袭奉新，炸毁敌山炮两门；139 师夜袭干洲，焚敌该地日军仓库。在鄂南、湘北方面，118 师一度攻克岳阳车站；挺进 3 纵队捣毁檀山坳伪维持会，击毙维持会长汉奸周泽良；8 军击退日军对新丰市、杨芳林的反扑，并协同 30 集团军其他部队成功地将日军 40 师团主力牵制在武宁方向。

在这样的有利形势下，薛岳当然不会轻易吞下大沙坪失利的苦果，遂决定将预备队 70 军投入对大沙坪的进攻。22 日，他打电话给 27 集团军总司令杨森，命令："李觉军长指挥第 3 师（欠第 16 团）、第 19 师，以第 3 师经白羊铺、崇阳北之洪下，第 19 师经上细市及崇阳北白云潭向崇阳、桂花树、石城湾间地区之敌攻击，应立即行动，第 19 师到达金塘坳不必停止。"⑮23 日，又电示杨森："第 20、第 73 两军，务于 23 日夜起，向崇阳、石城湾、桂花树地区之敌积极进攻，必须诱使敌兵离开据点作战，以便我第 3、第 19、第 82 等三师猛击敌背。"⑯

根据薛岳的命令，20、73、70、79 军在崇阳、大沙坪、白霓桥、石城湾、桂口市一带再度展开猛烈攻势。但此时，日军在大沙坪、石城湾、桂口市一带的防御已大为加强，6 师团所属池田联队全部和佐野虎太大佐指挥的步兵 23 联队一部投入了这一带的防御，同时 40 师团也给石本支队增加了两个步兵大队和一个榴弹炮大队。无论在兵力上还是在火力上，日军都比上次强很多。这就决定了第二次对大沙坪的攻击决不会比上次轻松。

从23日起，73军和20军对白霓桥、崇阳、石城湾、桂市口之敌展开猛烈进攻。此时，日军在大沙坪新胜，士气正高，遂主动出击，进至华石嘴、大屋邓、峨眉岭、乌龟嘴一线。而79军和73军一部尚在调整部署，援军70军也未到达，无法恢复进攻。因此薛岳要求他们稳住战线，尽量牵制日军。于是，两军转入防御。而日军也没有突破的企图。双方就在该线形成对峙。到25日，79军调整就绪。薛岳电话命令："第20军、第73军速向大沙坪、桂口市、石城湾、崇阳城之敌攻击。"⑥

25日夜起，73、20军即遵命发起进攻。经一昼夜激战，73军攻克石城湾外围据点南山坂，并击退了向破斗曹、麦窝、张家祠一线反击之敌。薛岳见73军进展顺利，而70军又已抵达大沙坪附近，第二次围攻大沙坪的时机已经成熟，即下达新的作战命令："第20、第73两军对新塘岭、崇阳、石城湾、桂口市、大沙坪，第79军之第82、第98两师对大沙坪、桂口市、虎爪石，均限27日午后完全占领。"⑧很快又追加命令："第3师已到仰天窝，第19师已到七石岭，第20军、第73军今晚渡河对崇阳、石城湾、桂口市之敌确实猛攻。"⑨

27日，73军和20军遵命行动。73军的进攻尚属顺利，当天即夺取了芦塘下、白螺坳、黄土岭，并继续向桂口市、白沙岭推进。然而，20军133师攻击白霓桥、崇阳失利，被迫后撤。日军得以重新控制了崇阳至石城湾公路。这样一来，73军受到了来自崇阳方面的威胁，态势趋于不利。28日，薛岳接到197师报告称：日军40师团一部于26日突破该师左翼杨芳林阵地后，于当日（28日）增加八九百人，下午2时左右再次突破该师阵地，续向大沙坪方向前进。这样一来，73军不就腹背受敌了吗？薛岳遂急令彭位仁抽出15师阻击由杨芳林西进之敌。

但两个小时后，令人气愤的消息传来，197师先前报告的敌情不实。这岂不是把军情当儿戏？不过，大沙坪前线军情紧急，这时的薛岳已没有时间去考虑如何处分有关人员了，只得命令15师主力开回原地，仍执行攻击大沙坪、石城湾的任务。

然而，15师的调动，造成73军的进攻停顿下来，给了大沙坪、石城湾敌人喘息之机。日军利用这段时间加固工事，调整部署，并于29日凌晨突击77

师阵地。幸好，77师防备甚严，给出击之敌迎头痛击，并乘胜攻占了近口铺。同时，为配合73军作战，79军和刚抵达战场的70军也攻占了铁柱港、乌龟嘴、蒋家牌、官山岭、金家桥等地，并进占周家祠以北高地。大沙坪一带战斗再度升级。

三攻大沙坪

30日，薛岳已感到各部队经连日进攻已十分疲惫，没有开始时的锐气了。而日军在九江的101、106两个师团均未投入战斗。若在崇阳、大沙坪和通城一带的进攻再无进展，一旦日军投入生力军，前线部队师老兵疲，凶多吉少。想到这些，薛岳不寒而栗，遂于30日下令调整该方面的作战部署：70军军长李觉统一指挥20军和19师，攻击白霓桥、崇阳城、石城湾一带；73军军长彭位仁统一指挥73军、3师、140师837团和82师两个团进攻石城湾、桂口市、大沙坪；79军军长夏楚中指挥98师、79军两个补充团和140师主力进攻通城；限以上各部于1940年元旦攻占规定目标。

31日夜，各军遵命发动进攻。这时，日军也已疲惫不堪，防线出现松动。因此，突击伊始，中国军队全线告捷：15师和3师相继克复白沙岭及芙蓉山、易博士岭一线，并攻入桂口市；77师占领桃源岭，并包围了崇南亭守敌的核心工事；82师和140师密切协同攻入大沙坪街市，与守敌展开巷战。但是，日军很快就从混乱中恢复过来，开始以猛烈的火力阻止中国军队前进，并不断组织反扑。各进攻部队损失很大。到1月3日晨，中国军队对大沙坪、桂口市和崇南亭的进攻再告失败。当天傍晚，薛岳认真分析了战局，认为连续攻击未克的主要原因在于各师分别攻击不同目标，兵力分散，形不成合力。据此，他决定调整部署，集中兵力各个歼灭被分割包围之敌，遂电令27集团军："第70、第73两军可先攻略桂口市之敌，再歼大沙坪之敌，并令第70、第73、第20等三军，均受李觉军长统一指挥。"[20]

李觉得令，当晚即组织部队再度发动进攻，但由于仍未改掉分兵攻点、兵力分散的毛病，经一昼夜激战，毫无进展。在战斗中，李觉感到对73军和20军指挥不灵，便电请薛岳，改由杨森亲自指挥这两个军。薛岳没有同意他的意见，同时电令73军和70军除以一部牵制石城湾和桂口市之敌外，集中主力围攻大沙坪。

李觉接到命令后，一面电示20军尽力牵制崇阳、石城湾之敌，一面组织部队准备对大沙坪的第三次进攻，攻击预定 5 日发起时间。进攻开始前，为了防止 73 军的部队不听指挥，薛岳再度致电 27 集团军："攻击大沙坪之各军师长，由李觉军长统一指挥，希即督率立即猛攻，务克为要。"㊆同时，再次重申 20 军应彻底破坏崇阳到大沙坪附近的交通通信，阻击敌由石城湾方向的增援。

然而，由于原计划调来大沙坪参战的 4 军山炮营临时奉命开往通城，没有重炮摧毁日军工事，进攻大沙坪的部队只得靠血肉攻坚。而日军工事坚固，火力强盛，防守又严密。进攻部队举步维艰，到 6 日上午仍未取得突破。李觉看到一个个英勇作战的官兵接连倒在日军绵密的火网面前，痛心不已。不能再做这样无谓的牺牲了！于是，他电告薛岳：大沙坪为敌重要坚固据点，其附近碉堡棋布，副防御层叠，攻取困难，而桂口市为敌次要据点，兵力较弱，攻略较易，请求先歼灭桂口市之敌，困死大沙坪。其实，薛岳早在 1 月 3 日就看出了这个问题，在那天傍晚给下达的命令中就提出了这样的方案，只是李觉对 73 军指挥不灵，无法形成合力，因此没有付诸实施，这次既然是李觉主动提出，薛岳自然很快同意了。李觉乃立即着手调整部署，加强桂口市方面的力量。

下午 3 点左右，第九战区司令长官部突然接到情报，驻崇阳的日军石本支队和佐野联队一部再度从崇阳向通城方向出击，其大部已突破 20 军阻截到达石城湾，先头部队已与大沙坪和桂口市外围的进攻部队接火。薛岳一听这个消息，心急如焚：通过这几天前线报告的敌情看，日军不顾中国军队的沿途袭扰，不断从湘北和鄂南向崇阳、通城一带守敌输送粮食和弹药，足见崇阳到通城一线的日军被困已久，粮弹将尽，如果不趁这个机会歼灭大沙坪一带的日军，一旦石城湾的增援日军与大沙坪守敌会合，第九战区的整个攻势就会归于失败。于是，他立即致电李觉和彭位仁："大沙坪、桂口市、石城湾之敌，不满三千，以李彭两军万人之众，未行歼灭，古今中外均无是理"，限令 70 军和 73 军于 7 日上午歼灭桂口市之敌，8 日夜攻占大沙坪，并严饬各部"如再陈兵不战，定误全局，各军师长应受严重处分"㊆。同时，再度电令 20 军破坏崇阳到桂口市、石城湾等地道路桥梁，迟滞援敌的前进。

不过，援敌毕竟已逼近大沙坪、桂口市，李觉不能不考虑。因此，他一面组织部队猛攻大沙坪和桂口市，一面命令 3 师抽兵打援。此后，援敌不断增加，对外围部队的攻击也越来越猛烈。李觉只得不断从进攻部队中抽调兵力阻援。这样一来，对大沙坪和桂口市的攻击力度不断减弱。两地守敌乘机发起反击。

战局渐趋胶着。

7日晚,攻克大沙坪已无希望,而赣北和30集团军方面攻击陷于停顿的消息也相继传来,事实证明,中国军队因极度缺乏重武器,强攻据点的作战方式得不偿失。薛岳遂决定改变战术,命令崇阳、通城一带部队不再强攻据点,改以破坏交通和打击日军有生力量为主。第九战区各部转入交通破袭战,重点破坏敌后交通通信设施和打击脱离据点之敌。湘北、鄂南和赣北的日军前线各师团见当面中国军队防线出现松动,立即发起全线反击。薛岳指挥第九战区各部一面积极破路,一面奋力抗击日军的反扑,终于在1月中旬打退了出击之敌,将战线稳定在了战役开始之前的状态。同时,各敌后挺进部队也在破坏敌后交通方面取得很大成绩,在从1月11日—24日短短的14天之中,共破坏桥27座,铁路4公里,公路42公里,并缴获大量电线、电杆、电话机等物资,使敌后多条交通干线一度陷于瘫痪。

客观地讲,第九战区的冬季攻势并不是一次成功的作战。在长达一个月的作战中,第九战区各部共伤亡36211人,占参战官兵的22.9%,又消耗了大量弹药,却没有攻克日军一个县城,可谓得不偿失。究其原因,最主要还是中国军队严重缺乏重武器,攻坚能力不足。为了解决这个问题,薛岳想了很多办法,如步兵隐蔽接敌后大量使用手榴弹,集中使用迫击炮和平射炮,诱敌主力脱离据点而歼灭之,等等。但是,由于日军工事坚固,而守敌又十分谨慎,其收效甚微。在兵力运用上,第九战区兵力分散,无论是对点的攻击还是对面的攻击,都没有形成拳头。战役后期,薛岳虽将预备队投入攻击大沙坪,一度在崇阳、通城一线形成了绝对优势兵力,并强调先集中兵力攻击较弱据点,但是他却要求70军军长李觉同时指挥平级的73军和20军作战,造成部队调动不灵,最终未能最大限度地将主要突击力量集中到日军防守较弱的桂口市方向,致使这一关键争夺战最终失败。

不过,第九战区在这次攻势作战中也并非一无所获。中国军队所表现出来的攻击力给日军的震撼是空前的。日军11军在战后总结中承认,这次在与第五、第九两个战区的作战中"付出的牺牲是过去作战不曾有过的",在一个月时间里伤亡高达8000人(不含伪军),因此"深感敌尚强大"[75]。战后,薛岳本人也认真总结了这次作战的经验教训,抛弃了强攻据点的战术,改以灵活多变的游击战和运动战结合阵地防御的手段打击敌人,使第九战区在此后一年半的时间里,取得了辉煌的战果。

第四节　回乡奔丧

1940年1月下旬，第九战区冬季攻势作战结束。这下，薛岳有了闲暇时间，由于家族成员的坚持，他逝去的父亲，家人一直要等他回乡主持下葬。薛岳毕竟是个孝子，该让父亲入土为安了。1月26日，薛岳向蒋介石请了两天假，返乡参加父亲的葬礼。

当时万家岭和长沙大捷的消息已传遍了大路下村这个群山环绕的小村庄。乡亲们听说抗日英雄回来，纷纷前来迎接。小小的九峰乡顿时沸腾起来。薛岳在人群的簇拥下，回到了自己的家里。刚一落座，手下人来报告，说湘南第一游击司令胡凤璋带着猪羊各100头前来求见。薛岳早就听说此人在湘南一带胡作非为，劣迹昭彰。他前来送礼，无非是巴结讨好，以求升官。薛岳素来厌恶人品不端和巴结讨好之人，就叫门房挡驾。胡凤璋讨了个没趣，只得悻悻而去。

这时，薛岳的四个弟弟也相继到来，正寒暄之际，突然有人前来告状，说一直留在家中侍奉父亲的薛孟坚横行乡里，民愤极大。薛岳万万没想到，自己多年没回家，二弟竟如此给薛家抹黑，顿时火冒三丈，拔出手枪，就要杀薛孟坚。幸好他的随从眼明手快，一把抱住薛岳，随后众人一齐上前，把薛岳手里的枪夺下来。薛岳怒气未消，大骂二弟是败家子。众人等他的火发得差不多了，纷纷上前劝说，事实还没搞清楚，岂能凭告状人的一面之词杀了自己的亲弟弟。薛岳一想也对，便把有关的乡亲邻里找来打听。这才知道，薛家与同乡某姓有坟地之争，已是多年旧怨了。薛孟坚平日在与该姓人家争执过程中，确有情绪激动的时候，但远没有达到"横行乡里"的地步。于是，他把二弟叫到身边，告诉他在处理邻里关系上要小心谨慎，与人为善。随后，薛岳又在状纸上做出百余字的批示，开头即称："两姓争坟地，使岳祖在地下不安者，垂四百年。"[74]全文入情入理，表达了希望两家和平协商解决争端的意愿。此后，薛孟坚谨记大哥的教导，与乡亲们相处逐渐融洽，以至于后来被乡亲们推选为乐昌县议长。

1月28日（农历十二月20日）是黄道吉日。薛家在这一天为薛宗元举行了隆重的葬礼。这时，国人大多知道了薛宗元临终前给儿子的"在非常时期，国事为重，丧事从简"的嘱托。怀着崇敬的心情前来吊唁的人络绎不绝。蒋介石除令第四战区代司令长官张发奎带1万元特赠丧葬费代为致祭外，还亲写挽联："一片丹忱黄发未纾忧国念，三军墨经白眉新月捷书来。"[75]此外，陈诚、林森、孔祥熙、何应钦等中央政要，各战区司令长官，湖南省75县和广东各地的军政要人、社会名流相继发来了唁电、唁函、挽联、挽诗词，小汽车在九峰的公路上排成了长龙。如此盛大的场面，九峰老百姓还是头一次看到。

事后，薛岳为父亲举丧期间社会各界发来的唁电、唁函、挽诗词和挽联2000多件汇集成册，取名为《哀思录》，并由国民政府主席林森题字，同时将以薛岳五兄弟名义写的"先考行事"及概述薛宗元德行的文章收入其中。"先考行事"称：

末命严切，不牟等谨涕泣受教。8月4日午刻，病势骤变。抢呼莫及，竟弃不孝等长逝矣！呜呼哀哉！伏念孝岳等30年来驰驱国事，久缺定省，而督师御敌，又才力寡薄，不克早复禹甸，珍岛夷，以博亲欢，不孝孟坚等虽间侍左右，亦不能承色笑，尽颐养，罪孽深重，追悔妄及，此后竟为无父之人矣！呜呼痛哉！谨录次先考行事，以告当世。[76]

丧事办理期间，第九战区参谋处长赵子立在薛岳家附近的石子埂，看见一位衣衫褴褛的少年在流浪乞讨，挺可怜的，便带他去见薛岳。薛岳见后，叹了一口气，说："国难当头，民不聊生，我等不能拯民于水火，致使少年流浪他乡，虽未流浪的也无法入学，实在惭愧。"[77]随后，他转过身去对第九战区秘书长谢又生道出想在家乡创办一所较完善的小学校，让一些家境贫寒的子弟有个合适的学习场所，为国家培养人才。在座的人听了都拍手赞成。

于是，薛岳召集父老乡亲，商量建小学学校之事。讨论决定在原九峰上半甲一间不大的旧义仓——明贤私塾基础上进行改、扩建，经费和建校工作全由第九战区长官部负责。议定之后，薛岳以他一贯的雷厉风行的作风，立即指派人员、安排经费，仅用了短短的一年多时间就使新校顺利落成。该校占地3000多平方米，教室、礼堂、图书馆、宿舍、饭堂、操场等设施一应俱全。学校的经费和师资都由薛岳亲自安排调拨。他为纪念父亲，将学校命名为"宗元小学"，并亲自为学校题写校名。

宗元小学校规严明，对学生不分区域一视同仁，一律不收学杂费，每学期赠发纸笔和各种写字本、练习本。新生入学时，每人赠发一个白铜四方墨盒，墨盒上刻有"精忠救国"四字，以此勉励学生像岳飞那样，念念不忘抗敌救国。

第五节 最精彩之战

会战前敌我概况

经过1940年一整年的对峙，日军越来越感受到第九战区的威胁，接替冈村宁次担任11军司令官的圆部和一郎正为在与第九战区的对阵中因兵力不足而接连失利犯愁呢。没承想，屋漏偏逢连夜雨。2月14日，他接到中国派遣军总司令部的命令，驻安义的33师团除留荒木支队守备原防外，主力须于4月上旬调往华北。圆部一下紧张起来了，这无异于釜底抽薪啊。尽管不满，他还是明白，华北方面军刚刚在八路军发起的百团大战中受到了重创，急需增援，总部这样拆东墙补西墙，也是无奈之举。为战争全局着想，他只有执行总部的命令。不过，问题总是要解决的。他认为，目前应当在33师团主力还没有调走之前，发动一次攻势，歼灭在南昌附近的中国19集团军，这样才能保证4月中旬以后南昌地区的战局不致进一步恶化。于是，他命令驻南昌地区的33、34师团和即将开到南昌地区的独立混成20旅团准备实施"锦江作战"。

对于日军的企图，薛岳早已洞察秋毫。从1941年1月中旬开始，第九战区司令长官部就不断得到情报称：驻赣北的日军33、34师团和独立混成14旅团积极补充缺员，加强战备，经常作夜战及渡河演习。2月中旬，赣北前线部队报告，日军独立混成20旅团和第3飞行团，分别从长江下游开来，集结于牛行、望城岗地区及南昌机场。据此，薛岳已经判断出日军将在赣北展开大规模进攻。不过，薛岳对此并没有惊慌。早在1940年5月，薛岳就制订了赣北反击作战计划："敌如进犯高安、上高、万载，则诱之于分宜、上高、宜丰以东地区，反击而歼灭之。"[73]根据这一计划，罗卓英已在锦江地区布置了大纵深防御体系，分别以70军和74军担任诱击兵团和决战兵团，企图将日军诱到分宜、上高、宜丰以东之决战地域后进行决战。同时，第九战区在上高地区构筑了坚固阵地，以备作战之用。1941年2月初，薛岳以日军大规模进攻迫在眉睫，电示罗卓英：49军守备谢家埠至进贤方面及沙埠潭至丰城以东地区，74军布防于大城至高安方面，70军守备奉新至上富方面，"敌向我大规模之攻势时即按战区前策定之反击作战计划指导作战"[74]。为了加强赣北防御，薛岳报请军委会调第三战区

49军划归19集团军指挥,随时准备增援高安方面作战。

3月初,日军赣江东岸部队向莲塘、上谌店等地移动,扬言要进攻临川、鹰潭,其空军也频繁进行前沿侦察。根据前次长沙会战的经验,薛岳认为,日军又在重施声东击西的故伎,其对第九战区的大规模进攻即将展开。这个判断正好与重庆统帅部不谋而合。3月7日,蒋介石电告第九战区:日军有向"我南浔线及洞庭湖沿粤汉路进犯企图,在南进前摧毁我反攻武汉能力"㊳。

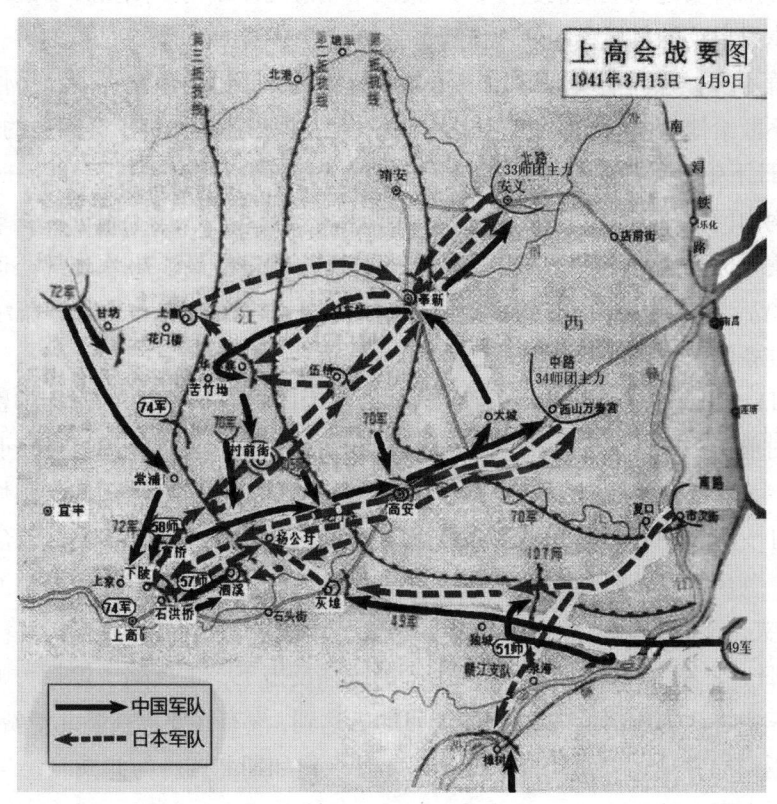

剪除两翼

果然不出薛岳所料。3月15日凌晨,日军出动33、34师团主力和独立混成20旅团分三路向奉新一带的70军前沿阵地发起猛烈进攻。薛岳得此消息,一面命令新墙河前线的4军向长沙方向集中,准备支援赣北作战,一面电示尚在吉安的罗卓英:按照预定计划指导作战。罗卓英立即打电话给所属各军,要求：70军依据现有阵地，节节抵抗日军之进攻；49军以一部守备赣江以东原阵地，主力向高安方向前进，支援作战；74军以51师保持机动，策应各方作战，57、58师应准备适时占领第三线阵地；挺进2纵队以及74军和70军的攻击队速向敌后挺进，断敌交通。

各军即遵照行动，但是由于日军攻势猛烈，70军在前沿的两个师寡不敌众，节节败退，短短两天之内，奉新、樟树镇、石子埭等地相继失守。而此时，罗卓英还在从吉安赶回上高的途中，19集团军副总司令刘膺古则留在衡山。坐镇上高翰堂罗卓英的总司令部处理作战事务的只有19集团军参谋长罗为雄。此公经历战阵不多，接到前线像雪片一样飞来的败讯，吓得面色铁青。薛岳怕贻误战机，不断给他打电话壮胆："不要害怕，敌人是扫荡战，打了会回去的。"⑧

17日下午5点左右，罗卓英赶回上高总司令部。这时，日军北路33师团已攻抵南山何、村前街，中路34师团则到达高安城北之火埭上附近。罗卓英乃紧急召集幕僚开会讨论战况。会议决定：以74军固守上高；70军作离心退却，陷敌分离后，对敌反击；并预由抚河东岸抽调49军26师兼程西进，集结于樟树镇，准备侧击由赣江两岸西进之敌。

18日，70军将其预备队19师投入战斗，力图将北路日军33师团抑留于伍桥何、村前街一带。同时，中路日军34师团攻占高安。两路日军已处于明显分离状态。为了防止中路日军陷于孤立，南路日军独立混成20旅团占领独城后，改称赣江支队，即折向西。74军军长王耀武急调51师151团占领牯牛岭、经楼圩、曲水桥、傅家圩一线阵地阻止其前进。同时，26师也奉命兼程经樟树镇渡江，与51师夹击南路日军。

19日，日军33师团在70军两个师的顽强反击下，进攻陷于停顿。师团长樱井省三中将认为所部策应34师团的目的已达到，没有必要再在赣北浪费兵力，遂决定返回原驻地，以便能按原计划于4月上旬如期北调。与此同时，34师团逐渐逼近上高。

薛岳看到中路日军已接近决战地域，而北路33师团有撤出战场迹象，感到决战时机已经成熟，遂电令72军速开甘坊、大塅，策应19集团军作战，同时电示罗卓英："严令26师、70军、74军务将深入扰乱之敌歼灭于高安锦江南北地区"，"70军初期作战不力应予严办。希饬努力达成新任务，将功补过，倘仍畏缩不前，贻误战机，定按律议处"。⑧

本来，薛岳打算调4军赴赣参加上高决战，但同时接到新墙河前线报告："岳阳前线已发现第33师团一个联队的番号。"看来，日军有由南昌和武昌两个方向夹击长沙的可能。出于对长沙安全的担忧，薛岳只得暂时打消了调4军参战念头，并于当晚命令罗卓英："第19集团军应确保宜丰，保障战区侧背的安全。"[83]

20日，北路日军开始总退却。70军和挺进2纵队一部切断其退路，进行猛烈的截击和尾击。日军夺路而走，颇有损失。同时，南路日军赣江支队也在蜀家埠附近、石头及鸡公岭一带遭到26师和51师攻击，陷于苦战，无法脱身。这样一来，中路日军失去两翼的掩护，呈孤军突进的态势。但日军34师团长大贺茂仍满不在乎，一味猛攻上高外围阵地。74军（欠51师）顽强阻击，双方伤亡均重。

合围中路

中路日军孤立突出，正是围歼他们的大好时机。薛岳决定抓住这一战机，当晚即电示罗卓英："第57、第58两师务遵照计划，确保原阵地，积极向当面之敌猛烈攻击，确保上高、宜丰战略要地，其余各部队务遵照既定计划速向高安、上高间锦江南北地区，彻底围歼向我扰乱之敌。"[84]

次日上午，罗卓英根据薛岳的指示，下达作战部署：105师主力迅速渡过赣江，向上高挺进；26师、51师和107师以高安为目标，协力攻击，包围并歼灭锦江南岸之敌；57、58师确保上高；70军应转向东南挺进，预9师进击村前街、龙团圩，19师进击米峰、高安。同时通令全军："23日前夺取高安城者，赏洋5万元"[85]。

于是，一场大规模的迂回包抄就此展开。不过，能否完成对日军34师团的包围关键还得看上高能否守得住。是日，在日军的猛烈进攻下，57师官桥以南阵地遭突破。日军逼近上高。为了稳定战局，薛岳与罗卓英联合发布命令，要求74军在"锦江南岸采取攻势，北岸采取守势，以确保上高为主"[86]。74军军长王耀武得令后重新调整部署：51师仍向猪头山、鸡公岭当面之敌攻击，以确保上高为目的；57师守备索子山、云头山、原山庙斜交阵地；58师改守红家埠、荷舍一线。

然而，战场形势万变莫测，有利与不利的转化只在瞬息之间。22日拂晓，日军赣江支队突然突破了51师在石头一带的阵地，向上高以南迂回。合围中路日军的计划眼看要泡汤了。为了解除上高之危，罗卓英命令所属部队，放开宜丰，力保上高。于是，74军一面以野战补充团协同51师一部在华阳、熊坊一线堵击南路日军,掩护死守上高正面阵地的军主力侧翼。经激战,74军终于顶住了两路日军的反复冲击,但代价高昂,仅22日一天之内该军伤亡高达4000余人。上高城外,双方官兵的尸体枕藉。

日军主力被吸引在上高周围,给了外围中国军队穿插的机会。在此期间,70军等部奉命转到上高外围,迂回日军后方。到23日黄昏,预9师攻占官桥街,19师已过胡城圩,向杨公圩急进;105师抵达上庄乌社里和单家圩附近;107师到达上高以南;江西保安司令熊式辉应薛岳之请派出的4个保安团进抵清江、樟树镇一带。中国军队对上高附近日军的包围圈基本形成。

24日,大贺茂见势不妙,一面向汉口11军司令部求援,一面命令部队于当晚"反转",但为时已晚。是日,预9师占领了南罗茶,并向日军34师团前敌指挥所所在地毕家发动进攻;19师攻占王礼邓坑、张家岭一线,一度攻入泗溪;72军新15师到达战场,并攻占了东狗脑。日军赣江支队主力被迫退到高安附近。这样一来,34师团的后路被完全切断,陷入南北宽5公里,东西长15公里的一个椭圆形的包围圈内。

薛岳知道34师团已成瓮中之鳖了,心中无比畅快,看来万家岭的遗憾会在上高得到弥补了。这时,他观察到湘北日军既没有减少也没有增加,断定日军不会向长沙发动进攻,便命令4军兼程开往赣北参战。

痛打顽敌

不过,完成包围是一回事,全歼又是一回事。中国战场上的日军还没有见死不救的习惯。24日凌晨,圆部和一郎接到大贺茂的告急电报,立即命令33师团出动救援34师团。25日晨,敌33师团重返战场,以一部进犯棠浦,主力向官桥街急进。罗卓英当令70军予以阻击,同时命令其余各军向被围之敌发起总攻。经一天激战,各攻击部队均取得进展,日军被压缩于以毕家为中心的不大区域内。但是,出人意料的事发生了。当晚8点左右,70军副军长张言传借口态势不利,擅自命令预9师和19师撤离阵地。日军33师团得以进入官桥街,与坂本俊马中佐指挥的独立步兵102大队取得联络。

薛岳接到预9师和19师擅自撤逃,使围歼34师团的计划功亏一篑的报告,大为震怒,立即打电话给罗卓英,要求在官桥街附近组织第二次包围战,彻底歼灭敌人,其具体部署为:严令19师和预9师经村前街、伍桥何,向大城、奉新线追击败退之敌,并命57师经潘家桥向北进攻,58、107师向官桥街攻击,

26师在官桥街以东击敌侧背，新15师攻击江家洲以南，刚到达战场的新14师经棠浦转向东南攻击，以期迅速聚歼残敌。

由于不了解战场情况，33师团打破中国军队的包围圈后，并没能立即与34师团联系上。因此，日军仍没有撤退。而中国军队各师则遵照薛岳的部署，向其发动猛烈进攻，于26日夜再度完成了对日军的包围。27日晨，33师团与34师团取得了联系，随即在空军的掩护下突出重围。为了掩护两个师团的撤退，已抵达高安一带的野村懋中佐指挥之独立104大队奉独立混成20旅团旅团长池田直三少将的命令，前进到龙团墟，占领收容阵地。

这样一来，全歼被围之敌已无可能，中国军队遂将围击改为截击和尾击，予敌以重大杀伤。其中，日军野炮兵8中队全部阵亡。29日中午，薛岳见战场上日军均已后移，便下令调整部署：以49军军长刘多荃指挥105、26、新14师为右追击队，沿湘赣公路，向牛行追击；70军军长李觉指挥预9、19、107师为左追击队，向奉新、安义追击；挺进2纵队向滩溪、张公渡追击；预5师应派小部队袭扰南昌东南郊。各部遵命行动。由于日军弹药告罄，面对不时出现的中国军队，无力招架，只得顶着从各个方向飞来的子弹，不顾重大伤亡，狼狈逃窜，一路走，一路丢弃各种辎重物资，于4月2日退回战前阵地。

4月3日，第九战区追击部队已进抵大城、干州附近，恢复了20天来的全部失地。这时，4军日夜兼程赶到上高附近，主要作战已经结束。薛岳遂命其返回湘北。此后，罗卓英命令部队乘胜袭击日军据点。但这时，日军已退归老巢，凭坚固守。中国军队攻击一周，没有多大进展。罗卓英乃于9日下令停止进攻。上高会战至此结束。

经典的大捷

在抗战期间正面战场发生的22次大会战中，上高会战是规模最小的一次。在这次会战中，日军只投入了两个残缺不全的师团和一个独立混成旅团，加上配属部队，兵力不足4万人。而中国方面的参战部队也仅为10个师、一个挺进纵队和一个保安纵队，共6万余人。战场也仅限于锦江两岸。但是，这次会战给予日军的打击却是巨大的。据19集团军统计，是役歼灭日军官兵伕共计15792人，马匹2846匹，缴获火炮7门，掷弹筒24个，轻重机枪27挺，步枪408支，其他军用物资甚多。[60]同时，由于33师团在这次作战中反复出动，疲惫不堪，只得推迟了北调时间，直到华北方面军预定的中条山会战发起前夕才到达战场，根本没有进行任何准备即投入战斗，大大影响了作战效率。因此，新任日军11军参谋长木下勇也不得不承认："在作战途中，第33师团和第34师团之间出现不成系统现象发生，形成了后者达不成预定目标的状况，军部也陷入了困境。"[88]经历了一连串失败，东京大本营终于对圆部和一郎失去了耐心。4月10日，圆部和一郎被解除职务，遗职由陆军部次官阿南惟畿中将接替。

这次会战中国军队的指挥也可圈可点。薛岳一改过去事必躬亲的指挥习惯，只是总揽全局，进行战役指导，具体指挥交由罗卓英负责。战前，薛岳没有被日军释放出的假消息所迷惑，准确判断出赣北日军的作战企图，进行了充分的迎敌准备。作战过程中，他和罗卓英又充分利用日军兵分三路，相互配合不力的弱点，命令70军主力实施离心撤退，诱使日军33师团与34师团分离，而后采取"先蓟两翼，再取中央"的策略，先击破南北两路日军，再集中绝对优势的兵力围歼中路日军34师团。全盘指挥如高手下棋，招招瞄着对手的弱点，使日军连一点翻盘的机会都没有。战役实施过程中，虽然由于70军擅自后撤未能围歼34师团，4军也受到湘北敌情不明的影响没有及时赶到战场，中国军队失去了取得更大战果的机会，但是就战役的组织和指挥而言，堪称"经典"。会战结束后，参谋总长何应钦在国民参议会上对于这次战役进行了高度评价："上高会战是一次最精彩之战。"[89]

第六节 反败为胜

双方的战前准备

从1940年下半年开始，日本与英、美关系恶化。因此，英、美加快了援华步伐，促使日本国内夺取西方列强东南亚殖民地的"南进论"甚嚣尘上。8月9日，日本军部放弃了进攻苏联的计划，准备对英、美作战，但为保持中国战场的稳定，仍继续执行对华既定作战方针。19日，中国派遣军通知11军同意实施长沙作战。而此时，11军已为此准备多时了。

早在4月17日，11军新任司令官阿南惟畿抵达汉口上任后不久，就感到第九战区的巨大威胁，命参谋就"11军的次期作战，尤其对第九战区长沙方面的作战"[90]问题进行研究，又准备对长沙发动新的进攻了。7月中旬，11军在汉口组织参谋人员对长沙作战进行了兵棋推演。而后，又通过多次实地侦察，对兵棋推演结果进行了反复探讨。到9月上旬，11军正式出台了攻占长沙的加号作战计划。根据这一作战计划，阿南惟畿于9月10日下达命令，其部署为：先以一部分兵力配合海军在南浔铁路和常德方向实施佯攻，吸引第九战区注意力，再以主力第4、第3、第6、40师团于9月18日晨在配属炮兵、工兵和坦克部队的配合下，一齐向新墙河和沙港河南岸进攻，突破第九战区在这一带的防线后，将从宜昌附近调来的13师团早渊支队投入战斗，配合各师团于20日前进占汨罗江一线，接着于23日攻击汨罗江左岸地区4、99军，

阿南惟畿

并沿新市—栗桥道路突破，以主力将重庆军围歼于该道路以西至湘江地区，力争以一部（第6、40师团）击溃蒲塘方面山地内之中国军队。同时，控制荒木支队作为第二线部队，并在岳阳地区设特别警备区，以防意外。

在这个计划中，阿南将手中仅有的3个老牌精锐师团全部投了进去，可谓下了血本。

遵照阿南的部署，日军各部向指定地域集结，准备进攻。到9月中旬，日军已集结完毕。14日，阿南惟畿在岳阳设立战斗指挥所，并于次日召集各兵团参谋长及作战主任参谋开会，对作战指导方案进行了说明，以贯彻作战意图，同时商讨实施细则。做完这一切后，阿南如释重负，作战计划是如此周密，参战部队阵容又是如此强大，他已经是稳操胜券了。

就在日军加紧进行进攻长沙的各项准备时，第九战区却异常大意。8月中下旬，薛岳不断接到前线部队的战报，得知湘北日军在增加，赣北日军在减少，但他看过后把这些报告扔在了一边，根本没当回事。他当然有自己的理由。

第一次长沙会战后，薛岳对日军进攻长沙就一直没有放松过警惕。即便在当年3月的上高会战中，他一直在关注湘北日军的动向，直到战役后期确认日军对湘北没有企图后，才命令战区预备队4军赶赴上高，但到达战场时战役业已结束。出于同样的考虑，第九战区还针对日军再度侵扰长沙进行了多次模拟演习。这些演习都是以第一次长沙会战为蓝本，基于日军由湘北、赣北、鄂南三个方向上发动进攻的设想。根据兵棋推演的结果，薛岳认为第九战区完全有能力击退日军的进犯。这不仅因为在兵力对比上，第九战区占据着优势，还因

为从上次日军进攻长沙到现在，湘北地区的防御体系已趋完善，第九战区的部队战斗力已有所提高。因此，薛岳对抵御日军的进攻已成竹在胸。3月，第九战区依据薛岳的意见，制订了《第九战区反击作战计划》，确定的作战方针是："在赣北、鄂南方面，对非主攻之敌，力求夹击于崇仁、新淦以北、宜春、万载、铜鼓、修水以东地区，以及修水、长寿街、梅仙以北地区，予以各个击破；在湘北方向，则诱敌主力于汨罗江以南金井、福临铺、三姐桥以北地区，反击而歼灭之。"[91]此后，第九战区又组织了多次参谋视察、干部演习、阵地攻防演练等工作，为这一计划的实施进行了充分的准备。

另外，当年2月，第四战区第3游击区的部队在珠海黄杨山击落日军南太平洋舰队司令官大角岑生大将的座机，并缴获了大量机密文件。通过这些文件，国民政府证实日军已经着手准备"南进"。据此，薛岳判断，日军势必从中国抽调大量兵力开赴南洋，而作为日军精锐兵团的11军所属部队理所当然地首当其冲，兵力势必大幅减少。薛岳不相信阿南惟畿会动用那么大的兵力进攻第九战区预先构筑的坚固防御体系。

基于以上原因，薛岳始终认为日军最近在前线的调动仅是换防或转用兵力，对第九战区正面阵地进攻的目的仅"在扰乱及夺粮，并无真正攻击企图"[92]，因而没有采取积极的措施，应对日军可能发起的大规模进攻。上行下效，既然司令长官都不重视，第九战区各部战前准备自然粗疏，对当面敌情掌握不确，与日军形成鲜明对照，以至于会战开始后处处被动，遭受重创。

初战大云山

大云山横亘湘鄂边界，纵横数十里，林木茂密，地形险要，又毗邻通城、岳阳，是适宜开展游击战的天然根据地。武汉失守以来，中国军队各军攻击队及各挺进军常经此地出击粤汉铁路，打得日军寝食难安。因此，日军视之为眼中钉、肉中刺，必欲除之而后快。而从8月下旬起，正当日军紧锣密鼓地准备进攻长沙之时，中国军队之挺进第7、第8纵队、20军攻击队等部先后经由此地，大举出击岳阳、通山、临湘等地，破坏道路，严重妨碍了日军的调动和集结。阿南惟畿得知这一情况后，坐卧不宁。他知道，大本营为准备东南亚作战，急于从11军调兵。根据大本营的规定，此次作战，日军参战的地面部队只能使用到10月上旬，而航空兵部队也可能在10月中旬他调，因此，任何延误都可能使这次作战功败垂成。此外，日军主力南下进攻长沙后，驻守大云山的中国军队乘虚出击，打击日军的补给线，这也非常棘手。为此，阿南惟畿认为，下令第6师团必须于军主力进攻开始之前占领大云山，拔掉卡在日军咽喉的这根"鱼刺"。

7日，日军第6师团在飞机支援下，向南山、雁岭、鸡婆岭、草鞋岭的中国守军发起进攻。第二次长沙会战的序幕正式拉开。

就在日军开始进攻的前一天，薛岳就得到有小股日军向南山、鸡婆岭阵地骚扰的报告，仍判断"当面之敌除以少数兵力向我扰乱外，似无大企图"㉘，仅指示主持新墙河一带防务的第九战区副司令长官兼27集团军总司令杨森做歼灭来敌的准备。这个指示与杨森不谋而合。因此，他们只做了简单的反击日军扫荡的部署，即通知第4军军长欧震准备迎敌，同时命令58军预占外围，相机协助4军作战。

7日拂晓，日军第6师团在以十余架飞机和大量火炮的掩护下，分两路向大云山包围过来。第4军102师和59师一部凭借既设阵地，节节抵抗，迟滞日军的进攻。到下午2时左右，草鞋岭、白羊田、八百市、甘田等地相继沦入敌手。

到这时，27集团军仍没有发现日军向湘北大规模集结的迹象。杨森还以为日军此次不过是师团规模的扫荡，遂决定将集团军主力调到昌水以北，全力歼击大云山一带之敌，同时电请薛岳将驻长乐街附近的37军60师调归4军指挥。薛岳担心日军偷袭新墙河、汨罗江，只同意60师以一个团推进到关王桥附近，准备参加4军方面战斗。

在此后的两天中，日军继续进攻，夺取了大云山大部，其一部还一度越过新墙河攻击了第4军南岸的阵地。9日，58军所属新10师30团和新11师31团赶到，加入战斗，当即将长安桥之敌驱逐，并向冷水坑、卯田之敌攻击，战局出现转机。杨森和薛岳看到参加进攻的日军已显疲态，认为在大云山、方山洞地区未发现中国军队存储的弹药器材，即将撤退，就把注意力放在了如何恢复大云山阵地上。杨森鉴于第4军已血战3天，付出了相当损失，没有部队增援难以完成反攻任务，遂再度请求薛岳，将邻近的37军60师划归他指挥。薛岳当即采纳了他的建议，调60师迅速北进，主力参加大云山作战。10日凌晨，杨森指挥第4、58、20军向来犯之敌发起反击，经数小时激战，收复茅田、冷水坑等地，追敌退守五龙桥、百羊田等处。捷报很快传到长沙，薛岳见日军连攻几天都没有取得多大进展，而且一遭到反攻就向后溃退，更坚信这次日军的进攻是小规模扫荡。结合前段时间发生的上高会战及九岭、通城、奉新等战役的经验，他认为，日军的进攻即将结束，遂决心抓住战机，再打一个"上高大捷"。于是，他接通了杨森的电话，命令道："着第37军之60师，即归第4军军长欧震指挥，即以新10师、第59师、第60师聚歼该敌，限立即行动，于明日拂晓会攻。"㉔

命令发出后，各部均奋力攻击，经一昼夜激战，相继收复了960高地、石塘冲、石壁桥、甘田，到11日上午，将友成敏大佐指挥的日军第6师团步兵13联队主力围困在甘田以南地区。得到这些令人振奋的消息，薛岳对战局进一步乐观起来，马上向蒋介石报告："湘北方面，如无敌军继续增加，敌第6师团一度进犯，经我痛击后，有他调可能，故职督令欧、孙两军在新墙河北方猛烈围攻，以粉碎敌南进或转用企图"㉕，同时调驻三都的72军和位于鄂南地区湘鄂赣挺进军挺进4、5、6、8纵队分别向通山、南林桥、咸宁、崇阳等地出击，以牵制鄂南之敌南援。但是，薛岳很快发现他远远低估了进攻之敌的实力。

日军第6师团10日的失利实际上是其所属部分部队与40师团换防他调所致，而非真正实力不支。日军自从占领大云山大部分地区之后，由于山陡林密，第6师团部分部队与师团部的联络中断，师团长神田正种在没有完全掌握前线战局的情况下，先入为主地认为中国军队已受到沉重打击，扫荡大云山的任务已完成，就按原定计划，把现有防务交刚在桃林附近集结完毕的40师团后，向草鞋岭周围集结。前来接防的40师团长青木成一中将遂于11日命令所属234联队和235联队第3大队主力以及一个山炮兵大队组成重松支队，由234联队长重松洁大佐率领，向沙港河畔进发，以掩护师团主力做好攻击准备。

而这时，中国军队正猛攻八百市、南冲、茅田、茅冲等地。日军友成联队困兽犹斗，并不时发起反击，战斗陷于僵持。12日，重松支队主力得知友成联队处境危急，尽管受到58军一部的不断侧击，仍不顾一切地向港口攻击前进，于当晚进抵港口附近，与友成联队取得了联系。是夜，新10、59师又对困守港口一带的日军发动了更为猛烈的反击。日军的损失惨重，重松支队被迫于13日夜间退至轴山岭构筑防御阵地。

13日，40师团主力到达战场，其前锋行经白羊田一带时，遭到新10师主力伏击，损失甚重。这时，在59师和新10师一部的打击下，苦守港口一带的友成敏实在顶不住了，看到40师团主力已到达，连招呼都没给重松洁打一个，就丢弃阵地，向位于草鞋岭周围的第6师团集结地逃窜。中国军队乘胜追击，于上午11时收复港口，并以新10师及59师各一部向重松支队侧翼包抄。当晚，在中国军队的打击下，重松支队陷于混乱，损失严重，仅其后卫后藤大队的重机枪在一夜之间就被炸坏了两挺。同时，40师团主力也在白羊田北侧遇到新10师主力的顽强阻击，无法解救重松支队。青木成一也只能干着急。

14日晚，薛岳见战场形势有利，乃以电话向杨森下达歼灭被围日军的部署："第58军在麻石塘一带之部队向西，在百羊田一带之部队向西南，第4军在马嘶墩一带之部队向西，在港口以东之部队向西北，各攻击当面之敌，限（明15日）3时开始攻击，两军攻击到达线，为草鞋岭、老树冲之线，作战地境为胡野溪、岳山冲、图门郭、草鞋岭相连之线，线上属第58军。"⑧

15日凌晨，4军和58军遵命出击。但是，日军重松支队困兽犹斗，进攻部队攻击了一天，毫无进展。

为了策应集团军主力在大云山方面的作战，第4军和第37军各一部向新墙河北岸的第3、第6师团的正面发动了牵制性进攻，对日军的进攻准备起到了一定的干扰作用，并侦察到日军在岳阳以南至青山驿地区已集结了数万重兵。第二天，这个情报就报到了集团军总部，杨森立即警觉起来。他判断日军有可能在湘北发动大规模进攻，连忙致电薛岳汇报了这一情况，并下令调20军和58军新11师师部加强新墙河守备。不过，杨森还是觉得，在如此有利的情况下，再不加把劲儿全歼重松支队，未免太可惜了，乃令第4军军长欧震和第58军军长孙渡指挥所部于17日拂晓发起进攻，务求全歼日军。

而就在杨森调整部署的同时，日军方面也在调兵遣将。40师团的苦战引起了11军司令部的不安。他们开始重新审视来自大云山方面的威胁了。但是，参谋长木下勇认为，新墙河方面仍是主攻方向，大云山方面再重要也不能削弱主要方面的力量。基于此考虑，11军司令部于15日晚下达命令，并将预计作为二线部队的荒木支队配属给40师团，并要求该师团独力打退中国军队的反击。

16日半夜，荒木支队搭乘汽车赶到前线，在到达甘田东侧时，突然受到新11师袭击，前进受阻。17日拂晓，中国军队各部按计划发起猛攻，起初进展尚属顺利，到日落前先后攻克了邓家桥、马嘶墩、轴山岭等地。可太阳落山后，日军反扑。双方酣战一夜，重松支队攻占了团山坡、田蓝，荒木支队进到马嘶墩，解了后藤大队之围。战场形势再度陷于僵持。

就在大云山激战正酣时,日军的全面进攻逐步准备就绪。17日,日军乘新墙河防线空虚,开始向新墙河北岸的中国军队警戒阵地发动进攻。鉴于日军对新墙河的大规模进攻在即,薛岳和杨森不得不决心暂停对40师团的围歼,下令调整部署:58军西移,暂54师接替133师防务,20军集结待命。4军军长欧震也命令102师和90师撤到沙港河和新墙河南岸既设阵地,准备迎敌。18日凌晨,日军全面进攻新墙河防线,昌水以北之中国军队被迫撤离大云山,赶赴新墙河参战,大云山战斗结束。

大云山战斗是日军为掩护部队集中和缓解侧翼压力而进行的一次作战,也是第二次长沙会战的序幕。在这次作战中,27集团军以5个师的绝对劣势兵力先后与日军两个师团英勇战斗了10天,粉碎了日军攻占大云山以掩护其进攻侧翼的企图,予敌重大打击,其中40师团的伤亡就占了该师团在整个会战中伤亡的一半。这些都为后来27集团军保卫平江和尾击进攻长沙之敌打下了良好的基础。但是,大云山战斗又是一次不成功的战斗。由于薛岳和杨森的判断失误,27集团军主力长期滞留于大云山附近,不仅没有完成预期的歼灭进攻之敌的任务,还导致了新墙河正面空虚,并使日军在湘北地区从容集结,为接下来新墙河防线被轻易突破埋下了祸根。

失守新墙河

18日凌晨,日军对新墙河的总攻开始,在从杨林街到沙港河下游仅20公里的范围内,就投入了45个步兵大队、322门火炮和数十辆装甲战车。守备新墙河第一线阵地的4军兵力单薄,尽管奋勇抗击,由于兵力悬殊,仍未能阻止日军的前进。到18日上午,新墙河阵地已全被突破。4军(含60师)逐渐向关王桥以东转移。日军乘势跟踪追击。

当天,薛岳接到日军开始进攻的报告,得悉此次会战"敌兵力庞大,且取纵深梯次部署"[⑰],知道自己战前判断错了,懊悔不已,遂决定实施之前制订的作战计划,决心在汨罗江以南与敌决战。根据这一决心,他下达作战部署:37军军长陈沛统一指挥37军(欠60师)及99军之99、92师死守浯口—骆公桥—营田—湘阴一线;26军占领汨罗江南岸金井—将军坝一线阵地,准备与日军决战;72军改调平江,支援汨罗江战斗;战区炮兵指挥官王若卿率74军炮兵团和重迫击炮第2团开往金井,先协助37军拒止日军南犯,而后支援26军作战；27集团军总司令杨森指挥第4、20、58军于19日后攻击日军侧后尽可能消耗敌人；第10军推进至东山、普迹市、浏阳河南岸待命；72军开通城附近，准备任该方面反击作战；74军迅速开往万载、黄茅集结待命；湘鄂赣边区挺进军出动挺进4、5、8纵队和边区挺进部队之补1、补2团出击贺胜桥、咸宁、蒲圻一带，确实截断贺胜桥、蒲圻间公、铁路交通。

对于这个部署，第九战区参谋处长赵子立提出异议，认为本次作战日军投入兵力过大，如果在汨罗江以南决战，难有成算，应将58军置于正面，协同26军和37军节节抵抗，至浏阳河南岸转为防御，同时令10军和战区直辖炮兵负责防守长沙和岳麓山，位于赣北的19、30集团军以一部守备现阵地，主力从社港、相公市以东地区向西索敌主力攻击。

这一建议看似无懈可击，却有明显漏洞。自从第一次长沙会战以来，日军从未推进到浏阳河一线。而在第九战区之前湘北作战的预案中，也确定是在汨罗江到浏阳河之间进行决战。因此，第九战区的主要防御工事均在新墙河到浏阳河之间，而在浏阳河南岸和长沙一带没有修筑坚固工事，一旦战区主力退到浏阳河南岸，根本没有依托，无法立足，在日军穷追下，很可能形成1937年上海失守后的大溃败局面。基于这样的理由，薛岳没有采纳赵子立的建议，仍照原计划执行。

命令下达后，各军即遵令执行。同时，为了加强兵力，薛岳电请军委会和第六战区司令长官陈诚向第九战区增派援军。中午，他就接到陈诚的回电称：已调79军开往益阳及石门桥以东地区，准备策应第九战区作战。下午，蒋介石也发来电报，通知第九战区：已令第七战区抽调一个军（两师）即日乘火车开往株洲，战车炮54团3营用铁路输送到长沙附近，5军将驻全州的战车一个连用铁路输送到渌口附近，这些部队与第六战区调来的79军一起统归第九战区指挥。薛岳没想到蒋介石对此次会战如此重视，大受鼓舞，遂严饬各部遵照既定计划积极作战。

就在中国方面各路援军向指定地域前进之时，日军继续向前推进。19日晚，日军完全突破了新墙河防线。27集团军各军均按计划转至日军侧翼。为了掩护主力南下的侧翼安全，日军40师团以重兵猛攻步仙桥，但在4军的顽强阻击下，日军40师团尽管付出了包括重松联队第3大队长古山常磐少佐战死在内的惨重代价，仍一无所获。同日，20军、新11师到达湘北战场，协同挺进7纵队攻击向南前进之日军侧后。为策应各方作战，58军命令挺进6纵队向赵李桥、羊楼洞、忠防、桃林等地出击，打击日军后续部队。日军 40 师团陷入腹背受敌的不利境地。当晚，薛岳当即电话命令 27 集团军紧衔敌尾攻击，同时又专门致电指示挺进 7 纵队："除尾击南犯之敌外，应大量发动民众，破坏敌后交通通信，截击敌辎重，以利我汨罗江南岸之作战"⑱。

这时，日军 40 师团的不利态势引起了 11 军作战主任参谋岛村矩康中佐的忧虑。他认为，该师团的主要任务是"掩护侧翼"，不应在这种不利态势下消耗过多的兵力，遂指示 40 师团作战主任参谋今村一二中佐，该师团"不要深入山地，尽量向靠近第 6 师团的平地进攻"⑲。据此，今村一二未经师团长青木成一的同意，即命令重松联队放弃当前之进攻，向关王桥方向转进。

20 日拂晓，40 师团在关王桥以南集结完毕后，开始向朱公桥发动进攻，遭到 4 军（附 60 师）、20 军和 58 军的顽强反击，损失甚重。战到 21 日傍晚，4 军等部奉命按照原计划主动放开正面，向东撤退，准备协同 20 军和 58 军攻击进攻长沙日军主力的后翼。40 师团这才松了一口气。

由于 40 师团未能击破在大云山和幕阜山地区集结的 27 集团军，日军始终无法解除来自侧后方的威胁。

汨罗江南岸阻击战

日军主力突破第 4 军防守的新墙河第一线阵地后，向南直插。19 日上午，第 6 师团有马纯彦大佐指挥的步兵 23 联队与松村辰雄少佐指挥的步兵 45 联队第 1 大队已渡过汨罗江，在浯口、磨刀尖等处与 37 军 140 师发生了激战。

日军的推进速度之快让薛岳大感意外。看样子，日军这次是来者不善。薛岳顿觉汨罗江方面兵力不足，乃命令：74 军到达万载、黄茅后不得停留，即开赴浏阳、洞阳市一带，限 25 日到达；10 军军部限 21 日拂晓前到达高桥、上杉市、安沙一线。这样一来，中国军队除之前投入汨罗江到浏阳河之间主要防御地段的部队——3 个军、7 个师和 2 个炮兵团外，还拥有了两个主力军作为预备队。他们要抵御的敌人却是 4 个精锐师团和两个旅团级支队，从抗战的一般角度看来，在兵力对比上无疑居于很大劣势。不过，由于薛岳最大限度地集中了战区炮兵，使在主战场上的火力并不居于劣势，并且预备队均置于机动的地带，可以随时应付不利局面。此外，薛岳还一改过去那种诱敌深入的战法，在汨罗江一带与日军打起了阵地战，大大出乎日军的预料。阿南惟畿的原来计划也正是依据"重庆军惯于使用退避战术"⑳这一经验制订的，根本没有想到中国军队会在汨罗江南岸进行坚韧的抵抗。因此，如果会战进程按照这个计划发展下去的话，日军正好钻进了薛岳的圈套，鹿死谁手还很难说。但是，就是这样一份重要的电令却被日军截获并破译，使阿南惟畿完全掌握了薛岳的意图。

阿南惟畿获悉薛岳的部署后，立即改变了作战方针，决心"由重庆军的更东方对之进行包围"，"在捞刀河北方地区捕捉歼灭敌军"，命令："40师团由平江经社港市向洞阳市迂回，第6师团由瓮江、三角塘方面向金井方向，第3师团由麻峰嘴方面，第4师团与其右翼连接向东南攻击。"攻击开始时间定于22日黄昏。[101]

20日傍晚，阿南惟畿下达了准备攻击命令。据此，第3、第6、第4师团继续向汨罗江推进。当天，天降大雨，使本来就被中国军民破坏严重的道路更加泥泞不堪。日军官兵苦不堪言，行军速度非常缓慢。

面对强大的日军，37军和99军严阵以待。官兵们都摩拳擦掌，准备与日军决一死战。20日午夜，37军95师及140师乘汨罗江南岸之敌立足未稳之际，夜袭兴隆山、马头岭、鸭婆尖、狮形山、新市等地。日军第3、第4师团的先头部队猝不及防，损失严重，前述地点悉数克复。21日早晨，日军稳住阵脚后，一面继续向攻击出发地集中，一面以一部向37军阵地反扑。我37军与99军顽强坚守阵地，并不时组织反击，予敌以沉重打击。经一昼夜激战，日军进展甚微。战况的不利使阿南惟畿又担心起来。在前阶段作战中，他发现战前预计的以两个大队对付第九战区一个师的方案并不合理，依现在汨罗江正面兵力，怕不足以围歼当面之中国军队。因此，他决定，将第二线的荒木支队和早渊支队分别配属给第6和第4师团，以加强该两师团的攻击力；同时，为了击溃40师团当面之中国军队，使该部尽快投入汨罗江正面作战，阿南惟畿命令40师团"立即转进梓江，向平江挺进"，务必于22日占领平江。[102]

40师团接到11军的命令后，立即于次日开始向梓江转进。但是，由于雨后路滑，行军十分困难。22日晨，该师团前卫仁科联队出发，25公里路程竟走了大半天，当天下午4时许，才到达梓江。薛岳早看出日军的意图，已严令72军以最快的速度开赴平江，坚决固守。同时，欧震也奉命派60师抢占梓江东面高地，挡住了日军的去路。于是，日军全力向其攻击，经彻夜剧战，才于次日晨占领该地。青木成一收到了军司令部发来的作战命令，要他们"向瓮江方面转进"，[103]参加汨罗江方面战斗。于是，40师团立即转变方向，开始南进。

20日，薛岳发现，以4个师的兵力在汨罗江南岸一字排开，在东面会留下很大的空隙，如果日军从这里包抄，37军和99军有被包围的危险，遂决定将26军也拉上第一线，开赴瓮江。当这个命令传达到26军军长萧之楚那里时，该军正依照薛岳18日的部署，已在开赴汨罗江南岸的路上了。这时，由于连日行军，部队已疲劳不堪了。萧军长只好命令部队停下来休息。21日拂晓，萧之楚为抢时间，亲率44师先期开往瓮江，而命军主力随后跟进。经数小时急行军后，44师终于到达瓮江，随即与日军第6师团右翼友成联队（附独立山炮兵第2联队第1大队）接火。

神田正种接到右翼发现26军部队的报告，有些发愁了。他刚收到军司令部要求他"派一部兵力占领平江"[10]的命令，就派竹原支队向平江挺进。这支部队一调走，他已没有足够兵力去围攻26军了。可不攻吧，让26军站稳了脚跟就更不好办了。左思右想，他决定命令友成敏尽力向瓮江发动进攻，疲惫和打击26军之有生力量。于是，友成联队一再增兵，与44师展开激战。而32师也奉命加入战斗。当晚，薛岳获悉日军友成联队一部由浯口、黄棠向东南进犯新开岭，判断其有迂回26军侧后的可能，急令26军：44师和32师应协力速歼进到新开岭之敌，并确占浯口，41师即推进到蒲塘准备作战。于是，汨罗江以南的决战一触即发。

22日晨，阿南惟几得知日军视为劲敌的74军已向浏阳附近集结，而第九战区的另一支主力第10军也由衡山向金井开进，立刻紧张起来。他对前任圆部和一郎3月在赣北栽的那个大跟头还记忆犹新。当时，就是74军固守上高10余天，顽强顶住了日军34师团和独立混成20旅团的攻击，使友军完成对日军34师团的合围，从而取得了空前的"上高大捷"。如果再让他们顺利投入汨罗江战场，后果将不堪设想。出于这种考虑，阿南惟几决心赶在74军和第10军到达战场以前击破当面之37军和26军。于是，他于11时命令各师团将原定是日傍晚开始攻击的时间提前到日落前。当晚，为最大限度地集中兵力，11军司令部又命令第6师团放弃占领平江的计划，"在40师团进入金井北侧地区后，应及时将主力向捞刀河上流河谷转进，切断金井方面敌军向浏阳方面的退路，并阻止敌74军从浏阳方面前进"[105]。

阿南惟几的命令下达后，各师团遵命继续进攻。尽管37军和26军此时已疲惫不堪，其中不少部队战力已严重透支，却仍然不畏强敌，英勇奋战，打退了敌人一次又一次进攻。可到了23日，26军32师守备之东坑岭、386.6高地、高岭坳一带高地被石川忠夫少将指挥的日军第3师团步兵29旅团攻陷。日军竹原支队和荒木支队奉命加入对26军的攻击。26军后方金井受到严重威胁，各师有被分割包围的危险。薛岳遂命萧之楚将部队撤到蒲塘一带，各师靠拢，阻击日军。

22日上午10时左右，第10军到达金井一带。稍事休整，当晚即奉命接收140师在金井及其北面的防地。这时，薛岳已通过140师的报告了解到，金井北面的瓮江、浯口一带都有日军。但浯口至金井间没有大道，只有崎岖的山路，且地形复杂，而沿瓮江南下，交通便利。因此，他认为日军大部队不会从浯口直犯金井，而是从瓮江沿大道南进，遂令：190师防守检石厂、麻峰嘴东侧阵地；预10师据守金井、福临铺间既设阵地；第3师占领福临铺、影珠山、栗桥、茅根坝一线阵地；99军92师仍占领茅根坝、大龙山、三姐桥、界头铺一线，作为为二线兵团。23日，薛岳因37军防线被日军侵入，炮兵阵地陷于危险之中，又电令炮兵第1团速开金井，支援10军作战。但是，由于预10师警戒不严，日军有马联队第2大队（大队长福田环少佐）于23日晚袭占金井。预10师反攻未果。24日下午开始，日军一面猛击预10师正面和左翼，一面以一部迂回预10师侧后，企图切断该部后路。为避免被日军包围，薛岳于当晚急令预10师退守荷塘桥、学士桥、梅林桥一线。日军跟踪追击，第3师团在击破37军后，于25日向该线发起进攻，经一天激战，预10师新占阵地全被突破，部队处于混乱状态，纷纷向万家铺、麻林市退却。

24日，190师奉命北上支援140师，在花门楼、福临铺遭到日军第3师团步兵29旅团和步兵第5旅团攻击，损失惨重，师长朱岳负重伤，副师长赖传湘殉国。当晚，薛岳以190师无法再战，电令该部向青山市转移。

是日，37军也在日军优势兵力的压力下，被迫后撤。这样一来，第10军受到威胁，薛岳只得命令，92师和99师仍据守粤汉铁路以西（含粤汉铁路）及王狮岩、双狮洞一线，归第10军指挥。然而，这个措施仍然于事无补。37军转移之后，日军第4师团及早渊支队主力集中猛烈炮火，攻击位于高仓墩的第10军第3师。第3师奋起抵抗，阵地多次失而复得，一直坚持到26日下午，付出了很大伤亡后，才向唐里庙转移。

就在日军猛攻金井、福临铺之时，其40师团加入战斗，协同第6师团向蒲塘攻击。26军以惨重的代价，苦苦支撑到25日，方才奉薛岳电令向更鼓台、石湾转移，准备协同74军夹击三角塘向金井进攻之敌。至此，汨罗江防线完全解体。

孤木难支危楼

24日，薛岳见汨罗江战事渐趋不利，认为日军必将进攻长沙，遂率第九战区司令长官部撤出了长沙，移往湘潭。到达湘潭后，薛岳打算调79军和74军协同保卫长沙。但参谋处长赵子立反对这个计划，他提出："日军是要先消灭我们的部队，再占长沙"，因此，应"将第74军暂时停止在浏阳东北，即浏阳河上游东岸，俟第19、第30集团军的部队到达后，以第27集团军之第20军和第58军、第30集团军的一个军、第19集团军的一个师、第74军、第4军、第10军等共约17个师的兵力确保外线同时进攻"⑩。但薛岳考虑到，第10、26、37军被击破后，在一两天内恢复战斗力可能性不大，27集团军主力还在汨罗江以北活动，分别从第六、第七战区及赣北调来的79军（已于23日到达的98师除外）、暂2军、72军尚在路上，在长沙附近已无其他预备队可调，如果日军一味向南突进，长沙失守，他手里没有任何部队能够阻止其前进。因此，必须在长沙附近阻滞住日军的攻势，以待其他战区的增援部队到达。于是，他于25日一面急令79军后续部队和暂2军暂8师1旅速向长沙开进，一面命令74军以先头部队两个师向黄花市前进，迅速于夏家塘、春华山、赤石河、石灰嘴一线，阻击敌军南进；同时电令95师速开麻林市，策应74军作战。

但是，薛岳万万没想到，他的这道电令又被日军破译了。阿南惟畿得知薛岳的企图后，当即决定改变先前发出的直接攻取长沙的命令，决定先消灭74军再攻占长沙。25日下午3时，阿南惟畿命令第6师团击破74军。

25日，74军军长王耀武接到薛岳的命令时，他刚率先头57师到达浏阳。本来早在19日薛岳就要他率部开赴浏阳，可由于运输和补给困难，延于21日才从赣西驻地开拔。因湘北战事紧迫，该军不得不在白天行军，故而日军飞机发现了其行踪。24、25日，57、58师及军部在通过浏阳城西蕉西岭时，遭日机轰炸，损失严重，大大挫伤了部队士气。拿着薛岳的命令，王耀武知道情况相当不妙，当即命令57师占领春华山一线，掩护军主力集结。

57师遂遵命行动，连夜急行军，抢占春华山，并于次日在随后赶到的58师配合下，重创日军第3师团前锋步兵29旅团的3个大队和重信吉固大佐指挥的步兵第6联队，一举收复春华山至东林寺各要点。而后又乘胜追击，在永安市击破石井信大佐指挥的步兵18联队。但不久,随着日军第3、第6师团主力和第4、40师团各一部到达并投入战斗,74军很快陷入苦战之中。到27日黄昏后,74军各部终于支持不住,阵地接连失守。日军乘胜向浏阳河和长沙突进。薛岳被迫命令74军转移至洞阳市、横江、小埠港亘浏阳河南岸一线。28、29日,74军各部在转进途中先后遭到第6和40师团各一部围攻,受到严重损失。薛岳乃命其占领普迹市、镇头市南北及浏阳西南山地,侧击南犯之敌。到10月1日,74军在指定地点站稳脚跟,占据了对敌侧击的有利态势。

26日,日军早渊支队在枫林港击退95师后,进抵长沙北面的石子铺。这时,37、26、第10军已被击败,而74军又在春华山、永安市一带遭到日军攻击,长沙附近只有23日到达的79军先头部队98师了。当天晚上,98师就在长沙北面与早渊支队的搜索队接上火了。27日拂晓,98师主动出击。但由于早渊支队主力到达,98师受到了猛烈的反击。战到下午,98师防线被敌攻破,只好将主力转移到捞刀河北岸的霞凝港亘罗汉庄一线,仅留293团在长沙城内与日军周旋。日军进入长沙。此时,第九战区已组织长沙军民疏散完毕,司令长官部也由湘潭迁往渌口,日军只得到了一座空城。当晚,暂2军的先头部队暂8师抵达长沙市郊,奉薛岳之命占领了杨家山至金盆岭一线阵地,其先头第1旅向

日军在长沙近郊戴防毒面具作战

市郊日军展开进攻,但由于力量单薄,很快受挫,退往打靶场、左家塘、东山一线。

28日夜,日军第3师团分几路向株洲追击。此时,薛岳已获知其企图,命令暂8师一部前往马鞍山、白田铺一线布防,阻击南下之敌,同时要求株洲军民紧急疏散。从次日凌晨开始,暂8师对进犯株洲之敌进行了坚决阻击,在短短的数小时之内,就将日军步兵18联队第3大队大队长池边实大尉打成重伤,并击毙了其3个中队长。而暂8师第1团团长刘世焱也在战斗中以身殉职。天亮以后,日军不断增加,暂8师以掩护任务业已完成,奉命撤出战斗。日军才得以于上午9时30分左右冲进了株洲这座无兵无民的空城。当天下午,第3师团奉命向金潭附近集结,遂撤出了株洲。

29日,日军第4师团主力进入长沙城,在长沙旧体育场举行了军旗奉拜仪式,宣告占领长沙。

第九战区的反击

日军虽然进入了长沙城,但很快发现他们并没有真正控制这座城市,城内外的中国军队还没有完全肃清,各战区开来的援军还在源源不断地开到长沙外围,正积蓄力量,准备发起强有力的反击。更为严重的是,阿南惟畿早在汨罗江战斗之初就认为被击溃的27集团军及湘鄂赣边区游击部队仍然保持着很强的战斗力,并在进攻长沙的日军侧后方展开了强大的攻势,对日军构成了严重的威胁。

20军趁日军主力南下,乘虚攻击日军后方,22日袭取关王桥,次日又击破当面之敌,133师攻至大荆街以北的界牌岭,134师进抵渡头桥北面的朱沙岭附近。22日,58军经过激战后也到达分水桥、罗公庙附近,并向洪桥、大荆街搜索前进。当晚,薛岳得知27集团军的进展后,电令杨森以第4军向浯口、20军向新市、58军向长乐街进攻,以牵制南犯之敌。于是,各部遵命行动,先后攻克了大荆街、张湖冲、坑头冲、哲阳桥等敌伪据点,并将大荆街等地的日军仓库付之一炬。负责掩护日军主力侧背的江藤支队被打得节节败退。到24日晚,日军在汨罗江以北的侧背阵地岌岌可危。阿南惟畿不得不命令40师团:"配置步兵约1个大队于三角塘及平江方面,掩护军的侧背,并将1个大队配属江藤支队。"[⑩]青木成一接到这个命令后,即于25日令师团骑兵队队长佐伯静夫中佐指挥所部及两个步兵中队(附山炮1门)向蒲塘、石湾前进,以掩护主力左侧背，同时将步兵 235 联队第 3 大队（大队长庄子长孝大尉）配属于江藤支队，留在汨罗江两岸作战。29 日，阿南惟畿又命令刚由徐州开到的 17 师团步兵 53 联队佐佐木大队（大队长佐佐木善一少佐）也加入江藤支队的战斗序列。可是，日军的这些措施并没有改变汨罗江战场的兵力劣势，战局继续恶化。

25 日，杨森获知汨罗江以南战局不利，督率各部向当面之敌猛攻。到当日中午，20 军 134 师攻克长乐街以北一公里之赤马江、三里牌，击毁往来于公路之敌汽车 20 余辆。58 军也于大荆街附近袭击日军运输队，毁其汽车 10 余辆。与此同时，防守洞庭湖东岸的 99 军也趁当面日军兵力减少之机，以湘阴、大娘桥为支点，由西向东发动攻势，以策应各方面作战。这样，中国军队开始逐步夺回汨罗江两岸战场的主动权。

26 日，薛岳令 27 集团军以 58 军破坏敌后方交通通信，截夺其辎重，如敌一部南下，即向栗桥、新墙河攻击前进，以第 4、20 军进出金井，接受新任务。27 集团军依令而行，当日第 4、20 军即全部渡过汨罗江。27 日，长沙失守。薛岳的指挥所被迫由湘潭向渌口转移。他怕指挥中断，特命杨森统一指挥第 4、20、58、26 军及刚到达平江的 72 军，侧击和尾击日军。于是，各部根据杨森的命令，积极行动，猛烈打击日军脆弱的运输线。28 日，第 4、20 军由瓮江、蒲塘及鲁家桥、喻公桥向麻峰嘴、白沙桥及脱甲桥、金井发动进攻，72 军协同重整旗鼓的 26 军向沙市街的日军发起攻击，99 军（欠 197 师）及 140 师一部，向石子铺攻击，切断了日军补给线。

打仗没有补给怎么能行？眼见所属各部弹粮告罄，阿南惟畿急得坐立不安，当即命令后方兵站火速将弹药和给养运往前线，并派 1000 多名步兵押送，以保障途中的安全。29 日，他在得知中国军队王劲修部袭击了筻口并炸断平水铺的铁路后，又感到后方兵力不足，调荒木支队及森田春次大佐指挥的步兵第 8 联队由沙市街及金井向湘阴及神鼎北麓方向前进，准备攻击位于达摩山的 99 军。岂料，这些部队均遭到了中国军队的痛击。其中，阿南惟畿亲自组织的运输队在脱甲桥、麻峰嘴一带突然遭到第 4 军和 20 军的袭击，护卫的 1000 多日本兵悉数被歼。至此，前线日军的粮弹补给基本中断。

由于补给线被切断，日军主力进退维谷。面对长沙附近数量并不占优势的中国军队，阿南惟畿也无可奈何。就在这时，第九战区的部队开始了对长沙的反击。27 日，79 军暂 6 师到达岳麓山。薛岳当即命令其强渡湘江，向长沙市区及其附近之敌进行反攻。28 日夜，该师主力分由大西门、猴子石强渡湘江，于次日拂晓攻克大西门、猴子石沿线，并向城东进攻。日军鹈泽尚信大佐指挥的步兵61联队当即反击。激战数日，暂6师退守天心阁、小吴门、杨家山一带，与敌相持。尽管如此，暂6师主力仍在湘江东岸站稳了脚跟。当天，中国空军出动飞机轰炸了永安市、黄花市的日军部队。为策应暂6师之行动，王甲本师长指挥也于当日98师在湖迹渡、石子铺各附近侧击进占长沙之敌。经激战，双方伤亡在千人以上。

30日，日军第4师团参谋长吉田茂登彦大佐因师团粮弹供给不上，用信鸽向岳南兵站传信催问："辎重一中队半，师团行李全部，及迫击炮一大队段列，于本（30）日七时，由梁梨市出发，往石灰嘴，目下该部与本部，因无法联络，希望速将粮秣四五吨，迫击炮弹约500，向石灰嘴输送补给。不得已时，着该队至罗家塅。"⑩信鸽在传信途中，被98师打落，这封重要的密信也落到了中国军队手里。薛岳捏着这份重要情报，陷入了沉思：第4师团和早渊支队共2万多人，四五吨粮秣还不够吃一天，500发迫击炮弹一次战斗就可能用完，难道日军兵站只能给一个师团提供这么一点补给吗？突然，他脑子里闪出一个念头：日军的粮弹将尽！早在25日，20军在击落日军的信鸽身上搜出3师团参谋长山本清卫大佐给其顶头上司11军参谋长木下勇少将的信。信中就提及："因后方联络线被中国军队截断，补给困难，请用飞机输送补给、弹药等。"⑪看来，又经过了5天作战，日军的携行粮弹已所剩无几，空投补给也无济于事。薛岳刚才还阴云密布的脸上顿时云开雾散：会战的转机来了！事不宜迟，他当即命令长沙周围各部发起反击。在此之前的9月26日，薛岳就针对各部败退过程中官兵失散严重的情况，下令各军、师组成督战队，位于各重要路口，强行收容和重新编组失散官兵，投入战场。这一措施在这时已经取得了很好的效果。在前期作战中损失严重的各部队都得到了一定的恢复。其中，4军102师从新墙河前线撤下来时一度只剩下600余人，经过收容此时已恢复到3000余人。因此，各部得令后均积极行动，给予了日军以意想不到的打击。74军一部由浏阳西南山地及普迹市方面由东向西、37军由渡头市方面自南而北、10军由枫树河方面自西南向东北，对浏阳河北岸之敌发起反击。同时，79军（欠82师）与99军（欠197师）分别向长沙城东郊、东北郊之敌及枫林港、石子铺之敌猛击。长沙及其外围日军因粮弹不济，战到下午4时便抵挡不住了，纷纷后撤。阿南惟畿无奈，只好下令：4师团主力向长沙东郊金盘岭、3师团向金潭、6师团向镇头市集中，准备撤退。当日，暂6师主力趁长沙城内日军兵力减少之机，由长沙东郊攻入市区。潜伏于城中的 98 师 293 团奋起响应，战到当晚，守城的日军早渊支队被迫撤出长沙。

湘北追击

湘北战局急转直下渐渐使阿南惟几轻松的心情变得不安起来。屋漏偏逢连夜雨。恰在这时，中国的第六战区反攻宜昌的消息又传到了岳阳，更让阿南惟几的兴致全消。10 月 1 日，驻防襄西方面的日军 13 和 39 师团的告急电报又像雪片一样飞到 11 军司令部。从这些告急电中，阿南惟几得知：从 9 月 28 日开始，第六战区集中了 15 个师和 140 门火炮，与江北的第五战区协同，在宜昌、荆门地区展开了大规模进攻。13 师团和 39 师团损失惨重，宜昌危在旦夕。阿南顿感大事不妙，遂于是日黄昏向各部队下达了反转命令。随后，日军各部相继开始后撤。

而就在这天中午，薛岳判断日军弹粮将尽，很快就会撤退，也令各部奋勇追击。其具体部署如下：58 军超越浯口市以北，由长乐街、关王桥方面，自东向西截击；第 4、20 军由福临铺、长乐街及栗桥、新市方面，自东向西截击；99 军之 92、99 师由石子铺、福临铺及栗桥方向，自东向西截击；72 军速经平江西北山地向杨林街方向，超越截击；26 军由浏阳西北方自东向西清扫捞刀河两岸战场；74 军由普迹市方面，自东向西清扫浏阳河两岸战场；暂 2 军一部沿株洲到长沙大道东西地区，自南向北清扫战场；79 军以一师守备长沙，主力向新市、长乐街衔尾追击败退之敌；湘鄂赣边区挺进军鄂南指挥官王劲修亲率所属 3 个挺进纵队，于咸宁、蒲圻间截击日军；挺进第 6、第 7 纵队于新墙、杨林街、忠坊之间截击；同时申令各部编组便衣队以伏击、侧击之战法打击后撤之敌。命令既下，一场大规模的追击战随即展开。2 日，军委会又指示第九战区："乘敌疲惫向敌果断追击，乘机占领岳阳"，"以利第五、第六战区之作战。"[⑩]这样，第九战区的追击又担负有策应第六战区宜昌作战的职责了。

在追击过程中，第九战区各部抓住日军急于归巢，无心恋战，且弹药不足的弱点，大胆穿插，运用伏击、奔袭、侧击、尾击等战术，灵活机动地打击敌人。而日军却由于粮弹匮乏，战斗力下降严重，无力反击中国军队的围追堵击，甚至出现了日军步兵 4 个大队和一个山炮大队对 99 师 3 个营和一个炮兵营防守的湘阴城屡攻不克的情况。自然，日军受到重创也就不足为奇了。中国军队一路追打，缴获颇丰。到 10 月 4 日止，日军各部均受到不同程度的打击。其中，早渊支队损失最重，5个大队长被打死2个。

10月4日，日军经过一再增兵，费了九牛二虎之力才攻陷湘阴，打通了经由洞庭湖水路撤退的通道。不过，薛岳仍然认为，宜昌形势紧张，阿南惟畿必然急于从湘北抽兵援宜，而水路运力有限，因此，湘北日军主力"必迅渡汨罗、新墙北溃"[11]。基于此判断，他于当晚下令调整部署：第4军应速由长乐街北渡、协同58军自东向西截击；20军由伍公市、新市渡河尾敌穷追；99军92、99师及79军即速分头向新市、归义、营田、湘阴之敌进逼。

事实证明，薛岳的判断没有错。5日，日军主力均抵汨罗江南岸，不敢久留，除以一部经洞庭湖水路"反转"外，主力仍渡汨罗江由陆路北退。第九战区各追击部队乘机猛击。日军抵挡不住，纷纷向北逃窜。到8日晨，日军在飞机的掩护下，丢下大批武器、辎重和马匹，退回新墙河北岸。战线基本恢复了战前形态。

7日，各方面的捷报不断传到第九战区司令长官部，但薛岳并没有因此高兴起来。他非常清楚，日军主力已退回老巢，而宜昌附近的战事还没有取得突破性进展，蒋介石交给第九战区策应第六战区反攻宜昌的任务眼看就要告吹了，必须采取断然措施，拖住日军主力。于是，薛岳向各部下达了追歼残敌并乘机攻略临岳的命令。其具体部署如下：王劲修率挺进第4、第5、第8纵队及补1、补2团确实切断咸宁、蒲圻间交通，断敌归路，务使日军不能退过陆水东北岸，并阻敌援兵；挺进第6、第7纵队分向羊楼司、五里墙截击日军，并确实切断铁路和公路交通，断敌归路，同时打击敌之增援；78军新16师向崇阳攻击；20军暂54师以主力攻击大沙坪，同时以有力一团攻占羊楼洞，并确实切断该附近铁路及公路交通，并打击援敌；72、58、20、4各军速向新墙河以北攻击，务将由湘北后退之日军压迫于岳阳附近而歼灭之，以期一举攻克岳阳、临湘；26军及79军98、暂6两师推进到关王桥、三江口、大荆街等地，策应新墙河北岸各军；99军迅速肃清归义、河夹塘、营田一带残敌后，除以197师担任湖防外，主力在新市南方及湘阴一带集结，以备不测。

8日，第九战区各部均积极行动，分别向指定目标前进。9日，72军越过新墙河向忠防、临湘急进，第4、58军猛攻桃林、西塘之敌。但日军已归巢，凭借坚固工事，顽强抵抗，各军攻了4天，也未取得突破，只得停止进攻。

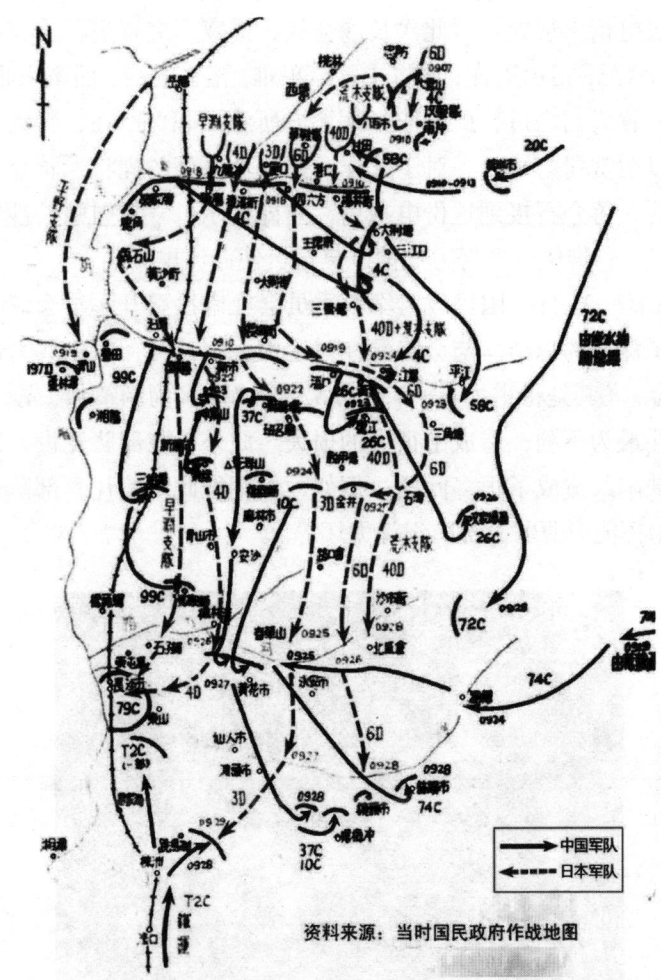

第二次长沙会战作战经过要图

会战的总结

第二次长沙会战结束后,中国军政当局借日军未能攻占长沙这一事实,大肆宣扬所谓"第二次长沙大捷",以鼓舞抗日军民的士气。于是,大批记者和慰问团再次涌向长沙,慰问抗日将士,并将他们的英雄事迹传遍神州大地。

然而,宣传归宣传,中国军队各级将领对会战的全过程都心知肚明。特别是薛岳,他对因自己的判断失误而造成的巨大损失愧疚万分。10月19日,薛岳向蒋介石去电请求惩处:"此次长沙会战,倭寇冢突冒进,予我军以可乘之机,钧座洞察状况,指示周详,诸将士冒险犯难,浴血苦战,而卒未收歼敌之功,且贻各将领处置失当之过,此皆职指挥无方所致。职责所在,咎无可辞,拟恳从严议处,以明赏罚为祷。"对于这样一位战功卓著的虎将,蒋介石怎么舍得处罚呢?因此,蒋介石接到这份电报后,立即批示:"复慰勉长沙恢复,功过相称,毋庸议处;惟望以后努力戒慎,莫自负使命可也。"⑫

10月16日—21日,国民政府军事委员会在南岳召开军事会议,对这次长沙作战进行了深刻的总结。与会将领在讨论中大多认为:由于兵力部署和战场准备不相配合,尤其是将主力——4、10、37、74军(多为调整师)先后投入正面,逐次参加战斗最为不利,造成了很大的损失。此外,在部队建设、部队教育等方面的严重缺陷,造成了很多问题,例如,友军彼此不信任,部队运动迟缓,师以下军官指挥能力薄弱,部队纪律太坏等。

薛岳与蒋介石摄于衡山观音桥畔

在会议进行过程中,国民政府军委会还宣布了此次会战的赏罚令:通令嘉奖赵季平暂6师作战积极,收复长沙;通令嘉奖以身殉职的190师副师长赖传湘、57师步兵指挥官李翰卿、197师590团1营营长刘虞卿、99师295团1营营长曹克人等;私自脱离战场、回家探亲的58师师长廖龄奇以临阵脱逃罪处以死刑;指挥失误致作战失利的第10军军长李玉堂、作战失利率先逃跑的预10师师长方先觉撤职。

在中国方面积极总结会战得失的同时,日军却无视会战中的教训,大肆吹嘘其在长沙取得了重大胜利,甚至宣称:"通过阵地攻击、追击、遭遇战等击败敌军总数30个师,并将其大部在战场上捕捉消灭。"[113]在虚夸的战果鼓舞下,日本11军上上下下一片歌舞升平,滋生了严重的轻敌思想,为日后的惨败埋下了祸根。

由于中日双方战后的反应迥异,现在大陆的大多数抗战研究者都认为中国军队在这次会战中遭到了惨败。这种看法当然也有一定的道理。就损失而言,第九战区在这次会战中伤、亡及失踪7万余人,其中:74军58师伤亡52%,57师伤亡37.5%;[114]37军60师伤亡49.1%,140师伤亡36.6%;4军102师伤亡43.7%;10军第3师伤亡35.3%。此外,第九战区在作战中的物质损耗也十分惊人,共损失军米2万大包,弹药25万发以上。[115]而日军自认其伤亡为:战死1670人,战伤5184人。[116](而何应钦所著《八年抗战之经过》一书中则称,第九战区歼敌41806人[117]。)由于中日双方虚报战果都是出了名的,双方的公布数字未必准确,因而,我们没有必要过分在乎这个伤亡数字。不过,从作战的效果来看,日军未必达到了目的。第三次长沙会战后,日军在总结中就不得不承认:在第二次长沙会战中,"没有给予重庆军以应有的打击"[118]。另外,会战中,中国军队没有一支部队完全丧失战斗力,以至于其中大多数部队都在会战后期的湘北追击作战及接下来的第三次长沙会战中发挥了惊人的战斗力,给予了进犯之敌以重大的打击。而从全局来看,中国军队保存了相当实力,对整个抗战是非常有利的。因此,第二次长沙会战虽不能称为"大捷",但也应当视为中国军队在战略上的胜利。正如后来第九战区编的《第二次长沙会战纪实》中说的那样,通过第二次长沙会战,"我们已经奠定最后胜利的基础,敌人无论如何集结重兵,孤注一掷,已无法再进一步,无法摧毁我们坚强的堡垒"[119]。

这次会战之所以能够反败为胜,除了广大爱国官兵的英勇奋战和湖南人民的大力支持外,国民政府军委会和薛岳本人在指挥上也有其可圈可点之处。

首先，国民政府军委会有计划地组织各战区之间的战略和战役协同，特别是第六战区发起声势浩大的宜昌反攻作战，促使了日军加速从长沙撤退。这种积极有效的协同在整个抗战中是少有的，对于薛岳来说，也算是幸运吧。

其次，薛岳没有受会战前期因判断失误和密码被破译而受到严重失利的影响，坚持在长沙地区进行持久抵抗的同时，重点突击日军薄弱的后方运输线，使日军主力因补给中断而战力锐减，以至于到追击阶段出现了日军一个师团竟无法击败中国军队一个军的现象。

最后，这次会战中，第九战区弹药消耗巨大，各种子弹消耗13972852发，炮弹43789发。可除个别特殊情况外，各部队没有出现弹药缺乏的现象，从而使会战后期各追击部队在地面火力上明显强于日军。这主要是各兵站努力的结果，当然也与薛岳平时注意督导兵站建设息息相关。薛岳经常指示各兵站和部队要"处处屯备弹药"[20]，以备紧急情况。这次会战的结果证明这一主张的预见性。

正确地吸取过去的经验和教训是一切成功的基石。薛岳正是正确地吸取了第二次长沙会战的经验和教训，"吃一堑，长一智"，创造了"天炉战法"，才取得第三次长沙会战的辉煌胜利。

第七节　熔敌天炉

中国对日宣战

1941年12月8日凌晨，日本偷袭美国海军基地珍珠港，英、美等国随即对日宣战。太平洋战争爆发。次日，国民政府主席林森正式发布对日宣战布告。从此，中国人民在进行对日作战四年以后，终于加入到世界反法西斯阵营中，不再孤军奋战，抗日战争也进入了一个新的阶段。

就在"珍珠港事变"发生的当天夜里，日军以38师团在海空力量的支援下，向香港发动进攻。保卫香港的英、印军仅有约7500人，兵力单薄。英国政府紧急向中国政府求援。9日，国民政府军委会遂命令各战区发起攻击，牵制日军，策应友邦作战。特令第4战区攻击广州方面日军，策应香港的英军作战；并以第5、第6、66军由广西、四川向云南集结，做好进入缅甸协同英军作战的准备。同时，从湖南调74军进入广西，调第4军南下广东与于8日先期南调的暂2军共同支援第七战区在广州、九龙附近的攻势作战。

命令既下，第七战区遵命于12日先命独9旅出击九龙，主力65军、暂2军及154师等部向惠阳集中，准备于27日夜开始大规模进攻。薛岳也于9日转令74军和第4军即日向指定地域开拔。

中国军队的行动引起了日军的极度不安。为了牵制中国军队的行动，中国派遣军总司令官畑俊六大将于13日批准了阿南惟畿中将提出的在江南地区采取牵制性攻势的意见，并决定从华北增调独立混成第9旅团给11军，以避免因不久前第4师团及33师团荒木支队等部调走后造成的兵力不足。但同时，畑俊六要求此次作战大致到汨罗江一线即止。

"天炉战法"的出台

第二次长沙会战结束后，第九战区积极休整，并对暴露出来的问题进行了整改，以提高部队的战斗力。11月7日，薛岳在长沙召开战区官兵代表会议，就有关训练、作战等问题做了指示。而后，在潇湘大地上掀起了全面防御的热潮。

在这期间，薛岳通过总结前两次长沙会战及其他各次作战的经验教训，认真分析了敌我优劣。他发现：日军作战"依其部队之机动、装备之优越、兵力之集注，期于要点而发挥之，以收势险节短之效"。根据日军的这一战略特点和敌强我弱的形势，中国军队应"以先求与敌均力，次化敌劣我优，再以我之优势而破敌之劣势"，最终取得胜利。为实现此目的，中国军队应当"依星罗棋布之纵深据点阵地，以均敌势；加大空间，节节抵抗，以均敌力；张罗四维，形成天炉，以熔解之"。这就是著名的"天炉战法"。

薛岳在"天炉战法"中，对作战指挥、作战准备、兵团部署、战斗实施、交通通信、补给卫生八个方面做出了详尽的规定。

对各级指挥官，薛岳要求他们在作战发起前，制订好自己的作战计划，并对各机关之各业务予以必要的指示；在作战时，应处于"能观察全般之情况、指挥便利及受领通报报告等之适宜地点为宜"[23]。

在战场布置方面，薛岳强调须依敌情、作战企图、地形划分伏击地带、诱敌地带和决战地带，并按照地形设置不同的据点和防御设施。

根据任务的不同，薛岳将部队划分为挺进兵团、警备兵团、尾击兵团、诱敌击兵团、侧击兵团、守备兵团和预备兵团。挺进兵团以一小部分兵力担任，主要任务是破坏敌占区内的主要交通通信设施，阻敌增援。警备兵团与尾击兵团由一部分兵力充任，主要在第一线作战，敌人进犯时，在迟滞和消耗敌军的任务后，转向两侧；待敌通过后，衔尾猛击，断敌补给。战役前，占领第二、第三线阵地的部队为诱击兵团，在予敌一定的打击后，转为侧击兵团之一部参加决战。侧击兵团为主力之一部位于战地侧前方，适时侧击敌军而歼灭之。守备兵团担任决战地带之守备任务，抵御和反击敌之进攻。在各参加部队中须留一部为预备兵团，必要时参加决战，扩张战果，或在失利时掩护主力部队转移。

在战役实施过程中，薛岳认为，敌人进攻时，在伏击地带内之部队应坚决抗击敌之攻击，以保证主战场部署就绪；在诱击地点各部队应节节抵抗，逐次消耗敌军战力，而后作离心退却，力图将敌主力诱向支战场，以使主决战容易，如敌不顾侧翼，径向我主决战场突进，则实施尾击和侧击，以援应主力作战；决战地带主战场以大量歼敌为主旨，支战场以牵制敌之大部或主力为着眼点，集中火力打击敌人。在追击过程中，主战场各部应极力实施追击，诱击地带和伏击地带之兵团则担任堵击退敌的任务。

在交通通信和补给卫生两方面，薛岳对利用和破坏交通设施、通信工具的运用和保密、弹药粮食的补给以及伤病员的收治等方面都做了非常详尽的规定。

由于第九战区军民彻底破坏了战区的道路，进犯长沙的日军多数时候只能在仅一尺宽的田埂上行军，各种车辆无法使用，大大限制了其补给和机动能力。

在第二次长沙会战后的两个月中，薛岳将"天炉战法"的作战思想贯彻到备战过程中，根据以前作战经验和地形，对湘北地区的防御体系进行了调整：以新墙河为伏击地带，由20军133师及58军守备；汨罗江为诱击地带，部署了37军、99军主力；捞刀河与浏阳河之间为决战地带，配置26军，第10军警备长沙。同时，在各防御地带，依需要构筑了大量据点，并加修了长沙城防工事。

在作战方案形成后，薛岳令各部制订相应的作战计划，并大力充实各部队，并加强各村的保甲制度，动员民众，全面加强战备。同时，鉴于前次作战命令被窃取的惨痛教训，第九战区在长沙以南的黄土岭设立了通信中枢，以有线通信为主，以图保密。

12月初，一切准备就绪，薛岳跃跃欲试，等着阿南惟畿来钻入他布下的"天炉阵"。

阿南惟畿的作战设想

12月13日，阿南惟畿得知23军已于前一天夜里攻占九龙的消息，非常着急。这些天，日军很多官兵被太平洋战场上的胜利冲昏了头脑，全军上下充斥着一种中国方面已成为次要战场的议论。这样一来，他阿南惟畿不就成了仅指挥一个次要兵团的普通将领了吗？作为天皇重点栽培的心腹将领，他万万不能接受这样的嘲讽。这时，阿南的心头又想起了另外一件事。早在11月下旬，在他到南京参加中国派遣军总司令部召开的军事会议时，日军上层对第二次长沙会战的结果提出非议，军中流传着"长沙作战，反而给予敌人以反宣传的材料，很为不利"[12]的言论。阿南对此极为不满，于25日夜找到中国派遣军总参谋副长野田谦吾中将，喋喋不休地抱怨到深夜。但口说无凭，11军必须用一场令人信服的胜利来证明一切。他要用这次作战的辉煌胜利来证明，中国战场不是次要战场，11军仍然是"皇军"中最精锐的兵团，他依旧是值得天皇信赖的杰出战将。因此，他不等中国派遣军总司令部批准11军关于在湘北发动新一轮进攻的请示就做出决定：以第6师团主力、第3、40师团的半数和独立混成14旅团一个大队，共计23个步兵大队和8个山炮大队，向湘北进攻；独立混成14旅团和34师团在赣北发动牵制性作战，策应湘北主战场。根据他又于15日制定的会战指导方案，规定本次作战于12月22日开始进攻，以第3、6、40师团在两周内击溃和歼灭新墙河及汨罗江地区的20军和37军，以策应第23军攻取中国香港以及南方军的作战。后来，中国派遣军出于谨慎，下令将进攻时间推迟到了24日。

由于第二次长沙会战后日军11军内对第九战区产生了严重的轻敌思想，全军上下都要求向长沙方向进攻。在后来的作战过程中，阿南正是受到了部下的情绪感染，做出了向长沙进攻的命令，这是后话了。

阿南惟畿的作战准备命令下达后，各部于16日开始向岳阳附近集结。可集结行动并没有阿南预想得那样顺利。由于交通设施不断遭到中国游击队的破坏，各部向岳阳的开进速度不一。24日进攻前，第6师团及40师团主力已在沙港河、新墙河北岸完成攻势准备了，由独立14旅团调来的泽支队却才刚赶到岳阳。而第3师团和40师团后续部队吉松庆久少佐指挥的步兵236联队第3大队甚至还在赶往岳阳的途中。

23日夜，日军还未集结完毕。可急于求功的阿南惟畿得知中国香港方面的战况进展顺利，怕被夺了功劳，便命令第6、3、40师团分别于24日夜和25日拂晓向新墙河发起攻击。

24日晨，阿南收到航空兵送来的情报称，大批中国军队正在北上。同时，情报部门也得到消息，薛岳已令37军坚守汨罗江南岸阵地15天，并调78军从平江西进。阿南大喜，认为"正好达到了牵制目的"，并能够捕捉37军和78军[12]，遂命令各部按计划发起进攻。但他高兴得太早了，由于武昌以南粤汉铁路遭到袭击，第3师团的行期延误，三天后才全部到达战场，给日军的作战行动蒙上了一层阴影。

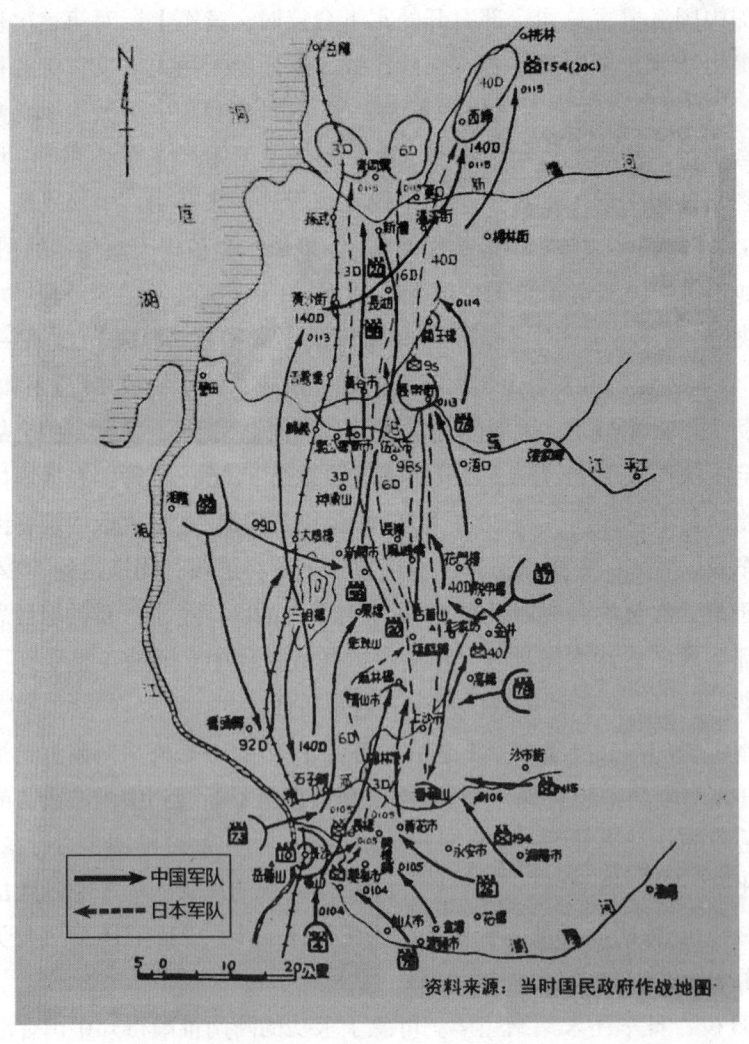

第三次长沙会战作战要图

惨烈的前哨战

21日晨，新墙河北岸日军炮兵为掩护日军主力集结，集中20余门火炮向油港河东岸、新墙河南岸猛轰，第三次长沙会战自此开始。

战前，薛岳交给守备新墙河两岸的20军依据现有阵地迟滞日军主力10天的任务。[12]要以两师之力挡住日军主力的多次打击，军长杨汉域感到责任之艰巨。他知道，以两个师的兵力与日军三个师团对垒，坚守10天不大可能。不过，他仍然坚信他亲自设计的防御体系能给予来犯之敌以重创。在20军接过新墙河两岸的防务后，20军就根据"天炉战法"的要求，在防区建立了以据点工事为骨干，辅之以纵深配备的野战工事（一般有三线）的网状阵地。这些工事非常坚固，可在一定程度上抵消日军的火力优势。依据其进行逐次抵抗，能有效地迟滞日军的攻势。因此，战斗打响后，20军并不保守，一面利用新墙河以北的既设阵地积极阻击，一面派兵袭击日军集结地，直到24日方才按预定计划撤回新墙河南岸。

24日，日军在飞机和大炮的掩护下，突然向新墙河南岸阵地攻击。面对日军第6、40师团主力和第3师团先头部队的猛烈进攻，20军沉着应战。他们根据薛岳的战前指示，采用了新的战术：各师应以一部兵力分置于连排据点，尽力死守；以一部占领野战工事，利用阵地纵深进行抵抗；将主力放在最后一线机动使用。这样，占领野战工事的部队可以与野战工事前方据点守军相互配合，打击进攻之日军。一旦日军进攻受阻，发生混乱，师主力能够不失时机地发起反击，消耗敌有生力量。由于这一战术巧妙地结合了阵地战和运动战的优点，使中国军队有能力以劣势兵力抗击占绝对优势的日军的猛烈攻击。加之，20军各部在58军的支援，打得出奇的英勇。到27日凌晨，日军始终不能彻底摧毁20军的防御。

两个师团的主力打了两天，竟不能击败中国军队的一个杂牌军。阿南惟畿对此实在不能满意。25日傍晚，他得到香港英军投降的消息时，顿足捶胸，认为自己立功的希望快破灭，遂决定于次日上午乘飞机返回汉口。但到了26日晨，天降大雨并伴有大风，飞机无法起飞。阿南只得推迟返回时间。就在等待起飞期间，情报部门送来了敌情通报。从这份命令通报中，阿南得知薛岳已命37军和99军（欠197师）在汨罗江南岸严阵以待，并将78军和新15师调用于平江。他立即判断中国军队企图在汨罗江南岸进行持久抵抗，当即决定粉碎中国军队的这一企图,遂下达了命令,要求:第3师团应在29日天亮前,渡过汨罗江,准备攻击归义以南高地之中国军队;第6师团应于27日以后,于新市附近渡过汨罗江,29日天亮前完成对该处守军之攻击准备;40师团应适时以主力向长乐街东南前进,以一部向浯口对岸附近移动,于29日天亮前准备对当面之守军发起进攻。

日军前线各部得令后,均留下部分兵力与20军鏖战,主力乘夜向汨罗江畔进攻,企图按命令要求达到指定位置。27日凌晨,薛岳觉察到日军主力可能正在南移,乃以电话命令杨森:"杨军即向南移,左翼务截断陈家洞至花桥道路,毋使敌再东窜,之后即向长乐街攻击;孙军与杨军确取联系,递向南移,以尾击南窜之敌。"[12]杨森遂遵命转告杨汉域,要求20军放开正面,让日军主力南下,而后协同58军侧击敌军。此后,双方争夺的焦点转到了汨罗江两岸。

汨罗江两岸的消耗战

就在新墙河两岸激战之时,99军(欠197师)和37军已完成在汨罗江南北两岸的布防,准备予进犯之敌迎头痛击。根据薛岳的命令,汨罗江防线以37军为右翼,99军为左翼。从12月中旬开始以来,这两个军就在防地积极备战,随时准备打击进攻之敌。26日傍晚,日军先头部队到达青龙岗、冷水井、青石桥等地。99军与37军警戒部队奋起抵抗,一场恶战随之展开。

27日上午,日军第3师团在大炮和飞机的掩护下,分三路向汨罗江南岸之南渡、河夹塘据点发动猛攻,遭到99军的英勇阻击,损失惨重,进展迟缓,到28日中午才全部渡过汨罗江。为避免99军陷于不利,薛岳令该军以一部固守石子洞、大路铺、盘龙桥、高泉山、归义一线,主力撤至牌楼铺、栗桥附近严阵以待。日军即乘势向37军侧后迂回,企图围歼该军。但99军顽强阻击,到次日拂晓第3师团主力仍被阻于密岩山、大娘桥一带。不过,日军第3师团的深入引起了薛岳的忧虑。此时,37军主力还在汨罗江两岸与日军第6和40师团对峙。如果第3师团向东包抄37军的后路,后果将不堪设想。于是,薛岳于28日深夜命令汨罗江防线预备队140师即归99军指挥,由金井连夜西开李家塅、马山神、沙塘基、傅家洞一线,阻敌东进。140师师长李棠接到命令后,知道情况紧急,当即命令部队以急行军,开赴指定地点。29日拂晓,日军石川部队和的野联队开始向37军侧后包抄。不久,石井信大佐指挥的步兵18联队占领了新开市。但还没他们站稳脚跟,140师就赶到了。李棠师长当即命令部队向新开市攻击。该师是生力军,士气正旺。一个冲锋就将新开市夺了回来。此后,140师又向正在大娘桥附近的日军侧击,以支援99军作战。经过一天激战,日军损失甚重,攻势顿挫。

就在第3师团与99军激战的同时,日军第6、40师团也向37军发动了猛烈的进攻。27日上午,第6、40师团开始向37军发动进攻。37军有效地利用了地形掩护,与敌展开近战,使日军的重炮火力无法发挥,被迫以步兵进行惨烈的阵地争夺。到29日晚为止,37军仍将敌人阻止在清江口、滩头铺、余家洞、秀水塅一线及伍公市、颜家铺等地。

作战进行到此,尽管日军渡过了汨罗江,可由于中国军队的顽强抗击,仍然没有像阿南惟畿预期的那样打垮中国军队的防御。此时,由于中国香港已经沦陷,第七战区也于26日停止了在东江地区的进攻。如果按照战前日本中国派遣军的指示,11军策应的中国香港作战的目标已经达成,无须再将这次作战继续下去了。然而,这不是阿南的想法。在上次长沙会战后,阿南以为第九战区已受重创,在短期内难以恢复战力。但这几天的作战大出乎了他的预料,37军这个曾被他认为已遭到毁灭性打击的部队,竟表现出了如此惊人的战斗力。假以时日,难保第九战区不会像1939年年底冬季攻势后那样,再次给日军造成巨大的威胁。因此,有必要再次给予该战区以沉重的打击,以便"给予蒋政权以无声的威胁"[126]。于是,他向中国派遣军提出了进攻长沙的作战方案。尽管他的顶头上司、中国派遣军总司令畑俊六大将提醒他要谨慎,他却满不在乎,以"敌军正向长沙退却"为由,未经中国派遣军批准,就于29日傍晚下达了进攻长沙的命令。[127]

不过,日军要向长沙前进的话,必须先击溃和围歼位于汨罗江以南的拦路虎——37军和99军。因此,从29日晚起,日军奉命向37军和99军阵地发动了更为猛烈的进攻。

对于日军进一步南侵,薛岳早已成竹在胸。当天午夜,他分析了各方情况后下令:位于浏阳河一带的10、26、79军向金井、麻林桥、青山市等地派出搜索队,密切注意由汨罗江南犯之敌;即将由韶关开到的4军迅速开赴株洲、渌口;湘鄂赣边区挺进军和挺进6、7纵队猛攻湘北敌后的忠防、临湘、桃林、西塘等地,阻绝日军修筑通往汨罗江以南的道路。于是,一张围捕南侵日军的大网开始有条不紊地编织着。狂妄自大的阿南惟畿却浑然不知。

30日晨,日军第6师团左翼第6步兵团和40师团在飞机的配合下,猛攻鸭嘴尖、飘风山、清江口、基隆山等地。95师和60师巧妙利用地形，顽强抵抗。日军的火力优势无法发挥，尽管多次组织强攻，仍一筹莫展。中国军队还发动反击，给来犯之敌以重大杀伤。后来，日本防卫厅战史室编的战史《长沙作战》里就这样形容当时日军的困境："……部队过于接近敌阵地，从正面的火力支援，已不可能。因此，火炮只能从两翼压制，第一线部队只得自己一点一点地攻击；但连重机枪都无法到达阵地，只有信赖轻机枪和掷弹筒。像这样大量使用手榴弹的战斗，是前所未有的。虽然这样不断强攻，但战斗仍完全陷入胶着状态。"[12]当晚，薛岳得知，日军第3师团除留部分兵力继续攻击95师外，主力已钻隙南进，判断汨罗江战斗已近尾声，继续与日军后卫部队进行消耗战已没有意义，遂打电话给陈沛，要求37军（欠140师）"应即转进至金井东南地区，准备侧击南进敌之左侧背"。陈沛听到薛岳的命令后，感到有些为难：37军主力正面受日军压迫，金井东南地区较远，掩护转进困难，且金井无良好地形利用，敌追击压力大，不易立足，会失去之后侧击之作用。权衡利弊后，他给薛岳回电话，表示执行命令有困难，并提出了自己的看法："金井西南地区距敌南进路线较近，位置在敌侧，转进后行动自如、安全，伸缩性也较大，若就近进据此地区之龟山，位置在敌后，之后虽艰险，但转进容易且有利于攻击敌后。"[13]薛岳听后，对陈沛的建议大加赞赏，立即命令他着手实施。于是，陈沛下令所部除留一部于麻石山、飘风山、鸭婆山等地牵制当面之敌外，主力转移到龟山、芭蕉洞、虾蟆岭、浯口等地，继续战斗。同时，99军也奉薛岳电令，让开正面，转向西面侧翼阵地。

这样一来，中国军队为日军让开了通向长沙的道路，日军主力乘机按照阿南惟几的指示南进，企图在行进间占领长沙，可在进军途中，仍然遭到了37军和99军掩护部队的不断打击，进展缓慢，到31日下午才完全突破中国军队在汨罗江两岸的防线。至此，汨罗江两岸的战斗宣告结束。

在汨罗江两岸酣战之时，第九战区副司令长官兼27集团军总司令杨森奉命指挥20军和58军在新墙河敌后积极出击，以配合37军和99军之作战。28、29日深夜，新11师和134师各一部先后在长湖、洪桥、三江口、黄旗墩等地与敌发生战斗，歼敌甚多。29日，薛岳指示20军和58军以一部扼守现有据点，主力沿汨罗江北岸，向西攻击敌侧背，确实切断敌后方联络，配合37军作战。两个军即遵照执行，当晚即抵达攻击准备位置，并发起进攻。是日夜，新10师31团夜袭陈家桥；20军一部在长胡附近突袭日军辎重兵40联队，击毙其联队长森川敬宇中佐。由于20军与58军的积极作战，阿南惟几如芒刺在背，不得不调刚抵达武汉的独立混成第9旅团支援留在汨罗江以北作战的泽支队，以保障其左侧背安全。这样，杨森非常顺利地实现了其牵制日军兵力的意图，有力地支援了正面主战场的作战。

决战前夕

12月30日，日军渐渐逼近长沙。薛岳知道长沙保卫战迫在眉睫了。早在23日，即日军在新墙河发动总攻的前一天，第九战区就开始疏散长沙市民。到这时，长沙除了军队驻守外，已没有任何市民了。薛岳无须顾虑民众的安全，完全可以放心地以长沙作为歼敌的战场了。于是，他于30日中午致电蒋介石表达自己在长沙与敌决一死战的决心："第三次长沙会战，关系国家存亡，国际局势之巨；本会战，职有必死决心、必胜信念。"[13]发出这份电报后，薛岳又下达了在长沙决战的命令，具体部署如下：

1. 战区副司令长官杨森指挥20军和58军，分由长乐街经清江口合击石子铺。第一次攻击须到达汤家煅、安少、戴家园一线，第二次攻击到达线为傅家冲到周婆塘一线。

2. 战区副司令长官王陵基率领37军（欠140师）和78军，攻击望仙桥、长桥之敌。第一次攻击到达线为戴家园、春华山到东林寺一线，第二次则应到达大湾港到长桥一线。

3. 4军、26军和79军（附194师）归战区副司令长官罗卓英指挥，分别向梨市、东山及长沙以南攻击前进。第一次攻击务必到达东林寺、白田铺至大托铺一线；第二次攻击进至梨市、东山、金盆岭之线。

4. 99军（附140师）以197师担负湘江西岸及洞庭湖南岸防御任务；99师固守双狮洞、柳溪桥、花石岩、湘阴、营田各要点，并以有力一部向栗桥、福临铺出击，打击日军之侧背，务必截断其联络补给线；92师和140师向捞刀河攻击，第一次攻击应到达白沙洲东岸、桥头驿到官桥一线，第二次攻击须到达捞刀市附近。

5. 10军和73军坚守长沙、岳麓山一带阵地，待各兵团到达第二次攻击目标附近后，即行反击。

在命令中，薛岳重申"各集团军总司令、军长、师长务确实掌握部队，亲自在前线指挥"，并规定"岳如战死，即以罗副长官代行职务，按照计划，围歼敌人；总司令、军师团营连长如战死，即以副主官或次级资深之军师团营连长代行职务",如有作战不力者,一律实行连坐法。[13]正人先正己,薛岳在发出这道命令之前,就率先身体力行,不顾个人安危,按照命令的要求将自己的指挥所设置于与长沙仅一江之隔的岳麓山上,以全面掌握敌情,就近指挥。

命令发出后不久,薛岳又得到了各部相继发来的正按计划行动的报告。不过,他心里仍然对长沙地区的防务没把握,在指挥所里坐立不安,一口气爬上岳麓山,望着大战将临的长沙城,自言自语地说:"关键就看李瑶阶了。"

他的担心不是没有道理的。第10军号称"泰山军",是第九战区数一数二的主力军。但在上次会战中,因使用不当,指挥失误,遭到了重创。加之,在战后不久的南岳军事会议上,军长李玉堂被以"作战不力"罪名撤职查办,军心不稳,战斗力难以让人放心。11月中旬,为了尽快恢复这支精锐部队的战力,军委会决定派钟彬接替李玉堂的职务。可薛岳深知李玉堂治军有方,深受官兵爱戴,要让第10军重整旗鼓,非他莫属。因此,他得知此事后,立即以战事紧张为由,报请军委会同意,暂缓交接。但军委会依然决定,伺战局一缓和下来,立即交接。李玉堂得知此事后,情绪一直不高。因此,当薛岳为第10军担任长沙城防一事亲自来找他时,他一脸苦笑,说:"职都撤了,怎么指挥打仗?"薛岳说:"你打嘛,我担保你不撤职。"[13]李玉堂仍难释怀。

于是,薛岳将此事报告了蒋介石。蒋介石遂亲自打电话给李玉堂,要他接受任务。

这下,李玉堂还有什么好说的呢?回去后,他将薛岳和蒋介石的话原原本本地告诉了全军官兵。官兵们听后个个摩拳擦掌,一定要齐心协力打退敌人的进攻,帮助他们景仰的军长保住职务。于是,全军马上投入了紧张的备战中。在备战过程中,长沙市民有力出力,有钱出钱,全力协助军队在长沙城内建立了坚固的城防工事体系。

30日下午,李玉堂得知日军已接近浏阳河,即遵照薛岳20日电令做好战斗准备:190师占领杨家山、湖迹渡、复兴市、河正街一线,主力置于鞍子山、湖迹渡附近,阻击南犯之敌,并派便衣队(约1个连)在枫林港附近埋伏,阻滞敌之前进;第3师以主力占领长沙城垣,以一个团集结于城东南地区,并派便衣队(约1个连)设伏于安沙、沙坪附近,阻止敌人。同时,根据薛岳命令暂归李玉堂指挥的战区直属炮兵,全部集中于岳麓山一带阵地,定好炮位和射击诸元,准备对攻击长沙之敌进行阻拦射击。

本来，按照薛岳的部署，预10师应固守岳麓山，担任军预备队，但因该师师长方先觉求战心切，坚决不当预备队，要求军长给予固定任务，表示完不成愿受军法制裁。李玉堂在报请薛岳批准后，同意了方的请求，将半边山、左家塘、林子冲、黄土岭、金盆岭、猴子石、水陆洲一线的守备任务交给了预10师，令方先觉将主力置于黄土岭，并派便衣队潜伏于东山附近，阻敌前进，但须待73军到达后才可开赴指定阵地。在预10师没有到达前，黄土岭等地防务暂由第3师一个营承担。同时，薛岳电令73军军长彭位仁：限77师31日拂晓前接替岳麓山及湘江西岸预10师防务，暂5师即推进到五里堆附近集结，准备支援长沙作战。10军参谋长蔡雨时从薛岳的这道命令中得知，73军将先于敌到达岳麓山，灵机一动，马上与李玉堂商议，要求令预10师不等77师接防，渡过湘江，占领战前指定的阵地。李玉堂也有此意。两人遂一拍即合，在未经薛岳同意情况下，向预10师下达了命令。薛岳知道后，直接打电话给蔡雨时询问此事。蔡雨时报告了敌军和友军的情况，说："友军先期到达长沙，可接岳麓山阵地；预10师过江接防第3师之一部，长沙可以确保……"[13]薛岳觉得他的话有理，就没再追究了。方先觉在部队过江后，下令将船只调走，连一只通信用的船都不留，以示破釜沉舟，奋战到底的决心。

为了加强长沙治安，保证10军专心作战，薛岳还任命第3师师长周庆祥为长沙警备司令，统一指挥长沙警备司令部、宪兵18团、长沙县政府、县党部、三青团、警察局、水警总队，严密缉查敌特、汉奸、地痞、流氓等。

31日，薛岳获悉日军第3、6两个师团已到达长沙附近，知道长沙决战即将打响，当即命令各攻击集团向当面之敌攻击，限于1月4日晚到达第一次攻击线。

第二天早晨，长沙城在浓雾中迎来了1942年。10军已全部进入阵地，火力点都已部署完毕，每一挺机枪、每一门迫击炮都定好了射击方向。全军官兵都明白，一场血战就在眼前。而与他们形成鲜明对照，正向长沙城开进的日军第3师团主力却精神百倍。由于第3师团长丰嶋房太郎轻敌，对前进道路上的侦察过于马虎，未能掌握当面敌情，日军上上下下都处于盲目乐观之中。他们还幻想着像上次那样，不经过激烈的战斗就进入长沙。阿南还特命航空兵给该部空投太阳旗，以庆祝在新年伊始攻占长沙。

喋血星城

元旦凌晨4点,日军第3师团先头部队数百人乘雾渡过浏阳河,向长沙东南郊预10师阵地发起试探性进攻。中午,一颗信号弹划破了雾气尚未散尽的天空。该部又集中兵力对长沙东南面和正南面的预10师阵地发动进攻。预10师一线部队29团奋勇阻击,损失惨重,1营营长曹建业手下多人殉职。到当天日落前,日军先后攻占阿弥岭、左家塘等地,并乘势猛攻邬家庄、小林子冲、南元冲、军储库等处。方先觉被迫缩短第一线正面,仅守金盆岭、黄土岭、马家冲、枫树山、农林试验场一线。

这时,在岳阳指挥所里满怀信心地等待攻占长沙消息的阿南惟畿接到了情报部门送来的关于前一天薛岳限令各军于4日前到达第一攻击线的命令。看过这道命令,他高兴得手舞足蹈——以中国军队不堪一击的战斗力,怎能跟大日本皇军的精锐主力决战?来得越多,自己功劳簿就越辉煌。他把这份情报扔在了一边,吩咐参谋长木下勇少将率外国记者团乘飞机视察战地。傍晚,木下勇回来报告:第3师团已突入长沙东南角。这个报告无疑又给阿南打了一剂强心针。他相信攻克长沙的消息不久就会传来,便致电大本营和中国派遣军总司令部报捷,说第3师团已攻入长沙,并祝贺日军在太平洋战场上的胜利。

可是前线的战局远没有阿南想象得那样乐观。当夜,守军仍在顽强抵抗。刚到达长沙近郊吉祥坡的丰嶋房太郎急了,当即将师团预备队、以夜袭闻名的步兵第6联队第2大队(大队长加藤素一少佐)火速投入战斗,相继攻占了军储库、邬家庄等我军一线阵地,并乘势突入白沙岭,形势岌岌可危。第10军立即组织反击,经过惨烈的白刃搏斗,终于在近午夜之时收复了左家塘、军储库等地,并包围了突入白沙岭村落的日军加藤大队本部。

这天深夜,薛岳又打电话到预10师师部询问战况。方先觉以十足的把握向薛岳保证:"我能守一星期。"薛岳感到十分惊异,便问:"如何守法?"方答道:"我第一线守两天,第二线守三天,第三线守两天。"[13]薛岳听了这话,对他深表赞许。果然,预10师没有辜负他的期望。次日凌晨,该师30团团长葛先才指挥所部在28团一部的协同下,向白沙岭发动了猛烈进攻,全歼加藤大队。天亮后,中国军队在清理战场时,在加藤大队长的尸体上搜出了有关日军行动出动以来的全部计划和命令,里面说明了日军第3师团的作战目的及携带弹药的数量，清楚地表明日军弹药不足的情况。第10军得到这份重要情报后，不敢怠慢，迅速上报长官部。薛岳读后，兴奋之情溢于言表，拍着桌子说："虽仅一张薄纸，然较万挺机枪尤重。"㉟随后，他又打电话给李玉堂，问道："南门外出击者，是哪一个部队？"李玉堂回答："预10师葛先才团。"薛岳高兴地说："攻得好！攻得好！葛团长了不起！"㊱

正当白沙岭酣战之际，日军的野联队主力再次向枫树山、邬家庄、小林子冲一带进攻。守军奋起抗击，双方短兵相接，杀声震天，其中邬家庄、小林子冲阵地易手竟达8次之多。拂晓，预10师29团团长张越群奉命率29团残部驰援30团，给进攻之敌造成重大杀伤，横田大队第2中队的所有干部也非死即伤。同时，29团副团长陈新善、团附曾友文等官兵也以身殉职。而次日上午，捷报传到长官部，薛岳对张越群的表现颇为赏识，下令晋升他为少将，并奖大洋万元。

2日，日军第3师团不甘心失败，继续猛攻长沙城，甚至泯灭人性地使用了大量毒气弹。但是，这些都没有吓倒第10军官兵。他们在岳麓山上的战区炮兵支援下，奋勇杀敌，重创来犯之敌，打死了日军的野联队副官神野一郎大尉、第2大队大队长横田庄三郎少佐、第8中队长黑岩巽中尉，全歼了的野联队第2中队大部。

是日，日军第6师团已进到长沙外围，傍晚又根据阿南的命令向长沙城北急进。薛岳得知此事后，担心第10军势单力薄，决定将刚于前一天到达战场的77师投入战场。于是，他亲自接见了该师师长韩浚，勉励他努力作战，表示相信他能完成任务。面对长官的信任，韩浚深受鼓舞，暗自下定决心："不打胜仗，绝不去见长官！"㊲随后，他们遵照薛岳的指示，以一个营接替预10师水陆洲两个连的防务，使该部能够全力参加长沙保卫战。次日，暂5师到达湘江西岸。薛岳当即命77师将现有防务交与暂5师，而后渡过湘江，作为第10军总预备队，直接参加长沙保卫战。过江后，李玉堂即命韩浚以一个团占领湘春街东西大街，主力位于南门口附近，集结待命。这样，长沙的防御力量大大加强。

3日拂晓，第6师团向长沙城东北发起攻击，攻占湘雅医院等地，猛扑汉兴门、经武门、陈家山、杜家山等地。190师和第3师一部顽强奋战，打退日军多次冲锋，陈家山、杜家山、湘春路等阵地均失而复得，使日军无法越雷池一步。

到3日下午，日军第3师团的弹药已快用完了，仍未能攻入第10军核心阵地。

这样的情况引起了11军参谋长木下勇的不安。他认为,长沙外围的中国军队已从四面八方向长沙周围汇集,在金井周围的40师团受到了相当大的打击,再不后撤的话,有被包围的危险。在木下勇的强烈要求下,阿南下令各部于当晚"反转"。然而,这时身在前线指挥的丰嶋房太郎还在做着在长沙庆功的美梦,仍一意孤行,以夺回已失掉联络一昼夜的加藤素一的尸体为借口(当时日军尚未完全确定加藤已死),于4日组织了对长沙的最后攻击。

4日,日军向长沙发动了最后的攻击。此时,第10军在得到77师增援后士气大振。岳麓山炮兵发挥火力优势,死战不退,把长沙城变成了日军不可逾越的屏障。其中,以东瓜山争夺战为最激烈。面对敌人的猛烈进攻,30团官兵死战不退,与敌肉搏3次,阵地失而复得达5次之多。同时,他们还不失时机地发起反击,先后收复了北大马路、留芳岭、湘雅医院等重要地点。

是日傍晚,外围各军到达长沙附近的消息不断传到第10军,已奋战四天的官兵群情激昂,喊出了"苦战一夜,打退敌人,守住长沙要回军长"[138]的口号。这时,李玉堂也根据日军到处放火的情况,判断日军即将退却,遂命令77师和第3师第8团准备出击,其余各部仍固守原阵地,防敌回窜。午夜时分,长沙城内的枪声渐渐沉寂下来。是晚,李玉堂接到薛岳指示,得知日军已开始撤退,第10军暂无追击任务,遂命77师归还73军建制参加追击,第10军部队进行休整,长沙作战至此结束。

合围的达成

就在第10军死守长沙城之时,第九战区主力各部从湘北和株洲向长沙合围过来。

在日军的后方,40师团最先倒霉。元旦清晨,40师团主力到达金井附近。由于中国军队已切断了日军的补给线,日军吃光了携带的全部粮食后,便四处寻找食物。可附近的村民根据长官部的要求,空室清野做得非常彻底。日军费了九牛二虎之力,才找到两个白薯。后来,40师团又奉命向瓮江方向前进,希图"把瓮江方面山区之敌击退到浯口—瓮江—金井道路以东地区"[139],可在进军途中,遭到37军和78军的不断袭击。而与此同时,暂54师又奉薛岳之命,向岳阳之敌出击,先后袭击了日军在新墙河北岸及岳阳东郊部分据点,击落敌机一架,严重干扰了日军向进攻长沙的部队运送补给品,并牵制了岳阳日军向南增援。因此,40师团得到的补给仅是杯水车薪,陷于伤亡惨重和弹尽粮绝的绝境，只得像无头的苍蝇一样四处乱撞，到6日晚才进抵春华山以北地区。这时，青木成一师团长见部队弹粮俱缺，已无力前进了，只得命令所部主力就地待命，仅派一部兵力进入春华山西侧高地。

与此同时，在长沙附近日军的处境也渐趋不妙。1月2日，根据薛岳的命令，79军、26军及从广东回援长沙的第4军到达长沙外围。对于这些部队的到来，日军根本没有当一回事，继续全力进攻长沙。长沙外围各军乘机向日军背后反击。3日晚，79军和26军先后了袭占东山渡口和东屯渡，与日军第3、6师团的后卫部队展开了激烈的渡口争夺战，反复拉锯，歼敌甚众。4日，第4军由株洲步行开到长沙外围，向长沙南面出击，先后收复阿弥岭、金盆岭、黄泥塘，并向日军的野联队进攻部队的背后发起攻击，在77师231团和岳麓山上炮兵的配合下一举收复黄土岭，黄昏后又乘胜扫荡浏阳河西岸。为了扩张战果，薛岳命令79军与4军齐头并进，协同攻击。但由于79军已在东山、康思岭等地与敌激战，无法脱身。薛岳只得打消了这个念头。

到4日晚，长沙外围中国军队各部均已到达指定位置，对日军第3、第6师团的合围之势形成。长沙日军已成网中之鱼了。就在此前一天中午，薛岳接到蒋介石要求彻底歼灭长沙之敌的命令。现在重读这份命令，薛岳心里无比畅快：到收网的时候了。

百里大追歼

4日黄昏，长沙外围中国军队各部均按计划到达第一次攻击到达线，而进攻长沙之日军也开始后撤。鉴于日军开始退却，原定在长沙附近的围歼战已无从实施，薛岳遂决定将围歼战改为追击战，并据此下达了作战命令："进犯长沙之敌，已被我击败，开始溃逃。我军决心将其彻底歼灭于汨罗江以南捞刀河以北地区，特部署如下：1. 罗副长官为南方追击军总司令，指挥萧欧彭三军，于5日拂晓开始，以萧军由牌楼铺经枫林港、麻林桥、梁家桥、麻峰嘴、栗山巷、长乐街道向长乐街、伍公市追击；欧军由阿弥岭、左家塘，经东屯波、石灰嘴、青山市、福临铺、李家塅、双江口道，向新市、兰市河追击；彭军由长沙经石子铺、马鞍铺、新桥、栗桥、武昌庙、骆公桥道向骆公桥、归义追击。2. 杨副长官为北方堵击军总司令，指挥杨、孙两军在象鼻桥、福临铺、栗桥，自北向南堵击。3. 王副长官为东方截击军总司令，指挥陈、夏两军在枫林港以北长乐街以南地区自东向西截击。4. 傅军长仲芳为西方截击军司令官，指挥该军和李棠师在石子铺以北、新市以南地区自西向东截击。为使各部奋勇作战，不失战机，薛岳还在命令中勉励各军"应绝对快速机敏，勇猛果敢索敌而歼之，如作战不力，任敌安全逃逸者，决依法重惩；其俘获众多者，必从优叙奖"。⑭ 同时，他还指示，挺进6、7纵队及湘北各县组织民团、自卫队破坏道路，袭击退却之敌；暂54师及挺进4、5、8纵队等部乘虚袭击临湘、岳阳、武昌等地，使后方之敌疲于奔命。于是，一场大规模的追击作战开始了。

1月4日太阳落山后，日军第3、第6师团先后开始撤退。一出发就遭到4军和73军的尾追和袭扰，不断发生遭遇战，损失极为惨重，其中第6师团所属辎重兵第1中队被全歼，卫生队运送的相当一部分伤员丢失。到次日凌晨2点，第3师团主力才跌跌撞撞地到达东山附近，这里唯一可供部队撤退的桥梁已于日落前被中国军队炸断。日军工兵第3联队在浏阳河上多次组织架桥，都因79军一部的猛烈攻击而归于失败。第3师团主力只得向磨盘洲转移。于是，第3师团与79军主力在东山渡河点和磨盘洲一带展开激烈厮杀。天亮后，第6师团进抵㮾梨市一带，与26军及暂6师展开争夺。双方缠斗至5日夜，第4军和73军暂5师均突破日军掩护部队阵地，赶来增援。而日军所携弹药也所剩无几，处境异常痛苦。

看到日军已完全陷于被动挨打的境地，薛岳决定抓住战机，令73军和10军向㮾梨市、东山追击，并电告各军，敌军"已弹尽粮绝，腹背受敌，疲于奔命，我追击截击堵击各军，如不能把握此千载一时之歼敌良机，而任敌安全逃逸者，则不能为革命军人"。⑭

6日晨，第3、6师团合力北上。26军依据既设阵地，节节阻击。日军进展迟缓。而在日军的后尾，第4、79、10军等部尾随发起攻击，在㮾梨市和茶塘一带一再击溃日军的掩护部队，使日军陷入混乱之中。两个师团主力经一天苦战，才在7日凌晨抵达捞刀河北岸、枫林港地区，他们所携带的大量辎重成了中国军队的战利品。同时，担负后卫任务的平冈联队完成任务后，放弃㮾梨市。79军乘胜前进，收复了该地。⑭ 7日上午，在茶塘附近死守数日的片冈联队，实在撑不住了，向北溃逃，直到午后1时才被的野联队收容，他们所携带的一部分辎重就成了41师的战利品。

正当第3、第6师团在浏阳河畔苦苦挣扎、寻机逃命之际，在他们侧后方作战的40师团的处境也好不到哪儿去。由于迭遭37军和78军攻击，部队损失惨重，其所属龟川联队第一线部队伤亡高达90%，其第2大队大队长水泽辉雄少佐手下多数军官非死即伤，且弹药十分匮乏，有的分队只剩下一个手榴弹了。而飞机空投下来的步枪、手榴弹和豆酱粉等军需物资大部分掉进了附近的池塘。双方战斗到7日晚，日军利用浓雾与78军脱离接触，经罗家冲向学士桥方向退却。但途中仍遭37军、78军和58军一部的节节阻击，损失惨重。到午夜，中国军队主动后撤，日军方得以继续前进。

  日军主力突破浏阳河的阻击线令蒋介石懊恼万分。他原以为，经长沙一战日军已成强弩之末了，中国军队集中优势兵力，一定能在浏阳河一带取得歼灭性战果，而日军却顺利逃脱，他实在难以满意，遂于7日打电话给薛岳，以严厉的口气指示第九战区"以福临铺东侧的古华山为界，西面由杨森副司令长官负责，东面由王陵基副司令长官负责，督率各军务须阻止、切断敌军。如敌从某军正面逃走，即将其军长枪毙"[49]。根据这一命令，薛岳除令追击部队排除一切困难向北猛进外，命位于日军侧后方的73、58、78、99军向青山市、影珠山、大荆街、长乐街、黄谷市、新市等地攻击，以截击败退之敌，准备对第3、第6师团进行第二次围歼。

  7日，20军和58军在两面受敌的不利形势下顶住了日军第6师团和刚赶到战场的独立混成第9旅团的两面夹击，福临铺等地失而复得，与73军一起将日军堵了影珠山、福临铺以南地区，而在南面尾追之第4、26军等部也逼了过来。8日晨，中国军队再度将日军第3、第6师团包围在了青山、福临铺、影珠山一带。

  这样的不利形势让日军岳阳战斗指挥所里的参谋们忧心如焚，他们知道前线部队的大难将至。可他们的顶头上司却不这样认为。两天前，阿南获悉奉命南下接应军主力反转的独立混成第9旅团已到达麻峰嘴附近，正与那一带的中国守军激战。而现在，第3、第6师团主力又到达了青山市附近，40师团也处于有利攻击位置，不正好与独立混成第9旅团夹击福临铺南北地区的中国军队吗？于是，他决定"坚决包围歼灭青山市北部地区之敌"[50]。

  随后，各师团遵照阿南的命令，向青山市附近之中国军队发起猛攻。8日晨，第6师团开始力攻汉家山—青山市一带阵地，遭到20军和58军各一部的节节阻击，进展缓慢。薛岳看到围歼第6师团的机会来了，便急令73军迅速占领青山市、影珠山一线，堵击败敌。于是，73军主力立即转向青山市前进，其先头部队抢先占领栗桥，堵住了第6师团的退路。傍晚，6师团到达栗桥。73军一部死守既设阵地，打退了日军多次冲锋，形成胶着。而在后面尾追的 26 军和第 4 军扫荡麻林市以北地区后，也猛击第 6 师团后尾。同日，奉命由新市南下企图接应第 6 师团突围的日军泽支队在新开市一带遭到 99 军截击，无法前进。到当天晚上，中国军队对日军第 6 师团的合围圈完全形成。

8 日傍晚，岳阳日军战斗指挥所收到第 6 师团被包围的报告。参谋们都急了，纷纷来找阿南惟畿，提出"突破栗桥需要时间，应从福临铺方面突破敌薄弱地区北进"。这时，尽管战场形势危急，阿南仍然信心十足，还认为："必须相信我军特别是皇军师团，拥有军旗的步兵联队，有极大的战斗力，完全可以击败当面的中国军队。"[14]因此，他坚持原定的围歼青山市以北中国军队的作战计划。就在双方争执不下之时，独立第 9 旅团发来的失利报告引起了日军战斗指挥所里不小的震动。

为了掩护第 3、第 6 师团的后方，池之上吉贤少将指挥的独立混成第 9 旅团奉命于 3 日晨开始南下，一路受到 58 军和 20 军部队攻击，受到严重损失。到 8 日止，独立混成第 9 旅团始终不能突破 20 军在麻峰嘴一带的防御。8 日夜，该旅团山崎大队在突袭影珠山山顶阵地时遭到 58 军和 20 军一部的合力围攻，全部覆灭，大队长山崎茂被击毙。9 日，20 军和 58 军乘胜反击，打退了独立混成第 9 旅团的进攻，并协同由浏阳河方向追来的 26 军和第 4 军在冯家塅地区包围了第 6 师团右翼的友成联队和服部联队。不久，第 6 师团的另外两路纵队平冈联队、竹原部队也分别在福临铺、栗桥被 73 军等部堵住，陷于绝境，痛苦万状。后来从日军魔掌中逃回来的中国被俘士兵是这样形容当时日军惨状的："……前有阻截，后有追兵，处处都是埋伏；行军锅都撂了，米也没有了，地方上又找不到米，有时找到一点，只好用饭盒来炊爨，有的连饭盒也丢了，只好用钢盔来做炊具，后来夜间走，找不到老百姓带路，有时找到一个，不是装聋，就是作哑，不给他好好带路，他生气，就把老百姓杀了，只好靠地图和指北针定位，摸着走。有时开一下电筒看看地图，一阵枪声打来，手一哆嗦，在图上的指北针掉在地上，再不敢开电筒照了，弯着腰多半天摸不到指北针。"[14]在这样艰难的处境下，步兵 13 联队长友成敏大佐甚至下令焚毁所有军事文件，以防止被歼时这些重要资料落入中国军队手中。

9 日上午，山崎大队覆灭的消息传到日军 11 军岳阳指挥所，阿南愕然失色。自开始从长沙撤退以来，阿南始终泰然自若。但这时，严峻的形势让他焦虑不安起来。次日，阿南又了解到，第 6 师团已被中国军队分割包围在了栗桥西侧及福临铺、麻林市以南地区。"目前当务之急是解救第6师团",阿南很快意识到这一点,遂于10日下午向第3师团和40师团下达了救援第6师团的命令。两部随即开始行动,向福临铺方向前进。双方一直战斗到11日清晨,第6师团才突出重围,与赶来救援的第3师团石井支队和40师团龟川联队会合。尽管如此,该师团仍遭到中国军队的不断侧击,行军队形依然混乱。友成联队和平冈联队一再陷入苦战,到13日清晨才在飞机的掩护下逃出37军和99军等部的包围圈。

由于中国军队的注意力被吸引到了第6师团方面,40师团和第3师团企图趁机从汨罗江方向前进,但仍然受到了99军和37军等部的不断打击。特别是第3师团,渡过浏阳河后,其各部在撤退途中不断受到99军及湖南地方武装的袭击,受创甚重,石井联队第1大队大队长森胁常市少佐手下多人战死。师团部与所属的野联队甚至还一度中断联系。战斗一直持续到12日。第3、40师团和独立混成第9旅团才在阿南派出的大批飞机掩护下,狼狈逃到汨罗江两岸地区集结。

长沙会战中,日本士兵被中国军队俘虏

日军退过汨罗江,准备继续北撤。对此,薛岳早有准备。自1942年元旦以来,中国军队暂54师奉命向岳阳、临湘地区发动牵制性攻击(140师奉命于1月5日后加入),打得日本守军疲于奔命。现在,他预布在新墙河北岸的这两支奇兵正好挡在了北撤日军的道路上。机不可失。13日,薛岳下达了第三次围歼部署:37军自颜家铺、第4军由伍公市、73军从新市继续向北追击;暂54师从洪桥、长湖、140师自黄沙街、78军由大荆街从北向南展开堵击;20、58军从黄谷市、关山一带自西向东截击。

14日上午,日军各师团一齐由汨罗江北岸出发,开始北进。中国军队各部根据薛岳部署一起行动,新的合围圈又告形成。由于日军已接近巢穴,官兵们归心似箭,因而反击甚烈。而中国军队依仗优势兵力进行猛烈攻击。经两天激战,日军再次突出重围,退回新墙河以北。中国军队继续追击。到16日止,78军追到四六方,暂54师及140师扫荡了忠坊、桃林、西塘等地的日军残部。中日双方基本恢复了战前态势。

辉煌的胜利

1942年1月16日,日军败退回岳阳附近,第三次长沙会战告终。不久,第九战区公布了战绩:是役,中国军队以伤亡29217人的代价,击毙日军33941人,打伤23003人,俘虏139人,缴获步骑枪1122支,轻重机枪114挺,山炮11门,战马268匹。日军虽然仍旧宣称取得了重大胜利〔日军战报称,在湘北方面,日军战死1591人,战伤4412人;[148]赣北的34师团战死58人,负伤141人;再加上独立混成14旅团的伤亡(战死20人,负伤169人)[147],日军伤亡总数不超过7000人,而中国军队阵地遗尸竟高达28612具〕,但也不得不承认:"我军完全跳入了重庆军事先设置的陷阱……作战始终在极为困难的情况下进行","这次以策应香港作战为目的的作战的损失竟为香港作战的2.5倍"[149],"部分将士的必胜信心发生了动摇,需要年余始能恢复"[150]。由此可见,第三次长沙会战确实以巨大的战果,沉重打击了日军的嚣张气焰,使倭寇不敢再小视我堂堂中华了。随着大量西方战地记者来到战场实地考察,长沙的捷报很快传遍了全球。这是日军偷袭珍珠港以来,同盟国在亚洲和太平洋战场上取得的唯一的胜利。这时候,在技术、兵力和后勤上均居于优势的欧美军队在日军的重击下节节败退,日本军国主义的铁蹄踏碎了西方国家在东南亚及太平洋地区的整个防御体系。正是长沙的胜利让他们真正看清了中国和蕴藏在中华民族内部的无穷力量。

英国伦敦《每日电讯》报在社论中以优美的笔调称颂道:"际此远东阴雾密布中,惟长沙上空之云彩,确见光耀夺目。"⑮从此,西方媒体与政界以极大的热情关注中国抗战。英国和美国政府开始认真考虑援助中国来牵制日军主力这一战略计划来了。从这以后,中国抗日战争才真正与同盟国协同作战,成为世界反法西斯战争的一个重要组成部分。正如重庆《新华日报》在1月11日发表的大版篇幅社评所称:"我三湘健儿,我神鹰队伍,在此次长沙会战中,誓死保卫家乡,有效击退敌人。这表明反法西斯战争的东方战场上,有着伟大的中华民族的抗日生力军,有决心、有实力,不让敌人在太平洋战场上得逞的时候,同时进攻中国。它配合了友邦作战,使盟军在香港陷落、马来亚危急之际,有着中国战场上的胜利,以鼓舞友邦,以打击敌人……所以此次长沙之捷,是有着国际意义的。"⑯

在这次作战中,中国军民以简陋的装备,取得了这样的战果,不能不说是一个奇迹。作为这个辉煌的缔造者之一,薛岳针对敌我力量的对比情况,充分利用湘赣边界的有利地形,合理选择决战战场,以游击战、运动战和阵地战相结合,灵活机动地打击敌人。同时,他还充分发动群众,破坏道路,打击日军

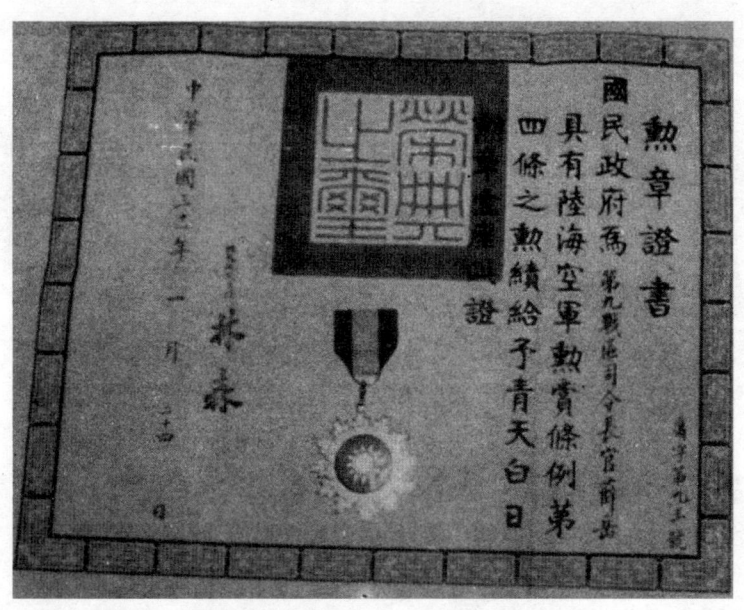

薛岳在第三次长沙大捷后获颁青天白日勋章之证书

补给线，并彻底实行"空室清野"，使敌人重武器没法用，弹药运不上，粮食找不到，陷入了全民抗战的汪洋大海之中。因此，第九战区广大爱国军民用生命和鲜血铸就的辉煌，也使他们的指挥官薛岳赢得了日军的敬畏，成为令侵略者闻之胆寒的"长沙之虎"。

第八章

抗战后期的沉浮

第一节　支援赣东

战前情势

1942年4月18日，美国16架B-25轰炸机从航行于太平洋上的大黄蜂号航空母舰上起飞，直抵日本。中午时分，一颗颗炸弹从天而降，呼啸着倾泻进东京的大街小巷。此起彼伏的爆炸声响彻东京，也震惊了整个世界。人们透过形同虚设的东京空防看到了大日本帝国的外强中干。在太平洋战场上屡战屡败的同盟国从中找回了胜利的信心。按照预定计划，执行这次行动的美国空军杜立德飞行队在完成任务后，应降落在浙江境内的机场。但由于燃料耗尽和天气等原因，这批轰炸机大部分进入中国后，未能安全着陆，而是在野外迫降过程中损毁。飞行队队长杜立德和部分飞行员在浙东一带获中国军民营救而幸运脱险。

这次军事行动，虽然战果极为有限，但对日本心理上的打击是巨大的。日本举国哗然。日本军部气急败坏地把报复的首要目标锁定在了位于中国东南沿海的第三战区。

第三战区统辖长江以南、广东以北，赣江、鄱阳湖以东的广大地区，是中国南方各战区中面积最大的一个。在其东部，集中了衢州、玉山、丽水等多个军用机场。

太平洋战争爆发后，美军不断派人进入第三战区联络，考察利用这些机场作为其前方空军基地的可能性。日军闻此消息，极为紧张，一旦中美空军飞机从这些机场起飞轰炸日本本土，他们将噩梦不断。于是，自4月下旬起，他们不断出动飞机对第三战区东部各机场进行频繁的侦察和轰炸。4月24日，日本大本营更是向中国派遣军下达了"彻底摧毁浙东的飞机基地群"①的命令。根据这一命令，日本中国派遣军决定集中85个大队的庞大兵力，采取东西对进、两面夹击的战法，发起旨在打通浙赣铁路，占领或摧毁衢州、玉山、丽水等地飞机场的作战。

然而，日军的将领做梦也不会想到，中国方面对浙赣作战的准备几乎与他们同步开始。早在第三次长沙会战刚结束之时，中国方面的情报部门就盛传日军有卷土重来，进犯浙赣的企图。自从美军飞机轰炸东京后，重庆军委会判断日军对浙赣线的进攻迫在眉睫。不过，第三战区所辖部队多为杂牌军和游击队，其装备低劣，缺员严重，战斗力不强，仅凭该战区实力，要想阻止敌人的大规模进攻，实在勉为其难。4月下旬，薛岳奉军委会之命，转令74军和26军向武义、汤溪、龙游一带移动，并令预5师转归第三战区建制。同时，为防止日军声东击西，他又下令迅速加强长沙、浏阳、平江、株洲等重要城市的城防工事，以备不测。5月2日，蒋介石电告第三战区司令长官顾祝同："敌进犯第三战区，希切实准备。"②此后，第三战区也积极调整部署准备应战。

出师不利

5月15日，东路日军13军率先在钱塘江两岸发起了大规模进攻。第三战区奋力抗击，战斗激烈。同日，日军西路11军以6、40、34、58师团各一部在军炮兵配合下于岳阳附近展开佯动，以隐蔽企图，掩护其主力向南昌集结。不过，11军的这套把戏对已经准确判定日军企图的中国军队没有丝毫作用。次日，军委会即判断"敌必由南昌、进贤向上饶、玉山前进，与浙东前进之敌夹击衢县"③，遂电令薛岳调株洲、浏阳附近的79军赶赴分宜、清江集中，准备尾击由江西向浙江进攻之日军，策应第三战区作战。薛岳即遵照执行，并令位于南昌附近的19集团军加强戒备，准备迎敌。

第三战区到底实力不济，节节败退。到21日，嵊县、诸暨、义乌、浦江等地相继陷敌。日军渐渐逼近第三战区预定的决战地域金华、兰溪一带。顾祝同担心日军11军在79军赶到之前，突破第三战区所属的100军等部在浙赣线西段的防御，陷第三战区于腹背受敌的境地，便致电军委会："敌即有攻鹰潭企图，恐夏楚中军不能适时到达清江，请第九战区迅调一个师开丰城策应。"④军委会遂转令薛岳抽58军一个师速开丰城，并指示第九战区：限令79军于6月4日前务必赶到临川，4军也应随后向江西推进。薛岳随即遵令派58军军部率新11师限25日晚进到丰城待机，并令赣保纵队司令黄新富率丰城附近之保5、保9团于24日晚移到张家巷附近集结，归58军指挥。

然而，日军是不可能等待第九战区援军到达赣东的。5月29日，日军11军主力开始进攻。他们以一部佯攻南面的赣保纵队防线，吸引58军注意力，主力则迅速渡过抚河，突破100军75师在抚河东岸的防线，沿浙赣线向东急进。等到79军于3日晚如期赶到临川时，该城已经失守。当晚，为了拖住西路日军东进步伐，19集团军报经薛岳同意后，下令调整部署：令新11师以有力一部向大港口、吴家渡挺进，遮断茬河交通；新3军及挺进2纵队分袭浙赣公路及南浔铁路之敌。同时，薛岳下达命令：限4军6月6日前到达清江、新喻；79军应切实掩护左侧背，而后控制临川，并准备由南向北侧击日军。此时，日军已控制了临川及其附近有利地形。其11军司令官阿南惟畿，趁4军未到，79军孤立无援之机，集中3师团和今井支队向79军发起了猛烈进攻。79军苦苦支撑，损失甚重。与此同时，58军和赣保纵队也受到日军34师团主力和井手、竹原两个支队的攻击，被迫后撤。形势渐趋不利。

机动作战

这时，军委会分析了赣东战场前一阶段的情况，认为失利的主要原因是赣江东岸各军分属两个战区，相互间不能进行有效配合。为了解决这个问题，蒋介石于6月4日电令第九战区将79军、58军和赣保纵队划归第三战区指挥，薛岳仅指挥赣江西岸各部。可是，此时东路日军已进抵衢州附近，第三战区正忙于应付东面的危局，无暇西顾。因此，赣江东岸各军，不但100军仍无法与第九战区部队配合，就是79军和58军之间也因无人协调陷入各自为战的状态，遭到日军各个击破。6月5日，进贤、东乡、余干等地失守。79军反攻临川也告失利。阿南惟畿的企图越来越明显：以部分兵力防守抚州，另以有力一部击溃丰城以东的58军，以切断79军与第九战区的联系；同时以主力围歼79军于展坪西南地区。不过，对顾祝同来说，79军向西的退路被切断并非坏事。这样一来，该军就可以完全听命于他了。出于维护第三战区侧翼安全的考虑，他命令79军即以一部拒止当面之敌，主力绕道向金溪集结，准备参加鹰潭作战。为了减轻赣东方面的压力，薛岳也命令新 11 师和 183 师向西山万寿宫和乌山方面出击，以使日军 11 军不得全力向东。

不过，日军岩永支队攻占进贤、东乡后，却出人意料地停止前进，构筑工事，摆出固守的架势。而同时，79 军在向鹰潭转进的过程中，遭到日军截击。其中暂 6 师一度遭到 3 师团和今井支队的包围。幸好师长赵季平当机立断，乘夜突出重围，方才避免了重大损失。更为严重的是，从 6 日开始，58 军和赣保纵队受到日军 34 师团和竹原支队的猛烈攻击，被迫后撤。79 军与第九战区的联系有被切断的危险。这一切，薛岳都看在眼里。由于远在长沙，他对战场情况的掌握并不切实，只能根据前线部队的战报估计日军的兵力。6 月初，58 军在三江口、李家渡一带缴获的日军一些文件。文件中称，日军 11 军仅为本次会战的配合部队，出动兵力不会超过 1 个师团，且兵分三路，临川之敌仅约 1 个联队。尽管这个情报严重失实，薛岳却没有其他情报证明其不可靠。因此，他对战局的判断过于乐观，还认为 79 军完全有能力攻占临川。可是，有一点他是明白的：目前西路日军攻击的主要目标是歼灭 79 军。而该军如果继续东出鹰潭，途中会受到西路日军主力的夹击，将陷于腹背受敌、孤立无援的险境。因此，他于 6 日晚电示 79 军军长夏楚中："兄军以攻占临川战略要点，为最有利，使敌不得东进，尔后再因敌情变化，指向东乡，击敌侧背。"⑤夏楚中接到这份电报后，大喜。薛岳的想法与自己不谋而合，虽然薛岳对敌军的兵力判断有误，但在临川附近作战，有 58 军和 4 军作为后援，显然比在鹰潭转进途中遭到临川和东乡两方面的日军前后夹击有利。不过，当面的敌军数量众多，立刻收复临川并不现实，眼下先阻止日军南侵为当务之急。于是，他于 7 日中午命令部队在临（川）南（城）公路沿线布防，阻击敌军。

同日，东路日军攻占衢州。阿南惟畿眼见 13 军夺得了头功，心中不服，遂请求中国派遣军总司令部同意所部攻占南城，以期尽快歼灭 79 军，打开局面，但多日不见回音。不过，日军在 8 日取得进展，3 师团在伪军一部的配合下先后攻占崇仁、宜黄，而在丰城东南掩护 79 军后翼的新 11 师受到日军 34 师团和竹原、今井支队压迫，支持不住，逐渐西移。79 军与第九战区的联系中断。而同时，第三战区主力正在准备应付东路日军进攻上饶，无力西顾，陷 79 军于孤立无援的境地。薛岳意识到 79 军有被日军从后翼包抄的危险，先后于 8 日和 9 日下达两道命令，调 58 军新 10 师将现有防务交给新 3 军新 12 师接替后，立即向独城集结，准备投入赣东作战，并令 4 军先以 90 师于 9 日晚渡过赣江，攻击日军侧背，59 和 102 师也准备作为 90 师后续部队参战。

但是，薛岳终究晚了一步。正当 4 军和新 10 师遵令向指定位置移动时，阿南惟畿已经等不及总司令部批复了，于 9 日下午下达了攻占南城的命令，希图集中 3 师团、竹原支队和松东慎吾少佐指挥的独立步兵 61 大队在两翼部队的策应下围歼 79 军。

10 日，日军发起进攻。但夏楚中非常机敏，很快察觉了日军的企图，适时调整部署：194 师（附赣保 2 团及军平射炮营）固守南城；98 师即于当晚撤至南丰北的里塔墟附近，准备策应 194 师作战；军部及直属部队也即移到南城东南的洪门附近。当天中午，由临川沿临南公路南下的日军松东大队进到东馆一带。194 师后卫部队 580 团 2 营在顽强阻击了 5 个小时，成功掩护师主力撤退后，奉命放弃阵地。当夜，79 军各部进入阵地。薛岳得到这个消息，知道 79 军已无被围之虞，颇为欣慰，当即命令夏楚中："应确实掌握部队，先力保南城，次求击敌侧背于外翼，争取主动，勿投敌之内翼，以南丰为后方，不然以黎川为后方。"⑥是日，薛岳接到报告称，日军便衣队（似应为伪军）约 400 余人于 9 日进到乐安以北的龚坊墟，有进攻永丰的模样。为了防止日军包抄第九战区右侧背，他命令 4 军 59、102 师进至峡江，准备渡江进攻龚坊墟。

11 日，日军 3 师团、竹原支队和松东大队分别经百福山、梨溪、谭坊、东馆分四路向南城进攻。194 师及赣保 2 团面对兵力和火力上都占绝对优势的敌人，英勇阻击，战斗异常惨烈，其中 581 团 3 营 7 连全体殉国。战斗持续到当天傍晚，194 师防线动摇。赣保 2 团紧急炸毁了抚河上的万年桥，方才稳住了战线。是日，江山失守。第三战区主力准备退守上饶。为了增强本战区力量，顾祝同电令 79 军限于 13 日前在金溪集结。夏楚中以部队尚在激战中无法脱离战场为由提请暂缓执行，同时电令 98 师在新丰街和上杭墟集结。是日，赣保纵队在杜家围以北作战失利后突围到戴房墟。新 10 师和新 11 师则分别推进到芎溪湖、秀才埠，威胁日军侧翼。这时，薛岳奉到蒋介石要求 4 军向宜黄方向进攻的命令，遂限令 4、58、79 军从 12 日起向宜黄、崇仁、临川进攻，并令赣保纵队开回桥东地区，以掩护出击部队的侧背。同时，他还致电军委会，反对 79 军向鹰潭转用，并报告了自己的部署。

当夜，各军还没有到达指定位置，日军就再度猛攻南城。战到次日中午，194 师和赣保 2 团伤亡已超过千人，实在支持不住了，被迫分路向西北和西南方向突围。夏楚中遂令所部向南城以南集结，阻敌南进。12 日，军委会同意薛岳的部署。同时，薛岳从第三战区的通报中得知，现退守鹰潭的 100 军企图进攻东乡，即下达命令，指定欧震统一指挥4、58、79军，先肃清宜黄、崇仁附近日军，再于20日前后围歼临川之敌，得手之后协同100军会攻东乡。这时，薛岳还担心日军趁机进攻江西腹地，威胁第九战区侧背，特致电江西省主席曹浩森，要求他部署破坏吉水、永丰、乐安、广昌一线及其以北的公路，并密切注意当面敌情。

此时，阿南惟畿从所属部队的报告中得知79军受到"毁灭性打击"，判断来自南方的威胁已经解除，乃决定将主力转用于鹰潭方向，以策应13军作战，完成打通浙赣线的战役目标。于是，日军于13日放弃了崇仁。薛岳得悉日军撤退，急令4军速向崇仁、宜黄进攻，并电令新20师即从浏阳开赴分宜，准备加入赣东战斗。次日，又命令79军向南城、临川方向攻击，协同4军作战。4军、79军和新20师随即遵命行动。15日，58军加入战斗。16日，4军59师收复宜黄。由于第九战区部队攻势凌厉，阿南惟畿感受到了侧背的危机，只得命令原打算用于进攻浙赣线以南地区的3师团停留于金溪附近。

18日，58军新10师强渡赣江成功，随即向东急进。4军则沿宜黄水东岸向临川推进。79军也于19日在南城行动积极，准备策应友军作战。阿南惟畿担心3个军合兵一处难于对付，便命令今井支队、3师团和竹原支队向临川、浒湾、南城集中，准备歼击4军于宜黄、崇仁一带。

日军所到之处无所不掠，皇军成了"蝗军"

对于日军的企图，薛岳不无担心。虽然根据他得到的消息，当面日军不过3个联队，但是他手里的3个军兵力仍显单薄。因此，他于18日电令驻武宁一带的72军抽调新15师开上高，准备东援加入赣江方向作战。

这以后，一连几天，79军向南城附近日军攻击，而4军也于20日攻到临川附近，与守敌激战。为支援两军作战，58军在薛岳的严令下，也击退当面日军井手支队及部分伪军，渡过赣江，威胁临川日军退路。但是，随着临川、南城一带的日军不断增加，各军进展困难。

23日，阿南惟畿见时机成熟，便下达了歼灭4军的命令。24日，竹原支队前锋及伪军一部千余人由南城向宜黄、龙骨渡之间的塔下进攻。薛岳判断这股日伪军可能包抄4军右后翼，感到该军可能成为日军打击重点，遂急令79军派一个团进行尾击，4军出动一个师从龙骨渡、潭坊一带向东南出击，夹击该敌。同时，临川日军增加，4军正面堪虞。薛岳又指示58军：以新11师攻击位于李家渡、三江口一带的日军井手支队，掩护4军侧后翼安全；新10师猛攻临川东面，牵制临川之敌。

25日，日军开始向4军发起总攻。3师团和今井、竹原支队分别从浒湾、临川、南城向4军正面及侧后突击，兵力不断增加，战况激烈。是日午夜，日军竹原支队除留松村辰雄少佐指挥的步兵45联队1大队和一个山炮中队守备南城外，全部向宜黄进攻。为了支援4军作战，薛岳命令79军趁当面日军兵力减弱之机向南城发起进攻，58军主力即渡抚河进攻临川。

然而，79军因在前一阶段作战中消耗颇大，已疲惫不堪，无法击破松村大队的防御，而58军也因井手支队的牵制，主力未能如期渡过抚河，攻击临川。4军遂陷于孤立之中。从5月下旬日军11军从南昌开始向东进攻以来，已有月余。又时值雨季，道路泥泞难行。根据三次长沙会战和上高会战的经验，薛岳判断日军的补给不济，不久即会向后收缩，故而围歼4军的作战不会持续很长时间。基于这样的判断，他决定让4军在原地实施弹性防御。不过，4军毕竟态势不利。薛岳当然不能听任其孤军奋战，乃于27日电令79军抽调98师、58军抽派新10师一个团分向茅排及上顿渡东南方向攻击日军侧背，支援4军作战。可是，天不作美。连日大雨，河水泛滥。部队运动困难，加上日军阻援部队的顽强抵抗，98师和新10师进展迟缓。而4军在日军优势兵力的猛烈进攻下，渐渐不支。薛岳虽一再严饬各部奋勇作战，且令79军再抽调194师加入98师之进攻，也无济于事。到29日，眼看4军阵地一再被日军突破，若再不后撤就将陷于合围了，薛岳急令4军于当夜放弃现有阵地，撤至棠阴、宜黄、凤岗山以南山地，伺机反击。

30日，4军撤至规定地域，宜黄、崇仁再度陷敌。4军一撤，58军主力的位置就显得过于突出了，很容易受到日军的攻击。当天凌晨，薛岳急令58军主力迅速转移到潘桥、秀才埠西南地区，构筑阵地，准备迎敌。果然，日军在击退4军后，就有将宜黄、崇仁附近兵力西移的迹象。薛岳遂令新12师以一部开赴清江，准备加入战斗。这时，大雨不止，日军没法实施大规模进攻。战场形势暂趋平静。

7月3日，薛岳获悉集结于崇仁、宜黄一带的日军即将西移，便下令调整部署：79军以98、194师向宜黄攻击前进，58军派部分兵力扫荡崇仁附近。各部遵命行动。次日，194师在4军90师和新10师一部的配合下攻占宜黄。

不过，收复宜黄并没能使战局好转。就在当天，日军3师团和竹原、井手支队向秀才埠、潘桥一带的58军阵地发起进攻。58军和赣保纵队损失甚大。这时，日军的攻势已现疲态，势不能久；而与之相对照，第九战区支援赣东的3个军相对集中，相互策应较为容易，4军和79军在宜黄、崇仁和南城三个方向上同时发起进攻，可以使日军顾此失彼，无法全力围歼58军；除此之外，58军预设战场接近第九战区辖境，从后方补给和支援均较方便。考虑到以上的有利条件，薛岳认为，尽管中国军队兵力上不占优势，但态势有利，可以一战。遂定下了在樟树镇一带与日军决战的决心。其大致部署为：58军（附赣保纵队）以蜜蜂墟、蒋家楼为防御重点，竭力拒敌西进；79军98师攻击崇仁、三山庙、潘桥日军，暂6师（附赣保2团）攻击南城，使日军不得全力向西；4军攻击马家坪、白陂航乔街、蒋家楼等地日军侧背，使日军不得越过龚坊墟、蜜蜂墟地区；新20师和新12师一部急向清江及其西北的傅家墟前进，以为后援。

各军均遵令行动。58军和赣保纵队凭借既设阵地，节节抵抗，竭力迟滞日军主力之前进。到6日，日军竹原支队占领樟树镇，而后由该地为支点，向南和向西扫荡。这时，新20师到达新淦一带，随即投入战斗，协同58军和赣保纵队阻止了日军的前进。双方在赣江两岸形成对峙。

试探性追击

这时，阿南惟畿已奉命升任关东军第2方面军司令官，11军司令官一职由日军南方军参谋长塚田攻接任。塚田攻一上任，就发现他接到的实际上是一副烂摊子。自从发动浙赣作战以来，11军将约合3个半师团的兵力调到赣东地区，虽然协同13军打通了浙赣铁路，但这样一来，11军的西部防区兵力空虚。第五、第六战区和第九战区左翼部队乘机发动旨在策应浙赣会战的攻势，湖北和洞庭湖区兵力不敷使用。而由于第九战区在赣东地区实施机动灵活的弹性防御，不看重一城一地之得失，注意保存有生力量，日军一直无法取得决定性战果。战局呈现胶着态势。因此，塚田攻的当务之急是尽快调回赣东地区的日军应付湖北的不利局面。基于这样的考虑，他于7日下令尽快结束对58军的扫荡，并调整部署：3师团退守临川、浒湾附近抚河一线，34师团固守上饶江畔、贵溪、鹰潭一带，策应13军作战；竹原支队撤至三江口，今村支队撤往临川，准备返回原防。8日夜，第九战区当面的日军开始准备后撤。这就给了薛岳以可乘之机。

4军和79军自从接到反攻命令后，随即南城、崇仁展开攻势，但一直没有很大进展。到了8日，日军阵线出现松动。第九战区部队乘机收复崇仁、南城、樟树镇。

薛岳见战场形势好转，判断日军"似急求撤回南昌"，但担心日军退却有诈，不敢放胆追击，又不愿放弃战机，便决定试探一下，于9日下达了追击部署：58军以一个师布置于荷湖墟附近，一个师向李家渡、三江口、大港口追击；79军以两个师布置于崇仁附近，一个师向临川、许家渡追击，伺机收复临川；4军集结于公陂墟、白陂、焦坑间待机。同时，为了不贻误战机，他在电报中要求各军军长根据实际情况确实捕捉战机，"敌退则猛烈追剿，敌来则稳扎猛打"[⑦]，不必事事请示。

10日，各军遵命行动，均击破日军的掩护部队，攻占了秀才埠等地。到12日，暂6师抵达临川外围并发起进攻，但由于日军兵力较强，除攻克几个外围据点外，未能取得更多的进展。

这时，日军已于7月1日打通浙赣铁路，赣东日军随即转入防御，对第九战区右翼的威胁已解除。而临川、三江口等重要据点都有日军重兵驻守，凭当时第九战区部队的攻坚能力是无法攻取的。因此，薛岳认为，没有必要再在赣东地区浪费兵力了，遂下令各部停止进攻，4军开回浏阳整训。

薛岳的判断并没有错。7月12日，日军竹原、今村支队奉命回到南昌集结，准备开回原防。18日，3师团一部由临川开始向原防地移动。驻守临川、三江口等重要据点的日军仍有3师团大部和井手支队。第九战区仍没有能力攻占这些地区。暂停进攻无疑是正确的。

不过，薛岳也并非没有自己的小算盘。会战之初，79军刚到赣东，顾祝同就不顾第九战区后续部队的安全，强令79军开往鹰潭，明摆着是想吃掉这支部队。回想到之前，顾祝同在没有通知薛岳和当时的8军军长李玉堂的情况下，密令他的外甥赵锡田带着3师开赴第三战区，最终导致8军建制被撤销，薛岳无论如何不愿意为顾祝同垫背。而当前，赣东战局已经稳定，军委会交给他的任务已经完成，没有必要再为顾祝同卖命，该鸣金收兵了。

会战的结局

不过，浙赣会战毕竟没有结束。17日，蒋介石出于有利于第三战区作战的考虑，致电第九战区，同意以军委会命令的形式确认薛岳之前做出的"策应赣东作战部队停止截击，迅速从事整补、修养战力"这一决定的有效性，同时仍然强调第九战区援赣部队"应随时准备出击为要"[⑧]。薛岳立刻明白了电报中的深义："战斗没有结束，第九战区援赣部队还没到撤回来的时候。"于是，他命令暂6师和新10师各派有力一部攻击临川及李家渡、三江口之日军，并相机收复之。

到7月下旬，日军有收缩阵线的迹象。第三战区乘机全线反击。在赣东，顾祝同投入了49、25、100三个军。但是，顾祝同仍觉兵力不足，特于23日打电话给薛岳说，南城、临川方面敌我均成胶着状态，且南昌敌后交通便利，日军兵力调动方便，如不设法加强赣东方面兵力，及早驱逐敌人，仅就现有力量僵持下去，恐日后不利。薛岳对于顾祝同的意图心知肚明：有军委会"随时准备出击"的命令在先，第九战区不可能不派兵支援第三战区反攻赣东。顾祝同的真正目的是想让第九战区再增调58军进入赣东，而后再以"协调困难"为由，将58军和79军划归第三战区名下。薛岳当然不可能不防一手，只同意调79军和58军参加反攻赣东作战，但必须由自己指挥。果然，顾祝同抛出了"因三、九两战区隔离不远，指挥困难"的理由，要求统一指挥两个军。薛岳坚决不让步，最后顾祝同只好退而求其次，要求设立总司令指挥机构，专门负责指挥赣东方面作战。其实，薛岳也看到了指挥不统一的弊病，既然顾祝同让步，也没有必要再穷追猛打了，便同意将这一建议上报军委会。[⑨]

25日，蒋介石下达反攻赣东的作战部署，没有采纳设立赣东作战指挥部的建议，但仍命令薛岳"速令在临川附近各军与第三战区协力限期将临川收复，并扫荡赣东之敌，相机与第三战区协力克复贵溪、东乡、进贤各要点"[⑩]。薛岳遂令79军与58军在赣江两岸及临川附近展开行动,准备进攻临川。当日,暂6师一部即肃清南城附近日军,并向临川方向追击。

可是,要收复临川也不是那么容易的。该城三面环水,易守难攻,而日军自占领以来,不断加筑工事,已形成比较完善的防御体系,强攻必然得不偿失,故而只可智取。薛岳总结了第九战区在6月中旬反攻临川的教训,认为根本原因是浒湾、东乡、进贤三地日军与临川日军形成掎角之势,相互策应极为便利,因此,"欲攻占临川先行攻击浒湾及切断东乡、进贤方面与临川之交通"[⑪]。基于这样的考虑,他下达了反攻临川的作战部署:79军98、暂6师、58军新10师各抽一个步兵团、迫击炮三个连、重机枪三个连编成攻击队;79军攻击队沿抚河向临川突击,58军攻击队分三路向许家渡、李家渡和三江口攻击,切断抚河交通、通信。

8月3日,79军和58军各攻击队在第三战区所派的19师攻击队的协同下反攻临川。但此时,第三战区在鹰潭、贵溪一带的反击失利。日军得以集中3师团主力撤走后留下的塘支队、井手支队、竹原支队及34师团一部分由鹰潭、邓家埠、东乡及临川以东进行反击。各攻击队因众寡不敌,攻击失利。10日,薛岳电令各攻击部队后撤。对临川的第二次攻击受挫。

此后,日军乘胜向崇仁、宜黄、魏坊墟扫荡。由于58军与79军奉薛岳之命实施机动防御,日军并未取得像样的战果。

到8月19日,日军虽然达成了摧毁浙赣地区主要机场和破坏浙赣铁路的目的,但是由于中国军队的顽强抵抗,加上连月阴雨,日军消耗巨大,官兵异常疲惫。加上中国军队在其他战场的策应作战,日军的兵力捉襟见肘,只好按照原计划撤回会战前的攻击出发地。薛岳乘机指挥部队实施追击,相继收复浒湾、临川、三江口等地。到27日止,第九战区恢复了6月以后失守的所有阵地。赣东作战乃结束。

不完美的胜利

在中国正面战场相对平稳的1942年,浙赣会战无疑是在这个较为平静的湖面上抛起的最大波澜。在这次会战中,中国军队集中第三和第九两个战区,共30余万兵力,与日军进行了长达4个月的较量,造成日军减员达2万人以上[⑫],沉重地打击了日军在太平洋战争初期的嚣张气焰。

在这次作战中,尽管日军宣称歼灭第九战区参战的3个军,从中国方面战后的点验数字来看,情况却并非如此:4军参战人数为28688人,伤亡及失踪

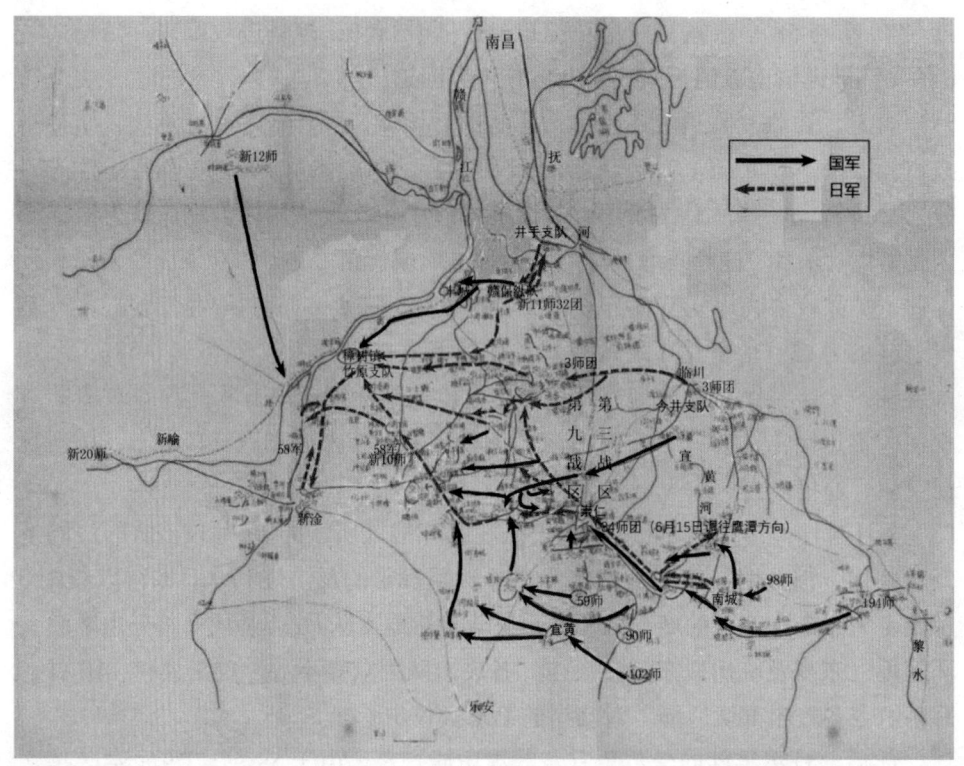

浙赣会战赣东作战经过要图

4656人，占参战人数的16.2%；58军有16679人参战，伤亡及失踪2661人，占参战人数的16.0%；79军有23015人参战，伤亡及失踪6371人，占参战人数的27.7%。也就是说，没有一个军的伤亡达到30%，远没有达到日军所宣称的"歼灭"标准。[13]由此可见，日军战报的水分之大。他们并没有达到歼灭第九战区援军的作战目的，也从一个侧面反映出薛岳战术在保存部队战斗力方面是成功的。尽可能多地保存有生力量对国力孱弱的中国进行持久抗战来说，无疑至关重要。

然而，薛岳在这次会战中的指挥也并非天衣无缝。首先，会战中，他一直担心日军沿赣江南下，迂回第九战区侧翼，因而不愿第九战区的增援部队远离赣江东岸，以免自己侧翼空虚。这就使日军放心大胆地将相当一部分兵力用于浙赣铁路方面，给第三战区造成了很大的被动。其次，出于对日军突袭第九战区的担忧，薛岳只能在远离战场的长沙遥控指挥。由于作战地域在第三战区辖境，薛岳事前很难派人去勘察，对战场环境并不熟悉，只能根据地图指挥作战，难免产生差错，致使部队调动脱节，被日军抓住机会实施各个击破，从而导致第九战区所派 3 个军伤亡较大。最后，由于薛岳与顾祝同矛盾较深，使拟议中的赣江东岸作战指挥部难产，造成两个战区协同不力，让日军钻了空子，完全破坏了浙赣铁路以及浙江和赣东地区主要机场，达到了其最重要的作战目标。

不过，此次薛岳挟第三次长沙大捷余威，支援第三战区作战，以机动灵活的战法打击敌人，在非常艰难的情况下，牵制了日军 11 军主力，达成了策应第三战区的作战目标，已属不易，尽管有这样或那样的不足，也是主客观条件的限制所致，无碍他延续"长沙之虎"的威名。

第二节　解围常德

常德被围

1943 年下半年，中国军队向滇西地区调集兵力，准备配合东南亚盟军反攻缅甸。10 月下旬，集结于印度的中国驻印军开始向缅北进攻，东南亚盟军的攻势也见端倪。为牵制中国军队向滇西转用兵力，以策应东南亚作战，日军中国派遣军于 9 月 28 日下达了进攻常德的作战命令。敌 11 军随即开始了作战准备，向第六战区正面调动。

鄂西会战以后，中国方面对当面之敌情极为敏感，9 月下旬即得知敌有再度进犯第六战区之企图，而其攻击常德之可能性最大。因此，重庆军委会与第六战区司令长官部于 10 月 10 日制订了新的作战计划。根据这一计划，第九战区除以 99 军于汉寿一带配合第六战区作战外，应抽调驻浏阳之 100 军归第六战区指挥，作为预备兵团，准备推进到益阳，同时以两个师向岳阳以东之敌薄弱据点进攻，以牵制敌兵力转用。28 日，日军进攻在即。军委会向第五、第六、第九战区发出日军将进犯常德的警报。

对于军委会发来的警报，薛岳还是颇为重视的。不过，他起初担心日军这次进攻的目标不是常德，而是长沙。当年 6 月，日军在进攻第六战区的鄂西会战中铩羽而归，依照"用兵不复"的原则，时隔不到半年，日军不大可能再对第六战区用兵。而自从第三次长沙会战后，日军已有近两年的时间没有对第九战区实施大规模进攻了。湘赣前线很多部队都产生了麻痹心理，难保日军不声东击西,"虚攻常德,实袭长沙"。这在第一次长沙会战中已有先例,当时日军就是先从赣西北佯动,而以主力由湘北正面进攻长沙。因此,他命令前线部队加强戒备,密切注意当面之敌动向。

11月1日,日军先头部队在洞庭湖滨地区大肆进攻中国军队前哨阵地,战斗一直持续到次日傍晚。2日深夜,敌68师团及户田支队利用暗夜的掩护,渡过九都大河,向安乡、南县方向进攻。第九战区所属99军和第六战区44军进行了顽强抵抗,但因实力不济,到3日晨,南县、三仙湖等地相继失守。

鉴于会战已开始,重庆军委会电调100军由浏阳开赴益阳待命,并于4日电令第五、第九战区各派两个师向敌后出击,以为策应。此时,薛岳已从前线部队的报告中得知,鄂南、湘北、赣北之敌有减无增,判断敌进攻长沙的可能性不大,除转令100军遵照军委会命令执行及命99军在湖滨地区继续抵抗外,并令27、30集团军抽调4个师及两个挺进纵队于11月7日开始向城陵矶、岳阳、羊楼洞及羊楼司等地出击。同时,命令10军、暂2军(欠暂8师)、58军、72军、暂54师、140师分别由衡阳、衡山、分宜、修水、望城坡、平江等地向湘潭、宁乡、宜春、渣津、吴都等地集中,准备进入资水右岸,策应第六战区作战。

第九战区各部遵命行动。99军协同第六战区友邻部队对进犯之敌以坚决打击。6日,安乡失守。44军巧妙地利用水网地带特点躲过了日军的围歼,退向西面,协同第六战区其他部队,阻敌进犯常德。日军主力越过洞庭湖区,继续向西扫荡。这样一来,99军正好处于敌主力之侧翼。薛岳抓住战机,命令该军向南县、安乡方向反击。99军遵命出击,于8日收复南县,并缴获敌"圣战手贴"一本,其中记有敌会战作战计划。99军即将这份重要情报转呈第九战区及友邻部队,使敌之企图暴露无遗。99军在滨湖地区的顽强抵抗使敌68师团和户田支队感受到了侧翼的威胁。安乡失守后,敌户田支队一部由安乡附近南犯,驻守武圣宫、萧家湾、曾家坳、堤工局附近的99军197师与之激战至17日,力不能支,被迫退守南嘴、酉港、下窖一带之预设阵地。

此时,日军主力进抵常德西北地区,第六战区一线部队10、29两个集团军损失惨重,战区预备队74军及100军19师已与敌接火。常德保卫战迫在眉睫。薛岳鉴于常德仅57师防守,兵力单薄,亲自打电话给100军军长施中诚,要求该军暂停执行军委会下达的"向桃源集结"之命令,以一个师开常德、德山市布防。[14]但此时,19师已奉命开往漆家河附近,在24集团军副总司令兼74军军长王耀武控制之中。施中诚手里只剩下63师一个师了,如果再将这个师调走,他就成光杆司令了。施中诚一想，一定是薛岳在整自己。于是，他直接打电报给蒋介石，以常德"已有57师担任守备，该军无以一师开德山市之必要"为由，请求撤销薛岳的命令。接到这份电报，蒋介石大为恼火。100军是军委会直辖部队，之前虽在浏阳整训，但第九战区没有指挥之权，而开战之初，该军已归第六战区指挥，薛岳这不是越权吗？况且，他已有"100军不得分割使用"⑮的明令在先，63师留在德山，与位于桃源附近的19师难于呼应，薛岳显然违背了这一原则。这无疑是对蒋介石一向极力维护的个人"绝对权威"的蔑视。蒋介石岂能容忍？他马上下令撤销薛岳的命令，63师主力即开桃源。这下，施中诚终于有了尚方宝剑，率部向桃源前进。薛岳无奈，只得远调刚在衡山集中完毕的10军火速驰援常德，同时令位于赣北的72军和58军即向湘北开进。19日晨，3个军即遵命急行军向指定地域前进。所幸，前线将领并非所有人都对蒋介石唯命是从。是日，施中诚的顶头上司王耀武以常德防务单薄为由，强令100军将63师188团拨归57师师长余程万指挥，负责德山防务。但是，仅增加一个团能保证常德外围防线的安全吗？

18日拂晓，清水正雄少将指挥的日军步兵57旅团一部300余人向57师前哨阵地涂家湖市进攻。守备部队169团9连奋起抗击，常德保卫战打响。20日，57师171团在常德西面与日军116师团先头部队接火，并发现了敌3师团步兵68联队的番号。当夜，日军户田支队加入战斗，向常德南方进攻，到21日下午4点进逼德山。

德山乃常德城外的制高点，是常德防御体系的锁钥。德山失守，常德必失无疑。而日军又志在必得，仅靠一个188团是守不住的。因此，薛岳得知德山告急的消息，心急如焚，即限令暂54师于4日内到达益阳，准备加入汉寿方面作战，同时再次越权致电已转归第六战区指挥的74军军长王耀武、100军军长施中诚、73军军长汪之斌、79军军长王甲本，要求他们速指挥所部以一部牵制临澧、澧县、慈利、石门之敌，主力从西北方向全力进援常德。但是，这个指示又遭遇了与前面那个调63师加强德山防务的命令相同的命运。22日，蒋介石下达作战命令，要求第六战区各部仍向当面之敌进攻，并令第九战区远调正向益阳开进的暂54师增防汉寿、德山。

薛岳得令后，立即转令暂54师速西开。但是，远水毕竟解不了近渴。22日半夜，德山外围阵地多处失守。188团团长邓先锋被日军猛烈炮火吓破了胆，仓皇率部向黄土店方向逃跑。余程万曾派人令其组织反击，恢复阵地，但邓先锋置之不理，致使德山于当天半夜失守。这样一来，常德完全陷入日军的包围之中。到24日，战局进一步恶化：在常德北面的44军损失惨重，主力已转入敌后游击；常德西北各军被日军重兵钳制，不得脱身；常德越发孤立。

血战沅江

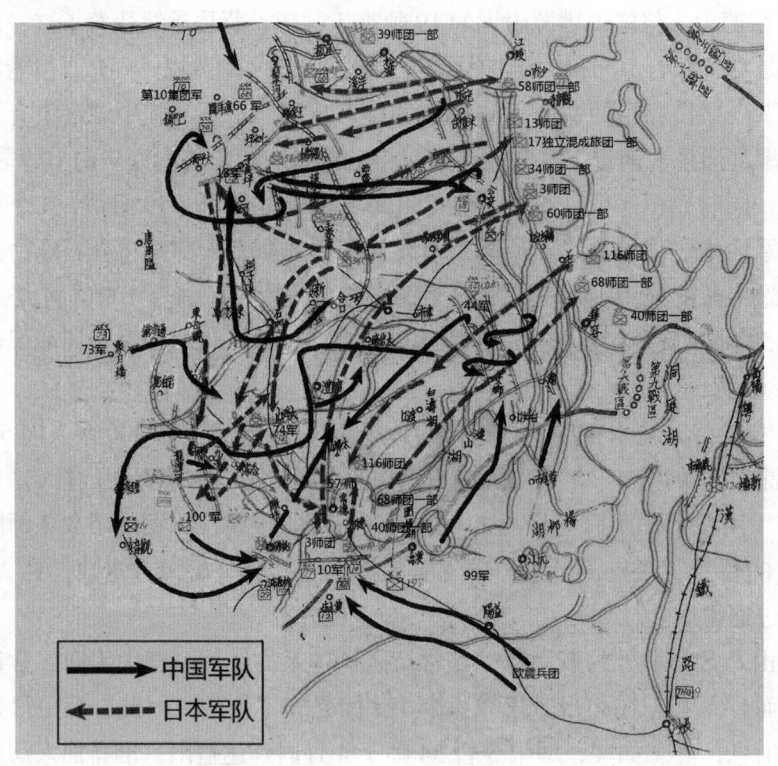

常德会战·常德附近作战经过要图

接到常德被围的消息，蒋介石才恍然大悟，急令王耀武将慈利一带的作战任务交给友邻部队，指挥74和100军主力进攻常德之敌右侧背，仅以一部扫荡桃源日军。但为是已晚。常德城已受到3万日军的猛烈进攻。57师陷于苦战之中。这时，第九战区长官部得到情报：日军68师团主力有转攻常德的迹象，汉寿方面敌兵力有所削弱，而暂54师也已抵达汉（寿）益（阳）公路附近。薛岳抓住战机，命令99军197师乘机向沧港、汉寿反击，暂54师则迅速在太子庙、天星庵、小关庙、大关庙一线布防，以掩护197师侧后。稍后，薛岳又接到蒋介石命令：以27集团军副总司令李玉堂统一指挥10、99军和暂54师速向洞庭湖及沅水南岸之敌攻击，重点指向德山。但是，这三支部队中，10军尚未到达战场，而99军主力又被日军68师团主力牵制于汉寿一带，立即向德山发动进攻并不现实。因此，要扭转战局，只能寄希望于常德守军撑到援军到达了。为此，薛岳于25日致电余程万，给他打气："岳以太（大）军助兄，敌必溃败，望传令将士，坚守成功！"⑯余程万接到这份电报即将喜讯通知57师全体官兵。守城将士振奋不已，以百倍的勇气打退了优势之敌一次又一次进攻。

余程万

26日，薛岳收到99军发来的25日捷报：197师收复汉寿，并协同暂54师击退日军对汉益公路的进攻。同时，10军报告该部已抵达资水北岸。鉴于余程万一再告急，进攻常德外围之敌已刻不容缓，薛岳当即命令李玉堂兵团除以197师和暂54师进攻押东铺、沧港、牛鼻滩外，10军急向德山、常德推进。

27日，李玉堂兵团遵命发起进攻。但该兵团之企图为日军所侦知，日军集中3、68师团和户田支队主力向其发动攻击，重点指向10军。战斗十分激烈。同时，日军116师团主力及3、68师团各一部在猛烈的炮火支援下，猛攻常德城。57师一再告急。在这样严重的情况下，薛岳除电严令58、72军主力和暂7师速向常德开进外，一面迭电鼓励57师继续据城死守，一面电请美国驻华空军14航空队司令陈纳德派飞机向常德空投弹药和补给品，以补充守军的消耗。此外，他还再三严饬10军奋勇前进。

10军到底是抗日铁军，没有辜负薛岳的厚望。11月30日傍晚，10军在付出了重大牺牲后，其3师终于袭占德山。薛岳接到捷报，大喜过望，特通令嘉奖3师和57师："程万师血战保常德，庆祥师血战克德山，忠勇表天地。特奖程万师20万元，庆祥师10万元。"⑰

不过，57师毕竟已经10多天激战，部队伤亡惨重，粮弹几尽，陷入绝境。为支援常德守军，薛岳即于次日上午急令3师："常德情势危急，立派敢死队千名，应不惜任何牺牲，即1日猛进至城西南岸支援及入城协助，周庆祥师长即饬第7团于薄暮前开始行动，并限2日拂晓前攻至常德西南岸。"⑱同时，他电令10军军长方先觉率所属预10师和190师急向苏家渡、二里岗挺进，以为策应。

3师得令后，马上开始行动，以7团向常德西南岸推进，师主力则在德山构筑工事，准备迎击日军的反扑。黄昏时分，7团冲进常德南站，可惜由于没有找到渡船无法渡河。7团代团长陈德陞无奈，只得命令部队以发信号弹和吹联络号的方式与57师联络。本来，57师已在当天下午得到了薛岳及3师关于7团从德山方向进攻常德西南岸的通报，并派出部队接应该团。但是，由于信号弹早已用尽，号兵也全部阵亡，无法与7团联系。陈德陞得不到城内答复，只得命令部队暂时停止前进，转请第九战区长官部长代为联络。就在他们等待长官部回复之时，位于附近的日军桥本熊吾大佐指挥之步兵68联队迅速察明了7团的实力，并派一部兵力向其反击。陈德陞指挥部队奋力应战，打退敌人的进攻，暂时保住了南岸阵地。

第九战区长官部接到7团的情况通报后，迅速转给了57师师部。次日凌晨，薛岳接到余程万回复："南站无敌，渡河安全，围城敌约数百人。"看来，胜利就在眼前，解救57师有望了。薛岳欣喜万分，当即致电周庆祥说明此情况，并要求他"与（余）程万协力作战，望就近协定，应机而行，只求力保常德、德山两战略据点"。[19]

但是，薛岳的好心情没有持续多久。12月2日晨，第九战区长官部接到10军报告：预10师主力在益家冲、南阳碑、兴隆街一带遭到日军3、68师团主力的猛烈攻击，损失惨重，士兵伤亡达2000余人，师长孙明瑾、参谋主任陈飞龙殉国，副师长葛先才、参谋长何竹本皆负重伤，残部600余人在30团团长李长和率领下于斋公嘴一带继续抵抗。对薛岳来说，这个消息无异于当头一棒：据190师师长朱岳此前报告，该师（附3师8团两个营）也被日军阻于赵家桥一带；预10师又受到如此重大的损失。这样一来，位于德山的3师的两翼就失去了保护，变得孤立突出。日军下一步势必倾全力夺取德山。3师凶多吉少。于是，他于当晚致电周庆祥，询问敌情和7团的进展情况。没过多久，参谋就传来周庆祥的回电。薛岳捏着这份电报，半响无语。3师的情况比他想象得更糟：7团正受到日军桥本联队的围攻，师主力驻守的德山也遭受簗濑真琴大佐指挥的3师团步兵34联队和泽多亮中佐指挥的68师团独立步兵61大队联合进攻，形势危急。

不过，薛岳转念一想，目前57师还在坚守，只要常德还在他们手中，3师就能与之形成犄角之势，可以相互支援。只要德山和常德有一个没丢，战局都有挽回的余地。因此，他再度电示周庆祥："1. 第57师死守常德，第3师死守德山，如德山不守，则该师应以全力与第57师死守常德，但敌在猛攻中必须坚强抵御，切不可轻动。2. 常德如不守，则该师应死守德山，我大军已全力进攻，良以必死则生。"[20]

然而，薛岳的希望又一次落空了。这时的57师已伤亡殆尽，无力继续战斗了。3日凌晨，该师残部270人在余程万师长的率领下突围撤离常德。这样一来，3师完全陷于孤立无援的境地。拂晓，常德南站失守，7团残部百余人被迫撤回德山。日军遂得以集中3师团主力和68师团泽多大队猛攻德山。薛岳虽于是日夜急令已抵战场附近的58军和72军以先头部队驰援3师，但已来不及了。在数倍于己的敌军猛烈进攻下，3师官兵浴血奋战，苦苦支撑，血战至5日拂晓，伤亡殆尽。周庆祥只得率残部突围南撤。

死城复活

常德、德山失守标志着一个阶段的结束，但并不意味着会战的失败。经过一个多月激战，进犯之敌已成强弩之末。12月4日，第九战区援军58军和72军各三个团和暂7师全部已赶到战场。以新到之生力军对付久战疲惫之敌，无疑占有绝对优势。这下，薛岳的底气足了，马上下令将新到之援军共9个团编为一个兵团，由27集团军副总司令欧震指挥，立即协同10军向常德攻击。同时，为了尽快收复常德，军委会和第六战区也命令常德西面及北面之18、74、73、100、79、44军由西、西北、北三面向常德合击。进犯常德之日军陷于腹背受敌的危险境地。

本来，根据日本中国派遣军总司令部于11月21日下达的进攻常德的作战任务，11军一经摧毁中国军队在常德附近的军事设施后即行撤回。这个如意算盘打得倒是挺精，既打击了中国军队的有生力量，又避免了分散11军原本就不足的兵力。可是，人算不如天算。11月25日，从江西遂川机场起飞的中美空军飞机奇袭台湾新竹机场，击落击毁日军战机50余架，并摧毁了大量地面设施，极大地刺激了日军高层的神经。三天后，日军大本营突然将中国派遣军第一课高级参谋天野正一大佐召回东京，向他讲明：随着日军在太平洋战场的连续失利，日本本土到东南亚的海上运输线受到盟国海空军的巨大威胁，有被切断的危险，因而要求中国派遣军于1944年实施打通大陆交通线及摧毁中国西南部空军基地的作战。考虑到确保这一作战的侧翼安全的需要，中国派遣军要求11军确保常德，并于12月3日中午电令11军原地待命。

然而，由于中国军队在常德外围发起的全面反击，日军11军四处受敌，有些招架不住了。5日，日军11军司令官横山勇在与中国派遣军总司令部派来了解情况的天野正一大佐会谈时，对关于确保常德的命令提出了反对意见："纵令是把第3、第13师团按原来由军隶属留下来[21]，由于兵力所限及其他原因，也是缺乏信心，因此不希望确保常德"，"希望仍按预定计划于12月11日前后开始返还"[22]。横山勇的态度异常坚定。日军中国派遣军总司令畑俊六无奈，只好于6日同意了他的意见，决定放弃常德。

不过，中国方面并不知道日军的内部争论，仍按部就班地开展进攻。6日，欧震兵团与10军取得重大进展，先后攻占了大山岭、杨家冲、七斗湾、二里岗等地，并包围了石门桥。同时，第六战区各部也在常德以西及以北地区获得很大的战果。但是，13师在仁和坪、19师在河洑和陬市一带遇日军强大的反击而受到的重大损失，引起了军委会的高度重视，结合10军前阶段的失利，军委会担心：此时，常德附近日军尚猬集有8个联队以上的兵力，"虽证明敌已大部向东北撤退，但不能谓绝无久据常德之公算。若18军及欧震兵团反攻无效，耗用殆尽，转恐无力收拾常德战局，而诱起敌更奢之企图"。因之，军委会电令第六、第九两战区准备守势部署，暂维持原态势，以观察敌情变化。[23]

军委会朝令夕改显然不合时宜。第六、九战区各部已经处于攻击态势，箭已在弦，如果立刻转入防御的话，不仅耗费时日，贻误战机，对士气也是极大的打击。因此，薛岳和第六战区代司令长官孙连仲均未严格执行，仍催促各部继续进攻。到8日，沅水以南之日军在第九战区部队的猛烈进攻下已经支持不住了，纷纷向北撤退。欧震、李玉堂两兵团随即转入追击状态，先后收复伍家嘴、苏家渡、德山、常德南站、黄石港、裴家码头等地，将沅水南岸之敌全部肃清。

第九战区在常德以南的凌厉攻势让横山勇感到了撤退的紧迫性。8日，横山勇下了撤退的最后决心。9日，横山勇下达从11日晚开始进行全线撤退的命令，要求参战日伪军于12日到达澧水南岸一线。

薛岳哪里能让日军从容退走？8日夜，他重新调整部署：令99军92师加入战斗，协同197师向南县、安乡方向追击；暂54师向涂家湖追击；190师以一个团由苏家渡渡过沅水，向石公庙、石公桥追击；58军、72军迅速克复常德、河洑，而后向太阳山、渡口、石板滩、新洲等地追击。同时，薛岳通告三军，将对完成任务的部队给予重赏。各部奉命后，即遵照执行。9日拂晓，58军与72军会攻常德。与此同时，57师残留城中之部队奋起响应，与援军里应外合。

巷战持续至11日晚。常德完全光复。第九战区参战官兵士气大振,乘胜猛追,到20日止,陆续克复河洑山、南县、安乡、新洲等地。与此同时,第六战区也与之密切协同,屡挫败敌,连续收复失地。

日军在常德地区不断遭受打击让横山勇如坐针毡。除了尽快退回原防地,他已经没有任何办法保证前线部队的安全了。但是,更令他苦恼的是,远在东京的大本营并不体谅前线将领的苦衷。9日,日军参谋本部在接到中国派遣军总司令部关于放弃常德的电报后,对他们违抗命令的行为一再表示不满。12日半夜,畑俊六在东京方面的巨大压力下,不得不电示11军"准备确保常德附近"[24]。这样的出尔反尔让横山勇哭笑不得:在本次作战中,参战部队减员很大,且已疲惫不堪,而且为此次作战设立的前进兵站大多撤销,补给无着,在这种情况下重新组织进攻,前景堪忧。可毕竟是东京的决定啊。无奈之下,横山勇只好命令前线部队停止"反转",在澧水两岸集结,"确保澧水南岸要线,消灭敌人,同时做好随时可以发起攻击的准备"[25]。不过,他并没有死心,于13日晨进行了最后一次努力,致电中国派遣军总司令部,再次阐明停止常德作战的种种理由,请求取消前令。他的坚持不懈终于取得了回报。中午时分,他接到中国派遣军总司令部的回电。在电报中,畑俊六同意撤销重占常德计划的回电,但要求11军确保澧水以北地区。横山勇看到总司令的立场出现松动,开始得理不饶人起来。鉴于第六战区对澧水南北地区的进攻越来越猛烈,日军在澧水一线已无法立足,11军司令部于14日中午再次致电中国派遣军总司令部,要求恢复10月底的态势。畑俊六尽管对电报中强硬的措辞颇为不满,考虑到11军已没有能力完成任务了,也只好接受了横山勇的建议,于18日下达了"撤出澧水一线,恢复原态势"[26]的命令。

此时,第九战区策应常德作战的任务已近尾声,除99军继续向南县、安乡方向追击外,其余部队已于16日开始返回原驻地。而第六战区则组织部队继续猛进,于12月25日完全恢复战前态势,并向藕池口等日军沿江据点发起猛攻。至1944年1月6日,薛岳接到军委会命令:"第九战区洞庭湖西之追击队停止追击,将防务交第六战区接替后归还建制。"[27]至此,常德会战落下帷幕。

无奈的惨胜

常德会战是1943年中国战场上规模最大的会战。在长达两个多月的时间里中国军队投入了第五、六、九战区约43万人，与10多万日伪军展开了殊死搏杀，以伤亡60000余人的惨重代价，歼敌万余人[28]，保住了常德及洞庭湖西岸粮仓，取得了重要的胜利。

作为薛岳的研究者，通过这次会战，我们看到了他在指挥作战时的机敏。因日军5年来从没有涉足湘西，薛岳的关注重点一直是本战区压力最重的右翼湘北和赣北地区，在战区左翼洞庭湖西岸地区只部署了99军一个军。而由于常德是第六战区辖地，他之前关注得更少。所以，会战开始时，第九战区主力还远在数百公里之外，根本无法及时赴援。然而，薛岳以他特有的机敏，很快就判断出了日军的意图，于会战开始后的第4天就开始调集部队，准备驰援常德。同时，他又敏锐地发现常德是会战的支点，仅凭一个师防守是不够的。但是，由于行为方式有欠妥当，增强常德防御的措施未能实施，这无疑是一大遗憾，也直接导致了会战后期的被动局面。常德被围后，战局异常紧急。情急之下，薛岳不顾兵家大忌，添油式使用兵力，不待欧震兵团集结完毕，先期将10军和暂54师投入战斗，以10军这样的头等主力遭受重大损失为代价，疲惫日军，掩护欧震兵团集结。我们很难评判这个措施的优劣，但战局的逆转却与之息息相关，因为没有10军牵制并消耗常德以南日军的大部分兵力，欧震兵团很难在战场附近从容集结，并成为在收复常德过程中起到关键作用的生力军。不过，尽管代价太过沉重，薛岳毕竟还是通过这样的非常手段确保了会战胜利。从某种程度上讲，他取得了成功。

更值得一提的是，在薛岳的亲自督促下，第九战区建立了为驻华的美国空军14航空队提供支持的无线电情报网。在会战中，美军14航空队根据中国地面部队提供的准确、及时的情报，频繁出击，给予了中国军队极大的支持。日军甚至认为，常德守军之所以能进行如此顽强的抵抗，"除因该地具有重要战略意义外，可能与敌空中支援尤其空投军需物资有关"[29]。由于在这次会战中的良好合作，美军14航空队司令陈纳德将军与薛岳建立了深厚的友谊。

1944年1月17日，薛岳晋升陆军二级上将，大概这是国民政府对他在这次会战中表现的一种肯定吧。然而，正因为这次"险中求胜"，他的自信心过度膨胀，使自己在接下来的作战中跌了一个大跟头。

薛岳接待战地记者

第三节 马失前蹄

备战的疏忽

1944年春，随着日军盘踞的太平洋岛屿不断失守，日本的败象已露。而日军为解决经日本本土到东南亚的海上运输线被美军切断所带来的运输问题，迫不及待地动员50余万大军在中国战场上发动了旨在打通大陆交通线的"一号作战"，企图击败中国军队，"占领并确保湘桂、粤汉及京汉铁路南部沿线的要冲，以摧毁敌空军之主要基地，制止敌军空袭帝国本土以及破坏海上交通等企图"[30]，其作战地域几乎涵盖了中国整个正面战场。

此时，中国与日本进行全面战争已6年有余。由于日本封锁了中国绝大部分对外通道，美国通过"驼峰"航线向中国输入的物资如杯水车薪，原本就极度匮乏的石油、钢铁等战略资源来源无着，严重影响了国内各种物资的生产。大后方很多工厂因缺乏原料，陷于停工或半停工状态。各种工农业产品的供应远远满足不了需求，国内物价飞涨。到1944年4月下旬，物价指数已比1937年上半年上涨了383.66倍，人民生活苦不堪言。军人的待遇也大幅下降，很多官兵食不果腹，不少部队长官为解决部属和家人的吃饭问题，甚至不惜吃空饷。同时，由于武器装备的生产根本无法补充前线的消耗，各部队的装备水平较开战之初也都有不同程度的降低。有的部队甚至连步枪都配不齐。这样，各部队战斗力很难得到保证。其中最为严重的是第一战区副司令长官汤恩伯所辖21个师中竟有半数以上没有战斗力。而作为抵御日军进攻主力的第九战区各军也因作战消耗巨大，补充不及，实力大不如前，例如，经过常德苦战的战区主力10军，全部官兵加起来只有17000余人，仅及编制数的一半。对此，蒋介石非常着急，早在1943年军委会就下达整军方案，命令各战区中三师制军抽调一个师、两师制军抽调两个团，将其兵员调给本军其他各师，仅保留骨架，到后方补充整训。这本来是加强部队战斗力的一项必要措施。但是，由于鄂西会战和常德会战爆发，第九战区直到1944年年初才开始实施。

  日军当然不会给对手以整顿的时间。4月，日军首先进攻河南，在短短一个月时间里，河南大部沦陷。同月17日，敌11军制订了进攻湖南和广西的作战计划，以8个师团分为两线兵团，从崇阳、岳阳、华容、监利、蒲圻等地向南进攻，先攻下长沙、衡阳，再向桂林、柳州方向追击。加上后续及侧翼掩护部队，敌11军共出动100个步兵大队，加上由华北方面军、关东军及国内抽调来支援的30个大队，总兵力约20万人。

  日军的大规模集结引起了中国方面高度重视。早在3月21日，军令部长徐永昌综合各方情报，判断日军有很大可能出于防空和交通上的考虑，于近期打通粤汉线，进攻衡阳。4月6日，军令部收到来自上海的敌情报告，日军拟打通所谓"大东亚铁路线"。与此同时，第九战区前线部队不断传来鄂南日军积极征集民夫、运屯粮弹的消息，日军南犯企图已明。5月6日，蒋介石致电薛岳："由赣北直攻株洲与衡阳之情报甚多，务希特别注意与积极构筑据点工事，限期完成，以防万一为要。"[31] 5月7日，军令部获悉，此次日军南犯部队，前后共准备10个师团。这一情报显然是准确的。5月14日，蒋介石再次致电薛岳，明确指示："敌军打通平汉线以后，必继续向粤汉路进攻，企图打通南北交通，以增强其战略上之优势，务希积极准备。"[32]

  可是，在大敌当前之时，薛岳却出奇地大意。尽管军委会和前线部队一再发来警报，他始终认为："现在是雨季，湖南地利不利于敌机械化部队作战，其次是日军在中国和太平洋地区兵力分散,海空军力量薄弱,无力南侵。"㉝因此,尽管军委会和参谋处一再警告,他都置之不理,直到 5 月下旬,仍没有命令全军作迎击准备,以至于会战开始以后第九战区由于准备不足,处处被动。

5 月下旬,蒋介石派副参谋总长白崇禧到桂林,指导第四、六、七、九战区抗击日军的进攻。白崇禧认为,此时日军进攻兵力比以往各次会战都多。依据"后退决战,争取外翼"的战略思想,第九战区必须加大作战纵深,而过去一直作为决战地点的长沙就显得过于靠近前线了,日军二线部队向两翼增援极为方便,不利于两翼部队从两侧突击日军的侧后方。因此,他认为必须放弃长沙,将决战地点移至衡阳。对此,薛岳颇不以为然:第三次长沙会战和常德会战的经验证明,自己的"天炉战法"是对付日军的不二法门,只要军委会给予足够的援军支持,完全能够取得空前的胜利。日军在太平洋战场节节失利,不断从中国战场抽调兵力,当面敌 11 军又于上月为打通平汉铁路向河南增援,其湘赣方面的兵力已十分虚弱,加上雨季来临的不利天气条件,日军的进攻规模不可能比以往更大,因此没有必要改变决战地域。这样一来,两人又重复起 5 年前的争论来。两人争到激烈时,薛岳甚至以辞职相威胁。白仍坚持自己的观点,甚至认为衡阳决战也没有把握,必要时,应退守湘桂路。这样可赢得一个多月的准备时间,在此期间从各方调集兵力,在桂林附近组织决战,或有制胜的希望;湘北与广西桂林相距约七百公里,对攻者来说,如同橡皮带一样,拉得越长,就越薄弱,超过了极限,就可能绷折。退至广西境内与日军决战就有这样的优势。薛岳听后,怀疑白崇禧想趁机抓兵,扔下电话大骂:"我就不去给广西看大门,不在湖南打,把部队都拉到广西——他家里去,可恶!"㉞

于是,薛岳抛开白崇禧,以自己的设想制订了会战计划。计划中提出:"战区以保卫国土,粉碎敌寇企图,于湘江东岸新墙、汨罗、捞刀、浏阳河、渌水间,湘江西岸资水、沩水、涟水间,节节阻击,消耗敌力,控置主力于两翼,在渌水、涟水北岸地区,与敌决战。"㉟其具体部署为:1 集团军守备赣北,30 集团军守备鄂南,27 集团军守备湘北,洞庭湖西岸一带由 99 军担任警备;第二线之汨罗江防务由 37 军负责;4 军、44 军和暂 2 军控置于决战地域。必要时,由赣北抽调 58 军、72 军及新 3 军之 183 师到决战地域参战。长沙是整个决战防御的支撑点,其得失关系到会战的胜负,必须用一支主力军守备。薛岳倾向于调位于衡阳的 10 军前来驻守,但因该军归军委会直辖,没有军委会同意,薛岳无权调用。无奈之下,薛岳只好以"善攻不善守"的 4 军担任长沙守备。

长沙沦陷

5月24日，日军准备就绪，其11军下达正式作战命令。根据这一命令，日军一线部队兵分三路：3、13师团为东路，由崇阳附近向平江、长寿街进攻，27师团紧随其后跟进；68、116师团及针支队为中路，由岳阳强渡新墙河，向汨罗江南岸突击，并以一部向南江桥迂回，协同右路歼击崇阳以南中国军队，34、58师团在其后跟进；40师团、泷支队、野地支队、峰支队为西路，向洞庭湖以西进攻，阻击和牵制由第六战区的东援。次日夜，日军位于鄂南的3、13师团率先开始行动，以先头部队向崇阳附近的鄂保3团、挺进3纵队和新13师阵地发起试探性进攻，长衡会战正式开始。27日日军查明当面中国军队的前沿情况后，按计划开始全面进攻。在东起通城西到石首的数百里战线上，炮声隆隆。前线的告急电报像雪片一样飞往长沙。

薛岳这才认识到形势的严重性。仔细分析了各方面传来的情报，他惊出了一身凉汗：日军从来没有在中国战场动用过如此大的兵力，看来东京统帅部是下了血本，胃口不小啊。而由于整军，第九战区实际兵力已至少下降了三分之一，根本无力单独应对日军的孤注一掷。但是，如果这时改变作战方案，无疑是向白崇禧低头，万万不行。于是，他仍将原作战方案报请军委会批准，并请求从第三战区抽调26军，第六战区抽调73、74、79、100军，第四战区抽调46军，第七战区抽调62军，归本战区指挥，以弥补兵力不足。

28日，战况激烈。东路日军击破30集团军一线阵地后，进逼通城；中路日军猛攻新墙河一线，20军陷入苦战；西路日军突破99军及100军阵地，于当晚攻陷南县。为了延缓日军的前进速度，薛岳紧急命令：挺进2、3、5纵队向东路日军侧后攻击，阻击和牵制敌南犯；同时，为加强第二线汨罗江阵地，99军接管洞庭湖东岸霞凝港、官桥、苦竹坳、斩子石、油埠滩、桃林冲一线阵地，以99师及暂归其指挥的44军162师协助37军作战，并严令58师即日密开拔，限6月3日前到达醴陵，准备加入涟水以北决战。

就在薛岳尽心竭力应付前线战事时，军委会发来经蒋介石审定的会战部署。薛岳拿起电报，看了第一句要求第九战区"以现有兵力（第六战区抽调一师增于益阳），准备长沙附近与南犯之敌决战"㊱，就如挨了当头一棒。这话表明，虽然军委会此前一再下达日军必将打通粤汉铁路的预警，但蒋介石对日军的兵力与作战企图仍然举棋不定。电报中，蒋介石又下达了会战部署：4军和44军分别固守长沙（含岳麓山）、浏阳不变；27、30集团军在现有阵地迟滞和消耗日军后，主力向平江、浏阳附近地区转移；37军在汨罗江沿岸迟滞消耗敌人后，向浏阳、永安市地区转移；1集团军除以58军即开浏阳以南地区外，主力仍留赣北；第六战区应从24集团军抽一个师归99军指挥，即开益阳，阻击西路日军。同时，蒋介石电令第三战区抽调26军迅速开赴湘南的攸县待命。显然，薛岳几天前提出的作战方案和要求的增援部队被打了一个很大的折扣。次日，蒋介石担心日军伞兵或钻隙部队突袭第九战区的战略后方衡阳，又电示薛岳："10军（附暂54师主力）固守衡阳，但以一个师开易俗河，掩护湘潭、衡阳交通线。暂2军以主力在渌口、朱亭间，掩护湘江右岸通衡阳之交通线，以一团位置于醴陵，掩护醴陵至攸县之交通线……无会令，不得参加长沙决战。"㊲这样一来，薛岳用于长沙决战的兵力更加捉襟见肘，只能寄希望于前线将士奋勇作战能创造奇迹了。因此，他于29日通令战区各级将领："敌企图打通粤汉铁路，我军按反击计划，誓在预定战场，歼灭此敌，望我全体将士，抱定必死决心，必胜信念，以报党国，有功必赏，有罪必罚，仰诸将士凛遵！"㊳

由于兵力对比处于相当劣势，第九战区一线部队损失很大。到30日，东路日军已突破30集团军防线，攻占南楼岭、苦竹岭；中路日军进抵汨罗江北岸；西路之敌也包围了安乡。薛岳知道浏阳、长沙一带的战斗已迫在眉睫了，除按原计划命令30集团军主力向平江转移外，严令新3军183师立刻派一个加强团轻装向大瑶铺急进，限6月5日到达。同时，蒋介石也意识到第九战区兵力不足，于31日调73军全部向益阳前进，准备加入第九战区作战。

但是，还没有等到援军到达，战局进一步恶化。6月初，日军突破汨罗江防线，平江、草尾市、归义等地相继失守。而第三、六战区的援军迟迟未至。薛岳虽命令各挺进纵队和敌后部队向日军侧后攻击，以期减缓敌进攻势头，但由于日军配备了二线兵团，攻击没有效果。战火越来越逼近长沙、浏阳一带预设的决战地域。薛岳心急如焚，却又没有其他办法，仅能催促各部"忠勇杀敌，立功报国"㊴。同时，军委会也发现之前的作战部署过于乐观，于4日令24集团军转归第九战区指挥，参加长衡会战。24集团军总司令王耀武得令后，立即率主力赶赴益阳，堵住西路日军南下道路，并由左翼支援第九战区主力作战。

这支生力军距离尚远，还解不了燃眉之急。面对越来越紧急的战局，薛岳坐在刚搬到朱亭的指挥部里，盯着作战地图，仍然一筹莫展。无意之中，他目光扫了一下浏阳附近的态势，眼睛突然一亮：正向浏阳以东急进的日军13师团位于战线最东端,其右侧的日军3师团由于受到44军和37军一部的顽强抵抗,被阻于浏阳西北约30公里地区,与其距离越拉越大,完全可以利用13师团孤立突出的态势,将其诱至浏阳东南地区,集中优势兵力歼灭之。于是,他命令58、72、20军和183师急向浏阳以东地区前进,求歼13师团于古港附近。

7日,日军13师团突进到高坪东北地区。此时,各攻击部队已到达指定位置。薛岳当即命令各部出击。于是,浏阳东南地区的战事陡然升级。中国军队的反击行动大大出乎日军的预料。日军最初判断中国军队在浏阳东南方应进行防御,根本没有料到第九战区会突然组织反击。因此,13师团被打了个措手不及,颇有伤亡。9日夜,58军克复古港。同时,44军主力也在浏阳西北洞阳市地区坚决阻击日军3师团,使其无法东援。13师团陷入危机之中。不过,13师团终究是日军的精锐主力,不是那么容易被打垮的。到12日,攻击仍未能取得实质性效果,浏阳一带双方处于僵持状态。这时,横山勇察觉了薛岳的企图,又看到13师团已呈再衰三竭之势,担心其吃亏,遂于当夜急令3、68师团急速向浏阳集中,以防止该师团被围歼。

此时,尽管薛岳仍在激励所部奋勇杀敌,他心中却清楚中路和西路的日军进展顺利,他所付出的努力获得成功的可能性已越来越渺茫了。早在7日,薛岳下达歼击13师团的命令当天,中路日军即攻抵捞刀河北岸,而西路日军攻占沅江后正向益阳急进,威胁长沙守军左翼。薛岳以长沙守军兵力单薄,急令正在赶赴益阳途中的王耀武:"第24集团军即以到达益阳之部队固守益阳及毛角口、甘溪港一带,防敌进攻宁乡,以到达桃江镇附近之部队,全部星夜调宁乡,占领既设阵地,后续部队也向宁乡以东地区急进。"⑩正当王耀武部全力向宁乡急进之时,中路日军于8日攻陷湘阴,次日又强渡浏阳河,长沙保卫战打响。此后,中路日军4个师团全线猛攻长沙及岳麓山。到12日,4军损失甚重,但仍力战不退。湘江以西岸的岳麓山为瞰制长沙的制高点,对守备全城至关重要。薛岳担心,守军90师兵力单薄,急令王耀武速调79军到宁乡东南的龙凤山、金盘山一带,准备支援长沙作战。但此时,西路日军已攻占益阳,正向宁乡进攻。虽然王耀武转饬79军遵令执行,但79军在赶往宁乡途中受到日军严重威胁,无法及时抵达指定位置参加战斗。长沙和岳麓山日益孤立。

这时,薛岳对战场形势作了全面分析,认识到:"日军兵力比历次较大,战法比历次稳健,运用伪军带路作便衣队,比历次得法"[41];而我方兵力则"薄而未集,反击时深感兵力不足"[42]。因此,他再度向蒋介石恳请从第六战区抽调 18 军、从第三战区抽调 40 师加入湖南作战,并请从第四战区抽调 175 师接管预 10 师在衡阳的防务,以便预 10 师推进到湘潭参加反击。但这份电报发出后,如石沉大海,毫无回音。几天来,远在耒阳的薛夫人方少文女士担心他的安危,不断打电话来,要他离开长沙。此时,薛岳已绝望了,既然保卫长沙无望,谋事在人成事在天吧,遂率长官部黯然向耒阳转移。

从 13 日开始,战局急剧恶化。是日,日军 40 师团主力在宁乡一带与 24 集团军发生激烈战斗。此时,74 军两个师奉军委会之命留守洞庭湖西岸和常德。24 集团军兵力不足,王耀武不得不改变原来的部署,将 79 军投入宁乡作战,无法支援长沙和岳麓山作战。14 日上午,尽管薛岳一再严令 44 军死守浏阳,但由于负责守卫浏阳的 44 军 150 师在前一阶段作战中损耗过大,浏阳失守。薛岳围歼 13 师团的努力彻底化为泡影。15 日,日军 116 师团主力攻陷株洲。17 日黎明,湘潭守军违令弃城逃跑,日军黑濑平一大佐指挥的 116 师团步兵 133 联队兵不血刃占领湘潭,守备长沙的 4 军陷于孤立。在此期间,日军 34、58 师团全力猛攻长沙城和岳麓山,到 17 日长沙城内外的红山头、金盆岭、妙高峰、天心阁及岳麓山外围的尖山、银盆岭、望城坡等地相继失守。留守长沙的战区参谋长赵子立和 4 军军长张德能商议后,以形势危急,紧急决定从防守长沙城的 59、102 师中各抽一个团增援岳麓山,与敌人做最后的决斗。但是,因决策仓促,渡船、渡口、渡河计划均未安排,致使渡河秩序混乱,部队无法掌握,坠江溺死官兵不下千余。直到 18 日晨,增援部队才得以渡河,但渡河未毕,岳麓山核心阵地已失,渡河部队受到日军四面围攻,伤亡极大,被迫向邵阳溃退。制高点既失,长沙城无法再守。残留长沙城的两个师主力只得由北门向东山突围,沿途击退日军袭击,退到茶陵时,仅剩千余人。战后点检,4 军仅余官兵 6500 余人,设在岳麓山上的战区炮兵全部 40 余门大炮及全军迫击炮全部损失,枪支所剩无几。

五年来,长沙这样一座英雄之城,顶住了日军的三次进攻,无形中已成为全国抗战军民的精神支柱,承载着太多的辉煌。虽然蒋介石此前对守住长沙没有抱太大的希望,但长沙失守还是让他异常震惊。一怒之下,他下令将赵子立和张德能押往重庆受审。而薛岳毕竟是从 4 军走出来的,对该军怀有深厚感情。数年来,4 军的人事、经费等方面很多事务都由他亲自拍板。因此,4 军损失如此之大,让他万分悔恨。战斗中,4 军官兵表现出的失职让他愤怒之极:军参谋长罗涛溪玩忽职守,战斗期间既不派员视察阵地,获得紧急情况,又不指示部下办理;军副官处处长潘孔昭,伙同 59 师 177 团团长杨继震、军务处长刘瑞

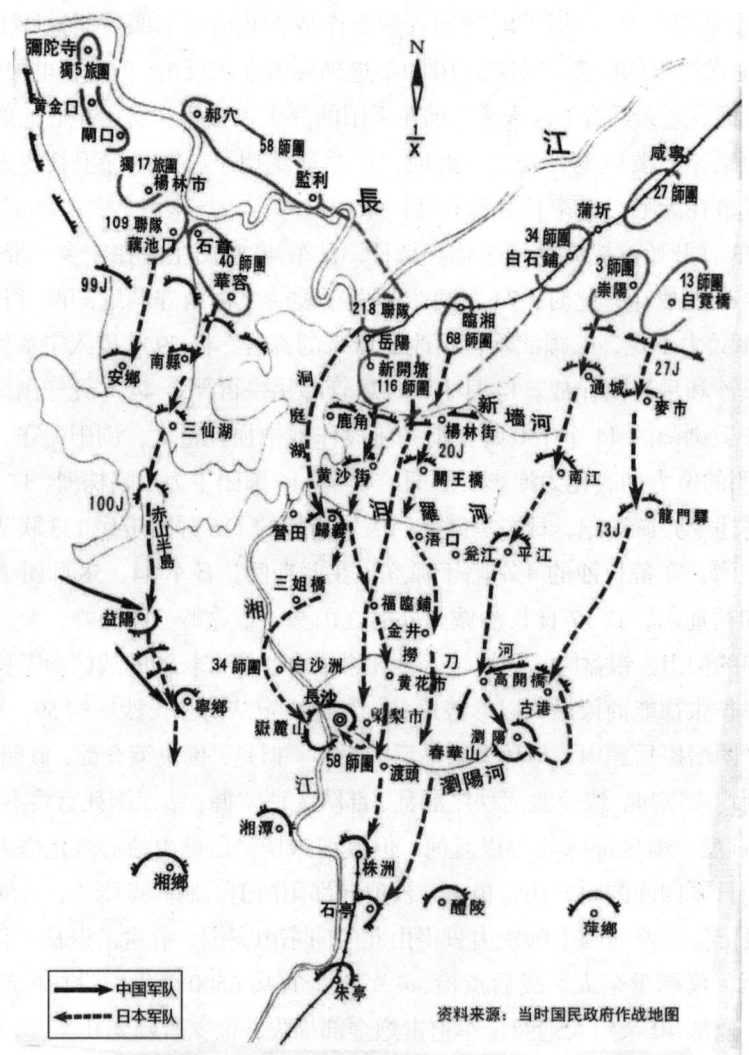

长衡会战·长沙及湘北地区战斗经过要图

卿、长沙船舶管理所所长夏德达等人利用职权,使用4军控制的船只贩运贵重物品牟利,致使增援岳麓山时一时征集不到船只,贻误军机;177团与警备司令部官兵以强迫疏散为名,大肆劫掠……悲愤之余,他下令将杨继震、潘孔昭、刘瑞卿、夏德达等人判处死刑,并上报军委会,将90师师长陈侃撤职查办,记59师师长林贤察、102师师长陈伟光大过两次。蒋介石认为处分太轻,批复将林贤察和陈伟光一并查办。

对于张德能，薛岳还是心怀愧疚的。张德能也算他在4军时的老战友了，抗战以来，张德能长期跟随他南征北战，屡立战功。尽管长沙失守，张德能要负御下不力、指挥失误的责任，但是由于薛岳对4军插手过多，他在人事和管理上职权很小，而这次反击不利，援军受阻，面对日军两个多师团的凌厉攻势，4军孤军奋战，他纵使有三头六臂，也难以挽回败局。要说这次4军失败的责任，战前轻敌、计划不周、4军人事安排失当等方面，薛岳都难辞其咎。因此，薛岳多方努力，想保住张德能的命。白崇禧也出面为张德能说情。8月初，军法执行总监部拟判处张德能无期徒刑，报请蒋介石批准。但是，蒋介石正在气头上，大笔一挥，改判枪决。赵子立因留在长沙只负联络之责，没有指挥权，被宣告无罪。此案算告一段落。

保卫衡阳

长沙失守后，日军乘胜向衡阳追击，萍乡、醴陵、湘乡等地相继失守。薛岳虽组织两翼部队极力反击，先后收复芭蕉塘、湘东镇等地，并挫败了日军40师团对宁乡的进攻，仍未能阻止日军前进。6月23日，中路日军突破暂2军在渌水两岸的防御，进至吴集、泉溪市，与守备衡阳湘江东岸阵地的10军190师和暂54师前哨部队展开激战。惊天地、泣鬼神的衡阳保卫战开始。

早在6月10日，薛岳就意识到日军攻陷长沙后的下一个目标必是衡阳无疑，遂指示驻衡阳之10军（附暂54师和新19师）加强衡阳防务，并令新19师派一个营固守衡山城。10军得令后，即着手紧急加强衡阳和衡山防御，并于15日提请军委会将在驻防湘潭及易俗河一带的3师撤回衡阳。同时，军委会对即将到来的衡阳会战也极为重视。6月中旬，蒋介石派后勤部长俞飞鹏飞抵衡阳，协助10军补给事宜，并命令邻近各兵站有库存者，优先送衡阳。到会战前夕，共拨给10军子弹530万发，手榴弹28000颗，迫击炮弹3200发。18日，第七战区派来之援军62军从广东开来。薛岳当即命该军在衡阳西南二塘、观音桥地区下车集结。19日，62军到达。10军军长方先觉认为62军现位于头塘、三塘太靠近城郊，恐将一齐陷入敌包围圈内，建议62军主力集结五塘、六塘附近，担负外围打援。薛岳采纳了这个建议，命令62军向六塘、谭子山集结。就在各方摩拳擦掌，准备迎敌之时，一件令人意想不到的事发生了。20日，衡阳保卫战在即，蒋介石非但不加强衡阳防务，竟命令新19师调回第四战区接防全州、黄沙河一带。

尽管对这道命令不甚理解，薛岳还是转令新19师执行，并于22日指示全盘负责衡阳一带防务的27集团军副总司令李玉堂做出保卫衡阳部署：1. 仍以

10军及暂54师扼守衡阳市郊之既设据点工事，62军布置于谭子山、曾坪附近，待敌渡过湘江及蒸水时，内外夹击歼灭敌于湘江西岸及蒸水南岸；2. 敌主力沿铁路或长衡公路进犯衡阳时，守城部队应固守，以机动部队由东阳铺、柿江桥向东北侧击，压迫并歼灭敌于蒸水南岸；3. 敌如由醴陵、攸县向衡阳迂回，则守城部队务必坚强固守，消耗敌人，机动部队即由车江纲头向北与守城部队夹击进攻之敌；4. 敌如以小部队由湘乡南侵，则以机动部队，乘其半渡蒸水之际截歼之；5. 敌如由长衡公路及湘乡方面同时进攻，则以机动部队先击破外围之敌，再会同守城部队夹击衡阳附近之敌；6. 江东岸部队，必要时留一个营警戒各渡口，主力撤到城内，加强城内守备。㊸

在薛岳看来，10军和62军这两个主力军互为犄角，在衡阳顶个20多天没有问题。目前，日军的二线兵团已逐渐加入第一线作战，后方兵力日渐空虚。在前一阶段作战中，4个挺进纵队和99、162、新13师等部已根据他的命令散布在湘北日军后方进行游击。同时，他已命令37、20、26、73、58军向日军左

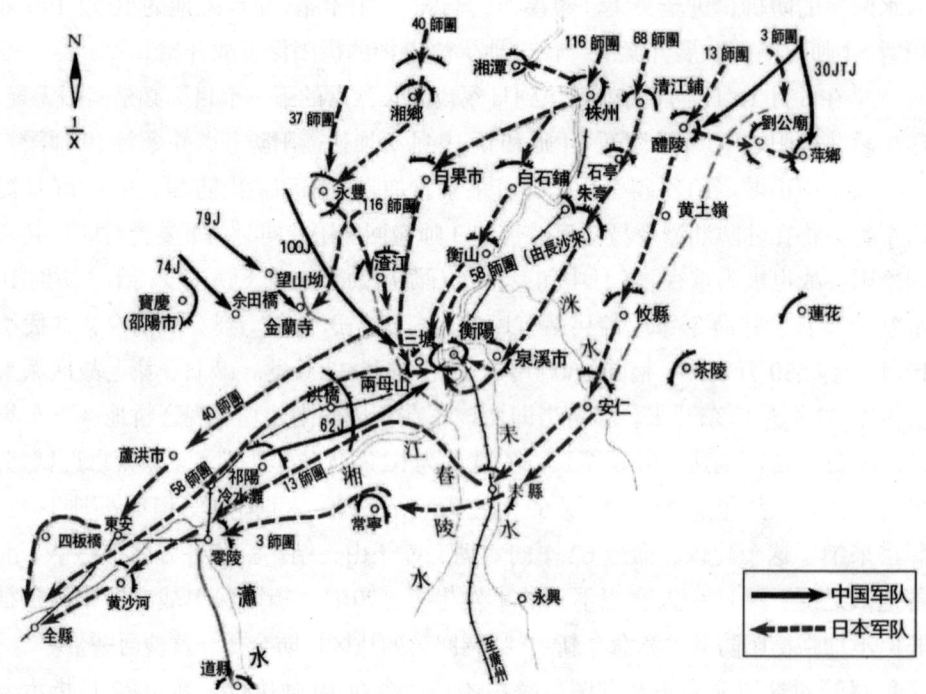

长衡会战·衡阳及湘南作战经过要图

翼反击，24集团军并指挥99军及4军残部向湘江西岸之敌后攻击。在敌后部队的配合下，反攻部队有望切断日军的补给线，兵无粮则衰，补给一绝，横山勇纵有天大的本事也只能下令撤退了。

但是，22日半夜，62军军长黄涛突然发来电报称，蒋介石是夜打电话命令该军即日开赴祁阳集结。拿着这份电报，薛岳大惊失色：祁阳距衡阳90多公里，一旦日军进攻衡阳，62军与10军的联系很容易被分割；自己手里的所有部队尚在攸县、湘乡一线以北与日军作战，无法及时南援；这样一来，衡阳不是完全孤立了吗？衡阳仅有10军三个师和暂54师一个团1.8万人防守，兵力单薄，一旦被围，凶多吉少。这不是送羊入虎口吗？薛岳捶胸顿足，后悔起来。就在62军刚抵达衡阳那天，他刚到达耒阳，因身边没有有力部队，曾命令62军将151师调到湘江东岸归自己指挥。但黄涛以没有军委会命令为由加以拒绝，自己也没有坚持。如果他当时坚持一下，把151师调过来，现在不正好可以应急吗？现在，说什么也晚了，他只得紧急命令衡耒、桂郴、茶醴3个师管区和37军后调部队140师立即各组建一个团，速开耒阳、郴县待命。

后来，薛岳才从重庆传来的消息中了解到此事的原委。豫中会战失败和长沙失守，让蒋介石震惊万分。他急于在衡阳城下打一场像斯大林格勒保卫战那样惊天动地的大胜仗，来应对国内外舆论的抨击，同时，由于桂系的李宗仁和白崇禧极力要求放弃湘桂铁路，把决战地点改为桂林。蒋介石把新19师调回广西，同时调62军向祁阳靠拢，一则可以安抚桂系，二来可以示弱，将日军引诱到衡阳城下，以便10军和62军内外夹击。㊹面对这个异想天开的计划，薛岳真是哭笑不得。

23日，衡阳保卫战打响后，190师和暂54师1团（这时，暂54师3团为后调部队，2团驻守零陵、耒阳，仅暂54师师部率1团驻衡阳）顽强抵抗，双方伤亡均重。为了支援10军作战，薛岳指挥右翼部队对日军侧翼展开猛烈反击。24日，日军13师团由醴陵附近出发向攸县、安仁方向追击。是晚，配属该师团的3师团桥本联队攻占攸县，萍乡空虚。薛岳闻报，当即命令72、58、26军分别由东北、东南、西南，对萍乡实施向心合击，同时令正向安仁转移的37军即回师反攻攸县，以阻止敌南侵。双方在攸县、醴陵、萍乡一带再度展开激战。25日，第九战区长官部得到报告称，日军留驻浏阳的3师团骑兵联队和27师团松井支队为支援13师团作战，正向浏阳以北扫荡。薛岳立刻警觉起来，27师团属日军的二线兵团，发现27师团的番号就意味着日军二线兵团中剩下为数不多的兵力正在南援,因此他令留置汨罗江南岸的99、162师转攻浏阳击敌后路,留置南江桥以东的72军新13师速向萍乡攻击,挺进2、3、4纵队向平江及汨罗江西岸进击,以期在日军后续部队到达前击破日军左翼。27日,37军在渌田阻止了大坪进大佐指挥的步兵116联队向安仁的进攻,双方形成对峙。28日,58军收复萍乡。

就在第九战区主力于湘江以东实施反击的同时,中路日军猛攻衡阳外围阵地,190师损失惨重。25日,衡阳机场、五马归槽、泉溪市失守,暂54师与190师失去联系。薛岳以耒阳守军单薄,密令暂54师1团团长陈朝章率所部两个营退往耒阳,因事前未与方先觉及暂54师师长饶少伟商量,引起二人极大不满。26日,日军猛攻橡皮塘、湾塘、八尺岭等地,190师和暂54师余部1个营与敌激战至夜,损失甚大。方先觉见衡阳守兵单薄,怕两个师损失过大于战局不利,便命令190师和暂54师残部撤回衡阳。是夜,中路日军主力渡过湘江向衡阳西南郊进攻,衡阳危急。为了缓解10军压力,薛岳于是日电令一路尾追日军40师团到达湘乡附近的24集团军急抽73军和79军分别向衡阳西北郊和西南郊攻击前进。王耀武当即转饬73军和79军遵照执行。部署刚一下达,消息传来:西路日军的后续部队岩切支队于当天攻占益阳,威胁24集团军后方。于是,薛岳意识到,由于24集团军的精锐部队74军51、57师和100军63师未能随集团军主力东援第九战区,该集团军参战部队的战斗力有限,不能起到预期的作用。因此,薛岳电呈军委会,请饬第六战区派队接替51、57、63师的防地,令其归还建制,以利作战。此时,军委会也顾虑24集团军参战部队战力单薄,但认为薛岳的要求太过,只同意63师归建。面对如此吝啬的统帅部,薛岳也只能徒呼奈何,只得传令各军及湘赣两省各级地方长官动员一切力量,努力作战,打击敌人,以期最大限度地激发抗日军民的潜能,弥补兵力的不足。

第九战区在湘江以东的反击和24集团军向衡阳地区运动很快就引起了日军的注意。横山勇判断,中国军队可能对进攻衡阳的日军及其侧后方实施东西夹击,乃命令3师团28日在醴陵以南集结,13师团29日到达攸县附近后即停止前进。此前,西路日军40师团也停止在湘乡一带,准备阻击24集团军增援衡阳。这样一来,进攻衡阳的116、68师团暂时失去了后援,在10军的坚决抵抗下,进攻受阻,损失惨重。68师团长佐久间为人中将也被打成重伤。7月2日,横山勇被迫下令暂停对衡阳的进攻。

10 军顶住了日军对衡阳第一次进攻使战局出现好转的迹象。7 月 2 日,横山勇向 3、13 师团下达"围歼萍乡、茶陵方向的重庆军"⑤的命令。该路日军遂向茶陵、安仁、耒阳方向攻击前进,但很快就遭到薛岳指挥的右翼中国军队的猛烈反击。2 日,58、72 军在醴陵附近发起攻击,经 5 天激战,重创 3 师团的后卫部队的宫崎支队和若林四郎少佐指挥的步兵 68 联队 1 大队(附一个山炮中队),克复醴陵、泗汾铺、黄土岭等地。与此同时,薛岳集中 4 个军的优势兵力对攻抵茶陵、攸县、安仁一带的日军 3 师团主力进行反击,先后收复渌田、草市等地,暂时遏制了日军的突进势头。

由于薛岳将右翼的大部分兵力用于 3 师团方面,日军 13 师团当面的兵力有所减弱。13 师团乘机于 7 月 1 日向耒阳突进。为保卫耒阳,薛岳命令耒阳警备司令何世统指挥守备部队(约 5 个营)死守耒阳,同时紧急调 26 军向泗江口突击,在常宁整顿之 99 军残部向耒阳以南之高亭司进攻。不料,日军 13 师团先头之大坪联队进展迅速,于次日攻入耒阳。何世统在县城大部失守的情况下,仍率部死守城内核心工事。6 日,26 军攻克泗江口,并派搜索营冲入耒阳城内,与守军会合。耒阳方面的战局暂时稳定下来。

为了配合 10 军及第九战区湘江东岸部队行动,24 集团军也奉薛岳命令向湘江西岸采取攻势,先后收复益阳、湘乡,与日军 40 师团主力在永丰一带展开反复争夺,形成拉锯。

此时,湖南已进入盛夏,潮湿、闷热的天气使得致病微生物极易繁殖。而由于中、美空军和中国游击队对日军补给线的不断袭击,日军前线部队的粮食、弹药、药品等供给严重不足,传染病流行,非战斗减员极多。横山勇十分清楚,当前的对峙局面对自己极为不利。于是,他急急忙忙地把尚处于第二线的 5 个师团投入一线作战,企图夺回主动权。

日军增加兵力给第九战区的反击造成了很大的困难。7 日,日军 27 师团主力到达醴陵附近,58 军不得不开始后撤。此后,醴陵、耒阳、茶陵相继陷敌。薛岳在湘江东岸组织的反击陷于停顿。在湘江以西,24 集团军也因金兰寺失守,侧翼受到威胁,进攻受阻。

两翼的危机稍微缓解,日军又迫不及待地向衡阳城发起了第二次进攻。这一次,横山勇为进攻部队增加了针谷逸郎大佐指挥的 34 师团步兵 218 联队两个大队和 12 个炮兵大队。7 月 9 日,日军步兵在密集的炮火掩护下,向衡阳发动了猛烈攻击。10 军官兵同仇敌忾,凭借既设阵地,巧妙地组织火力,有效杀伤进攻之敌。战斗空前惨烈。

听到从衡阳方向传来的隆隆炮声,薛岳的心都提到嗓子眼了。这次日军对衡阳的进攻不同于上次。第一次进攻时,横山勇对守军的力量估计足,打算以两个师团的优势兵力在行进间夺取衡阳,事前没有做攻坚的准备,结果遇上了坚固的阵地和顽强的抵抗,碰了一鼻子灰。而这次进攻,横山勇接受了这个教训,攻城部队在火力和兵力上都得到了很大加强,可谓是有备而来。而10军本来兵力就单薄,经受了前一次考验,损失不小,特别是190师和暂54师,均已残缺,能否顶得住,很难说。目前,他亲自指挥的湘江以东部队正受到日军3个精锐师团的强大压力,各部已疲惫不堪,难于在短时间内恢复攻势,因此他只能把希望寄托在湘江以西的24集团军身上。9日,他限令100军于10日拂晓前进攻永丰,希图先解除日军对24集团军侧翼威胁,而后集中该集团军主力向衡阳突击。

10日,100军遵命开始进攻,经一天激战,攻克永丰、金田桥。12日,军委会基于衡阳战事紧急,下令调整部署:李玉堂率62军在位于衡阳西北的79军协同下由西南方向向衡阳突击,湘江东岸各军应配合其作战。

根据这一命令,薛岳指挥湘江东岸各部队与当面日军展开了激烈拼杀,希图拖住当面日军,不使其抽兵参加衡阳及其以西的作战。日军哪能给薛岳调整部署的机会?14日,横山勇指挥其左翼3个师团向耒阳、茶陵、安仁、醴陵发动猛烈进攻。湘江东岸各军奋力阻击,并不时组织反突击,双方伤亡均重。

可就在这时,从重庆传来消息,白崇禧奉蒋介石之命到前线视察,于7月15日抵达祁阳黎家坪。想到前几次与这位"小诸葛"不愉快的争论,一种不祥之感涌上薛岳心头。不过,他毕竟还是统帅部派来的钦差大臣。薛岳也不能在礼数上怠慢了他。因此,尽管心里不大痛快,他还是于第二天来到黎家坪,面见白崇禧。果然,二人一见面,白崇禧就向他转达了军委会的意见,劝薛岳将第九战区主力集结于湘桂线两侧,将长官部移驻邵阳以南的洞口。但薛岳未予同意,并提出了两条理由:1.第九战区主力移驻湘西后,日军将轻易打通粤汉线,占领湘南和粤北地区。而第九战区部队官兵中广东人甚多,乡土观念极强,移驻湘桂线去给广西守大门而不保卫家乡,不利于稳定军心。2.第九战区辖区为湖南、鄂南与赣西,日军打通粤汉线后,长官部与湘东、赣西的联络将隔绝,第九战区的兵员、粮食补给都将发生困难。㊻对于这样的理由,白崇禧尽管心里不大乐意,但一时也提不出什么反驳的意见来,只好暂时作罢,回去向蒋介石报告。

就在薛岳与白崇禧就第九战区主力是否移驻湘西争执之际,衡阳方面的战局恶化。16日,日军对衡阳的连日猛攻终于取得进展。城区第一线据点工事陷于敌手。10军只得退守第二线。在衡阳西南面,62军尽管攻抵潭子山,负责掩护该军侧翼的79军194师却因受到日军户田义直大佐指挥的40师团步兵234联队侧击,被迫后撤,62军之态势就变得过于突出。然而,10军的后撤让蒋介石急红了眼,竟不顾24集团军态势不利,撇开前线司令官薛岳和王耀武,直接命令62军和79军摆脱当面之敌牵制,向衡阳突进。稍后,63师到达永丰。蒋介石再次越级指挥,指示李天霞令该师"应以轻装前进,解衡阳之围"⑰。这种完全违背正常指挥程序的霸道行为严重干扰了前线将领的指挥。可他毕竟是最高统帅,薛岳和王耀武除了苦笑以外,别无他法。

而此时,湘江以东战局也不容乐观。14日,茶陵失守,虽然薛岳组织20军和44军反击,包围了茶陵一带的日军3师团主力,但却无法使日军后退。尽管如此,薛岳还是为着缓解衡阳方面的压力而努力。他一面调位于湘北敌后的99、162师速经萍乡、莲花向高陇附近集结,准备投入茶陵方向作战,一面急令在安仁一带与日军桥本联队酣战的37军迅速抽调两个团,由60师师长黄保德率领,立刻向湘江东岸推进,支援衡阳守军。

17日,横山勇综合各方战报,判断中国军队的反攻重点在湘江东岸,而第九战区右翼各军因多日作战未获补充,实力已被削弱一半。因此,他认为这是消灭第九战区主力的大好机会。为此,他下令调整部署:34师团加入醴陵方面作战,协同27师团歼灭醴陵附近58军和72军;13师团以有力一部会同3师团围歼安仁、茶陵一带中国军队3个军。随后,日军在湘江西岸发起了凌厉的攻势。58军经受不住日军27师团的连续猛攻,逐次向东退却。薛岳和30集团军总司令王陵基虽先后命令99、162、新15师向27师团侧翼攻击,仍没能阻止敌人的攻势。到20日止,58军退到麻山、桐山一带。同日,37军在安平司的阵地被敌突破,安仁危急。战局急转直下。

薛岳正为湘江东岸战局焦头烂额,衡阳方面传来好消息,10军连续打退日军对衡阳的多次冲击,迫使敌于是日停止了进攻。同时,衡阳外围的62、79、100军和60师先后攻占了黄茶岭、欧家町、铜钱渡、两母山、衡阳火车西站、金兰市、长春铺等地,进抵衡阳城郊。薛岳的心中又燃起了希望。20日,他命令:58军、72军、99师及162师协同向醴陵附近之敌攻击,60师速进攻东阳渡、五马归槽。同时，蒋介石也电话命令湘江西岸之24集团军加强攻势，速解衡阳之围。

但是，薛岳很快发现，日军再度暂停对衡阳的进攻，只是为了调整部署，丝毫没有撤退的打算。随着日军34师团抵达醴陵一带，湘江东岸战局再度逆转，第九战区右翼各军均陷于苦战。暂2军虽奉薛岳之命，乘位于耒阳一带的日军大坪联队北撤之机收复耒阳，并协同26军和99军一度包围大坪联队，但随着日军二神力大佐指挥的步兵34联队到达，在耒阳附近作战的99、暂2、26军逐渐陷于被动。在湘江西岸，24集团军也遭到日军40师团和野沟支队的猛烈阻击，两母山、潭子山、金兰寺等要点反复易手，战斗至为激烈。

其间，薛岳了解到日军一线部队补给日益紧张，遂一面要求各部努力作战，一面命令衡阳外围诸军各抽一个营破坏衡阳外围各交通干线，以期彻底切断日军的补给线。由于补给线不断受到中国军队和中美空军的打击，日军前线部队粮食和弹药日趋紧张。很多部队都出现了弹药不足的情况。另据时任27师团中国驻屯步兵3联队中队长的藤原彰回忆，会战后期，该联队野战医院收治的大部分病员患上了战争营养失调症，而且因为野战医院食品供应更加困难，受伤和生病的士兵都尽量不离开中队去住院。而在野战医院病死的士兵或多或少地与战争营养失调症有关。

面对中国军队的猛烈反击和补给不济，日军被迫改变了"歼灭敌军第一，攻取衡阳第二"[48]的作战方针，集中兵力攻取衡阳。7月29日，横山勇下达总攻衡阳的命令，攻击预定于8月4日开始。

为了使总攻的准备工作顺利进行，日军集中5个师团和两个野战补充队向衡阳外围中国军队发起了猛烈进攻。此时，湘江东岸各军均已疲惫不堪，无法承受压力，纷纷后退。莲花、安仁、耒阳接连失守。尽管60师渡过耒水，猛攻东阳渡，却无法突破日军伊藤义彦大佐指挥的13师团步兵65联队和68师团一部的防御，进展困难。在衡阳西面的24集团军也遭到了日军40师团和58师团一部的顽强抵抗，进展甚微。同时，日军64师团攻陷宁乡，进抵益阳，威胁24集团军侧后方。王耀武不得不命令正向湘乡、岳麓山一带袭击日军后方的73军转守益阳，以保障所部侧翼安全。这样一来，日军的后方压力减弱，更放胆将二线兵团投入第一线作战。衡阳守军越加孤立。

8月4日，日军3个师团在两侧日军的策应下，向衡阳城发起了第三次总攻。10军虽然在过去40余天艰苦战斗中，在没有得到任何补充的情况下承受了重大伤亡，但仍然凭借顽强的意志坚守着每一寸阵地。日军每前进一步都要付出很大伤亡。怎奈敌人在兵力上占据了压倒性优势，10军开始渐渐不支，西禅寺、演武坪等阵地相继失守。10军军长方先觉接连致电蒋介石和薛岳告急。

此时，薛岳接到从重庆转来的方先觉8月1日告急电报，称："本军固守衡阳，将近月余，幸我官兵，忠勇用命，前仆后继，得以保全，但其中可歌可泣之事实，与悲惨壮烈之牺牲，令人不敢回忆，自开始构工，迄今两月有余，我官兵披星戴月，寝食俱废，终处于烈日烘炙与雨侵中，与敌奋斗，均能视死如归，恪尽天职，但其各个本身之痛苦，与日前一般惨状，职不忍详述，但又不能不与钧座略呈之：一、衡阳房舍被焚被炸，物质尽毁，幸米盐均早埋藏，尚无若大损失，但现在官兵饮食，除米及盐外，别无若何副食，因之官兵营养不足，昼夜不能睡眠，日夜处于风吹日晒下，以致腹泻腹痛，转为痢疾者日见增加，既无医药治疗，更无部队接换，只有激其容忍，坚守待援。二、官兵伤亡惨重，东抗西调，捉襟见肘，弹药缺乏，飞补有限，自午陷辰起，敌又猛攻不已，其惨烈之战斗，又在重演，危机隐伏，可想而知，非我怕敌，非我叫苦，我绝不出衡阳，但事实如此，未敢隐瞒，免误大局。"⑭

读过此电，薛岳仿佛看到10军官兵在似火的骄阳下浴血奋战的场景，听到衡阳城内食不果腹的伤病官兵无助的呻吟，感到方先觉那双企盼援军的眼睛在盯着自己。情急之中，薛岳已顾不了那么多了，一个劲地严饬疲惫已极的外围各军克服一切困难，向当面之敌反击。于是，第九战区各部官兵集中最后一点力量，冒着日军猛烈的炮火，以排山倒海之势向敌人阵地扑过去。日军很多官兵还是第一次见过这样的气势，一度被震慑，部分阵地出现动摇。中国军队乘机克复萍乡、唐家桥、鸡窝山等地。同时，46军、突击总队和74军主力也奉军委会命令到达战场，并投入战斗。日军在衡阳外围的防线岌岌可危。特别是防守衡阳西面的日军40师团形势最为危急，其234联队3大队所属4个中队所剩人员加起来也只有54人。师团长青木成一实在无兵可派，甚至把通信兵、饲马兵和伪军"周部队"都投入第一

方先觉

线，并不断向11军司令部求援。

可就在这个紧要关头，衡阳守军已弹尽粮绝。到8月7日，10军战死者已达4000余人，所余13000余官兵中，因重伤和生病失去作战能力者近万人。[50]是日，日军突破城防攻入衡阳市内。方先觉为受伤官兵的生命安全着想，忍痛接受了3师师长周庆祥的建议，与日军接洽停战。次日，日军口头上接受了方先觉提出的六项条件后，10军放下了武器，衡阳沦陷。[51]

阻敌南侵

衡阳失守后，蒋介石认为，日军经过两个半月作战已成强弩之末，再加一把劲就可以将其击溃。因而，他命令前线各军继续向当面之敌攻击，希望在敌立足未稳之际，收复衡阳。此时，湘江西岸各军已归军委会直辖。薛岳手里只能调动湘江东岸各军，而这些部队经数月苦战，均已残破。面对日军的连续攻击，各部队长叫苦不迭。为此，薛岳不断用电话进行指挥，并激励各部奋勇杀敌。但是，他知道这样的措施只能起到暂时维持的作用，各军已支持不了多久了。因此，他十分清楚蒋介石的命令只是一厢情愿，收复衡阳已无可能，不过，无论从守土抗战的责任还是从军人服从命令的天职来说，他都不能不执行这道命令。于是，他即根据命令精神，下令调整湘江东岸部署：调37军主力西渡耒水，协同暂2军、26军、99军攻击耒阳附近之敌，同时令99师、162师会攻莲花，掩护在茶陵作战的20军、44军侧翼。激战至8月12日，薛岳的努力终于得到了回报。在中国军队的压力下，日军被迫收缩湘江东岸的阵地，左翼34师团撤出莲花。99师、162师随即进入该城。但是，光复莲花是这次反击取得的唯一战果。随着日军将用于攻击衡阳的部队转用到衡阳外围，中国军队的进攻举步维艰。在湘江西岸，王耀武甚至把刚抵达衡阳以西的战车营投入战斗也无济于事。

8月12日，蒋介石以攻击不利，命令第九战区各部改变强攻策略，袭扰敌军，阻敌深入两广，为加强两广及赣南防御争取时间，同时再次命令第九战区司令长官部移驻邵阳以南的洞口，准备主持湘桂铁路沿线战局。但是，薛岳认为，经过数月作战，湘江东岸各军战力损失严重，军心日渐涣散，仍能继续作战，全依靠自己电话不断指导。如果第九战区司令长官部西移，则湘江东岸战线将陷于崩溃。故而，他一面遵照蒋介石指示的基本精神，根据当面敌情，指挥湘江东岸各军继续向醴陵、茶陵、安仁、耒阳之敌突击，一面电请蒋介石收回成命：第九战区司令长官部仍留郴县。蒋介石接到薛岳的电报后，尽管不十分乐意，却也找不到更多的理由驳回薛岳的请求，只得勉强应允。然而，薛岳的这个作法却招致了很多中国将领的猜忌。军令部长徐永昌在日记中写道："薛伯陵不欲至铁道以西，其心叵测，盖一旦有事，渠颇有划疆自保之意。"[52]第九战区曾经的参谋长赵子立也认为：薛岳此举，"要闪开敌人的箭头，躲在粤汉路以东"[53]。即便对薛岳表示理解的李宗仁也误以为他因蒋介石瞎指挥而负气躲避。这些揣测有的源于道听途说，有的出于个人偏见，对薛岳在部队中的威信带来了极为不利的影响，从而使第九战区的部分高级将领与他的关系开始恶化。

正当中国军队调整部署之际，横山勇也意识到当面中国军队主力虽然在过去两个半月战斗损失很大，可主力尚存，其援军也源源不断地到达前线，因此实力仍不容小视。为了打开广西的大门，横山勇决定发起洪桥会战，企图歼灭湘江西岸中国军队。但是，湘江东岸的第九战区右翼各军仍然活跃，牵制了日军3个主力师团，因此，在衡阳西面发起进攻之前，必须击溃第九战区右翼。于是，横山勇命令刚调到战场的岩本支队赶赴萍乡、醴陵，以便34师团南下会同3师团击溃耒阳附近中国军队后，转到衡阳参加湘桂铁路沿线的进攻。

很快，薛岳就察觉日军有向衡阳西南转用兵力的迹象，立即调整部署：令58军将攻击醴陵的任务交给72军后，移到登官地区整补，准备进入朱亭、渌口一带袭击日军后方；37军、暂2军、26军继续夹击耒阳北进之敌，99师、162师由莲花向茶陵追击，协同20军、44军攻击茶陵、安仁地区之敌，勿使湘江东岸的日军3个师团西移湘桂铁路沿线。此时，这些部队尽管战力已十分虚弱，仍在薛岳的催促下奋勇杀敌。到8月29日洪桥会战开始，日军始终无法从湘江东岸抽调一兵一卒。

湘江东岸各军积极作战极大地减轻了衡阳以西各军的压力。在前阶段作战中，衡阳一带的日军损失惨重。日军11军高级参谋岛贯武治大佐甚至在日记中承认："我方部队面对前来解围的敌军，多少有些动摇。"[54]而此时，从华北调来的援军37师团尚未到达，3、27、34师团又被牵制在了湘江东岸。横山勇暂时没有力量对位于衡阳西面疲惫已极的中国军队实施连续突击，只好改取局部突击，并借以调整部署。这样一来，24集团军得以利用这一机会，与日军脱离接触，并向湘桂铁路沿线的预设阵地转移。可是，24集团军的行动很快被日军侦知。位于马鞍山、尖峰山、古山寺一线的62军阵地随后受到日军40师团主力多次突击，损失甚大，被迫转移到铁关铺附近。王耀武担心62军溃散，影响整个集团军的行动，遂提请蒋介石转令薛岳派兵支援62军。薛岳当即命令在耒阳附近作战的37军在松柏附近渡河，攻击铁关铺之敌，使王耀武组织部队安然调整。到18日，湘江西岸各军已在祁阳、永丰、益阳一线建立了一条比较巩固的防线。

20日，横山勇以其后续部队37师团即将到达战场，在衡阳西南地区发动攻势的时机趋于成熟，遂下令在衡阳西南集中7个师团，于29日向湘桂铁路沿线突击，企图围歼24集团军主力于祁阳、洪桥一带。然而，要使参加进攻的部队完成集中，湘江东岸的3师团能否西移至关重要。为此，他命令第2野战补充队主力由浏阳向醴陵附近集结，以填补两个主力师团调走后的防务空缺。同时，湘江东岸日军也加紧攻击该地区中国军队，希图在29日前击溃这些部队，以便3师团顺利转用于湘桂铁路沿线。

于是，日军27、34师团奉命南下安仁、耒阳，而耒阳一带的日军3师团部队有西进模样。薛岳很快就从中察觉了日军的企图，即命令在茶陵、安仁、耒阳一带作战的6个军加紧攻击当面之敌，尽最大的努力拖住敌人。不过，他也清楚，这些部队战力已过度透支，仅靠他们无法完成牵制任务，因而电令58军立即结束休整，于23日向淦田、朱亭突击，攻击日军的运输线，迫使日军从前线抽兵回援；而72军须于同时攻击醴陵，以策应其作战。

果不出薛岳所料，此后数日，在安仁、茶陵一带的6个军渐渐不支。而同时，58军和72军却取得进展。72军于30日晚攻入醴陵，与守敌岩本支队展开巷战。战至次日黎明，日军第2野战补充队来援，双方在城内外反复争夺，不断发生惨烈的白刃战。在此期间，58军利用日军岩本支队主力被牵制在醴陵附近而形成的战线空档，突入日军后方，击破日军第1野战补充队一部，先后攻克淦田、泗州车站、朱亭等据点，封锁了湘江航道。

然而，湘江航道的中断并没有吸引横山勇的注意力，只有在安仁、茶陵一带中国军队的顽强反击引起了他对3师团能否如期西调的担心。因此，他于27日命令34师团接替3师团守备耒阳的任务，以掩护3师团顺利西进。

29日，日军右翼3师团先于其他各部发起攻击，由耒阳附近向西推进，次日日军向湘桂铁路沿线展开了全面进攻。要保证24集团军左翼安全，就必须守住常宁这个战略要点，因此薛岳连忙调整部署，严饬26军和37军猛攻南京桥、荫田圩、水口山、松柏山，尽量拖住3师团西进步伐，并令37军以140师与衡耒师管区司令罩异之所部速在常宁一带构筑工事，准备死守。随后，又令27集团军副总司令欧震指挥44军和20军向茶陵、耒阳方向尾敌攻击。

但是，在湘南作战的各军毕竟三个月来损失巨大，没有得到过像样的补充，战力十分虚弱，未能拖住3师团主力。31日，日军先头部队开始猛攻常宁以南阵地。37军长罗奇急调60师由荫田圩附近驰赴常宁御敌。60师入城后，与140师协力防守，击退了日军的进攻。日军3师团长山本三男中将见常宁急切难下，遂率师团主力绕过37军防地，向祁阳前进，只留下桥本联队两个大队在常宁外围与守军对峙。

与此同时，王耀武也指挥湘江西岸各军在湘桂铁路沿线与来攻之日军主力展开激战。正当战事紧急之时，军委会莫名其妙地电令王耀武调正在潭子山一带与日军作战的46军西撤桂柳地区。随着46军的撤退，24集团军右翼出现了一个无法填补的大窟窿。日军58师团主力得以通过原46军防区涌入24集团军右翼防线。李玉堂兵团无力堵击，致79、62军在9月6日分别于冷水滩、芦洪司附近，遭到敌5个师团的重兵合围。该两军在突围过程中损失惨重。79军军长王甲本壮烈殉国。

9月2日，蒋介石鉴于湘桂铁路沿线战事紧急，命令第九战区抽调20、44、26、37军主力尽速加入湘桂沿线作战。薛岳对于这道挖肉补疮的命令，非常不满：不是军委会不顾前线的实际情况，强令46军西调，湘桂铁路沿线战局何至如此？！现在看湘江西岸的情况不对劲了，又要牺牲湘南，替桂系把大门，亏他蒋介石想得出来。于是，薛岳以各军均在激战中，无法抽调为由，只令37军（欠60、140师）和20军（欠新20师）西移，其余各军仍执行原来作战任务。第九战区副司令长官杨森虽一再提请薛岳完全执行军委会指示，但都被拒绝。

到了9月8日，随着湘桂铁路沿线防御崩溃，洪桥、祁阳、零陵等地相继沦入敌手，日军先头部队进逼湘桂边界。只有薛岳和王耀武各率所属部队在常宁和邵阳地区激战，扼住日军两翼，使日军主力不敢一味深入。看到广西大门即将被打开，蒋介石急了，再度电令杨森率20、26、44、37军入桂。有了上次碰壁的经验，杨森知道薛岳照例不会执行军委会的命令，就一面率20军主力向新田集中，一面致信26军军长丁治磐和44军军长王泽浚，要该两部执行军委会命令。同时，王泽浚的父亲、重庆卫戍司令王缵绪也电告王泽浚："该军长不顾一切，率部随同杨森部西移，一切后果，由我负责，切勿迟疑。"[65]但是，薛岳通过派驻44军的督战官顾家齐暗中威胁王泽浚：一旦王泽浚胆敢率部西移，他将派队拦截，予以制裁。王泽浚知道薛岳手段狠毒，只得打消了西移的念头。杨森无奈，只好单独率 20 军主力西行。10 日，26 军与当面日军脱离接触后，也奉命西开。

对于薛岳的抗命，37 军长罗奇同样不满：只让他带军部和一个师西开，不明摆着要削他这个军长的兵权吗？但此时 140 师和 60 师正在常宁苦战，无法归建，他也无可奈何。14 日凌晨，广西门户全州失守。薛岳以广西危急，于 15 日电令罗奇率 95 师尾随 20 军之后蹑敌尾向灌阳追击。罗奇看机会来了，立即率 95 师西移。同时，他不甘忍受薛岳的捉弄，竟不惜削弱原本就捉襟见肘的常宁防务，强令 140 师调一个团拨补 95 师。这样一来，常宁守军仅剩 5 个营而已。这 5 个营在副军长李棠的指挥下，已与日军 13 师团桥本联队和 34 师团石川支队浴血奋战了半个月，连续打退敌人的多次进攻，已精疲力竭。但由于第九战区大量部队西调，薛岳没法给他们更多的增援，也只能命令他们勉力坚持。

到 9 月 16 日，横山勇感到第九战区在常宁和邵阳的抵抗，严重地威胁到了日军主力的补给线，因而决定集中 3 个半师团的优势兵力，迅速拿下两地。20 日开始，日军 34 师团主力和玉川支队向常宁开进，对守军实施东西夹击。李棠指挥守军与敌鏖战至 30 日，双方伤亡均重。是日晚，薛岳收到李棠要求放弃常宁的报告，得知 37 军两个师伤亡已达 3000 余人，而常宁城内外阵地全毁，无法再守了。37 军在孤立无援的情况下，与兵力占绝对优势的日军苦战了整整一个月，李棠从没有叫过苦。电报中，他言辞之切，心情之急，让薛岳感同身受。看来，常宁的战局真的危险了。鉴于 37 军的牵制任务已经完成，薛岳批准了李棠的请求。据守常宁城内的 60 师遂于 10 月 1 日凌晨，悄悄撤出了城垣。城外日军很快就得知守城已撤走，展开追击，但遭 37 军有力阻击，一无所获。10 月 1 日上午，武智利一大尉指挥的日军步兵 216 联队 3 大队进入常宁空城。

就在常宁苦战的同时，王耀武指挥 74 军和 100 军在邵阳地区展开了艰苦卓绝的保卫战。日军 37 师团和 116 师团在付出惨重代价后，于 10 月 3 日占领邵阳城。而在此期间，44 军阻止了日军 27 师团向鄌县的推进。到 10 日止，薛岳和王耀武分别指挥部队挡住了日军的追击，暂时将战线稳定在了鄌县以北、常宁以南和邵阳以西地区。长衡会战至此落下了帷幕。

惨痛的教训

长衡会战是抗日战争中后期最大的一次会战，双方投入兵力之多，持续时间之长，在整个抗日战争期间，也只有武汉会战能与之匹敌。而双方伤亡之巨，在抗战历次会战中也居前列。据何应钦所著《八年抗战之经过》记载，从5月27日到8月8日的两个半月时间里，中国军队伤亡官兵90500余人，而日军伤亡亦达66000余人。㊵另据日本防卫厅所编《湖南会战》一书记载，到8月下旬日军仅战伤人数已达6万。㊶在长达四个半月的艰苦作战中，中国军队英勇作战，给予来犯之敌沉重打击，但终未能阻挡住敌人的进攻。湖南沦陷后，日军实现打通大陆交通线的作战目的已只是个时间问题了。稳定了6年的战局再度恶化。

不可否认，薛岳应对这次会战的失利承担很大一部分责任。由于他战前对敌情判断严重失误，第九战区在没有进行充分准备的情况下，仓促应战，一开始就陷于被动的状态。会战打响后，薛岳根据前三次长沙会战的经验制定的保卫长沙的作战计划并不切合当时的实际情况。在这次作战中，日军在中国战场上创纪录地动员了130个步兵大队，加上配属的工、炮、辎重及航空兵部队，兵力在20万人左右，对第九战区形成了绝对的兵力优势。与此同时，日军针对薛岳的"天炉战法"采取"稳扎稳打"的策略，放慢进攻步伐，一边推进一边修路，并设置二线兵团，以重兵掩护两翼和补给线安全。这就极大地限制了中国军队在前三次长沙会战中成功运用的侧击和尾击的战术。面对这样的战术，第九战区要想用自己的力量保卫长沙实在力不从心。为此，白崇禧与薛岳再度重复了五年前的争论。虽然在五年前，第一次长沙会战的胜利最终证明了薛岳主张坚守长沙的正确性，但这次会战的结果表明白崇禧是有道理的。按照白崇禧的设想，中国军队应在会战之初节节抵抗，疲惫和消耗日军，并主动放弃长沙，甚至衡阳，拉长日军补给线，待日军进到桂林附近，极度疲惫，补给困难之时，再与其决战。平心而论，白崇禧的这个计划确实抓住了日军作为侵略者战场就地补给不易的弱点，如果按照这个计划实施，抗战的历史或许将会改写。可是，此时的薛岳仍沉浸在三次长沙会战的辉煌之中，出于对白崇禧的成见，并没有认真考虑其主张的合理性，固执地坚持自己的主张，使长沙附近的战局陷于无法挽回的境地。

不过，让薛岳承担会战失败的全部责任也不公平。首先，蒋介石及重庆军委会对是否在湖南与日军决战举棋不定，不向第九战区调派足够的援军，使第九战区在兵力上从一开始就处于劣势，造成第九战区增兵岳麓山和反击日军左翼的企图均告落空。其次，蒋介石及军委会不明战场情况，对会战部署全凭主观臆想，打乱了薛岳的部署，给战局造成了不可挽回的影响。衡阳会战前，薛岳和负责衡阳防务的李玉堂本打算将62军部署于衡阳西南郊，与守城的10军互为犄角。但是，蒋介石为了引诱日军进攻衡阳，却强令62军和配属10军作战的新19师调往他处，致使日军进攻衡阳时，兵力单薄的10军陷于孤军奋战的境地，最终导致这个重要的战略据点沦陷。最后，蒋介石及军委会不顾兵家大忌，多次插手前线指挥，有时甚至把命令直接下达到团一级，不但直接干扰了薛岳等前敌主将的指挥，而且也使部队长无所适从。62军黄涛后来回忆这段经历时就抱怨常受到多头指挥，不知道执行谁的命令，到后来学精了，选最有利于自己的命令执行。这就严重打乱了战场秩序。从某种角度讲，长衡会战的失利是蒋介石和他那个无能的统帅部一手造成的。

尽管因自己的判断失误造成局面的被动和在指挥上处处受到统帅部的掣肘，薛岳在具体的作战指挥上却可圈可点。当日军主力全力向长沙突进之时，他机敏地发现了日军最左翼的13师团孤立突出，便设法将其诱至浏阳东南地区，而后最大限度地集中优势兵力进行突击。虽然这次行动因薛岳手中兵力不足，没有取得成功，但迫使日军从进攻长沙正面的部队中抽出68师团东援，在一定程度上减轻了长沙守军的压力。会战后期，他又组织第九战区右翼部队在湘江以东灵活运用阵地阻击、伏击、侧击、尾击等手段，连续不断地打击日军左翼部队，予敌重创，有力地支援了10军坚守衡阳。据日军统计，日军一流精锐3师团的主力步兵34联队在会战中战死737人，如果算上战伤和战病人数，可以说这个联队已大部被歼。由此，薛岳直接指挥的第九战区右翼部队对日军左翼部队的打击可见一斑。

从以上事实我们不难看出，虽然薛岳在长衡会战初期犯过一些错误，在一定程度上造成了全局不利，但是瑕不掩瑜，他在会战中确实尽到了自己的职责，指挥部队给予来犯之敌以沉重打击。

薛岳在衡阳失守后，不顾蒋介石多次下达第九战区主力西调的命令，执意将这些部队拉到湘赣边区。我们前面已提到过，时人对此争议颇大，也给薛岳的声誉带来了不少负面影响。有人问薛岳为什么要抗命。因为当时蒋介石瞎指挥造成原本稳定的战局恶化，薛岳正在气头上，随口说了一句："跑远一点，他（指蒋介石）的电话就打不通了。"李宗仁以此认为薛岳是负气而为。[38]其实，我们前面已提及，在衡阳失守前，薛岳就对这个问题已经有了自己的看法。早在第九战区司令长官部移到朱亭之时，薛岳就对湖南省防空处长贺执圭提出过南下湘南阻止日军打通湘粤铁路（即粤汉铁路南段）的设想。[39]军委会从保卫西南的战略目标考虑，做出第九战区西移的决定也无可厚非。但是，我们从以后的战局发展可以看出薛岳抗命行动的重要性：第一，薛岳将第九战区主力撤到湘南后，99、暂2、44、4、37军5个军得以留在了湘南和粤汉线以东，缓解了该区域兵力不足的窘境，为日后保卫粤汉线（南段）和赣南保存了重要力量。第二，江西是抗日反攻的一个重要基地。将第九战区主力西调就等于将江西拱手让人，日后就不会有赣江追击战的胜利了。据此看来，第九战区司令部撤向湘南这一决策是有战略远见的。

随着衡阳失守，日军发起彻底打通粤汉线的作战已是早晚的事了。郴县正当敌人进攻之要冲，受敌威胁，已不适合再作为第九战区和湖南省政府的中枢所在地了。因此，薛岳下令第九战区司令长官部迁往汝城，湖南省政府部分机关迁往蓝山，以便更好地准备下一阶段作战。

第四节　苦撑求胜

长衡会战后的第九战区

攻占邵阳、常宁以后，日军解除了后顾之忧，开始全力进攻广西。湖南战局渐趋缓和。为了维护其湖南后方的安全，在新组建的日军第6方面军司令官冈村宁次的请求下，东京大本营从关东军调来了20军司令部，负责统一指挥担负湖南各地守备任务的4个师团、3个野战补充队和通讯、工兵、道桥等部队，加上新编成的日军34军所辖驻守鄂南、湘北和赣北地区的3个独立旅团及1个野战补充队，第九战区当面日军的实力并没有削弱多少。此外，占领湖南大部后，日军积极扶持伪政权，收编土匪，组建伪军。加上从其他地区调来的伪军，短短半年内，湖南伪军就增加了上万人。可以说，第九战区当面敌情的严重程度比长衡会战以前有过之而无不及。

与此形成鲜明对照，由于长衡会战末期，第九战区大量部队西调广西，薛岳手里只剩下8个军、2个师、5个挺进纵队和一个突击总队，仅就编制来讲，比长衡会战期间减少了一半以上。而且，这些部队都在长衡会战中受到了很大损失，尚在恢复之中，缺员严重，平均每师实力仅约为编制数的65%。其中，一直作为战区主力的4军3个师尚不到10200人，每个师不足两个团。[@]

面对这样的危局，薛岳又用起了他在抗战初期稳定江浙战局的法宝——游击战。

早在长衡会战初期,薛岳就开始着手准备湖南敌后游击战了。在长沙失守前,薛岳命令第九战区所属的2个别动军纵队和4个挺进纵队在湘北敌后建立游击根据地,并积极袭抗日军后方。

7月,薛岳又任命原国民党湘阴县党部书记长何源渤为湘阴县县长,让他于8月初率湘阴县府人员返回湘阴,在洪源洞组建了4000余人的抗日自卫团。10月,薛岳致电湖南各专员及县市长,要求:"已入战区及邻近野战区之县,其乡镇保甲长,选用最忠勇之在乡军人,及有名望之士绅为主,一切设施,必须军事化,以能战斗杀敌,保土卫民,为行政中心工作。"㉖于是,湖南沦陷区各县相继组建了抗日游击队、自卫队,积极打击日伪军,保乡卫民。

为了更好地组织和引导民众抗日,他又于8月27日致电参谋总长何应钦,要求将在湖南作战的4个挺进纵队改编为暂编师,以吸收和组织地方抗日武装。尽管这个请求没有得到批准,薛岳仍不改初衷,不断指示各挺进纵队注意吸收、组织和指导地方武装,并不时派人暗中考察各挺进纵队的纪律、战斗力及与民众关系,以便自己更为有效地掌控和指导各挺进纵队的游击作战。

除了民众武装和各挺进纵队外,游击战争的骨干还是正规部队。薛岳规定,军师都应派一部分兵力进入敌后进行游击,运用各种手段打击敌人,并负有组织、编训和指挥民众武装之责。

上述措施的实施,使湖南各地的游击战争很快开展起来。全省民众积极配合游击队打击日伪势力,取得了很大的成绩。10月中旬和11月中旬,44军先后取得狗子岭和茶陵县中洲两次战斗的胜利,歼灭日伪军数百人。10月,湘乡县梓门自卫中队在邓家塘一带伏击路过日军,歼敌12人。11月,祁东自卫队袭击敌军军用物资,歼敌15人,缴枪20余支,俘获敌船只49艘及大批军装、汽油、罐头等物资。12月23日,平江张运骏抗日自卫队在浯口黄棠一带袭击日伪军运输船队,歼敌数十人,使平江县县城日军指挥失灵,补给一度中断。从10月到11月,在衡阳等地抗日游击队的营救下,在衡阳保卫战中被俘的10军军长方先觉、参谋长孙鸣玉、4个师长及数百官兵先后逃离日军魔掌,回到了抗日队伍。

尽管湖南的抗日游击战争成绩斐然,频繁的战斗却带来了一个不容忽视的问题。随着湖南大部失守,第九战区的补给基地大多落入敌手。而湘江沿岸和湘桂铁路沿线沦陷后,第九战区与西南大后方的陆路联系中断。第九战区的粮食、弹药补给日趋困难。10多万官兵要吃饭,作战需要弹药和物资的补充,严冬来临,全战区军民需要冬衣御寒。而此时第九战区大部局促于湘赣边区山岳地带,地瘠民贫,单靠自身力量很难解决这一燃眉之急的。因此,薛岳只得求助于他的好友、美国援华空军最高指挥官、美军14航空队司令陈纳德。陈纳德答应他会尽力帮助。但是,要得到空运物资支援,必须有机场。而此时,第九战区辖区内的赣州、遂川、大余、新城等机场均属空军,非自己所能控制。虽然薛岳下令在茶陵垸溪墟修建临时机场,但缓不济急。无奈之下,他只得铤而走险,在没有得到军委会同意的情况下,于11月下旬擅自派兵占领了赣州机场。这一行动引得重庆哗然。有人指责薛岳企图自立为王搞割据。幸而蒋介石还算体谅薛岳的处境,坚持"不能令其撤退,亦不能下令处治"。①薛岳这才侥幸过关。

经过一番努力,薛岳顺利了渡过了长衡会战后的险恶时期,使湖南战局得以暂时稳定。可好景不长。此时,桂柳会战失利,桂林、柳州、南宁等地均告失守。日军一度打到贵州独山。到12月10日,日军23军所属22师团和由越南北上的21师团在广西绥渌会师。日军在形式上打通了从中国东北一直到东南亚的大陆交通线。紧接着,日军就着手准备"一号作战"的最后一次进攻——打通粤汉铁路南段的战役了。

激战湘粤赣

根据日军中国派遣军预订的"一号作战"计划,日军打通粤汉铁路南段的目标应于进攻广西作战开始前实现。然而,由于第七战区部队的顽强阻击和衡阳战事久拖不决,日军不得不暂停在粤汉铁路南端的进攻。到桂柳会战大局已定之际,彻底打通粤汉铁路的作战又提上了日本中国派遣军的日程。1944年11月下旬,日军第6方面军制定了在湘粤赣地区发动新攻势的作战计划。该计划规定,日军这次作战的目的不仅是打通粤汉铁路,而且还要占领赣南和粤北地区的机场,以解除以这些机场为基地的中美空军飞机对日本本土的威胁。

在这次作战中,日军共出动了3个师团、两个旅团、一个野战铁道队和一个野战补充队,加上配属部队,兵力在6万人以上。这样的兵力,对于尚在恢复之中的第九战区和兵力单薄的第七战区来说,无疑占有优势。尽管如此,日军还是担心中国军队在撤退过程中破坏铁路设施,使他们的行动竹篮打水一场空。因此,他们决心对粤汉铁路沿线实施奇袭。

1945年1月3日,日军40师团派出4个挺进队共约2000人化装成老百姓,由道县和零陵出发，秘密向良田圩、白石渡、坪石、罗家渡地区前进，企图抢在中国军队破坏之前，以突然袭击的方式占领这段桥梁、隧道最多的铁路线。

但是，日军的奇袭计划从一开始就注定不会成功。早在一个月前，中国方面就判断日军将进攻湘粤赣边区。1944年12月中旬，军政部长陈诚飞赴赣州，与薛岳及第三战区司令长官顾祝同、第七战区司令长官余汉谋共同拟订了保卫湘粤赣边区的作战计划。1月初，军委会又电令薛岳和余汉谋，彻底破坏粤汉线残存铁道，并派美军技术人员前往协助。

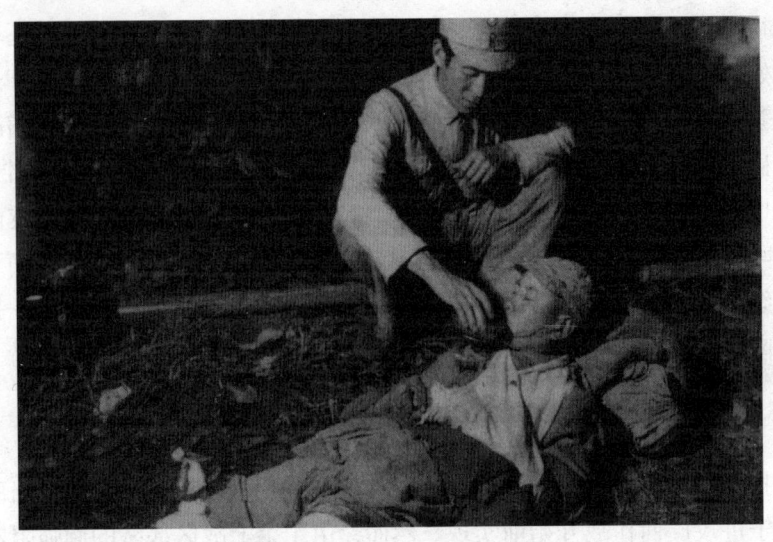

一名中国士兵在给被俘的日本兵喂水

既然远在重庆的军委会都如此重视，薛岳作为身在前方的战区司令长官，对敌情更不能等闲视之。他迅速根据三个战区会商制订的作战计划策定作战方案：以第一线兵团利用有利地形及既设工事，节节抗击，迟滞和消耗进攻之敌，待敌进至永丰、吉水、吉安、安福、永新、宁冈、鄑县、资兴、郴县、桂阳、蓝山等县之时，调集结于赣江沿岸或粤汉铁路附近地区的部队，实施反击。同时，为了防止日军奇袭粤汉铁路沿线要点和赣南地区的机场，他还命令前线部队加强戒备，严防日军小部队穿插。小部队奇袭的前提就是出其不意，既然中国军队已预有准备，战斗的结果可想而知。

1月11日，日军甲挺进队在蓝山以南被当地地方武装发现，并遭到攻击。

附近之突击总队闻讯，亦派一部前来支援。日军甲挺进队被迫转入广东省境内。薛岳得知这一情况后，立即令 4 军（欠 90、102 师）与 60 师驻桂阳一个团即开临武，驻郴县 102 师速赴宜章，准备迎击东进日军。此后，新 20 师、暂 54 师在道县以东亦发现日军挺进队，并向其发起进攻。日军各挺进队势单力孤，伤亡惨重，到 22 日，虽在后续部队的策应下，勉强占领了预定目标，但铁路沿线多处桥梁、隧道已被中国军队破坏。日军的奇袭行动鸡飞蛋打。

为了支援各挺进队作战，日军 40 师团和 68 师团 57 旅团于 18 日分别由道县、耒阳向湘南进攻，27 师团则于 15 日由茶陵、渌口向莲花前进；同时，广州附近的日军 104 师团和独立步兵 8 旅团亦沿北江北进，配合湘南日军进攻。这样一来，第九战区和粤汉线上的第七战区部队受到了日军北、西、南三面夹击，态势极为不利。

有鉴于此，薛岳决心以 58、44 军阻击 27 师团，全力确保鄢县以南第九战区核心根据地的安全，而湘南各部尽力迟滞和消耗进攻之敌，待日军到达粤汉线，兵力分散之际，再以主力进行反击。据此，薛岳命令 72 军之新 13、34 师密开安福、罗汉司集结，准备适时加入反击。同时，薛岳将 102 师、37 军主力和暂时由第七战区调归第九战区指挥的 160 师投入粤汉铁路沿线战斗，希图在日军主力到达前，围歼到达粤汉铁路沿线的日军甲、丙、丁三个挺进队。

不过，由于薛岳把主要兵力投入粤汉铁路沿线和赣南地区，道县方面兵力甚弱。日军 40 师团遂乘机突破暂 54 师、新 20 师和突击总队的防御，于 23 日攻达粤汉铁路附近，陷在宜章、白石渡、坪石、乐昌一带作战的 4 军等部于腹背受敌的不利境地。薛岳不得不命令 4 军等部东移。但为配合第七战区保卫韶关，薛岳命令 60 师和 160 师分别开往九峰、仁化，以牵制 40 师团主力，掩护第七战区后背。此时，日军 57 旅团尚在郴县一带与 99 军、暂 2 军和 37 军一部苦战，进展迟缓。日军 40 师团长宫川清三中将当即命令户田联队一部沿铁道北上支援 57 旅团，击退守军后接替郴县防务。在日军的南北夹击之下，固守郴县、良田、坳上等地的 99 军和 37 军东撤。26 日，日军 57 旅团进占上述地区。此后，日军集中 104、40 师团和独立步兵 8 旅团分别从南北两个方向夹攻第七战区司令长官部驻地韶关。战到 27 日晨，韶关失守。至此，在短短的 17 天时间里，粤汉线南段 450 公里铁道全被日军打通。与此同时，日军 27 师团也向赣南发起进攻，先后突破了 58 军和 44 军的防御，连占莲花、永新，并继续向遂川推进；57 旅团也开始向永兴方向进攻。赣南地区的空军基地也指日可下，日军打通"一号作战"最后的作战目标似乎触手可及了。

然而，中国军队不会让侵略者轻易达到目的。由于第七、九战区部队根据战前部署切实执行了避实击虚的策略，中国军队主力在前一阶段作战中并没有受到多大损失。而留置湘南日军侧后的新20、暂54师和突击总队等部配合地方团队趁40师团主力东进，后方空虚之机，相继收复了桂阳、宁远、新田、临武、蓝山、嘉禾、道县、永明、江华等县，而随着日军40师团主力南攻韶关，57旅团东攻永兴，坪石到郴县段铁路线仅有40师团户田联队和乙挺进队守备，兵力甚为空虚。薛岳看准这个机会，下令对该段铁道沿线之敌实施反击。29日，第九战区各反击部队按计划开始出击。当天，60师即克复九峰，直迫乐昌。此后，新20师、暂54师和4军又乘胜克复良田、宜章，包围砰石，进迫郴县。日军乙挺进队队长香月则正少佐也被击毙。2月9日，由于99军和暂2军在郴县附近作战失利，日军57旅团攻占永兴后又回援粤汉铁路沿线。第九战区反击部队因久战疲惫，无力抵挡，只得撤回铁道两侧。从此直到战争结束，这些部队一直奉命对该段铁道不断破袭。粤汉铁路始终处于瘫痪状态。

动用了数万兵力只占领了一条无法使用的铁路线，让日军高层十分窝火，不过由于兵力占优，日军夺取赣南中美空军基地的任务还是有把握的。重庆军委会也看到了这一点，于1月23日指示第九战区及空军5大队："各机场依原计划，积极固守，不得已时，彻底破坏机场，于敌进至30公里时行之，航空机关与顾主任联系实施，并为固守长汀之最后机场之准备。"③这样，薛岳就卸去了死保机场的沉重负担，改以机动灵活的运动战打击进攻赣南的日军。

此时，日军27师团主力正分三路由永新向遂川推进。其中，樱庭子郎大佐指挥的中国驻屯步兵2联队主力奉命向遂川以西迂回，在途经井冈山区时受到44军161师的顽强阻击，无法前进。薛岳抓住战机，决心集中58、44、72军主力歼击该部。为此，他命令72军主力趁27师团主力离开永新之机，向该地反击，先切断樱庭联队退路；同时，58军和44军主力也应向樱庭联队实施侧击。不过，樱庭子郎很快就发现情况不对，急于24日脱离战场，转经严塘、甘棠，向遂川前进，沿途不断遭到161师和58军的层层截击，只得像无头的苍蝇一样四处乱撞，损失惨重，被迫后撤。72军主力乘机于28日向永新发起进攻，一举攻入城内，与守敌山崎正己少佐指挥的樱庭联队2大队展开巷战。眼看樱庭联队就要成为瓮中之鳖了。但到29日，遂川形势突变，打乱了薛岳的围歼计划。

本来，27师团长落合甚九郎中将原订进攻遂川的主力是矢后孙二大佐指挥的中国驻屯步兵1联队，可是由于该联队在进攻莲花、永新时受到58军阻击，一再受阻。攻占永新后，落合甚九郎改变了主意，将小野修大佐指挥的中国驻屯步兵3联队编为"遂川突击队"，负责进攻遂川及遂川机场，矢后联队仅为策应部队，进攻遂川北面。24日，27师团主力开始行动。25日，矢后联队在溪口以南与25军40师警戒部队遭遇，发生战斗。薛岳闻讯，急忙于次日下午命令183师接替遂川及其附近守备，以便40师加强遂川机场防御。但此时，小野联队已超越矢后联队，向遂川机场急进。28日黎明后，该联队前卫市川定一大尉指挥的1大队到达遂川机场附近，并发起进攻。守备机场的40师部队与敌激战至29日，小野联队主力到达，并投入进攻。40师遂后撤。日军随即向遂川方向追击。40师和183师利用丘陵地形节节抗击。鏖战至30日，小野联队突破中国军队防御，攻陷遂川城。

遂川方面的不利情形让薛岳感到了威胁。此时，第九战区司令长官部正向桂东转移，有被日军从东面包抄的危险。经过反复权衡，薛岳不得不于29日命令72军主力停攻永新，向遂川东北攻击前进。这样一来，日军樱庭联队的危机解除，于2月2日退回永新。

2月3日，南下途中的72军经过溪口附近时，与从永新南下的樱庭联队前卫发生遭遇战。樱庭联队闻讯，主力便改向东，于7日攻入江西临时省会泰和西面的白土街。薛岳得悉这一情况，电令72军驰援泰和。72军主力遂遵命向泰和发起进攻。樱庭联队无奈，只得折向西南前进。72军乘机猛追，予敌沉重打击。樱庭联队边战边走，于12日到达遂川。

不过，落合甚九郎并没有等待樱庭联队前来会合。他留下工兵27联队破坏遂川机场，自己于2月1日率主力沿公路向赣州推进。这时，日军40师团以崛内胜身大佐指挥的步兵235联队向赣南进攻，已攻陷仁化、始兴。薛岳命令驻守赣州的90师南下大庾布防，准备迎击敌人。这样，赣州守军仅剩40师，兵力单薄。为增强赣州防务，顾祝同电令183师驰赴赣州布防。这时，183师师长余建勋估计自己在遂川西南一带，无法抢在日军之前赶到赣州，便电告薛岳，请派其他部队接防。而这时，183师还担负保障桂东安全的任务，如果东调，则第九战区司令长官部侧翼安全全无保证。因此，薛岳同意了余建勋的意见，命令该师从后面尾击由遂川东进之敌，并令在临川的25军108师乘汽车速援赣州。108师接到命令后，立即派出323团先期运达赣州，并彻底破坏了赣州机场。到5日，日军27师团突破40师防御，并阻止183师的尾击，攻至赣州城下。

40师和108师部队与敌激战至次日晚，终因实力不济，被迫东撤至茅店，继续阻敌。27师团遂派小野联队向南进攻。此时，崛内联队已连克南雄、大庾，7日又攻占新城，9日晨与小野联队会合。

8日，蒋介石意识到日军在湘粤赣边区的进攻已达顶点，无法再向前推进了，遂指示薛岳令58军和183师适时转移到吉安地区，建立根据地，并保卫赣江一部资源。可是，薛岳却认为，赣南日军占地过多，已高度分散，正是组织反击的好时机。于是，他在赣南地区组织了连续反击，先后收复莲花、茶陵、永新、遂川，并一度攻入大庾。至4月初，赣南战局基本稳定下来，湘粤赣边区会战结束。

湘粤赣边区会战是日军发动的"一号作战"延续。在这次作战中，第七、九战区不计较一城一地之得失，机动灵活地打击敌人，使日军打通粤汉铁路全线、歼灭湘粤赣边区中国军队主力的企图破产，并保住了长汀机场，为即将到来的大反攻保存了大量有生力量和重要基地。然而，随着粤汉铁路沿线和赣南地区的失守，第九战区被分割为湘鄂赣和湘南两大部分，与西南大后方的陆上联系中断，补给陷于困难。会战结束后，临时配属薛岳指挥的25军和160师分别归还第三战区和第七战区建制。不久，军委会又下令撤销新20、暂54、197师和突击总队的番号，第九战区的部队进一步减少，[64]进入抗战以来最困难的时期。会战结束后，湖南省政府迁往蓝山，与被隔在粤汉线以东的第九战区司令长官部处于分割状态，薛岳无法完全履行湖南省主席的职责。鉴于这种情况，国民政府决定免去薛岳湖南省主席之职，以他的老战友吴奇伟继任。薛岳的政治生涯跌入了抗战以来的最低谷。不过，在这次作战中，第九战区也不是一无所获。薛岳利用日军兵力减少的机会，组织挺进纵队和地方团队，在湘北地区发动反击，先后收复了浏阳、平江、三眼桥等要地，为日后阻击经该地区向南昌地区撤退的日军打下了基础。

赣江追击战

1945年春，世界反法西斯战争进入了尾声。苏联红军和盟军分别从东西两面攻入德国，敲响了第三帝国的丧钟。日本陆、海军在太平洋战场上也节节败退。美军逐步逼近日本本土。在滇西和缅甸战场上，中国远征军和驻印军打通了中印公路，美国大量援华物资得以源源不断地运往中国，为中国军民的大反攻提供了重要的物资支持。中国政府利用美国支援的武器装备了33个师，使整体战斗力在一定程度上得到恢复和提高。中国战场的形势也开始向有利于中国人民的方向发展。

3月,中国共产党领导八路军和第八战区在华北和绥远敌后发动攻势作战,经数月艰苦作战,收复大片国土。3月到5月,第一、五战区尽管在豫西鄂北会战中丢失了老河口、南阳等城市,却取得了重阳店、官道口等战斗的重要胜利,迫使当面日军转入防御。4月到6月,第3、4方面军密切协同,取得了湘西会战的重大胜利,从此彻底扭转了八年来中国军队的被动挨打局面,反守为攻,接连收复要地。

而此时,长期作为抗日主力的第九战区由于兵力减少,已沦为二流战区了。但是,薛岳却不气馁,仍然指挥所辖军民积极打击敌人,取得了一系列战果。4月到6月,第九战区辖下军统湘鄂赣行动总队连续袭击日伪军,歼敌甚众,炸毁日军运输船多艘,破坏瑞昌大桥、粤汉铁路赵李桥等多处重要交通设施。4月22日,暂2军配合地方武装一度攻克永兴。同月,59师一度攻入郴县车站。是月下旬,150师449团与美军爆破组在茶陵至安仁的公路上伏击日军运输队,焚毁汽车10余辆。5月25日,92师及挺进2纵队5支队在神岭山附近重创来犯之日伪军,歼敌600余人。在此期间,湘赣各地游击队和民众自卫武装都在正规军的配合下,袭扰日伪军。由于各地游击战的广泛开展,驻湘赣各地的日伪军始终处在疲于奔命的状态,惶惶不可终日。

此时,太平洋上的美军日益接近日本本土和中国大陆。而纳粹德国的灭亡,也使苏联腾出手来。4月5日,苏联宣布废除1941年签订的《日苏中立条约》,随后即向远东地区大规模增兵。面对这样的局面,东京大本营越来越感到末日将临,为了挽救覆灭的命运,他们不顾日本人民的死活,大肆叫嚣"本土决战"、"一亿玉碎",妄图在日本本土和中国大陆与同盟国决一死战。按照其决战计划,日本中国派遣军应从华北、华中和华南抽调部分兵力,增强中国东北和华东沿海的防务,以抵御苏军和美军的进攻。因此,日本中国派遣军总司令冈村宁次于4月27日下令从湘桂铁路撤退,并调3、13、34、27和40师团开赴华东和华北沿海地区。按照这些命令,27、40师团于5月下旬从广州出发,经粤北、赣南向南昌进发(6月17日,131师团奉命随该路日军北撤)。而3、34师团也于6月下旬进入湘鄂赣边区,准备向南昌开拔。

以上两股日军撤退行动起初进展较为顺利。由广东出发之两个师团一路突破第七战区部队的阻击,于6月下旬进抵赣州地区。而由全州北撤之日军34师团先于3师团行动,于6月中旬进抵邵阳,并继续向长沙前进。6月25日,石川明大佐指挥的 34 师团步兵 216 联队在樟木市遭到当地游击队袭击,被击毙一人。第九战区阻截和追击北撤日军的作战自此开始。

接到前线的敌情报告后,薛岳迅速作出了准确的判断,认为日军发动此次战役不过是"深入我国之黔桂粤窜犯之敌,为逃避灭亡之悲运,企图北逃之行动"。而中国军队和游击队的不断袭扰,使粤汉铁路已无法使用,日军北撤部队又携带大量从华南掠夺来的战略物资,不大可能经由粤汉线北撤,因此由广州出发的日军必循赣江水路撤退。而赣江沿岸为中国军队重点设防区域,如果没有其他方面的配合,4 万日军很难全身而退。故而,3、34 师团很可能经由湘鄂赣边区退向南昌,以策应赣江方面之作战。

日军的动向倒是明了了,但是如何部署又成了难题。由于各方面日军的牵制,薛岳能投入阻击战的部队仅 10 个师和 3 个挺进纵队,加上第三战区的 25 军的两个师和赣保 1 纵队,也才 12 个师又 4 个纵队,与日军 5 个师团 7 万多兵力作战,实在没有成算,所以不能在两个方向平均使用兵力,必须有侧重。权衡再三,薛岳认为,赣江沿岸为第三、九战区的巩固后方,兵力转用方便,又能得到当地民众的大力支持,作战条件优于湘鄂赣地区。基于这样的考虑,薛岳下决心,将大部兵力用于赣江方面。于是,他电令 37 军副军长李棠指挥所部及 4 军之 90 师、工兵 5 团在赣州、遂川间占领阵地,构筑纵深工事,封锁江面,阻击北进日军。同时,电请第三战区司令长官顾祝同令 25 军 40 师和海军布雷队封锁赣江,并扼守赣州至雩都公路,破坏公路以北各道路,阻敌交通。

6 月 26 日晨,日军开抵塘江以南,27 师团一部向 37 军 140 师 418 团在塘江警戒之 3 连攻击。赣江方面战斗打响。次日,塘江、凤岗一带之日军增至 5000 余人,开始以小部队不断向 37 军和 25 军阵地作试探性进攻,其企图已明。28 日,薛岳下达作战部署:140 师以一部循赣(州)遂(川)公路节节阻击;60 师以主力守备遂川机场,一部固守遂川城;90 师为预备队,暂控制于 140 师右外翼,准备侧击和尾击日军;工兵 5 团在敌后活动,相机收复失地。

7 月 7 日,日军集结完毕,分三路沿赣江两岸向北进攻。37 军及 25 军部队节节阻击,中美空军飞机也前来支援,战斗激烈。同时,90 师、工兵 5 团及 140 师杨营乘敌主力移动之机主动出击,相继收复大庚、新城、南康。战斗持续到 11 日,西岸日军突破 140 师前进阵地,进至横井、五云桥附近,东岸日军越过茅店,向良口前进。其主力已离开赣州。25 军军长黄百韬看准时机,从 108 师抽出 324 团向赣州挺进。薛岳担心进攻赣州的兵力不足,特命令 37 军抽出一个加强营与工兵5团协助324团行动。同时，第七战区也派65军160师向赣州前进，以为策应。到17日，经过激烈战斗，25军和工兵5团收复赣州。

虽然日军主力北上为收复赣南创造了条件，但薛岳关注的重点还是打击其有生力量。很明显，37军和25军力量单薄，单靠这两个军给予北进日军以有力打击是不现实的。有鉴于此，薛岳开始策划日军主力通过遂川后的作战。11日，他下令调整部署：90师以一个营留驻大庾、新城，主力向上犹急进，尾击北撤之敌；限驻茶陵的161师于13日到达宁冈，在莲花的新11师于13日抵永新，驻萍乡的新10师于14日抵安福，准备以一部扼守吉安，正面阻敌，主力由永新、安福向东截击，同时以37军主力尾敌追击，以期利用日军夹江而上，相互呼应不便的弱点，围歼赣江西岸敌军于遂川、吉安间地区。

果不出所料，11日以后，敌焰日盛，于13日突破140师和25军阻击，进抵遂川江以南，主力向万安前进。为了保卫遂川，李棠急调60师主力迅速移防遂川城，其驻守万安的部队即增防遂川机场，140师则应编组多个突击队，侧击和尾击北撤日军。同时，薛岳也命令183师留一个团准备固守吉安，主力开往澧田、固江间阻敌。

14日，日军继续向遂川机场和万安突进。37军告急。为缓解该军压力，薛岳遂急令161师由宁冈推进到拿山，自西向东截击日军。而25军也奉顾祝同之命，以主力攻击东岸日军后尾，击沉日军运输船舶40多艘。15日，遂川机场和万安失守，日军逼近泰和。薛岳急令161、新11、183师各派出搜索连向泰和附近搜索，准备战场。17日，西岸日军完全渡过遂川江，其先头进抵白土街、蜀口洲。薛岳当即令37军沿潞田、白土街、泰和、田心村、凤凰圩尾击日军，161师和新11师分别自早禾市和天河攻敌侧背，新10师火速增防吉安、固江、澧田，90师赴遂川城及机场附近接替60师阵地，并策应各师作战。

此后，37军向遂川、万安及泰和一带日军奋力攻击，其余各部均遵命向指定位置前进。而同时，在第三战区的督促下，25军和赣保1纵队也与赣江东岸之敌激战。战至24日，37军和赣保1纵队相继收复遂川机场、万安等地。日军仍继续北进，攻占马家洲、泰和，并与禾水南岸183师警戒部队展开激战。吉安保卫战迫在眉睫。薛岳急令161师和新11师分由永阳镇和举洲攻击日军侧背，以阻止日军进犯吉安。

27日，西岸日军突破禾水防线，进抵吉安；东岸日军先头部队攻陷吉水，之后以一部偷渡至西岸，袭击吉安守军侧背。183师顽强阻击，战斗激烈。次日，

161师和新11师到达战场，分别向西岸日军侧翼反击。而37军于27日克复泰和后，也推进到马背岭、横江渡一带，与日军后尾激战。这样一来，日军再度陷入腹背受敌的危险境地。29日，在美军飞机支援下，吉安及外围中国军队奋勇反击。日军全线动摇，其一部虽突入城内，但很快被逐出。此后，90师和25军40师也加入战斗，协同37军、58军和161师向吉安城外及赣江东岸日军反击。日军见态势不利，只得于30日弃围向北撤去。

薛岳得知日军主力已突破阻击，继续北退，乃决定调整部署：以58军（附183师）继续沿赣江两岸追击，37军集结于吉安地区，准备策应58军作战，161师撤到莲花待命。此后，37军派出有力部队在赣江沿岸截击日军后尾的运输船队。58军和183师则遵命北上，与沿赣江东岸追击的40师，以及在赣北地区担负阻击任务的新3军主力和地方武装密切协同，连克吉水、新淦、丰城、樟树镇等地。正当薛岳命令58军积极推进，俟机收复南昌之时，日本投降的消息传来。

在赣江追击作战的同时，薛岳指挥99军、新3军（欠183师）、挺进1、2、3纵队，在地方团队的配合下，对经由湘北和赣北撤退的日军3、34师团也进行了阻击，取得了一定成果。据99军在作战进行中的8月3日统计，截至7月31日止，99军及挺进2、3纵队共歼敌700余人，俘8人。⑯由于湘北和赣北军民的顽强阻击，这路日军进展迟缓，到8月中旬主力才进抵南浔线，已没有机会到达目的地了。

赣江追击战从6月下旬起到8月16日止，历时50多天，第九战区以缺员严重的疲惫之师，阻击日军5个师团，无论在兵力上还是在装备上都有明显的差距。配合第九战区作战的第三战区的态度也不积极，仅出动了2个师和1个保安纵队应付差事，没能给予第九战区足够的支持。但是，这些困难并没有吓倒薛岳。他看到日军尽管兵力占优，却已是退窜之敌，"目的消极，战志不振，已远囊昔之气焰"⑰，其实并不可怕。基于这样的判断，他决心最大限度地集中兵力，给予撤退之敌以沉重打击。不过，兵力上毕竟处于劣势，不可能在赣江和湘鄂赣地区两面都兼顾到。最后，他根据战场的实际情况，决定将沿赣江两岸之敌为主要歼击目标。为此，他祭出了法宝——天炉战法：预设决战战场于吉安、泰和之间。在日军进抵该地区之前，以37军和90师配合第三战区25军节节阻击，迟滞日军前进，掩护58军、183师和162师在吉安、泰和一带布防，待日军通过遂川、万安后，转至敌侧后进行侧击和尾击。而在决战战场准备就绪的各部坚决阻击北上日军,以期形成围歼之局。虽然由于第九战区兵力不足和第三战区配合不力,未能全歼北撤日军,但是第九战区以伤亡千余人的代价,取得了歼敌5000人以上的重大战果,[60]拖住了这些日军,使其无法加入对苏和对美作战,有力地配合了同盟国军队对日军的最后攻势。长衡会战后,有人认为天炉战已过时了,可是赣江追击战取得的重大战果再次证明,它仍然熠熠生辉。可以说,赣江追击战的胜利为薛岳的抗战征程画上了圆满的句号。

第九章

主政湖南

第一节 治湘方针

1939年2月1日,薛岳在长沙宣誓就任湖南省政府主席。从此一直到1945年长达6年的时间里,他军政一肩挑,一面指挥第九战区的部队抗击日寇,一面以孙中山三民主义的理念治理湖南,不仅安定了第九战区的后方,为抗日作战提供了雄厚的物质基础,还为湖南的现代化进程做出了不可磨灭的贡献,给他本已多彩的人生更增添了炫目的光辉。

上任伊始,他就在就职演说中表明:"兄弟既然负了重责,今后无论对军事方面,对政治方面,一定本着满腔热忱,以全部力量按照湖南人民的需要,遵奉领袖的指示,按部就班地去做……我们要拿出自己的良心,拿出自己的血性,尽到自己的责任,完成自己的工作,使湖南三千万同胞,走上光明大道,争取民族至上的光荣。"[①]

在这次演说中,他更提出了"安、便、足"的执政目标。所谓"安",即安居、安业、安心,就是努力安定社会,让人民安居乐业;"便"即便民、便国、便战,就是简明政事,厉行节约,团结抗敌;"足"即足食、足兵、足智,就是调节粮食供求,普及教育,动员一切人力和物力为抗战服务。

为实现这三大目标,他又在同年12月召开的湖南全省政务会议上提出了六大政策,即"生民、养民、教民、卫民、管民、用民"。随后,他又指导湖南各级政府大力推行这六大政策,使湖南在抗日战争那样艰苦的环境下,在政治、经济、文化教育和卫生诸方面取得了巨大的进步。下面我们就按照这六大政策分别介绍薛岳执政措施和政绩。

第二节　生民之政

　　所谓"生民之政",薛岳在《三年报政》中解释为五要,即国民健康、儿童保育、适龄结婚、为国养民、卫生建设五个方面。②

　　在"五要"中,首当其冲的就是国民健康。薛岳认为:强国,先强种;强种,先强身。所以,他特别重视体育锻炼。一些大中型运动会,他都亲自出席,并发表演讲,鼓励大家积极参加体育运动。在战时物资匮乏、社会不安、人心不稳的情况下,能花大力气狠抓体育,确实起到了稳定人心、鼓舞士气的作用。据不完全统计,从1939年到1943年,湖南省内共进行大小运动会7次,其中有两次全省性运动会。在1941年4月第2行政区第一届运动会上,薛岳号召人民发扬"三化精神",即运动民众化、道德化、纪律化,养成全民健身,以达到强身强种进而强国的目的。早在1937年1月,他还在贵州省代主席任上时,就曾提出了三个口号:"早起为发奋图强之本,运动为强种强国之本;负责为建功立业之本"③。就任湖南省主席后,他在民间大力推广这个口号。1943年10月,在第16届湖南省运动会上,他更是把其中第二个口号在哲学的高度进行了阐释,从古人"静以养心,动以健身"的角度,说明只有身体强健才能担当大任。除此而外,薛岳还利用各种节日在各机关团体、工矿、学校范围内开展体育锻炼竞赛活动,并拨专款修建体育设施。在薛岳的推动下,湖南全省参加体育锻炼的人大为增加,特别是在知识青年中间,体育锻炼已蔚然成风。

　　薛岳一再强调,儿童是国家的未来。因此,他对儿童的保育工作非常重视,规定省、县、乡、保都应设立儿童保育院。同时要求,结婚三年仍未生育的夫妇,须收养为国捐躯的先烈的子女或难童。这样一来,儿童的保育和抚养工作有了制度的保障。

　　抗战时期的中国,敌寇肆意屠杀,烟毒泛滥,娼妓遍地。人民生活极度困苦,人口的增长受到影响。虽然当时中国人口已有4亿,为全球之最,但是中国毕竟是落后的农业国,机械严重不足,对日作战和工农业生产都需要大量的青壮年劳动力。因此,薛岳主湘期间,大力提倡适龄结婚,奖励生育,并依据传统的"不孝有三,无后为大"原则,将其列为为国尽忠,为家尽孝的表现。同时,他还倡导为国养民,注重儿童的养育和人民生活习惯的健康。他说:"天以地为本,人以母为本……必须唤起妇女,注意保育儿童,不能任其糊里糊涂地以生以长,并应指导妇女如何主持家政。"④为此,他坚决主张限制娼妓业。民国时期,湖南妓院林立,不但败坏了社会风气,还使得性病流行。薛岳的几位前任也曾多次下令严禁嫖娼卖淫,但都由于各种原因没有成功。堵不行,也只有疏了。1943年1月,薛岳下令:"各县市娼妓禁之不得,驱之不可,应由县市政府指定一街,为乐户住宅区,用医生一员,设乐户医务所负登记管理医治之责,费用由各乐户共负,但不得再收花捐,以后各茶楼、酒馆、旅社,不得再有娼妓出没,违者严惩,以维风纪。"⑤同年,又颁布《湖南省管理乐女乐户规则》及《湖南省管理歌女规则》,对卖淫活动严加管束。这以后,嫖娼之风有所收敛。当时,烟毒盛行也是社会的一大毒瘤,严重威胁着人民的身心健康。针对这一情况,他于1941年2月21日下达禁烟令:"在湘省境内,有种鸦片、运鸦片、卖鸦片、买鸦片、吸鸦片者,一律由当地县政府,依法讯明,呈省府核准严办,鸦片焚烧!"对于种植和贩运鸦片的人,薛岳查办极为严厉,绝不留情,明令:"种烟人犯,准以所犯条例最高刑处决。"⑥禁烟令下达以后,邵阳县长吴士烈拒不执行,以致该县烟苗遍野,薛岳查实后立即下令将其撤职。又一次,有人告发薛岳的乐昌老乡、炮兵上校李勋唐在缅甸贩卖鸦片。薛岳当即下令严加查办,吓得李弃官逃回故里,后来竟精神失常,病死家中。

上述措施固然能够促进人民的健康,但是人非神仙,孰能无病。战争条件下,环境恶劣,很多疾病的发病率本来就高于和平时期。再加上,抗战期间,日寇在中国实施了惨无人道的细菌战,造成流行病蔓延。1941年,日军在常德地区发动细菌战,大量散布鼠疫病毒,导致数以万计的无辜平民死亡。面对如此严峻的形势,发展医药卫生事业确实是当务之急。

薛岳非常重视卫生事业的发展。当时,农村的卫生设施很不健全。究其原因,一是经费不足,二是技术人员不够。为此,薛岳提出卫生教育、卫生指导、卫生行政三管齐下的方针。而在战争期间,政府财政紧张,拿出很多资金建设农村卫生设施并不现实。于是,他一方面从省财政经费里尽量挤出资金来用于卫生事业,另一方面实施了两项行之有效的措施:一是把粪便制成肥料,再把肥料的全部收入投入卫生设施建设;二是发动募捐,凡去医院或诊所看病的有钱人,或社会上的慈善家,可以请他们捐助,穷人则免费治疗。这样带慈善性质的医疗事业，自然得到一般人的支持，捐助也就多了。经过努力，卫生经费不足的现象大为改观。薛岳上任第一年，即1939年，湖南全省卫生经费是299972元，1940年增加到了917633元，1941年更达3684633元。两年之间成十几倍的增加，扣除物价上涨因素，其涨幅也是相当可观的。[7]这些经费主要用于建设卫生院和卫生分院以及在乡镇设立卫生所。从1939年到1941年，湖南各县共建立卫生院125所，卫生分院8所，乡镇卫生所44个。到1942年，全省乡镇卫生所更达到了190个，全省农村的医疗网络体系基本形成。1944年1月28日，薛岳主持的省政府第460次常委会决定全省10个行政区各设一所省立医院，[8]但是由于日军侵入湖南腹地，这项工作未能完成，殊为可惜。

医疗设施建立起来了，技术人员紧缺又成了大问题。薛岳上任时，湖南仅有湘雅医学院、省立长沙高等护士职校、湘雅高级护士职校等少数几个从事医学高等及中等职业教育的院校，培养出来的医护人员完全不能满足需要。在省政府财力紧张，师资和教学设备严重不足的情况下，薛岳一面报请中央，将私立湘雅医学院改为国立，加大对该学校的资金、设备和人才投入力度，一面大力扶持私立医护职业学校，使得一大批专业医护人才得以完成学业，投身到湖南医疗事业的发展中来。1941年初，湖南省政府又决定在湘潭、衡山、郴县、常德等10县各设妇婴卫生员训练所1所，负责培训妇婴保健人员。

可是，即便如此，社会上对医护人员的巨大需求缺口仍没有得到填补。于是，薛岳把目光投向了中医。民国以后，由于西医的影响逐渐扩大，某些人对中医的偏见与日俱增，甚至主张废除中医。因而，中医的地位受到了挑战。抗战前，湖南省仅有国医学校两所。不过，在广大农村地区，由于西药人才的匮乏，农民看病仍以中医为主。薛岳看准这个情况，认为："中医中药有几千年的历史，在海通以前，全国都用中医中药，现在为什么不去研究利用呢？"[9]因此，他要求省、县、市都要组织中医学会，聘请当地中医，每天义务应诊一两个小时，以弥补西医的不足。政府通过中医学会对中医加强了业务指导和管理，同时也使中药业得到相应的发展，到1943年仅攸县一地就有中药店230多家，其中20多家资金在1500元以上。[10]

经过一番努力，湖南在医疗设施和人才方面的紧缺状况得到了很大程度上的缓解，但药品和医疗器材不足的问题随之突出起来。由于缺少专门的药品和医疗器材制造厂，湖南所需药品和医疗器材大多要靠进口。此时，由于日军占领或封锁了东南沿海各港口，1940年又控制了越南北部，中国从外界输入物资的主要通道几乎全部阻绝，药品和医疗器材的进口更无从谈起。1941年5月，经薛岳批准，湖南省政府拨款20万元创办了省医用药品器材制造厂，以"弥补舶来品的不足"[⑪]。

在流行病的控制方面，也取得了很大的成效。薛岳积极听取专家的意见，指定专人负责，与红十字会和有关医疗机构密切合作，通过控制隔离病源、在车站码头实行检疫、提示居民和来往客商注意预防等办法，于1943年将常德地区先后因水源污染和日寇散布病毒而流行长达数年的霍乱和鼠疫疫情完全控制住，使疫区人民的生活逐步恢复正常。

六年艰苦的努力，薛岳终于得到了回报。湖南的体育和医疗卫生事业得到了很大的发展，不仅缓解了抗战时期的燃眉之急，而且对日后湖南体育和医疗卫生事业的进步奠定了坚实的基础。

第三节 养民之政

经济工作是政府一切工作的基础。经济不发展，生产上不去，政府无论什么政策都得不到老百姓的拥护。因此，作为六大政策的经济方面，养民之政是薛岳最为重视的政事。

所谓"养民之政"，共有六要：一是发展农林，二是振兴工业，三是开发矿藏，四是改良商业，五是整理赋税，六是清丈土地。

"国以民为本，民以食为天"，农业是国民经济的基石。薛岳理所当然地把发展农林生产摆在养民之政中重中之重的地位。农林业生产中，最重要的是粮食生产。薛岳要求各县县长必须事先做好计划，估计县属农田有多少，农民需要什么，哪些土地适合种哪些作物，调查清楚以后再因地制宜，指导农民进行耕作。同时，薛岳积极推广改良稻种，大力发展再生稻、双季稻、旱稻，限制糯稻，增加单产较高的籼稻播种，使改良籼稻播种面积由1938年的13万多亩扩大到1941年的88万亩。在不适宜种稻谷的地方，薛岳还提倡多种杂粮，如高粱、玉米、红薯等，以补充稻米的不足。1939年，仅省农业改进所贷款给农户购买种子或指导购种者，就有小麦116000亩，油菜150000余亩，蚕豆5000余亩，玉米60000亩，红薯50000亩。[⑫]

同时，为扩大生产，湖南省还组织大规模开荒和组织合作社。在薛岳的督导下，各县政府均设立了合作指导室，切实做好合作社的指导和扶持工作，如合作社有困难政府还给予一定的贷款。到1942年，湖南全省合作社达15869个，贷款总金额达5000多万元。[13]同时，薛岳指示湖南省政府于1939年初在芷江榆树湾设立沅芷垦区办事处，安置难民与贫民，开垦荒地。1940年3月，湖南省政府还颁布《湖南省强制垦殖荒地办法》及其实施细则，要求各县调查荒地情况，规定垦荒期限。凡申明有荒地自垦者，由乡公所令其限期垦荒，否则由乡公所强令出租或出卖。这些措施实施后，取得了良好的效果。到1944年，全省共开垦荒地145.15万亩，增收稻谷223.48万担。[14]对于经济作物的种植，薛岳也十分重视。抗战前，湖南的棉花产区主要集中在洞庭湖滨湖地区。然而，随着日寇入侵，滨湖一些地区沦入敌手或经常受到敌寇侵扰，湖南的棉花产量受到很大影响。薛岳就职后，决定除继续加强滨湖地区的棉花生产外，在湘西和湘南推广棉花种植。1939年，湖南省政府派出60多名技术人员到湘西和湘南19县指导近万户农户种棉，同时贷出107242斤棉种，使19个县的棉花播种面积增加到31000亩以上。[15]经过努力，到1941年湖南全省的种棉面积由1939年的5284亩增加到79407亩，高出14倍还多，为湖南的纺织业提供了丰富的原料。据薛岳在1944年省行政会议上公布的数字，湖南每年供应军棉为7万担，军布300万匹，接济邻省数量比这两个数字更大，居全国之冠。[16]

茶叶和蚕丝自古以来都是获利丰厚的经济作物。抗战开始后，由于受战争和对外出口不畅的影响，湖南茶叶的销量大减，导致大量茶园荒芜。为了活跃农村经济，增加农民收入，湖南省政府向茶农发放茶叶专项贷款，限令只能用于种茶，使茶叶生产得以恢复。到1941年，湖南全省制销茶叶达3万筐。[17]同时，薛岳还指示商贸部门积极开拓茶叶销路。1945年5月，安化县黑茶砖开始在甘肃试销，大受欢迎，以后畅销于西北各省，使湖南茶农受益匪浅。至于桑蚕业，湖南在这方面一直不发达，仅滨湖地区有蚕丝出产。不过，湖南气候适宜蚕桑生长，农村空地亦适于种桑。因此，薛岳决定在湖南推广这个传统产业。1940年，湖南省政府与国立中山大学签订合约，在耒阳组建湖南蚕丝改良场，办理蚕丝改良事宜。截至1943年底，该改良场共向农户发放桑苗100余万株，蚕种950余张，并在衡山、攸县及滨湖地区各县进行巡回指导，颇有进展。[18]

植树造林不但是当今环保的热门话题，在抗日战争时期也是农业生产的一个重要内容。建筑和工业生产需要大量木材。而林木的副产品,如桐油、茶油等都是重要的工业原料,特别是桐油,是湖南一项重要出口创汇项目。当时,由于日军的封锁,桐油出口受到了很大限制。而电灯又很少,桐油是老百姓点油灯的主要燃料,因此国民政府对桐油实行价格管制,导致价格过低,农民不愿种桐油树,甚至出现了农民砍桐油树当柴烧的现象。薛岳看到桐油在国内仍然供不应求,从满足需求出发,他指示各县、乡农林场积极种植桐油树。到1941年,全省各地种植的桐油树达到了31328706株,是前一年的3倍多。由于当时的中国是贫油国,石油产量极小,战时能源的供求矛盾日益突出。为了缓解这一矛盾,湖南省建设厅于1942年4月邀请中央有关单位投资200万元,在耒阳城郊开设湖南炼油厂,以桐油提炼汽油、柴油、火油。7月1日投产,8个月共生产汽油21350加仑、柴油320吨、火油4800加仑。[19]

薛岳在林业发展的问题上,不仅考虑满足当前的需求,还看得更远。由于对抗战胜利充满信心,他在林业建设的规划上,也注意照顾战后建设的需要。他要求各地除种植桐油树和茶油树这些能提供当时急需的燃料的树种外,还要求各地多植松、杉、竹、木,为战后建设储备木材。

为了调动各方面从事农业生产的积极性,薛岳于1943年1月严令全省各地要达到"一县一农林场,一乡镇一农林场,一保一农林场"[20]的标准。这些公有农林场的建立不仅增加了粮食产量,更重要的是,它们能够调节供求,种一些农民认为无利可图,但国家和社会又急需的农林作物,如前面提到的桐油。

在中国这个水旱灾害频繁的国度,水利是农业的命脉,薛岳自然格外重视。1941年,在他的督促下,湖南省政府制定了《修建塘坝暂行规定》及《整理塘坝实施办法》,通令各县成立各级修建塘坝委员会,并由省水利委员会及建设厅,先后划区派员,督导各乡镇公所兴修水利。自1942年起至1944年6月止,全省山区各县,共新修塘坝11494处,整理原有塘坝58957处。[21]此外,从1940年开始,湖南省政府提供担保贷款兴办了三项大的水利工程,即龙山沙坪排水工程、宜章平和乡排水工程、安仁桥南村灌溉工程。这些水利设施的兴建,使湖南全省大部分农田得到了有效灌溉,保证了粮食的稳产高产。除了水旱灾害外,农林作物和牲畜的病虫害也是一个不容忽视的问题。湖南气候潮湿,水稻中的螟虫、棉花中的红铃虫、蔬菜中的蚜虫等都是高发且危害极大的害虫。薛岳专门指示省农业改进所经常派技术人员巡回指导各地防治工作,并向病虫害重灾区拨付一些资金作为防治费用。1939年,邵阳县爆发螟虫害,稻谷减产达200

余万担。次年,湖南农业改进所遵照薛岳指示,派人常驻邵阳螟害重灾区指导防治。1941年,该所又会同湖南省政府下设的粮食增产总督导处,派人实施防治,总共收缴虫卵块1亿8千多万块,估计减少稻谷损失31455担。1942年,薛岳又令各县成立治螟委员会,并在邵阳及附近各县展开春季治螟运动,共采除螟虫卵块11亿多块和稻苞虫1亿多头,估计减少稻谷损失20余万担。[22]

对于一个国家而言,工矿业是现代经济的支柱,理所当然地备受薛岳重视。他认为,工矿业关系民生和国防建设最为重要,一则充实抗战实力,巩固国防,二则建设经济,以足民用。

湖南本是一个工业落后的省份,1937年符合工业法登记的工厂仅55家,约占全国的1.39%,且主要集中在长沙、岳阳、衡阳等少数几个城市,其他地区现代工业几乎是一片空白。抗战爆发后,湖南以其重要的战略地位和丰富的矿产资源受到了国民政府重视。1938年,经济部拟订了《西南西北工业建设计划》,规定战时工业基地圈定在以四川、贵州、云南、湘西为主的地域。同时,随着东部工业发达地区沦陷,集中在以上海为中心的工矿企业相继西迁。武汉失守前后,大批企业涌入湖南,为湖南的工业发展提供了前所未有的契机。薛岳责成湖南省有关部门会同国民政府经济部等部门,积极促成内迁到湖南的企业复工。到1940年底,内迁到湖南的工矿企业共有86家复工,涉及机械、电器制造、化学、纺织等工业部门。[23]这些企业大多落户湘西或湘南地区,极大地填补了这些地区近代工业的空白。同时,薛岳也很注重湖南本地企业的建设和发展。在他任内,经他亲自批准创建的工厂有27家。除了创建公办企业外,薛岳还要求省政府大力扶持新建的民营工矿业,协助他们争取贷款,帮助他们购买原材料。1943年1月,湖南工商界斥巨资成立"湖南建设企业公司",发展湖南实业。据不完全统计,从抗战爆发到1942年底,全省新开工的工厂达364家。[24]对于这些内迁的和新建的工厂,薛岳没有任其自生自灭,经常过问他们的生产和经营情况,为他们出谋划策,解决困难。1943年,他亲自下令将第九战区1939年和1940年两年结余经费及省粮政局1940年结余经费1380万元,拨给省建设厅和教育厅用于发展生产和教育,以弥补教育经费和工矿业建设、生产的资金缺口。[25]

经过一番努力,湖南工矿业得到了很大发展。到1944年初,工业规模和生产的多项措施均在大后方工业排名中名列前茅。同时形成了以沅陵、辰溪为中心的湘西工业区和以衡阳、祁阳为中心的轻工业区。湖南主要工矿业产品产量也在大后方各省中首屈一指。

不过，湖南工矿业毕竟是在抗战这样一个艰难的环境中发展，由于日寇的封锁，部分原材料的供应紧张，很多企业（如湖南火柴厂、湖南电工器材厂等）都曾由于原料不济，一度停工，严重影响了生产。1944年，日寇入侵，湖南大部沦陷。湖南工矿业受到了毁灭性打击，大量工厂毁于日寇之手，部分企业为躲避战火被迫停工迁徙。到1944年底，湖南大部分工矿业都受到了不同程度的破坏，其中在大后方地位仅次于重庆的机械工业只剩下百分之一二而已。

古人说："商不出则三宝绝。"可见，商业自古就是促进物资流通、促进社会生产的重要行业。在抗战时期，由于日寇封锁，物资严重短缺，大后方商业活动并不活跃。为了促进商业发展，薛岳于1939年2月下令成立湖南省贸易局（后改名为省民生日用品购销处，简称"湘购处"），任命他的岳叔方人矩为局长。湘购处负责在省内收购大米、桐油、湘莲、牛皮、猪鬃、五倍子等物资，经由广东运往当时中国少数几个外贸孔道之一的香港，换取抗战和国民经济必需的物资。1941年底香港沦陷后，湘购处的业务受到很大影响。正好这时，广东因连年旱灾和战乱的影响粮荒严重。广东省主席李汉魂派人来湖南求购粮食。薛岳认为，广东盛产海盐，而湖南本身不产盐，正好利用这个机会，达成一个双赢的协议，遂指派方人矩和湖南省政府秘书长李扬敬、省政府委员王光海等与之谈判，达成以湘米换粤盐的协议。这样，既缓解了广东的粮荒，又暂时解决了湖南老百姓缺盐的应急问题。此外，薛岳在任期间，还组建了省茶叶公司、省桐油公司、富华公司等商业企业，在一定程度上促进了湖南商业的恢复与发展。

要发展商业，交通是个瓶颈问题。薛岳就任之前，湖南有铁路1000多公里，公路3500多公里。可是，日军侵入湘北后，为了迟滞日军机械化部队的行动，薛岳不得不下令除保证部分军用线路外，对全省公路和铁路进行全面破坏。到1944年底，湖南全部铁路和三分之二以上的公路运输全部瘫痪。既然铁路和公路运输破坏了，内河航运就成湖南运输的主要形式。薛岳责成湖南省水利委员会协助国民政府中央有关机构，对湘江、沅江、资水、酉水等河道进行了疏导，使这些河道的通

李扬敬

航能力大为提高。

保证商业正常发展的另一项重要内容就是平抑物价。抗战期间，物资匮乏，物价飞涨，加上少数奸商囤积居奇，更使通货膨胀无法遏制。薛岳对此头痛不已。1943年1月，湖南省政府通过《管制物价以维护国民生活而利抗战建国》案，规定从当月22日起对米、油、蔬菜、布匹等30多种日用品实施限价，如有胆敢违反者军法惩处。3月底，湖南省政府又下发"民生公约"，禁止囤积粮食，不准用粮食酿酒熬糖，不准哄抬粮价。为此，薛岳还命令长沙警备司令部枪决了垄断粮运的通达运输公司经理夏忠发、合记民航办事处经理王长生、华中公司经理胡涤生。此外，薛岳下令对桐油、粮食、棉花等实行统购统销，规定纺织品等与老百姓生活息息相关的工业品只能按照成本加运费出售。同时，他还想方设法帮助企业节省成本，以降低销售价格。但是，这些治标的措施毕竟没法改变物资紧缺的现状，始终不能从根本上解决通货膨胀的问题。

养民之政的最后两项措施整理赋税和清丈土地，是本着"三民"主义的民生主义和"平均地权"的思想进行的。通过整理赋税，查清了地方情况，平均税负，免除下层群众过重的负担。清丈土地，一方面可以为将来平均地权做准备，另一方面也可以查出大户隐瞒的土地作为政府增加田赋的依据。在清丈土地的基础上，湖南省政府又推出地价税，以抑制土地兼并。这些措施由于扩大了富户的纳税范围，实际上增加了地方税收，以至于从1939年到1941年9月国民政府取消省级财政止，湖南税收逐年增加，省财政不但实现了当年财政平衡，省库尚略有结余偿还旧债。

综上所述，薛岳在抗战期间实行的养民之政成绩斐然，尽管日寇的入侵给湖南的建设造成了极大的破坏，但这六年建设成果仍然不容抹杀。

第四节　教民之政

"十年树木，百年树人"，教民之政重点发展的就是这个百年大计——文化和教育事业。对于这两项工作，薛岳都极为重视。他提出的教民之政"三要"有三项内容：一是扩展国民教育，二是加强中等教育，三是创办生产教育。这3个方面都是从教育着眼，可见，薛岳心目中教民之政的中心就在这里。

要发展一项事业，没有钱不行。对于教育经费的投入，薛岳是非常重视的。从 1939 年到 1941 年，湖南的教育文化事业经费投入增加了一倍多，达到了 16898242 元。[26] 1941 年 9 月，湖南省级财政被取消后，薛岳仍千方百计为教育筹集资金。1943 年 4 月，他指示湖南省政府秘书长李扬敬，将省政府每年从渔业公司分得的红利全部作为全省国民教育经费。由于资金有了保证，湖南的教育事业得到了蓬勃发展。

先看小学教育，1937 年，全省共有小学 28500 所，在校生 119.46 万人。到 1945 年，全省小学数量达到了 32089 所，在校生 2167961 人，分别增长了 12.6% 和 81.5%。[27] 小学教师的薪酬也大为提高，由 1939 年最高 40 元、最低 15 元，分别提高到 1941 年的最高 110 元、最低 70 元。后来，因物价上涨，为保证教师待遇，薛岳下令于 1943 年 2 月起改发实物，每月至少发给食谷 1 担 2 斗。[28]

再看中学教育，1940 年 7 月，湖南省政府颁布了《湖南省中学教育改进计划纲要》和《湖南省师范教育改进计划纲要》。按照这两个文件规定，全省 10 个行政督察区，每区各设省立中学 1 所，师范学校 1 所和职业学校 1 所。这个计划在 1941 年 2 月就基本完成。到 1941 年底，全省有中学 154 所，师范学校 49 所，职业学校 46 所。1943 年 1 月，这 3 个数字更分别增加到了 171 所、49 所和 49 所。[29]

搞好一个单位，领导是关键，为了让切实有才的人从事学校管理工作。1941 年，省教育厅公开招聘部分中等学校校长，在 103 名应征者中选录了 8 人，分别派到两所普通中学，两所师范和四所职业学校担任校长。

薛岳上任前，湖南原有高校 4 所，即湖南大学、湘雅医学院、群治农商专科学校和国立师范学院。1940 年 12 月，为了满足湖南经济建设对专业技术人才的需要，湖南省政府第 167 次常会决定在南岳创办中正大学，分为工业、农业、商业 3 个学院。薛岳亲自出任筹备主任，亲自主持学校建设。后来学校因故改为农业、商业和工业 3 所专科学校，于 1941 年正式建成招生。到 1944 年，这 3 所学校均初具规模，省教育厅报请教育部批准，将它们全部改为独立学院。

对于教育的内容，薛岳有一套自己的理念。他说："生与养之后，还必须注重教育，我们无论采用一种什么教育的方式，无论是小学教育、中学教育或大学教育，我们总要以求人类生存的方法为教育的主题，以生存的种种智能和做人的道理，使国民明白生存的目的，养成伟大的人格，学习丰富的技能，无论受完哪一级教育，都有入社会求生存的本领，如果是采用一种所谓士大夫的教育，使国民受到教育的时期越长，而求生的本领越少，这不独是不合政治的要求，尤其不是目前湖南的需要。"根据这一理念，他一再指示各级教育机构，要注重教学的实用性，倡导良好学风，改善教学教法，强调"如有违反现代教育方法，以学校为商业化者，均应报府严办"[31]。除此而外，薛岳还在社会上大力推行尊师重教的风气。1940年，在省政府的支持下，长沙各界在省党部大礼堂举行尊师会，以弘扬中华民族在这方面的优良传统。

湖南省政府对教育的重视和推动教育发展的有力措施，使得学校教育质量得到了空前提高。1940年到1945年国民政府教育部举行过6届全国专科以上学生学业竞赛。在前三届竞赛中，湖南高校学生荣获甲、乙、丙各科目第一名的就有9人。1943年11月，岳云中学学生李传稼获得全国中学生论文竞赛高中组冠军。

作为人民精神生活的重要组成部分，文化事业担负着传承民族精神和宣传抗战的重要任务。薛岳把他作为教育的补充，给予了足够的支持，湖南的文化事业空前繁荣。1938年底，长沙有报刊80多家。长沙大火后，一些报刊陆续迁往西南地区。面对这种局面，薛岳领导下的湖南省政府积极改变报刊集中于长沙的局面，向全省推开，同时给他们出主意，帮助他们调整版面，解决纸张紧缺的问题。这些措施不但遏制了湖南报刊数量的下滑势头，还有所发展。到1941年9月，湖南全省的报刊数量达到了94家，有近70个县市办有报刊。[32]同时，湖南的无线广播事业也开始起步。1939年11月12日，湖南广播电台开始播音，标志着湖南新闻现代化道路上的一个重要里程碑。

除新闻事业外，戏剧舞台也是一个活跃的地方。随着战争的持续，大量外地剧团涌入湖南，与本地文艺团体结合，在湖南省政府的支持下，深入农村，深入基层，创作和演出了《新儿女英雄传》《保卫大湖南》《国家至上》《明末遗恨》等一大批深受人民群众欢迎的作品，不仅丰富了群众的文化生活，还宣传了不屈不挠的民族精神，号召人民投入到抗战的洪流中去。

薛岳主湘期间，整个湖南省的出版业和发行业也很活跃。1943年10月，仅长沙一地就有书店和印书馆20家。1940年12月，薛岳还决定续修省志，通令各机关、学校、民众教育馆及各公私图书馆将有关资料和文献制表上报，以便征用。"自古有盛事修史"的说法，在战乱年代，还能进行如此浩大的文化工程，殊为不易。在省政府的影响下，一些县市也进行了地方志的编修工作，其中刘宗向主编的1941年版《宁乡县志》以其体例完备、叙事翔实被广泛推崇。

第五节 卫民之政

作为一名军人，薛岳在执政过程中念念不忘军事。卫民之政就是湖南省政府行政过程中的军事方面。薛岳认为："卫民工作，如果做得不好，则生、养、教都不容易谈到。"㉝所谓"卫"有两层含义，即抵御外侮以卫国和维持治安以卫民。薛岳所提卫民之政"三要"是指：整理警察、整理地方团队和调整兵器。

抗战中后期，日寇兵力有限，无法占领中国西部地区，便派遣大量特务及汉奸进入大后方及共产党领导的抗日根据地从事破坏活动，利用民族矛盾、阶级矛盾和封建会道组织挑动叛乱，加上湖南本身匪患猖獗，湖南的治安形势相当严峻。

与治安形势的日趋恶化形成鲜明对比，湖南的保安团队却在减少。抗战前，湖南省有20多个保安团，后来由于抗战扩军的需要，其中一部分保安团改编为正规军。到1939年，薛岳就任省主席时，仅留下11个保安团了。在湖南很多地方，保安团队被当地豪强当作私人的工具，肆意扩充，官兵素质低下，贻害地方。为此，薛岳下大力气对保安团队进行整顿，上任不久即裁撤了一个保安团建制。1941年，他又将这10个保安团改编为18个保安大队（次年又改称警察大队）。湖南10个行政督察区各配一个大队，余下8个大队位于交通要道机动部署。同时，对作战不力，以公肥私、玩忽职守者予以严惩。1943年11月，第8行政督察区专员兼保安司令顾家齐因土匪打进永顺县城一事，被薛岳以"防范疏忽"为名撤换。这些措施大大提高了保安团队的战斗力。仅从1939年到1941年两年间，各保安团队在清剿土匪过程中共毙伤、捕获、俘虏及接收投诚的土匪达6118名。㉞

除保安团队外，薛岳也重视警察队伍的建设。截至1941年底，全省共有县警察局72个，官警18501人。到1943年底，全省有派出所1310个。㉟由于警察均在当地招募，素质不佳。针对这一情况，薛岳做出如下规定：各县警察局的等级按各县人力、财力需要而定，若须扩充，应呈报省政府核定；部分乡镇如需设立警察，应由警察局在县市长督同下招募、培训和分派，乡县长不得私自任用亲朋故旧，滥竽充数；警察的选用，应商请当地归属的军管区司令部转饬各师管区在征兵配额内选拔素质优良的人担任,并准其抵补兵役正额;警察待遇必须提高至与正规军官兵相等。1943年2月,薛岳又指示民政厅厅长陶履谦整顿警察队伍,要求:"警察局及其干部应选用优秀之警官、学生及团政班学员充任。"㊱

不过,保安团队和警察毕竟是非正规武装,对付小股散匪还成,对付大股土匪就有些力不从心了。1942年秋,日寇扶持的封建会道组织同善社利用黔东地区官民矛盾,策动暴动,组织武装攻打地方政府和驻军,受影响范围涵盖湖南境内的晃县、凤凰等地。1942年春,湘西土匪瞿伯阶与彭春荣两部合股,次年又与四川土匪杨树臣部联合,兵力达万余人,横行湘鄂川黔边区,对抗国民政府。对于这些武装,薛岳的湖南警察部队多次出动清剿,都遭到顽强抵抗,损失惨重。第8行政督察区保安副司令赵崇炬等阵亡。针对这个情况,薛岳不得不报请国民政府出动正规军,与地方警察、自卫团队相互配合进剿。1940年9月,国民政府在龙山县成立鄂湘川黔边区清剿总指挥部。此后,剿匪取得了明显成效,枪毙了益阳土匪曹明阵,消灭了尹树生、杨国熊、陈宗藩等几十股土匪,并击溃了彭春荣、瞿伯阶、杨树臣等部。薛岳去职后,国民政府在继续以军事施压的同时,辅以招安和收买手段,软硬兼施,彻底解决了彭春荣、瞿伯阶、杨树臣一伙土匪。

抗战期间,湖南治安不好的一个重要原因就是枪支泛滥。湖南以其地理位置,自古为兵家必争之地,自民国建立以来,湖南更成为军阀混战的重要战场。军阀部队中士兵逃亡现象层出不穷,导致大量枪支散落民间。为了防止这些枪支落入土匪和汉奸手中,薛岳下令清查公私枪支,统一登记烙印,对合法的枪支使用者发给证照,以便于管理。到1945年7月止,全省共登记公私枪支48074支,均分别打上烙印,并发给使用者相关证明。㊲同时,为了加强地方治安,薛岳下令将剿匪过程中缴获的武器登记后,交给各区县留用,以加强地方警察和自卫队武力,维护治安。据统计,从1939年2月到1945年6月,经湖南省政府批准交给各区县留用的缴获武器有:轻重机枪189挺,步枪5600支,手枪525支,子弹17949发。㊳

到1943年,湖南大部分地区土匪嚣张气焰遭到沉重打击,汉奸的破坏活动也多数得到制止,治安明显好转。这无疑是历史对薛岳卫民之政的肯定。

然而,很多政策都有两面性。在国民政府限共、熔共和反共的总方针下,薛岳把反共作为了卫民之政一项重要内容。1939年6月,平江惨案发生。之后,薛岳与军统、中统合作，推行党化教育，取缔中共在湖南的组织，逮捕共产党人，迫使湖南的中共组织转入地下。在短短半年时间里，全省共产党员的数量就从约5000人下降到3300余人，减少了30%以上。[39]除此而外，薛岳还出动军队打击中共部队。1942年夏和1945年初，新四军5师14旅和八路军南下支队先后进入湘鄂赣地区。薛岳指挥第九战区部队对之进行阻击和进攻，并破坏了八路军南下支队南下广东的计划。在抗战大敌当前的情况下，国共两党同室操戈实在让人遗憾不已。不过，薛岳在这个时期反共，并不是缘于私仇，主要还是出自对共产党的成见。事实上，他当时还与一些共产党人保持着良好的私人关系，其中就有与他号称"三同"（即同窗、同乡、同袍）的新四军军长叶挺。在1941年初的皖南事变中，叶挺被第三战区俘虏。薛岳听说这事后，与第四战区司令长官张发奎联名致电蒋介石，要求善待这位曾与他们一起出生入死的挚友。

第六节 管民之政

对于管民之政，薛岳是这样解释的："政府要好好地管理人民，才能达成生、养、教、卫、用的任务……对于整个的民众，更要加以管理，这就是组织民众。我们晓得，管理与组织，是相辅相成，并行不悖的，人民没有组织，政府将无从管理，政府不能好好地管理与指导，人民组织的力量，也将无从发挥。"[40]为此，薛岳提出了管民之政的"三要"：一是健全政治组织，即各级政府；二是健全军事组织；三是健全社会组织，包括党（团）组织和各种职业团体组织。其中，健全军事组织和各种职业团体组织与卫民之政和养民之政息息相关。在实施推行养民之政过程中，湖南省政府支持成立了大量的行业协会、学会等职业组织，指导和管理各行业的发展。至于健全军事组织一事，我们已经在介绍卫民之政中提及，这里不再赘述了。我们下面主要介绍的是各级政府和党、团组织的建设，亦即行政机构的系统化和制度化建设。这是薛岳最为关注的一项政治工作。

1939年薛岳开始主政湖南之时，经过何键和张治中的大力整治，全省吏治已经大为好转。薛岳接任之后，继续前任的政策，大力推行政治革新。到当年8月，省第一届临时参议会成立，并颁行了一系列规章制度，如《各县行政人员奖惩暂行办法》《各县办事细则》《各县乡镇公所办事通则》等。这些法规的颁布实施，使全省各级政府的各项工作有法可依，逐步走上了正轨。在此基础上，薛岳重点抓了以下几项工作：

一、惩治贪腐，整训干部

抗战初起之时，湖南经过两年的相对和平时期，官场渐趋腐败，县一级官吏怠于政务，贪污、争权夺利、赌博之风盛行。为此，张治中公布了《关于惩治文武公务人员贪污暂行条例》，规定贪污3000元以上者判处死刑或无期徒刑，并枪毙了侵吞大量公款的新化县税务局赋税主任车衡和卸任的华容县财政局局长张作典，惩办了大批玩忽职守的官员。薛岳上任后继续执行张治中的政策，澄清吏治，向各级政府官员提出了8点要求：服从命令、尽忠职守，遵守纪律，严守秘密，不营私舞弊、不贪赃枉法，公正严明，亲爱忠诚，好学力行，知耻有勇。对于贪官污吏，不留情面。1940年3月，薛岳以长沙县县长田蔚、卸任的湘潭县县长王纶贪污杀人和倚权勒索，下令将二人枪决。株洲镇商会及各界人士纷纷致电替王纶说情，但薛岳一概不允，于4月15日在耒阳执行枪决，并以省政府名义发布告称：此为惩治贪污之借鉴，为严明纪律立一法威。此后，铁肩队总队长彭道全、沅江县军事科科长李若旭、书记韩士贻也因勒索壮丁被判死刑。面对贪官，薛岳从不讲什么同乡和朋友之情。有一次，有人告他的同乡、第九战区秘书长谢又生涉嫌贪饷，薛岳立即将其拘禁审查。后查知谢遭人诬陷，薛岳亲自前去抚慰。1942年，中央一位大员举荐的广东籍衡阳县县长蓝渭浜和邵阳县县长赖希如被查实贪污，薛岳立即下令撤职查办，并批示："今后广东人不再当湖南县长。"[41]薛岳雷厉风行的反贪作风让贪墨之徒人人自危，官场风气大变。

惩治贪污只是针对那些贪官，而不能解决人浮于事的问题。相当多的干部当一天和尚撞一天钟，得过且过，大大降低了各级政府的行政效率。这就要求必须对干部进行整训。薛岳上任不久，即成立了湖南干部训练团，负责轮训各县县长、县佐治人员、乡镇长、保甲长。通过调训，共选任县长28人，培训合格的乡镇长2266人，保甲长30603人，乡镇副大队长1775人，军官1600余人。[42]经整训合格的有关人员，除少数坚决要求辞职、挽留不住或不称职者外，基本上都被录用。同时，薛岳还规定，各县佐治人员不随县长的进退而进退，从而稳定了干部队伍，避免地方官员培植私人势力。

为了鼓励各级公务人员清正廉洁，勤于政事，薛岳还建立了所谓"养廉"奖金制。从1942年起，湖南省政府对全省公职员工，在年终发工资时，按每月每人的工资数目，加发相当于六个月工资的一次性"养廉"奖金，在湖南省银行和湖南贸易委员会每年盈余中拨出资金支付。

二、注重干部选拔和政绩考核

为政之要在选贤任能，特别是各级干部的选拔，关系到省政府政策的推行。因此，薛岳对此格外重视。他首先抓的就是县长的选拔。1940年10月19日，湖南省政府按照国民政府颁布的《县长考试法》举行了第一次县长考试。薛岳兼任湖南省县长考试委员长，并亲自面试考生。到11月18日，全省县长考试揭榜，在应试的800多名考生中，录取18名，均授予县长之职。㊸此外，薛岳对一般行政人员的选拔也极为用心，特别注重专业化和年轻化。有一次，省农业试验所所长一职空缺，垂涎者如云，其中有位退役的资深将领入选呼声最高。省府人事处特在呈报给薛岳的签呈上强调此人是陆大毕业。不料，薛岳看后，马上予以否决，并批示："我不管他陆大、柒大、捌大，我要他懂得农业。"㊹隔日，他选派一名农学院教授担任此职。由于薛岳和省人事部门在干部选拔上的严格把关，各行政部门的人员结构也趋于合理。据1942年10月省政府统计室统计，省府及直属机关（包括各行政督察署），共有工作人员3162人。其中，26—30岁的年轻人有756人，占总人数的23.9%，56岁以上的仅25人，只占不到1%。他们的学历构成为：留学生44人，大学毕业459人，专科毕业284人，中等学校毕业1537人，军警学校毕业328人，小学毕业31人，各种训练班结业489人。而1941年省政府统计的全省75位县长的平均年龄仅38岁，其中留学生和大学毕业生达到22人，占总数的29.3%。㊺由于大量社会精英进入政府，湖南各级政府的行政水平大为提高。

干部选拔出来了，要保证效率，还必须对他们的日常政绩进行考核。在这方面，薛岳要求极严。1940年3月，薛岳亲自致函各县县长限期书面回答25项政事（包括县政府的组织是否健全？地方散匪肃清否？地方有难民、伤兵若干？赈济医治情形如何？县长每月有无15天时间在乡工作等）执行情况。同年5月14日，湖南省政府第110次常会通过了修正后的《湖南省各县县长考绩办法》。6月，又通过了《湖南省各县办事细则》《湖南省各县乡镇自治实施方案》《湖南省各县乡镇公所办事通则》等文件，要求各县及乡镇严格遵照执行，以作为考核各级官吏的主要依据。1943年初，省政府根据既定规程，对全省县长进行了一次全面考核，其结果为：记大功者1名，记功者10名，嘉奖者16名，记大过者2名，记过者1名，申诫者8名，减薪者5名，其余的为合格。[46]像这样的考核举行过不止一次。这些考核和落实奖惩，促使各县县长及其他各级官员尽忠职守，不断提高工作质量。

三、健全机构，提高行政效率

随着抗战形势的发展，薛岳越来越感到湖南省政府的组织结构不适应抗战形势的需要。因此，他在任期间，对各级行政机构进行了大刀阔斧的改革。

首先是精简省县级机构，将民训指导处、抗战统一委员会及军管区军训处等机关合并，成立湖南省抗战动员委员会，薛岳亲任主任委员。1943年1月，根据省政府第四次扩大行政会议决定，省政府只保留民政、财政、教育、建设4个厅及秘书、会计、警务3个处；赈济委员会只保留名义，不设职员；其余机构并入现有各厅、处。不久，为了加强对电信业的管理，省政府又决定将全省电话和无线电业务合并，成立省电信局，隶属建设厅。同时，薛岳对县级行政机构进行了规定，县长以下分民政、财政、教育、军事、地政、社会、建设、粮政8个科，各设一科长，加上主任秘书与会计主任，其余职位和机构精简，并要求对各县县长的兼职由原来的24种减为8种。

其次，加强乡镇和保甲基层组织。薛岳认为，在行政组织的系统中，"最重要的是直接管理民众的保和甲，无论社会建设、政治建设和其他一切建设，都要从保甲着手"[47]。但是，薛岳对保甲组织的状况却不满意。由于保甲制度不健全，一般的政令推行只能到县，最多到乡镇，保甲无法做乡镇到民众间沟通的桥梁，因而一般民众无法了解政府的政策，以至于许多政策的推行困难重重，往往有名无实，甚至弊端丛生。薛岳着力加强保甲建设。1941年9月15日，省民政厅下达《各县、乡（镇）公所及保办公处编制经费调整标准表》，规定每保设保长1人、职员6人、警丁1人，每月经费按甲乙丙三个等级分别为50元、40元、30元，均由各县财政从营业税、屠宰税等项目中筹措下拨，各保不得自行摊派，防止各保干部扰民。保长一般由当地乡绅担任，不领薪俸。这样，保甲编制和经费有了规范，促进了保甲建设迈向正轨。从1943年开始，湖南省政府根据国民政府《健全县以下组织案》的要求，完成了整理保甲的工作，并要求各保定期召开保民大会，选举乡镇长及乡镇代表会代表。

在加强保甲制度的同时，薛岳也着力完善乡镇行政机构建设，不但确定了各乡镇人员编制和经费，还发动各乡镇成立乡镇代表会，规定：乡镇代表会代表由民众选举产生，每保选举2人，任期两年，可连选连任。代表会设主席1人。乡镇代表会有议决乡镇财政收支、自治规约、乡镇公有财产及公营事业的经营和处分事项等以及选举或罢免乡镇长、县参议员之职权。乡镇代表会和保民大会的成立增强了湖南人民的民主意识，在很大程度上改变了过去土豪劣绅操纵地方事务的情况。

四、组训民众

为了抗战的需要，薛岳上任后，积极推进组训民众的工作，先后颁布了《民众组训实施办法》、《民众组训教育计划》等文件。省政府从1939年8月开始调查适龄壮丁，随后着手训练。薛岳要求每保每期训练10人，每年全省计划训练30万人，并发动高中学生利用假期去各县帮助组训民众。各行各业的民众，都在受训之列。学习的内容有《抗战建国纲领》等国民党及国民政府的政策、蒋介石等人的讲话等，动员受训者立足本职、服务抗战，并进行基本的军事操练，告诫他们如发现汉奸或有嫌疑的人，即行报警。这些组训工作不但提高了各级民众的民族意识和基本素质，还让抗战思想深入人心，实际是对全民进行的抗战精神动员，从而使抵抗日寇入侵成为全省人民的共同行动。

在大力推行政治机构建设的同时，薛岳加强了湖南党团和省政府一体化建设。1939年1月，薛岳接到湖南省主席的任命后，就打起了控制省党部的主意。他根据国民党中央调整党政关系案所规定的省党部"主任委员得由中央委员充之"[①]的规定，要求国民党中央改组湖南省党部执行委员会。是年冬，薛岳得以以国民党中央委员的身份出任省党部执委会主任委员。但此时，湖南省党部由陈果夫和陈立夫的CC系控制。薛岳感觉自己的施政受到CC系掣肘，如处决王纶一案，地方上抗议甚烈，背后就有CC系的影子。

正好，此时朱家骅接替陈果夫担任国民党中央组织部长。于是，薛岳求得朱家骅的支持，利用各地三青团的力量打击CC系，免去李毓尧、陈大榕、萧逢蔚、刘岳厚等CC系成员的省执委委员之职，控制了省党部。同时，薛岳又组织"精忠报国团"，以加强自己的政治实力。CC系对这些都极为不满，以避免形成割据势力为名，挑动国民党中央通过军政分治的决议，要求军事将领不得兼任地方行政长官。在这种情况下,被视为薛岳后台的陈诚迫于压力,于1941年10月致函薛岳,劝他辞去湖南省主席一职,专任第九战区司令长官。薛岳一看来信就火了:第九战区在第二次长沙会战中的表现受到多方指责,他正坐在火山口上。陈诚在这个时候提出要他辞去湖南省主席一职,不是火上浇油吗?遂致电蒋介石,以"处境困难,决心引退"为由,要求辞去"本兼各辞"[49]。陈诚知道捅马蜂窝了,立即复电劝阻。薛岳哪里听得进去,表示去意已决。陈诚一时也束手无策。就在这个时候,日军进攻长沙。薛岳忙于作战策划,才把这事搁置下来。第三次长沙大捷让全国人民欢欣鼓舞。薛岳兴致颇高。陈诚趁机旧事重提,致电薛岳,要他体谅蒋介石"于人事上之困难",并征求他的意见。[50]这时,薛岳也对国民党中央的情况有所耳闻,知道未必是陈诚的意思,便先后向他推荐罗卓英和王东原作为继任湖南省主席候选人。而这时,蒋介石已决定罗卓英调第三战区,而王东原知道薛岳厉害,推辞不就。1942年4月,军委会在重庆召开的参谋长会议,薛岳趁此机会派参谋长吴逸志前去晋见蒋介石,探察要他辞去省主席的主意是否出自蒋。蒋介石当即表示慰留,这事才算告一段落。

从此以后,薛岳集党政军大权于一身,湖南党政矛盾尖锐的情况得以渐渐消弭,使薛岳的政策得以顺利推行。

第七节 用民之政

抗日战争的本质是人民战争,只有动员起全体人民参加战争,才能取得最终的胜利。这就是薛岳在解释"用民之政"时说的:"(用民)就是用来保卫国家民族,使国家民族日趋强盛,子孙万代,得到悠远的生存……"[51]用民之政有六要:一是积极改善兵役,二是积极整训国民兵,三是积极组训国民兵战时任务队,四是积极组训党员,五是积极组训团员,六是积极组训各种职业团体。其实,这六条归根到底就三个方面,兵役、劳役和物资征用。

抗战期间,湖南地处前线,战斗频繁,加上湖南又是人口大省,兵役相当繁重。当时,大后方是几个县设一师管区,师管区以下设国民兵团,每个县的县长就是国民兵团团长。县以下为乡镇大队,乡镇长就是大队长。乡镇以下为保队甲班,保长甲长就是队长、班长,保甲中每一个在18岁到45岁的男性都是国民兵。哪1个师有缺额，就从相应的师管区抽调国民兵补充部队。湖南全省仅10个行政督察区，就有12个师管区，可见老百姓负担之重。为了加强国民兵团的组训工作，省政府和省临时参议会颁布了《国民兵团各级部队组织规程》等文件，规定征召国民兵入伍须按行政区域依次征集入营，册籍分明，番号固定，一旦发现徇私舞弊者，严加查办。

同时，省政府还规定国民兵须定期训练，训练的内容为：在精神方面实行党化教育，灌输"三民"主义、军人读训和国民公约等；在技术方面，则主要训练军事基本动作和步枪与刺刀使用方法。为了加强对国民兵组训，省政府在各地建立了军民合作站。

对征召国民兵的方法，薛岳提出："应当按照年龄，以40—45岁的征起，次征36—40岁，次征26—35岁，再次征18—25岁者。逐渐由壮而少，不但兵力越战越强，且可长久保持民族的生命力。"另外，他还指出："接兵手续应按兵役机构的层次，逐层交接，不准军队直接下乡索兵，更不准强拉抵补"，以免扰乱征兵秩序，祸害百姓。㊵

薛岳治湘期间，湖南的征兵政策取得了明显成效，从1939年7月7日到1942年5月底，全省共征募壮丁1320629人，占全省人口的4.5%左右，已经是相当大的数字了。㊶

战时劳役分为军工、民工两部分。按照薛岳的解释，"军工是运用人民之力，来做国家之事"，如运输部队辎重、运送伤员、修筑国防工事等；"民工是运用人民之力，来做人民之事"，如整修道路、修堰塘、建粮仓等。㊷抗战期间，这两个方面动用的数量都很庞大。据统计，仅在第三次长沙会战中，参加支前的民众就高达20万人以上，主要承担运输辎重、运送伤员、破坏道路等工作。至于民工方面的征用，也是一个不小的数字。从1940年12月到1944年，湖南驿运处就征用民间车辆高达2500多辆，征用民船达1万多艘。㊸这从一个侧面反映了湖南人民为了抗战的胜利做出的不可磨灭的贡献。

抗战期间，由于战争的巨大消耗，政府对民间物资的征用的数量也相当大。抗战期间，湖南提供的军粮就达每年1000万担。㊹薛岳毕竟是农民出身，也知道人民的疾苦，因而在征用民间物资的过程中尽量考虑节省民力。对于征调物资，他要求有关部门尽量不要无偿使用，要体恤人民，按照法令付款。同时，薛岳多次申报国民政府对遭受水旱灾害和受战争严重破坏的地区减免税收、减少物资征调。

综上所述，尽管有这样和那样的不足，薛岳在主政湖南期间也算政绩斐然，不仅为抗战的胜利打下了坚实的基础，还为湖南的现代化进程做出了不可磨灭的贡献，也让我们看到了这位军人政治家爱护百姓、疾恶如仇的政治品格。

第十章

南浔受降

1945年夏，随着法西斯德国投降，同盟国集中兵力向日本发起了最后的进攻。日军在战场上节节败退，陷入四面楚歌的境地。7月26日，中、美、英三国联合发布《波茨坦公告》，敦促日本无条件投降。8月6日和8日，美军先后在广岛和长崎投掷了两颗原子弹。8日，苏联对日宣战，百万苏联红军随即攻入中国东北，外强中干的日本关东军一溃千里。10日，八路军总司令朱德向八路军、新四军及中共领导的敌后抗日武装下达对日寇大反攻的命令，揭开了中国敌后战场大反攻的序幕。8月14日，日本天皇发布"终战诏书"，宣布投降。8月15日，国民政府外交部正式接到日本致中、美、英、苏四国投降电文。中国人民终于迎来了抗日战争的伟大胜利。

此时，薛岳正在筹划乘赣江追击战胜利之余威进复南昌。当收音机里传来日本正式颁布的敕令时，屋里屋外一片欢腾。顿时，烟花满天，桂东这样一个山区小县城像过节一般。薛岳也加入了这个欢庆的行列。不过，兴奋之余，一股沉沉的忧伤涌上心头。后来，他在回顾那时的心情时写道："倭寇相侵，兵连八年，全国军民，牺牲于残暴之下者，不知凡几，财物损失，尤不可

1945年9月9日，在南京中国陆军总司令部大礼堂举行日本侵略军投降仪式。图为中国陆军总司令何应钦接受日本侵华军总参谋长小林浅三郎递交投降书。

数计,为有史以来惨烈空前之战争。回溯既往,瞻念将来,实予吾人以惨痛教训,而应深资警惕者也。"①

8月18日,蒋介石电令薛岳为第九战区受降主官,率所部及73军负责接收南昌、九江地区日军11军的投降。8月31日,薛岳向日军11军司令官笠原幸雄中将下达"九字第1号备忘录",命令驻南昌、九江地区日军听从第九战区司令长官部的指挥,维持地方秩序,释放同盟国被俘人员,妥善保管辖区内一切设施、物资、武器和交通通信工具等。同时,电令58军军长鲁道源兼任南昌前进指挥所主任和南昌区受降主官,先期进入南昌,设立前进指挥所,接收南昌、涂家埠间地区日军投降;新3军军长杨宏光为九江区受降主官,接收九江、永修、德安、星子、瑞昌一带日军投降。

9月1日,1集团军副总司令孙渡奉薛岳之命由上高出发向樟树镇前进,指挥南昌、九江地区受降。2日,鲁道源遵命在樟树镇成立南昌前进指挥所。次日新3军进入九江,开始接收投降该地日伪移交的设施和物资。9日,南昌前进指挥所进入南昌,10日,鲁道源在南昌成立接收委员会,随即召开了为期三天的受降预备会议,并开始接收南昌地区日伪军移交的武器弹药、交通通信工具、卫生用品、粮秣等军用物资。同日,薛岳率第九战区司令长官部由桂东向吉安、南昌开进。14日,笠原幸雄在南昌向薛岳的代表鲁道源正式递交投降书。15日,位于南昌、安义的日军独立步兵7旅团开始向58军缴械。19日开始,奉命在九江集中的13师团、58师团和独立混成84旅团、22旅团、87旅团陆续向新3军缴械。24日,薛岳抵达南昌,受到南昌各界热烈欢迎。薛岳代表国民政府和第九战区致辞慰问南昌民众。随后,薛岳开始巡视日军缴械情况,听取受降部队的报告。

看着敌人的缴械,对薛岳来说本是一件很惬意的事情。可是,不看不知道,一看吓一跳。薛岳到基层一了解,心里顿时凉了半截。南昌地区日军已于22日完成缴械,58军尚在清点过程中。有人反映,在接收过程中,58军上上下下大肆索取日军物资,贪污成风。首当其冲的是军长鲁道源。他一到南昌就住进了中正大桥东边靠河的一幢精致的洋房,里面的陈设大多是从日本人在南昌设立的洪都招待所搬来的,还有从日军那里收缴来的古玩和名人字画,价值连城。薛岳在南昌入住的简陋洋房与之相比,就相形见绌了。此外,有人报告,新10师28团团长黄兴周,强取大量日军物资,声名狼藉。因此,薛岳即派上校参谋徐树民前去接替黄兴周的职务。但薛岳万万没想到,鲁道源亲自出面维护黄兴周,坚决不同意撤换。两人闹得不可开交。薛岳本想上报中央撤鲁道源的职，但这时蒋介石刚把云南省主席龙云赶下台，需要安抚滇军，根本没人理睬他。薛岳无奈，只好作罢。

这还不是最恶劣的。薛岳到南昌后，不断有南昌市民到长官部告状。短短几天内，长官部收到的诉状达1000多张。里面全都反映，58军军官到处霸占民产。58军给很多金店、百货公司的老板扣上"汉奸"帽子，派所属军官接收。市面上甚至流传着"胜而不利，宁给日本人杀，不给五十八军扎"的顺口溜。有人更是直言不讳地说："58军是土匪队伍。"薛岳气愤不过，把鲁道源找来，对他说："子泉（笔注：鲁道源的字），此次我派你到南昌代表我受降，使敌人的军团长在你面前低头，这是你一生当军人最光荣的事。可是你进了南昌不维持军纪，被南昌的人民目为土匪，这比打一个败仗还羞辱些。"鲁道源挨了一通训，很不高兴，回去拿搬运家具的庶务副官发泄了一番。②此后，鲁道源自恃有中央维护，再也不去见薛岳了。薛岳一点办法也没有，只能一个劲地骂鲁忘恩负义。

在九江地区受降的新3军的混乱情况，比起58军来有过之而无不及，一点不让薛岳省心。这里濒临长江，又是南浔铁路终点，历来是水陆交通中心和赣北物资集散地，又是日军兵站要地，囤积了大量作战物资。而奉命集中此地缴械的日军有两个师团和3个独立旅团，共63000余人。因此，油水不比南昌少。对于接收人员的心思，日方早已明了。为了讨好接收人员，他们除造册登记的物资外，尚多交3%到5%的现货，留给接收人员做上下打点之用。这样一来，新3军上上下下，贪污受贿成风。军长杨宏光、183师师长余建勋等伙同部下大肆贪污、倒卖接收物资，新3军各级军官几乎人人有份。其中，183师547团2营营长李宗培在安义日军仓库中接收了的棉花、布匹、粮食等运往奉新、高安出售，所获钱财连同从日军那里收缴来的几十两黄金和一部分银圆，一并交给余建勋。余除了分一部分给李作为奖赏，其余全部中饱私囊。后来，东窗事发，李宗培当了替罪羊，被陆军总司令部关进了汉口大牢，余建勋却毫发无损。9月下旬，薛岳接到蒋介石急电："新3军裁撤整编，军部及新12师裁撤，183师拨归58军建制，限3天整编完毕，不得延误，致于军令。"③薛岳看机会来了，立即转令执行，并下令新3军军部和新12师并入183师，同时做出如下布置：孙渡率1集团军副总司令部开进九江接管全部接收事务，99军接替新3军在九江附近防务。这以后，九江方面的接收工作才开始好转。

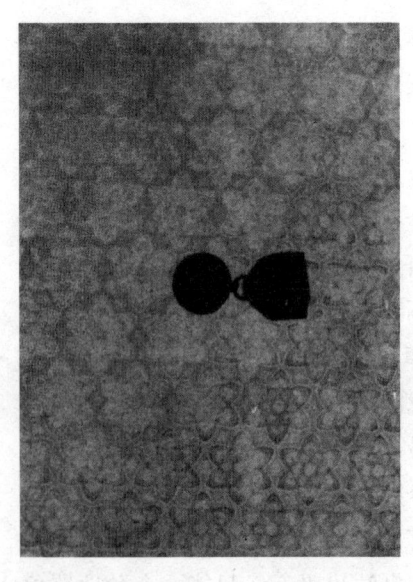

薛岳获美国政府所赠自由勋章

由于开始受降以来,99军一直在跟八路军南下支队和湘北土匪作战,部队颇有损失,没有得到补充。因此,薛岳电令183师将其从日军那里接收的12门九四式山炮中拨8门给99军。183师一直拖着不给。到11月,该师奉调安徽桐城。99军军长梁汉明派人追到桐城索要。余建勋实在说不过去了,方才遵令拨付。

11月,58军奉军委会命令调防安徽。这下,薛岳和南昌人民总算能轻口气了。送走了这帮"瘟神",薛岳在抗战中的使命就彻底结束了。通过这次受降,他看到了国民党腐败已极。联想到八年来他耳闻目睹的围绕着金钱和权势的明争暗斗,他知道国民党已病入膏肓了。以孙中山忠实信徒自居的他已经看不到实现自己理想的希望了。失望之余,他解散了第九战区司令长官部,准备举家迁往上海闲居。当时,内战在即,蒋介石当然不甘心让这位威名赫赫的将领赋闲,便派行政院长宋子文前去挽留,并委以山东省主席兼济南绥靖主任,允诺作战地区由薛岳自划。但是,薛岳对宋子文说:"请你报告委员长,军人以捍卫国家为天职,今抗战已胜利,强敌已投降,似已完成职责,我想解甲归田,闭门思过。自淞沪之役请缨杀敌以来,一片忠诚,唯天可表。个人绝不求功爵名位,亦不计生死得失,但求精忠报国而已矣……八年抗战侥幸勉无陨越,不敢再恋栈任何职位。但期是非还诸天地,恩怨归于穹苍,解甲还乡,能以余生闭门读书,即以愿足矣!"④宋子文遂将此话转告蒋介石。蒋介石还不死心,把薛岳召到重庆,亲自慰留。但薛岳去意已决,蒋介石也只得准其辞职。

第十一章
徐州"绥靖"

第一节 出镇徐州

抗战胜利后,随着民族危亡局面的缓解,国共矛盾再度尖锐起来。1945年8月10日,日军即将投降的消息刚一传出,国共两党就分别命令各自所属军队积极行动,在日伪军控制区展开受降,不可避免地发生了冲突。中国最富庶的华东地区,更成为双方争夺的焦点之一。国民政府先下手为强,在日本投降后的几天之内就派长期在华东敌后作战的忠义救国军联合反正伪军,抢先控制了南京和上海。8月下旬开始,国民党军主力陆续抵达京沪地区,并不断向在浙东及京沪地区的新四军进攻。新四军被迫北撤。

初步控制京沪地区后,华东国民党军开始将注意力北移。10月初,第10战区副司令长官李延年指挥12军和骑2军接管徐州,而后又沿津浦线迅速北上,于10月11日进占济南。可是,

三人军事小组组成:左起国民党中央执行委员张群、美国总统特使马歇尔、中共中央书记处书记周恩来

山东和苏北中共力量很强,为了阻止国民党军继续北进,组织强大兵力对沿津浦线北进的国民党军和附近日伪军发动了大规模反击。经过三个多月激战,中共军队先后攻占了枣庄、滕县、峄县等地,切断了津浦线。徐州、济南、临城等据点国民党军完全陷于孤立。1946年1月10日,国共双方在美国的调停下,宣布停战,各停止于现有态势。

停战令生效后不久,国民政府成立徐州绥靖公署,任命顾祝同为主任,统一指挥苏鲁地区国民党军。顾祝同到任后,积极调整部署,增调兵力,抢占国共的中间地带,力图改变徐州地区的不利态势。而他的对手华东中共军队也以牙还牙,双方冲突不断。据不完全统计,停战半年时间里,国共双方在华东地区冲突就有近千次之多。一直到1946年5月,国民党军在徐州地区的态势仍没有丝毫改善。顾祝同渐渐丧失了信心,跑回南京向蒋介石诉苦。蒋介石知道他的这位心腹爱将已尽全力了,也不好责怪他,就决定调顾祝同回南京担任陆军总司令。这样,徐州绥靖公署主任的位置就空出来了。谁愿意去四面受敌的孤城接这个烂摊子呢?蒋介石又想到了薛岳:薛伯陵这人率直,虽一度亲共,自从1927年底的广州起义转向反共以后,在长达18年的时间里,与中共多次交锋,结怨甚深。他当闲官不干,反共打仗,比谁都积极,召他一定能来。

于是,蒋介石电召薛岳来南京。见到薛岳以后,他恳切地说道:"顾墨三(笔注:即顾祝同)在徐州指挥,无法开展,多少部队为共军所包围,由各方情况显示,共军已有南渡长江的企图。"①蒋介石说完这些话,顿了顿,满心希望他眼前这位百战名将受到他的感染,满怀激情地站起来向他说些"誓死完成任务"之类的豪言。可薛岳一声不吭。蒋介石这才发现他完全猜错了薛岳的心思。

其实,这时薛岳对"剿共"已失去了信心。自从抗日战争爆发以来,特别是通过抗战胜利后的受降,薛岳就看出国民政府已腐败透顶,积重难返了。同时,他又认识到自己的死对头共产党获得中国广大群众的拥护,兴起之势已不可阻挡。因此,薛岳格外沮丧,曾有意无意地向部下表示,现在打共产党,不是一件容易的事,甚至还私下里主张:"以山海关以界,把东北交给共产党,共产党的共产主义做关外,国民党的三民主义做关内,公平竞争。"②

看着薛岳的犹疑,蒋介石有些急了,便加重了语气:"共军如一旦渡江,你虽闲居上海,亦不可能,为了国家的存亡,你非到徐州接替顾墨三不可。"③话已说到这个分上了。薛岳只好从命,于1946年5月前往徐州,就任徐州绥靖公署主任,指挥华东国民党军与中共军队周旋。

"山雨欲来风满楼",此时国共两军虽表面上处于停战状态,但都在加强战备。战争一触即发。

第二节 内战爆发

1946年6月,随着国共双方剑拔弩张的局面不断加剧,国共间的军事摩擦愈演愈烈。7日,山东解放军以"讨逆"为名,发动大规模攻势,经10天作战,消灭敌军32000余人,控制了大片地区,进一步孤立了济南。14日,解放军晋绥和晋察冀两个军区向国民党军第二战区控制的晋北地区发起攻击,连克朔县、山阴、繁峙等地,直逼大同。26日,在国民党军郑州绥署优势兵力的压迫下,解放军中原军区被迫开始突围。至此,全面内战正式爆发。

内战骤起出乎很多人的意料。当时,国共都还没有完全准备好。双方的部队都还没有完成整编,中共对抗战胜利后新占地区的统治尚未十分稳固,而国民党军大量部队还在奔赴前线的途中,形势也错综复杂。就徐州绥靖公署方面而言,胜负仍难预料。表面上,作为政府军,国民党军占据了很大的优势。在装备上,国民党军明显强于解放军。国民党军的整编师一般都配有师属炮兵营和旅属炮兵,拥有至少8门山、榴、野炮,部分精锐部队还配有大量汽车;而解放军的装备以轻武器为主,重炮极少,就连华中野战军的头等主力1师也只有1门山炮,汽车更是屈指可数,无论从机动能力还是火力上都大大弱于国民党军。在数量上,徐州绥靖公署拥有48个旅(师)约45万人,加上地方部队,兵力在60万人左右;而与之对阵的解放军华中军区、山东军区全部及晋冀鲁豫军区一部,兵力也在五十到六十万人之间。单从数字上看,国共两军兵力大体相当,可国民党军大多为精锐的主力部队,几乎都经历抗战历次重大会战的洗礼,战斗力甚强;而共军地方部队居多,大都是刚从游击队整编而成,游击习气很重,战斗力不强。不过,与这些优势相比,国民党军所面临的不利因素更多。抛开民心士气、国民党军内部的腐败和派系斗争不谈,仅从纯军事角度看,国民党军的很多弱点就足以置之于死地。

第一,所辖地区被解放区分割,支离破碎。徐州、济南、青岛、临城等重要城市处于解放军的战略包围之中,异常孤立。第2绥靖区、第1绥靖区、第8绥靖区及徐州总部处于分离的状态,几乎无法相互策应。

第二，部队尚未完成整编。抗战胜利后，国民政府对国民党军进行了大规模整编，裁撤了大量严重缺员的部队，并将军改为整编师，将三团制师改为两团制整编旅，同时还加强了各整编师直属部队的力量。可由于到内战全面爆发时，华东国民党军还未完成整编，一部分部队（如第5军）仍采用军的番号，建制非常混乱，给国民党军的指挥、后勤和情报工作带来了很大的麻烦。

第三，兵力部署迄未就绪。到1946年7月，内战在华东地区全面爆发时，国民党军仍有大量部队尚在开赴战场的途中，像整74师、整11师、第5军200师这样的精锐部队都没有进入作战准备位置，一线部队的战力参差不齐。更有甚者，由于大部分部队处于移动之中，很多旅、团因其与上级机关分离，只得在作战中临时配属他部。而国民党军的固有矛盾使得很多部队的主官对配属给他的部队掌握困难，经常不是下面不听指挥，就是联系不上，使得各部在作战中协同极差，易被解放军各个击破。

第四，国民党军指挥系统庞杂、混乱。内战开始时，华东国民党军的指挥系统非常混乱。第一、第二绥靖区虽归徐州绥靖公署建制，但薛岳对其只有战略指导之权，不能干预其具体的战役指挥。而像整25师、整74师这样的精锐部队，虽处战场附近，可调动权却操控于远在南京的国防部之手，非经国防部同意，前线军事主官包括薛岳本人都无权调动这些部队。而国防部远离战场，对瞬息万变的战局反应相当迟钝。很多时候主持前线战局的军事主官要求调动这些部队，须与国防部反复协商，等这些部队到达战场，黄花菜也凉了。更为严重的是，国民党军高层经常越级指挥部队。有时，蒋介石作为最高统帅，甚至插手团级部队的调动，致使一线部队常受到多头指挥，无所适从。

第五，国民党军的情报能力大大弱于解放军方面。在八年抗战中，中共在全国范围内建立了效率颇高的情报网，其情报人员几乎渗透到了国民党军的每一个重要部门，甚至国民党军很多高级将领，如整46师师长韩练成、第3绥靖区副司令官何基沣、张克侠等都与中共暗中联系，更有甚者，有的已成为中共地下党员。虽然薛岳反复要求部属做好保密工作，但面对无孔不入的中共情报系统，国民党军仍然无能为力。同时，解放军对国民党军前线部队的电台监听和战场侦察方面也掌握了大量行之有效的办法。国民党军的行动很难逃过解放军的耳目。很多时候，国民党军的战役准备还没有就绪，其作战计划就被解放军高级将领得知。与之形成鲜明对照，国民党军搜集情报的能力低得让人吃惊。在内战大部分时间里，国民党军只能依靠前线部队和空军的战场侦察获取情报，很容易被假象所迷惑，如盲人瞎马，对解放军的动向和企图只有靠前线部队和高级将领的主观判断。在这种信息单向透明的情况下，国民党军作战的难度可想而知。

为了应付这样不容乐观的局面，薛岳着实费了一番筹划。经过反复斟酌，他定下了以击溃华东解放军为主要作战目标，并以有力一部配合郑州绥靖公署部队打击冀鲁豫方面的解放军的决心。为达到击溃华东解放军的目的，缓解徐州绥靖公署严重不利的战略态势应为当务之急。于是，他决定，在冀鲁豫方面暂取守势，以主要兵力攻击两淮、山东和苏北。基于这样的设想，薛岳制定了《第一期绥靖计划》，企图夺取淮南、淮北和胶济铁路，解除解放军对南京、徐州、济南、青岛等重要城市的威胁，改善徐州绥靖公署的防御态势。④

作战计划出台后，薛岳报经国防部同意，于1946年7月4日下达给所属部队。华东国民党军各部随即开始积极准备，预计于7月11日完成准备，12日开始进攻。但出人意料的是，一个偶然事件却延误了国民党军进攻时间。薛岳下发作战命令后，一直惴惴不安，生怕泄密。据第1绥靖区司令部办公室主任罗觉元回忆，薛岳亲手将第1绥靖区的作战计划交给他和第1绥靖区司令官李默庵时，特别强调："你们回到司令部再拆开，要绝对保密。"⑤可不知何故，这个计划还是被泄露出来。7月11日，调停中国内战的美国特使马歇尔从情报部门那里得到了第1绥靖区的作战计划，马上去找蒋介石，当面质问他是否有进攻苏中解放区的计划，并出示了国民党军的作战计划。蒋介石非常难堪，不得不命令华东国民党军推迟进攻时间。因此，徐州绥靖公署所属各部均不同程度地推迟了进攻时间。而就在这个关键时刻，中共方面得到了国民党军即将进攻的准确情报，抢先下手。7月13日，解放军华中野战军主力突袭宣家堡、泰兴。华东战事进一步升级。

由于第1绥靖区部队尚在进攻准备阶段，对于解放军的突袭准备不足，驻守宣家堡和泰兴的整83师19旅两个团遭到了很大的损失。后虽因第1绥靖区及时调整部署，以主力在华中野战军侧后采取攻势，迫使解放军撤出两地，但是，这次战斗让薛岳看到了华东解放军强大的战斗力。他意识到，要想取得战争的胜利，必须尽快歼灭解放军华中军区主力，因此，有必要重新审视第一期绥靖计划。经过反复斟酌，薛岳认为，国民党军作战意图已经泄露，解放军已做好了作战准备，在这种情况下，第一期绥靖计划具有严重缺陷：首先，国民党军采用四处出击、齐头并进的作战方针，各路之间间隔过大，相互策应困难，而且参与进攻的每一路国民党军兵力都不大,一般都仅以一个整编师为一路,给解放军提供了集中兵力各个击破的机会。其次,各路国民党军齐头并进,无法利用解放军战线过长的弱点,有正无奇,即便在作战中击溃解放军主力,也难于达成全歼。而根据第一次国共内战的经验,中共军队的恢复能力是相当强的,如果不能打成歼灭战,解放军会迅速得到补充,这样战争旷日持久,夜长梦多。因此,必须采取灵活的作战方式,充分利用解放军战线过长、兵力不足的弱点,打击解放军的要害。基于这样的考虑,薛岳制定了一套颇有创意的作战方案,欲利用解放军在华东一带的兵力配备南北两头重、中间轻的特点,将华中作为主要攻击目标,以第1绥靖区牵制住位于苏中地区的解放军华中野战军主力,第2绥靖区牵制山东解放军主力,集中华东国民党军主力10个整编师突击华东解放军虚弱的腰部——淮北及陇海线东段地区,以期攻占联结中共山东与华中两根据地的唯一通道新安镇——沭阳,将解放军的华东战线拦腰切断,从而包围解放军华中军区主力,而后集中第1绥靖区及徐州绥靖公署直属部队主力围歼被围解放军。为实施这一方案,他于7月18日下达了《徐州绥靖公署作命第三号》(即第二期绥靖计划)⑥。这一计划成了薛岳在此后半年中指挥作战的重要依据。

客观地讲,薛岳第二期绥靖计划的设计不可谓不精巧,构思不能说不周密。但是,解放军高层也非等闲之辈。他们也在积极行动,以弥补华东解放军在态势上的弱点。薛岳要达成第二期绥靖作战的目标并非易事。

第三节 淮北第一期作战

7月18日,薛岳亲自指挥徐州绥靖公署直属部队及第8绥靖区各部开始向淮北发动了第一期攻势,以期打破解放军对徐州的围困。按照第一期绥靖计划,薛岳把津浦路以东地区作为主战场,以一个整编师(军)为一路,分4路向淮北解放区进攻。这个攻击部署与国民党军在其他方面的作战部署大同小异,而国民党军所面临的对手远比其他方面强大得多。7月20日,解放军山东军区司令员兼新四军军长陈毅即根据毛泽东的命令率山东野战军(简称山野)2纵、7师、8师共5万人,南下淮北。加上原来在淮北地区的华中野战军9纵(简称华中9纵)和华中军区一部,参加淮北作战的解放军兵力在10万以上。在其他方面,国民党军因各部队之间配合不力，遭到解放军的各个击破，吃了大亏，薛岳会不会也在淮北翻船呢？不少当年也和红军交过手的国民党将领都不免为薛岳捏了一把汗。

可是，薛岳却有自己的一番道理：毛泽东在描述解放军军事思想时有"伤其十指不如断其一指"的说法，就是说，解放军在作战中应当优先考虑集中兵力全歼一路或一部敌人。而这次薛岳将进攻津浦路以东地区的6个旅（师）13个团分成三路，每路之间都留有一定空隙。这就给解放军造成了国民党军相互之间策应困难的印象，诱使其集中主力攻击其一路，从而使其他方面的防御变得空虚。而国民党军在抗战中抵御日军狂攻时练就的"铁头"还是够硬的，只要行动谨慎，注意侦察，遇到解放军主力及时转入防御，凭借坚固的工事和充足的弹药，国民党军不会轻易被缺乏重武器、攻击力不强的解放军击败。一旦受攻击的这路国民党军拖住解放军主力，其他两路国民党军就可以乘虚推进，陷当面解放军于完全被动的地位。

果然，国民党军进攻开始后，陈毅将山野主力集中于陇海铁路沿线，企图歼灭由徐州沿铁路向东进攻的左路国民党军整28师。针对这一情况，整28师奉薛岳之命，分兵驻守要点，深沟高垒。解放军一时找不到下手的机会。与此同时，中路和右路国民党军整69师和7军172师则乘机击破解放军华中野战军9纵（简称华中9纵）等部的阻击，相继攻占灵璧、渔沟、朝阳集、双沟等地。解放军淮北津浦铁路以东的根据地岌岌可危。

就在这时，整69师师长梁汉明却犯了一个严重的错误，给了陈毅机会。他命令60旅开赴双沟，接替预3旅之防务。这样一来，位于朝阳集一带的92旅就显得孤立突出。陈毅看到这一情况，抓住战机，急率部连夜南下淮北，并调华中9纵北进，企图集中所部主力山野2纵、7师20旅和华中9纵向朝阳集、双沟突击，围歼整69师。可整69师对此一无所知，特别是92旅，麻痹轻敌，到朝阳集后只修了一些简单的野战工事。27日凌晨，解放军2纵以迅猛的动作向朝阳集发动进攻。92旅措手不及，损失惨重。副旅长冼盛楷、参谋长刘立身均负重伤。薛岳得报，立即命令驻渔沟之92旅276团2营向朝阳集外围夹击，预3旅在庙山圩的一个团转到双沟策应，位于双沟的60旅向朝阳集出动策应。同时，他看到淮北解放军主力云集于朝阳集、双沟一带，判断泗县、五河方面解放军兵力空虚，急令位于灵璧的172师即向泗县攻击前进，而令驻曹老集的171师512团一部进攻五河，以为策应。可此时，渔沟、双沟也受到华中9纵和山野7师20旅优势兵力的攻击，无法应援。92旅处于孤立无援的境地。到28日中午，92旅实在支持不住了，被迫突围。据解放军战后统计，是役国民党军伤亡5000余人。⑦

92旅溃败后，薛岳严令60旅固守双沟，预3旅全力支援。而解放军亦集中山野7师20旅和华中9纵猛攻该处。到30日，解放军攻击毫无进展。而这时，国民党军右路的7军进展顺利，已连克泗县、五河，威胁解放区的腹地。陈毅见攻占泗县的172师主力孤立突出，而双沟附近已无隙可乘，乃电请中共中央和华中分局同意攻打泗县。但毛泽东和中共华中分局均以7军较强为由，加以劝阻。就在中共方面对下一步行动计划举棋不定时，双沟方面的战局发生了很大变化。31日夜，薛岳指挥预3旅和60旅对围攻双沟的解放军实施内外夹击。鏖战至翌日拂晓，解放军后撤，双沟之围遂解。这次战斗失利后，陈毅见歼灭中路国民党军的时机完全丧失，遂定下了攻歼172师的决心。8月2日，陈毅下达了夺取泗县的作战命令：山野8师与华中9纵3个团主攻，山野2纵、7师负责打援、切断泗县与灵璧国民党军的联系。8月4日，解放军主力奉命开始向泗县转移。于是，战役的焦点又转移到了7军方面。

薛岳得知解放军主力南调泗县的消息后，立即通知7军军长钟纪。7军随即加强泗县、灵璧和五河防御，准备应战。8月7日夜，解放军山野2纵、8师和华中9纵，同时向泗县、灵璧一带国民党军阵地发起攻击。国民党军172师顽强抵抗，并不时组织反击。由于连续多日的暴雨使环绕泗县城的五条大小河流水位暴涨，解放军的重炮不能及时运达战场，严重阻碍了解放军的进攻。双方激战至9日夜。解放军伤亡很大。担任主攻的8师一部尽管已攻入城内，却无法继续向前推进了，其退路也被国民党军切断。坐镇睢宁葛楼的陈毅见再不结束战役，将攻击部队撤下来，8师攻进泗县的部队有被围歼的可能。于是，他果断做出决定，停止攻击，并命令9纵77团一部接应8师撤出战斗。命令很快下达到解放军的攻击部队。各部遂冒着国民党军的猛烈炮火，开始阵前撤退。国民党军乘胜出击，解放军损失惨重。到10日拂晓，解放军全部撤离泗县及其附近地区，泗县战役结束。

泗县战役是全面内战初期，华东战场的一次重要战役。在这次战役，解放军以10个团的绝对优势兵力，围攻国民党军孤立无援的2个团，竟被打跑，并且部队伤亡在3000人以上，主力山野8师元气大伤。从此，解放军在淮北战场上步步后退，国民党军掌握了这一地区的战略主动权。

为了策应津浦路以东作战，薛岳又指挥整58师、交警2总队击破解放军华中第8军分区，攻占了淮北津浦路西地区，暂时解除了解放军对徐州的直接威胁。

到8月中旬，国民党军在淮北战场取得了全面胜利。同时，第2绥靖区、整33军和19集团军也从山东战场传来捷报，华东解放军对徐州、济南、青岛等重要城市的威胁得以完全解除。看来，徐州绥靖公署第一期作战已取得了圆满成功。薛岳把自己的攻击矛头转向了华东解放军的中心城市，有"华中京都"之称的淮阴了。可就在这时，徐州的西面却出现了重大危机，迫使薛岳暂时停下了前进步伐。

第四节 陇海战役

正当薛岳的注意力集中于华东战场时，在他的侧翼，也就是徐州的西北面，刘伯承和邓小平率领的解放军晋冀鲁豫野战军主力正厉兵秣马，准备执行中共中央的南线战略，出击陇海线。此时，陇海线的防务，分由郑州和徐州绥靖公署负责。而郑州绥靖公署的大部分兵力还在湖北和河南地区参加"围剿"解放军中原军区的部队，徐州绥靖公署的主力也在与华东解放军鏖战之中。像整11师、5军200师、整75师这样的主力部队都还没有到达前线。在从开封到徐州长达千里的陇海铁路线上，担负守备任务的国民党军只有战斗力不强的整68、整55师及一些地方部队，力量相当薄弱。

8月10日夜，解放军晋冀鲁豫野战军集中三个纵队和冀鲁豫军区一部分两路秘密通过陇海线北侧国民党军的30公里防御纵深，向陇海线兰封到黄口之间的国民党军据点发起突袭。陇海线沿线守军麻痹大意，对解放军的行动一无所知，因此，解放军进攻时，守军大部猝不及防，损失严重，尤其是郑州绥靖公署所属的陇海线河南段。到12日，兰封县城及李庄、柳河、野鸡岗、罗王等车站相继为解放军所攻占。最令国民党军难以容忍的是，正在乘火车赶赴徐州途中的国民党军战车第6连和整11师所属18旅的直属工兵、卫生队等在毫无防备的情况下，10日夜于兰封附近被解放军截住歼灭，11辆坦克和大量装备成为解放军的战利品。

与此同时，徐州绥靖公署尽管损失没有郑州绥靖公署那么大，也同样受到了很大冲击。10日夜，由解放军晋冀鲁豫野战军7纵、冀鲁豫军区独立旅和第

3军分区部队在华中第8军分区的配合下,向黄口、砀山攻击。守备砀山、黄口间铁道的国民党军保1纵队司令孙良诚得知本部受到解放军优势兵力的攻击,立即向徐州报警。薛岳获悉徐州西面受到解放军攻击后,大吃一惊,解放军的行动大大出乎他的预料,完全打乱了他原先的计划。早在7月下旬召见先于部队抵达徐州领受任务的整11师师长胡琏的时候,他就合盘托出了自己对徐州西北地区攻势作战的设想:首先集中主力兵团猛力北攻,肃清津浦线上的解放军,解除临城、兖州等孤立据点的包围,使津浦路全线通车,肢解中共冀鲁豫解放区。预定整11师即使用于该方面。另以一部担任交通的维护,并肃清徐州外围的中共武装,确保徐州的安全。战略上采取主宰战场先发制人的方针。会谈中,薛岳为增强胡琏的信心,又重点分析了解放军的防御态势:晋冀鲁豫军区主力在黄河北岸的邯郸大名,其一部7纵在黄河南岸鲁西南地区;山东地区的解放军,主力正在苏北与国民党军酣战,一部在津浦线上围困国民党军各据点。据此,薛岳给胡琏做出了一个非常乐观的预测:"在这种情况下,乘虚蹈隙,突然发动进攻,必操胜算。"⑧可是,这话说了还不到20天,晋冀鲁豫解放军就先于国民党军行动了。根据情报,他们的战争准备都还没到位啊!部队的整编、物资的储备、后方的动员,这些都需要时间啊!薛岳满心狐疑。不过,他毕竟是久经战阵的老将,懂得浪费时间意味着什么。于是,他下达了作战命令:保1纵队应确保黄口、砀山间铁道沿线各要点;整88师新21旅迅速向西增援;整11师118旅旅长高魁元指挥所部及18旅之一团于8月12日拂晓车运黄口,自东向西,循铁道向砀山外围"进剿";整11师18旅旅长覃道善率该部被阻于兰封附近的一个团及整55师之一个团,由归德自西向东循铁道向砀山外围进剿。同时,又命令5军尽快完成在宿县的集结,及早投入陇海作战。命令下达后,整11师和5军加速向指定地域集结,新21旅亦遵命向黄口疾进。可还没等国民党军部署就绪,解放军7纵等部就攻占了砀山,徐州西面受到严重威胁。

薛岳得知这一消息后,并不惊慌。此时,整11师(欠53团)已抵达黄口、杨楼,次日即可向砀山前进。徐州西面的安全已没有什么可担忧的了。于是,他命令新21旅将黄口防务交给整11师,而后向北进攻,利用解放军后方空虚之机,攻占沛县,并掩护整11师侧翼。13日,整11师开始进攻,一路排除解放军的袭扰,进逼砀山。

就在这时,河南方面战局发生了很大变化。8月10日夜,郑州绥靖公署主任刘峙接到陇海沿线遭到攻击的报告后,立即命令各守备部队就地抵抗,并从其他方面调兵增援。战局逐渐逆转，解放军先后围攻民权、睢县等城不克，并于柳河集、瓦岗、杜良砦、鄢陵等地作战不利。16日，根据薛岳的命令，5军开始由宿县向西出击。而郑州绥靖公署的援军也大规模向开封、新乡集结。这些情况让刘伯承紧张万分：战局继续拖下去，自己将陷于国民党军郑州和徐州两大重兵集团的东西夹击之中，到那时，解放军的整个出击部队将进退不得，完全处于被动地位。于是，他不得不考虑加快战役的进程。是日，刘伯承命令正在砀山附近与国民党军整11师主力作战的7纵主力驰赴柳河集，支援3纵，围歼给3纵造成严重伤亡的国民党军181旅（欠1个营）。翌日，7纵遵命行动，于20日协同3纵向柳河集进攻。战到次日夜，181旅终于抵挡不住占绝对优势的解放军的反复攻击，旅长米文和率残部在29旅和豫保3纵队的支援下突围退往宁陵。然而，刘伯承这种"拆东墙、补西墙"的措施却使解放军东面的防御严重削弱了。薛岳趁此机会，指挥5军、整11师和整58师等部在徐州以西展开强大的攻势。到8月下旬，先后夺取了永城、夏邑、砀山、沛县、丰县等地，重创解放军华中第8军分区和冀鲁豫第3军分区部队。

22日，刘伯承鉴于国民党军东西夹击之势已成，而自己的补给线也被驻守考城的国民党军74旅等部切断，再战不利，遂命令部队撤出战斗。郑州绥靖公署部队遂跟进追击，连克曲兴集、兰封、杨集等地，解了民权、考城等城之围，于24日恢复了河南方面的战前态势，并积极准备乘机攻入晋冀鲁豫解放区。

策应郑州绥靖公署方面作战，打通陇海线，薛岳于8月24日开始指挥第5军、整11师和新21旅乘胜追击，先后攻占了虞城、马牧集、丰县等地，并将不久前起义的原国民党军苏鲁豫皖边区18纵队司令蒋嘉宾部全部缴械。到8月26日，战役结束，解放军对徐州的威胁完全解除。接下来，薛岳就可以集中绝大部分精力组织实施对华东解放军的决定性战役（淮阴战役）了。

第五节　毒箭穿心

战前筹划

薛岳通过淮北第一期作战和陇海战役，攻占淮北大片土地，解除了解放军对徐州的威胁，从而打破了毛泽东在内战爆发前制定的南线战略，使国民党军渐渐逼近了华中解放区的中心区。到8月中旬的后几天，陇海战役大局已定，薛岳开始筹划进攻华中解放区的首府淮阴了。在此之前，他已做了充分的准备。为了加强进攻实力，薛岳征得国防部同意后，将整74师、7军171师和整26师41旅调到淮北津浦路以东战场，使该区域的国民党军兵力增加到了12个旅（师）。而这时，位于淮北的解放军山野主力虽在淮北第一期作战中遭到重创，可仍然保有相当实力，泗县战役后又利用几天的休整，补充了大量兵员，战斗力基本恢复。薛岳算了算陈毅手里有25个主力团，加上在高邮、宝应等地休整的6旅、13旅，共30个团，在兵力上仍然与国民党军旗鼓相当。这样一来，薛岳格外小心了，攻占淮阴这样有重兵防守的要地，还得以巧取胜。不过，这时他还不完全清楚解放军的部署情况，必须先投石问路。17日，薛岳根据自己的设想，下达了战役的第一步作战命令：以第8绥靖区司令官夏威为右翼兵团总司令（后为徐州绥靖公署副主任李延年），指挥整69师、74师和7军担任主攻，进攻睢宁、宿迁、皂河镇、高作等地；以第3绥靖区司令官冯治安为左翼兵团总司令，指挥整28师、59师、77师、51师进攻碾庄圩、宿羊山圩、车辐山圩等地，以牵制当面解放军，掩护右翼兵团侧翼；第1快速纵队为战略预备队。

作战命令下达后，各部纷纷开始作战前准备。而同时，国民党军统帅部对攻占淮阴的作战也格外重视。8月19日，国民党军参谋总长陈诚亲自到徐州与薛岳召集军事会议，专门商讨进攻淮阴的作战计划。在会上，薛岳提出了自己的设想：首先按照17日下达的命令国民党军攻占宿迁、睢宁、洋河镇等地，打开通往淮阴和沭阳的门户，并摆出一副进攻沭阳的架势。沭阳是解放军由苏北退往山东的必经之地，这样的要地解放军不能不争，必然将主力部署于沭阳一带，待解放军将注意力全部转移于沭阳地区后，淮阴的防御就空虚了，国民党军以主力由洋河镇或宿迁向淮阴突击，同时以有力一部掩护主攻部队北面、阻击解放军主力南援。此外，为保证主攻方向的进展，位于苏中的第1绥靖区和位于徐州东面的第3绥靖区必须牵制住当面解放军，不使其向淮阴增援。这样，淮阴唾手可得。这个计划周密细致，得到了与会国民党军将领的一致认同。于是，会议决定照薛岳的意见制定作战计划。作战方针定下来了，谁来担任主攻呢？薛岳自然心中有数。早在8月初，整74师师长张灵甫来徐州受领任务时，薛岳就向他讲明，徐州绥靖公署的下一个作战目标就是攻占淮阴，并指出："这次我用'毒箭穿心'战术以74师直取淮阴。"[①]这下整74师的立功机会又来了。张灵甫顿时心花怒放，连连点头称是。军事会议结束的第二天，他还不放心，又把张灵甫找来，语重心长地嘱咐道："我的作战计划——挖心战术，只有你师才能完成这个任务，你们进军行动要神速，钻到淮阴，出其不意，将共军军部所在地淮阴拿下来。沿途小股敌人，能吃掉的则吃掉，不能解决的派适量兵力把它监视起来，不可迟滞主力的行动。"⑩张灵甫遂领命而去。8月21日，国民党军新的进攻又开始了。

进陷宿迁

8月21日，7军和整69师、74师依计划分由泗县、双沟、庙山圩、单集等地向睢宁合击，很快占领了新集、大李集、朝阳集、魏庄、大王集、占山集、古邳镇等地。这时，陈毅发现进占大王集的国民党军为整69师一部，兵力薄弱，当即命令山野2纵与华中9纵强袭大王集，怎奈国民党军齐头并进，相互间距很小。而解放军只有两个纵队，既无法分割大王集守军，又无力阻援，只得停止进攻。这一仗使陈毅认识到，在当前的情况下，就是歼灭国民党军一部也无可能。于是，他命令华中9纵牵制迟滞当面国民党军，掩护主力东撤休整待机。但是，解放军华中9纵毕竟寡不敌众，只得节节抵抗，步步后退，于27日下午放弃睢宁。而后，薛岳又指挥国民党军乘胜猛追，于29日占领埠子镇、宿迁和洋河镇。到9月1日，国民党军右翼兵团顺利完成了战役第一阶段的作战任务。而解放军方面，尽管主力未损，担负掩护任务的华中9纵却受到一定打击，并在连续后撤中被弄得异常疲劳。

为了策应右翼兵团的进攻，国民党军左翼兵团亦于8月21日开始进攻。由于这个方向上没有解放军主力部队，国民党军的进展迅速，在短短的3天时间内，先后攻占了耿集、碾庄圩、车辐山圩、燕子埠等地。正当左翼兵团总司令冯治安命令部队向台儿庄进攻之时，淅淅沥沥的秋雨阻止了他们的前进。到9月1日，雨停了，国民党军恢复进攻。整59师、77师在密集的炮火掩护下渡过运河，向台儿庄猛攻。守军依据有利阵地与之对战。双方激战到次日中午，守军不支，北撤。国民党军遂克台儿庄及其北面的板桥、马兰屯。

台儿庄丢了，解放军重要的燃料生产基地枣庄就危险了。坐镇临沂的解放军山东军区副司令员张云逸感觉到了这种威胁。正好作为山野南下支援淮北第二梯队的1纵途经临沂，他便命令1纵停下来保卫临沂。而在鲁中，胶济线上解放军各部队正受到第2绥靖区的巨大压力，更无力南援。因此，解放军山东战场与华中战场就分离开了，这样不利的局面一直持续到1946年底。

奇袭淮阴

9月初,在完成了进攻两淮的第一步作战计划、占领进攻出发地后,薛岳出人意料地命令部队停了下来。他通过观察发现,从8月21日到现在,解放军主力并没有受到真正打击。因其在逐步后撤的过程中得到了一定程度的休整,实力非但没有下降,反而有所增强。而在国民党军方面,原计划用于主攻淮阴整74师主力尚在宿迁,作为战役预备队的整28师还在鲁南,兵力分散,态势不利于发动新的进攻。据此,他得出结论:现在就强攻淮阴不是一个明智的选择,必须运用谋略,以智取胜。于是,他命令:整69师主力守备宿迁,并频繁调动,摆出向沭阳进攻的架势;7军在洋河镇附近泗河上架桥,做出要在泗阳与解放军决战的姿态;整74师从宿迁秘密南调,隐蔽于7军后面。

国民党军各部遵命开始行动后,整69师和7军的动向为解放军山野指挥部知悉。陈毅对国民党军的调动困惑不已:薛岳到底想攻哪里呢?根据最近得到的情报,薛岳的进攻目标是淮阴。可为什么在距淮阴最近的洋河镇只摆了个7军呢?要知道,那支部队可是桂系的起家部队。他和桂系首领白崇禧又是冤家对头,能信得过让7军打主攻吗?想来想去,陈毅越来越觉得薛岳要进攻淮阴的情报不可靠。于是,他把眼光转向了北面的沭阳。那是从苏北去山东的必经之地,如果丢了,在淮北和苏中作战的解放军主力的退路和补给线就会被国民党军切断,后果不堪设想。而根据此前的战场侦察,薛岳将国民党军的头号精锐整74师摆在离沭阳不到50公里的宿迁。陈毅认为,这明摆着要进攻沭阳。不过有通过可靠渠道得到的情报在,陈毅对自己的判断也没有十足的把握。于是,山野司令部于9月4日致电中共中央及华中军区提出三个作战方案,要求讨论:第一案,北移沭阳,迎击东进之整74、69师,此案可保持鲁南的联系,但只能留华中9纵守泗阳、众兴集,力量不够;第二案,就地出击洋河,攻击7军两个师,估计要拼消耗,不合算;第三案,留现地待机。在电文的最后,陈毅提出自己的意见:执行第一案。⑪毛泽东认为陈毅的分析有理,同意了他的意见。于是,陈毅于7日下达作战命令:"本军为便于新的机动,打击可能由宿迁进犯沭阳之敌,或向南打击可能由洋河进犯淮阴之敌,决以主力转至泗(阳)、沭(阳)、宿(迁)县属地带隐蔽待机。"⑫具体部署是,华中9纵到泗阳以南,山野7师到大兴集、2纵在新集、8师位于渔沟。实际上,陈毅将大部分主力用以对付沭阳方向之国民党军,只留下久战疲惫的华中9纵看守淮阴的门户泗阳。

这样的部署正好中了薛岳的圈套。

9月6日，薛岳看到解放军举棋不定，知道他的谋略要成功了，遂下令以7军和整74师、28师、69师组成苏北绥靖军，由李延年担任总司令，于9月11日开始向淮阴推进。其部署为：7军由洋河镇首先攻占泗阳、众兴镇，而后固守泗阳城，并向来安、渔沟镇佯攻，钳箝制运河北岸的解放军主力，掩护担任主攻的整74师的侧后安全；整74师由埠子集出发，尾随7军隐蔽向泗阳前进，待7军攻占泗阳、众兴镇后，超越7军，向淮阴、淮安突击；整28师（欠80旅）为预备队，推进到洋河镇、仓集一带待命。

李延年

就在国民党军按照薛岳的命令开始调动、准备进攻淮阴之时，解放军内部还在为国民党军的主攻方向争论不休。以粟裕、谭震林为首的华中野战军首脑根据从国民党军内部获得的情报判断薛岳的进攻目标是淮阴。因此，他们得知陈毅将山野主力北移、准备做保卫沭阳的部署后，立即致电陈毅及中共中央，要求山野主力南下，保卫淮（阴）泗（阳）。陈毅对此并没有在意。通过几天来的侦察，解放军并没有发现洋河镇方面国民党军增兵的迹象。这更坚定了他对国民党军进攻方向的判断。因此，他于9日致电粟、谭及中共中央："淮北敌情正在变化中，7军已南移灵、泗、睢、宿地区，由蒋军接替，现再看数日，如蒋军由宿迁东进，我军及时出击，或在宿迁、沭阳、新安之间歼敌，或西攻睢、宿地区，保证可以改变战局，如是，沭阳、两淮及鲁南均不致引起突变。"同时，他指示："粟、谭部队仍以打下海安，争取休整，相机转移为好。"⑬毛泽东收到陈毅电报后，当即复电，对陈毅的判断深表赞许。同时指示粟裕所部主要任务是休整，打不打海安可按实际情况决定。粟裕得到中共中央的命令后，遂复电陈毅并中共中央，提出"刘邓军大捷，军长率部亦准备出击，淮北战局开始好转，两淮危险大减。因此我们仍决定继续攻占海安，以争取苏中万余人参军补充"，海安得手后，休整一段时间，"再北移或西攻"⑭。粟裕的建议很快得到了中共中央的同意。这样一来，山野的注意力于沭阳、宿迁方面，而粟裕所部全力则攻击海安，泗阳、淮阴的防务就变得薄弱了。

10日，薛岳侦知解放军山野主力北移，立即抓住战机，急令7军提前一天发动进攻。7军得令后，立即行动，当日即攻占了仓集。华中9纵司令员张震接到国民党军开始进攻的消息后，马上上报山野司令部。陈毅得知这一消息，大吃一惊。国民党军进攻淮阴的企图已明。他知道华中9纵的战斗力薄弱，在灵璧连172师都顶不住，更不要说7军全军了。泗阳一丢，淮阴就危险了。然而，如果山野主力增援泗阳、淮阴的话，一旦宿迁国民党军向沭阳进攻，山野主力将腹背受敌，局面就不可收拾。而此时，山野一部已于9日根据他的命令渡过六塘河，准备迎击宿迁东进之国民党军了。根据此态势，陈毅决定改变原计划，命令山野主力移到六塘河，准备绕道进攻古邳镇、双沟、睢宁，企图抢在7军主力到达淮阴之前占领这些地区，威胁国民党军侧后翼及补给线，以迫使7军后撤。不料，9纵在泗阳一带构筑的工事不够坚固，没法挡住国民党军的猛烈攻击。因此7军进展很快。11日，临河集、大兴庄、胡庄、徐大庄相继失守。9纵被迫转移到二线阵地，泗阳告急。陈毅这才发现自己对战局的预测过于乐观，乃急令向六塘河以北转移的山野主力迅速南返，以全力于众兴集、渔沟间分批歼灭当面国民党军。同时，毛泽东亦命令粟裕放弃海安，北援淮阴。可命令才下达到各部队，9纵的二线阵地又被突破。12日下午，泗阳失守。9纵被迫撤退到李口、徐庄、袁庄一带。到这时，尽管战场形势已趋不利，远在延安的中共中央仍然因泗阳地区只发现7军的番号，认为进攻淮阴的国民党军是孤军突进，对战局自然也出奇的乐观。当天，毛泽东致电陈毅，提出围歼7军的意见："你们此次歼击南下之敌，务期必胜，首先只打一个旅，以期速决尽歼，得手后再打一个旅，绝不可同时打两个旅……"⑮可到了第二天，毛泽东和陈毅发现他们失算了。

9月13日，7军击破山野7师20旅，相继攻占众兴集、来安，并在来安一带构筑工事，准备抵御解放军的反攻。同日，整74师也投入战斗，趁解放军担任淮阴方面防守的华中9纵连战受挫，实力受到很大削弱之机，越过泗阳，向南进攻9纵75团防守之李口、徐庄、袁庄、五里庄一带之第二道防线。75团寡不敌众，阵地很快被突破，李口、吴家集等地相继失守。得知整74师参战，陈毅方才恍然大悟——上薛岳的当了。尽管十分懊恼，陈毅此时此刻还是非常清醒：当前的首要任务是保卫淮阴，既然在与薛岳的初战对弈中，先失一着，战役布势已落后于对手了，若后面再有闪失，或许将是致命的。于是，他以山野司令部的名义下达命令：由华中野战军政委谭震林统一指挥9纵、5旅、13旅、6旅18团和淮宝各地方武装，担任保卫两淮（即淮阴和淮安）的任务。同时，他作出部署：山野主力"拟歼众兴犯来安之敌"，而"9纵、18团应固守码头、杨庄一线"，"为防万一，请准备随时能炸破淮阴北大桥"⑯。谭震林领命后，一面从苏中、高邮急调5旅、13旅及淮南军区各部队驰援两淮，一面命令9纵及驻守南新集的18团竭力迟滞整74师前进。可援军各部尚未到达，整74师就突破了9纵和18团的阵地，于15日凌晨渡过运河。在这种情况下，谭震林不得不命令13旅投入战斗，反击河东岸滩头之敌。从上午开始一直到晚上，13旅对攻至杨庄附近的国民党军51旅151团反复冲击达9次之多。部队伤亡近600人。当夜，码头、杨庄地区相继易手。这时，谭震林失去了信心，致电陈毅说反击和坚守均难完成任务。在他的影响下，华中军区司令员张鼎丞也感到形势危急，向陈毅建议：山野除以一部阻止众兴之敌东进外，主力即赴淮阴，以稳定两淮战局。华中方面的意见不能不让陈毅重新斟酌先前作战计划的可行性。不过，他毕竟没有与整74师交过手，还不知道该部战斗力有多强。在他看来，两淮地区已云集了9纵、13旅和6旅等部队，5旅也会很快赶到淮阴，加上淮阴附近的地方武装，兵力上并不居于劣势，如果部署得当，应该能够拖住整74师。而这时，粟裕所部已由苏中兼程来援，将于20日左右到达。到那时，解放军再在淮阴方面组织反攻，有望击溃甚至全歼整74师。那样的话，整个华东的被动局面将彻底改观。为此，山野必须于野战中击溃7军，收复泗阳，切断整74师的退路，以便尔后协同华中军区部队围歼该敌。经慎重考虑，他决定仍按原计划行动，遂一面命令山野主力加紧向渔沟附近集结，一面电示谭震林："请考虑退守淮阴城垣，即令不幸敌突入淮阴，我军能固守淮安，待苏中主力赶到，局面仍可开展。"⑰

可淮阴外围守军的实力并没有他估计的那么强，尽管解放军层层阻击，并扒开了运河大堤，但仍无法阻止整74师前进。17日中午，58旅和51旅的先头部队攻抵淮阴城，与严阵以待的解放军5旅和13旅展开激战。解放军顶着敌人猛烈的炮火，英勇阻击。血战至18日日落，国民党军付出惨重代价，仍未能越雷池一步。

就在解放军华中部队与整74师相持于淮阴外围的时候，陈毅指挥的山野主力到达渔沟附近。薛岳担心其继续南下支援淮阴附近作战，急令位于来安的7军即向渔沟进攻，务必牵制住该部。17日拂晓，7军171师强渡鲍河，向渔沟方向突击。陈毅得知此讯，大喜。通过泗县战斗，他已领教了7军的防御能力，深知要在攻坚战中歼灭和击溃该部都不现实。自来安易手以来，7军停滞于鲍河东岸，修筑了大量工事。山野主力若是贸然出击，一定会碰得头破血流。现在该部脱离既设阵地，正好在野战中围歼之。于是，他迅即集中山野8师全部及2纵2个团、7师20旅1个团向渔沟以西出击，当天即将171师包围于渔沟以西赵庄一带。171师师长刘昉见解放军来势汹汹，知道众寡不敌，遂选择包围圈的薄弱环节，一举冲破解放军的包围退回鲍河左岸。解放军追之不及，仅截歼其少数掩护部队。陈毅见171师退回，知道歼击7军的希望已十分渺茫，遂于次日凌晨命令2纵司令员韦国清率4旅、9旅全部轻装，务必于晚上赶到淮阴。坐镇淮阴的谭震林得知山野2纵即将赶到，大喜。此时，他已接到粟裕通报，获知华中6师先头18旅已接近淮阴，认为危机即将过去，便致电陈毅及中共中央："我们明晚即可转入反攻，首先歼灭敌人之一个旅，而后再歼灭其余部。"⑱可他高兴得太早了。2纵还没来得及行动，7军又出动了。当天一早，171师三个团以迅猛的动作直扑渔沟，先后攻占了渔沟西南及以西之西园庄、汪庄、王家。守备渔沟的21旅61团连连向陈毅告急。陈毅连忙电令2纵停止南调，协同8师及7师一部歼灭进犯渔沟之国民党军。刘昉查知解放军的行动后，立即命令部队收缩于西园庄、王家、汪庄等地，依托村庄修筑工事，就地固守。解放军集中兵力将该部国民党军包围。由于泗县攻坚失利的前车之鉴就在眼前，他们也不敢贸然发起总攻，先作了几次试探性冲锋，均遭国民党军火力阻击，被打了回来。双方遂形成暂时对峙。这时，淮阴方面再度告急。陈毅不得已从渔沟前线抽调部分兵力南援。刘昉获悉当面解放军兵力减少，当即率主力突出重围，向来安方向退去，只留下少数掩护部队依托村落内的部分民房与解放军相持。陈毅见围歼171师的计划完全落空，而2纵又被国民党军掩护部队拖住，无法脱身，只得命令19旅56团速向淮阴驰援。但是，这个决心下得实在太晚了，由于得不到及时的增援，淮阴方面的战局急转直下。

18日夜，粟裕赶到淮阴城内，与谭震林研究战局。此时，他们都不知道渔沟方面的战局已发生变化，仍根据先前得到的消息，决定调整部署，准备于19日晚协同山野2纵和华中6师向攻城国民党军发起反击。不料，次日凌晨陈毅致电谭震林，称：4旅、9旅无兵去两淮。谭震林顿时紧张起来，前线各部正在调整部署，处于攻击准备状态。2纵不来，防线就出现空档。一旦整74师发动进攻，后果不堪设想。果不其然，还没等谭震林对淮阴防务做出新的指示，国民党军攻入淮阴的消息就传来了。原来，这天夜里，国民党军58旅以两个连伪装成解放军混入淮阴南门，并于拂晓前突然向守军发动进攻。守军措手不及，南门失守。国民党军突击营控制南门以后，又抢占了南街部分民房，并以迫击炮对城内射击。城中顿时大乱。58旅主力趁机强渡护城河，于19日清晨攻入城内，与守城的5旅展开巷战。为了扭转不利的局面，谭震林相继调9纵预备队和13旅支援5旅，均未起到任何效果。这时，粟裕已赶到淮阴，见情况严重，感到再打下去只能消耗解放军力量，不可能改变局面，就与谭震林下令放弃淮阴。到黄昏时分，解放军全部撤出淮阴，淮阴城宣告易手。而后，国民党军58旅乘胜追击，一举攻占王营。解放军在撤退过程中，相当混乱，不少部队的建制被打乱。所幸，由于搜索不严，整74师并未发现这一情况，没有进一步追击，而是停下来休整，丧失了扩大战果的机会。

整74师攻占淮阴大大打击了解放军的士气。薛岳乘势命令7军迅速攻占渔沟，以保障整74师的侧翼。20日晨，171师遵命再次向渔沟发动进攻。此时，陈毅已率山野主力向王营、西坝地区转进，渔沟防御力量受到削弱。因此，国民党军没费什么劲就占领了渔沟，并一直追到六塘河南岸。

淮阴、渔沟的失守使中共中央意识到依淮北方面的作战力量，无法在短时间内击溃淮阴方面的国民党军主力，乃于20日指示陈毅、粟裕、谭震林等人："我放弃淮阴后各部主力撤至距敌较远地区休整，以一部扰击敌人，待1师、6师到达之后，待敌分散有机可乘之时，各个歼灭敌人。"[19]据此，陈毅和粟裕相继发出休整命令，并准备撤出淮安。于是，淮安附近的解放军主力开始撤退，只留下6旅和淮南军区部分地方武装担负掩护任务。

解放军将从淮安撤退的消息很快被国民党军获知。21日，整74师所属57旅奉命由淮阴向淮安方向追击，一路突破6旅及淮南军区部队的顽强阻击，于22日占领淮安，为淮阴战役画上了个句号。

战役的得失

淮阴战役是内战初期华东战场上最重要的战役之一。是役，解放军损失严重，仅被俘就达3000多人[20]。不仅如此，两淮易手还彻底改变了华东的战略形势。华中军区政委邓子恢后来一针见血地指出了这一失利给华东解放军带来的严重后果："我们的经济来源全部被切断了，特别是运河的税务问题，我们的一切靠运河来的，现在没有了。清江（淮阴）在政治上也是很重要的，是华中经济、政治上的中心，对国民党有很大威胁，失去了，我们在政治上受到很大损失。"[21]皮定均在日记中更是痛心地写道："今天两淮丢失了，整个苏中、苏北解放区都失去了主动权,大块的地方都变成了游击区。因为在军事上没有重点的地方,把军事上的天然屏障全都丢光了。我们要是有洪泽湖、有高邮湖、有运河,我们就会利用这些天然地形作我们的防御,这些防御任务全部可以交给民兵来担任,而我们还可以放心地在外面作战。在经济上把中心要点和来源都失去了。华中的经济收入全部依靠几条河流,如淮河、运河、盐河、黄河,还有其他很多小河。华中的工业和商业全都在这里,这样一来,工业全部没有了不能供前线需要了。当然这都是暂时的,但增加了战争困难。"[22]而从国民党军的角度讲,占领淮阴就等于扼住了华东解放区的喉咙,只要再向东攻占盐城,就可以将华东解放区拦腰斩断,完全切断苏中解放军与山东的联系,从而逼使解放军集重兵于淮阴附近,造成苏中和鲁南空虚,为而后进攻苏中和鲁南创造了有利条件。至此,薛岳一手策划的"毒箭穿心"战取得圆满成功。

同时,在这次战役中,薛岳很好地处理了各方关系,充分利用国民党军的优势,抓住对手的弱点,将自己在用将和用兵方面的才能表现得淋漓尽致。

第一,选了一个好的主攻目标。淮北第一期作战和陇海战役结束后,国民党军在淮北方面虽有重大收获,可第1绥靖区在苏中的惨败却使国民党军统帅部处于极度不安之中。一旦江北国民党军被完全击溃,粟裕无论西出淮南,还是南渡长江,都会给首都南京造成重大威胁。而薛岳如果直接从淮北调兵南援,势必添油式使用兵力,就犯了兵家大忌,有第1绥靖区的前车之鉴,万不可行。

因此,他瞄上了苏北。苏北是苏中解放军的战略纵深,也是连接中共山东和华中两大战略区的纽带。国民党军若占领了苏北,就包围了苏中。苏中解放军不突围,就只能面临被歼的厄运。而在苏北,有两个攻击目标可供选择,一是沭阳,二是淮阴。前者是华中解放区通往山东的必经之地,是战略要地;而后者则是中共的华中京都,控制着运河交通,具有重大的经济和政治价值。攻占沭阳固然可以切断解放军山东和华中的联系,但因沭阳距山东太近,不仅会引起在苏皖作战的解放军的反击,还会牵动解放军的山东集团。在山东和华中两个方面解放军的南北夹击下,国民党军即便夺取了沭阳,也很难守住。除此而外,沭阳仅仅是一个小县城,其政治和经济价值都无法和淮阴这个解放区中心城市相提并论。所以,薛岳经过与国防部协商,最终把进攻目标选在了淮阴。

第二,选了一个好的策略。由于有国防部直接插手,徐州绥靖公署对第1、第2绥靖区的部队调动不灵,加上解放军晋冀鲁豫军区、两淮及鲁南各部队的牵制,薛岳能直接用于淮阴作战的部队只有4个师(军),不足10万人,要进攻兵力在10万人以上且预设有坚固工事的解放军，硬碰硬强攻肯定不行，必须使用奇谋。为此，薛岳制定了一个"明攻沭阳，实取淮阴"的作战计划。在战役第一阶段，薛岳以中央军攻占宿迁，7军进陷洋河，给陈毅造成了中央军与桂军分开行动的错觉。而在战役第二阶段的准备时期，薛岳又分别令驻宿迁的整69师和驻洋河的7军同时摆出准备进攻的架势，让对手感到，国民党军既可能"北攻沭阳，断其归路"，也可能"南下泗阳，攻取淮阴"，不但隐蔽了整74师的南调行动，还掩盖了国民党军的真实意图，使陈毅错误判断国民党军的主攻方向，造成淮阴空虚，完全达成了进攻的突然性。更为高明的是，薛岳在国民党军开始进攻时，并不急于投入主攻部队整74师，让它隐藏7军后面跟进，等到7军占领泗阳、众兴集后，才命整74师突然超越7军，向淮阴方向前进。这样一来，整74师的出现完全出乎对手的意料，打得解放军措手不及。同时，薛岳知道，国民党军进攻淮阴的企图明了后，在苏中作战的解放军粟裕所部必然北援。因此，他始终没让整28师参战，即使在整74师攻击暂时受阻时，也没有投入整28师和172师主力。由于国民党军保持一支强大的预备队，淮阴易手时，粟裕始终心有余悸，不敢利用整74师立足未稳的机会，命令刚赶到淮阴城下的18旅、56团和华中军区特务团进行反攻，使整74师在城内顺利站稳了脚跟。

第三，做足了牵制方向的文章。在战役的第一阶段，薛岳让左翼兵团进攻鲁南，摆出进攻临沂的姿态，迫使原准备南下参加苏北作战的解放军山野1纵滞留鲁南。直到9月18日淮阴危急时，中共中央还电示陈毅等："八师南下，如叶赖纵[23]再南下，则鲁南全无保障……你们不要只顾苏北，忘记山东。"[24]同时，他还征得国防部的同意后，令第1绥靖区组织海安战斗，使粟裕屯兵坚城10多天。等到泗阳战斗打响，粟裕北调，第1绥靖区无力牵制时，薛岳又令空军对其进行攻击，使其白昼不能行军，只能夜间行动。加上，江湖阻隔，船只不足，粟裕部行军速度很慢。到战役结束时，主力尚未到达战场。整74师投入战斗后，薛岳命7军进攻来安、渔沟，利用陈毅急于歼灭7军的心理，成功地将山野主力牵制于渔沟方向，保证了整74师的侧翼安全。

第四，选了一支好的主攻部队。由于淮阴是中共华中解放区的首府，解放军必倾全力争夺，而且作战形式又是奇袭，因此，主攻淮阴的部队不但要战力坚强，还必须有严明的纪律。而薛岳选的主攻部队整74师是国民党军战斗力最强的部队之一。抗战期间该部又长期在第九战区作战，薛岳对其知根知底。师长张灵甫又能绝对服从薛岳的指挥，担任主攻任务再合适不过了。

第五，选了一个符合实际的攻击路线。战役第二阶段前，薛岳曾考虑过让整74师由宿迁直接南下，绕到淮阴北面进行攻击。但负责指挥右翼兵团的苏北绥靖军总司令李延年提出：陈毅主力正在北移，若由宿迁直接南下，必与之遭遇，奇袭计划就会破产；不如改经泗阳向淮阴攻击，这里守备力量薄弱，到淮阴的距离又短，更为有利。薛岳经过慎重考虑，认为李延年的说法有理，遂采纳了他的建议。后来的作战过程证实了这个决定是完全合理的。

第六，建立了一个有利于各部协同的指挥体系。众所周知，薛岳长期以来一直与桂系关系不佳。桂军能不能服从指挥是一个大问题。而这次作战，桂系7军担负着掩护整74师侧翼的重要任务，必须解决这个棘手的问题。在淮北第一期作战时，薛岳靠着身为第8绥靖区司令官的桂系首领夏威的协调来指挥7军，起到了很好的效果。可这次作战，右翼兵团不光有7军还有中央军的王牌整74师。桂系与蒋介石的关系势同水火，再让夏威指挥右翼兵团，就不大合适了。经过与陈诚等人的商讨，薛岳决定，仍让夏威担任右翼兵团名义上的总司令以安抚桂系，而把该兵团实际指挥权交给了李延年。虽然李延年与薛岳私人关系一般，但7军对他没什么意见，能够接受他的指挥。另外，李延年虽不是以陈诚为首的土木系干将，但多次在陈诚麾下指挥部队作战。战前，陈诚又亲自到徐州召开军事会议，要求大家要齐心协力，打好这一仗。李延年当然不会让老上级难堪。而且，自从他1945年调任山东挺进军司令后，由于手里没有可靠的基本部队，一直受到上上下下的压制和排挤，很不得志。他要借此机会争口气，故而会格外卖力。不过，李延年担任这个方向的总指挥，有一点不利，就是他抽大烟，整74师师长张灵甫很看不起他，不大买他的账。但是，在战役过程中，薛岳通过直接指挥整74师，很好地解决了这个问题，保证了自己的作战意图得到有效执行。

当然，严格来说，国民党军能够攻占淮阴还有侥幸的成分。其实，从9月17日到18日日落，整74师对淮阴的攻击并没有取得实质性进展。19日拂晓前，国民党军突击营占领南门时，解放军因敌情不明，阵脚大乱。这是一个相当偶然的事件。如果一线指挥员能处变不惊、及时组织反击的话，当时解放军援军已逼近，鹿死谁手还很难说。另外，第1绥靖区因苏中战役中损失过重，没有尽到牵制之责任，使解放军华中野战军主力从容北援，加上具有敏锐的战略眼光的陈毅明智地布重兵于了沭阳、新安镇一带，以致薛岳乘胜夺取新安镇进而合围华中地区解放军的计划化为泡影。正如陈毅在淮阴失守后给山野8师主要领导的信中所指出的那样："当我军北移宿沭之间,已变于我有利的地位。假令敌早几天一部占领沭阳、宿迁,则战局对我极不利(因造成了山东震动,华中被围的局面)。假令敌人不进两淮,而进新安、沭阳,同样造成我军极大的困难,主要是补给线打断,山东空虚。这证明敌人兵力不足,企图打下淮阴,造成对外的声势。而实际这一着,并不足以扼我。当我仍留在来安、渔沟之际,我十分担心这一着。现在我军北移,并华野已北移,战局开始有利于我。"[25]同样,台湾"国防部"史政局编写的《戡乱战史》也提到:"唯第1绥靖区方面,由于海安遭到围攻,无法北进,致绥署全盘围歼共军之目的未能达成。"[26]此后,薛岳再也无法找到合围华中解放军主力的机会了。

第六节 突破与相持

战机重现

淮阴易手令南京方面欣喜若狂,大大小小的祝捷会铺天盖地。蒋介石还特地嘉奖整74师,授予张灵甫三等云麾勋章。华东的大多数国民党军将领也得意起来。李延年电呈蒋介石,称赞整74师师长张灵甫"深体委座宏旨,指挥有方";报告"粟裕主力死伤殆尽,争相逃之夭夭"。蒋介石则复电鼓励部下说:"两淮既克,平定苏皖不远,希再接再厉,迅速扩大战果。"[27]然而,薛岳并没有被这种乐观的情绪冲昏头脑,因为这次作战的战略目标并没有完全达到。根据他原来的设想,第1绥靖区应于海安、东台一带竭力牵制住粟裕所部主力;而整74师则应以迅雷不及掩耳之势乘虚攻占淮阴,得手后协同整28师向北进攻,配合由徐州东出沿铁路线的快速1纵队,进据新安镇,切断粟裕的退路,造成围歼之局。可是,在作战中,第1绥靖区未能拖住粟裕,致使分别在苏中与淮北作战的两支解放军主力会合,围歼计划破产。现在,华东解放军主力不仅没有溃散,反而云集于淮阴附近,他绝不能掉以轻心。

事实确如薛岳所料。淮阴战役结束后,解放军主力迅速在淮阴以北及涟水一带重新部署,站稳了脚跟,并积极进行休整。部队进行了调整,淮南独立旅建制撤销,其所属独立5团与5旅合并为华中11纵,其余两个团分别并入1师和6师。同时,华东解放军的指挥系统作了必要调整。在苏北鲁南作战的山东和华中两个野战军的指挥部合并,并由新四军兼山东军区参谋长陈士榘接替宋时轮担任山东野战军参谋长,华东解放军的指挥系统在形式上实现了统一。在这个过程中,陈毅以博大的胸怀,主动承担了作战的全部责任,使部队迅速从失败主义情绪中走了出来,开始准备在苏北发起反击。但是,华东解放军仍然对究竟是歼击沭阳以南的第7军还是打击淮阴和淮安地区的整74师举棋不定。28日,陈毅、粟裕、谭震林等共同做出一个模棱两可的决定:"集中2纵及华野全力,在沭阳、涟水之间集结,布置出击或去运东作战。"[28]这样的部署无疑是对前面两个方案的折中,可这样的方案却给薛岳带来了战机。

薛岳得知解放军主力在苏北地区犹疑不决,大喜。他知道这样一来,鲁南和苏中没有解放军的重兵集团,非常空虚。其中,鲁南是连接解放军山东与华中两大集团的枢纽,如果控制了鲁南,就切断了在苏皖作战的解放军主力的退路,将其逼入绝境。而对解放军来说,苏中则是重要的兵源基地和粮食产区,若"苏中全失,于华中固不利,于山东及整个战局亦不利"[29]。因此,国民党军攻占这两个地区,具有重大的意义。于是,他决心在这两个地区发动攻势。决心既下,就该着手实施了。薛岳在征得国防部的同意后,一面将整26师和快速1纵队调到鲁南,准备进攻枣庄,一面命令第1绥靖区在苏中发动攻势,同时电示苏北绥靖军以积极的行动牵制当面解放军主力,配合以上两部行动。这样,苏鲁地区新一轮的大战又拉开了序幕。

两翼突破的成功

9月底,第1绥靖区司令部先后接到薛岳和蒋介石下达的进攻命令。自从苏中战役结束后,该绥靖区经过了半个月的休整,并得到了整4师、67师等部的加强,战斗力基本恢复。而当面解放军由于华中野战军主力已北撤,只剩下了华中7纵、10纵和苏中军区的三个军分区。司令官李默庵接到薛岳要求该部向北进攻的指示后,除以所部主力扫荡苏中,巩固后方安全外,指挥整25师、整83师分东西两路向北进攻,同时驻淮阴和淮安的整74师也派171团(附炮兵和工兵各一个连)向宝应进攻,以为策应。在国民党军东西并进和南北夹击之下,解放军因兵力不济,被迫于10月底前先后放弃了高邮、宝应、兴化、东台等地。留在苏中敌后作战的华中军区第1、第2、第9军分区也损失惨重,到11月底,第1绥靖区控制了苏中绝大部分乡镇,为下一步进攻盐城、阜宁打下了基础。

就在薛岳命令第1绥靖区向苏中进攻的同时，徐州绥靖公署着手准备向鲁南进攻了。9月底，薛岳看到解放军主力有向沭阳、涟水地区集中的模样，判断其企图在苏北地区发动攻势，遂命令苏北绥靖军在宿迁、淮阴、涟水一带实施短促突击，以牵制住解放军主力，粉碎其反攻，并配合鲁南作战。于是，李延年指挥整69师和第7军各以一部于10月1日在苏北解放军的浅近纵深曹家集、宋集等地实施了一连串佯动。陈毅据此判断国民党军有由宿迁东进之可能，于2日指令涟水地区的华中野战军主力转移到六塘河以北。按照他的打算，山东、华中两大野战军的主力聚于沭阳附近，"着重集中主力出击"，如国民党军东进，即歼之于运河东岸，如不进即西渡运河恢复淮北。㉚

可是，他的这一想法很快就在薛岳放出一系列组合拳后变成了泡影。3日，整74师以51旅和57旅一部向涟水方向进攻，与解放军9纵、11纵和13旅发生战斗；整69师和第7军各一部亦同时向曹家集、宋集、钱集一带佯动，造成策应整74师突袭涟水的假象。由于整74师是中央军的王牌，其行动必然受到陈毅和粟裕的格外关注。粟裕以为战机来了，遂向陈毅建议调整原定作战部署：华中6师南返，配合11纵、13旅、9纵，首先歼灭进犯涟水之国民党军，然后继续进行淮北作战。经过认真考虑，陈毅接受了这个建议，于8日凌晨下达命令："决以华野1师、6师南歼由两淮东犯之敌，而后再回师执行原计划。目前山野应巩固运河、新安镇、沭阳及六塘河以北阵地，并准备西进。"㉛9日，整74师得知解放军华中野战军主力南下涟水，以牵制任务达成，退回淮阴。苏中战局暂时缓和下来。尽管如此，山东和华中两个野战军分离开，还是给薛岳实施下一步作战提供了机会。

10月3日，薛岳没等苏北绥靖军的佯动完全成功，就下达了进攻鲁南的作战命令，以整33军、整26师和快速1纵队分两路主攻枣庄、峄县，并以整51师由韩庄向北进解临城之围。

10月7日，鲁南国民党军开始进攻。守备鲁南的解放军山野1纵等部因准备不足，仓促应战，在优势的国民党军进攻下，在短短3天之内，枣庄、峄县、郭里集等地相继失守。主持山东方面战局的解放军山东军区副司令员张云逸见部队损失甚大，被迫于10日下令撤出战斗。

国民党军攻占峄县、枣庄地区后，整26师与整33军所属整77师发生了争执。双方都说自己率先攻入峄县。马励武甚至到处扬言："攻峄县马到成功，有些部队，

冯治安

驻守很久，寸土未进。"㉜整77师官兵则反唇相讥，说整26师冒功。双方闹得非常僵。薛岳本打算在以后的作战中让冯治安指挥整26师和快速1纵队，看到马励武和冯的嫡系部队闹成这个样子，只好将这事搁置一段时间，由自己亲自协调整26师和整33军的行动。

10月11日，华北国民党军攻占了张家口。蒋介石知悉后，异常兴奋，宣布将于11月12日召开国民大会，并要求薛岳"迅速结束苏北战事"。可是，薛岳并不认为这是一个切合实际的想法。他知道，三个月来的作战虽然使华东解放军受到了沉重的打击，可由于其卓越的组织动员能力，军队的补充相当迅速，净减员并不多，因而其实力仍然不容小觑。因此，他仍指挥部队按照自己最初设计的步调前进。这时，整25师已占领高邮，第1绥靖区正准备向东台、兴化方向攻击。同时，他也注意到集结于苏北的解放军主力正积极寻找战机，企图击破宿迁和淮阴方向的国民党军，夺回战争主动权。为了打破解放军的这一企图，并牵制住苏北解放军主力，策应第1绥靖区作战，薛岳命令鲁南和苏北各部，依托现有阵地，实施一系列短距离突击，以破坏解放军反攻的支撑点，分散和消耗其的兵力。

淮阴附近的战斗

自从国民党军攻占淮阴以来，淮海地区的战局尽管在表面上较其他地区平静，薛岳却非常清楚，国民党军在这个地区以4个整编师不足8万人的兵力与控制着淮阴和宿迁外围多数战略要点的华东解放军10余万主力部队对峙，是非常危险的。所以，改善这一地区的防御态势自然就成为他这次作战的关键目标。而要达到此目的，解放军重要支点的涟水就成为必争之地。因此，根据薛岳的命令，苏北绥靖军总司令李延年制订了攻占涟水的作战计划。按照李延年的设想，此次作战以整28师担任主攻，整74师仅以一个团配属整28师战斗。然而，张灵甫不愿把自己的部队交给别人指挥，便直接向薛岳请求让整74师单独进攻涟水。薛岳考虑到涟水守军实力很强，仅整28师难于取胜，就同意了张灵甫的建议，并通知李延年和整28师改以整74师主攻涟水，整28师192旅配合整74师行动。

李延年和整28师师长李良荣接到薛岳的命令后,极不高兴,可胳膊毕竟拧不过大腿,也只好服从。

国民党军内部的明争暗斗拖延了进攻的时间。就在这期间,解放军通过其极富效率的情报网了解到国民党军进攻涟水的企图。为了抵御国民党军对涟水的突击,华中野战军将正在车桥地区休整的华中10纵调往涟水,以加强那里的防御。

薛岳主持徐州绥靖公署为蒋介石贺寿宴会

不过,中共方面受到整74师前不久佯攻涟水的迷惑,认为涟水方面已有两个纵队又一个旅,完全有能力挡住国民党军的进攻。他们更看重的是当面国民党军实力相对薄弱的沭阳、宿迁方向。此时,毛泽东不断得到从南京传来的情报,称华东国民党军企图在淮北与解放军决战,指示山野和华中军区做好迎战准备。经过反复讨论,陈毅、粟裕等决定集中山东和华中两个野战军的主力先歼击沭阳以南的国民党军,再西渡运河,出击淮北。

解放军方面的作战决心既下。薛岳这时采取的行动好像完全证明了毛泽东与陈、粟等判断的正确性:整69师奉命从10月中旬开始加强在新安、沭阳方向的侦察性出击;7军派512团击破13旅一部,于17日攻占宋集;同时,驻海州的整57师以一个团增到平明街摆出西攻房山街的模样,驻徐州的整88师62旅调曹八集、古邳一带。这一切似乎都说明国民党军会在新安、沭阳方向发动新的进攻。17日,毛泽东致电陈毅,指示:诱敌深入至沭阳附近全力歼灭之。同日,粟裕命令华中1师、6师北移沭阳附近。次日,粟裕根据毛泽东的指示,做出作战部署:山东及华中野战军主力集结于沭阳西北沭河新安以东、陇海线以南的地区隐蔽待机,准备出击东进之国民党军;如果国民党军停止于运河不动,则寻机沿陇海线两侧出击淮北。这个部署报到延安后,毛泽东非常满意,当即复电赞许:"部署很好,望照此执行。"③可等到下一个有关苏北地区战况的消息传来,毛泽东发现形势开始严峻起来了。

10月18日,整74师由淮安附近出发,以迅猛的动作向涟水方向突进。解放军10纵、11纵和6旅奋起抗击，终因实力不济，损失惨重，钦工、季桥镇、茭菱等地相继失守。到23日，国民党军攻入涟水，与11纵守城部队展开巷战。粟裕得知整74师开始进攻涟水时，起初并不在意，以为这是配合宿迁、海州之国民党军在沭阳、新安地区的攻势所进行的佯动。可三天后，他看到涟水附近的守军处境异常艰难，就感觉整74师来者不善，急于21日率华中野战军主力火速南返。23日，华中6师赶到涟水城，于当晚开始配合10纵、11纵向整74师反击。24日晨，解放军华中1师、9纵和13旅也赶来，加入战斗。国民党军寡不敌众，伤亡惨重，被迫退出涟水，除以一部留守于黄河北岸桥头堡外，主力撤至黄河南岸。解放军遂乘胜向淤黄河以南追击。

这时，张灵甫知道攻占涟水已无可能，而前线部队的报告显示解放军企图从两翼包抄国民党军后方，若再恋战，整74师有被解放军围歼之虞。反正薛岳又没有要求他一定要攻占涟水，还是撤吧。于是，他于25日凌晨下达了撤退命令。由于国民党军组织有序，后卫部队掩护得力，解放军在追击中未能抓住整74师主力。到11月2日，国民党基本上退回了战前阵地。粟裕见再攻无益，遂下令停止追击。次日，解放军遵命撤出钦工、马厂、王家口、席桥一线，第一次涟水战役遂结束。

第一次涟水战役，粟裕在涟水地区集中了主力28个团及地方武装共约10多万人企图歼灭整74师，虽未能达成战役目的，且付出了重大伤亡，但打退了国民党军的进攻，并歼灭其数千人。粟裕对这样一个结果，尽管不满意，却还能接受。他认为，整74师这次受到重创后，需要一段时间休整，"暂时不敢轻动"，遂决定将主力转向淮沭公路方向，准备歼击7军。㉞对这一行动的成功，他充满信心。11月2日，他在向中共中央、新四军军部及山东野战军报告他的决定时，就乐观地预测了这一行动的后果："如再能将桂顽本钱打塌，我即能完全转入主动，则今后对我更有利，苏中局面才不致受大影响，坚持战争之数十万人口才不致丧失，南线敌人才不敢靠拢。"㉟可是，不久以后，他就发现薛岳送给他的这块骨头并不好啃。

在第一次涟水战役期间，守备淮阴以北的国民党军7军遵照薛岳和李延年的指示，积极出击，牵制当面解放军主力，几次击败守备鲍河一带的解放军2纵和19旅部队，气势正盛。

不过，由于11月8日国民政府下达第三次停战令，薛岳只得放弃了在鲍河一带扩大战果的机会。可是，到了11月中旬，薛岳和李延年发现解放军主力有向鲍河地区集中的迹象,判断解放军企图歼灭171师,进而由北面突击淮阴的企图,便令171师在鲍河一带淮(阴)沭(阳)公路沿线实施有限攻势,打破解放军的企图。17日,171师开始进攻,不久就在丁家糖坊遭到解放军山野2纵和华中9纵等优势兵力的阻击,进攻受阻。171师师长刘昉感到情况不妙,立刻将当时情况上报苏北绥靖军。李延年怕他们吃亏,马上将这份报告转给了薛岳。薛岳得报,也判断该师可能成为解放军的歼击目标,便命令整74师结束休整,准备增援7军,并将这一情况通报给了7军。果然,粟裕得知171师出动后,即调华中6师前往支援,配合2纵、9纵和7师,将该师包围于汤集一带。171师主力凭坚固守,双方伤亡均重。眼看淮阴以北的战局渐渐陷于不利,薛岳坐不住了,即令整74师于22日以一部由淮阴北援,攻击解放军侧背。解放军腹背受敌,被迫于当晚撤出战斗。24日,淮沭路战役结束,双方基本恢复了战前态势。

淮沭路攻防战结束以后,解放军照例宣布自己取得了重大胜利。但是,他们中很多人对这一个半月作战的评价并不高。山东野战军参谋长陈士榘后来在回忆录中就批评道:"(这期间的作战)不但未能达到歼灭敌人,阻止其东进,收复两淮的目的,而且由于山东野战军主力部队离开了陇海路东段,南调沭阳一带,敌人即乘机占领了兰陵,并控制了陇海铁路东段大部地区。"㊱显然,陈士榘把陇海铁路东段地区和鲁南地区搞混淆了,但是他的话确实说到了点子上。淮阴附近作战的失利不但对华中战局产生了不利的影响,还使在鲁南作战的解放军遭到了挫折。

鲁南攻防战

为了策应苏北方面的作战,薛岳亲自指挥鲁南方面的国民党军实施短距离突击,以消耗解放军的兵力,减轻淮涟方面的压力。10月中旬,薛岳对鲁南国民党军作出部署:整51师守备临城到枣庄一线,整26师(附快速1纵队)集结于枣庄到郭里集地区,整77师集结于峄县附近,整59师集结于台儿庄,做出经向城、兰陵东攻临沂的姿态。

10月27日,国军党军整26师和整33军分三路开始向东作试探性进攻,起初非常顺利,击破了当面解放军山野1纵一部的顽强阻击,相继攻占了寨山、四马寨、峨山、税郭、兰陵等地。29日,解放军抓住国民党军北路整26师和中路整77师已脱离据点均达15公里以上,且相距已拉开到10公里以上,彼此策应困难之机,集中兵力向该两部反击。但薛岳机敏地发现了危险,及时命令两部分别后撤至税郭和萝藤，使解放军扑空。30 日晨，整 77 师再度出动，连占傅山口、木店子、马家楼等地。山野 1 纵当即集中主力向该师左翼 37 旅反击。37 旅见解放军来势汹汹，迅速后撤。解放军乘势收复傅山口、木店子，并在马家楼包围了 37 旅的后卫刘增祺营。刘增祺营据村死守。解放军攻了几次都没有成功。当晚，薛岳指示快速 1 纵队派出一个战车连在整 77 师 132 团一部的配合下，接应刘增祺营突出重围。叶飞精心策划的一场歼灭战就这样鸡飞蛋打。由于鲁南连战不利，部队消耗又大，陈毅不得不于 10 月底率山野 8 师主力回援，苏北国民党军的压力随之减轻。

山野 8 师到达鲁南后，薛岳知道解放军不久就会在鲁南地区发动反击，因而在指挥上变得更加谨慎了。为了在鲁南地区站稳脚跟，扩大占领区，薛岳于 11 月初重新调整部署：以整 77 师 132 旅进驻台儿庄、枣庄以西地区，37 旅守备南罗、北罗、马兰屯；整 59 师驻守台儿庄一带；整 26 师（附快速 1 纵队）集结于峄县南北，作为机动，支援整 33 军作战。陈毅获悉鲁南国民党军调整部署，遂趁整 77 师调动之机，发起了旨在歼灭 37 旅的进攻。但是，国民党军事先得到消息，做了一定的准备，使解放军在进攻中处处碰壁，始终无法抓住整 77 师主力。而薛岳又适时命令快速 1 纵队和空军出动支援，给予解放军以很大杀伤。特别是圈沟一战，解放军 1 纵伤亡达千余人。就连战后赶到战场视察的马励武也感到"目击心伤，惨不忍视"。[37] 到 11 日夜，解放军被迫撤出战斗。这时，国民政府第三次停战令生效，薛岳乃命令鲁南国民党军停止追击，原地待命。

到 11 月中旬，薛岳的"中央牵制，两翼突破"战略取得了成功。同时，其次要方向也传来捷报，其所属的第 2 绥靖区打通了胶济线，第 8 绥靖区把残留在淮北地区的解放军华中第 7 军分区部队赶过了运河，整 58 师等部完全占领了解放军华中第 8 军分区所属地区。除此之外，薛岳在鲁西南战场与刘伯承的较量中同样占了上风。

第七节 龙凤大战

进占菏泽

1946 年 8 月下旬，陇海战役结束后，刘伯承和邓小平率解放军晋冀鲁豫野战军主力向北退入其冀鲁豫根据地。国民党军统帅部遂决定，挟陇海线战胜之余威，集中郑州绥靖公署主力和徐州绥靖公署一部向鲁西南追击，以期击溃刘伯承部主力，夺取菏泽、济宁等重要城镇。为此，蒋介石于8月25日和30日下了两道命令，要求徐州和郑州两个绥靖公署乘胜追击，限于9月内彻底歼灭刘伯承部，并占领鲁西。根据蒋介石的指示，薛岳于29日下达作战命令：新21旅（欠63团）及鱼台保安团，向鱼台、金乡前进，攻占该两地后，继续扫荡该地区解放军，掩护5军及整11师北侧安全；32集团军总司令王敬久指挥5军和整11师分由虞城、砀山、丰县向定陶、菏泽进攻，夺取菏泽广领鲁西地区，而后准备向巨野、嘉祥、济宁进出；各部队限于9月1日前完成攻击准备，即向当面之解放军展开攻击。

9月1日，徐州绥靖公署所属部队开始行动。此时，薛岳并不知道，就在前一天，刘伯承和邓小平下达了《定陶战役基本命令》，企图以冀鲁豫军区独立旅协同冀鲁豫第3军分区迟滞徐州方面的国民党军，而集中主力5万余人求歼郑州绥靖公署的主力整3师。根据这一部署，负责阻击王敬久所部的解放军为地方部队，实力并不强。然而，整11师和5军全为重装部队，行动对道路要求很高，而9月初的鲁西南地区正值雨季，道路泥泞，加之道路全被解放军破坏，因此整11师和5军的前进速度非常缓慢。到9月5日，两部才攻占芳桂集、单县、青固集。6日，整11师与新21旅又分别攻克城武、鱼台。当天，薛岳接到王敬久告捷报告，还没来得及庆祝，郑州绥靖公署战败的消息就传来了：由于郑州绥靖公署擅自更改作战计划，命准备会攻定陶的整3师和整47师分别向定陶、菏泽前进，致使整3师主力孤立突出，于当天在大、小杨湖一带被解放军全歼，师长赵锡田被俘。郑州绥靖公署主任刘峙已令进攻定陶、菏泽的部队开始全线后撤。薛岳知道，刘峙的部队没法指望了，国防部策划的东西夹击定陶、菏泽的计划实际上已经破产，现在只有靠5军和整11师攻占两地了。不过，薛岳依然坚信该两部战斗力坚强，定能完成任务。7日晚，薛岳得知，进到曹县附近的整55师及整68师119旅在撤退过程中遭到解放军追击，119旅处境困难，遂急命整11师和5军由城武一带向定陶、菏泽前进。整11师和5军在城武以西及以北地区遭到解放军冀鲁豫军区独立旅等部的顽强抵抗，经两天激战，整11师才于9日攻占汶上集、冉堌集等地，5军亦进占九女集、大王集以南地区。此时，刘伯承鉴于徐州方面国民党军已逼近定陶，而所部在定陶战役中又颇有损失，便决定停止对郑州绥靖公署部队的追击，以一部协同冀鲁豫军区部队阻

赵锡田

击东线国民党军,主力转入菏泽东北地区休整,为歼击5军和整11师作准备。郑州绥靖公署的部队遂得以在东明——考城一线站稳脚跟。

整3师被歼的消息传到南京。蒋介石恼羞成怒,直接打电话给郑州绥靖公署:"告诉整3师的官兵,要为赵师长复仇。我调邱清泉部归你们指挥。告诉前方各部队,就说我说的,一定要把这部共军彻底消灭。"㊳言毕,他即通过国防部电令薛岳调5军归郑州绥靖公署指挥。薛岳接到这份电报后,极为不满:将这样一支精锐主力调离不削弱了徐州绥靖公署的实力了吗?刘伯承正在计划打击整11师和5军。一旦5军调归郑州绥靖公署指挥,而西线国民党军新败,刘峙必然令其西移,以加强郑州方面的实力。这样一来,整11师就会陷于孤立,处境危险。除此而外,刘峙自抗战开始后,屡战屡败,在国民党军将领中声望极差。如果5军转归刘峙指挥,其强大的战力难于发挥。因此,薛岳拒绝执行这一命令,并将自己的理由报告了陈诚。陈诚便将薛岳的意见委婉地转告给了蒋介石。蒋介石权衡再三,遂撤销了先前的命令。尽管如此,薛岳却因这事在蒋介石及国防部、郑州绥靖公署的众多高级将领心目中留下了飞扬跋扈的恶劣印象,为后来蒙冤丢官埋下了祸根。

自从进攻开始后,王敬久一直滞留其家乡丰县,距前线甚远,无法及时掌握前方情况,就近指挥。为使作战便利,薛岳于10日下令:整11师暂归5军军长邱清泉指挥。这一招果然奏效。邱清泉接到薛岳的命令后,兴奋异常,立即指挥部队齐头并进向定陶发动了凌厉的攻势,一路排除解放军的袭扰,于12日中午攻占定陶。定陶失守,菏泽危在旦夕,刘伯承感到了东线国民党军的重大威胁,遂命令菏泽、济宁两市的党政机关和军队支前兵站撤出这两座城市。同时,为了迟滞国民党军前进,保证主力获得足够的休整时间,刘伯承急令2纵6旅和3纵8旅赶赴菏泽以南沙

邱清泉

土集地区，协同冀鲁豫军区部队实施运动防御。但这一措施并没能减缓东线国民党军的进攻速度。到 20 日，整 11 师和 5 军即攻占菏泽和沙土集。同时，为了策应两部的作战，第 2 绥靖区所属保 2 纵队和驻鱼台的新 21 旅亦按照薛岳的指示，乘虚攻占济宁、金乡，控制了鲁西南解放区的大部分核心地区。

龙凤决战

国民党军攻占济宁、菏泽、金乡后，南京方面以为解放军刘伯承部遭到重大损失。为求歼灭在冀鲁豫地区作战的解放军，国民党军参谋总长陈诚于 9 月 23 日下达命令：以 5 军集结黄镇集、三合寨、新集地区，整 11 师集结菏泽，由邱清泉统一指挥，先向嘉祥、巨野进攻，再向郓城攻击。但是，薛岳清楚，这道命令有些操之过急，因为 5 军和整 11 师在鲁西南泥泞的道路上经过 20 多天的行军和作战，已疲惫不堪，现军中霍乱流行，部队减员相当严重，仅整 11 师 52 团就有 60 多人病死，如果立即发动进攻，国民党军凶多吉少。有鉴于此，他命令 5 军和整 11 师就地休整，30 日再向嘉祥、巨野前进。不过，薛岳的谨慎并没有影响蒋介石和陈诚对战局的乐观判断。他们仍一再催促薛岳立即开始行动。薛岳无奈，只得命令整 11 师和 5 军提前两天结束休整，开始向巨野推进。而此时，他的对手刘伯承正在巨野附近布置天罗地网迎击他们呢。

9 月 26 日，毛泽东批准了刘、邓关于"攻取金（乡）、鱼（台）、单（县）等城，调动 5 军及 11 师，歼其一部"[39]的作战计划。但就在此时，刘伯承从情报部门得知薛岳已令 5 军和整 11 师向嘉祥、巨野进攻，遂改变原订作战计划，决定以一部在龙堌集一带构筑工事准备阻击 5 军，而集中主力就地攻歼整 11 师。

28 日，正当刘伯承在巨野地区积极部署歼击整 11 师时，5 军和整 11 师奉命开始进攻了。根据邱清泉和胡琏的商议结果，国民党军的进攻具体部署为：以 5 军沿巨菏公路向东进占龙堌集后向巨野、嘉祥前进；整 11 师沿洙水河以南地区向张凤集攻击。但是，这个部署中有一个明显的漏洞，就是两支部队作战地境以洙水河为界，相互策应困难。刘伯承抓住这一弱点，以 2 纵固守龙堌集，牵制 5 军，而集中 3 纵、6 纵、7 纵攻击建制并不完整的整 11 师[40]，寻歼其前卫 11 旅。于是，全面内战爆发以来鲁西南战场第一次决战就此展开。

战斗最先在龙堌集打响。9 月 28 日晨，5 军开始猛攻常楼、古楼、左家庄、前董庄一线的 2 纵阵地。2 纵顽强阻击，并以其所属 4 旅和冀南军区独 4 旅袭击5军侧后方，使得5军不能全力攻击龙堌集。加上，时值雨季，战场到处积水，不便进攻部队展开。因此，5军尽管在火力强大的支援下反复攻击，却始终不能越雷池一步。这样一来，本应成为国民党军主角的5军变成了配角。双方争夺的焦点集中在整11师方面。

10月2日，整11师进占了张凤集、王庄、曹垓、董官屯等地。此时，胡琏发现5军与整11师之间的空隙太大，易被各个击破。同时，整11师的侦察部队在大义集方面发现大量解放军部队。邱清泉得知整11师当面的情况不妙，立即命令该师后撤。可是，胡琏鉴于所部已与解放军接触，担心仓促后撤会遭到解放军的追击而蒙受损失，便命令所部在张凤集一带加强工事，就地转入防御。次日，解放军趁整11师立足未稳之际，主动出击，向该部发起全面进攻。整11师殊死抵抗，战况异常激烈。

由于预有准备，胡琏对于解放军的进攻并不惊慌，一面命令所部沉着应战，一面将情况电告薛岳及王敬久，并请薛岳天亮后派空军前来助战。薛岳接到胡琏报告后，认为巨野地区正在进行的作战极有可能决定鲁西南战局。在这样关键的时候，任何耽搁都可能是致命的。作为身经百战的名将，他当然明白这个道理。因此，他立即打电话给远在汉口的空军第4军区司令罗机，请他派飞机前往协助整11师作战。罗机当即命令所属第3大队大队长杨孤帆和第1大队大队长王育根，火速派飞机前往巨野一带进行侦察并支援整11师作战。次日一早，杨孤帆亲率6架轰炸机抵达巨野一带上空，对巨野战场进行了侦察，发现张凤集东北方面解放军兵力最强，有许多解放军分好几路，由巨野向南运动，同时郓城、巨野间也有许多解放军车辆向南移动，蒋庄方面解放军也比较多；而龙堌集方面，解放军则相对较少。于是，他通过无线电话将这些情况通报给了整11师，并询问该部现状。整11师作战科长陈家珍没有正面回答，只是提出："我希望你们阻止敌军后续部队，大力支援我们这方面作战，将实际情况报告薛主任。"㊶通话完毕，杨孤帆立刻返航回徐州向薛岳汇报去了。

薛岳在如此短的时间里就派来了空军支援，使得胡琏大受鼓舞。他在薛岳派来的空军飞机支援下，指挥部队拼死抵抗，使解放军的进攻一再受挫。但是，整11师的兵力毕竟是处于劣势，仗打了两天后，弹药消耗甚大。于是，胡琏又通过空军向薛岳提请补充弹药。薛岳均予满足，并令驻兰封的整75师迅速驰援整11师。这让胡琏十分满意。

不过，由于邱清泉不满胡琏之前不执行后撤命令，拒绝让5军增援张凤集，使整 11 师一直处于孤军作战的状态。胡琏极为恼火，就把这事报告给了薛岳和陈诚。在薛岳看来，张凤集一带聚集了解放军的主力，是决定战役胜负的关键战场；而龙堌集战场狭小，兵力不易展开，只能添油似的使用兵力，难以在一两天内攻克。所以，胡琏的意见是正确的。不过，薛岳也知道，邱清泉对胡琏心存芥蒂，不大愿意放弃龙堌集，挥兵东援，甚至连参谋总长陈诚的意见也不听。可是，整 11 师能顶多久呢？他完全没有把握。救兵如救火啊！正犹豫呢，陈诚打来电话，征求他对巨野方面战局的看法。薛岳在电话中讲明了自己的想法，并提出强令 5 军增援整 11 师。陈诚也担心自己的起家部队的安全，当即表示同意。于是，薛岳于 5 日夜致电邱清泉，严令 5 军自龙堌集向南攻击，以解整 11 师之围。

邱清泉接到薛岳的命令后，知道无法再拖延下去了，便下令以一部牵制龙堌集守军，主力向南进攻，支援整 11 师。次日上午，刘伯承即得到 5 军撤退的消息，当即将这一情况电告 2 纵，并要他们尽力牵制住 5 军。可是，由于 5 军掩护部队的有效阻击，5 军主力得以顺利脱离战斗。7 日，其 96 师顺利渡过洙水河，向张凤集推进。

在此期间，整 11 师顶住了解放军的连续进攻，使其付出了严重伤亡。面对攻击整 11 师连续受挫的局面，刘伯承总结了经验教训，将歼击目标由 11 旅缩小到守备张凤集的 32 团。即便如此，张凤集的攻击仍然久攻不克。不过，张凤集守军到底只有不足 3000 人，面对解放军 2 个纵队的进攻，双拳难敌四手，到 7 日实在支持不住了。胡琏只得派部队接应其残部突围。这时，刘伯承鉴于 5 军已向整 11 师靠拢，再战不利，只得结束战役，下令后撤。至此，龙凤大战结束。

巨野方面作战胜利的消息很快传到了徐州。薛岳非常高兴，以为彻底歼灭解放军晋冀鲁豫野战军的机会到了，遂令整 75 师加紧前进，加入 32 集团军，并调整部署：5 军向嘉祥前进，整 11 师、75 师向巨野进攻。同时，催促还在砀山的王敬久速返前线，统一指挥各部作战。可令他们意想不到的是，王敬久到达前线，见到邱清泉和胡琏时，两位前线部队指挥官正为了 5 军没能及时支援整 11 师一事争得面红耳赤。王敬久反复劝阻无效，只得把薛岳抬出来，说："别吵了。过去的事，越说越不好，都怨我，敌情况没搞清楚，如果你们还没完，可别怪我报告薛主任。以后在一起作战，千万要注意友军的困难，及时支援才是。"[②]邱、胡二人素闻薛岳治军严格、六亲不认，也不敢多说了。事后，王敬久将与邱清泉、胡琏会面的情况报告了薛岳。薛岳得知胡琏与邱清泉的矛盾后,深感忧虑,开始考虑让这两支主力军分开行动了。

第八节 会战苏北

首战盐南

从内战开始到11月下旬,薛岳指挥徐州绥靖公署所属部队先后击败山东、华中、晋冀鲁豫三个军区的主力,攻占了苏中、两淮及山东大片土地,取得了较大的胜利。尽管如此,蒋介石仍然对徐州绥靖公署的进展速度不满。10月26日,他致电陈诚:"苏北军事钝滞如此,殊所不料。应督促急进,务望于本月底收复沭阳与新安镇也。"⑬而后,他又一再敦促薛岳迅速结束苏北战事。但是,薛岳就是不理他的茬,依然我行我素,按照原定部署,集中主力在鲁南、苏北地区与解放军拼消耗。11月15日,国民大会在南京召开,苏北解放军对南京的威胁仍然没有完全解除,蒋介石坐不住了,严责陈诚要在年底前彻底解决苏北战事。陈诚无奈,只好催促薛岳。上面急于求成实在让薛岳伤透了脑筋。

此时苏鲁地区的战略态势已不如内战爆发初期了。华东解放军虽然丢失了苏中、两淮及鲁南广大地区,退到苏北、鲁南地区,但是战线已经大体上拉直,那种解放军点点设防、处处薄弱的一字长蛇阵已不复存在了。解放军的兵力比以往更加集中,而国民党军由于兵力分散,薛岳从前那种行之有效的避实击虚战术实施起来难度更大了。于是,他于11月19日致信陈诚:

"总长钧鉴:

一、现方面多,战场广阔,兵分力单,攻无重点,终不能使'匪'迅速溃灭。

二、拟请以邱清泉指挥第5军、整75师,暂在郓城,对范县、濮县之'匪'取攻势防御,监视'刘匪'。

三、拟请200师直开韩庄,转开台儿庄,以王敬久指挥第200师、整26师、第1快速纵队,进攻临沂。

四、拟请以整11师开宿迁,以吴奇伟指挥整11师、整69师(以60旅、41旅、预3旅编成)进攻新安镇、沭阳。

五、以李延年指挥整28师、整74师进攻涟水。

六、照以上办法可使苏北鲁南之'匪',迅速溃灭,而后即可使大军进出兖泰向河北运动。

当否,敬请钧裁,即叩钧安,并祝健康。

职薛岳谨呈
11月19日"㊹

这份计划确实阴狠。薛岳抓住了解放军战线的弱点,集中精锐部队在临沂和沭阳—新安镇两个方向发动进攻,以期将华东解放军截为三段,再分而歼之。这其实就是第二期绥靖计划的扩大版。然而,实施这个计划需要向苏北鲁南战场增调精锐部队,这恰恰是令蒋介石和陈诚最为头疼的事。当时国民党军精锐部队屈指可数,全国战场那么大,哪个方面都需要,全投进苏鲁战场的话,其他方面怎么办?11月下旬,第5绥靖区在滑县战败。在郑州绥靖公署主任顾祝同的强烈

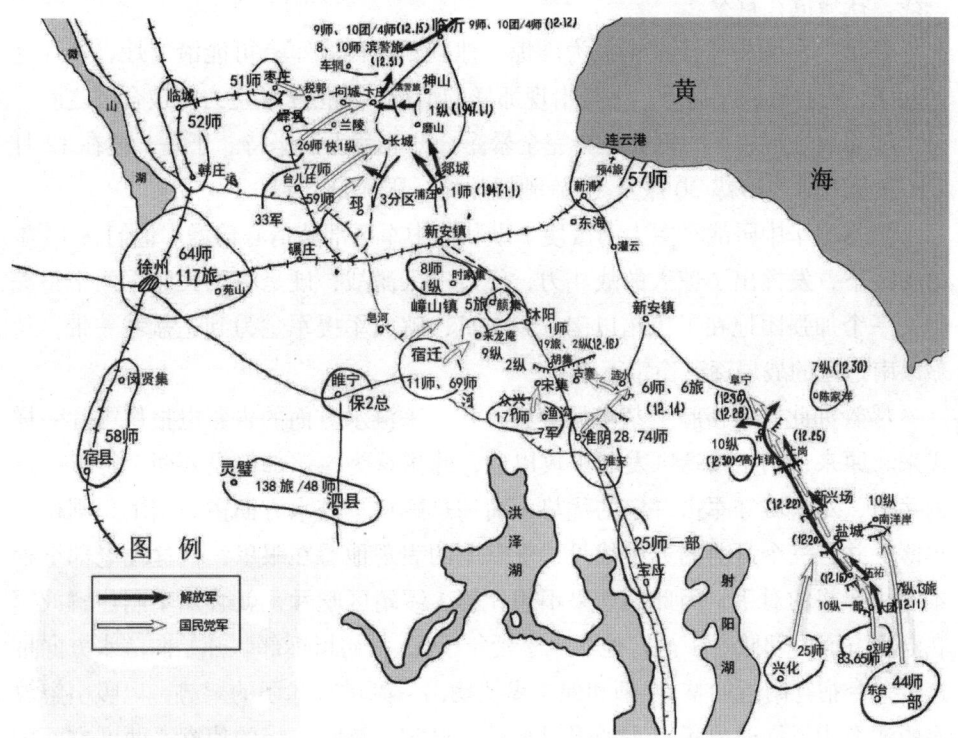

苏北会战作战经过要图

要求下，蒋介石不得不调 5 军和整 75 师渡黄河支援郑州绥靖公署在冀南地区发动的新攻势，同时令 200 师速调冀南归建。这样一来，不仅鲁西南门户洞开，鲁南国民党军进攻部队的侧翼安全难于保证，而且调给薛岳进攻华东的增援部队也只有一个整 11 师了。薛岳无可奈何，只得将主攻方向从两个改为一个，即沭阳—新安镇方面。即便如此，以整 11 师和整 69 师进攻沭阳和新安镇也没有成算。此时，解放军山东和华中野战军主力集结于淮阴、沭阳、新安镇地区，以两个整编师在这一地区孤军突进，无异于送羊入虎口，因此必须将解放军主力调离沭阳、新安镇一带。因此，薛岳指示第 1 绥靖区向盐城方面进行试探性攻击，以吸引解放军主力南援，为整 11 师和整 69 师进攻沭阳和新安镇创造战机。

11 月 26 日，第 1 绥靖区遵命开始向盐城进攻。由于国民党军先后投入整 83、整 65 师主力和整 25 师一个加强团，在局部形成了兵力上的绝对优势，担负该方向防御任务的解放军 7 纵和苏中军区各部虽顽强阻击，终因实力悬殊，损失惨重。草堰很快失守。到 12 月 2 日晚，国民党军已攻占白驹、南团、西团一线，盐城危在旦夕。

草堰、白驹失守让粟裕极为震惊。他判断国民党军有可能沿七灶、八灶迂回刘庄，威胁解放军后方。一旦出现那样的情况，不但 7 纵主力有被合围之虞，整个苏北战场解放军的侧翼还会完全暴露，苏北就无法坚持。于是，他在 12 月 2 日急令 1 师、10 纵 30 旅及 13 旅驰援盐城，限 4 日赶到。

粟裕率华中野战军主力南援使 7 纵和苏中军区部队信心倍增。他们在 13 旅的支援下，发挥出了惊人的战斗力，经过三天激战，硬是将国民党军两个整编师又一个加强团拖在了伍祐以南。到 5 日，解放军援军主力到达盐城一带，盐城以南地区的战局逐渐稳定下来。

尽管如此，粟裕脸上却未见笑容，几天来涟水方面的告急电报像雪片一样飞来。原来，第 1 绥靖区发起进攻以后，薛岳认为，该部仅投入两个师多一点的兵力，对盐城守军占一定的优势，而一旦解放军涟水方面主力南下，则略显单薄，并且三个月前的苏中战役，李默庵的表现他看在眼里，他这位老部下根本不是粟裕的对手，因此，如果不想让第 1 绥靖区吃亏，就必须牵制住解放军在涟水方面的部队。于是，他命令李延年于 12 月初指挥部队开始向涟水方向推进，并令宿迁附近的整 69 师和保 1 纵队摆出一副进攻沭阳的架势，以吸引解放军的注意力，同时电示空军加强对盐城、阜宁、涟水一带的侦察。两淮方面国民党军出动的消息很快被解放军得知。为抵御国民党军的进攻，华中 6 师奉命接替华中1师和10纵在涟水以南的防务，准备迎击国民党军。3日，国民党军整28师192旅和整74师57旅猛攻涟水以南解放军阵地。华中6师和6旅一再组织反击，付出了惨重代价，仍未能粉碎敌人的进攻，王家口、三堡、谢家荡、钦工镇等地相继失守。到6日，李延年得知原驻涟水地区的解放军华中1师和10纵已东调盐城，牵制计划落空，并且山野2纵也已到达涟水附近，认为继续打下去没有意义，便命令所部停止进攻。涟水方面的形势才暂时缓和下来。

涟水方面作战不利让解放军上上下下忧心忡忡。华中军区司令员张鼎丞、华中野战军政委谭震林等认为，钦工镇、王家口失守，涟水门户洞开，如果国民党军将整74师主力投入战斗，华中6师难以抵挡，若涟水失守，盐城的侧后翼就会受到威胁，在盐南作战的解放军有被包围的危险，因此，他们去电粟裕，要求立即将华中1师调回涟水反击整28师。粟裕看了这份电文，不以为然：两淮国民党军无新增兵力，能用于进攻的只有整74、整28师，而解放军留涟水南北地区的部队计有山野2纵和华中6师、7师、6旅，兵力上不居于劣势，已足够抵御国民党军东进。此刻，华中1师如即北返，不仅部队疲劳，盐城地区的防御受到削弱，势将难保，因而，必须在盐城以南地区打两个胜仗，稳住盐城方向的战局后，再考虑将华中1师北调。他命令，7纵极力扼守正面，引诱国民党军向伍祐防御阵地之两翼迂回，以分割其进攻阵势，而造成各个歼敌之机会，其次于7日午夜投入华中1师、10纵和13旅主力协同7纵进行反攻，首先求得于短时间内解决国民党军一个团至一个半团，以迅速改变战场形势，而后再依情况变化分批歼敌；盐城作战未获胜前，华中6师不宜单独对敌作战，山野2纵和华中6师、7师、6旅均以暂时守势为宜。

然而，粟裕的如意算盘没能瞒过坐镇徐州的薛岳。6日，薛岳接到空军报告：涟水附近的解放军正陆续向盐城急进中。很明显，解放军是想集中兵力，吃掉整83师和整65师。"看来陈毅和粟裕的胃口不小啊！"薛岳不由得倒吸一口凉气，马上叫参谋将这个重要情报通知第1绥靖区，同时派整19军军长欧震以准备接手部队、组建盐阜兵团的名义，到东台第1绥靖区前敌司令部协助李默庵指挥作战。李默庵得知解放军主力南来的消息后，虽一度犹豫，但在部下和欧震的劝说下，最终下达了命令，决心将整83和整65师主力撤到刘庄附近的有利地形组织防御。解放军在得知国民党军撤退的消息后，立即组织反击。可是，由于国民党军组织有序，解放军没能抓住其主力，仅截歼了担负后卫掩护任务的整83师57团和整65师一小部。8日，整83、整65师主力顺利退到刘庄、白驹一带组织防御。解放军追击部队攻击无效,双方形成对峙。

10日凌晨,粟裕接到华中野战军政委谭震林的电报,得知徐州绥靖公署可能已将整11师东调宿迁,而华中6师在涟水方面的作战亦趋被动,看来国民党军即将在苏北发动大规模进攻了,考虑到沭阳和涟水方面薄弱,遂于10日晚下令,停止围攻刘庄、白驹,华中1师北移,留7纵、31旅及13旅负责盐城一带防御。12日,解放军全部撤离刘庄、白驹地区。

兵败宿北

通过第一次进攻盐南和涟水附近的战斗,薛岳达到了将华中野战军主力吸引于南线的目的,遂开始策划下一步进攻了。12月初,他在认真研究了战场态势后发现,解放军在苏北战场分为沭阳、盐城、涟水三个防区,每个防区都有重兵把守。从常理看来,解放军这样的部署应该没有什么弱点,可薛岳却认为解放军的兵力本来就不占优势,这样分兵处处把口,必处处薄弱。现在,解放军在盐城和涟水两个方向的兵力虽相对集中,但通过前段时间这两方面的战况看,解放军对当面国民党军仍没有优势可言。目前,第1绥靖区正向盐城方面增派部队,苏北绥靖军也准备将淮沭路上的171师用于涟水方向。经过加强,国民党军在盐城和涟水两方面的兵力都会居于优势地位。除此之外,解放军大量部队南调盐城、涟水,沭阳方向非常空虚,仅放了战斗力不强的9纵。国民党军在宿迁一带,布置了整69、整11两个师。其中,整11师是他老上级陈诚的起家部队,装备精良,战斗力非常强,两个月前在巨野张凤集以并不完整的一个整编师力拒刘伯承的三个纵队,威震鲁西南。在这个方向上,国民党军无疑也占了绝对优势。根据这一判断,他决定在苏北发动全面攻势,先占领沭阳,切断位于苏北的解放军主力退路,而后集中兵力,聚歼苏北解放军。因此他不等盐城方向的战局明朗,就制订了作战计划,企图以第1绥靖区、苏北绥靖军、分别向阜宁、涟水方向发动进攻,鲁南国民党军向临沂推进以牵制南线和鲁南解放军主力,保证整69师、11师攻占沭阳成功。可是,蒋介石不久前下令将整11师调入苏北时曾规定:整11师必须用于进攻新安镇方面。这个莫名其妙的限制让薛岳感到非常棘手;整11师刚到苏北,既不了解华东解放军的真实实力,又不熟悉战场环境,正是解放军合适的歼击目标。同时,沭阳和新安镇虽同是中共苏北解放区与山东联系的必经之地,可新安镇更靠近山东,鲁南解放军向该地增援比较容易,而新安镇离最近的国民党军据点东海也有40公里,那里仅驻有战斗力不强的整57师一部,此外周围再无国民党军有力部队,一旦新安镇被围,就近增援困难;而如果由宿迁向新安镇增援,直线距离达45公里,中间还要经过六塘河这样的天然障碍,在解放军阻击和袭扰下,也非易事;因此,整11师进攻新安镇,极易形成孤军深入的局面,凶多吉少。一旦整11师这样的头等主力师被打垮,对国民党军的士气无疑是一个沉重的打击。但是,蒋介石的指示又不能不执行,怎么办呢?薛岳左思右想,最后决定让整69师执行进攻新安镇的任务,以敷衍统帅部,并将沭阳一带的解放军主力引向新安镇,便于整11师以隐蔽的动作急袭沭阳。

胡琏

而沭阳距曹家集、汤集较近,增援相对容易,可保整11师无虞。作战设想既已成形,薛岳在12月7日下达了作战命令:以整83师、44师、25师、70师组成盐阜兵团,整19军军长欧震为司令官,进攻盐城、阜宁;以整28师、74师和171师组成淮涟兵团,徐州绥靖公署副主任李延年为司令官,进攻涟水;以整69师、11师组成宿新兵团,整11师师长胡琏为司令官,担任主攻,由整69师进攻新安镇,整11师进攻沭阳;以整77师、26师和快速1纵队组成峄临兵团,徐州绥靖公署副主任冯治安为司令官,进攻鲁南,牵制鲁南解放军南调苏北。同时,为了保证主攻方向的安全,薛岳派吴奇伟坐镇宿迁,指导宿新兵团作战,并指挥保1纵队,准备在沭阳战事紧急时投入战斗。此外,薛岳还命令整11师做好隐蔽工作,不使解放军察觉该部行踪,给他们造成宿新兵团兵力薄弱的假象。

真该佩服中共情报机关的效率。上面这道作战命令下达的前一天,解放军山东野战军司令部就知道了薛岳的作战构想,使得他们迅速调整了作战方案。薛岳于12月7日下达的作战命令也被中共查知。解放军山东和华中两大军区在陈毅的协调下,经过一番争论,逐步达成一致:鲁南军区单独抵御敌在鲁南地区的进攻,华中野战军留一部分兵力阻击南线之敌的进攻;山野1纵、8师南下沭阳、新安镇,协同华中主力,歼击沭阳方面之敌。10日,陈毅命令山野1纵和8师着即南下。而粟裕将山野2纵和华中7师(欠19旅)分别调到陈师庵以南和钱家集一带,待命北援。11日下午,毛泽东又电令粟裕即从盐城北返部署沭阳作战,并指示华中1师及13旅休息二三天即行北返。

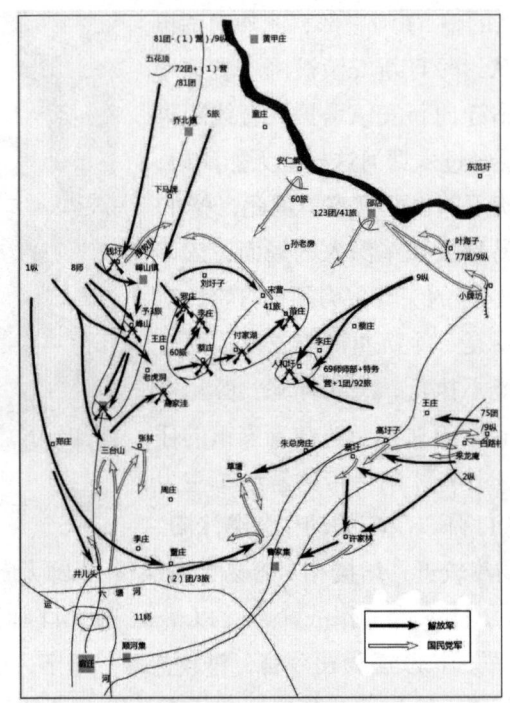

宿北战役经过要图

对于解放军方面的决策，薛岳一无所知。他也根本不知道解放军山野1纵和8师已从鲁南隐蔽南下，仅通过空中侦察，发现盐城地区的解放军部分北移，就错误判断解放军可能北撤到山东，寻求与鲁南国民党军作战。这与陈毅和粟裕全面掌控了战场国民党军的动向形成了鲜明对照。因之，他也根本不可能根据解放军实际动向调整部署，仍按照原计划督促各部队准备行动。12月11日上午，整11师开到宿迁。根据徐州绥靖公署的原订计划，宿新兵团下达进攻部署：整11师向东进攻沭阳；整69师向北进攻新安镇，但需以41旅占领苗庄，以掩护两个师的侧背。

12日，各路国民党军全面开始行动，向预定进攻出发地前进，在鲁南、宿迁、涟水各方面均有进展。战局顿时紧张起来。

当日傍晚，白天的军事会议结束不久，陈毅就接到了各方面国民党军出动的消息。于是，他召粟裕、张鼎丞、邓子恢等重新聚到会议桌前。与会者分析了各路国民党军的特点和前进路线后，一致认为：四路国民党军中，进攻鲁南、涟水的国民党军实力较强，由宿迁进攻沭阳的国民党军目前战场上仅发现整69

师，原有情报显示已进入宿迁的整 11 师尚未露头，不能证实以前情报的准确性，由此看来，由宿迁出动的这一路国民党军最弱，是极好的歼击目标；与此同时，进攻涟水的国民党军为精锐主力整 74、整 28 师和 7 军 171 师，对沭阳方向的解放军侧翼构成严重威胁，为了保证围歼整 69 师行动的顺利，必须坚决阻止其前进，并在歼灭整 69 师后，集中主力就近打击该路敌军。由于与会者意见一致，会议很快就结束了。根据会议的决议，陈毅等又致电中共中央说："据近日情况判断，敌有同时动作之企图"，"故我改变作战方针，以涟水、沭阳两处为突击方向，鲁南与盐城为钳制方向"，以 23 个团的兵力首先围歼立足未稳的整 69 师于宿迁、沭阳、新安三角地区，阻击并视情歼击整 11 师；以 28 个团分别监视和阻击其他三路国民党军。⑥基于这一决心，陈毅和粟裕下达了作战命令，其大致部署如次：1. 10 师和滨海警备旅钳制鲁南之敌；2. 由鲁南南下的 1 纵和 8 师，会同 2 纵、7 师（欠 19 旅）歼击由宿迁东进之敌。这一部署充分显示，由于解放军事前对宿新兵团的主攻方向了如指掌，薛岳的欺骗和伪装措施完全落空，没能实现将沭阳、宿迁一带的解放军主力引向新安镇的目的，接下来也只有失败的命运等着宿新兵团。

就在陈毅和粟裕做出歼灭进攻沭阳、新安镇的国民党军的决定之时，各路国民党军继续向前推进。其中犹以鲁南国民党军的进展最大。由于山野 1 纵和 8 师的调离，鲁南地区较为空虚。因此，该方面的国民党军没有受到多大的抵抗，13 日当天即攻占岔河镇、傅山口、石城崮等地，逼近兰陵镇，临沂再次告急。尽管如此，陈毅仍不为所动，坚持将主力置于沭阳一带；仅以鲁南 10 师和鲁南第 3 军分区在临沂以南防御国民党军的进攻。

可此时，国民党军宿新兵团并不知道大难将至，仍按原计划向前推进。13 日，整 69 师进展比较顺利，先后攻占了嶂山镇、人和圩、罗庄、刘圩子。但是，作为该兵团核心的整 11 师却进展不大，仅 118 旅攻占了李圩、蔡圩、高圩子。整 11 师师长胡琏隐隐感到自己的侧翼安全受到威胁，遂对作战部署作了新的调整：骑兵大队于次日向来龙庵—沭阳方向搜索前进；18 旅为右纵队，于翌日晨沿宿沭公路前进，特须注意右侧方之搜索警戒，并与 118 旅密切联系；118 旅为左纵队，于次日晨沿沂河东侧向沭阳方面前进，须注意来龙庵方面之搜索，与左侧整 69 师之部队确取联络；11 旅先至井儿头附近集结待命，特须注意对东北方向之搜索警戒；师司令部及直属部队，跟随 18 旅之后，前进至曹家集附近。同时，他未报经徐州绥靖公署同意，擅自以宿新兵团司令官的名义命令整 69 师，即在原地停止，作为兵团总预备队，掩护整 11 师东进的侧翼安全。这样一来，徐州绥靖公署的作战部署就被宿新兵团改得面目全非。整 11 师的侧翼的安全得到了保障，可整 69 师却危机四伏：该师仅 7 个团，整个的正面却扩大到超过 20 公里，留给解放军太多的空隙。而师长戴之奇又愚蠢地把师部设在靠近前沿的人和圩，极易受到解放军的攻击。更为严重的是，其中掩护侧后翼的预 3 旅两个团的正面超过 5 公里，兵力相当单薄，如果解放军从这里突破，整 69 师向宿迁的退路及其与整 11 师的联络都将受到威胁。但薛岳和坐镇宿迁的吴奇伟这时只根据接到地面侦察报告[46]，认为宿新兵团行动暂无太大危险，故而麻痹大意，对胡琏的胆大妄为视若无睹，以至于终酿成大祸。

　　陈毅和粟裕抓住这一弱点，按照原定计划，集中了山野 1 纵、2 纵、8 师和华中 9 纵和 7 师共 23 个团在地方武装的配合下，向宿新兵团发起进攻，重点打击战斗力较弱的整 69 师。经过一周激战，整 69 师大部被歼，戴之奇自杀。整 11 师被迫退守宿迁附近阵地。

　　但此时，陈毅和粟裕都没法为这个胜利举杯相庆，因为涟水和盐城两个方面的战事已让他们攻占宿迁扭转战局的计划变成了泡影。

连占要地

　　解放军把大部分主力集中于宿迁、沭阳方向大大削弱了盐城和涟水的防御，给了这两个方面的国民党军以可乘之机。国民党军当然不会放过这样的战机，遂于 12 月中旬开始按照薛岳的原定计划再次对涟水和盐城发动进攻。

　　早在薛岳下达作战命令的第二天，国民党军淮涟兵团就开始行动了。根据薛岳和李延年的作战意图，淮涟兵团先以整 28 师和整 74 师 57 旅于淤黄河河套地区展开佯攻，吸引解放军主力于涟水以南，而后以整 74 师 51 旅、58 旅作为主攻，沿淤黄河和盐河之间设防空虚的地区，袭占涟水城。

　　12 月 8 日，淮涟兵团发起进行后，解放军果然为整 28 师和 57 旅的佯动所迷惑，将主力华中 6 师投入钦工、顺河集、茭菱一带，与该两部相持，而在涟水西面只摆了一个战斗力不强的 6 旅。整 74 师主力乘机于 14 日突然向涟水西北攻击，很快突破 6 旅防线，并击败从淤黄河以南仓促赶回增援的 6 师，于 16 日中午攻占涟水。而后，国民党军乘胜追击，到 18 日又先后攻占了大顺集、刘皮镇、徐溜子等地。尚在增援途中的解放军的援军华中 1 师见涟水已失，只得与 6 师一起转到盐河以北，阻击整 74 师向沭阳进攻，保障华中和山野主力围歼整 69 师的侧翼安全。

在第二次保卫涟水的战役中，解放军损失惨重，仅华中 6 师的伤亡就高达 5000 余人。而国民党军亦付出了数千人伤亡的代价。捷报很快传到徐州。对这个战果，薛岳当然十分满意。自从抗战以来，整 74 师这支部队很少让他失望，万家岭、上高、常德、淮阴、淮沭路，加上这次涟水，所守必固，所攻必克，真称得上国民党军的精锐王牌。他对这支部队的实力自然要高看三分。当晚，盐阜兵团攻占盐城的消息传来。看来，尽管主攻方向上作战不利，整个苏北战局却还没有逆转。目前，整 69 师败局已定，整 11 师处境危急。这可是参谋总长陈诚的起家部队。如果整 11 师有什么闪失，他怎么对得起陈诚的知遇之恩啊？因此，当务之急就是救出整 11 师。综观各兵团的战斗力和态势，就整 74 师能够救整 11 师了。于是，他在 19 日下令调整部署：整 11 师于当天速向宿迁收缩，赶筑工事，准备迎击解放军的攻击；淮涟兵团以整 74 师和 171 师由涟水向北进攻，限 23 日攻占沭阳，以便减轻整 11 师的压力；盐阜兵团迅速攻占阜宁，以掩护整 74 师的侧翼。当天下午，整 11 师即奉命迅速收缩到顺河集、井儿头一带既设阵地，加固工事。吴奇伟亦同时命令保 1 纵队向顺河集、井儿头集中，准备协同整 11 师作战。

可是，薛岳的命令下达后不久，陈毅和粟裕即获知其内容。经仔细研究，他们认为：就目前情况而言，歼灭整 11 师的机会已不大了；而整 74 师如按此令北进，势必孤军深入，有利于解放军就地调动兵力，将其歼灭于运动中，遂决定放弃既定打整 11 师的计划，先打整 74 师。当晚，为了掩护部队撤离宿迁附近战场，同时调动整 74 师加速北援，在宿迁附近的解放军主力一部向顺河集、井儿头发动了全面进攻。整 11 师和保 1 纵队分头迎击。双方激战至拂晓，解放军没有取得实际战果，乃向沭阳方向退去。

解放军主力向整 11 师的攻击确实促使国民党军淮涟兵团加速北进。21 日，整 74 师先头 3 个营由涟水北进，已过陈师庵，171 师两个团亦同时北进，22 日两部到达六塘河两岸。这个消息使陈毅和粟裕欣喜万分。他们把部队集结在沭阳地区休整，就等着整 74 师和 171 师前来钻他们的套呢。可到了 23 日，他们却意外地发现国民党军淮涟兵团进到六塘河岸就停止不前了。由于态势不利于发起攻击，陈毅和粟裕不得不放弃了下一步作战行动。到底怎么回事呢？原来，国民党军淮涟兵团北进主要目的是为了暂时解除宿迁方面国民党军的危急局面。现在，解放军已从宿迁附近撤兵，目的已达到。机敏的李延年和张灵甫认定解放军会在沭阳一带布下天罗地网等着他们。目前，阜宁地区还在解放军手中，使淮涟兵团的右侧完全暴露在解放军的面前。如果淮涟兵团此时前进，一旦解放军从右翼穿插到淮涟兵团的侧后方，整74师和171师将腹背受敌，处境极为危险。因此，他们向薛岳要求，淮涟兵团等右翼盐阜兵团攻占阜宁后再行北进。薛岳觉得有道理，便同意了他们的意见，并一再致电催促盐阜兵团尽快攻占阜宁。

这时，盐城已经易手。在保卫盐城的过程中，解放军7纵、10纵、13旅以及苏中和苏北军区部队在敌人盐阜兵团4个整编师的进攻下，损失惨重，已无力阻止国民党军北进了。祸不单行，解放军又得到消息：位于陇海线附近的华中军区所属华中民主联军郝鹏举部，自内战开始以后在东海对整57师几次作战均告失利，意志消沉，有投降国民党军之可能。如果郝鹏举真的投降了，盐城守军后背无疑被捅了一刀，有遭围歼的可能。于是，陈毅和粟裕急调13旅赴房山镇监视该部。这对屡战不利的盐城、阜宁前线解放军来说，不啻雪上加霜。不过，解放军盐城前线指挥所还算镇定，就在盐城失守的当晚，迅即调整部署，企图沿盐阜公路奋力抵抗，尽量迟滞当面国民党军前进，配合主力在宿迁、沭阳一带作战。19日晨，盐阜兵团各部奉命从盐城附近出发开始进攻。解放军层层阻击，付出了很大代价，不少部队伤亡过半，怎奈双方实力对比过于悬殊，无法阻止敌人的前进，只能步步后退。激战至26日拂晓，阜宁失守。解放军7纵和10纵（附华中军区特务团）因损折过重，无法再战，只得后撤休整。此后，国民党军又分途向北追击，到12月30日，进占淤黄河南岸的北沙、东坎、留家港一线，方才停止前进。

在苏北会战的同时，薛岳又指挥整26师（附快速1纵队）和整33军从12月12日开始向临沂方向推进，以牵制鲁南解放军。此时，鲁南地区解放军主力部队大多已南调，只有鲁南军区地方武装及10师、滨海警备旅等部队担任守备任务，兵力虚弱。因此，国民党军的前进非常顺利。到19日止，国民党军先后攻占了兰陵、洪山、向城、四户、卞庄等战略要地，距解放军山东军区所在地临沂仅30多公里了。可就在鲁南国民党军高歌猛进的时候，国民党军在宿迁一带失利的消息传到徐州，薛岳看到牵制计划已落空，又得悉解放军鲁中军区主力9师及4师10团已于15日到达卞庄附近，担心解放军会乘胜北上歼击鲁南国民党军，便命令鲁南国民党军停止前进。就这样，国民党军丧失了乘虚进逼临沂，切断在苏北作战的解放军主力退路的机会。此时，薛岳万万不会想到，这样一个他自认为持重的决定会在半月后给他带来一生的耻辱。

到12月底，国民党军占领了苏北绝大部分地区，在苏北作战的解放军的控制范围仅限于沭阳、东、西新安镇等少数城镇。尽管没能将解放军主力赶出苏北，薛岳还是认为此次作战基本达到了目的，解放军受创甚重，已经没有翻身的机会了。于是，他下令各部停止前进，在原地休整，准备过1947年元旦。至此，苏北会战宣告结束。

第九节 鲁南折戟

挑起内斗

从1946年6月就任徐州绥靖公署主任到年底止，薛岳在指挥徐州绥靖公署所辖部队与华东解放军作战中，连战连捷，基本上将华东解放军主力赶出了苏皖地区。面对这样的成果，薛岳有些飘飘然了：华东解放军已基本上丢失了苏皖富庶地区和胶济铁路沿线，兵员和物资受到了很大限制，看来消灭华东解放军已只是时间问题了，自己就任前对战局的忧虑看来是多余的。于是，作战不再是他关注的唯一问题了。他执掌徐州绥靖公署半年多时间里，麾下的部队尽管数量众多，但所属派系繁杂，有中央系、西北军、川军、桂军等，矛盾重重，指挥起来并不那么得心应手。更有甚者，有的部队长官公开与他这个顶头上司叫板，不服从命令，让他吃尽了没有基本部队的苦头。而他原来的基本部队只有由4军改编而成的整4师和99军改编而成的整69师。内战爆发前，整4师已调归第1绥靖区指挥。该绥靖区虽名义上归徐州绥靖公署统辖，但由于担负护卫京沪的任务，国防部直接插手的时候颇多，他这个徐州绥靖公署主任反而没有多少机会染指。至于整69师，一直在他的指挥之下，先后参加了多次战役，作战积极，使用起来得心应手。可好景不长，随着99旅和92旅分别在苏中和朝阳集溃败使师长梁汉明丢了官，自己对这个师的控制力大为削弱。可以说，薛岳手里已没有基本部队了。因此，眼见战事发展顺利，他开始考虑起如何组建自己的基本部队了。在当时的情况下，他没有掌握任何地方的政权和财权，组建新部队并不现实，唯一可行的办法就是吞并杂牌军。这是他的老朋友陈诚组建土木系屡试不爽的看家法宝，也符合蒋介石"强干弱枝"的传统，不大可能受到来自中央的阻力。可吃掉哪支部队比较容易呢？薛岳盯上了整33军。这是一支西北军部队，前身属冯玉祥系统。该系统自1930年中原大战和1933年察哈尔抗战后分崩离析，主体部分被编为29军，驻守平津地区。"七七"事变后，29军扩编为第1集团军，参加了平津、河北及山东一带的对日作战。武汉会战期间，原第1集团军所属59军和77军合编为33集团军。33集团军自组建以后，一直在鄂北和鄂西一带对日作战，屡立战功，也付出了惨重代价。其第一任总司令张自忠就在1940年5月阵亡于宜城南瓜店，成为抗日战争中为国捐躯的军职最高的中国将领。张自忠殉国后，冯治安接任33集团军总司令，继续在湖北与日军进行殊死的拼杀，直到抗战胜利。1946年春，33集团军奉命改编为整33军，总司令冯治安转任军长。原33集团军所辖77军和59军分别缩编为整77师和整59师，仍归整33军统辖。内战爆发后，该部被编为第3绥靖区，划归徐州绥靖公署指挥，进攻鲁南解放区，颇有劳绩。此时，随着西北军体系的瓦解，他们已丧失了稳固的地盘，而冯治安在中央又没有其他后台。因此，这样一支有一定战斗力的部队，对于薛岳来说，自然是极好的盘中餐。于是，他于12月下旬下令将在鲁南地区的作战国民党军分为两个兵团：以整64师和整59师组成陇东兵团，由第3绥靖区副司令李文田任司令官；以整77、整51师、整20师组成峄临兵团，任命整24军军长李玉堂为司令官；这两个兵团名义上都归徐州绥靖公署副主任冯治安指挥。

　　薛岳的这道命令着实把冯治安气坏了——这不是在整自己吗？把整59师和整77师分别编进两个兵团，明摆着是要分而治之。虽然这两个兵团名义上都归自己指挥，表面上自己统辖的部队增加了，可明眼人一看便知，他冯治安谁也指挥不了。李玉堂是中央军嫡系将领，抗战中长期在薛岳麾下作战，战功卓著，名气也不小。要让他俯首帖耳听他冯治安的指挥，可能吗？很明显，薛岳是想通过这个办法把整77师拉走。至于那个整64师来自薛岳的家乡广东，与薛岳有千丝万缕的联系，也不是他冯治安说调就能调得动的。这样一来，剩下的就只有整59师了。尽管这支部队还是原33集团军的老部队，却是原来张自忠的基本部队，李文田就出自该师。他和该师师长刘振三与冯治安又素有隔阂。冯治安对这支部队的控制力远不如整77师，如果整77师被拉走了，很难说整59师能否继续效忠冯治安。所以，薛岳的这个举动，对他冯治安来说，无异于釜底抽薪。冯治安的牙齿咬得格格直响：你不仁，休怪我不义！他马上找来参谋长陈继淹和整33军的重要将领何基沣、张克侠、刘振三、王长海等人，嘱咐他们在与解放军交战时，要"全军为上"，不要卖命傻拼，要"假打、滑打"，而且约定：以后不要以书面上的东西如战令、电报等为依据，要以长官亲口指示为依据，因为书面的东西不得不搞得风风火火，否则不能敷衍上面。㊼接下来，就是冯治安和整33军背后下绊子，让国民党军和薛岳吃了内战爆发以来的最大苦头。

将骄兵侈

正当薛岳与冯治安忙于内斗之际，解放军正磨刀霍霍，准备下一步的歼敌计划。由于苏北大部失守，解放军继续在那里作战已十分不利。因此，中共中央和华东方面经过反复讨论，决定让在苏北作战的解放军主力撤入山东作战。这样一来，位于解放军撤退必经之路上的鲁南国民党军首当其冲，理所当然地成为了解放军的下一个打击目标。30日，陈毅和粟裕主持制订并签发了《华东野战军峄东作战计划》，确定集中27个主力团，于1947年1月2日开始发起鲁南战役，首先歼灭鲁南国民党军主力整26师和快速1纵队。其具体部署为：以山东军区所属8师、9师、10师、4师（欠两个团）、滨海警备旅为右纵队，以华中1师和山野1纵为左纵队，负责歼灭整26师和快速1纵队；鲁南第3军分区牵制整33军等部。为了保证战役的侧翼安全，陈毅和粟裕还决定，以华中野战军政委谭震林指挥华中军区所属9纵、7师、6旅、13旅等部，阻击北上的苏北国民党军主力。

鉴于以前各次战役的教训，解放军在战前进行了认真的准备，各种细节，包括后勤补给、弹药供应、部队的开进线路的选取和侦察、通信线路的搭建等等方面，都反复筹划，切实实施，生怕出一点纰漏。而与之形成鲜明对照，由于徐州绥靖公署高层轻视情绪的蔓延和内部的相互倾轧，国民党军对解放军的动向颇为大意，前线将领大多认为解放军快到穷途末路的境地了，都在整顿人马，准备过元旦。更有甚者，作为国民党军头等主力的整74师师长张灵甫竟也擅离前线，于12月27日以疗伤为名回到南京。不过，还是有比较清醒的人，冯治安就是其中之一。12月27日左右，他不断接到驻台儿庄附近的整59师送来的情报，得知有大批解放军北移。看来，陈毅是想在鲁南动手了。冯治安当即要求整77师密切注意当面解放军动向，并令整59师撤回进占铁佛寺之一部，将部队集结于邳县、台儿庄一带。可是，他没有把这些情况通知薛岳和整26师，他想看他们的笑话。

尽管如此，薛岳和整26师师长马励武还是从其他渠道得到了鲁南解放军兵力增强的情报。12月下旬，薛岳得知解放军鲁中军区4师和9师已南进到临沂附近，便命令整26师尽快弄清当面解放军的实力，并令驻宿迁的整11师以一部向嶂山镇一带进攻，以摸清解放军的意图。马励武得令后，即命169旅将处在第一线的快速1纵队换回向城以南休整，并下令部队积极修筑工事，修补公路桥梁，准备迎击解放军的进攻。同时，他又不断派小部队出击文峰山、苍山、三峰山、东西乌邱等地，以试探解放军的兵力。在此过程中，马励武感到当面解放军的抵抗在增强，开始警觉起来。他走到作战地图前，当看到掩护自己南翼的部队是整77师时，他不由得倒吸一口凉气：整77师是冯治安的基本部队，自己原本与他们没有什么恶交，可自从参加进攻鲁南的作战后，彼此的关系逐步恶化，先是10月初在谁先攻占峄县的问题上跟整77师争功，而后他又拒不执行薛岳将整26师和快速1纵队划归冯治安指挥的命令，现在自己与冯治安和整77师的关系已经到了势同水火的地步，要他们掩护自己的南翼，靠得住吗？于是，他于25日向薛岳建议将整26师和快速1纵队撤回峄县。可这时，薛岳还没有弄清解放军主力的动向，不便做出决定，只命其原地待命。到了28日前后，马励武又从抓到的解放军俘虏口中得知，解放军已集结6个师的兵力，准备于1947年元旦发起进攻。同时，他们又发现已有解放军营级干部潜入向城附近侦察。据此，马励武确认解放军将有进攻向城的企图，便再次向薛岳建议退守傅山口一线。可就在这时，薛岳得到整11师师长胡琏的报告：整11师一部奉命由井儿头北进，攻占嶂山镇后，遭到解放军华中9纵79团的有力反击，前进困难。而同时，空军也发来侦察报告：没有发现解放军移动之迹象。这样一来，薛岳误认为，前几天得到的情报是解放军的疑兵之计，目的不过是想把苏北国民党军兵力调到鲁南以减轻那里的压力，故而不必太在意。况且，现在有整77师掩护整26师的南翼，两师互为犄角，即使解放军来攻，也能相互策应，两个师在快速1纵队重装备的支援下，足可支持。而一旦整26师后撤，在南面掩护其右翼的整77师和位于台儿庄的整59师就显得孤立突出，容易受到解放军的攻击。基于这种想法，他没有接受马励武的建议，只同意他将位于马家庄以东过于突出的前锋部队接回来。马励武无奈，只得命令部队就地加强工事警戒，准备迎击解放军主力的进攻。

　　薛岳不让马励武下令后撤，还指望着整77师能掩护整26师的南翼。可他万万没料到，由于得罪了冯治安，这时的整77师并不像一个月以前那样可靠了。冯治安尽管在公共场合处处显示出自己对前线战局漠不关心，他掌握的情况却远比薛岳全面。一直到29日，他每天都得到整77师师长王长海报告，说几天来日夜有解放军经本师阵地前沿北撤。看来，解放军马上要动手了。于是，冯治安急令整77师后撤。30日，整77师遵照冯的指示，开始由长城镇、幼鹿山等地后撤。到31日，该师收缩于四户镇、大良壁一带。这样一来，整77师就将自己与北面的整26师和快速1纵队拉大到20多公里，使整26师的南翼暴露在解放军面前，处于孤立突出的不利境地。但是，整77师师长王长海为敷衍薛岳，在长城镇仍留驻了几百人的地方保安部队，同时将鲁坊防务交与鲁南保安部队王洪九部，并上报说本师依旧集结于四户镇、长城镇一带，给薛岳和马励武造成该师仍然掩护着整26师南翼的错觉。

薛岳既然认定鲁南部队没有什么危险，便开始根据他的判断，制订歼击解放军主力的计划。经过与解放军近半年的较量，薛岳自认为对陈毅和粟裕的用兵了如指掌，已经胸有成竹，所以下一步的作战计划很快就出台了。12月31日，薛岳下达元旦后进攻的第8号作战命令，准备开始对苏北的最后进攻。根据他的部署，苏北国民党军9个整编师和7军171师编为阜海、淮陇、陇南、陇东4个兵团，于1947年1月4日开始全面向北推进；而鲁南地区4个整编师组成峄临兵团，固守现有阵地，牵制当面解放军。⑱

薛岳的这个计划算盘倒是打得不错，先在南面发起攻击，将苏北解放军主力向北赶，再以鲁南及陇海铁路沿线的部队进行侧击，以期以比较小的代价获取巨大的战果。然而，他没有意识到，由于自己在解放军主力位置判断上的错误，一生中最大的挫折正一步步向他逼近。不过，令人啼笑皆非的是，徐州绥靖公署将这个命令上报给蒋介石后，蒋介石似乎还想尽快把整26师和他心爱的快速1纵队断送掉，竟指示薛岳将各主要兵团的进攻开始时间分别推迟到1月6日至10日。

薛岳拿着蒋介石的命令，左思右想，总不明白委员长葫芦里卖的什么药。既然是委员长的命令，再想不通，也得执行啊。于是，徐州绥靖公署又于1月2日根据蒋介石的意见，对下达了对第8号作命的修正命令。本来，陈毅、粟裕在下达歼灭整26师及快速1纵队的作战命令时，一直担心苏北国民党军主力迅速北上，曾设想如果留在沭阳一带的阻援部队不能阻挡其进攻，他们将留一部牵制整26师，转而打击由苏北北上之国民党军。而蒋介石主动把苏北国民党军的进攻进度延后，正中解放军的下怀。

不过，客观地说，尽管薛岳判断失误，尽管蒋介石和整77师为整26师和快速1纵队被歼提供了便利条件，由于装备上的巨大差距，解放军真要想一口吃掉严阵以待的整26师和快速1纵队，却并不是那么容易。到了1947年元旦早晨，马励武见解放军还没来进攻，便松懈起来，认为自己的部队兵强马壮，解放军不敢来进攻了。于是，他上午在师部举行了元旦庆祝会及会餐，而后把前方指挥任务交给副师长曹玉珩和参谋长郑辅增负责，自己乘车返回峄县看戏去了。"兵熊一个，将熊一窝"，马励武平时就骄横自大，部队也深受其影响。自12月下旬整26师进驻兰陵一带以后，一般下级军官竟趁乡绅来部队慰问之机，违反军纪，私自离开部队与当地居民结婚。不久前，战1团副团长、蒋介石的二儿子蒋纬国奉命视察快速1纵队所属战1营，回徐州后便向上司汇报说，马部警戒松懈，对战车的使用和配置有改善的必要。三天前，马励武下令部队加强戒备。整26师和快速1纵队官兵着实紧张了一阵。可随着马励武离开部队，官兵们刚绷紧的弦又一下子松弛了。当官的说："没有事，有事师长早来了，还会在峄县？"当兵的听到这话后就说："当官的都不怕，兵怕啥？"㊾于是，各级官兵借着过新年的机会，大宴宾朋。一时间，户户宴客，个个醉饱。同时，军营里又大开赌禁，嬉闹叫骂之声不绝于耳，官兵们早把来自战线另一边的威胁抛到九霄云外了。

就在整26师上上下下大吃大喝、玩忽懈怠之时，参加围歼该部的解放军各部队均于1947年元旦拂晓抵达指定集结地域，同时他们派遣的精干人员利用整26师和快速1纵队的麻痹情绪，化装成老百姓，以劳军为名已混进了向城一带国民党军驻地。次日，右纵队司令部及山野1纵司令员叶飞、华中1师师长陶勇分别向各自部队下达作战命令，区分了各部队任务，并规定于2日夜发起进攻。更令陈毅和粟裕欣慰的是，几天来，如此大规模的部队调动，解放军一直未发现国民党军有察觉其企图的迹象。尽管如此，陈毅仍然忐忑不安，对山东与华中两大主力配合作战的效果疑虑重重，故在当天给中共中央军委的电报中提出以下三点措施：1. 部队编制番号均须统一；2. 今后确定以战养战的思想，严格处理分配胜利品，始能持久；3. 现部队对使用炮兵，使用俘虏，防空防炮均有进步，打26师则有克坦克的困难，故又提出树立以战教战、打一仗进一步的思想。㊿毛泽东也极为关心华东两大主力的整合，遂于1月2日晚复电陈毅，肯定"以战养战，打一仗进一步甚好"，并询问"打马励武是否准备完毕？粟裕及1师是否已至鲁南与你们在一起？我们希望此次作战能获宿东同样战果"[51]。

不过，十几万大军运动，再保密也不可能不留下一点痕迹。1月2日上午，薛岳接到空军发现解放军有大部队在整26师周围集结的报告，大吃一惊，立即通知马励武注意，并着其将部队撤到友邻部队的等齐线。这时，马励武已率幕僚回到峄县城中欢庆元旦。接到命令后，马励武轻蔑地冷笑着，心想：薛岳现在才知道，早干什么去了？前几天情况紧急时，我几次要求将部队后撤，都没得到批准，叫我们紧张了好几天。现在共军被我们的阵势吓怕了，形势缓和了，正过元旦，薛岳又来了这份"马后炮"电报，真不知道他是怎么想的。想着想着，他随口说了一句："没有什么了不起。"马励武的幕僚们听了这话，觉得不妥，便上前劝告，并建议三策：1. 将所部全部撤至峄县；2. 留一部守傅山口，余部撤回峄县；3. 原地不动，加强工事，密切与友邻部队联系。[52]可是，前几天的平安无事已使马励武丧失了应有的警惕。他满不在乎地说："他们不来，我们还要找他们，他们集结越多越好；在这平原地区，我们的战车正好使用，他们集结的多，能碰战车吗？他们来了，我就消灭他们。"[53]于是，马励武决定，部队原地不动，并且不与友邻部队联系。后来，由于马励武和他的幕僚忙于各种应酬，竟连要前线部队加强戒备的通知也没有下达。

然而，马励武大意并不意味着国民党军所有前线将领都大意。当天，整77师师部整理几天来394团团长王仲元从四户镇以北发来的报告，发现几天以来，日夜不断有解放军部队由南向北移动，都是经过394团阵地前沿，而没有一个对该团进行攻击，看来是另有目的。整77师参谋长徐建据此判断：快速1纵队所驻十八凰落一带是属于洼地漏汁湖地区，如遇阴雨，除公路外，全不能行动。因此，解放军有吃掉快速1纵队的可能。就在此时，王仲元又打来报告，告知师部解放军大部队已全部通过本团阵地附近，并请求后撤。这个报告让王长海大为紧张，看来解放军已准备就绪，大战在即。他担心有解放军部队要来吃掉394团，就向冯治安请示。冯治安生怕自己的部队吃亏，立即同意将部队撤出四户镇。果不出所料，394团撤出四户镇一带后没过几个小时，解放军华中1师的部队就进入四户镇地区，鲁南战役的大幕随即拉开。

"国军精华"的覆灭

1月2日晚9时30分，解放军山野8师提前半小时向尚岩发起进攻，其余各部亦随后出击。一时间，枪炮声大作，将整26师及快速1纵队官兵们的赌兴一扫而光，军官们慌忙丢下手里的麻将牌，赶回各自指挥所；士兵们纷纷冲进武器库，慌乱地翻找自己的枪支。军营中顿时乱作一团。

消息传到峄县，马励武还在看戏，此时公路已被解放军挖断，无法返回前线，只得命曹玉珩在前线就近指挥。而曹玉珩因与快速1纵队代指挥官、80旅旅长邹震岳互不买账，临战指挥不灵，因而一败涂地。仅仅经一夜的战斗，解放军

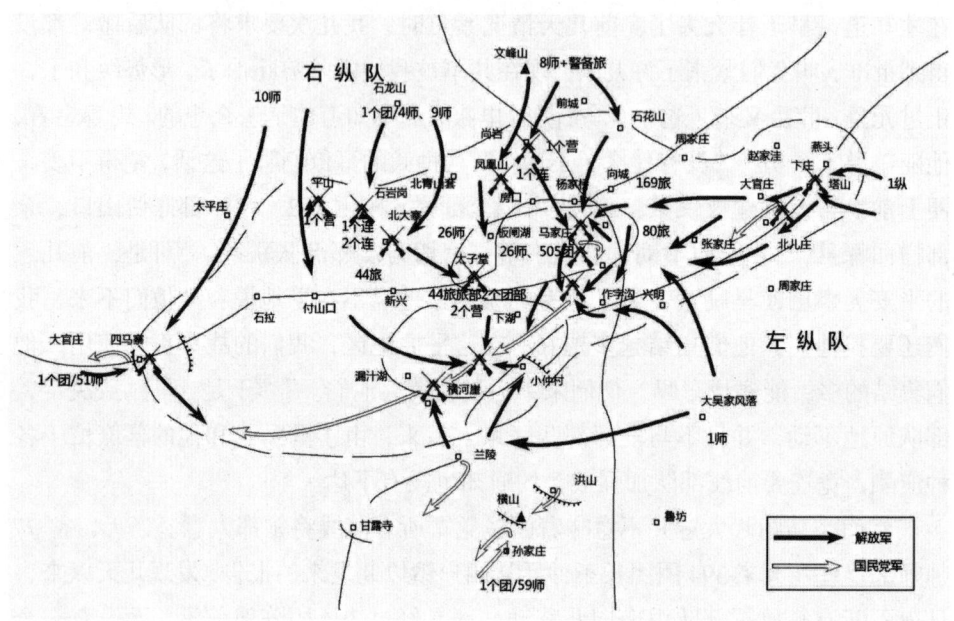

鲁南战役第一阶段作战经过要图

就先后占领石龙山、青山、石城崮、四马寨、傅山口等地，切断整26师和快速1纵队主力西逃的道路，完成了对两部的包围。

在整26师的南方，整77师师长王长海远比马励武谨慎。2日晚，他一直保持着高度警惕，因而在解放军发起进攻后最短的时间内就弄清了前方的情况，也不敢怠慢，马上打电话给还在徐州过年的冯治安，请求指示。可电话打到冯治安家中，却被参谋长陈继淹以冯已入睡、不敢惊扰为由，拒绝转告。王长海一听陈继淹说话的口气，马上明白其中的深意了：参谋长在暗示他按照以前的约定避战，保存实力啊。这样的话，司令官怎能亲口在电话里讲呢？于是，他开始盘算丢下整26师后撤的事了。

薛岳也是在2日晚接到前方关于解放军开始进攻的报告的，便立即打电话把冯治安从被窝里吵起来，询问情况。冯治安虽然没有接到王长海的报告，可一听薛岳的语气，马上就知道是怎么回事了。不过，这只老狐狸毕竟在官场上混迹多年，到这时还装作什么都不知道，回答说："前方很安静没有什么事。"薛岳一听，勃然大怒，吼道："这么大的事情你还不知道。"受了申斥后，冯治安无处出气，便迁怒于陈继淹，问这么大的事为什么不向他报告。陈继淹一脸委屈，反驳道："不是总司令说过，睡了觉有事不要叫，明天再说吗？"㊾冯治安听了这话，气消了大半。陈继淹尽管没有点明，意思却已经表达到了：他们事前约好避战的，这样的事怎么能让司令官公开下命令呢？他冯治安不知道最好，王长海知道该怎么办。于是，冯治安继续装作生气的样子，发了一通牢骚了事，而后匆匆赶回贾汪指挥所去了。

薛岳从冯治安那里一点前方的情况都没有了解到，但他毕竟久经沙场，知道战局危急，在作战地图前简单地判断一下形势后即于3日清晨做出紧急处置：整26师守备卞庄部队应撤至向城附近集结，并着快速1纵队先行击破傅山口方面之解放军，解除侧背威胁，再歼其他各地之解放军；整77师即由四户镇、长城镇速向洪山镇、兰陵镇，对傅山口之解放军攻击；整59师180旅由岔河回任兰城殿东北地区警备；整51师以一部出税郭向东南侧击；整52师留置临城之33旅98团即车运峄县向东北协攻傅山口之解放军。很明显，薛岳到此时对整77师擅自撤出长城镇、四户镇、幼鹿山一事一无所知，完全被冯治安和王长海蒙了，还指望着整77师能拉整26师和快速1纵队一把。而且，他也不知道，他扭转战局的努力正在被王长海出卖。

王长海接到薛岳的命令后，立即将副师长许长林和参谋长徐建找来，向他们表明自己不愿意执行薛岳的命令，为马励武这个老冤家火中取栗，而现在本师所处位置比较突出，一旦整26师被击溃，处境非常危险。许长林和徐建马上就明白王长海的意思了。于是，三个人很快就研究出了一个摆脱目前尴尬局面的办法：师主力向南撤退，派132旅一部向北出击一下，以敷衍上级。决心很快就下了。但等到要下达命令时，许长林和徐建就疑虑起来，坑了整26师和快速1纵队，事后不好交代。王长海见状，拍着胸脯说："这事由我负责，掉脑袋全由我。"许、徐二人的顾虑完全被打消，便下达撤退命令去了。不久，132旅旅长过家芳奉命来到师部。王长海亲自向他传达了师部的决定，并对过家芳说：你去后要看情况，不要粘上，要边打边撤，主力要向兰陵西南撤退，到达峄台公路就可打电话伪造情况，说被解放军击溃了。过家芳领命而去。当天午后，77师师部开始向台儿庄东北的陶沟桥撤退，过家芳亦率395团奉命向兰陵西南地区前进。临行前，王长海亲自打电话给过家芳，要他记住师部的决定。395团出发后，王长海叫副参谋长田渔村通过报话机上向过家芳大喊大叫"馨庭（笔注：过家芳的字），你向西北，便向北"，以蒙蔽国民党军情报机构的无线电侦测。㊿过家芳也在报话机中，不断叫苦，捏造敌情，说什么受到解放军优势兵力的严重截击，进展迟缓。395团的行动磨磨蹭蹭，尽管没有遭受解放军的有力阻击，进到白马坡，就停止不前了。与此同时，国民党军整51师342团及整52师98团向四马寨、傅山口方向的攻击亦因解放军10师的有力阻击而受阻。同时，马励武又拒不执行绥靖公署以快速1纵队攻击傅山口的命令，擅自将快速1纵队的战车营优先使用于卞庄方向，致使国民党军丧失了突破解放军包围圈的最后机会。这样一来，整26师最后的崩溃只是时间问题了。

3日天亮后，解放军各进攻部队继续对整26师阵地展开猛烈进攻。而国民党军步兵部队与战车由于内部矛盾重重，"各自一把号，各吹各的调"，毫无配合。因此，在这天的战斗中，国民党军损失惨重，44旅旅长蒋修仁、副旅长于显文、参谋长葛振铎、506团团长马尚英等均战死，132团团长王景星等被俘，平山前、卞庄、太子堂等重要据点相继失守。解放军华中1师得以在傅山口以南，与10师会合，并就地构筑阵地，准备堵击突围之敌。

3日夜，在峄县城内无可奈何地关注着战局发展的马励武得到通报称，整77师395团于当天派一个排往向城方向出动，企图与整26师联系，遇解放军堵截，被迫退回。他顿时如五雷轰顶，惊慌起来，看来解放军已完成了对整26师和快速1纵队的包围，现在本部外围阵地均已失守，马家庄、太子堂也岌岌可危，部队弹药消耗极大，再不突围将有全军覆灭的危险。于是，他打电话向上级薛岳通报：情况危急，请求将部队撤回峄县。这让薛岳大惊失色。他没料到在前一阶段作战中所向披靡的国民党军精锐，这次竟如此不堪一击，打了不到两天就顶不住了。快速1纵队是国民政府苦心经营几年的成果，机械化程度之高在国民党军中无出其右者。如果这样的部队就这样被吃掉了，他该如何向蒋介石交代？他多年出生入死得来的"华南虎"威名如何保得住？想到这里，薛岳不寒而栗，遂即同意了马励武的请求，并令其统一指挥整26师和快速1纵队于次日拂晓开始行动，同时要求空军3大队出动飞机支援此次突围行动。命令下达到前线，曹玉珩即转令各部，要求在拂晓前做好突围准备。不过，曹玉珩因怕被冯治安和王长海笑话，否定了炮5团团长李琼提出的向台儿庄方向突围、靠拢整33军的建议，将突围方向选在解放军10师和华中1师的结合部——傅山口和兰陵之间。

但是，天有不测风云。4日早晨6点30分，天气骤变，瓢泼大雨从天而降。不大功夫，道路变得泥泞不堪。这样的天气对重装备行动极为不利，空军飞机也不可能在如此恶劣的条件下出动支援。因此，国民党军出发不久就陷入困境。

车辆和重型火炮一陷进泥坑里，得费好大的力气才能推出来。加上解放军事先在国民党军撤退道路上埋了地雷，国民党军官兵被炸死、炸伤的情况接连出现。国民党军的行进不断受到阻滞，速度极为缓慢。随着时间的推移，解放军追击部队逐渐逼近。国民党军官兵越来越慌乱，各自寻找道路逃生，致使队形大乱，部队未战，已失去控制。就这样，国民党军突围部队勉强进抵兰陵以北的漏汁湖附近。这里地势低洼，积水及膝，大多数车辆火炮，均陷入泥淖，不能自拔。此时，解放军的追堵部队也相继赶到，集中火力，实施攻击，霎时车辆中弹起火。国民党军顿时阵脚大乱，官兵们四散逃窜，自相践踏，死伤无数。战斗持续到傍晚，国民党军除整26师副师长曹玉珩、参谋长郑辅增、快速1纵队代理指挥官邹震岳等2000余官兵及28辆坦克冲出突围外，其余全部被歼，所有车辆、火炮及16辆战车成了解放军的战利品。号称"国军精华"的快速1纵队基本报销。这样重大胜利使华东解放军一扫半年来的颓势。陈毅、粟裕也长长地出了口恶气。3日晚，他们看到向城一带的作战胜利已成定局，便决定进一步抓住战机，不待整26师及快速1纵队完全被歼，就命令右纵队发起追歼整33军的战斗。5日晚，右纵队开始行动。此时，整59师和整77师早已撤到台儿庄及其附近地区，布

被歼的第1快速纵队

防完毕。6日晨，华中1师进到台儿庄以西万年闸附近，与整77师展开隔河炮战。8日，奉薛岳之命由宿迁赶来增援的整11师加入战斗，攻占周庄。陈毅、粟裕见歼灭整33军的有利时机已经失去，便决定放弃进攻整33军，集中主力首先歼灭峄县、枣庄守军。9日，华中1师连夜撤出运河一线，急行军向枣庄进发。解放军歼击整33军的计划至此告吹。

峄枣战斗

整26师和快速1纵队被歼无疑给了薛岳一个沉重的打击。而与此同时，刘伯承指挥的解放军晋冀鲁豫野战军主力正乘5军和整75师西调、鲁西南空虚之机，向该地区出击，已严重威胁鲁南国民党军的侧背安全。解放军两大战区主力对徐州的钳击之势已隐约可见。面对这样的危局，薛岳认定，华东解放军仍然是徐州绥靖公署的最大威胁，因为郑州绥靖公署主力正在进攻冀南地区，那里是解放军晋冀鲁豫野战军最重要的后方基地和主要补给来源，目前解放军两大主力仍处于分离态势，在没有得到华东方面有力支援的情况下，刘伯承不可能完全不考虑补给问题，不顾一切地进攻徐州。因此，徐州绥靖公署的主要作战方向还是在东面，必须集中主要兵力应付东面的威胁。毫无疑问，薛岳的判断是准确的。但是，集中兵力谈何容易。由于蒋介石下令拖延整74师等部进攻沭阳的时间，苏北国民党军除阜海兵团外，至今尚未进入攻击状态。各兵团间距甚大，兵力分散。这样的态势无论如何是无法给兵力雄厚的华东解放军主力以有效打击的。所以，他必须做出调整，尽快使国民党军的兵力进一步集中，而在此期间，鲁南国民党军必须拖住华东解放军主力，为绥靖公署主力调整部署赢得时间。5日，他命令整24军军长李玉堂将其设在峄县的指挥所撤回韩庄，由马励武率整26师残部并指挥整51师114旅（欠342团）、整52师98团及山东第3区和第15区专署所属保安团守备枣庄，并令整11师由宿迁附近进到碾庄圩、整64师由龙池集附近进至韩庄集结待命，准备策应枣峄作战。对于仅900余人和28辆坦克的快速1纵队残部，薛岳仍然非常痛心：不能再让马励武的瞎指挥把国民党军仅有的这点机械化部队家底败光！于是，他命令快速1纵队全部开回徐州整理。

可是，薛岳这次又找错了人。马励武此时已成惊弓之鸟，李玉堂准备离开峄县向马励武交代任务时，他就神不守舍，有口无心地应付。他在5日当天的日记中是这样形容自己当时心情的："追怀当日情形㉚及今思之使余心悸悸然时

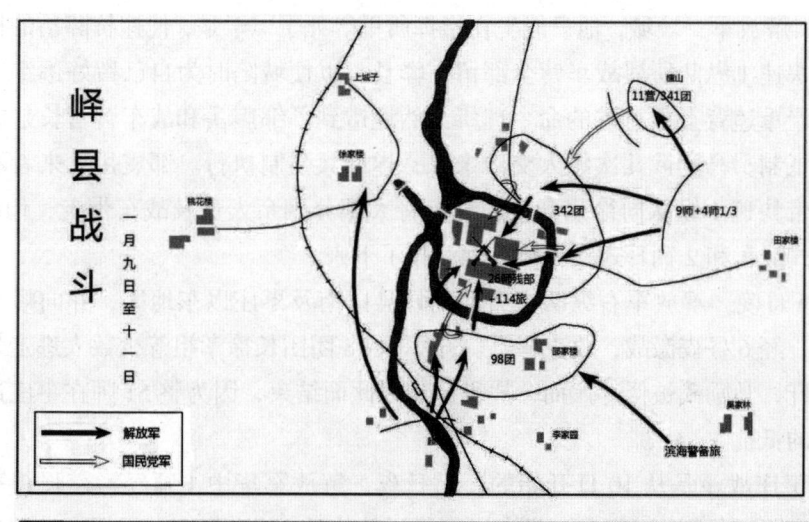

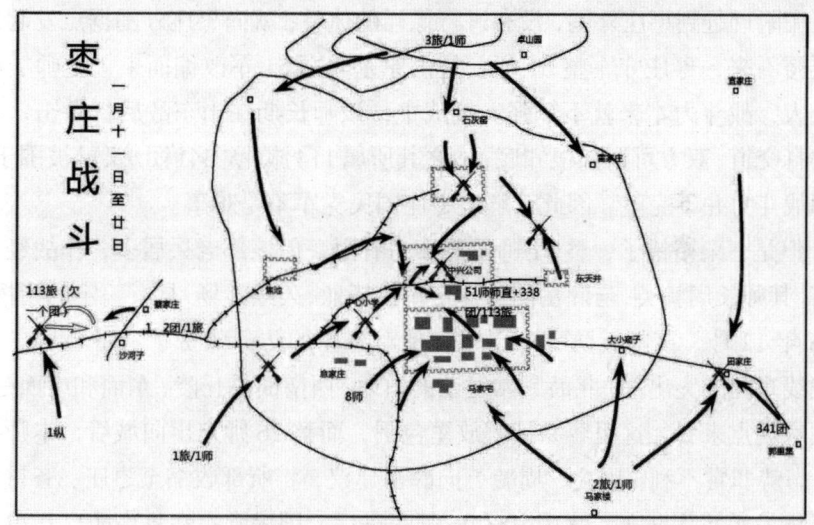

鲁南战役第二阶段作战经过要图

感不安耳！"[57]一个指挥官以这样心理状态指挥作战，焉能不败？马励武尽管心存畏惧，因薛岳的严令，也不敢私自逃离峄县，以免被军法处逮着把柄，与丧师失地之罪并罚，断送掉自己的性命。不过，马励武终究是马励武，那飞扬跋扈的性格并没有被惨败消平。他看到峄县城内守军仅存整26师原留驻峄县城的步兵、炮兵及辎重各一个营、由向城突围出来的整26师残兵败将勉强拼凑成的两个多步兵营，以及整51、52师各一个团，兵力极为单薄。如果快速1纵队再离开,解放军一攻城,他只能坐在指挥所里等死了。于是,他违抗薛岳的指示,强令快速1纵队所属战车营全部留在峄县,以便城陷时为自己留好逃跑工具。这个严重违背上面意志的命令理所当然地遭到了邹震岳和战车营营长赵志华的坚决抵制。马励武几次派人交涉未果,遂调兵强制执行。邹震岳见来者不善,强行带快速1纵队向徐州开拔,终于将大部剩余人员及战车带走,但仍有5辆美式战车和2辆日式战车被马励武扣了下来。

5日晚,解放军右纵队主力追到峄县以南及枣庄以东地区,并向峄县发起进攻,经6昼夜激战,攻克峄县。守军除98团团长徐孝祖等少数人逃走外,全部被歼,马励武被俘。然而,战役并未因此而结束,因为整51师在枣庄进行了顽强的抵抗。

枣庄战斗是从10日开始的。是日夜,解放军华中1师经一夜强行军,从台儿庄附近赶到枣庄外围,没有进行像样的休整,就向枣庄外围据点发起进攻。在粟裕看来,枣庄守军整51师,是由原东北军51军改编而来,全师加起来仅万余人,战斗力本来就不算强。抗战中,该师长期在山东敌后打游击,多次与中共打交道。双方可谓知根知底,加之其所属114旅(欠341团)又已被围于峄县,该师战斗力并不完整。因此,解决枣庄国民党军不是难事。

但是,粟裕错了,整51师虽然实力有限,但该部老兵居多,作战经验非常丰富。其师长周毓英,与薛岳同为保定军校毕业,久经沙场,具有一定的指挥能力。1946年12月,该师接防枣庄以来,他对枣庄的防务颇费了一番心思:枣庄位于战线东北的突出部,北面紧靠复杂的山地,西南面是丘陵,东面和南面是平原,以战术观点来看,这里容易被解放军包围,而整26师东出向城后,本师兵力单薄,态势非常不利。因之,周毓英向薛岳建议,将所部收缩至枣庄、齐村一带,郭里集另派部队据守。薛岳因整26师东进后,国民党军在鲁南防广兵单,无兵可派,故而拒绝了他的要求。周毓英无奈,只得命令加强戒备,赶筑工事,以备不测。元旦后,整26师遭袭的消息传来,周毓英马上感到形势不对,立即命令部队加强工事,尽量补充粮食弹药,准备迎击解放军的进攻。整26师主力被歼后,情况日见紧张,周毓英屡次向徐州和南京告急,但薛岳每次回电都是一个内容:固守待援。周毓英不是傻瓜,当然知道其中的含义——援兵是没法指望的。解放军已兵临城下,全身而退看来是不可能了,他开始下决心背水一战,死里求生。

10日入夜后,解放军1师按计划,开始向枣庄、郭里集、齐村各外围阵地发起猛攻。整51师凭借坚固的工事和炽烈的火力，阻击解放军的攻击。双方伤亡均重。到11日夜，解放军攻占了郭里集和城南阵地，国民党军退守城内和齐村之东、西两寨。枣庄一带的战局对解放军来说看起来非常有利。

解放军上上下下对迅速攻占枣庄充满了乐观情绪。高层开始考虑攻克枣庄后的打算了。13日，陈毅、粟裕得到准确情报，整11、整64师主力已分别进到台儿庄以南地区及韩庄一带，认定薛岳有集中整11、整64、整77三个整编师北援枣庄的可能，便决定调整部署，集中17个旅的兵力，"钳制左路之敌64师，击溃中路之敌77师，歼灭右路之敌11师"。[58]

然而，陈毅和粟裕的想法太简单了。薛岳根本没有增援枣庄的打算。他摆出增援的架势只是为了鼓舞整51师的士气，让他们尽量拖住解放军主力，以配合南线国民党军进攻。早在宿北战役结束时，薛岳就意识到华东解放军的战斗力提高极快，以一个整编师为一路分进合击的战术已不合时宜，因此他在向陈诚建议，在今后作战的行动中，需要以两三个师为一路，集成一团，向前推进。而这时，国民党军在鲁南满打满算只有6个师。而整26师被歼的过程充分表明，整33军的两个师是绝对靠不住的，整20师又得维持临城一带的后方交通。因此，他能用来为整51师解围的只有整11师、整64师两支部队。围城打援是解放军的一贯战法。陈毅和粟裕一定在峄枣地区布下了天罗地网等着他们钻呢！让这两个师去增援枣庄，无异于去送死。所以，他决定暂不去救援枣庄，等南线的两个兵团解决解放军谭震林部后，再作处置。这样，陈毅、粟裕用于打援的大军无援可打，只得又将注意力集中到枣庄了。而枣庄的战况并不像他们预期的那样顺利。整51师在解放军优势兵力的猛攻之下，据城死守。1师伤亡惨重。粟裕不得不一再增援。直到20日下午，整51师残部才停止抵抗，除337团团长王匡及师政治部主任张希道率少数官兵突围外，其余悉数被歼，师长周毓英被俘。

攻克枣庄让陈毅、粟裕和毛泽东都大大松了一口气。21日，毛泽东致电陈、粟，通令嘉奖。然而，此时的形势并不能乐观，因为此时南线的战局随着西新安镇的失守，重新紧张起来。

南线的进攻

作为鲁南战役的次要方面，解放军方面对南线看得不是很重。1月4日，毛泽东在给陈毅、粟裕的电报中就提出"沭阳得失无关大局"[59]的观点。因此，南线解放军的任务仅为迟滞国民党军前进，没有很多太激烈的战斗。

国民党军的进攻严格按照蒋介石的指示从1月4日开始。由于留守苏北地区的解放军仅担负掩护任务，因此没有进行激烈的抵抗。到10日中午，国民党军阜海和淮涟两个兵团先后攻占了东新安镇、大伊山镇、沭阳等要地。进逼西新安镇。这时，原在沭阳一带担任阻击任务的解放军华中6师、2纵及西新安镇一带的13旅已奉命北调，准备参加鲁南主战场作战，西新安镇和宿北一带只有华中9纵和7师担任守备，兵力单薄。因而，薛岳认为拿下这个重镇应该不会有太大的问题，仅经过简单的策划，就于1月12日下达了进攻西新安镇的作战命令：以整74师、83师、65师及7军组成陇右兵团（后又将整25师划入），归欧震指挥，进攻西新安镇；以整59师、11师、64师为陇左兵团，由李文田指挥，进攻岔河镇、龙池集、瓦窑、官湖镇等地，配合陇右兵团作战。

西新安镇是联系中共华中和山东两大解放区的最后通道，对于该地的固守，解放军显然远比沭阳重视。1月16日，陈毅、粟裕在确定国民党军正向西新安镇进攻后，致电谭震林，称沭阳之国民党军"可能于攻占（西）新安镇后，继续北犯。因此，请令2纵、7师尽力阻止敌人北进，尽可能保持（西）新安镇，以便而后作战"。1月17日、18日又连发四电，指示华中7师、9纵以及华中第6军分区部队以积极的运动防御阻击国民党军北进，2纵抓紧整训，打下枣庄后部署新的会战。然而，解放军毕竟在南线兵力单薄，怎能抵挡国民党军五六个师精锐部队的进攻？因此，尽管南线各部英勇作战，付出了很大牺牲，给予进犯之敌以沉重打击，仍无法阻止敌人前进。到18日晚，整74师攻占西新安镇。

粟裕得知7师和9纵战败，急调2纵前往陇海线以北布防，阻击国民党军前进。此时，欧震见本次作战的目标已达到，而解放军又有生力军赶到，为慎重起见，令部队停止前进。

整74、整83师攻占西新安镇后，集结于赵墩车站的整11师师长胡琏见自己有了强援，便从21日开始大胆出击，先后攻占炮车、龙池集、官湖镇、邳县，于26日与陇右兵团在双庙会师，使鲁南和苏北国民党军连成了一片。在强大的军事压力下，薛岳参与策划和组织实施的诱降行动取得了成功。同日，反复无常的华中民主联军总司令郝鹏举率所部2万余人在东海附近公开叛变，向国民党军靠拢，使解放军在士气上和政治上遭受了一个不小的打击。

与此同时，薛岳指挥整88师等部在郑州绥靖公署所属第4绥靖区部队的配合下,以惨重的代价勉强顶住了解放军晋冀鲁豫野战军在金乡、鱼台一带的进攻,迫使其南下陇海铁路。这样,徐州北面的威胁暂时解除,华东战局再度变得复杂起来。

第十节 蒙冤解职

鲁南战役的失败让蒋介石痛心不已。盛怒之下,他命令陈诚于1947年1月下旬接替了薛岳的军事指挥权,而后又集中徐州绥靖公署主力组成鲁南兵团,与第2绥靖区配合,对山东解放区实施南北夹击。此时,华东解放军已经整编为华东野战军和华东军区,经过整训,部队战斗力有所提高。尽管如此,国民党军毕竟在数量上占有明显优势。在态势上,解放军又处于腹背受敌的不利地位,因此新任华东野战军司令员陈毅和副司令员粟裕在南线寻机歼敌不成的情况下决定,放弃临沂,以一部分兵力监视和牵制南线国民党军鲁南兵团,集中主力北上歼击北线第2绥靖区的3个整编师。因此,南线国民党军很轻易地占领了临沂。这一战果让蒋介石和陈诚冲昏了头脑,竟认为解放军"损失惨重"、"不堪再战"[61]。可是,第2绥靖区司令官王耀武和副司令官李仙洲却看破了解放军的意图,致电徐州绥靖公署,要求从解放军鲁中军区腹地莱芜地区撤退。薛岳深有同感,表示支持第2绥靖区的意见。[62]王耀武遂命令所部后撤。蒋介石和陈诚知道此事后,大为不满,强令第2绥靖区部队再度南下。王耀武无奈,只得遵照执行,眼睁睁地看着国民党军整46师和73军落入解放军的陷阱,全军覆没。

莱芜战役惨败之后,国民党军内部一片哗然。很多高级将领指责陈诚和薛岳在攻占临沂后,置重兵于无用之地,坐视第2绥靖区南进兵团覆灭。特别是以白崇禧为首的南京桂系势力,本来与陈诚的矛盾就深,抓住这一机会,大肆攻击陈诚。面对这四面楚歌的局面,陈诚感到有点难于应付,便打起了让薛岳回南京帮他对付桂系的主意。

三年内战时期的王耀武

就在这时,国防部提出调鲁南国民党军主力开进沂蒙山区"围剿"陈毅、粟裕主力的主张。而薛岳却以地形不利、补给困难为由坚决反对国防部的提议,仍主张只以整25师、整83师等轻装部队进山攻击解放军主力,而将主力置于泰安以东截击山东解放军东逃。国防部指出,李仙洲部孤军深入重地而处无援之地的殷鉴不远,薛岳的计划会重蹈莱芜战役的覆辙。双方各执一词,互不相让。官司一直打到了蒋介石那里。这时,蒋介石因年初的鲁南大败对薛岳的信任度已大为降低,认为他"指挥不力,名声低落"⑥,知道薛岳的意见后,更觉得他的信心已经动摇,便要求薛岳"即遣军从临沂进入山区追击"。薛岳接到命令后直接打电话向蒋介石陈述大军进入山区的不利条件,未果。陈诚得知此事后,以为这是桂系将领、国防部参谋次长刘斐在里面捣鬼,便要通了刘斐的电话,拍着桌子说:"你向老总面陈清楚否?你歪曲的报告,我绝不同意。"不过,陈诚毕竟跟蒋介石多年,知道他决心已定,无法改变了,便开始顺势运作让薛岳回京事宜了。

通过半年来的作战,国民党军郑州和徐州两大绥靖公署各自为政,缺乏有效的配合,使得南线国民党军没能形成一个有机的整体,在作战中颇感吃力。蒋介石看到了这个问题,决定撤销郑州和徐州绥靖公署,在徐州组建新的陆军总司令部,统一指挥华东和中原战事。该由谁坐镇徐州呢?蒋介石决定让他的得意门生顾祝同试试。陈诚趁机推荐薛岳出任国民政府参军长,回南京就职。薛岳的命运就这样决定了。

3月3日,陈诚偕顾祝同到徐州,连日主持军事会议,对军事部署作了调整,决定从4日起撤销徐州和郑州两个绥靖公署,5日组成由顾祝同领导的陆军总司令部徐州司令部,统一指挥这两个绥靖公署的部队,并于郑州设陆军总司令部指挥所,由陆军副总司令范汉杰任主任。这就宣告了年仅一岁的徐州绥靖公署寿终正寝。

夺了薛岳的兵权,总该有个体面的安排吧。出于对老部下的尊重,蒋介石同意了陈诚的建议。不过,他也深知薛岳的脾

蒋介石、陈诚(左)、刘斐(右)合影

气,"老虎仔"失去了兵权,是不会善罢甘休的。因此,会后蒋介石特地安排陈诚和联勤总司令黄镇球前往薛岳官邸安慰他。

不出蒋介石所料,薛岳见了陈诚和黄镇球后,大发雷霆,拍着桌子嚷嚷:"李仙洲部队南下是国防部的命令,错在中央,为什么撤我的职呢?中央如此不公,何以服人取信于部属?"陈诚听了这话,哭笑不得,只好说:"为了中央的面子,这是不得已的处置。"在一旁的黄镇球听出了陈诚口气中的尴尬,忙把话岔开:"我看参军长总比当绥署主任好,责任轻,工余之暇看报、读书、学字都很方便,何乐不为。"⑥薛岳看着两人,暗自苦笑,一个对自己有知遇之恩,一个是曾与自己一同出生入死的4军老战友,心里再烦闷,也不能对他们太过分了。于是,薛岳也不再说什么了。

不过,薛岳的怒气终究是没有消的。在离职时,他当着众人的面,借用明末抗后金名将袁崇焕的故事发了一通牢骚:"明末的袁崇焕,是一位防守山海关,阻止清军入侵的大将。10余年来,清军曾下过不少威逼利诱的工夫,总想除掉此一大明的柱石而未果,其后崇祯帝竟中了反间计,于崇祯三年袁回救北京,卒被磔!天下冤之,袁崇焕临刑前,曾说:我死无足惜,但国家乃自毁长城。"私下里,他还对同僚表示,如果能让他在徐州继续干下去,"预计半年即可完全肃清山东全省"⑥。然而,木已成舟。薛岳就是心里再不痛快,也只能接受现实了。

薛岳的牢骚很快传到了陈诚耳朵里,让他这位老朋友心里也不是滋味。多年后,陈诚在回忆这段往事时仍不忘为薛岳打抱不平:"徐州方面,原由薛伯陵(薛岳)主持,因为他(指刘斐)挑拨离间,才换了人。薛伯陵如在徐州,徐蚌会战绝不会垮得那样快。徐蚌一败,大局一发不可收拾了。"⑥他们的话尽管并非全无道理,却也言过其实。一个人,无论他有再大的才能,在历史的长河中也只是沧海一粟,要么加入历史的洪流滚滚向前,要么螳臂当车被巨浪所吞食。薛岳也不例外。国民党已病入膏肓,薛岳就是有三头六臂也难以为继了。当时国民党军派系林立,各部队胜则争功,败不相救,经过大半年的作战,积累了太多的矛盾。薛岳虽然勇于任事,但他的暴躁脾气得罪了太多的人,阳奉阴违的部下不在少数。就是像顾祝同、白崇禧这样的平级同僚也与他失和。在执掌徐州绥靖公署最后几个月里,他已经力不从心,对很多部下都指挥不灵了。同时,他并非蒋介石的绝对嫡系,蒋介石对他的猜忌从来没有减轻过。前面7个月的作战中,薛岳的指挥就屡屡受到蒋介石的干涉,处处受限,得不到足够的兵力。第二期绥靖计划破产的直接原因就是蒋介石不顾薛岳反对,将第5军和整75师调去进攻邯郸。反观他的对手,华东解放军全部退入山东以后,其内部在作战方略上的分歧完全消除,全军拧成一股绳,全力消灭来犯之敌。此消彼长,薛岳指挥作战已不可能再像战争初期那样从容了。宿北和鲁南战役的失败就证明了这一点。再退一步说,即便通过努力,以上的问题得到解决或缓和,濒临崩溃的国民政府的财政也不大可能让薛岳维持以前的军事胜利。在战争伊始,国民政府最高经济委员会委员长宋子文就预测如果内战打下去,国民党只能支持6个月。一个月后,他更向美国总统特使马歇尔表示:"即在当前情况下,国民政府的经济力量支持不了两个月以上。"㊽到1947年2月底,国民政府财政已左支右绌,严重影响了前线队的给养和补充。当月25日,整74师师长张灵甫就直接致电蒋介石抱怨"新兵大部未到,干部尚未甄选,换械尚未实施"㊾。整74师这样的头等精锐尚且如此,更不用说其他部队了。对此,马歇尔有很清醒的认识:国民政府预算的主要部分用于军事,"从而在我被催逼着提出由美国政府提供各种贷款的同时,使国民政府为支持广泛的军事努力而造成了财力的真空。一旦财政崩溃,国民政府中从事实际战争的军事将领们完全不习惯于考虑财政上的限制……共产党人对于迫近的危机十分清楚,而且在制订计划时是加以考虑的"㊿。据此,马歇尔进一步认为,要靠军事行动消灭中共基本上是不可能的。而薛岳和陈诚仅从自己的角度片面静态地考虑这场战争,显然谬以千里。

第十二章
在大陆的最后日子

第一节　选举闹剧

　　1947年5月，薛岳从徐州回到南京。这时，他并不愿意接受蒋介石的安排，接任参军长，而是想回广东，因为那里地方富庶，钱多，人才多，情况熟悉，他自信以六年治湘的经验来治理自己的家乡，一定能把广东建设好。然而，当时的行政院院长宋子文也打算回粤主政。宋子文由于经济政策失败，被物价飞涨、黄金风潮等问题搞得焦头烂额。3月23日，国民党六届三中全会通过决议，要求惩办宋子文。宋子文正急欲找退路呢，他的家乡广东无疑是最好的去处。舅子有难，蒋介石不能不帮。他极力支持宋子文出任广东省主席，并派陈诚劝薛岳迟一步回广东，先留在南京暂时屈就参军长。为了此事，蒋夫人宋美龄还亲自出面为哥哥当说客。毕竟宋美龄是薛岳夫人方少文的拜把姐妹啊。薛岳尽管一万个不乐意，也只能接受。

　　不过，薛岳答应蒋介石的要求并非没有用意，一方面，他可以利用国民政府参军长的职务之便，安置徐州绥靖公署那批原第九战区的老部下，主要是"精忠报国团"分子；另一方面，他也可以借此多了解一下中央的情况，为将来回粤做准备。

　　薛岳是5月10日正式就任国民政府参军长的。参军长是个闲职。形式上，军务局要听命于参军长，所有文件要经参军长批阅后转呈蒋介石，但实际上参军长管不了什么事，因此重要文件都直呈蒋介石。但以薛岳办事认真的秉性，他怎么闲得住？因此，他上任后，坚持要插手军务局。军务局长俞济时拗不过他，只挑些不重要的公文送薛岳批阅，应付了事。

批阅公文只是些事务性工作，薛岳的闲暇时间还是不少。因此，他开始利用空余时间对自己以前指挥的战役进行调查，总结经验教训，组织人整理出版《抗战纪实》《薛岳抗战手稿》《绥靖纪实》《徐州绥靖概要》等著作，为后人留下了珍藏的史料。同时，他经常过问三弟薛仲述所在的整4师的情况。整4师的人事任命等重要事务，薛仲述和师长王作华均要与他商量。除此之外，他还常与广东老乡陆军总司令余汉谋、被蒋介石以战略顾问委员会委员的虚衔架空的把兄弟张发奎等聚会，讨论"粤人治粤"实施方案。

薛岳就在这样并不忙碌但还算有事可做的状态下，度过了大半年。转眼到了1947年冬。由于国共战局开始逆转，战场形势对国民党军越来越不利。蒋介石为争取美国的军事援助，满足美方要求，宣布于1948年3月29日召开行宪国民大会，进行正副总统选举。由于这次所谓的"选举"是做给美国人看的，事前对选举的有关制度缺乏充分讨论，很多准备工作均仓促上马，各项措施均不完善，所以选举极为混乱，最终演变成一场闹剧。

行宪国民大会于1948年3月29日召开后，常规的议事程序一结束，接着就进行总统选举，先进行的是正总统的选举。因为候选人只有两位，即蒋介石和国民党元老居正，而蒋介石无论在能力和威望都远远超过了他的对手，所以，正总统选举根本没有悬念，也没出什么乱子。4月19日，根据投票结果，蒋介石以2430票对269票的压倒性优势当选。然而，好的开端未必意味着好的结局。接下来的副总统选举就没有那么顺利了。由于候选人人数众多（有李宗仁、孙科、程潜、于右任、莫德惠、徐傅霖6人），竞争激烈。各候选人为了拉票，使出十八般武艺，真是"八仙过海，各显神通"，煞是热闹。

身为广东人，薛岳当然支持本省人孙科，一则他是孙中山的长子，公开宣称自己继承先父的事业。而更为重要的是，孙科得到了所有广东代表和华侨的支持，他当选更有利于"粤人治粤"。在广东代表的一次集会上，甚至有人提出："谁不选孙科谁就是混蛋。"据说，当时还有人给孙科定了一个影子内阁：张发奎为国防部部长，薛岳为参谋总长，陈策为海军部长，李汉魂为内政部长，钟天心为教育部部长。基于这两方面考虑，薛岳为孙科助选相当卖力。当年4月，他与张发奎等成立了竞选小组，为孙科筹经费、拉选票。

不过，孙科的形势远比不上掌握着大量政治资源的桂系首领李宗仁。广东和华侨代表仅200余人，显然不够，必须争取其他省份代表的支持。为此，薛岳每天设宴拉票,所有餐馆的午餐和晚餐都被预订一空。他的把兄弟张发奎也极力筹款。他们的努力还是取得了效果,部分非粤籍国大代表表示支持孙科,而在筹款方面,华侨陈披莉一次就捐献10万港币。

孙科的竞选声势越来越大,俨然成了选举"黑马",让李宗仁感受到了威胁。李的竞选班子利用《救国日报》等媒体向孙科发难。《救国日报》的主编龚德柏是湖南人,早年留学日本,因公开揭露日本侵华罪行而受到日本和北洋政府的迫害。1922年,他回国后即致力于新闻事业,先后创办了《大同晚报》《救国晚报》《救国日报》等报纸,还曾任《中央日报》的前身《革命军日报》的总编辑,在新闻出版界算是大名鼎鼎的人物了。由于他抨击时政,言辞尖锐,数度入狱,人送外号"龚大炮"。在这次竞选中,龚德柏支持他的湖南老乡程潜。而孙科既是李宗仁的竞争对手,也是程潜的竞争对手。因此,李宗仁的竞选班子找上门来,龚德柏自然也不会拒绝,在《救国日报》上连篇累牍地攻击孙科,揭露粤籍代表为孙科拉票内幕,还造出了孙科玩女人遭孙中山痛打等谣言。更有甚者,李宗仁竞选班子的骨干、桂系大佬黄绍竑在《救国日报》上添油加醋地揭发所谓"敝眷蓝妮"事件①,经各大小报刊涂脂抹粉地转载,衍生出各种花边新闻,搞得孙科十分狼狈。不过,孙科毕竟在官场上历练已久,气量还是有的,在当时的选举中候选人之间相互攻讦也是常事,故而没有特别回应。但是,薛岳、张发奎他们可就窝火了。还在薛岳担任徐州绥靖公署主任时,龚德柏就在报纸上撰文,抨击他指挥无能,应该早日下台。薛岳当时就深为不满。真是冤家路窄,这个龚大炮此次又跳出来和他们作对。可是,孙科都能忍,他们怎么好发作呢?也只好忍着。

4月23日是副总统选举投票的日子。一大早,张发奎、薛岳等人每人收到一份免费送派给所有国大代表看的《救国日报》。打开一看,里面公然写着:孙科1917年任广州市长时,在沙面用色情电影招待外国领事团成员。报纸上甚至还编造出了一位广东国大代表对这事的声明。张发奎、薛岳等人勃然大怒,立即在龙门酒家召集一群广东同乡,嚷嚷着要找龚德柏理论。可当天是投票日,国大代表都要赶赴国大会场,闹了一会儿也就散去了。

如果当天孙科当选,这场风波可能就这样化解于无形了。可偏偏当天上午投票的结果出来,没有一个人得票过半。选举委员会宣布,李宗仁、孙科、程潜三人因选票较多,进入下一轮。这样一来,广东代表不干了,上午的会议一结束,薛岳宣布广东代表和华侨代表去休息室举行会议。大家每人手执一份《救国日报》，来到楼上休息室。只见，薛岳和张发奎在休息室里声音高亢、洪亮，历数龚德柏制造谣言，破坏孙科当选的"罪行"。周围的国大代表在他们鼓动下也群情激昂。那场面与当年抗日誓师大会有一比。于是，大家一致同意，去《救国日报》社质问龚德柏，甚至喊出了"谁不去就是衰仔"②的口号。

作为参军长，薛岳有调用交通工具和宪兵维护治安的权力。因此，他很快就找来了两辆公交汽车，同时还拉来龙门酒家的几十个广东员工助阵，加上60多名国大代表，人数达100多人。大伙立刻上车。不想，马超俊夫人沈慧莲拦住去路，说这样莽撞行事不行，要他们下车。这下可恼了薛大将军。他骂了一句："你不是广东人！"手用力一推。马夫人是个胖子，站不稳身子立即向后倒，幸亏张发奎眼明手快，一把将她扶住，才没有受伤。这时，薛岳俨然成了这帮国大代表的领袖。

大家都上了车，汽车马上开动。车上的阵容蔚为壮观，以抗战时的第九、第四、第七三个战区的司令长官薛岳、张发奎和余汉谋，以及李扬敬、香翰屏两位粤军名将为首，以下还有空军中将张惠长，一群在抗战中屡立战功的将星和广东名流，就连两腿残疾的海军上将陈策也不甘心当"衰仔"，拄着拐杖，加入了他们的行列。那真是"三大战区齐出动，陆海空军全上阵"，雄赳赳、气昂昂，杀奔《救国日报》社而来。

汽车行驶了约10分钟，来到太平路《救国日报》社门前。有人一下车就大声叫阵："龚德柏在吗？"守门人见来了这么多人，不明就里，问道："你们想干什么？"薛岳等人哪容他们分说？一拥而上，冲入报社。报社内的10多个职员见势不对，立刻上前阻拦。双方吵了起来，不一会儿开始抓扯，随后就大打出手。在这场激战中，薛岳大显英雄本色。陈策因腿脚不便无法下车，他就抓起陈策的拐杖，冲进大门，左右挥舞。一位报社员工试图阻拦他。他照着那人的脑袋，手起杖落，正好打在那人的耳朵上，鲜血都溅到张发奎的身上了。后来赶到的记者看见张发奎满身是血，还以为他受伤了呢。

薛岳等人冲破了报社职员的防线。薛岳到底是久经沙场的百战名将。他知道宪兵和警察马上就要赶到，便祭出了他在当年万家岭战场上打得日军鬼哭狼嚎的法宝——攻点阻援：留一部分人在门口守候，防止龚德柏逃跑和堵截前来维护秩序的宪兵和警察，多数人则闯进社内，捣毁电话，剪断电线，逢人便打，遇物便毁，门窗、桌椅砸得稀烂。不过，怎么也不见龚德柏出来。是不是躲在楼上了？擒贼擒王，薛岳遂带着一帮人打上了二三楼，把楼上的家具、门窗、文具、桌椅、图书资料等捣毁一空,仍不见龚德柏踪影。

这时,宪兵警卫大队4中队中队长罗辉带着一帮宪兵和警察赶来,被薛岳预先安排的国大代表堵在了门口,不让他们进去。按当时中华民国法律规定,国大代表享有豁免权。宪兵对这拨人既不能抓,又不能打,只能站在门外大眼瞪小眼。张发奎的旧部、宪兵队长刘汝曾见到张发奎正在与报社职员鏖战。张发奎对军警大声吼道:"你们不要动,我是张发奎,这里的一切责任由我一人承担。"声落手起,仍然叫打。这位宪兵队长顿时被张将军的英雄气概吓得呆若木鸡,不知所措。

薛岳等人找遍了报社的每一个角落,都没看到龚德柏,便抓了一个报社职员审问,得知龚德柏在曾公祠的印刷所。不能让龚德柏跑了!薛岳等人即刻让"俘虏"带路,迅速撤离报社,马不停蹄地乘车赶赴曾公祠。到了曾公祠印刷所,薛岳一马当先,带人首先砸毁大门,接着涌进厂房,大肆破坏机器。同时,薛岳、张发奎、余汉谋、香翰屏、李扬敬带一帮人直冲后面的小楼。龚德柏早看到了下面的情况,拔出随身的手枪,走出办公室守住了楼梯口,口中大喊:"如有人胆敢上楼,就与他拼死一搏。"

俗话说:"横的怕愣的,愣的怕不要命的。"刚才还神勇无比的薛、张、余、香、李五位大将军看到这阵势,也心虚了,不敢上楼,隔着楼梯与龚德柏对骂。不过龚手里毕竟有枪。薛岳怕本方吃亏,便叫随后赶来的宪兵去传唤警察到曾公祠收拾残局。自己和张发奎、余汉谋等愤愤收兵了。这正是"五大帅聚众砸报馆,龚主编抽枪退悍将"③。

整个事件中,《救国日报》社损失惨重,有8人被打伤,经济损失无法统计。而广东代表方面也有唐耕诚等受伤。回去后,薛岳、张发奎等自知理亏,遂恶人先告状,向国民大会主席团报告说此事起因在于龚德柏避而不见,报社员工先动手打人。龚德柏也不甘示弱,于第二天致电国民大会主席团,要求惩办肇事的广东代表。双方各执一词。国大主席团一点办法也没有。谁都知道龚德柏有理,但是广东的那帮大爷都有来头,谁惹得起?于是,这事就不了了之了。

不过,这次事件却给了李宗仁带来了机会。在24日的副总统竞选第二次投票中,李、孙、程三人的得票还是没有一人过半。为了打破僵局,李宗仁接受了黄绍竑的建议,利用广东代表砸报馆和当天《新民报》刊登启事诋毁李宗仁"'加官'以后要'逼宫'"两件事,以退为进,以自己受到不公正对待为由宣布退出选举。随后,程潜与孙科为了表示清白,也宣布退选。眼看副总统选举就要流产，蒋介石急了，连忙派白崇禧、王宠惠、张群、胡适、于斌、曾宝荪等人前往调解，劝三人继续参选，并暗地里许诺支持李宗仁当选。这才使他们同意继续参选。

28日，第三次投票，仍然没有一个人得到过半数的选票。按照选举程序，得票最少的程潜退出。这样就只剩下李宗仁和孙科对决了。由于薛岳等人砸《救国日报》社一事得罪了湖南的国大代表，因此在29日的第四次投票中，原来支持程潜的人大部分都转投李宗仁的票。因此，李宗仁最终以1438票对1295票的微弱优势战胜了孙科。

对于这个结果，薛岳等人懊悔不已，他们使了吃奶的力气为孙科助选，结果在最关键的时刻帮了倒忙，实在是愧对广东父老啊！事后，李宗仁为了犒劳龚德柏，派人送给他4根金条，以补偿《救国日报》社的损失。

5月20日，蒋介石和李宗仁正式就任中华民国正、副总统。薛岳的职务也由国民政府参军长改成了总统府参军长，10月30日又转任总统府战略顾问委员会委员（主任委员何应钦）。

6月，在家赋闲已久的刘峙就任徐州"剿总"司令，主持华东战局。薛岳听到这个消息，直摇头："完了，半壁江山就快没了……"④便萌生了退意。果不出他所料，11月，解放军发起了淮海战役。刘峙指挥华东国民党军节节败退，损失惨重。11月底，蒋介石决定任命汤恩伯为京沪警备司令，以加强长江两岸防卫。明眼人都清楚江北的形势已无法挽回了。薛岳当然也看出国民政府前途无望，便向蒋介石提出辞呈，获准后回到了家乡乐昌。

第二节 粤人治粤

薛岳回到乐昌不久，北方前线不断有消息传来。国民党军兵败如山倒，辽沈、淮海、平津三大战役使国民党军丧失了绝大部分精锐部队，解放军控制整个长江以北只是时间问题了。12月25日，中共公布了以蒋介石为首的内战甲级战犯名单，薛岳也赫然在列，居第27位。面对中共的节节进逼，国民政府又起内讧。素与蒋介石不和的桂系首领李宗仁、白崇禧等趁机"逼宫"，要求蒋介石下野。面对内忧外困，蒋介石不得不考虑暂时退避。但是，为了在下野之后能继续掌控国民政府军政大权，蒋介石开始大刀阔斧地进行人事调整。

蒋介石最不放心的就是他的小舅子宋子文主持的广东政局。自从1947年9月宋子文就任广东省主席以来，除了修筑具有战略意义的黄埔港、黄埔公路及粤汉铁路通黄埔的支线、开办岭南煤矿、兴建瀹江水电站等工程外，几乎一事无成：物价飞涨，老百姓怨声载道；黑市炒汇，受政敌攻讦；加上军事上"剿共"不利，致使广东的中共游击队从1947年底的17000多人增加到35000多人，扩大了一倍多。甚至连蒋介石的亲信、国民党中央常委邓文仪都劝蒋介石：时人对宋毁多于誉，且各阶层均对宋不满，无形中将损及总统威望。蒋介石遂决定让薛岳去接宋子文留下的烂摊子，授意宋子文邀薛岳赴广州商议交权。

任广东省主席时的薛岳

本来，按照蒋介石的盘算，薛岳觊觎广东省主席一职已经一年多了，接到宋子文的邀请定会欣然赴穗。但出乎他的意料，宋子文发出了三次邀请函。薛岳竟无动于衷。蒋介石和宋子文都大惑不解，原因何在呢？

原来，薛岳有自己的考虑：首先，国民政府在内战中败局已定，他已经没有信心扭转局势了，接任广东省主席一职很可能扮演替罪羊的角色。其次，蒋介石即将下野，由李宗仁接任。他素与桂系不和，一旦接受了时任广东省主席宋子文的邀请，难保不穿小鞋。最后，这次蒋介石和宋子文要他去广州，一定希望他把广东建设成为"反共救国"的坚强堡垒。但他此时是赤手空拳，一无人，二无枪，三无钱，要实现蒋介石的愿望谈何容易。因此，尽管蒋介石和宋子文接连来电催促，他都置之不理。

1949年1月，蒋介石和宋子文无奈之下，只好派出多位广州市议员携宋子文的亲笔信，来到薛岳家中，苦苦哀求他出山。同时，蒋介石还让陈诚致电催促薛岳尽快去广州。这下，薛岳实在推托不掉，便同意了。不过，他提出了一个条件：要宋子文去职前先交出1300万港币现款，用于广东建设。对于这个条件，宋子文真是有苦说不出啊：当时广东国库空虚，根本拿不出一分钱来。他在任一年多，广东建设的大部分资金都是他以私人名义四处筹的。现在薛岳狮子大开口，他手上哪有那么多公款啊？无奈之下，他只好答应拿出宋家的私人财产凑足这笔资金，先在广州交 300 万，去了香港后再付 1000 万。

敲了宋子文的一笔竹杠，薛岳意识到要顺利执掌广东，还必须寻求国民党高层政治上的支持。桂系是指望不上的，他只能求助于蒋介石。老虎倒了，虎威还在，桂系要想完全打倒蒋介石是根本不可能的。他主政广东的过程中，还得靠蒋介石的支持。因此，在蒋介石公开表示即将下野后，薛岳致函蒋介石公开反对，其内容主要有两条："一、请蒋先生千万不可下野，因为领袖一旦下野，军、政马上失去领导中心，增加共产党的气焰与夺取政权的机会。二、当此危急之际，他薛岳个人愿作最大努力，不惜个人之牺牲，只需领袖任命，他薛岳赴汤蹈火而不辞，歼灭解放军于长江下游。"⑤

薛岳和国民党其他高级将领反对蒋介石下野的表态虽然无法改变蒋介石的公开决定，但为蒋介石下野后在幕后操控整个国民政府提供了合法依据。而这种操控使蒋桂之间的内斗急剧升温，有利于薛岳利用二者矛盾在广东推行他的政策。

在做好上述准备后，薛岳与老师张昭芹老先生等人一起坐上了南下广州的夜间火车。途中他不无惆怅地对恩师说："老师，我这次是去跳火坑的，但求鞠躬尽瘁，上报天地君亲师之恩德，能否再返家乡，不敢预卜！"⑥言毕，潸然泪下。在场的人莫不垂泪。

1 月 21 日，薛岳在广州正式就任广东省主席。也就在这一天，蒋介石宣布下野，由副总统李宗仁代行其职；张发奎也被任命为海南特别行政区长官兼海南建省筹备委员会主任委员。

薛岳虽然对前途没有信心，可在其位谋其政，既然当了广东省主席，就得表表决心。1 月 30 日，他就向记者发表了对时局的看法，认为解放军不久将打过长江，粤桂湘闽四省将成为"反共"的最后防线。他有信心把广东的事搞好，顶住解放军的进攻。时值李宗仁代表南京政府向中共求和之际，此言一出，无疑给和谈浇了一盆冷水，一时间舆论大哗。中共方面借机指责南京政府一面求和，一面备战，毫无和平诚意。广东省政府只得于次日出面否认薛岳的说法，弄得狼狈异常。

不过，薛岳这次冒失的谈话却鬼使神差地给他与桂系的关系带来了转机。李宗仁通过谈话的内容看出了粤桂合作的可行性：既然广东方面准备把粤桂两省都纳入"反共"的最后防线，那么桂系和粤系必须团结一致才能对抗中共。

对于李宗仁来说，这无疑是根救命的稻草。这时，他尽管名义上接管了南京政府，实际上什么实权都没有：蒋介石还是掌控着京沪地区的中央军；而行政院长孙科在竞选副总统时与他结了怨，执意将行政院南迁广州，根本不听他的。他这个代总统仅剩下一个空壳，只能求助于地方实力派。遍观所有的地方实力派中，只有粤系跟他们桂系有合作的可能，中原大战时4军系统、1931年两广联合出兵湖南和两广事变中的陈济棠系统，都与桂系合作过。于是，他和白崇禧极力鼓吹两广合作。为了协调与广东方面的关系，他们借张发奎不愿去海南上任的机会，将海南特别行政区长官一职授予粤系耆宿陈济棠，另任命张为陆军总司令，派回广州，协调粤桂之间的关系。

张发奎一回广东，就与薛岳及新任广州绥靖公署主任余汉谋等人共同提出了"团结广东"、"继续第1师精神"、"四、七、九战区合作"等口号，主张"粤人治粤"。根据"粤人治粤"的原则，他们三人和广州绥靖公署副主任黄镇球一同会商决定广东省比较重要的行政人员，当然还是以省主席薛岳的意见为主。于是，薛岳致电南京、湖南等地，召他过去在贵州、湖南、徐州任职期间跟随他多年的老部下及"精忠报国"团成员来粤任职，如吴奇伟、欧震、黄保德等，都授予要职。同时，他也照顾余汉谋的意见，任命张建为教育厅厅长。后来，陈济棠也加入了他们的行列，形成了真正的"粤系大联合"。于是，薛、余、张、黄在安排军政职位时又多了一层考虑。省政府班子中的财政厅厅长区芳浦和余汉谋报请中央任命的广州绥靖公署副主任徐景唐都是陈济棠系统的人。

"粤系大联合"局面的形成使得薛岳开始有了些底气，说话也有些不计后果了。有一次，他在接受美国合众社记者采访时，公开宣称广东现在是"反共、反桂、反蒋"。张发奎事后听闻此言，马上找到薛岳，指出他言语失当，并说服他与桂系合作。这时，薛岳也在为自己的失言后悔。其实，他也知道广东势单力薄，在抗战和内战中又元气大伤，单独对抗蒋介石和中共都力有不足。因此，尽管他对李宗仁、白崇禧和刘斐等人不满，却必须和桂系联合。基于这样的考虑，他很不情愿地接受了张发奎的建议，于次日出面否认了前述讲话。与此同时，余汉谋也在张发奎的劝说下，同意与桂系合作。"两广联合"就这样形成了。

薛岳主政广东，最大的困难就是缺钱。广东本来是全国富庶之区，但经过8年抗战和3年内战，已是经济凋敝，财穷民贫。广东各县市财政收入微乎其微，省财政主要靠广州市的工商税、关税和其他税收。但广州市早在1947年6月就被国民政府定为院辖市(后改称直辖市)，财政收入全部收归中央财政。时值战时，军事、基础建设、教育卫生……哪里都要钱。薛岳从宋子文那里要来的那点钱只是杯水车薪，顶不了多久。为了节省开支，薛岳想到了他在湖南的老办法——精简机构。1949年2月起，薛岳开始裁并省级机关。到同年8月，被精简和裁撤的省级政府机构达15个，裁员1600余人，占省政府总人数的80%，留用人员仅剩400人。同时，广州市政府所属的分支机构也一律裁撤，裁减1500人。人倒是减少了，但是由于广东国民党军与解放军游击队的作战越来越频繁，省政府在军事方面的开支大大增加，故而财政支出不降反升。省库照样空空如也。穷得实在没办法了，薛岳牙一咬，心一横，下令增加捐税、包烟包赌，甚至巧立名目进行摊派。尽管使出这些饮鸩止渴的办法，省财政还是亏空巨大，入不敷出。薛岳无奈，只得打起了广州的主意。他联合张发奎、余汉谋和广东省原主席李汉魂等人力争将广州市改制为省辖市，但受到广州市市长欧阳驹等人的阻拦。在李宗仁等人的支持下，薛岳等一再坚持，才于8月27日得到行政院的批复，确定广州市政府改为广东省政府管辖，同时任命薛岳亲信李扬敬为广州市市长。这样一来，广东省的财政危机相对缓解。但是，这时距广州解放已经不到两个月了，于事无补。

  钱和人的问题告一段落，接下来就是制定行政方针和政策了。薛岳搬出了他抗战时在湖南行之有效的"安民、便民、足民"三大目标，并把抗战时实施的六大政策中的"生民之政"并入"管民之政"变成了五大施政纲领，即"管民之政"、"教民之政"、"养民之政"、"卫民之政"、"用民之政"。这个施政计划，在4月初拟订完成，放在薛岳官邸的图表房内，一直没有公布，但实际上薛岳上任伊始就着手实施了。

  当时，广东的军事形势，对国民政府来说极其严峻。中共游击队形成燎原之势。为了改变军事上的被动局面，薛岳提出大力扩充保安部队。薛岳就职之初，广东的26个保安团都是轻武器，对付零散的游击队还可以，但是对付日益壮大的中共武装，就力不从心了。同时，过去保安团都是以团为单位，单独行动，也易遭游击队打击。因此，薛岳决定改变原来的部署，把保安团集中使用，对中共游击队以股为对象，使用优势兵力，专门指定部队去包打，"一发现其踪迹，便不分地区，不分昼夜，穷搜追剿，不让其有喘息的机会，务求将其全部扑灭而后已"⑦。为了实现这一变化，薛岳把原有的26个保安团中的16个团，编为5个保安师（每师辖3个团）和一个直属特务团，配备必要的重武器，以便大部队作战。薛岳还任命梁汉明、方日英、黄保德、邓志才、薛叔达5人为师长，后来又把直属特务团扩编为保6师（师长薛季良），除保1师驻北海外，逐步把其余的保安师集中在广州附近及粤汉、广九两条铁路的沿线以便利用交通之便灵活调动。同时，余汉谋也积极扩充实力，重建了在华东战场上被解放军歼灭的62军、63军、64军，并大力扩充广州市警备司令部组织的自卫队、别动队、谍查队、水陆检查所等团体，以加强军事实力。

但是，扩充军力需要时间，没等薛岳和余汉谋整军完毕，中共游击队就接连出击，相继解放了棉湖、华阳、前山等几十个重要市镇，并一度攻克陆丰、徐闻等县城。到3月，中共游击队控制了人口达100万的新解放区。薛岳和余汉谋虽力主"清剿"，但"有了枪，没有人；有了人，没有时间"。国民政府的内部斗争使他们的计划胎死腹中。

蒋介石听说"两广合作"，极为不满，不断通过各种手段打击广东地方势力。3月，吴奇伟奉命前往粤东出任闽粤边区"剿匪"总指挥一职，遭到之前主持闽粤赣边区作战的闽粤赣边区"清剿"指挥官喻英奇的坚决抵制。喻英奇甚至在潮汕发表通电，提出拥护蒋介石复职、反对薛岳就任广东省主席等六项主张。薛岳愤恨之极，欲杀喻英奇，只因蒋介石亲信的挟制，一直无法动手。后来，余汉谋不得已调喻英奇为粤桂边区"剿匪"总指挥。对于蒋介石的拆台，粤系非常恼火。张发奎、薛岳、余汉谋等暗中向李宗仁提议扣押蒋介石。但李宗仁毕竟只是个傀儡，既无兵，又无钱，根本无法实施这个建议。薛岳对之十分失望，以至于后来李宗仁来到广州，薛岳甚至不愿让他住进自己的官邸，还是张发奎出面，才帮李宗仁解了围。

这场风波把薛岳和余汉谋对闽粤边区的"清剿"计划彻底打碎了。祸不单行，薛岳万万没有料到，接下来发生的就是老战友吴奇伟等人的"背叛"。4月21日，解放军百万大军发起渡江战役，迅速突破国民党军长江防线，于23日解放南京。国民政府的统治宣告终结。刚刚经历任职风波的吴奇伟对国民党彻底绝望了，开始向中共靠拢。5月，吴奇伟等率领保12团、13团、保5团1营和保安独立营等部先后在河源蓝口、梅县、五华、蕉岭等地起义，通电脱离国民党阵营，拥护中国共产党。随后，龙岩专员兼保安司令练惕生与傅柏翠、李汉冲等率3000余人在闽西起义。解放军粤赣湘边及闽粤赣边两个纵队乘机出击，先后解放了粤东、闽西一带16个县。奉命"进剿"的196师被迫退守河源。

面对这样的情况，薛岳的那些老部下也失去了信心，兴梅专员曾举直辞职而去，广东省行政干部训练班教育长梁勃服毒自杀，惠州行政督察专员兼保安司令廖鸣欧也请求辞职（未获批准）。

对于老部下的"背叛"或离职，薛岳懊恼万分，一面大肆搜捕中共地下党和投共的国民党将领，一面强化保甲制度，加强对地方的控制。5月下旬，薛岳侦知潮州县长陈侃、惠州行政督察专员兼保安司令廖鸣欧和原广东保安司令部高参梁一飞等人也在策动起义，立即下令逮捕三人，并执行枪决。不过，薛岳也并非无情义的冷血动物。廖鸣欧追随他多年，感情甚笃。因此，廖死后，薛岳给廖的家属1万元钱，作为抚恤。

大量保安部队的起义和解放军渡江之后节节南进，使得广州城内人心惶惶，省政府闲职人员纷纷外逃，完全打乱了薛岳的施政。本来，薛岳制订了一系列经济和教育改革措施，力图振兴经济，发展工农业生产，稳定金融，强化基础教育。但是，由于人心思散，大量资本外逃，政策根本无法推行。仅5月前半月，广州市工厂关闭者就达20多家，停工停产者达40多家，大商行倒闭者达60多家。⑧到7月，广州的行庄倒闭者达500多家。⑨因生产无法维持，通货膨胀像出了笼的狮子，根本遏制不住，"物价一日数涨，涨必数倍"。广东经济濒临绝境。经济垮了，发展教育也就无从谈起。"用民之政"更是天方夜谭。1949年初，广州市政府原定在本市征兵900人，但至3月底，仅征到400余人，不足计划数的一半。全省征兵截至4月也不到1万人。由于兵员不足，广东许多地方甚至出现拉妇女剃光头冒充壮丁的现象。⑩

面对这种众叛亲离、四面楚歌的绝境，薛岳彻底绝望了，于5月31日派省府委员韩汉英、肖次尹去海口，部署省府迁移之事。同时，余汉谋也把粤军3个军中的64军调往海南岛、62军调防湛江，作为退路。

6月，退守湖南的华中军政长官公署长官白崇禧在湘赣一带重组防线，拟作最后抵抗。为求得广东方面的支持，江西省主席方天来穗，与薛岳、余汉谋等面商赣、粤、湘三省军事联防的事。7月，蒋介石又亲临广州，给薛岳、余汉谋等人打气。8月31日，李宗仁在广州主持召开国民党非常委员会会议，决定将广州绥靖公署改为华南军政长官公署，余汉谋为华南军政长官，统一指挥两广境内的国民党军。对这些措施，薛岳清楚已毫无意义了，遂一面虚与应付，一面通知乐昌老家的亲属赶快逃往香港。但是，他的二弟薛孟坚恋乡心切，不愿离开，说："走什么走？日本鬼子来了都对薛家没怎么样，解放军好歹是中国人，也不会把我们怎么样的嘛。"⑪薛岳只得又让三弟薛仲述回到老家劝说，才请动他前往香港。

9月,解放军第二野战军4兵团和第四野战军15兵团先后攻入广东。始兴县长饶纪绵、乐昌县长薛纯武、韶关地区专员龚楚等先后起义或投诚。解放军以摧枯拉朽之势,于10月初突破了国民党军粤北防线,直逼广州。10月12日,国民政府下令撤出广州。在撤退之前,广州卫戍司令李及兰奉命对广州城进行大破坏,并枪杀中共地下党员及进步人士。这时,薛岳听说广州卫戍司令部准备捕杀与中共合作多年的莫雄。尽管薛岳主政广东后,屠杀投向共产党的国民党将领从来没有手软过,可莫雄毕竟是国民党元老,又几次在他最关键的时候帮助过他。当年陈炯明叛变,薛岳等人前往梧州劝说关国雄讨陈未果,正是莫雄帮助他们躲过陈炯明的魔掌。这份情谊让他终生难忘,再绝情也不能置自己的恩人于死地啊!于是,他找来与莫雄关系密切的省府顾问官祎,告诉他,莫雄可能是共产党,要扣押法办。官祎立即暗中通知莫雄快逃。莫雄随即带着家人逃往香港。

10月12日夜,薛岳和余汉谋来到中山、江门,部署尚在三水、江门之间的保2师、暂2纵队的撤退和留六邑(即恩平、开平、新会、台山、赤溪、鹤山六县)地区的地方团队就地游击。但此时,驻江门的第10区保安副司令周汉铃、暂2纵队参谋长云汉、第10区保安司令部高参彭秋平、江门镇长陈炽已暗中与地下党联系,准备起义。彭秋平听说余汉谋和薛岳抵达,立即建议周汉铃抓捕两人。但是,周汉铃犹豫不决。薛岳和余汉谋看情况不对,只命周汉铃于13日凌晨去他们乘坐的炮艇,匆匆交代了几句就离开了。14日,薛岳和余汉谋回到黄埔码头,与李及兰、李扬敬等换乘轮船,驶往海南岛。当天,广州宣告解放。15日凌晨,薛岳乘坐的天山轮抵达湛江海面。当时,62军驻防湛江。薛岳打算顺道视察该军的防务,但因有江门遇险的教训,不敢贸然让船靠岸,先派了20余名官兵乘一小艇登岸探查虚实。这时,62军直属部队在解放军粤桂边纵队的策动下已宣布起义。薛岳派去的20多名官兵一上岸就当了俘虏。起义部队得知有大鱼上钩,便在海岸架起火炮等待天山轮进入射程,但是机警的薛岳等了多时,没见派出去的官兵回来,知道情况有变,遂下令立刻起锚,驶向海口。

面对撤出广州前后两次遇险,薛岳毫无庆幸之感:偌大的广东,竟无处可以安身。这次离开家乡,何时才能回来啊?想着想着,两行眼泪夺眶而出。

第三节　军事生涯的终点

薛岳来到海南后,解放军继续挺进,横扫两广。白崇禧所率领的桂军独木难支,损失惨重,逐步向钦州、廉江地区退却。为了保住海南这条后路,白崇禧于10月18日赶到海口,对时任海南特别行政区长官的陈济棠以及薛岳、余汉谋等表示,要把桂军残部撤到雷州、北海,与海南形成犄角,凭险固守,争取美援,并实现"两广联合,对抗台湾,既反共,又反蒋。"这一观点得到了陈济棠等人的支持。

蒋介石当然不愿意看到国民党内出现另一个与自己作对的强大势力,便派顾祝同前往海口拉拢粤系,答应将从台湾加派军舰和补给品到海南。同时,陈诚也致电薛岳,希望粤系不要与桂系联合。薛岳当然不想得罪陈诚这个老朋友,而且毕竟中央军32军等部当时还在海南,如果与蒋介石闹翻,后果可想而知。因此,薛岳公开宣称不愿与桂系合作,但私下却向陈济棠表示希望促成两广联合。

可到了10月下旬,消息传来。白崇禧的桂系主力4个兵团,全部被解放军围歼于广西博白、陆川和广东廉江、灵山地区。广西国民党军残部3万余人不久退入越南,被驻越法军缴械。两广联合顿成泡影。

蒋介石瞅准机会,派东南行政长官陈诚于10月28日飞抵海口,布置海南防务。经与薛岳、陈济棠、余汉谋商量,四人共同议定,为了统一指挥,撤销华南军政长官公署和海南警备总司令部,另行成立海南防卫总司令部,由薛岳出任海南防卫总司令,统一指挥海南的陆、海、空三军部队,调余汉谋为海南特区副行政长官。待陈诚报蒋介石同意后,各自就任。

这一决定可以看出,陈济棠、余汉谋和薛岳的合作关系之紧密。两广解放以后,从大陆撤退抵琼的国民党军寥寥无几,仅有粤桂边区的321师一部,广东省保5师主力和保1、保3师各一部,及63军163师一部等,在阳江地区侥幸逃脱解放军围歼的21兵团残部抵琼后径直去了台湾。当时,海南守军连同原在海南的驻军32军、64军等部,尚不到7万人。其中,薛岳手里只有保5师主力和保1师、保3师残部共5000多人的部队,其余兵力大多属陈济棠和余汉谋系统。而且,余汉谋和陈济棠,一个是华南军政长官,一个身兼海南警备总司令,都是现成的军事长官。陈济棠和余汉谋却能主动把军权交给一个流亡省主席指挥，足见他们对薛岳军事能力的认可。大家都意识到，在这个危难时刻，只有广东将领抱成一团，才能共赴"国难"，打出一片属于自己的天地来。

12月1日，海南防卫司令部正式成立。薛岳任命李扬敬为参谋长。之后，薛岳首先做的就是镇压海南岛的中共地下组织。通过保密局海南专员韩竞民为首的特务组织，大肆调查和抓捕共产党员和亲共人士。为此，薛岳亲自圈定了近200人的黑名单，命令特务和军警按名单所列名字抓人或监视。在此期间，民盟海南特派员谭伯棠、在湛江起义的151师451团团长张泰煜、连长张建民和3名士兵受中共派遣到海南策反，被发觉后逮捕枪决。在海南的民盟地下组织文教组长张仁川、韩玲夫妇也遭拘捕。1950年初，海南文昌籍将领林廷华、张光琼、符爱春等在香港宣布起义，薛岳便将林、张、符三

薛岳任海南防卫总司令时与美国柯克上将等的合影

人在海南的亲属列入审查对象，进行调查和监视。在浓重的白色恐怖下，中共海南的地下党组织受到了严重破坏。中共地下党员、李玉堂夫人陈伯兰和其兄陈石清，以及李玉堂的随从副官李刚所进行的策反李玉堂行动因与当地党组织暂时失去联系而失败。

薛岳上任后，必须做的另一件事就是整顿部队。他将部队整编为5个军又两个师即4军、32军、62军、63军、64军、教导师和暂13师，另设立琼北、琼南两个要塞及海口警备司令部。同时，薛岳下令将地方团队分别编入各军师，以加强战力。由于来琼部队多为残部，官多兵少，而海南地域狭小，兵员补充不易，因此薛岳在整顿过程中采取要兵不要官的办法，裁减了大量中高级军官。为了提高各部队战斗力，薛岳组建了海南防卫总部学生教导团，派他的五弟薛季良任教育长，负责编训从广东逃来的学生。这些学生毕业后均到一线部队担任排级干部。与此同时，陈济棠也出面，以云南必失为由，极力请求顾祝同和蒋介

石将云南的 26 军调到海南，但顾祝同和蒋介石有意拖延，致使 26 军在云南被解放军歼灭。经过整顿，各军师实力有所恢复，加上海军和空军，总兵力 10 万余人，还有舰艇 18 艘，飞机 45 架。[12]

由于海南的部队多是新建部队，武器装备严重不足。因此，薛岳请陈济棠代筹。当时，海南特区政府财政紧张。陈济棠只得一面动用私人存款四处购买军火，一面请宋子文帮助筹集。但是，人算不如天算。陈济棠在香港所购军火被菲律宾在美国政府的授意下以缉私名义扣押，而宋子文满口答应资助的军火却始终不到。1950 年初，蒋介石又命令从广东撤到海南的刘安祺兵团残部 1 万余人调防台湾，使海南守备兵力更加捉襟见肘。这下，薛岳和陈济棠、余汉谋总算明白了，蒋介石和美国政府并不希望他们守住海南。不过，陈济棠的努力也不是完全白费，他在云南兵工厂订购的数百挺轻机枪总算到了 100 挺，这是薛岳主持海南防务半年中得到的屈指可数的军火中算是数量可观的一批了。

虽然部队编成和训练需要时间，装备也没有配齐，但是海南防务的严峻形势不会留给薛岳更多的时间。当时，在海南岛腹地活跃着一支中共武装——冯白驹领导琼崖纵队。他们从 1927 年到这时，坚持了 20 多年的武装斗争，已经发展到 3 个总队又一个独立支队约 2 万人，严重威胁着海南国民党军的后方安全。12 月中旬，广西战役刚结束，中共中央军委就向第四野战军就下达了"以 43 军及 40 军准备进攻琼崖"[13]的命令。是月下旬，这两个军 10 万余人开进雷州半岛集结，做进攻准备。

面对腹背受敌的局面，薛岳知道仅凭海南海空军那 10 多艘舰艇和几十架飞机要封锁琼州海峡是不可能的，因此，他决心实施各个击破的战略，解放军作渡海准备需要时间，可以先集中主力抢在解放军渡海之前"剿灭"岛内的琼崖纵队主力，再对付解放军的登陆。要达成这一目标，就必须从两方面着手：一方面，要干扰解放军的渡海作战的准备工作，尽可能拉长解放军的渡海准备时间；另一方面，要调整部署，集中绝对优势的兵力"围剿"琼崖纵队根据地。前一个方面如能顺利实施，不但为后一个方面争取必要的时间，而且也可以打击解放军的信心，为后一阶段抗击解放军登陆作战创造条件。故而，薛岳对此十分重视。他命令空军和海军不断侦察粤西沿海和雷州半岛各港口的情况，摧毁其渡海设施和船只，并不断派原广东各地军政人员潜回大陆进行侦察和破坏活动。但是，由于解放军防备甚严，派回大陆的特工多数被抓获。而由于海南国民党海空军的飞机和舰艇数量太少，无法对粤西沿海进行有效侦察和控制。因而效果不彰。

干扰解放军的渡海准备不成，剩下的就只有尽快"剿灭"琼崖纵队一条路了。为了实现这一目标并准备抗击解放军主力的登陆，薛岳将所辖部队分为四路，并划定了其各自的防区：以李玉堂为第1路军司令官，指挥32军和琼北要塞，守备琼东；李铁军为第2路军司令官，指挥62军、教导师、暂13师和琼北要塞所辖秀英要塞，驻防琼北；容有略为第3路军司令，指挥4军和64军，驻防琼西；陈骥为第4路军司令，指挥63军、琼南要塞和宪兵3团，驻防琼南。4个防区中，琼北守备区为防守正面，琼西和琼东守备区为防守侧面，琼南守备区是防守背面。这就是所谓的"四区三面"。

事不宜迟，1950年1月15日，薛岳不等各部整顿就绪，就下达了第一期"清剿"计划，命令1、2、3路军各抽一个师与4路军主力于当月25日开始向琼崖纵队进攻，限于2月25日击溃琼崖纵队，并将其压迫到琼中山区聚歼。但是，由于各部均在整训和加强海防，都只能派一部分兵力参战，而且出动时间不一，难以形成有效的协同。琼崖纵队抓住敌人的这一弱点，利用熟悉地形的优势，采取避实击虚的战法，巧妙地避开了国民党军的锋芒。经过一个月激战，国民党军虽占领了儋县西北四方山和沿海一带，但一直没有捕捉到琼崖纵队主力。

在此期间，解放军加紧了进攻海南的准备。2月初，中共华南分局书记、广东省军政委员会主席叶剑英在广州召集15兵团和40军、43军主要领导举行了海南战役作战会议。冯白驹的代表、琼崖纵队副司令员马白山和参谋长符振中与会。经过研究，会议确定了"分批偷渡与积极准备大规模强渡，两者并重进行"[14]的方针，决定在主力强渡之前，40军和43军各抽调一个团分别偷渡，以加强琼崖纵队力量和取得渡海作战经验。同时，会议要求40军和43军主力开展海上大练兵，与琼崖纵队一起，做好渡海和岛上作战的准备工作。

不久，雷州半岛上掀起热火朝天的渡海演练的消息就传到了对岸。薛岳大为紧张，他知道解放军的渡海作战很快就要开始了。而海南守军兵力有限，解放军主力一旦登陆，海南防御在内外夹击之下必然崩溃。于是，他决定调整部署，一面根据2月1日制定的《海南防卫计划》加强海防，一面加紧"围剿"琼崖纵队。

3月2日起，薛岳亲自指挥1、2、3路军"清剿"部队向琼崖纵队发起了最后一次"围剿"。根据他的部署，2路军以一个加强师从定安向南进攻，1路军以1个师、3路军分别从母瑞山区以北和那大以东地区配合进攻。但是，由于32军军长赵琳毫无战意，派出的255师行动拖沓，致使琼崖纵队主力轻易逃脱。

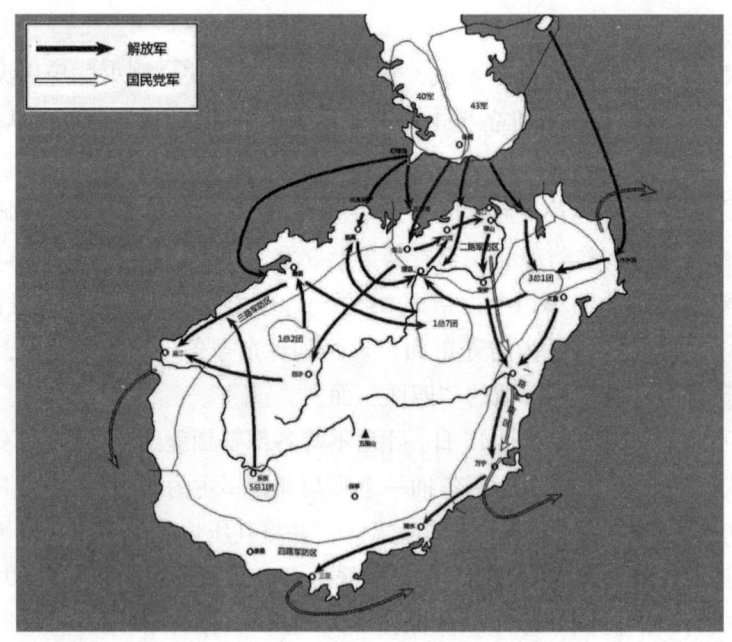

海南战役经过要图

薛岳辛辛苦苦忙了半个月，除了占领琼崖纵队主动放弃的部分根据地、歼灭其少数掩护部队外，一无所获。薛岳对此懊恼不已，一纸诉状告到了"国防部"，要求撤赵琳的职。

就在薛岳为"围剿"琼崖纵队焦头烂额的时候，位于雷州半岛的解放军主力开始行动了。3月6日，解放军突袭涠洲岛，全歼守军一个通讯连和游杂部队，共400余人，夺取了渡海急需的渔船300多艘。在此前一天夜里，解放军40军352团一个加强营约800人，从灯楼角出发，开始了第一次偷渡行动。

对于解放军的偷渡行动，薛岳之前是预见到了的。他在2月1日制定的《海南防卫计划》中就指出，当面大陆解放军"企图利用夜暗及浓雾、阴雨等天候，派遣小股偷渡渗入，增强岛内'奸匪'[15]扰乱、牵制及而后接应登陆之力量；待渡海攻击准备完成后，即以广正面渡海强行登陆，内应外合，攻略本岛"[16]。为了阻止解放军偷渡和登陆，薛岳加强了海南岛北部的防御工事，号称"伯陵防线"。尽管薛岳心里清楚这条防线纯粹是纸糊的，一捅就破，但他和参谋长李扬敬仍对外大肆鼓吹其如何坚固，以鼓舞士气。而解放军将偷渡时间正好选在了薛岳集中兵力大规模"围剿"琼崖纵队之际，伯陵防线的守备兵力严重不足，漏洞较多。因此，解放军偷渡部队避开敌海空军的阻拦后，于6日下午3时左右在白马井以南的超头市强行登陆成功，并与前来接应的琼崖纵队1总队8团、9团内外夹击，击溃了岸上守敌4军59师187团两个连，于7日晨攻占半猛老村，实现了两支部队的会师。

薛岳听说解放军第一支偷渡部队登陆成功，立刻命令海岸守备部队加强正面防御，准备迎击解放军再度偷渡，并下令封锁岛上北部各港口，严禁出海捕鱼。果然，3月10日，43军383团加强营1000余人利用阴雨天国民党军飞机无法起飞的机会，从硇洲岛起航，于次日上午在文昌赤水港、鹿马岭至铜锣岭一带海岸登陆，并突破266师一部的防御，于12日到达文昌地区，与前来接应的琼崖纵队独立团会合。而后，两部又在琼山东山、咸来附近伏击暂13师37团和36团1营，歼敌约一个营。

解放军连续两次偷渡都取得成功，使薛岳大为震惊。此时，解放军主力兵团进入海南岛的部队已达1500人以上，无疑加强了琼崖纵队的力量。他感到解放军不久即将大规模渡海，不能再"围剿"琼崖纵队了。于是，他下令停止"围剿"琼崖纵队，各部队迅速返防，以加强海岸防御。对于薛岳这个命令，陈济棠表示反对，认为必须先消灭岛内的琼崖纵队才能避免腹背受敌的局面。但是，薛岳坚持，不加强两翼防御，将会有更多的解放军潜入海南。薛岳负责军事指挥，所以陈济棠最终还是放弃了自己的意见。解放军40军军长韩先楚后来在评论这场争论时，认为：在这个问题上，"薛岳比陈济棠有远见"[17]。

第一批两个加强营的部队偷渡成功给解放军以极大的鼓舞。解放军15兵团司令员邓华决定，40军和43军各组织一个加强团，在国民党守军正面进行偷渡，加强岛上解放军实力，配合琼崖纵队消灭敌人，进而夺取海岸一两个登陆点，为主力强行登岛创造更有利的条件。

根据邓华的命令，两个加强团应于24日同时起航，但是到了24日晚，由于海流不顺，推迟起航。但是，43军4艘船200余人因通讯不畅，单独开赴登陆地点，被国民党军发现，以军舰和飞机攻击，伤亡达170余人，仅50余人浮水逃回。这次战斗使薛岳立即警觉起来：更大规模的偷渡即将开始。

26日傍晚，40军118师一个加强团近3000名官兵在琼崖纵队副司令员马白山和118师政治部主任刘振华率领下由灯楼角出发，向海南岛北岸的临高角驶去。但是，由于大雾迷航，这个加强团于次日拂晓在澄迈县玉包港附近上岸。

这里恰好是国民党2路、3路军之接合部。解放军登岸后，立即遭到国民党军131师393团的火力袭击。薛岳闻讯，认为解放军偷渡部队暴露于没有任何掩蔽物的滩头正好围歼，便调驻花场市、澄迈老城和临高的153师457团2营、459团1营和保2师6团，速向玉包港以南的桥头驰援，并令海、空军立即出动支援。国民党军在海空火力的掩护下，向上岸的解放军发动了猛烈的攻击，解放军伤亡很大。同时，薛岳发现琼崖纵队1总队正向临高方向进攻，除急令131师392团、391团和159师475团3营向其合击外，又调163师488团和156师466团驰赴玉包以南集结。被围解放军经艰苦奋战，突出重围，一路击退国民党军阻击，于29日胜利到达五指山，与琼崖纵队会师，但却付出了伤亡600多人的沉重代价。

31日夜，43军127师一个加强团3733人由博赊港启港向南进发。船队刚过海峡中线就被国民党3艘巡逻军舰发现。解放军护航的"土炮艇"[18]随即以狼群战术向其发动攻击，以较大的代价引开了敌舰，使船队主力得以顺利前行。次日凌晨，127师加强团主力在北湾登陆，另有两个连因迷路，抵达白沙门海滩，与守军教导师激战。同时，琼崖纵队1团、独立团和第一批偷渡的383团先锋营进抵塔市附近接应。薛岳见解放军重捣前次118师加强团之覆辙，认为又是一个机会，便一面命令北湾、白沙门守军极力将登陆的解放军拒止于滩头，一面调暂13师和163师主力向塔市附近增援。

但是，薛岳错误地估计了形势，这次解放军的偷渡和接应部队都比上次多。127师加强团，以及前来接应的琼崖纵队1团和383团先锋营对塔市附近的守军教导师1团实施前后夹击。没等援军到达，教导师1团就顶不住了，塔市、迈德相继失守。随后，琼崖纵队独立团又加入战斗，与127师加强团、琼崖纵队1团及383团先锋营协同，击溃了薛岳派来的援军暂13师两个团，于4月1日进入琼崖解放区。薛岳阻击127师加强团主力不成，只好拿被困于白沙门的解放军两个连出气，调驻海口的186师558团驰援白沙门，与教导师直属队一起向受困的解放军发起总攻。到4月2日战斗结束，被困的两个连除18人突围外，全部牺牲。

至此，解放军组织的两批4次偷渡，除去伤亡，共向海南送去7000余人精锐部队，大大加强了琼崖纵队的实力，切切实实地成为了海南国民党军的心腹大患。而经过四次反偷渡作战，国民党军颇有损失，根本得不到补充，教导师、暂13师等部队已残缺不全。海军也因部分舰艇破旧、炮弹奇缺，无法封锁琼州海峡。"伯陵防线"实际上成了一张徒有虚名的破网。山雨欲来风满楼,薛岳预感到解放军的大规模登陆就要来临了。他很清楚。海南守军新兵多,装备差,战斗力弱。一旦解放军主力登岛成功,根本没法守住海南岛。这时,解放军于3月27日解放西昌的消息传来,薛岳更感到海南孤立,无法坚守了,遂飞赴台北,晋见蒋介石,要求主动撤退。可此时,蒋介石已在政治上完全斗倒了李宗仁,重掌整个国民党的最高领导权。出于国民党利益考虑,他又拾起守住海南的决心,以海南失守会打击台湾军民的士气为由,拒绝了薛岳的请求。薛岳只好硬着头皮回到海南。

回到海南后,薛岳着手加强海防。他根据解放军几次偷渡的情况判断,解放军主力登陆仍应大致在他2月1日制定的《海南防卫计划》中提及的"主登陆方向以天尾港、新英港间,助登陆场以宝陵港亘铺前间地区之公算较大"[19]。同时,从64军在玉包港缴获的解放军118师作战地图看,解放军主力极有可能在临高一带建主登陆场。基于这样的判断,薛岳命令64军、62军加强沿海一带戒备,32军266师加强琼北要塞。同时,考虑到海南终将放弃,薛岳没有把所有部队都压到琼北,而是将三弟薛仲述4军、32军主力和63军部署于岛中南部,维护撤退道路和港口,防止岛内的解放军及其游击队破坏。此外,他还请陈济棠前往台湾,以求援为名,逼请蒋介石迅速派船只接载海南兵员撤运台湾。

薛岳的预料没错。两次偷渡的成功使解放军更坚定了渡海作战胜利的信心。4月10日,邓华在赤坎村召开作战会议,下达进攻海南的作战部署:以40军6个团和43军两个团共2.5万人组成第一梯队,分别于4月13日前集结于雷州半岛鲤鱼港东西一线,待命进攻;以43军主力担任第二梯队,在第一梯队登陆突破后,即迅速起渡登陆,协同第一梯队聚歼守岛之敌。

4月10日,岛内解放军在全岛范围内全面出击,重点指向岛的北半部,以策应主力即将到来的登陆。16日傍晚,解放军第一梯队开始起渡。按照作战计划,解放军第一梯队分东西两路,东路为40军6个团,西路为43军两个团,以临高马袅港为登陆分界线,以东属东路军,以西属西路军。当夜10点左右,解放军船队被在琼州海峡巡逻的国民党海军第3舰队旗舰太平舰发现,战斗即起。解放军担负护航任务的土炮艇像狼群一样围向太平舰。不久,国民党海军3艘战舰也赶来参战。双方展开激烈炮战。由于解放军土炮艇数量众多,国民党军舰虽火力和机动力都占优势,但毕竟双拳难敌四手。太平舰被解放军战防炮打穿了舰身甲板，引发了炮位附近部分弹药爆炸，当场炸死两人。国民党第3舰队司令王恩华吓得魂不附体，赶紧下令调头逃跑。同时，参战的国民党军一艘反潜舰的主炮因发射过多而发生故障，也被迫退出战斗；其他两艘军舰孤木难支，只得逃离。这样一来，解放军主力顺利突破了国民党军的海上封锁线，于17日凌晨到达临高角附近。此时，薛岳已得到海军通报，命令守备临高一带的64军131师和62师153师进入阵地。同时，64军也奉命调驻多文的156师468团主力增援131师。滩头的战斗从凌晨3点半左右打响后，解放军潮水般地涌上岸来。守军以猛烈的火力还击，终因防广兵单，未能阻止解放军的前进，滩头阵地相继失守。

17日拂晓，薛岳从64军的报告中得知解放军攻势甚猛，判断这是其主力大规模登陆，遂决定乘解放军后续部队尚未登岸之机，发起全面反击，先歼其上岸的先头部队。于是，他作出部署：海空军继续在海峡搜索和攻击解放军的后续船队，孤立解放军登陆部队；62军抽调一部固守花场、福山一线，阻止解放军东进；3路军应确保临高，力阻登陆解放军南进；暂13师（欠37团）、151师453团即车运福山，151师主力和252师（欠756团）即向澄迈集中。

然而，131师和153师新兵居多，战斗经验缺乏，装备简陋，而解放军的登陆部队40军和43军皆是精锐，战斗力不可同日而语。因此，国民党军海岸防线很快就崩溃了。解放军先头部队迅速进抵福山以北。与此同时，薛岳派的援军在增援途中，不断受到琼崖纵队的袭击，进展迟缓。到18日晨，仅暂13师主力到达指定位置。这时，解放军的后续部队已源源不断地登岸。薛岳已失去组织反击的时机。解放军登陆部队和琼崖纵队接应部队发起猛烈进攻，相继攻占福山、美台、加来、多文、马袅等地。暂13师、156师、131师等伤亡惨重。到20日晨，解放军43军128师主力在黄竹地区与从加积赶来的32军252师755团及254团1营遭遇，当即向其进攻。随后，据守裙带山、平顶山一带的国民党军153师主力加入战斗。国民党军损失惨重，153师主力丢失了裙带山、平顶山阵地，退保玉东、永物村一线。252师主力陷于孤立。252师师长康乐三于当晚被迫下令该师主力退守美亭。128师当即将其包围，并发起猛攻。252师主力岌岌可危。

这时，薛岳接到了蒋介石于4月18日下达放弃海南的命令。命令中一面要求海空军及联勤总部即增派舰船、飞机，限28日前赶到海南，准备接运撤退人员、装备；一面电饬薛岳"应充分运用我海、空优势，一举歼灭犯匪，并封锁海峡，阻匪后续之到达"[31]。同时，薛岳还得知：海军总司令桂永清奉命亲临海南指挥撤退。一听说桂永清要来指挥海军，薛岳心里一紧：怎么找这么个人来与自己合作啊？当年兰封会战，时任27军军长的桂永清作战不力，致使兰封失守。身为前敌总指挥的薛岳一纸报告打到蒋介石那里，要求枪毙桂永清。可是，桂永清却把责任一股脑儿推给了88师师长龙慕韩，自己在何应钦等人偏袒下，仅得了个撤职处分。从此，两人就结了仇。现在，蒋介石却派这个人来与自己共同指挥海南撤退，能合作好吗？

不过，当前战局紧急，他已经没有时间想这些了，重新开始考虑起战场形势来：解放军主力已大批登陆，依双方战斗力差距，即便要打退解放军登陆部队的进攻都是天方夜谭，更别谈"歼灭"了。蒋介石的命令无异于纸上谈兵。既然要撤退，就没有必要把所有兵力都压上去，应尽可能多地保存现有兵力。但是，联勤部和海空军征集飞机和船只需要时间，从现在到28日还有七八天，必须在这期间拖住解放军，不能让琼崖纵队破坏可以供部队撤退的港口设施及通往这些港口的道路。同时，海南国民党军一线各部队均与解放军纠缠在一起，撤退之前一线部队必须与之脱离接触。为了达到这两个目的，薛岳决定在美亭一带摆出一副决战的架势，以迷惑解放军。据此，他于20日命令153师、151师和163师主力全力向美亭前进，解252师之围。当天，153师主力不待163师主力到达，即在琼北要塞两个步兵营的配合下向美亭前进，与解放军128师在裙带山、平顶山一带的警戒部队接触。为了掩人耳目，薛岳还下令公开枪杀一批解放军俘虏，并于22日在海口举行"祝捷"大会。

薛岳的障眼法果然奏效。邓华得知薛岳派部队解美亭之围，真以为国民党军要进行决战了，并据此认为澄迈一带已经不可能有敌人了，遂下达作战部署：43军克服一切困难，坚守阵地，紧紧拖住敌人；40军沿澄琼公路向美亭进攻。此时，解放军119师两个团已抵澄迈外围。驻守该地的国民党军252师754团主力被迫撤出澄迈，向美亭急进准备归建，但遭到解放军的追击，陷入绝境。就在这个时候，解放军40军遵邓华指示命令119师和118师在澄迈地区展开，分两路向美亭以北白莲进攻。这样一来，754团得以侥幸摆脱解放军的追击，与正向美亭急进的151师主力合兵一处，于21日下午由东南方向突破解放军对美亭的包围圈，与252师主力会合，共同坚守。与此同时，153师主力以惨重的代价攻占了裙带山、平顶山一带，向解放军127师据守的风门岭阵地进攻。

战场形势再度紧张起来。

21日晚，薛岳为把决战架势做真，向2路军司令李铁军下达命令：抽调原任海防的教导师向老城集结，与原在战场上的153师、252师、151师、163师一起统归62军军长李宏达指挥，于22日拂晓向风门岭一带的解放军发起进攻，具体部署为：以153师、252师、151师牵制裙带山、平顶山及美亭一带解放军，教导师和163师夹攻风门岭和美亭一带解放军侧背。

可薛岳也有料不到的时候。22日凌晨，解放军抢先发起进攻。美亭一带国民党军阵线很快崩溃。62军全部和252师大部被歼。李铁军无奈，只得率仅存的教导师向海口撤退。这样一来，海口门户洞开。

是日上午，蒋介石电示薛岳："应即指挥所部，先分向琼南转进，准备撤离。"[21]薛岳终于等到撤退命令了，随即于中午下达撤退部署：2路军经定安、加积向陵水、保亭集结，海口警备司令部及海口各部队随2路军后跟进，撤往榆林；3路军即向琼东、乐会、万宁间地区集结；3舰队司令部和空军指挥部移驻榆林、三亚，但仍应封锁海峡；华南公署及各保安部队就现在位置随各路跟进。随后，国民党军即开始从海口地区撤退。桂永清亦抵达指挥。到23日凌晨，海口国民党军全部撤完。薛岳率前进指挥所人员也乘飞机飞赴榆林，继续指挥作战。解放军遂于23日晨进入海口。24日，解放军43军军长李作鹏率领的第二梯队在海口登陆。

解放军因受薛岳虚声决战的迷惑，前一阶段的进攻均以占领海口为主要目标，到22日晚邓华才下达向琼南追击的命令。次日拂晓，解放军分东、中、西三路向南追击。但此时，国民党军各部奉薛岳的命令均已于前一天开始撤离。而在撤退过程中，国民党军奉命将道路全部破坏，减缓了解放军的追击速度，因而国民党军各部均与解放军保持了两天以上的距离，故而比较顺利地脱离了战场。至26日中午，台湾派来的船舰均已抵达海南指定港口待命。薛岳遂奉命坐镇榆林、三亚统一指挥海陆空军撤退。

由于撤退人员和物资装备比较多，三亚和榆林的港口设施难以承受，因此薛岳命令各路军撤至就近的港口上船。本来，国民党军各部与解放军的追击部队间的距离较大，只要组织得当，国民党军在撤退过程中不会受到多大损失的。但是，由于薛岳与桂永清的矛盾，海南防卫总司令部与海军协调屡出事故，同时海军人心浮动、内讧不断也使其工作效率大受影响，因此陆军各部队到达指定港口后，要花很长时间等待前来接运的船只，不得不在各港口周围就近组织防御，抵抗解放军的进攻。更有甚者，还出现了海军陆战队向正向东瑁洲转移的 321 师官兵开枪，击沉船只 12 艘，击毙 300 余人的惨剧。同时，3 舰队在撤出海口时将该地所有小艇全部抛弃，致使海军在八所、万宁等港接运 2、3 路军上船时，因缺乏小艇将岸上的官兵转运到轮船和军舰上，接运速度被大大延缓了。正是由于上述原因，国民党军在撤运过程中，受到了很大损失，其中 2 路军和 63 军伤亡均高达 6000 人以上，4 军也减员过半。[22]

4 月 29 日晨 8 点，薛岳满怀惆怅地登上了去台湾的飞机，这是薛岳终生难忘的时刻。从此以后，他再也没能回到大陆，更重要的是，这也是他军旅生涯的终点。三天后，海南全境解放。

第十三章
终老台湾

　　1950年4月底，薛岳来到台湾后，立即把5万多部队交给了"国防部"整编。早在来台前，薛岳就在香港浅水湾购置了一栋别墅，除留在军中服役的大儿子薛昭明陪自己来台外，其他子女与襟弟丘国维、岳叔、方学芬、方人矩、内弟方兴、方介，均住在香港。本来，薛岳交出兵权后，就想第三次退居香港。可蒋介石不答应，给了他一个"总统府二级上将战略顾问"的虚衔，不让他离台。于是，薛岳就在嘉义阿里山脚下的竹崎乡忠恕村找了一块和他家乡环境相似的土地，雇人平地，开路凿井，建了5间房子，种上花木果树，又把几个弟弟的全家都接来居住。经历这么多变故，这一大家人又在一起了。

　　安顿好之后，薛岳又让三弟薛仲述、四弟薛叔达和五弟薛季良相继退出军界。之后，除薛叔达住在桃园，薛季良举家迁往美国外，薛岳和二弟、三弟都住在嘉义。薛岳原来的夫人方少文女士在他当参军长时就去世了，到台后，经人介绍，他与小他30岁的女教师谭幸申女士结婚，一家人其乐融融。这是他戎马半生后渴望的一种生活。官场上的钩心斗角让他疲惫不堪。他需要休息了。

　　但是，形势所迫，不是薛岳想休息就休息得了的。1951年，部分"立法"委员就有公开指责他在广东省主席任内有"公款用项不明"的嫌疑，言下之意是说薛岳贪污。蒋介石以此为借口派人暗中监视薛岳。据说，台湾"警备司令部"还搜查了薛岳的住所。一时间闹得沸沸扬扬。对于是否确有其事，众说纷纭。不过，54年后香港大公报报道的一则消息似乎可以说明指责薛岳贪污实在没有多少根据。2005年10月，高雄发现了薛岳任广东省政府主席时印行大洋钞票和当时广东省政府的重要文物共700多箱。薛岳来台后，把这批物资存放在了一个私人仓库里，请"行政院国有财产局"、"国家档案局"和"中央银行"等部门登记，并专门托随他一起来台的原广东省财政厅职员陈兴初保管。可谁想一堆就是56年，除薛岳曾派人来查看过几次外，无人问津。陈兴初也尽职尽责，看守了56年。如果薛岳真有贪心，大抵可以把这批广东省政府资产中有价值的部分据为己有，实在无须如此劳神费力，挑选可靠的人看守。当时，那些指责薛岳贪污的"立法"委员拿不出什么真凭实据，也就不了了之了。

此事以后，薛岳算是看透蒋介石了，和他"没得玩了"。有一次，他给侄子薛维忠闲聊时讲道："孙先生打天下是这样的……"说着，他用手指从里往外画圈，越画越大，然后又说："蒋先生打天下是这样的……"①他又从外往里画圈，越画越小。言下之意，蒋介石来台后任人唯亲，让人失望。

本来宋美龄与方少文是拜把姐妹，来台前对薛岳也还多有照顾。这以后关系也越来越淡了。只是陈诚对薛岳这位老朋友多有关照，在蒋介石面前多次推荐薛岳。蒋介石碍于陈诚的面子和出于装点门面的需要，经常让薛岳担任一些无关痛痒的职务。从1952年10月开始，薛岳连续出任国民党第七到第十三届中央评议委员，第十届到第十三届中央评议委员会议主席团主席，"行政院"政务委员，"总统府光复大陆"设计委员会委员、副主任委员、代主任委员、主任委员等职务。1965年9月10日，他还晋升一级"上将"。

对于这些差事，薛岳只是应付而已，开会时去一下，散会之后就回家休养。他平时生活非常有规律，每天早上4点多钟起床，洗漱完毕就去锻炼身体。运动完洗个澡，然后就坐下来练字。薛岳专门临摹岳飞的字，想从字中体会岳武穆精忠报国的真谛。写完字，他就读书。午饭过后，睡半小时，起来后继续读书。他喜欢读中国传统文化的一些经典著作，如《论语》《易经》等。优秀的传统文化陶冶了他的性情，改变了他原来的火爆脾气。晚年的他温文尔雅，很少对人大声说话。有一次，一位他遣送回国的日本老兵专程来嘉义拜访他，对侵华时期的罪行表示忏悔。薛岳待他很客气，一起心平气和地讨论双方交手的得失。

他吃东西基本上不忌口，可是吃什么都点到为止，从不贪食。规律性的生活或许是他能颐养天年，终得长寿的秘诀吧。

尽管薛岳身在台湾，年事越来越高，他对祖国的热爱和对家乡的思念却从来没有减退过。1995年，台湾公共电视的抗战纪录片《一寸山河一寸血》摄制组来嘉义采访薛岳。薛岳一讲起抗战保家卫国的经历，精神百倍，口若悬河。

采访完毕，薛岳到他的书房，提笔为摄制组写了四个大字："精忠报国"。导演陈君天看后非常感动，说："100岁的退役将军，还在念着精忠报国，看了让人动心。"②大陆改革开放后，两岸交流开禁。薛岳的侄子多次回大陆探亲。有一次，薛仲述的儿子薛维忠从乐昌家乡带回来很多客家特产白辣椒，给薛岳送去。薛岳吃得津津有味，吃着吃着，心中顿生说不出的酸楚，说："哇，家乡菜，真香啊，可是落叶归不了根了……"③。1992年夏，乐昌县举办九泷十八滩漂流节，邀请了广东

薛岳赠乐昌县政府之"桑梓情深"盆

省内外和港澳有关人士出席。乐昌县政府首先想到的就是薛岳，遂代表全县父老乡亲打电话请薛岳及其家人回故乡参加这次盛会。薛岳虽因年事已高未能成行，但为表谢意，仍于是年冬委托"世界客属总会"理事长胡均发博士一行带一面铜镜送给乐昌县政府，上书"桑梓情深""乐昌县乡亲惠存 薛岳敬赠"④。这也是薛岳留给家乡的最后一份厚礼了。

薛岳初到台湾时，陈诚、余汉谋、李扬敬等老朋友，甚至远在香港的张发奎，都常来看望他。可随着时间的推移，这些老朋友都先后离世，儿女大都出国不在身边。20世纪90年代，薛孟坚、薛仲述、谭幸申等也相继去世，只剩下薛岳孤零零地住在乡下，除了一些侄儿常去看他外，已找不到同辈知己了。那种寂寞是无法排遣的。薛维忠后来不无遗憾地评论道："高寿则高寿，但是与自己同时代的人都走了，这个世界上只留下他一个人，你能想象得到那种孤独的光景……"⑤。

1996年，100岁的薛岳因病先后住进了台北市的荣民总医院和"三军"总医院，在医院里度过了人生的最后两年。1998年5月3日，薛岳终于走完了他跌宕起伏的人生，享年102岁。台湾"当局"按照"一级上将"的规格为他举行了葬礼。当时的台湾，已经很少有人知道还有一位名叫"薛岳"的百战名将了。人们时而提及这个名字也只因为有一位与他同名的歌手。

但是，任何一位为中华民族的独立和尊严而勇猛抗击外敌入侵的民族英雄，我们的民族是不会忘记的。2005年是中国人民抗日战争胜利60周年。中央电视台的系列节目《抗日英雄谱》中专门介绍了薛岳和他的军事杰作第三次长沙大捷。作为抗战猛将的薛岳在天之灵也应得到慰藉了。

附录：薛岳年表

1896年12月27日，生于广东省乐昌县九峰乡。
1902年，6岁，入学私塾。
1904年，8岁，入读九峰乡初等小学。
1908年，12岁，就读乐昌高等小学。
1910年12月，14岁，赴广州准备报考军校。
1911年1月，15岁，进入陆军第14标从军。
1912年春，16岁，考入黄埔陆军小学，受训。
1914年，18岁，离开陆军小学，加入中华革命党。
8月，被朱执信任命为电白区革命军司令，赴湛江联络革命力量。
9月，被北洋当局诬指为安南革命党人，入狱。
1917年，20岁，在孙中山亲自出面营救下，获释出狱；后进入保定陆军军官学校第6期。
1919年，23岁，未等毕业，即离开保定军校，赴漳州参加援闽粤军，任中尉排长。
1920年，24岁，任援闽粤军前敌总指挥部上尉参谋，随军反攻广州。
11月，先后任粤军第1师副官、机枪连连长。
1921年，25岁，先后任粤军第1师机枪营营长、孙中山大元帅府警卫团第1营营长。
6月，陈炯明叛变，围攻总统府，率所部与警卫团其他营一起抵御叛军进攻，护卫孙中山和宋庆龄脱险。
1922年，26岁，任东路讨贼军司令部中校参谋。
1923年，27岁，先后任东路讨贼军第8旅中校参谋、第16团上校团长。
1924年，28岁，加入中国国民党，任粤军第1师上校副官长，后兼代参谋长。
1925年，29岁，先后任国民革命军第4军上校副官长兼代参谋长、东征军第2纵队第1、2支队副指挥、独立第2师第1团团长，参加东征。
1926年，30岁，先后任国民革命军第1军第14师副师长兼第40团团长、第1师第3

团团长、副师长、代师长,参加北伐战争铜鼓战斗和南昌战役。

1927年,31岁,1月至2月,率国民革命军第1师,参加浙江作战。

3月,违令策应上海第三次武装起义,攻入上海。

4月,因亲共立场被蒋介石解除职务,回广东,被李济深任命为新2师师长。

9月至10月,参加镇压南昌起义军的作战,进占汕头。

11月,与张发奎、黄琪翔、李福林等在广州发动政变,赶走了主政广东的李济深和桂系首领黄琪翔,史称"张黄事变",后任第4军教导第1师师长。

12月,参加镇压广州起义,后任第4军副军长。

1928年,32岁,4月至5月,与第4军军长缪培南一起率第4军参加二次北伐。

7月,辞去第4军副军长一职,退居九龙。

1929年,33岁,参加反蒋活动。

11月,第4军与桂系联合成立"护党救国军"反攻广州,薛岳挂名第三路军副总司令,在香港为其筹款。

12月中旬,在廉江归队,重新加入第4军

1930年,34岁,2月,第4军缩编为3个团,任第35团团长。

7月,第4军扩编为第10师和第12师,任第10师师长。

12月,任中央军校柳州分校校长。

1932年,36岁,1月,辞去中央军校柳州分校校长一职,前往九龙闲居。

1933年,37岁,5月,任北路军中路军第3路军副总指挥兼第5军军长。

8月,任为北路军中路军副总指挥兼第5纵队司令。

10月,转任北路军第3路军副总指挥兼第7纵队司令,参加对中共苏区的第五次"围剿"。

1934年,38岁,1月,任北路军第6路军总指挥兼第5军军长。

10月,奉命追击开始长征的红军主力。

11月,任"追剿军"第2路军总指挥兼第5军军长,参与指挥湘江战役。

12月,任"追剿军"第2兵团总指挥。

1935年,39岁,1月到5月,参与指挥赤水——金沙江战役。

2月,任贵州绥靖主任。

4月5日,叙衔陆军中将,特加上将衔。

12月—次年2月,率部参加天芦名雅邛大战役。

1936年,40岁,1月1日,奉颁三等宝鼎勋章。

1月—6月,率部进攻撤到甘孜的红军。

7月9日,获北伐誓师10周年纪念勋章,晋颁二等宝鼎勋章。

8月,任滇黔绥靖公署副主任,代理贵州省主席。

1937年,41岁,6月,获陆海空军甲种一等奖章。

9月,任第19集团军总司令。

9月—11月,参加淞沪会战。

11月，任第三战区左翼军总司令。

12月，任第三战区前敌总指挥。

1938年，42岁，5月，先后任第一战区第1兵团总司令、第一战区前敌总指挥，指挥兰封会战。

6月，任武汉卫戍区第1兵团总司令。

7月，转任第九战区第1兵团总司令。

7月—11月，指挥南浔会战。

12月，晋任第九战区副司令长官、代司令长官。

1939年，43岁，1月，兼湖南省主席。

3月—5月，指挥南昌会战。

9月—10月，指挥第一次长沙会战。

10月，正式就任第九战区司令长官。

10月28日—11月5日，出席第二次南岳军事会议。

12月—次年1月，组织实施第九战区冬季攻势。

1940年，44岁，4月—6月，组织实施夏季攻势。

12月，获干城甲种一等奖章。

1941年，45岁，3月—4月，指挥上高会战。

9月—10月，指挥第二次长沙会战。

12月—次年1月，指挥第三次长沙会战。

1942年，46岁，2月14日，获青天白日勋章。

5月—8月，率部参加浙赣会战。

1943年，47岁，3月—6月，率部策应鄂西会战。

11月—次年1月，率部参加常德会战。

1944年，48岁，1月，叙陆军二级上将。

2月，出席第四次南岳军事会议。

5月27日—10月10日，指挥长衡会战。

1945年，49岁，1月—3月，率部参加湘粤赣边区会战。

2月，晋授一等宝鼎勋章。

7月—8月，组织实施赣江追击战。

8月—11月，奉命接受南昌、九江地区日军投降。

11月，获忠勤勋章。

1946年，50岁，1月1日，获胜利勋章。

5月，任徐州绥靖公署主任。

10月10日，获美国赠自由勋章。

10月31日，获抗战胜利纪念章。

1947年，51岁，3月，获河图勋章。

5月,任国民政府参军长。

1948年,52岁,1月,获云麾勋章。

5月,任总统府参军长。

1949年,53岁,获陆甲奖章及干城勋章。

1月,任广东省主席兼广东省保安司令。

12月,兼海南防卫"总司令"。

1950年,54岁,任"总统府"战略顾问委员会顾问。

1951年,55岁,任国民党中央评议委员。

1954年,58岁,任"光复大陆"设计研究委员会委员兼台南区主任。

1958年,62岁,兼任"行政院"政务委员。

1962年,66岁,任"光复大陆"设计研究委员会副主任委员兼台南区主任。

1965年,69岁,任"光复大陆"设计研究委员会代主任委员兼台南区主任;晋升"一级上将"。

1966年,70岁,任"光复大陆"设计研究委员会主任委员兼台南区主任。

1985年,89岁,获国民党主席蒋经国所赠中山奖章。

1991年,95岁,"光复大陆"设计研究委员会裁撤,就该委员会原租用房产续租问题与房主发生纠纷,对簿公堂。到1996年,薛岳败诉。时人感慨:"这是虎落平阳被犬欺。"

1998年,102岁,5月3日,去世。

注释

第一章 家世与青少年时期
① 《薛岳将军与国民革命》第 7 页；《薛岳传略》第 7 页至第 8 页。
② 《薛岳传略》第 15 页。
③ 《薛岳传略》第 16 页。
④ 《抗日战争中的薛岳》第 301 页。

第二章 早期军事活动
① 《薛岳将军与国民革命》第 11 页
② 此据《薛岳将军与国民革命》。《薛岳传略》与《民国高级将领列传》均称，薛岳在陆军小学毕业后即进入武昌陆军第二预备学校学习，并无坐牢一事。但据梁汉明后来回忆，其父梁辛尝、林直勉、林树艺与薛岳一同被法国囚于河内监狱，经过 4 年缠讼，始被释放。这与《薛岳将军与国民革命》一书所述相符。且该书经薛岳亲自审订，故采用此说法。
③ 《大时代的薛岳将军》第 11 页。

第三章 东征与北伐
① 《薛岳传略》第 48 页。
②③ 《薛岳将军与国民革命》第 91 页。
④⑤ 《胡宗南大传》第 32 页到第 33 页。
⑥ 《胡宗南大传》第 34 页，《申报》1927 年 3 月 27 日。

第四章 革命理想的破灭
① 《李宗仁回忆录》第 459 页。
② 《李一氓回忆录》第 97 页，《民国高级将领列传第三集》第 553 页。
③ 《在中山先生身边的日子里》，江苏古籍出版社，第 198 页。

④《广州国民日报》,1927年7月4日、25日、28日。
⑤《南昌起义》,中共党史资料出版社1987年版,第523页至第524页。
⑥《蒋介石与我》,第160页。
⑦陈公博《苦笑录》,东方出版社2004年版,第111页。
⑧《北伐记》,《申报》,1928年4月15日。
⑨《薛岳将军与国民革命》第126页。
⑩《4师官兵请缪复职》,《申报》,1929年1月28日。
⑪《薛岳将军与国民革命》第142页至第143页。
⑫《薛岳传略》第85页至第86页。
⑬《民国高级将领列传第三集》第555页。
⑭蒋中正档案:《事略稿本》第12册,1931年9月2日条,第34页。

第五章 "追剿"红军

①《薛岳将军与国民革命》第153页。
②《莫雄回忆录》第90页。
③《薛岳将军与国民革命》第153页。
④《薛岳将军与国民革命》第150页。
⑤《中国纪事》第60页。
⑥《中国纪事》第52页。
⑦《中国工农红军第一方面军史》第408页。
⑧《薛岳将军与国民革命》第157页。
⑨《中国工农红军第一方面军史》第415页。
⑩《中国工农红军第一方面军史》第417页。
⑪《中国工农红军第一方面军史》第418页。
⑫《五次"围剿"战史》第110页。
⑬《莫雄回忆录》第87页。
⑭《秦邦宪给共产国际执行委员会远东局的电报》,1934年1月1日。
⑮《"剿匪"纪实》第23页。
⑯魏鉴贤《随薛岳所部追堵红军长征的见闻》,《文史资料选辑第62辑》
⑰⑱㉑㉓㉖㉜㊵㊽李以劻《薛岳率军追堵红军的经过》,《围追堵截红军长征亲历记 原国民党将领回忆录(上册)》。
⑲《朱德关于我军占领嘉禾、临武、蓝山等地的部署》,1934年11月14日。
⑳《陈伯钧日记》第331页。
㉒㉗㉘㊷晏道刚《追堵长征红军的部署及其失败》,《围追堵截红军长征亲历记原国民党将领的回忆(上册)》。
㉔刘斐:《不拦头,不斩腰,只击尾的"送客"方针》;梁津:《刘斐献策,机动阻击》,

《围追堵截红军长征亲历记——原国民党将领的回忆（上册）》。

㉕《民国军事史略稿第二卷》，第399页。

㉖《薛岳将军与国民革命》第185页至第186页。

㉙《中国工农红军第一方面军史》第510页。

㉚㉝《薛岳将军与国民革命》第189页；王家烈《黔军阻击中央红军经过》，《围追堵截红军长征亲历记 原国民党将领的回忆（上册）》。

㉛《民国军事史略稿》第400页，《中国纪事》第144页。

㉞《蒋介石敬酉机汉手令电》见《红军转战贵州——旧政权档案史料选编》第106页。

㉟㊱《中国工农红军第一方面军史》第530页。

㊲中共中央《为粉碎敌人新的围攻赤化全贵州告全党同志书》1935年3月8日。

㊳㊺《红军转战云南大事记》，《云南方志》1987年第2期。

㊴㊵《共"匪"西窜记》第369页。

㊶朱德《中央政治局决定我野战军战略方针》1935年3月13日。

㊸《共"匪"西窜记》第397页。

㊹彭德怀、杨尚昆《关于渡乌江的意见报告》1935年3月25日。

㊻中革军委《关于消灭曲靖、白水等地敌军的指示》1935年4月25日。

㊼彭德怀、杨尚昆《关于三军团对野战军目前行动之建议》1935年4月13日。

㊽《中华民国史事纪要（初稿）（民国24年1月—6月）》第360页至第361页。

㊾《共"匪"西窜记》第430页。

㊿林彪、聂荣臻《我军应准备入川与四方面军会合》，1935年4月25日。

㉛谢本书《龙云传》（四川民族出版社出版）第117页。

㉜谢本书《龙云传》（四川民族出版社出版）第141页。

㉝谢本书《龙云传》（四川民族出版社出版）第142页。

㉝《万耀煌将军日记》，湖北文献社1978年版，第233页。

㊴《薛岳将军与国民革命》第207页至第208页。

㊵《薛岳将军与国民革命》第211页。

㊶《薛岳将军与国民革命》第215页。

㊷《"剿匪"纪实》第111页。

㊸《中央军"追剿赤匪"之意义及其经过之成绩》，《先"总统"蒋公思想言论总集》。

㊹《薛岳将军与国民革命》第233页。

㊻李以劻《薛岳率中央军堵击红四方面军南下》，《围追堵截红军长征亲历记 原国民党将领的回忆（下册）》。

㊼《薛岳将军与国民革命》第240页。

㊽㊾㊿《国民党"剿匪军第二路军"薛岳部与红四方面军在四川荥经附近各战役战斗详报》，《中华民国史档案资源汇编 第五辑 第一编 军事（三）》。

㊻ 《薛岳将军与国民革命》第 259 页至第 260 页。
㊾㋀ 《薛岳将军与国民革命》第 283 页。
㋁ 荣维木：《李宗仁大传》，团结出版社 2008 年版，第 232 页。
㋂ 《薛岳将军与国民革命》第 288 页至第 289 页。

第六章 转战南北

① 《对于卢沟桥事件之严正表示》，《先"总统"蒋公思想言论总集》。
② 《薛岳将军与国民革命》第 305 页。
③ 《抗战纪实 第一册》第 13 页。
④ 《抗战纪实 第一册》第 29 页。
⑤ 《抗日战争中的薛岳》第 24 页。
⑥ 《薛岳传略》第 135 页。
⑦ 《中国抗日战争史》第 151 页。
⑧ 赫伯特·比克斯《真相——裕仁天皇与侵华战争》，新华出版社 2004 年版，第 228 页。
⑨ 《抗战纪实 第一册》第 37 页。
⑩ 《抗战纪实 第一册》第 41 页。
⑪ 详见《抗战纪实 第一册》第 43 页至第 60 页。
⑫ 《抗战纪实 第一册》第 68 页。
⑬ 《抗战纪实 第一册》第 79 页。
⑭ 《抗日战争中的薛岳》第 26 页。
⑮ 《浙江敌我战事顺利》，《新华日报》1938 年 3 月 26 日。
⑯ 《薛岳将军与国民革命》第 316 页。
⑰ 《薛岳将军与国民革命》第 317 页。
⑱ 《中国事变陆军作战史 第二分册 第一分册》第 72 页。
⑲㉑ 《抗日战争的正面战场》第 125 页至第 126 页。
⑳ 《抗日战争的正面战场》第 121 页。
㉒ 《中国事变陆军作战史 第一分册 第二分册》第 154 页。
㉓ 李觉《庐山阻击战》，《原国民党将领抗日战争亲历记 武汉会战》。
㉔㉕㉘ 赵子立《武汉会战及赣北之役》，《原国民党将领抗日战争亲历记 武汉会战》。
㉖ 薛岳《南浔会战》，《原国民党将领抗日战争亲历记 武汉会战》。
㉗ 74 军军长俞济时曾长期担任蒋介石警卫部队的首长，深得蒋宠信，因此时人称 74 军为"御林军"。
㉙ 《中国事变陆军作战史 第二分册 第一分册》第 174 页。
㉚ 《薛伯陵将军指挥之一——德安万家岭大捷回忆》第 31 页。
㉛ 《薛伯陵将军指挥之一——德安万家岭大捷回忆》第 60 页至第 61 页。
㉜ 《中国事变陆军作战史 第二分册 第一分册》第 176 页。

㉝ 胡翔《万家岭战役》,《原国民党将领抗日战争亲历记 武汉会战》。
㉞㉟ 陈诚 1938 年 10 月 15 日致蒋介石密电,《抗日战争正面战场 上册》。
㊱《冈村宁次回忆录》第 381 页。
㊲ 陈诚 1938 年 10 月 15 日致蒋介石密电,《抗日战争正面战场 上册》。
㊳《中国事变陆军作战史 第二分册 第一分册》第 191 页。
㊴ 陈诚 1938 年 12 月 6 日家书,《陈诚先生书信集——家书》,台北"国史馆"2006 年版。
㊵《薛岳将军与国民革命》第 332 页。

第七章 走向辉煌

① 《中国抗日战争史 中册》第 424 页至第 425 页。
②⑫ 赵子立《失守南昌的经过》,《原国民党将领抗日战争亲历记 闽浙赣抗战》。
③《冈村宁次回忆录》第 383 页。
④《中国事变陆军作战史第二卷 第二分册》第 115 页。
⑤《抗日战史 南昌会战》第 7 页。
⑥《中华民国重要史料初编 对日抗战时期 第二编 作战经过(二)》第 408 页至第 409 页。
⑦《抗日战史 南昌会战》第 8 页。
⑧ 薛岳 1939 年 3 月 10 日致蒋介石密电,《抗日战争正面战场》第 845 页。
⑨《抗日战争的正面战场》第 163 页。
⑩ 薛岳 1939 年 3 月 22 日致罗卓英等电,《薛岳抗战手稿》第 19 页。
⑪《抗日战史 南昌会战》第 60 页至第 61 页。
⑬《抗日战争的正面战场》第 169 页。
⑭ 薛岳 1939 年 3 月 21 日致王陵基等电,《薛岳抗战手稿》第 15 页。
⑮ 薛岳 1939 年 3 月 22 日致王陵基等电,《薛岳抗战手稿》第 18 页。
⑯《抗战纪实 第一册》第 199 页。
⑰ 蒋介石 1939 年 4 月 17 日致白崇禧、薛岳等电,《中华民国史档案资料汇编 第五辑 第二编 军事(三)》。
⑱《抗日战史 南昌会战》第 111 页。
⑲《抗战纪实 第一册》第 208 页。
⑳ 陈诚 1939 年 5 月 5 日致蒋介石电,《抗日战争正面战场》第 867 页。
㉑ 薛岳 1939 年 5 月 8 日致蒋介石电,《抗日战争正面战场》第 869 页。
㉒ 薛岳 1939 年 6 月 7 日致蒋介石、陈诚电,《薛岳抗战手稿》第 47 页。
㉓《第一次长沙会战之经过》,第二历史档案馆《抗日战争湖南战场史料 第一册》(湖南人民出版社 2012 年版)。
㉔ 薛岳《化路为田,运粮上山》(1939 年 4 月 17 日),《抗日战争中的薛岳》。
㉕《长沙作战》第 4 页。
㉖㉟㊷㊵㊶《第九战区长沙会战战斗详报》,《抗日战争湖南战场史料 第一册》。

㉗ 薛岳1939年10月27日致蒋介石电,《抗日战争正面战场》第1092页至第1093页。
㉘㉙《薛岳予罗卓英巧巳山电》,《抗战纪实 第二册》第58页至第59页。
㉚《抗战纪实 第二册》第56页。
㉛ 蒋介石号午令一元电,《第九战区长沙会战战斗详报》。
㉜㊼《冈村宁次回忆录》第408页。
㉝《冈村宁次回忆录》第405页。
㉞《中国事变陆军作战史 第二分册 第二分册》第149页。
㊱《薛岳予杨汉域夏楚中俭戌幄电》,《第九战区长沙会战战斗详报》。
㊲《薛岳予杨森夏楚中李玉堂微未幄电》,《第九战区长沙会战战斗详报》。
㊳《抗日战争中的薛岳》第301页。
㊴《薛岳予李觉关麟征皓辰幄电》,《第九战区长沙会战战斗详报》。
㊵ 也称史恩华。
㊶《长沙会战纪实》第89页。
㊸《薛岳将军与国民革命》第338页至第341页;《陈诚回忆录 抗日战争(上册)》第121至第122页。
㊹《中国事变陆军作战史 第二册第二分册》第149页。
㊺ 蒋介石电,《第九战区长沙会战战斗详报》。
㊻《在长沙以北地区诱敌歼灭战之指导方案》,《第九战区长沙会战战斗详报》。
㊼《中国事变陆军作战史 第二册 第二分册》第150页。
㊽《吕集团作战第474号(1939年10月5日)》,《抗战纪实 第二册》。
㊾《冈村宁次回忆录》第406页。
㊿《长沙作战》第5页。
54《长沙作战》第4页。
55《原国民党将领抗日战争亲历记 湖南四大会战》第21页。
56《我所知道的薛伯陵将军》,海南出版社《易祖洛文集》,2001年版。
57 75 76 韦文《长沙会战与薛岳奔丧》,《乐昌文史 第7辑》,1990年版。
58 1939年,中国军队各部进行了两期整训,第一期在1月到5月,第二期在6月至10月。
59《中国事变陆军作战史 第三册 第一分册》第85页。
60《薛岳抗战手稿》第64页。
61《抗日战史 二十八年冬季攻势(三)》第125页。
62《抗日战史 二十八年冬季攻势(三)》第161页。
63《抗日战史 二十八年冬季攻势(三)》第168页。
64《抗日战史 二十八年冬季攻势(三)》第169页。
65《抗日战史 二十八年冬季攻势(三)》第139页。
66《薛岳抗战手稿》第74页。
67 68 69《抗日战史 二十八年冬季攻势(三)》第172页。

⑦⓪《薛岳抗战手稿》第 75 页。

⑦①《抗日战史 二十八年冬季攻势（三）》第 189 页。

⑦②《薛岳抗战手稿》第 76 页。

⑦③《中国事变陆军作战史 第三册第一分册》第 93 页至第 94 页。

⑦④《我所知道的薛伯陵将军》，海南出版社《易祖洛文集》，2001 年版。

⑦⑦陈家辉《薛岳与宗元小学校》，《乐昌文史 第 5 集》，1988 年版。

⑦⑧《抗战纪实 第三册》第 93 页至第 94 页。

⑦⑨《抗战纪实 第三册》第 101 页。

⑧⓪⑧②⑧④《抗战纪实 第三册》第 104 页。

⑧①⑧⑤赵子立、王光伦《上高会战之敌我态势》，《原国民党将领抗日战争亲历记 闽浙赣抗战》。

⑧③蓝介愚《上高会战始末》，《原国民党将领抗日战争亲历记 闽浙赣抗战》。

⑧⑥⑧⑨吴鸢、王仲模《上高会战纪实》，《原国民党将领抗日战争亲历记 闽浙赣抗战》。

⑧⑦《第 19 集团军上高会战战斗详报》，《上高会战史料选编》。

⑧⑧中国海军史研究会章骞先生所提供其翻译之《中国事变陆军作战史》锦江作战部分。

⑨⓪《长沙作战》第 13 页。

⑨①《抗日战史 第二次长沙会战（一）》第 8 页。

⑨②薛岳 1941 年 8 月 16 日致蒋介石电，《抗日战争正面战场》第 1133 页。

⑨③薛岳 1941 年 9 月 8 日致蒋介石电，《抗日战争正面战场》第 1136 页。

⑨④《抗日战史 第二次长沙会战（一）》第 44 页。

⑨⑤《抗日战争正面战场》第 1137 页。

⑨⑥《抗日战史 第二次长沙会战（一）》第 49 页。

⑨⑦薛岳 1941 年 9 月 19 日致蒋介石、徐永昌电，《抗日战争正面战场》第 1140 页。

⑨⑧⑩⑨⑩⑩《第九战区第二次长沙会战战斗详报》，《抗日战争湖南战场史料 第二册》。

⑨⑨⑩①《长沙作战》第 43 页至第 44 页。

⑩⓪《长沙作战》第 45 页。

⑩②《长沙作战》第 50 页。

⑩③⑩④《长沙作战》第 51 页。

⑩⑤《长沙作战》第 53 页。

⑩⑥《原国民党将领抗日战争亲历记湖南四大会战》第 118 页到第 119 页。

⑩⑦《长沙作战》第 65 页。

⑩⑧《敌第 11 军输战电第 16 号》，《抗战纪实》

⑪①《抗战纪实 第三册》第 143 页。

⑪②《中华民国重要史料初编 对日抗战时期 第二编 作战经过（二）》第 159 页。

⑪③《长沙作战》第 126 页。

⑪④参见《抗日战史 第二次长沙会战（一）》插表第 6 页。

⑮⑳第九战区司令长官部《第九战区兵站总监部第二次长沙会战业务检讨会议记录》。

⑯《长沙作战》第128页。

⑰何应钦《八年抗战之经过》,文海出版社,第91页至第92页。

⑱⑲《长沙作战》第214页。

⑲《第二次长沙会战纪实》第422页。

㉑薛岳《天炉战》,《薛岳将军与国民革命》。

㉒《长沙作战》第138页。

㉓《长沙作战》第147页至第148页。

㉔新墙河正面防线宽达70多公里,仅由20军一个军来防守,并且要面对日军的主力。在这样的情况下,第九战区还要20军坚持10天,实在有点勉为其难。

㉕《抗战纪实 第三册》第175页至第176页。

㉖《长沙作战》第158页。

㉗《长沙作战》第161页。

㉘《长沙作战》第156页。

㉙陈沛《第三次长沙会战龟山之役》,《文史资料存稿选编 抗日战争(下册)》。

㉚《薛岳抗战手稿》第103页。

㉛《抗战纪实 第三册》第183页。

㉜《郭汝瑰回忆录》,四川人民出版社1987年版,第151页。

㉝葛志先《守卫长沙》,《原国民党将领抗日战争亲历记 湖南四大会战》。

㉞杨正华《长沙保卫战始末》,《原国民党将领抗日战争亲历记 湖南四大会战》。

㉟《抗战纪实 第三册》第185页。

㊱《葛先才回忆录》第92页。

㊲韩浚《长沙南郊战斗》,《原国民党将领抗日战争亲历记 湖南四大会战》。

㊳黄钟《守卫长沙纪实》,《原国民党将领抗日战争亲历记 湖南四大会战》。

㊴《长沙作战》第178页。

㊵《薛岳抗战手稿》第112页。

㊶《薛岳抗战手稿》第118页。

㊷浏阳河畔的渡口争夺战是第三次长沙会战追击阶段最激烈的渡口争夺战。在这次作战中,中国军队获得了重大战果。但是,就整个第三次长沙会战追击阶段作战而言,中国军队对渡河点的争夺是不得力的。后来,在蒋纬国先生担任总编的《抗日御侮》中就对此提出了中肯的批评:"作战当时,天雨水涨,汨水及浏阳河之障碍力均增强(不能徒涉),该两河之各渡河点,实为日军退路上之要害,但因追击部队,未能超越日军及时加以控制,致使日军大部退去。"

㊸《抗战纪实 第三册》第194页。

㊹㊺《长沙作战》第198页。

㊻《原国民党将领抗日战争亲历记 湖南四大会战》第204页。

⑭⑦《长沙作战》第215页。

⑭⑧日军第11军《第2次长沙作战（支作战）战果表》（亚洲历史资料中心网站，档案号C13070483000）。另据《步兵第216联队战史》第207页记载，34师团战死70人，战伤154人。

⑮⓪《日本军国主义侵华资料长编》第42页。

⑮①《第三次长沙会战纪实》第521页。

⑮②罗玉明《抗日战争时期的湖南战场》，学林出版社2002年版，第225页。

第八章　抗战后期的沉浮

① 《昭和17、18年的中国派遣军（上册）》第72页。
② 《中华民国重要史料初编 对日抗战时期 第二编 作战经过（二）》第555页。
③ 《中华民国重要史料初编 对日抗战时期 第二编 作战经过（二）》第558页。
④ 《抗日战史 浙赣会战》第31页。
⑤ 《薛岳抗战手稿》第129页。
⑥ 《薛岳抗战手稿》第131页。
⑦ 《薛岳抗战手稿》第155页。
⑧ 《抗日战史 浙赣会战》第73页。
⑨ 《中华民国史档案资料汇编 第五辑 第二编 军事（三）》第567页，《昭和17、18年的中国派遣军》第188页至第189页。
⑩ 《抗日战史 浙赣会战》第74页。
⑪ 《抗日战史 浙赣会战》第75页。
⑫ 一般研究者根据《昭和17、18年的中国派遣军》记载的数字认为，是役日军的减员数字为17148人。但是，日军第13军统计的战损数字中包括了11812名战病人数（见《昭和17、18年的中国派遣军》第172页），而日军第11军统计的战损数字中却没有战病人数，仅记载战死336人，负伤949人（见《昭和17、18年的中国派遣军》第188页）。把两个统计口径不同的数字简单相加得出日军的战损数字，显然不符合统计规范。而据第11军所属独立工兵第55大队第2中队阵中日志记载，该中队在参加浙赣会战期间，仅5月15日到6月30日这一个半月内就有12人住院。其中，仅6月26日一天就有14人战病，其中3人住院。而这期间，这个中队几乎没有战斗减员。（亚洲历史资料中心网站，档案号C13032291900）可见，日军第11军在浙赣会战中的战病人数应远高于战斗伤亡。据此，我们可以进一步推断，日军在浙赣会战中的减员数字应在2万人以上。
⑬ 《抗日战史 浙赣会战》插表第16。
⑭ 《抗日战争正面战场（中册）》第1222页。
⑮ 周询著《抗战时期常德会战》，中国文史出版社1991年版，第36页。
⑯ 《薛岳抗战手稿》第157页。
⑰ 《抗战纪实 第四册》第51页。

⑱《薛岳抗战手稿》第 159 页。

⑲《薛岳抗战手稿》第 161 页。

⑳《抗日战史 常德会战》第 141 页。

㉑根据日军大本营的命令，这两个师团应在 1944 年投入太平洋战场。

㉒《昭和 17、18 年的中国派遣军（下册）》第 180 页。

㉓《中华民国史档案资料汇编 第五辑 第二编 军事（四）》第 51 页。

㉔《昭和 17、18 年的中国派遣军（下册）》第 182 页。

㉕《昭和 17、18 年的中国派遣军（下册）》第 184 页。

㉖《昭和 17、18 年的中国派遣军（下册）》第 190 页。

㉗《抗日战史 常德会战》第 72 页。

㉘这个数字取自《畑俊六日记》（见《昭和 17、18 年的中国派遣军》第 190 页）。中国方面公布的常德会战歼敌数字为 4 万余人，而日方公开的损失数字为作战死伤 4000 余人，恐均有夸大或掩饰之嫌。

㉙《昭和 17、18 年的中国派遣军（下册）》第 171 页。

㉚ 日本防卫厅防卫研究所战史室《河南会战》，中华书局 1982 年版，第 26 页。

㉛㉜《中华民国重要史料初编 对日抗战时期 第二编 作战经过（二）》第 643 页。

㉝ 向廷瑞、陈德邵《茶陵、安仁战斗》,《原国民党将领抗日战争亲历记 湖南四大会战》。

㉞(53) 赵子立、王光伦《长衡战役》，《原国民党将领抗日战争亲历记 湖南四大会战》。

㉟㊱㊲㊷《第九战区长衡阻击战战斗详报》，《抗日战争湖南战场史料 第四册》。

㊳㊴《薛岳抗战手稿》第 163 页。

㊵《抗日战史 长衡会战》第 25 页。

㊶《薛岳抗战手稿》第 164 页。

㊸《抗战纪实 第四册》第 94 页。

㊹ 侯梅《第 157 师参加衡阳战役纪实》,《原国民党将领抗日战争亲历记 湖南四大会战》。

㊺《湖南会战》第 127 页。

㊻《抗日战争中的薛岳》第 118 页。

㊼《抗日战史 长衡会战》第 65 页。

㊽《湖南会战》第 13 页。

㊾《抗战纪实 第四册》第 98 页至第 99 页。

㊿《湖南会战 下册》第 67 页，《抗日战争的湖南战场》第 297 页。

(51) 日本战史中并没有记载停战谈判情况。但根据于 8 月 14 日从衡阳逃出的 190 师 569 团团长梁子超向重庆军委会报告：“围攻衡阳之敌于七日突破三个缺口窜入城内，方军长派其副官处长向敌提出六项要求与敌接洽。其要旨如次：1. 不解除武装，不分割建制；2. 指定地点集中训练；3. 受伤官兵不得杀害；4. 送往南京；5. 保障生命安全；6. 眷属送安全地点。而结果被敌所骗，均未接受。将副师长以下干部充工头，扫除街道。”（1944 年 8 月 15 日徐永昌日记）。

㊾《徐永昌日记第七册》第 416 页。
㊾《湖南会战》第 70 页。
㊿邱正民《第 44 军作战经过》,《原国民党将领抗日战争亲历记 湖南四大会战》。
㊾《八年抗战之经过》第 139 页。
㊾《湖南会战（下册）》第 16 页。
㊾《李宗仁回忆录》第 840 页。
㊾贺执圭《1944 年薛岳撤军湘南的打算》,《湖南文史资料选辑 第 4 辑》, 1963 年 6 月。
⑥《中华民国史档案资料汇编 第五辑 第二编 军事（四）》第 159 页。
⑥《薛岳抗战手稿》第 254 页。
⑥《事略稿本》1944 年 11 月 22 日。
⑥《抗日战史 湘粤赣边区作战》第 28 页。
⑥《抗战纪实》所记 1945 年 7 月赣江作战时第九战区作战序列中有暂 54 师和新 20 师的番号（《抗战纪实第四册》第 126 页至第 127 页）, 说明第九战区并未严格执行缩编部队的命令。这大抵是出于加强湘南地区防务的考虑吧, 因为会战结束后不久 37 军全部东调, 若新 20 师、暂 54 师和突击 2 总队全部撤销, 粤汉线以西的湘南地区就没有正规军了, 将极大地削弱该地区的抗日力量。不过, 从 1945 年 4 月以后在军委会正式的部队编制表中, 已找不到这 2 支部队的番号了。
⑥《抗日战争时期国民党军机密作战日记》第 1828 页。
⑥薛岳《赣江追击战》,《原国民党将领抗日战争亲历记 闽浙赣抗战》。
⑥《八年抗战之经过》第 189 页。

第九章　主政湖南

① 《抗日战争中的薛岳》第 150 页。
② 《薛岳传略》第 197 页。
③⑦⑧《薛岳传略》第 200 页。
④ 《薛岳将军与国民革命》第 495 页。
⑤ 《薛岳抗战手稿》第 203 页。
⑥ 《薛岳抗战手稿》第 206 页。
⑨ 《薛岳将军与国民革命》第 494 页。
⑩⑪ 刘国武《抗战时期湖南的现代化》, 甘肃人民出版社 2006 年版, 第 242 页。
⑫⑮《抗战时期湖南的现代化》第 192 页至第 193 页。
⑬《抗战时期湖南的现代化》第 189 页至第 190 页。
⑭《抗战时期湖南的现代化》第 191 页。
⑯⑰《薛岳传略》第 202 页。
⑱《薛岳将军与国民革命》第 537 页。
⑲《薛岳传略》第 201 页至第 202 页。

⑳《薛岳抗战手稿》第 208 页。
㉑《薛岳将军与国民革命》第 535 页。
㉒《薛岳将军与国民革命》第 536 页。
㉓《抗战时期湖南的现代化》第 154 页。
㉔《薛岳传略》第 203 页。
㉕㉖㉘㉙《薛岳传略》第 204 页。
㉗《抗战时期湖南的现代化》第 240 页。
㉚《抗日战争中的薛岳》第 171 页。
㉛《薛岳抗战手稿》第 217 页。
㉜《抗战时期湖南的现代化》第 228 页。
㉝《抗日战争中的薛岳》第 171 页。
㉞㉟《薛岳传略》第 207 页。
㊱《薛岳抗战手稿》第 218 页。
㊲《薛岳将军与国民革命》第 476 页。
㊳《薛岳将军与国民革命》第 474 页。
㊴ 钟启河等《湖南抗日战争日志》，国防科技大学出版社 2005 年版，第 110 页。
㊵《抗日战争中的薛岳》第 171 页至第 172 页。
㊶《薛岳将军与国民革命》第 478 页。
㊷㊺《抗战时期湖南的现代化》第 113 页至第 114 页。
㊸㊻《抗战时期湖南的现代化》第 115 页。
㊹《抗日战争中的薛岳》第 236 页。
㊼㊽《抗日战争中的薛岳》第 172 页。
㊽《中华民国史档案资料汇编 第五辑 第二编 政治（一）》第 421 页。
㊾《陈诚回忆录 抗日战争》第 844 页。
㊿《陈诚回忆录 抗日战争》第 927 页。
52《薛岳将军与国民革命》第 529 页至第 530 页。
53《薛岳传略》第 207 页。
54《薛岳将军与国民革命》第 528 页。
55《抗战时期湖南的现代化》第 185 页。
56《抗战时期湖南的现代化》第 247 页。

第十章 南浔受降

① 薛岳《赣江追击战》，《原国民党将领抗日战争亲历记 闽浙赣抗战》。
②《文史资料存稿选编》第 794 页。
③《滇军出滇抗战记》第 192 页。
④《薛岳将军与国民革命》第 463 页至第 464 页第十一章 徐州"绥靖"。

第十一章 徐州"绥靖"

① ③《薛岳将军与国民革命》第 578 页。

② 薛维忠《金戈铁马已成昨——回忆我的大伯薛岳》。

④ 详见《徐州绥靖概要》第 2 页至第 7 页。

⑤ 罗觉元《第一绥靖区李默庵部进攻苏北解放区的回忆》,《文史资料存稿选编 全面内战(上)》。

⑥ 详见《徐州绥靖概要》第 8 页至第 21 页。

⑦ 江苏省主席王懋功于 1946 年 8 月 3 日致宋子文的电报称,是役 92 旅"死伤千余人,损失重炮二门,电台一架"。

⑧ 杨伯涛《第 18 军(整 11 师)在全面进攻中的第一炮》,《文史资料存稿选编 全面内战(上)》。

⑨ 陈嘘云《整编 74 师孟良崮就歼亲历记》,《文史资料存稿选编 全面内战(上)》。

⑩ 黄政《孟良崮战役整编 74 师被歼始末》,《文史资料存稿选编 全面内战(上)》。

⑪《粟裕年谱》第 175 页,《中国新民主主义革命史长编 第 11 卷》第 127 页。

⑫《华东解放战争纪实》第 108 页。

⑬《华东解放战争纪实》第 109 页。

⑭《粟裕年谱》第 178 页至第 179 页。

⑮《粟裕年谱》第 181 页。

⑯⑰《粟裕年谱》第 182 页。

⑱《粟裕年谱》第 185 页。

⑲《粟裕年谱》第 186 页。

⑳《血战寻踪》中称淮阴战役,解放军伤亡 1875 人。而根据《徐州绥靖概要》记载,是役国民党军俘虏的解放军官兵就达 3000 多人。此外,《整编第 74 师阵中日记》也称,这一战后,张灵甫就将该师是役俘虏的约 1080 名解放军官兵补入了整 74 师,并将近 700 解放军俘虏转送友军、遣送返乡及取保释放。

㉑《华东解放战争纪实》第 114 页。

㉒《皮定均日记》第 58 页至第 59 页。

㉓ 即山野 1 纵。

㉔《粟裕年谱》第 184 页到第 185 页。

㉕《华东解放战争纪实》第 119 页。

㉖《"戡乱"战史 华东地区作战(上)》第 41 页。

㉗《蒋介石王牌悍将——张灵甫》第 256 页。

㉘《粟裕年谱》第 189 页。

㉙㉚《粟裕年谱》第 190 页。

㉛《粟裕年谱》第 191 页。

㉜㊾(52)李宗煊《整编第 26 师及快速纵队在鲁南兰陵被歼经过》，《文史资料存稿选编 全面内战（上）》。

㉝《粟裕文选 第二卷》第 170 页至第 171 页，《粟裕年谱》第 195 页。

㉞㉟《涟水战役的检讨及今后作战部署》，《粟裕文选 第二卷》。

㊱《天翻地覆三年间》第 26 页。

㊲《“国军精锐”覆灭始末》，《枣庄文史资料第二辑》，1988 年 12 月。

㊳《文史资料存稿选编 全面内战（上）》第 245 页

㊴《毛泽东军事文集 第三卷》第 496 页。

㊵这时，整 11 师所属 18 旅（欠 52 团）及骑兵团还滞留在开封，没有归建。全师只有 5 个团，约 2 万人左右，实力较 5 军弱。

㊶陈家珍《整编 11 师鲁西南地区作战概况》，《文史资料存稿选编 全面内战（上）》。

㊷《文史资料存稿选编 全面内战（上）》第 265 页。

㊸㊹《蒋介石王牌悍将——张灵甫》第 278 页至第 279 页。

㊺《粟裕年谱》第 208 页。

㊻根据国民党军事后调查显示，国民党军侦察人员并没有进入规定地区进行实地侦察，只用从地处前线附近的保甲长了解到的情况敷衍上司。因而，国民党军各级指挥机构得到的情报大多不实。（《宿北大战》第 544 页）。

㊼尹丕杰《冯治安传》，中国文联出版社 1999 年版，第 280 页。

㊽详见《徐州绥靖概要》第 50 页至第 58 页。

㊿《宿北鲁南战役》，华东军区暨第三野战军战史编审委员会 1963 年 2 月，第 70 页。

(51)《毛泽东军事文集 第三卷》第 599 页。

(53)荣英魁《整编第 26 师被歼记》，《文史资料存稿选编 全面内战（上）》。

(54)许长林《第三绥靖区冯治安部在马励武部被歼时的避战情况》，《文史资料存稿选编 全面内战（上）》。

(55)邓竞武《第 77 军进攻鲁南经过》，《文史资料存稿选编 全面内战（上）》。

(56)指整 26 师被歼一事。

(57)《马励武日记》，《枣庄文史资料 第二辑》1988 年 12 月。

(58)《野战第 22 号》（1947 年 1 月 13 日），南京军区司令部存。

(59)《粟裕年谱》第 215 页。

(60)《攻克齐村，续攻枣庄利用战斗空隙休整》，《粟裕文选 第二卷》。

(61)《中国新民主主义革命史长编 第 11 卷》第 253 页。

(62)(71)《莱芜战役初步总结》，《粟裕文选 第二卷》。

(63)《“民国”高级将领列传 第三集》第 567 页。

(64)《薛岳将军与国民革命》第 590 页。

(65)李骏《盐阜兵团进攻苏北、鲁南及沂蒙山区的回忆》，《文史资料存稿选编 全面内战（上）》。

㊅⑥《薛岳长沙三捷》,吴相湘《民国百人传 第四册》,传记文学出版社1982年版。
⑥⑦《陈诚回忆录 国共内战》第143页。
⑥⑧《国共内战与中美关系——马歇尔使华秘密报告》,华文出版社2012年版,第203页。
⑥⑨《蒋中正电张灵甫》(1947年2月25日),台湾"国史馆"《蒋中正档案》典藏号002080200314039。
⑦⑩《国共内战与中美关系——马歇尔使华秘密报告》第353页

第十二章 在大陆的最后日子

①蓝妮原名蓝业珍,是上海著名的交际花,在任孙科私人秘书期间,与孙科恋爱,生下一女,被孙科尊为"二夫人"。1937年上海沦陷后,蓝妮一度滞留上海,蓄有一部分财产。抗战胜利后,她在上海的财产被国民政府以汉奸财产名义没收。蓝妮求助于孙科。孙科随即写信给有关部门请求发还。信中有"敝眷蓝妮"的称谓。这就是所谓"敝眷蓝妮"事件。

②广东人最怕被人叫"衰仔"。

③《李宗仁回忆录》第890页;《蒋介石与我》第445至第446页。

④⑪薛维忠《金戈铁马已成昨——回忆我的大伯薛岳》。

⑤《薛岳将军与国民革命》第592页至第593页。

⑥《薛岳将军与国民革命》第595页。

⑦《广东文史资料 第6辑》,1962年9月,第53页。

⑧《广州百年大事记》,广东人民出版社1984年版,第654页至第655页。

⑨《广州百年大事记》第664页。

⑩《广东民国史》,广东人民出版社2004年版,第1299页。

⑫当时国民党中央认为海南守军人数为13万余人。(见《陈诚回忆录:建设台湾》,东方出版社2011年版,第157页)但据时任国民党保警第1师第4团团长林荟材回忆,当时海南驻军的实际人数仅10万左右,多出来的数万人为薛岳虚报。(林荟材《蒋帮在海南岛的最后挣扎及覆灭》,《广东文史资料第17辑》)。

⑬杨迪《创造渡海作战的奇迹》,解放军出版社2000年版,第50页。

⑭43军司令部《解放海南岛本军作战渡海作战经验报告》,海南史志网(网址http://www.hnszw.org.cn/data/news/2013/06/60130/)。

⑮国民党正式文件中常污指中共为"匪"或"奸匪"。

⑯《"戡乱"战史 东南沿海地区作战》第257页。

⑰韩先楚《跨海之战》,《星火燎原第10集》,解放军出版社1996年版。

⑱即装有火炮的机帆船。

⑲《"戡乱"战史 东南沿海地区作战》第257页。

⑳㉑《"戡乱"战史 东南沿海地区作战》第233页。

㉒《"戡乱"战史 东南沿海地区作战》第238页、第239页、第242页、第246页

第十三章 终老台湾

①③⑤薛维忠《金戈铁马已成昨——回忆我的大伯薛岳》。
②《台湾电视片〈一寸山河一寸血〉,使真相归于真相》,《南方周末》2005年7月14日。
④《薛岳传略》第295页。

主要参考资料：

[1]《薛岳传略》 尹永森主编 韶关大学学报编辑部 1995 年版
[2]《薛岳将军与国民革命》 蒋荣森等编著 台北："中央"研究院近代史研究所编印 1988 年 12 月初版
[3]《薛岳传》 王心钢著 珠海出版社 2008 年版
[4]《抗日战争中的薛岳》 乐昌市政协文史资料研究委员会编 1995 年版
[5]《胡宗南大传》 经盛鸿著 团结出版社 2009 年版
[6]《民国高级将领列传》 王成斌著 解放军出版社 1989 年版
[7]《"剿匪"纪实》 薛岳编 沈云龙主编 文海出版社印行 出版时间不详
[8]《薛岳抗战手稿》 路家榜、吴敬模编 新光印书馆印行 1948 年 2 月版
[9]《抗战纪实》 赵曾俦等编 商务印书馆 1947 年 11 月初版
[10]《第四军纪实》 张发奎编 沈云龙主编 文海出版社印行 出版时间不详
[11]《薛伯陵将军指挥之一——德安万家岭大捷回忆》 吴逸志著 中兴书店发行 1940 年版
[12]《中华民国史档案资料汇编》 第二历史档案馆编 江苏古籍出版社
[13]《中华民国史史料长编》 第二历史档案馆编 南京大学出版社
[14]《滇军抗战密电集》 云南省档案馆编 1995 年 9 月版
[15]《白崇禧先生访问记录》 贾廷诗等访问兼纪录 "中央"研究院近代史研究所编印、发行 1989 年版
[16]《李宗仁回忆录》 李宗仁口述，唐德刚执笔 广西师范大学出版社 2005 年版
[17]《陈诚先生回忆录》 陈诚著 台北："国史馆"
[18]《"共匪"西窜记》 胡羽高编 文海出版社 出版时间不详
[19]《五次"围剿"战史》 赣粤湘北路剿"匪"军第 3 路军总指挥部参谋处编印 中华民国开国 50 年文献编纂委员会重印 1968 年版
[20]《国民革命军战役史》 三军大军战史编纂委员会编 台北："国防部"史政编译

局 1995 年版

［21］《"国军对匪"作战成败史例》 台北："国防部"史政编译局编印 1986 年 6 月版

［22］《"中华民国"史事纪要》 台北："中华民国"史研究中心 1983 年版

［23］《"中华民国"史事日志》 郭廷以编著 "中央"研究院近代史研究所 1979 年版

［24］《国民革命史》 黄修荣著 重庆出版社 1992 年 9 月版

［25］《上海工人三次武装起义》 上海档案馆编 上海人民出版社 1983 年版

［26］《毛泽东军事文集》 中共中央文献研究室、中国人民解放军军事科学院编 军事科学出版社、中央文献出版社 1993 年 12 月版

［27］《先"总统"蒋公思想言论集》 秦孝仪编 台北：中国国民党中央委员会党史委员会 1981 年版

［28］《刘伯承回忆录》 刘伯承著 上海文艺出版社 1988 年版

［29］《困勉记》台北："国史馆"藏蒋中正档案

［30］《事略稿本》 台北："国史馆"藏蒋中正档案

［31］《蒋介石与我》 张发奎口述，郑义翻译、校注 香港：文化艺术出版社 2008 年版

［32］《民国军事史略稿》 姜克夫编著 中华书局 1991 年版

［33］《中华民国史》 李新总编 中华书局

［34］《"中华民国"重要史料初编》 秦孝仪主编 台北：中国国民党中央委员会党史委员会 1981 年版

［35］《国民党军围堵红军长征档案史料选编》 中国第二历史档案馆编 中国档案出版社

［36］《南昌起义》 南昌八一起义纪念馆编 中共党史出版社 1987 年版

［37］《广州起义资料》 广州革命历史博物馆编 人民出版社 1985 年 4 月版

［38］《中原大战内幕》 山西文史资料编辑部编 山西人民出版社 1994 年版

［39］《中国工农红军第一方面军史》 中国工农红军第一方面军史编审委员会编 解放军出版社 1993 年版

［40］《中国工农红军第二方面军战史资料选编》 中国工农红军第二方面军战史编辑委员会编 解放军出版社 1992 年版

［41］《中国工农红军第四方面军战史资料选编》 中国工农红军第四方面军战史编辑委员会编 解放军出版社 1993 年版

［42］《新四军·文献》 中国人民解放军历史资料丛书编审委员会编 解放军出版社 1988 年版

［43］《红军驰骋黔滇》 周朝举编 军事科学出版社

［44］《国民党的联共与反共》 杨奎松著 社会科学文献出版社 2008 年版

［45］《1945—1949 年国共政争与中国命运》 汪朝光著 社会科学文献出版社 2010 年 2 月版

［46］《抗日战争时期的湖南现代化》 刘国武著 甘肃人民出版社 2006 年版

［47］《抗日战争时期的湖南战场》 罗玉明著 学林出版社 2002 年版

［48］《湖南抗日战争日志》 钟启河、刘茂松编著 国防科技大学出版社 2005 年版

［49］《乐昌县志》 乐昌县地方志编委会编 广东人民出版社 1994 版

［50］《"戡乱"战史》台北："国防部"史政编译局编印 1986 年版

［51］《抗日战史》台北："国防部"史政编译局编印 1965 年 5 月初版

［52］《国民革命战史》 蒋纬国总编 黎明出版社 1982 年版

［53］《红军长征·文献》 中国人民解放军历史资料丛书编审委员会编 解放军出版社 1995 年版

［54］《莫雄回忆录》 广东省政协广州市政协英德县政协文史资料研究委员会编 广东人民出版社 1991 年 10 月第 1 版

［55］《抗日战争的正面战场》 张宪文主编 河南出版社 1987 年版

［56］《抗日战争正面战场》 中国第二历史档案馆编 凤凰出版社 2005 年版

［57］《抗日战争的江西战场》 江西省政协学习文史委员会编 《文史大观》编辑部 出版日期不详

［58］《原国民党将领抗日战争亲历记 武汉会战》 全国政协《武汉会战》编写组 中国文史出版社 1989 年 2 月版

［59］《原国民党将领抗日战争亲历记 湖南四大会战》 全国政协《湖南四大会战》编写组编 中国文史出版社 1995 年 7 月版

［60］《原国民党将领抗日战争亲历记 闽浙赣抗战》 全国政协《闽浙赣抗战》编写组编 中国文史出版社 1995 年 7 月版

［61］《原国民党将领抗日战争亲历记 中原抗战》 全国政协《中原抗战》编写组 中国文史出版社 1995 年 7 月版

［62］《中国事变陆军作战史》 日本防卫厅防卫研究所战史室著 中华书局 1981 年版

［63］《日本军国主义侵华资料长编》 日本防卫厅防卫研究所战史室著 天津政协编译委员会译 四川人民出版社 1987 年版

［64］《中国抗日战争史》 军事科学院军事历史研究部编 解放军出版社 1994 年版

［65］《日军侵华战争》 王辅著 辽宁人民出版社 1990 年版

［66］《中国人民解放军第三野战军战史》 中国人民解放军第三野战军战史编写组编 解放军出版社 1996 年 7 月版

［67］《中国人民解放军第二野战军战史》 中国人民解放军第二野战军战史编写组编 解放军出版社 1990 年 2 月版

［68］《华东解放战争纪实》 刘统著 人民出版社 2007 年 1 月版

［69］《冈村宁次回忆录》 冈村宁次、稻叶正夫编 天津政协编译委员会译 中华书局

1981年版

[70]《抗日战争时期国民党军机密作战日记》 第二历史档案馆编 中国档案出版社1995年8月版

[71]《天翻地覆的三年间》 陈士榘著 中共中央党校出版社 1995年版

[72]《文史资料存稿选编》 全国政协文史资料委员会编 中国文史出版社 2002年版

[73]《文史资料选辑》 全国政协文史资料委员会编 中国文史出版社

[74]《中华文史资料文库》 全国政协文史资料委员会编 中国文史出版社

[75]《龙云传》 谢本书著 四川民族出版社 1988年版

[76]《大时代的薛岳将军》 杜希武编著 中兴书店 1940年版

[77]《步兵第216联队战史》 步兵第216联队战史编集委员会编 日本大阪东和书林 1977年版

[78]《步兵第43联队》 井上铢晴编 株式会社 1973年版

[79]《绥靖纪实》 谢溢声等编 1947年11月版

[80]《徐州绥靖概要》 谢溢声编 1947年11月版

[81]《粟裕文选》 《粟裕文选》编辑组 当代中国出版社 2004年版

[82]《中原解放战争纪实》 刘统著 人民出版社 2003年版

[83]《张民达烈士纪念集》 广东省政协文史资料委员会编 1996年10月版

[84]《粤军史实纪要》 广东省政协文史资料委员会编 广东人民出版社 1990年版

[85]《陈毅军事文选》 陈毅著 解放军出版社 1996年3月版

[86]《东征史料选编》 中共惠州市委统战部，中共惠州市委党史办公室编 广东人民出版社 1992年版

[87]《粟裕年谱》 中共江苏省委党史工作办公室编 当代中国出版社 2006年版

[88]《中国战线从军记》 藤原彰著 林晓光译 四川人民出版社 2005年版

[89]《中国新民主主义革命史长编》 李新、陈铁健主编 1997年版

[90]《联共（布）、共产国际与中国苏维埃运动（1931—1937）》 中共中央党史研究室第一研究部编 中共党史出版社

[91]《围追堵截红军长征亲历记——原国民党将领的回忆》《围追堵截红军长征亲历记》编审组编 中国文史出版社 1990年版

[92]《何成浚将军战时日记》 何成浚著 台北：传记文学出版社 1986年版

[93]《丁治磐日记》 丁治磐著 台北："中央"研究院近代史研究所 1995年6月版

[94]《徐永昌日记》 徐永昌著 台北："中央"研究院近代史研究所 1991年版

[95]《蒋介石王牌悍将张灵甫》 钟子麟著 团结出版社 2008年版

[96]《中国战典》 中国军事博物馆编著 解放军出版社 1994年版

[97]《长沙会战纪实》 第九战区司令长官部编纂组编印 中国国民党中央委员会发行 1976年影印初版

[98]《第二次长沙会战纪实》 第九战区司令长官部编纂组编印 出版时间不详

［99］《第三次长沙会战纪实》 第九战区司令长官部编纂组编印 出版时间不详

［100］《常德抗日血战史》 徐浩然编 文海出版社 1951年版

［101］《上高会战史料选编》 上高县政协文史资料研究委员会编 1987年版

［102］《第九战区兵站总监部第二次长沙会战业务检讨会议记录》 第九战区司令长官部编印 出版时间不详

［103］《昭和十七、十八年的中国派遣军》 日本防卫厅防卫研究所战史室著 贾玉芹译 中华书局 1984年1月版

［104］《昭和二十年的中国派遣军》 日本防卫厅防卫研究所战史室著 贾玉芹译 中华书局 1984年1月版

［105］《长沙作战》 日本防卫厅防卫研究所战史室著 天津政协编译委员会译 中华书局出版 1985年版

［106］《广西会战》 日本防卫厅防卫研究所战史室著 天津政协编译委员会译 中华书局出版 1985年版

［107］《湖南会战》 日本防卫厅防卫研究所战史室著 天津政协编译委员会译 中华书局出版 1984年版

［108］《宿北大战》 中共江苏省委党史工作办公室等编 中国党史出版社 2010年12月版

［109］《鲁南战役资料选编》 枣庄市出版办公室编 山东人民出版社 1982年版

［110］《涟水保卫战》 涟水县县志办公室编 南京大学出版社 1986年版

［111］《刘邓大军七战鲁西南资料选》 中共菏泽地委党史资料征集研究委员会编 1985年1月版

［112］《海南之战》 刘振华著 辽宁人民出版社 1994年版

［113］《张力与限界》 黄道炫著 社会科学文献出版社 2011年版

［114］《革命与反革命》 王奇生著 社会科学文献出版社 2010年版

［115］《金戈铁马已成昨——回忆我的大伯薛岳》 薛维忠口述、李菁主笔 《三联生活周刊》2011年第8期

［116］亚洲历史资料中心（网站） 网址：http://www.jacar.go.jp

后记

在抗日战争著名的大会战中，长沙会战恐怕是最出名的。笔者作为一名抗日战争史的资深爱好者，最早接触薛岳这个名字也是从长沙会战开始的。记得笔者还在读中学的时候，偶尔拿了本哥哥的大学教材《中国革命史》翻翻。该书提及第二次长沙会战，并指责薛岳在这次会战中指挥国民党军"敌来不打，敌退不追"，以至大败。笔者心中甚为疑惑：既然有第二次长沙会战，就肯定有第一次长沙会战，为什么书中只提第二次，不讲第一次呢？于是，笔者找来其他一些有关抗战的书籍查看，才知道还有第三次长沙会战，而长沙是日军在第四次进攻时最后沦陷的。而这些书籍中，对前三次长沙会战的描述并不清楚，讲得最多的还是1944年的长沙沦陷，对薛岳的评价自然也就不高。当时，由于学习压力重，笔者也没有时间去深究。上大学及参加工作以后，笔者出于对历史的酷爱，利用业余时间翻阅了大量抗战史资料，发现薛岳这个人不但不像以前读过的那些书籍中说的那样无能，反而是一位叱咤风云的抗日将领。于是，笔者对这个人物产生了兴趣，开始研究他。约在14年前，笔者根据当时掌握的资料写出了拙文《抗日名将薛岳的军事生涯》，简要介绍了这位抗日名将的生平事迹，并对一些有争议的事件谈了一下自己的看法，网上发表后，反映不错，并长期被很多网文引用。但是，随着研究的深入，笔者发现那篇文章存在大量错漏，不能完全展现人物的本来面目，实在有误人子弟之嫌，惭愧之余，产生了重写一本有关薛岳将军传记的冲动。

在写作过程中，笔者采用了大量档案资料，其中有很多是第一次给读者见面，让史料说话，尽量从史料入手挖掘人物的内心世界，用心去体验人物，从人物所处的环境出发，设身处地把握人物的每一句话、每一个行为，争取给大家讲述一个真实的薛岳,并通过他跌宕起伏的人生,展现他所经历的那段波澜壮阔的中国现代史和中华民族不屈不挠的精神。

在完成这部作品的过程中,笔者通过网络认识了大量抗战史专家和朋友。他们都无私地为我提供了很多相当宝贵的资料,并对我的研究提出了不少中肯的意见和建议。可以说没有这些专家和朋友的支持,笔者就没有办法写出这本书来。特别是华东师范大学的杨奎松教授和台湾真理大学观光系主任叶泉宏博士。他们不但在百忙之中抽出时间为笔者搜集资料,还亲自帮笔者审稿,指出不足,提出极具价值的修改意见。中国社会科学院近代史研究所黄道炫研究员、北京大学王奇生教授、南京师范大学的经盛鸿教授和著名抗战史专家王辅老先生,对笔者的请教也几乎是有问必答。另外,很多朋友也向笔者提供了大量宝贵的资料和建议。这些朋友有上海的万乐刚先生、胡博先生、陈凯先生、查佳峰先生、薛斌先生,长沙的杜朝伟先生,北京的王戡先生、王仕豪先生、章彧先生,衢州的许强先生,营口的张庆东先生,芷江的张青松先生,徐州的马民康先生,合肥的杨家宏先生,温州的郑钢先生、高明辉先生,杭州的黄一白先生,成都的郑金辉先生、陈展先生、刘小诣先生,周口的朱晓明先生,新加坡的陈燕女士,广州的王学本先生、唐元鹏先生,桂林的唐毅先生,柳州的凌玄罡先生,台湾的王祖诚先生、林唯圣先生等等。在写作过程中,笔者还有幸得到了当年抗战将领后代的帮助,有李以劻将军之子李龙生先生、郭勋祺将军之女郭开慧副教授、钟雄飞团长之子钟敦礼先生等,同时也感谢团结出版社使这本书有机会面世。这本书可以说是集中了众多专家和朋友共同努力的结晶。笔者对他们这本书所做出的努力和给予笔者的帮助,表示衷心的感谢。人们常说:"十年磨一剑。"希望本书这把磨了十五年、凝结了众多专家和朋友心血的"剑",能给读者带来一些有益的启示。

笔者水平有限,错漏和不足之处在所难免,请读者多提宝贵意见。